10년차 디자이너에게 1:1로 배우는

일러스트레이터 디자인 강의

장 보 경 (앤 하 우 스)　지 음

한빛미디어
Hanbit Media, Inc.

지은이 장보경(앤하우스)

패키지, 편집, 팬시, 아이덴티티 디자인 및 일러스트 등 그래픽 디자인의 다양한 분야에서 활동 중인 프리랜서 디자이너이며, '앤하우스'라는 디자인 문구 브랜드와 상업 디자인 제작 사이트를 운영 중입니다.

이메일 : uuutu@naver.com
블로그 : http://blog.naver.com/uuutu
디자인 문구와 상업 디자인 제작 사이트 : www.annhouse.cc

일러스트레이터 디자인 강의

초판 1쇄 발행 2014년 1월 10일
초판 8쇄 발행 2019년 2월 14일

지은이 장보경(앤하우스) / **펴낸이** 김태헌
펴낸곳 한빛미디어(주) / **주소** 서울시 서대문구 연희로2길 62 한빛미디어(주) IT 출판사업부
전화 02-325-5544 / **팩스** 02-336-7124
등록 1999년 6월 24일 제25100-2017-000058호 / **ISBN** 978-89-6848-076-8 13000

총괄 전태호 / **기획** 배윤미 / **편집** 안세현 / **진행** 박지수
디자인 표지 더그라프, 내지 디자인스튜디오 랑
영업 김형진, 김진불, 조유미 / **마케팅** 송경석, 이행은, 김나예 / **제작** 박성우, 김정우

이 책에 대한 의견이나 오탈자 및 잘못된 내용에 대한 수정 정보는 한빛미디어(주)의 홈페이지나 아래 이메일로
알려주십시오. 잘못된 책은 구입하신 서점에서 교환해 드립니다. 책값은 뒤표지에 표시되어 있습니다.

한빛미디어 홈페이지 www.hanbit.co.kr / 이메일 ask@hanbit.co.kr

지금 하지 않으면 할 수 없는 일이 있습니다.
책으로 펴내고 싶은 아이디어나 원고를 메일(writer@hanbit.co.kr)로 보내주세요.
한빛미디어(주)는 여러분의 소중한 경험과 지식을 기다리고 있습니다.

Preface / 머리말

어떤 분야건 열정을 갖고 포기하지 않으면 꿈은 이루어집니다!

너무나도 감사한 기회로 늘 꿈꿔왔던 책을 출간하게 되었습니다. 프리랜서 선언 초기에 제가 할 수 있었던 것은 '열심히 매일매일 쉬지 않고 노력하기'뿐이었습니다. 일을 주는 사람은 없었지만 스스로 디자이너와 클라이언트의 역할을 모두 해보면서 하루에 몇 번이라도 작업에 임했고 조금씩 단단해져갔습니다. 아무것도 모르는 저에게 세상은 너무나도 혹독했지만, 혹독했던 지난 시간이 있었기에 지금의 당당한 제가 있을 수 있었습니다. 가진 것 없이 맨몸으로 시작하는 사람이라도 어떤 분야건 적어도 2년 이상 열정을 갖고, 또 포기하지 않고 자기 분야에서 최선을 다한다면 어느 순간 조금씩 자리를 잡아가는 스스로의 모습을 발견해갈 수 있을 것입니다.

실무에서 직접 활용할 수 있도록 보고 또 보며 완성했습니다!

아주 예전에 했던 디자인 작업물과 최근에 했던 디자인 작업물을 비교해봤을 때 확실히 알 수 있는 것은 '디자인은 하면 할수록 실력이 조금씩이라도 향상된다'는 점입니다. 이 책은 디자인 분야에서 날개를 펼칠 준비를 하고 있는 숨겨진 보물 디자이너들을 위해, 또 지난 시절의 제 모습처럼 앞이 캄캄할 졸업을 앞둔 학생들을 위해 쓰게 되었습니다. 책을 통해 실무 디자인 작업을 익혀보면서 업무 노하우를 배울 때 큰 도움을 얻을 수 있으리라고 믿습니다. 책에는 저의 모든 것을 아낌없이 담기 위해 노력했습니다. 혹시 부족하지는 않을까 원고를 보고 또 보며 보강 작업을 거쳤고, 최대한 실무에서 직접 활용할 수 있도록 보기 좋고 흥미로운 예제로 지면을 구성하기 위해 애썼습니다. 배우는 단계에서는 중간에 힘든 시기도 분명히 있겠지만 그 시기만 잘 넘기면 실력이 쑥쑥 자라날 것입니다. 첫 장부터 끝 장까지 함께 해보며 마지막 페이지를 덮는 순간, 달라진 자신의 실력을 볼 수 있길 바랍니다!

Special thanks to

부족한 저를 늘 사랑해주시고, 인도해주시는 축복의 하나님 감사드립니다. 항상 믿어주시고 사랑으로 키워주신 사랑하는 아빠 곰, 엄마 곰, 부족한 며느리지만 늘 아껴주시고 감싸주시는 감사한 아빠, 엄마, 든든한 나의 버팀목 초코송이 우리 언니, 원고 작업도 잘 견뎌준 배 속의 초복이, 늘 응원해주는 고마운 우리 디걸즈 모두 감사하고 사랑해요! 그리고 처음부터 끝까지 항상 옆에서 힘이 되어주고 응원해준 평생 내 편, 세상에서 가장 사랑하는 든든한 남편 님, 정말 고맙고 사랑해요. 또 어렵게 느껴질 듯한 원고 작업을 즐겁고 재미난 시간으로 만들어주신 배윤미 대리님, 그동안 정말 고생 많으셨고 감사합니다. 마지막으로 열심히 애써주신 한빛미디어 모든 분들에게 감사드립니다.

2013년 12월

장보경(앤하우스)

Gallery 이 책의 미리 보기

캐릭터 디자인

Character
Design

p. 80
반전 툴과 [Pathfinder] 패널을
활용하면 쉽게 캐릭터를 완성할 수
있습니다.

p. 102
물방울 브러시를 이용하면 면을 채색할 때 작업
시간을 단축할 수 있습니다.

p. 114
연필 툴을 활용하면 아기자기하고 자연스러운 느낌의
캐릭터를 그릴 수 있습니다. 손 그림을 스캔하여
오브젝트화할 때는 [Image Trace] 기능을 사용하면
편리합니다.

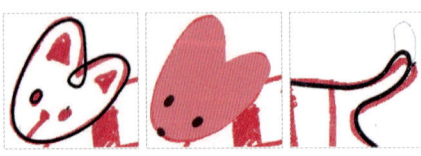

Logo
Design

p. 144
펜 툴과 선 툴을 이용해 로고 작업에
필요한 폰트를 직접 디자인할 수 있습니다.

p. 156
[Blend] 기능을 이용하면 오브젝트와
오브젝트 사이를 연결하는 중간 오브젝트를
자연스럽게 만들 수 있습니다.

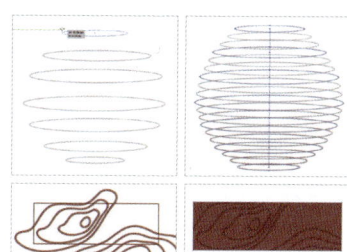

p. 166
원근감 격자 툴로 입체 모양을 만들면
입체각을 손쉽게 표현할 수 있습니다.

Gallery

이 책의 미리 보기

로고 디자인

Logo
Design

p. 176
자주 사용하는 패턴은 브러시로 등록하여
디자인에 맞게 활용합니다.

p. 188

3D 이펙트뿐만 아니라 [Drop Shadow],
[Inner Glow] 기능을 활용해 로고를
입체적으로 디자인할 수 있습니다.

p. 202

**Calligraphy
& Typo
Design**

p. 226

직접 쓴 글씨를 스캔하여 펜 툴로 따라 그리면
독특한 느낌의 캘리그래피를 완성할 수 있습니다.
이때 폭 툴로 선의 두께를 조절해주면 글씨가
한결 자연스럽게 보입니다.

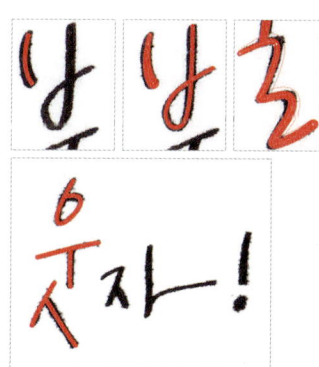

p. 236

와이어 느낌, 입체 느낌, 색연필로 칠한 느낌 등의
타이포는 이펙트 효과를 지정해 간단히 표현할 수
있습니다.

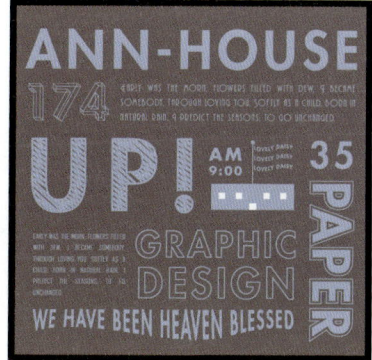

Gallery 이 책의 미리 보기

편집 디자인

Editorial
Design

p. 252
명함은 인쇄물 중 가장 흔히 접할 수 있는 작업물입니다.
모서리를 둥글게 하거나 테두리를 그리는 등 다양한
방식으로 원하는 모양을 디자인해봅니다.

p. 270
한 지면에 많은 내용을
담아야 하는 리플렛을
디자인하면서 지면 활용
및 텍스트 배치 방법 등을
연습할 수 있습니다.

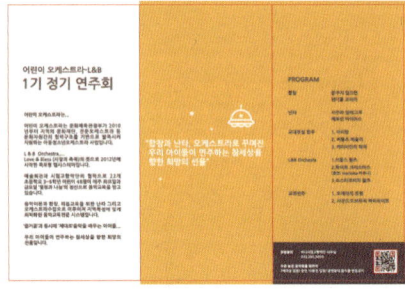

p. 296
그래프 툴을 활용해 다양한 스타일의
그래프를 디자인할 수 있습니다.

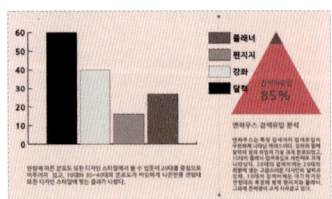
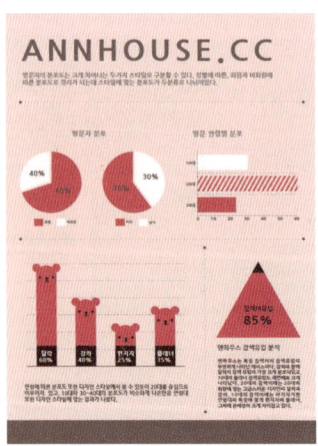

Editorial Design

p. 310
메뉴판을 만들 때 [Character Styles] 패널이나
[Paragraph Styles] 패널을 이용하면 작업
시간을 단축할 수 있습니다.

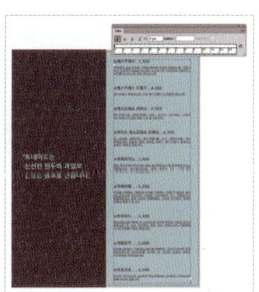
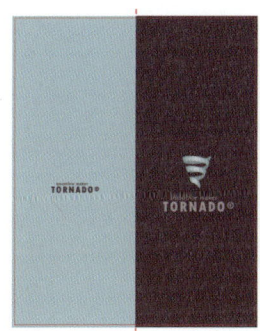
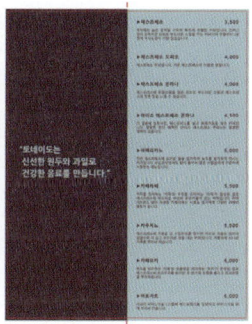

p. 322
특정 오브젝트 내에
텍스트를 담거나 일부
텍스트만 돋보기로
확대한 모양으로 지면을
구성할 수 있습니다.

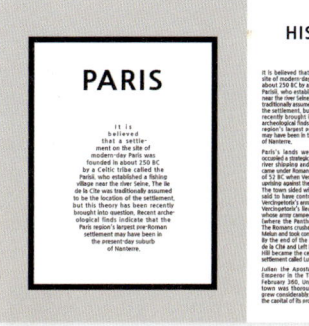

p. 334
[Text Wrap] 기능을
활용하면 오브젝트
주변을 흐르는 모양으로
텍스트를 배치할 수
있습니다.

Gallery 이 책의 미리 보기

Package
Design

p. 348
상자 도안의 지기 구조를 이해하고, 다양한 모양의 상자를
디자인해봅니다. 실제 재단이 될 칼 선 위치에 주의합니다.

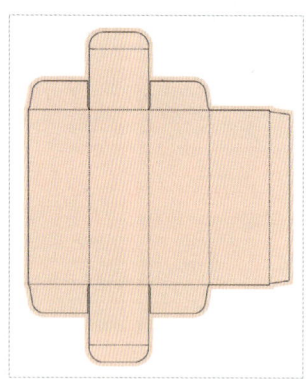

p. 362
패키지 디자인은 상품을 포장하는 모든 분야에서
사용됩니다. 패키지용 띠지는 상품 포장에 두루
쓰이는 아이템입니다.

Fancy Design

p. 374

자유로운 형태의 팬시 카드를 만들 때는 인쇄 데이터에
도무송 칼 선 및 오시 위치를 표시해주어야 합니다.

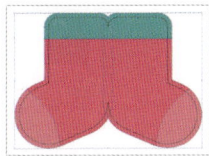 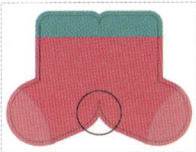 

p.384

스티커를 만들어진 모양대로 떼어낼 수 있도록 하려면
도무송 칼 선 작업을 해주어야 합니다. 인쇄물에 쓰인
서체는 반드시 아웃라인화합니다.

 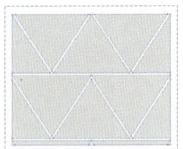 

p. 394

스티커를 쉽게 떼어낼 수 있도록
오브젝트 사이에 칼 선 작업을
해줍니다. 직선 모양의 칼 선은
자유로운 모양에 비해 제작비가
저렴합니다.

Gallery

팬시 디자인

Fancy Design

p. 402

투명 스티커 뒷면에는 투명 백색 작업을 해야 합니다.
투명 백색 작업은 스티커를 떼어서 붙였을 때 스티커의
모양과 컬러가 잘 표현되도록 해주기 위한 것입니다.

p. 410

투명 스티커는 후지 색에 따라 스티커 디자인
느낌이 달라집니다. 투명 스티커 디자인이 잘
드러나는 흰색 후지는 노란색 후지에 비해
단가가 조금 비싼 편입니다.

p. 414

팬시 스티커는 판지를 통해 포장된 스티커의
전체 내용을 한눈에 알아볼 수 있도록
구성합니다. 또한 스티커에 판지를 구성하면
제품이 휘는 것을 막을 수 있습니다.

Fancy
Design

p. 420
픽셀 아트 스타일의
스티커는 격자 툴을 이용해
만들 수 있습니다.

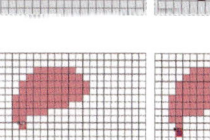

Preview / 이 책의 구성

사용 버전

이 책은 일러스트레이터 CS6로 작업했으며 CS4, CS5 사용자들을 위해 예제 작업이 가능한 버전을 따로 표시해두었습니다. 또 부록에서는 최신 버전인 CC 신기능 중 실무에 유용하게 쓰일 기능만 알차게 묶어 소개했습니다. 각 예제는 사용 가능한 버전 확인 후 작업하세요.

실무 프로젝트

디자인 현장에서 가장 많이 쓰이는 기능을 포함해 실무 프로젝트로 구성했습니다. 일러스트레이터를 다룰 때 꼭 필요한 기능과 활용 방법을 소개합니다.

작업 미리 보기

프로젝트 진행 과정에서 핵심적으로 사용된 툴, 패널, 기능 등을 작업 전에 미리 보고 확인할 수 있도록 구성했습니다.

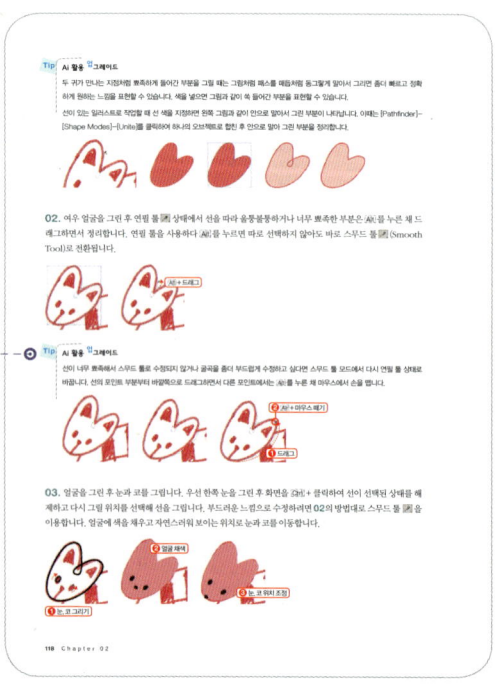

Tip

이론 설명이나 실습 중 헷갈리기 쉬운 부분을 정리해줍니다. 참고하면 유용한 정보와 작업하는 데 꼭 알아두어야 할 내용을 'Ai 활용 업그레이드', '작업 효율 업그레이드', '작업 시 주의사항'으로 나눠 꼼꼼히 설명했습니다.

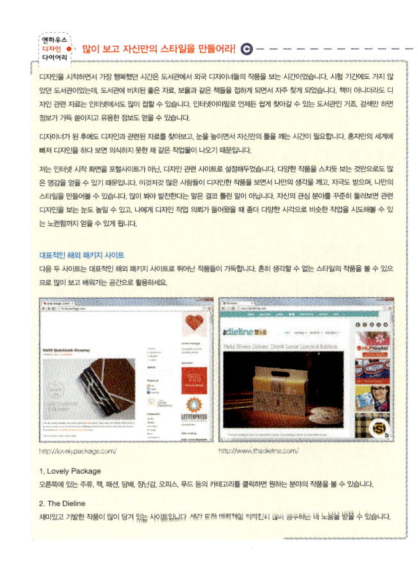

앤하우스 디자인 다이어리

프리랜서 디자이너로 성장하면서 겪은 경험담을
모았습니다. 좋은 디자인을 만드는 데 필요한 유익한
조언과 선배의 따끔한 충고를 가득 담았습니다.

스타일 갤러리

프로젝트를 진행하며 사용했던 기능,
이펙트 등을 활용해 다양한 예제를 만들
수 있습니다.

실습 예제 및 완성 파일

이 책에 사용된 모든 실습 예제 및 완성 파일은 한빛미디어 홈페이지(www.hanbit.co.kr)에서 다운로드할 수 있습니다. 홈페
이지 메인 화면에서 [부록/학습자료] 버튼을 클릭한 후 도서명을 입력하고 [다운로드] 버튼을 클릭하여 예제 파일을 다운로드
합니다. 예제 파일은 따라하기를 진행할 때마다 사용되므로 컴퓨터에 복사해두고 활용합니다.

Contents 목차

Chapter 03   아이덴티티를 제대로 표현하는 로고 디자인

Contents 목차

Chapter 04

글자에 생동감을 부여하는 캘리그래피와 타이포 디자인

Chapter 05

자유자재로 지면을 활용하는 편집 디자인

Contents 목차

illustrator

Chapter
01

디자인이 더 쉬워지는 업무 노하우 익히기

Section 01
어두운 인터페이스, 내 눈에 맞게 밝기 조절하기

디자인 작업실의 환경만큼 실제 작업에 이용되는 프로그램 속 작업 환경도 중요합니다. 얼마나 내 스타일에 딱 맞는 작업 환경이냐에 따라 작업의 속도가 붙고, 불필요한 움직임도 줄어듭니다. 좀더 효율적으로 디자인을 할 수 있도록 자신의 작업 스타일에 맞게 일러스트레이터 작업 환경을 설정해보겠습니다.

일러스트레이터 CS6를 실행하면 인터페이스상 가장 눈에 띄는 변화인 진회색 화면을 볼 수 있습니다. 꾸준히 일러스트레이터를 사용해왔던 사용자들에게는 다소 생소할 수 있습니다. 작업창의 색상은 자신의 취향에 맞게 밝은 회색, 혹은 중간 회색 정도로 변경할 수 있습니다.

가장 밝은 인터페이스 색상

가장 어두운 인터페이스 색상

인터페이스의 색상 조절은 [Edit]-[Preferences]-[User Interface]에서 조절할 수 있습니다. 좀더 빠르고 쉽게 조절하려면 단축키 Ctrl + K 를 이용해서 [Preferences] 옵션 창을 열고 난 후 [User Interface] 탭을 클릭합니다.

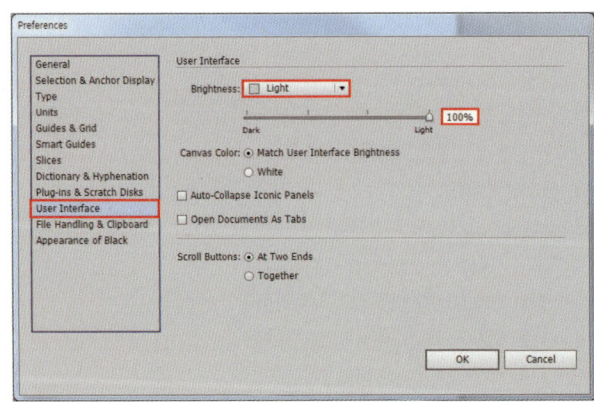

인터페이스의 색상 조절은 상단의 [Brightness] 바를 이용해 4가지 색상(Light, Medium Light, Medium Dark, Dark)으로 조절할 수 있습니다. 바의 오른쪽 부분에 위치한 입력란에 퍼센트 단위로 값을 직접 입력하여 조절해도 됩니다.

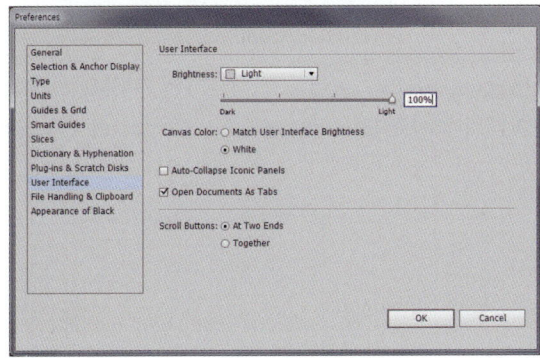 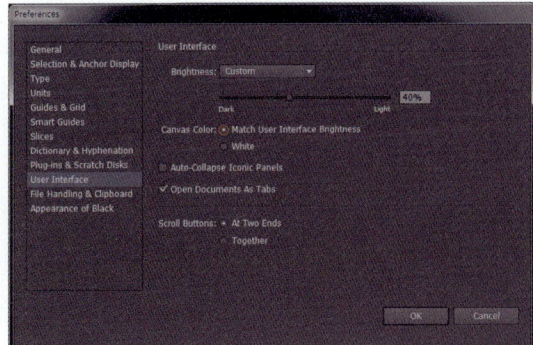

[Brightness]를 100%로 선택했을 때　　　　　　　　　　　　[Brightness]를 40%로 선택했을 때

인터페이스의 밝기를 조절한 후에는 인터페이스 색상과 함께 달라지는 도큐먼트 창의 배경색도 확인할 수 있습니다. 인터페이스의 색과 달리 도큐먼트 창의 배경색을 흰색으로 바꾸고 싶다면 [User Interface]의 [Canvas Color]에 위치한 두 개의 옵션을 이용합니다. [Match User Interface Brightness]는 인터페이스 컬러와 같은 색으로 배경을 조절할 때, [White]는 인터페이스 컬러와는 별개로 바탕을 흰색으로 바꿀 때 사용합니다.

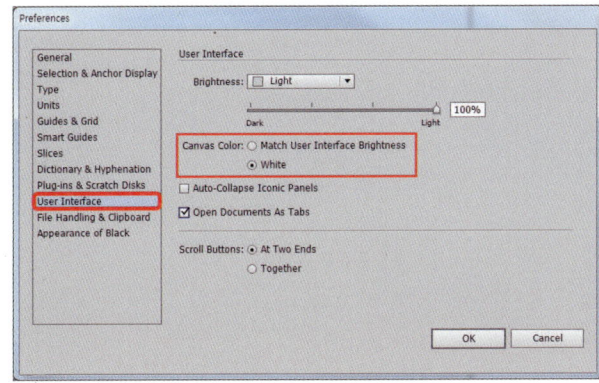

이 기능을 이용해 자신에게 잘 맞는 작업 환경을 만듭니다.

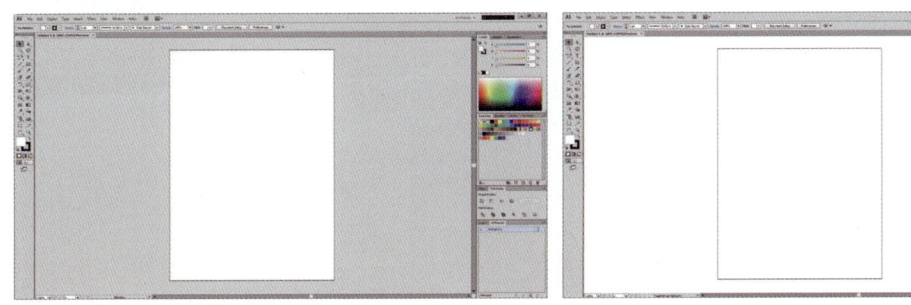

[Match User Interface Brightness] 옵션 선택 시　　　　　[White] 옵션 선택 시

02

내 스타일에 맞는 Workspace 저장하기

일러스트레이터에는 다양한 기능의 패널이 많은데, 자신의 작업 성격에 맞춰 불필요한 패널은 숨기고 자주 사용하는 패널은 꺼내놓고 작업하는 것이 좋습니다. 좀더 효율적인 작업 환경을 만들기 위해 작업 성격에 어울리는 다양한 형식의 Workspace를 만들고 저장하는 방법을 알아봅니다.

메뉴 바에서 [Window]를 선택하면 패널 메뉴가 나열됩니다. 패널 메뉴 앞에 체크 표시된 경우에는 해당 메뉴의 패널이 밖에 나와 있다는 뜻입니다. 불필요한 패널은 체크 표시를 해제하고, 자주 사용하는 패널은 체크 표시하여 꺼내줍니다. 자주 쓰는 패널 위주로 패널 메뉴 오른쪽에 표시된 단축키를 외워두면 작업 중간에 메뉴를 일일이 열어 클릭해야 하는 번거로움 없이 작업 속도를 높일 수 있습니다.

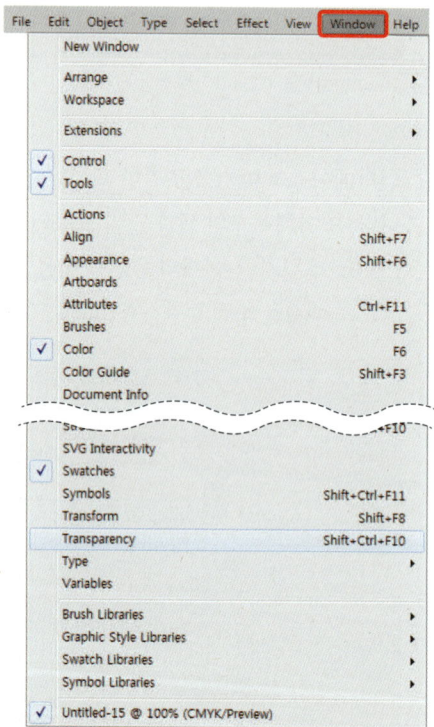

원하는 패널을 불러온 후 함께 구성된 패널 중 숨기고 싶은 패널은 패널 명을 클릭한 후 오른쪽의 ▓를 눌러 숨깁니다. 필요한 패널을 남겨둔 후 오른쪽의 패널 공간으로 드래그해 원하는 작업 환경에 맞게 구성합니다.

원하는 패널의 상단을 클릭한 채 다른 패널 위로 드래그하면 패널이 다른 패널과 한 줄로 합쳐지면서 나만의 패널이 구성됩니다. 같이 놓일 패널을 구성할 때는 비슷한 성격의 패널끼리 모아두는 것이 작업에 좀더 효율적입니다.

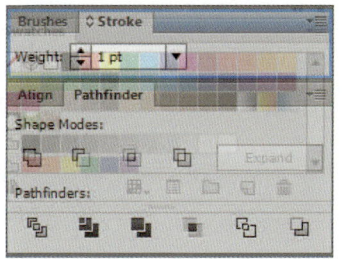

드래그하여 패널 구성

같은 줄에 패널을 구성하지 않고 새로운 패널 공간을 구성하려면 다른 패널의 위아래로 드래그해서 위치를 옮겨줍니다.

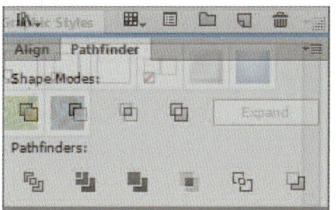

패널 위치 변경

꺼내 쓰고 싶은 패널이 많다면 원하는 패널을 왼쪽으로 드래그해줍니다. 왼쪽으로 드래그하면 그림과 같이 파란색 선이 생기는데, 이때 마우스에서 손을 떼면 패널 공간이 한 줄 더 만들어집니다. 패널 상단의 ◀◀ 아이콘을 클릭하면 패널을 넓게 쓸 수 있으며, 한 번 더 눌러주면 명령이 아이콘으로 표시되어 간편하게 사용할 수 있습니다.

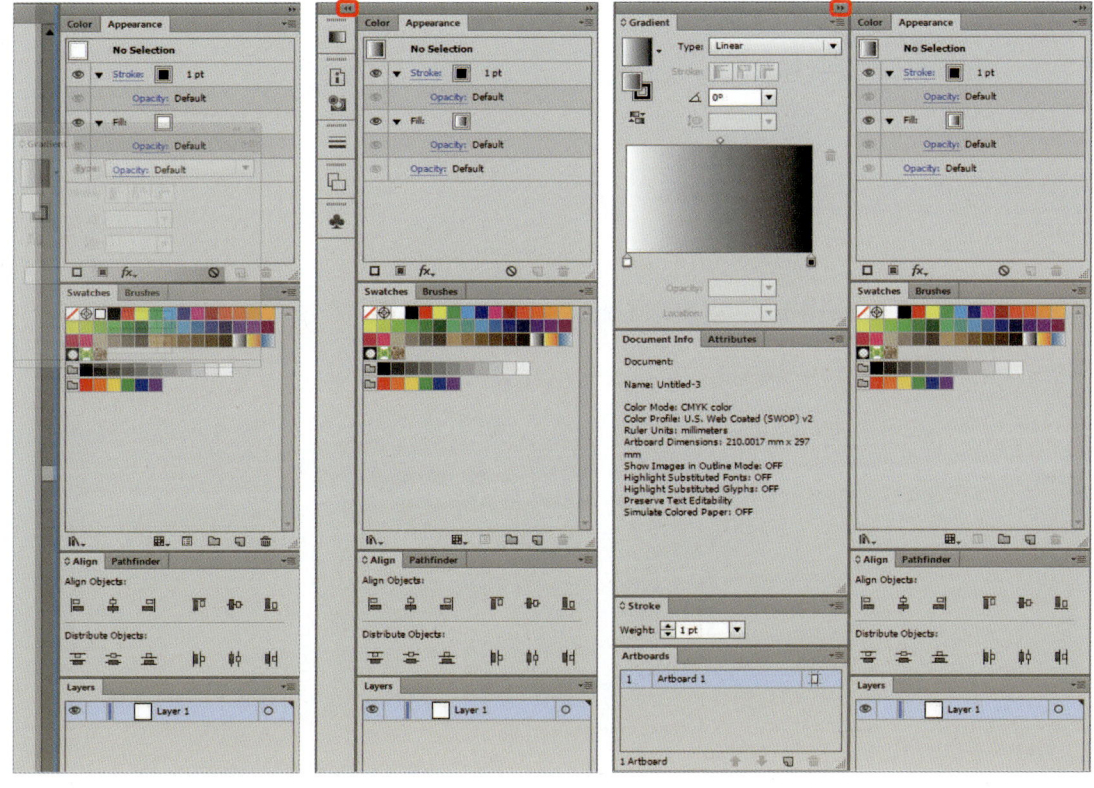

자신만의 작업 스타일에 맞는 패널을 구성했다면, 언제든 간편하게 꺼내 쓸 수 있도록 Workspace를 저장해보겠습니다. 메뉴 바의 [Window]−[Workspace]−[New Workspace]를 클릭합니다. [New Workspace] 창의 [Name]에 새로운 이름을 지정한 후 [OK]를 눌러 저장합니다.

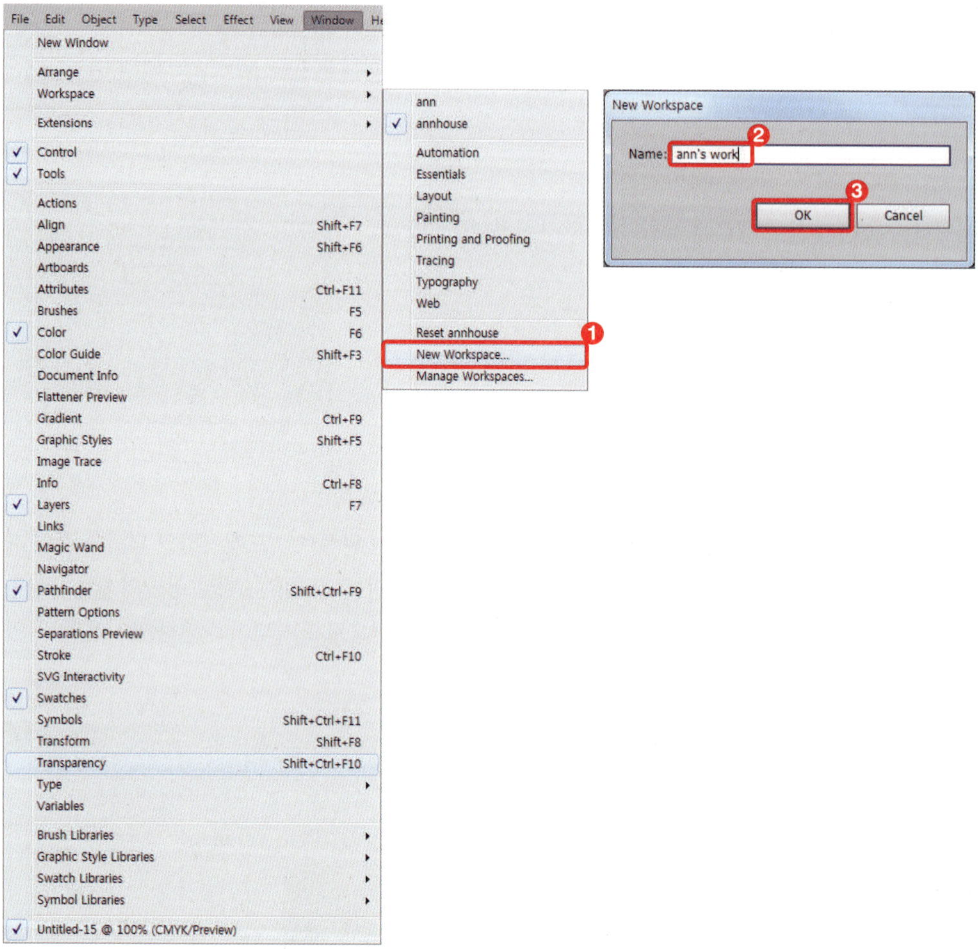

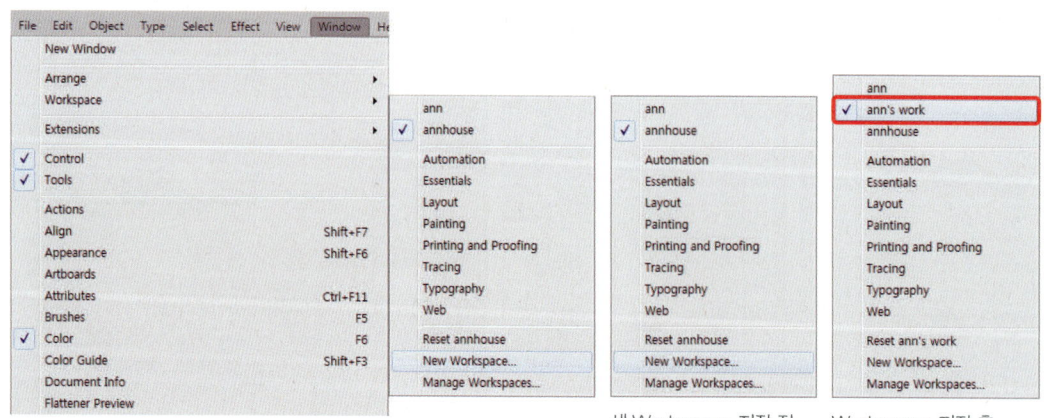

[Window]−[Workspace]를 살펴보면 윗줄에 새로운 이름이 저장된 것을 확인할 수 있습니다.

새 Workspace 저장 전   Workspace 저장 후

Ai 활용 업그레이드

컨트롤 패널 알고 가기

툴을 선택하거나 오브젝트, 폰트, 선을 선택했을 때 상황에 맞는 컨트롤 패널이 자동으로 메뉴 바 아래에 나타납니다. 상단의 컨트롤 패널과 오른쪽의 패널 공간을 적절히 사용하면 편리한 작업 환경을 만들 수 있습니다.

1. 아무것도 선택하지 않았을 때

2. 오브젝트를 선택했을 때

3. 두 개 이상의 오브젝트를 선택했을 때

4. 타입 오브젝트를 선택했을 때나 글자 입력 상태일 때

5. 아트보드를 선택했을 때

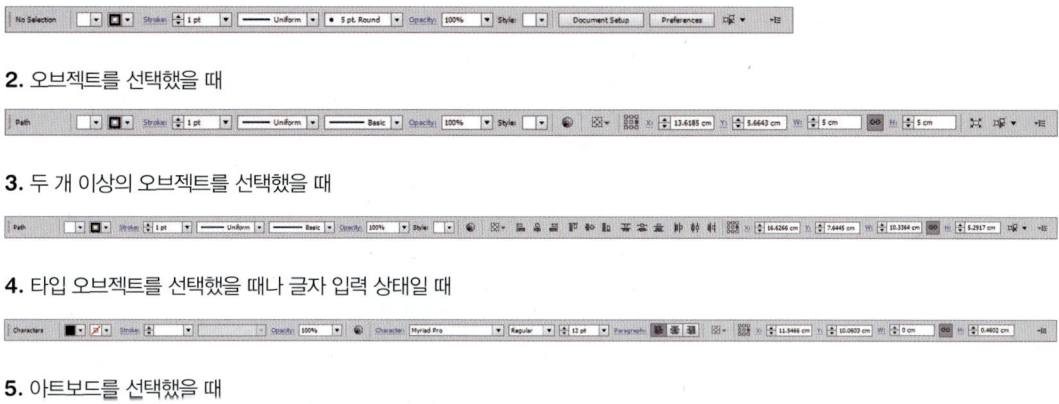

컨트롤 패널 조절하기

모든 컨트롤 패널의 오른쪽에 드롭다운 메뉴 버튼이 표시됩니다. 이 버튼을 누르면 메뉴가 나타나는데, 다양한 컨트롤 패널 중 원하는 패널만 꺼내거나 숨길 수 있습니다.

앤하우스
디자인 ●
다이어리

작업물 종류에 따라 달라지는 작업 환경 엿보기

디자이너마다 본인에게 알맞은 작업 환경을 따로 설정해 사용합니다. 필자의 경우에는 작업물의 성격에 따라서도 Workspace 를 다르게 설정합니다. 작업에 따라 사용되는 패널 등이 다르기 때문에 각각의 경우에 적합한 작업 환경을 미리 설정해두면 패널을 찾아 헤매는 시간을 줄일 수 있고, 한 공간 내에 원하는 패널을 효율적으로 배치해 사용할 수 있습니다. 또 이렇게 사전 작업을 해두면 각각의 패널 단축키를 전부 외우지 않아도 작업을 진행할 수 있어 편리합니다. 여기에서는 캐릭터 및 일러스트 작업을 할 때와 편집 및 타이포 관련 작업을 할 때의 2가지 경우로 나눠 각 작업 환경의 특징과 필자가 자주 사용하는 패널에 대해서 소개하 겠습니다. 패널은 이미 열어둔 패널과 꺼내놓기는 했지만 접어둔 패널 두 종류로 나누어 설명했습니다.

1. 오브젝트 위주의 캐릭터 및 일러스트 작업 환경

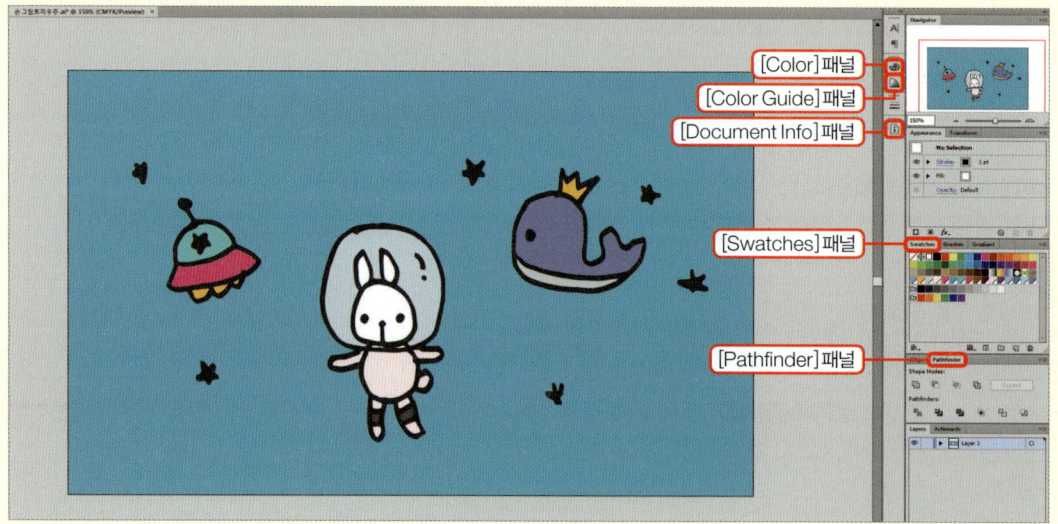

오브젝트 위주의 캐릭터, 일러스트 작업 환경에서는 자주 사용될 뿐만 아니라 초반 작업에 주로 사용하는 패널을 열린 패널로 등 록해두었습니다. 오브젝트 위주의 작업은 컬러나 면과 관련된 기능이 대표적으로 사용되므로 컬러 기능의 [Swatches] 패널과 면을 쪼개거나 합칠 때 사용하는 [Pathfinder] 패널을 나란히 두어 기능을 빠르게 사용할 수 있도록 구성했습니다. 여러 가지 패 널을 한 공간에 모두 넣어야 할 때는 패널을 겹쳐서 구성하면 공간을 좀더 효율적으로 활용할 수 있습니다.

작업이 중반 정도 진행된 이후에는 오브젝트를 세밀하게 조절해야 하므로, 접힌 패널에는 [Color] 패널과 [Color Guide] 패널을 등록하여 필요할 때 사용할 수 있도록 배치했습니다. 작업을 마무리할 때는 작업한 내용을 한 번씩 확인해야 하므로, [Document Info] 패널을 가장 아래쪽에 등록해두었습니다.

2. 편집, 타이포 관련 작업 환경

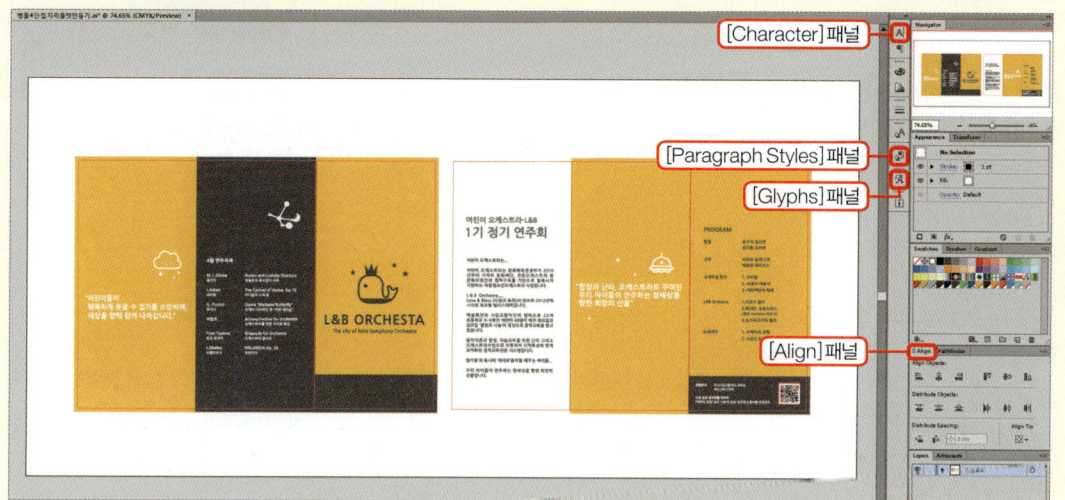

편집이나 타이포 관련 작업을 할 때는 작업 내내 사용하게 될 패널이 정해져 있으므로, [Align] 패널처럼 오브젝트 정렬과 관계된 패널은 열린 패널로 등록해두었습니다. 세밀하게 조절하는 기능과 관련된 [Color], [Color Guide], [Glyphs], [Paragraph Styles] 패널 등은 그때그때 꺼내 쓰기 쉽도록 접힌 패널로 등록했습니다.

타입 관련 패널은 글자 오브젝트를 선택했을 때 상단에 컨트롤 패널이 나타나기 때문에 필자는 따로 [Character] 패널을 꺼내두지는 않았습니다. 기본적인 기능을 적용할 때는 컨트롤 패널을 사용하고, 세밀한 자간 조절이나 폰트 스타일 등록 작업 등은 언제든 꺼내 사용할 수 있도록 접힌 패널로 구성해둡니다. [Document Info] 패널은 작업 마지막 단계에서 확인 사항을 잊지 않고 살펴보아야 하므로 접힌 패널 아래쪽에 등록했습니다.

Section 03 용도별로 유용하게 쓰이는 단축키 기능

단축키는 실무에서의 작업 시간을 효율적으로 줄일 수 있게 해줍니다. 그렇지만 억지로 외운다고 해서 외워지는 것이 아니므로, 단축키를 이용하는 습관을 들이는 것이 중요합니다. 툴을 사용할 때 각각의 용도에 따라 단축키를 적어두면 사용할 때 좀더 편리해집니다.

● 툴 패널의 툴 및 단축키 알아보기

[V] 선택 툴_____다른 툴에서 Ctrl 을 누른 채 드래그하거나 선택할 수 있습니다. Ctrl + Shift 와 함께 클릭하면 중복 선택이 가능합니다. 오브젝트를 선택한 후 Enter 를 눌러주거나 선택 툴을 더블클릭하면 [Move] 옵션 창을 꺼내서 조절할 수 있습니다.

[A] 부분 선택 툴_____선택 툴 에서 Ctrl 을 누르면 부분 선택 기능을 간편하게 사용할 수 있습니다.

[Y] 마술봉   **[Q] 올가미 툴**

[P] 펜 툴   **[+] 기준점 추가**   **[−] 기준점 삭제**   **Shift + C 고정점 변환**

[T] 글씨 툴

[W] 선 툴   **[M] 사각형 툴**   **[L] 원형 툴**

그릴 도형의 정확한 사이즈를 원한다면 도형 툴을 선택한 후 아무 곳이나 클릭합니다.

[B] 브러시 툴   **[N] 연필 툴**   **Shift + B 블럽 브러시 툴**

연필과 브러시 툴로 그린 선의 끝부분끼리 묶어주려면 마무리할 때 Alt 를 누르며 선을 끝부분 쪽으로 연결해줍니다. 그러면 선끼리 묶입니다. 특히 연필 툴 로 그린 선을 매끄럽게 하려면 Alt 를 누르며 선 위를 부드럽게 드래그합니다. 선이 매끄럽게 수정됩니다. 이 기능을 적용하여 모든 선을 매끄럽게 수정할 수 있으며 선을 선택한 후 연필 툴 선택 상태에서 Alt 를 누르며 드래그하면 됩니다.

[C] 가위 툴

[R] 회전 툴   **[O] 반전 툴**   **[S] 스케일 툴**

툴을 선택한 상태에서 Alt 를 누르고 원하는 기준 포인트를 클릭하면 해당 툴의 창이 나타납니다. 수치를 빠르고 정확하게 조절할 수 있습니다.

: Shift + W 폭 툴   : Shift + R 왜곡 툴

: E 자유 변형 툴

: Shift + M 도형 구성 툴

: K 라이브 페인트 버킷 툴   : Shift + L 라이브 페인트 선택 툴

: Shift + P 원근감 격자 툴   : Shift + V 원근감 선택 툴

• Ctrl + Shift + I : Perspective Guide 숨기기
• 1, 2, 3 : Persective Guide에서 면 선택

: U 메시 툴

: I 스포이트 툴

: W 불렌드 툴   : Shift + S 심벌 툴   : J 그래프 툴

: Shift + O 아트보드 툴

: Shift + K 슬라이스 툴

: H 손 툴_____ Space Bar 를 누르면 기본 툴 선택 상태에서 손 툴 기능을 사용할 수 있습니다.

: Z 돋보기 툴_____ Shift + Space Bar 를 함께 누르고 드래그하면 원하는 부분을 확대해서 볼 수 있습니다.

Scale Tool (S)
Shear Tool   : Alt + 클릭
Reshape Tool

툴의 구성을 살펴보면 몇몇 툴은 패널 안 우측 하단에 삼각형 표시가 있는 것을 볼 수 있습니다. 이 표시는 숨겨진 툴이 있다는 의미로 마우스로 약 2초간 누르고 있으면 숨겨진 툴이 나타납니다. 이 숨겨진 툴은 Alt + 클릭하여 바로 선택할 수도 있습니다.

: X 선택한 오브젝트의 면과 선을 선택합니다. Shift + X 를 누르면 선택한 오브젝트의 면과 선 컬러를 서로 바꿔 줍니다.

: D 선택한 오브젝트의 면과 선 컬러를 흰색과 검은색으로 초기화시킵니다. ., ., / 를 누르면 선택한 오브젝트의 선 또는 면 색을 단일색/그라디언트/투명으로 바꿔줍니다.

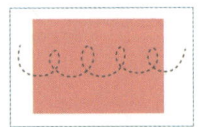

Draw Normal

Draw Behind

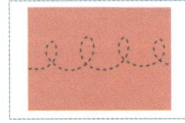

:⃓ Shift + D

Draw Inside

그리기 모드____ 왼쪽부터 기본 그리기 모드/선택한 오브젝트 뒤로 그리기/선택한 오브젝트 안으로 그리기

• Draw Normal : 일반적인 그리기 모드

• Draw Behind : 선택한 오브젝트 뒤에 그리기

• Draw Inside : 선택한 오브젝트 안쪽에 그려주는 기능으로, 오브젝트를 클리핑 마스크(Clipping Mask)로 처리하는 것입니다. 작업이 끝나면 선은 아웃라인 처리하고 Merge를 적용하여 보여지는 그대로 면을 정리해줍니다.

:⃓ F 화면 모드

• 기본 모드/툴 바, 패널을 포함한 풀스크린 모드/도큐먼트만 채운 풀스크린 모드

• Tab : 툴 바, 패널 없이 도큐먼트만 보기

• Shift + Tab : 패널 없이 툴바와 도큐먼트만 보기

● 파일 관련 단축키 알아보기

열기, 불러오기 관련 단축키

• 새 파일 열기 Ctrl + N

• 파일 불러오기 Ctrl + O 또는 일러스트레이터 빈 화면 더블클릭

• 템플릿 불러오기 Shift + Ctrl + N

• 브릿지에서 불러오기 Ctrl + Alt + O

저장 관련 단축키

• 저장 Ctrl + S

• 다른 이름으로 저장 Shift + Ctrl + S

• 사본 저장 Ctrl + Alt + S

• 웹용으로 저장 Shift + Ctrl + Alt + S

기타

• 열려진 도큐먼트 단위로 이전/다음 보기 Ctrl + F6 / Shift + Ctrl + F6

• 프린트하기 Ctrl + P

도큐먼트 설정, 세부 내용 설정 관련 단축키

• 도큐먼트 설정 Ctrl + Alt + P

• 아트보드 수정 Shift + O

• 파일 정보 Shift + Ctrl + Alt + I

• 컬러 설정 Shift + Ctrl + K

닫기 관련 단축키

• 파일 닫기 Ctrl + W

• 열린 파일 모두 닫기 Ctrl + Alt + W

• 일러스트 종료하기 Ctrl + Q

● 작업 환경 설정 관련 단축키 알아보기

도큐먼트 뷰 관련 단축키

• 화면 모드 바꾸기 F

• 툴 패널 숨기기/꺼내기 Tab

• 패널만 숨기기/꺼내기 Shift + Tab

환경 설정 관련 단축키

• 단축키 설정하기 Shift + Ctrl + Alt + K

• 작업 환경 설정하기 Ctrl + K

레이어 만들기 관련 단축키

• 레이어 새로 만들기 Ctrl + L

• 레이어 옵션 창과 함께 새로 만들기 Ctrl + Alt + L

● 실행 명령 관련 단축키 알아보기

실행 취소 관련 단축키

- 실행 취소 Ctrl + Z
- 실행 취소 되돌리기 Shift + Ctrl + Z

오브젝트 붙이고 자르기 관련 단축키

- 복사하기 Ctrl + C
- 붙여넣기 Ctrl + V
- 잘라내기 Ctrl + X
- 복사한 개체 그 자리에 붙이기 Ctrl + Shift + V
- 모든 아트보드에 붙이기 Shift + Ctrl + Alt + V
- 오브젝트에 적용한 작업 반복하기 Ctrl + D : 움직임, 복사, 크기 모두 같은 비율로 수정 반복

선택 관련 단축키

- 전체 선택 Ctrl + A
- 아트보드가 2개 이상일 경우 해당 아트보드에서만 전체 선택 Ctrl + Alt + A
- 만들어진 순서대로 선택 Ctrl + Alt + [,]

● 오브젝트 명령 관련 단축키 알아보기

오브젝트 위치 관련 단축키

- 복사한 오브젝트 위로 붙이기 Ctrl + F
- 복사한 오브젝트 밑으로 붙이기 Ctrl + B
- 선택 오브젝트 위치 위, 아래로 놓기 Ctrl + [,]
- 선택 오브젝트 맨 위로, 맨 아래로 놓기 Ctrl + Shift + [,]

그룹화 관련 단축키

- 오브젝트 그룹화/해제 Ctrl + G / Shift + Ctrl + G

잠금 관련 단축키

- 오브젝트 잠그기/풀기 Ctrl + 2 / Ctrl + Alt + 2
- 선택 오브젝트 빼고 모두 잠그기 Shift + Ctrl + Alt + 2

오브젝트 보기 관련 단축키

- 오브젝트 숨기기/꺼내기 Ctrl + 3 / Ctrl + Alt + 3
- 선택 오브젝트 빼고 모두 숨기기 Shift + Ctrl + Alt + 3

명령 적용 관련 단축키

- 선택 오브젝트 똑같은 사이즈로 수정 Shift + Ctrl + Alt + D
- 마지막 적용한 Pathfinder 적용 Ctrl + 4

기타 단축키

- 움직임 툴 Shift + Ctrl + M

  Tip 개체 선택 후 Enter 를 누르면 무브 창을 바로 꺼낼 수 있습니다.
- 패스 양끝 연결 Ctrl + J

● 보기 관련 단축키 알아보기

뷰 모드 관련 단축키

- 아웃라인으로 보기 Ctrl + Y
- 픽셀로 보기 Ctrl + Alt + Y
- 눈금자 보기/숨기기 Ctrl + R
- 바운딩 박스 보기/숨기기 Shift + Ctrl + H
- 투명 그리드 보기 Shift + Ctrl + D
- 텍스트 스레드 숨기기 Ctrl + Alt + G

크기 관련 단축키

- 확대하기/축소하기 Ctrl + + , −
- 아트보드 사이즈로 보기 Ctrl + 0
- 화면 사이즈에 꽉 채워서 보기 Ctrl + Alt + 0
- 실제 크기로 보기 Ctrl + 1
- 세부 모양 숨기고 이미지만 보기 Ctrl + H
- 아트보드 숨기고 보기 Shift + Ctrl + H

가이드 관련 단축키

- 가이드 보기/숨기기 `Ctrl`+`;`
- 가이드 잠그기 `Ctrl`+`Alt`+`;`
- 선택 오브젝트 가이드로 만들기 `Ctrl`+`5`
- 선택 오브젝트 가이드 해제 `Ctrl`+`Alt`+`5`
- 스마트 가이드 `Ctrl`+`U`

- 원근감 그리드 보기 `Shift`+`Ctrl`+`I`
- 그리드 보기 `Ctrl`+`'`
- 스냅 투 그리드 `Shift`+`Ctrl`+`'`
- 스냅 투 포인트 `Ctrl`+`Alt`+`'`

● 각 기능 관련 단축키 알아보기

Blend

- Make `Ctrl`+`Alt`+`B`
- Release `Shift`+`Ctrl`+`Alt`+`B`

Envelope Distort

- Make with Warp `Shift`+`Ctrl`+`Alt`+`W`/워프로 왜곡
- Make with Mesh `Ctrl`+`Alt`+`M`/메쉬로 왜곡
- Make with Top Object `Ctrl`+`Alt`+`C`/맨 위 오브젝트로 왜곡

Clipping Mask

- Make `Ctrl`+`7`
- Release `Ctrl`+`Alt`+`7`

Compound Path

- Make `Ctrl`+`8`
- Release `Shift`+`Ctrl`+`Alt`+`8`

기타

- 마지막 이펙트 그대로 적용 `Shift`+`Ctrl`+`E`
- 마지막 이펙트 창 열어서 적용 `Shift`+`Ctrl`+`Alt`+`E`
- 심볼 새로 등록 `F8`
- 선, 면 추가 : 선 `Ctrl`+`/`, 면 `Ctrl`+`Alt`+`/`

● 폰트 기능 단축키 알아보기

- Create Outlines `Shift`+`Ctrl`+`O` : 서체 아웃라인화
- 폰트 사이즈 늘리고 줄이기 `Shift`+`Ctrl`+`Alt`+`/`
- 자간 사이즈 조절 `Ctrl`+`Alt`+`K`
- 기본으로 되돌리기 `Ctrl`+`Alt`+`Q`
- 폰트 종류 선택 `Shift`+`Ctrl`+`Alt`+`F`

- 폰트 정렬
  - 왼쪽 정렬 `Shift`+`Ctrl`+`L`
  - 중앙 정렬 `Shift`+`Ctrl`+`C`
  - 오른쪽 정렬 `Shift`+`Ctrl`+`R`
- 텍스트 박스 안에서 양끝 정렬하기 `Shift`+`Ctrl`+`F`

● 패널 꺼내기 단축키 알아보기

- Align `Shift`+`F7`

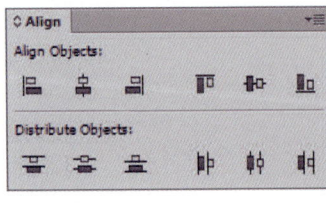

- Appearance `Shift`+`F6`

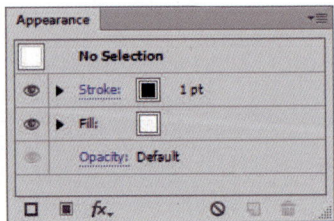

- Transparency `Shift`+`Ctrl`+`F10`

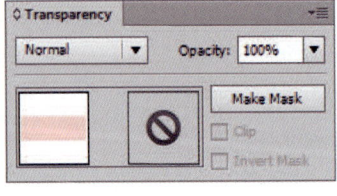

• Color F6

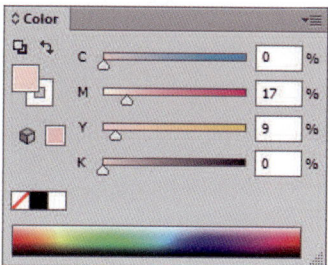

• Color Guide Shift + F3

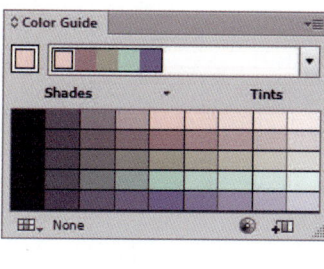

• Gradient Ctrl + F9

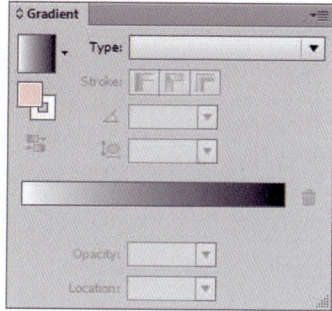

• Brushes F5

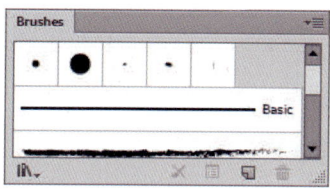

• Stroke Ctrl + F10

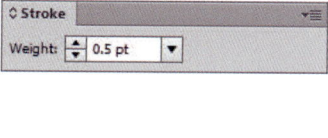

• Info Ctrl + F8

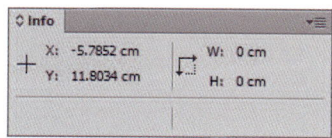

• Attributes Ctrl + F11

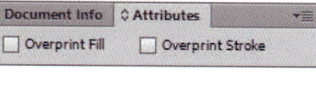

• Graphic Styles Shift + F5

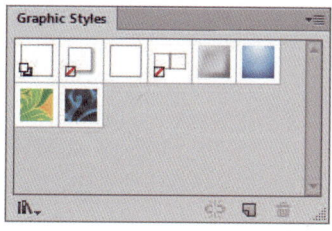

• Symbols Shift + Ctrl + F11

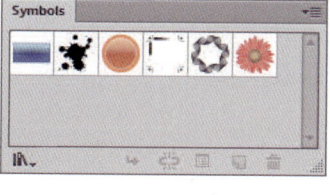

• Layers F7

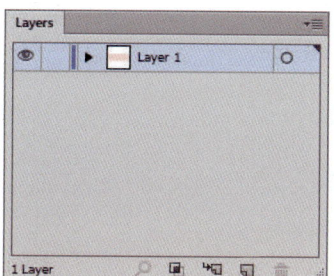

• Transform Shift + F8

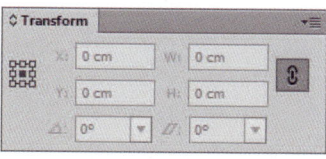

• Character `Ctrl`+`T`

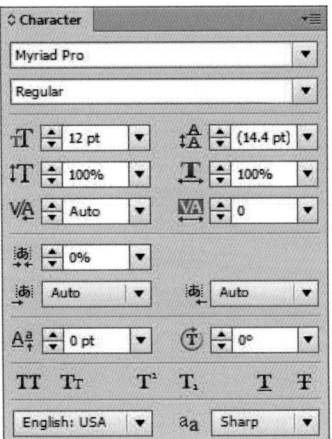

• OpenType `Shift`+`Ctrl`+`Alt`+`T`

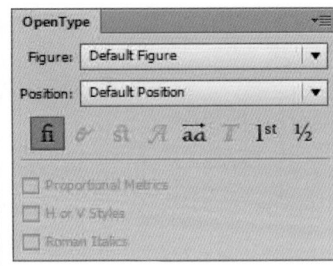

• Paragraph `Ctrl`+`Alt`+`T`

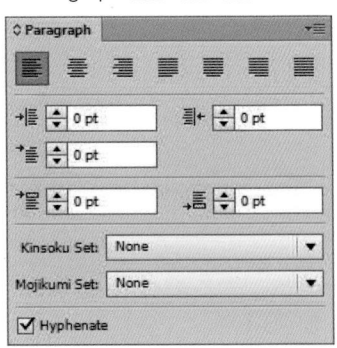

• Tabs `Shift`+`Ctrl`+`T`

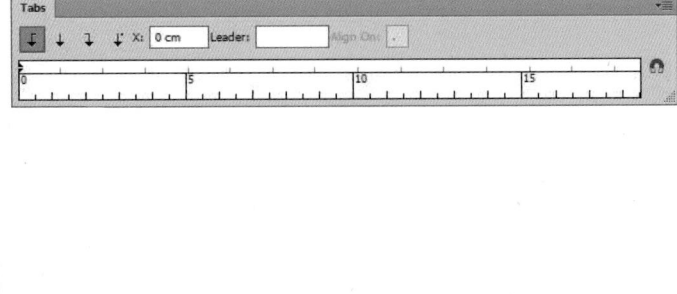

Section
04
나만의 단축키!
내 작업 스타일에 맞게 단축키 만들기

일러스트레이터는 기본적으로 지정된 단축키 외에도 자주 사용하는 기능을 단축키로 만들 수 있습니다. 자주 사용하는 기능을 단축키로 만들어두면 작업 속도가 더 빨라집니다. 자신의 작업 스타일에 맞게 자주 사용하는 기능을 단축키로 만들어보겠습니다.

01. 메뉴 바의 [Edit]−[Keyboard Shortcuts]를 클릭하여 [Keyboard Shortcuts] 옵션 창을 불러옵니다. 단축키 Shift + Ctrl + Alt + K 를 이용해도 됩니다. [Keyboard Shortcuts] 옵션 창을 살펴보면 [Tools] 탭 외에 [Menu Commands] 탭도 볼 수 있습니다. 여기에서는 각 툴의 단축키 외에도 메뉴 바의 기능을 단축키로 설정할 수 있습니다. 일러스트레이터의 기본 단축키는 실무에서 자주 사용하니 익혀둡니다. 또한 단축키가 없는 기능은 새롭게 단축키를 만들어 사용 해보겠습니다.

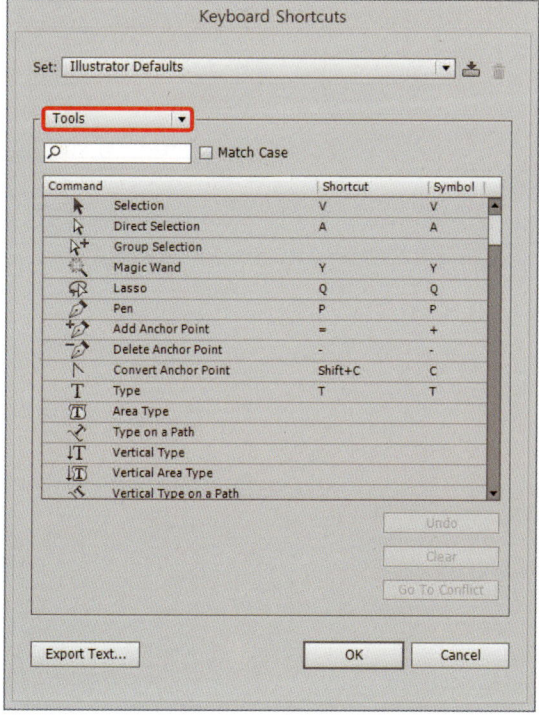

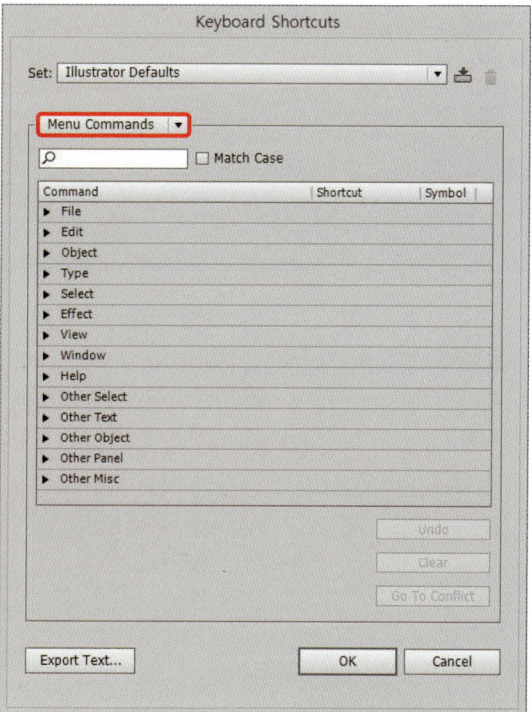

02. [Keyboard Shortcuts] 옵션 창의 [Tools] 탭을 살펴봅니다. 자주 사용하는 툴 중 단축키가 없는 기능의 [Shortcut] 항목을 선택한 후 기본적으로 등록되어 있지 않은 알파벳을 입력합니다. 단축키를 지정할 때는 촉박한 작업을 할 때 바로 생각날 수 있도록 키에 의미를 부여하는 것도 좋습니다. '빠르게 큐!'라는 의미로 알파벳 Q 를 입력해봅니다. Q 외에도 원하는 알파벳이 있다면 입력해보면서 단축키로 설정합니다. 아래 목록 창에 경고 아이콘이 뜬다면 다른 키를 입력합니다. 아무런 경고가 뜨지 않으면 등록할 수 있습니다.

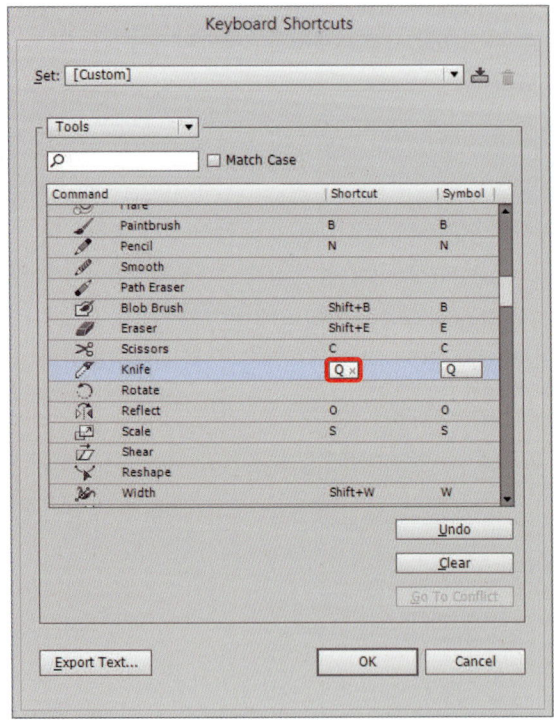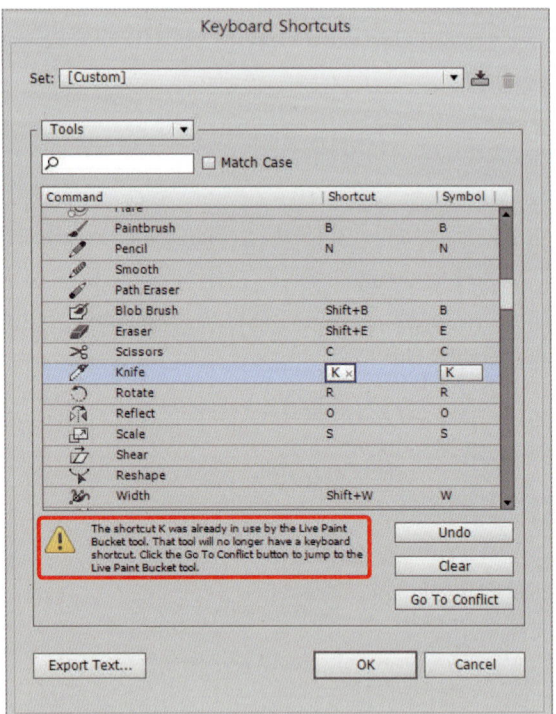

03. 등록 후 [OK]를 누르면 [Save Keyset File] 창이 뜹니다. 원하는 이름을 입력한 후 [OK]를 눌러줍니다. 그림과 같이 지정해준 Set 명으로 등록한 단축키가 저장되었습니다. 마찬가지로 툴 바의 아이콘을 클릭해보면 단축키가 등록된 것을 확인할 수 있습니다.

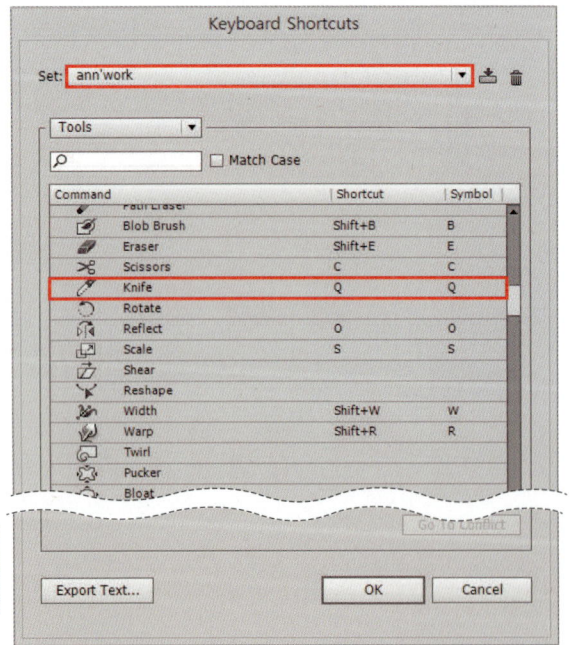

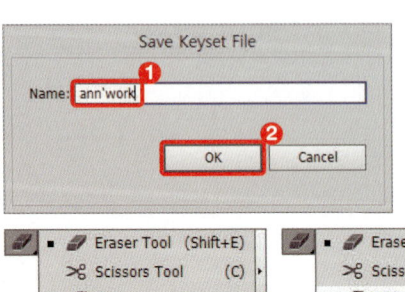

단축키 입력 전   단축키 입력 후

04. 툴 단축키 외에도 [Menu Commands]를 클릭하여 자주 사용하는 유용한 단축키를 등록해보겠습니다. [Menu Commands] 탭을 선택하고 [Effect]-[Pathfinder]-[Merge]를 선택합니다. [Menu Commands] 탭에서는 알파벳을 Ctrl과 조합하여 단축키를 만듭니다. [Merge]의 단축키로 Ctrl + M을 입력하고 [OK]를 누르면 [Save Keyset File] 창이 뜹니다. 원하는 이름을 입력한 후 [OK]를 누릅니다. [Keyboard shortcuts] 옵션 창을 보면 입력했던 Set 명이 나타납니다. [Keyboard Shortcuts]에서 작업 성격에 따라 단축키를 분리해 용도별로 만들어놓으면 좀더 효율적인 작업 환경을 만들 수 있습니다.

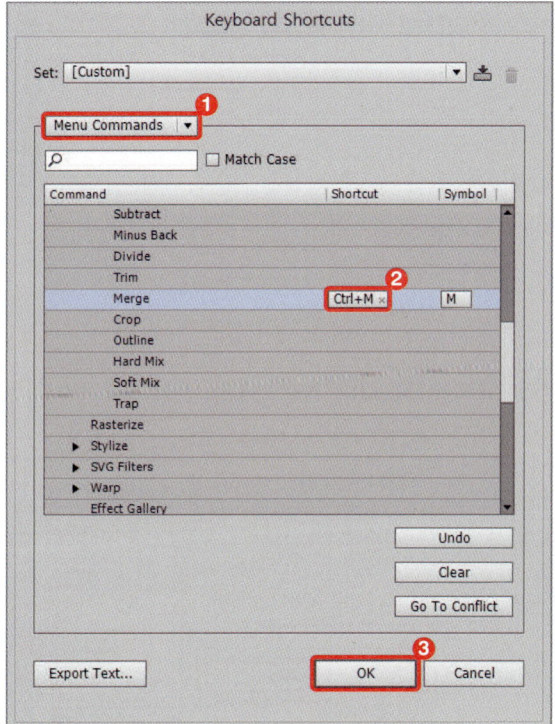

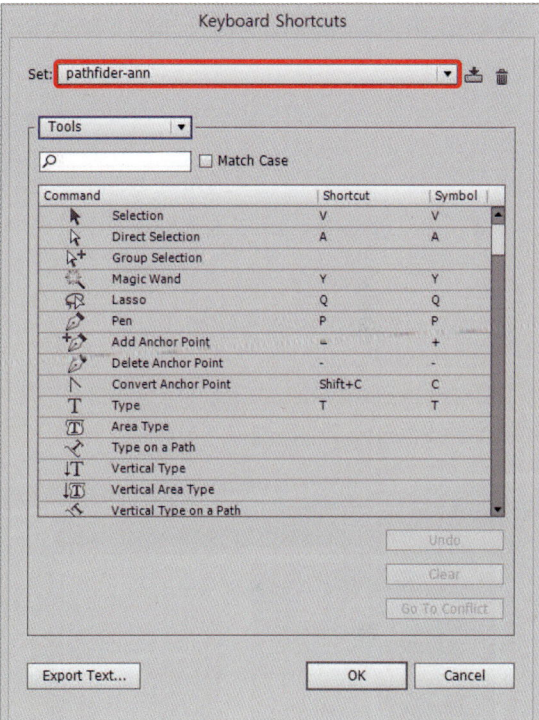

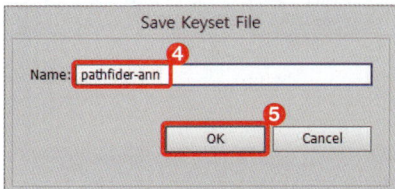

Section 05 아트보드 사이즈 조절 및 옵션 재설정하기

아트보드는 일러스트레이터에서 실제 작업하는 영역으로, 캔버스라고 생각하면 쉽습니다. 한 문서 안에서 한 개의 아트보드로만 작업할 수도 있지만 필요에 따라 여러 개의 아트보드로 작업할 수도 있습니다. 여러 페이지를 보여주어야 하는 편집 디자인에서 특히 유용하게 쓰입니다. 어떻게 활용하느냐에 따라 작업의 편의도가 달라지므로 자주 사용하여 익숙해지는 것이 중요합니다.

이미 열어둔 아트보드를 필요에 따라 조절하면 작업 시간을 좀더 효율적으로 조절할 수 있습니다. 아트보드 패널을 꺼내지 않더라도 단축키 Shift + O 를 이용해 빠르게 변형할 수 있습니다.

✿ 아트보드 사이즈 조절하기

01. 수정이 필요한 아트보드를 꺼낸 상태에서 단축키 Shift + O 를 누릅니다. 화면과 같이 점선이 생기면서 아트보드를 조절할 수 있는 상태가 됩니다.

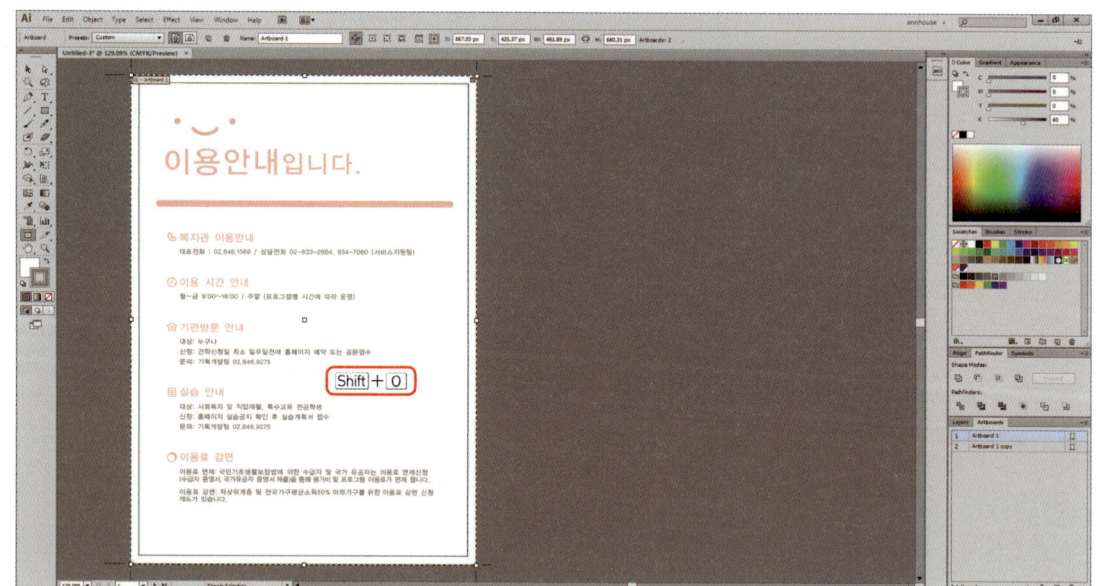

02. 메뉴에서 [Move/Copy Artwork with Artboard]를 클릭해 해제하고 Shift + Alt + 드래그합니다. 오브젝트와 같이 Shift 를 누른 채 드래그하면 정확한 각도로 이동/복사할 수 있습니다. 복사한 아트보드를 클릭한 후 메뉴의 [Name]에서 아트보드 이름을 바꿔줍니다. 이름을 관리하면 각 아트보드를 저장할 때 좀더 편리하게 구분할 수 있습니다. 파일을 관리하고 정리하는 것도 작업의 연장인 만큼 작업 시 파일 관리를 염두에 두고 정리하는 습관을 들이도록 노력해야 합니다.

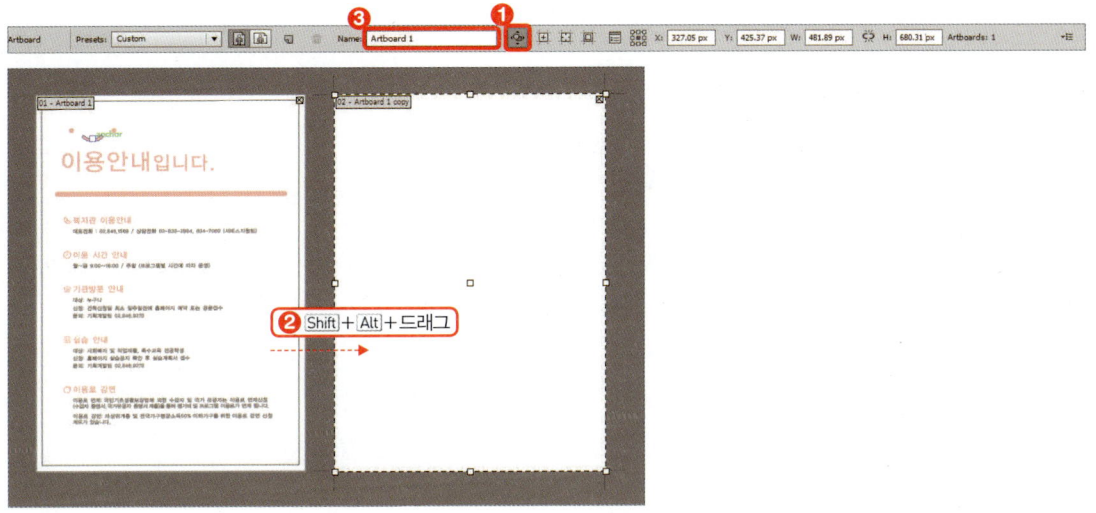

Tip | **Ai 활용 업그레이드**

[Move/Copy Artwork with Artboard] 버튼이 체크되어 있으면 아트보드에 있는 모든 오브젝트를 한번에 복사할 수 있습니다.

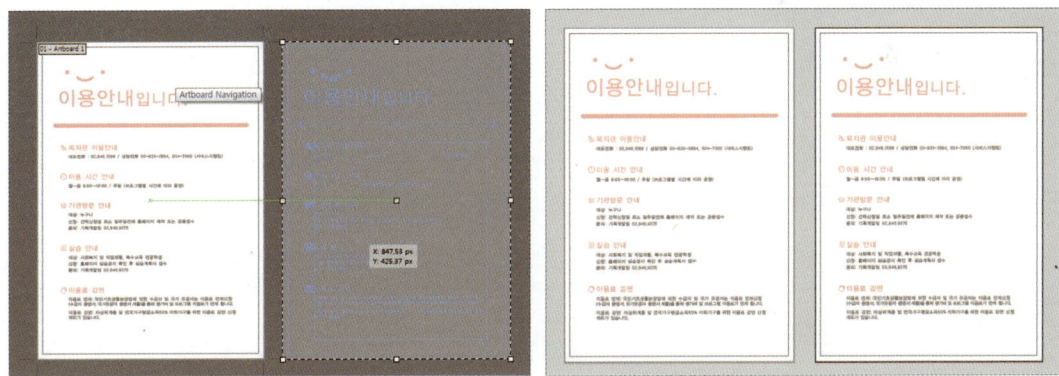

같은 레이아웃으로 작업할 때는 아트보드에 있는 모든 오브젝트를 같이 복사하면 편리합니다. 이 기능은 통일된 레이아웃을 많이 사용하는 편집 디자인이나 웹 디자인에서 매우 유용하게 활용할 수 있습니다.

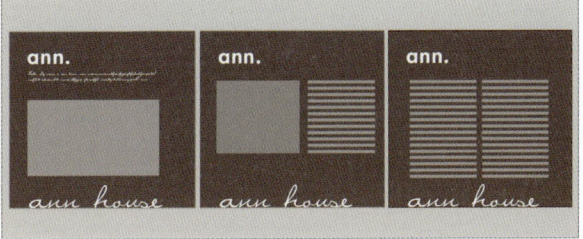

🌀 아트보드 패널의 주요 기능 알아보기

아트보드 패널에서 각 아트보드를 더블클릭하면 해당 아트보드를 화면에 채워서 볼 수 있습니다. 이 기능을 이용하면 작업 시 원하는 공간을 좀더 빠르게 찾을 수 있어 편리합니다.

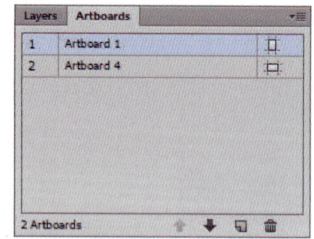

아트보드 패널에서 숨겨진 기능을 살펴보겠습니다. 아트보드 패널 오른쪽 위에 있는 드롭다운 메뉴 버튼을 클릭해서 나타나는 팝업 메뉴 중 하단의 [Rearrange Artboard]를 클릭하면 옵션 창이 나타나며 [Layout], [Columns] 등의 항목에서 아트보드 배열에 관련된 속성을 다시 설정할 수 있습니다. [Layout]은 레이아웃 관련, [Rows] 또는 [Columns]는 행과 열의 개수, [Spacing]은 아트보드 간의 간격을 수정하는 옵션입니다.

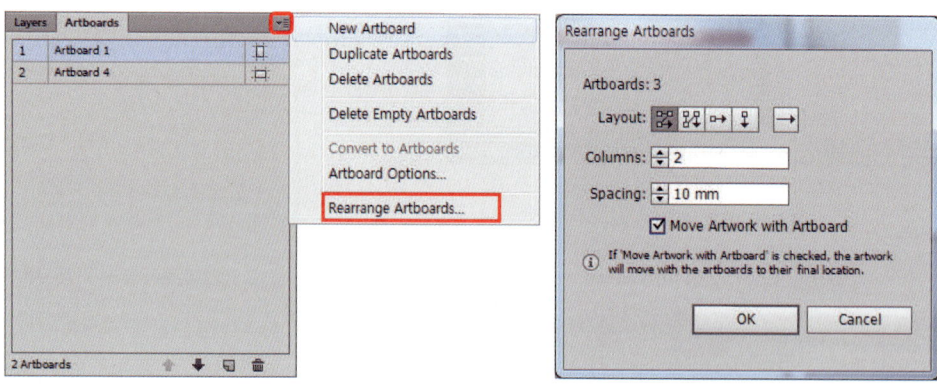

[Rearrange Artboard] 옵션 창의 [Layout] 항목에서는 5가지의 옵션을 선택할 수 있고 정렬되지 않은 아트보드를 가지런히 정리할 수 있습니다. 각각의 옵션을 적용하면 다음과 같이 정렬됩니다.

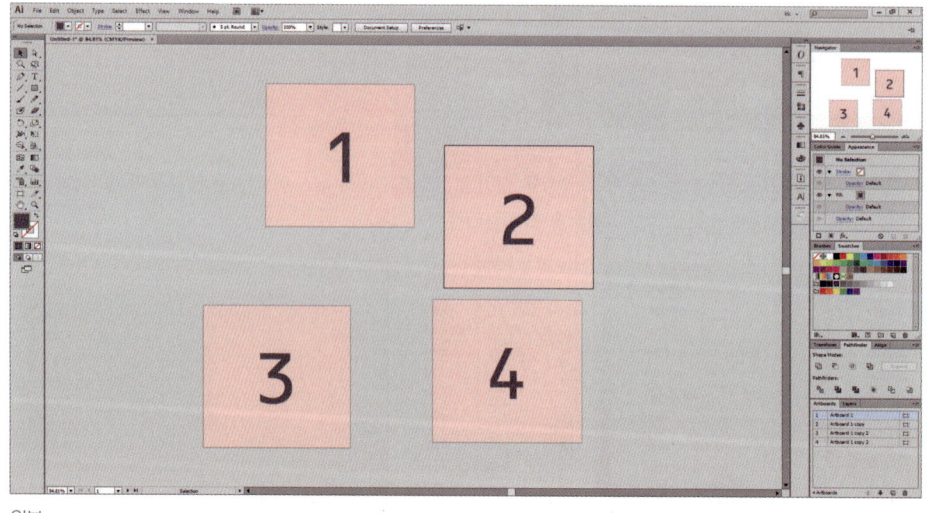

원본

[Grid by Row] 적용 시

[Grid by Column] 적용 시

Tip Ai 활용 업그레이드

아트보드 관련 명령은 모두 아트보드 패널 안 레이어의 순서대로 처리됩니다.

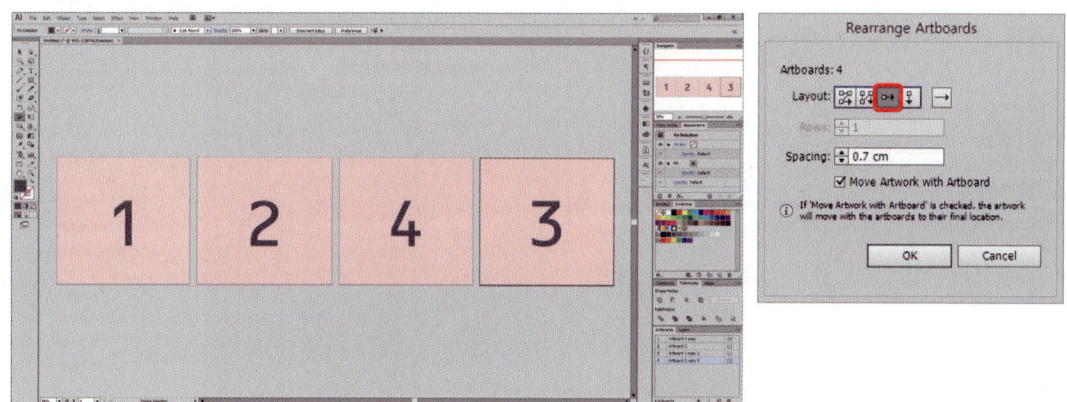

아트보드 패널 안에서 아트보드의 순서가 1, 2, 4, 3의 순서로 되어 있을 경우 [Arrane by Row]를 적용하면 그림처럼 아트보드 패널 안의 순서대로 정렬됩니다.

[Arrange by Row] 적용 시

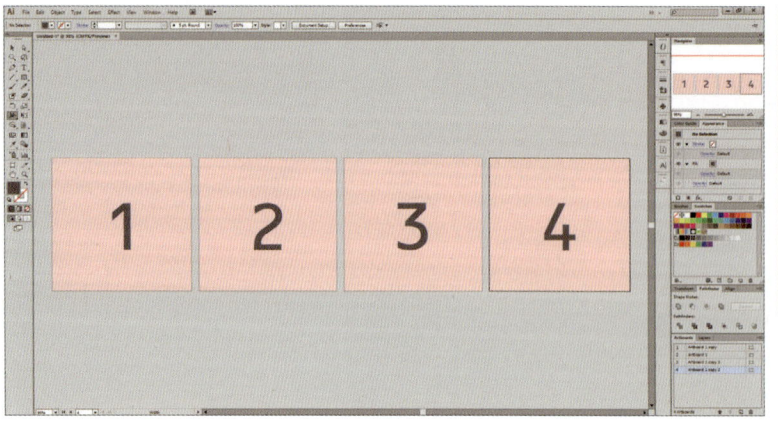
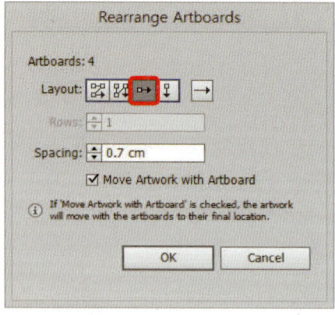

[Arrange by Column] 적용 시

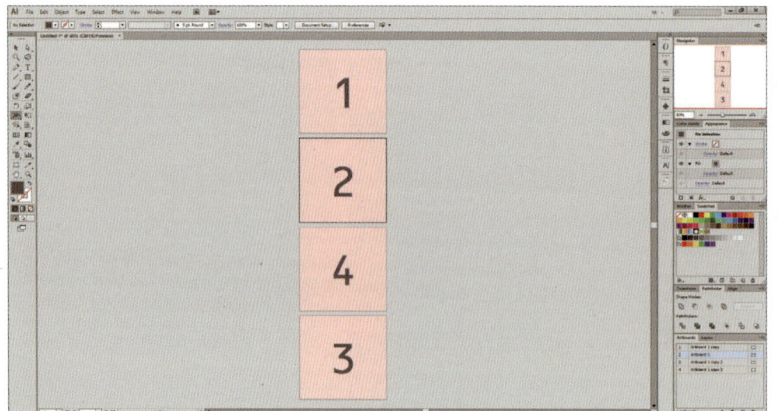
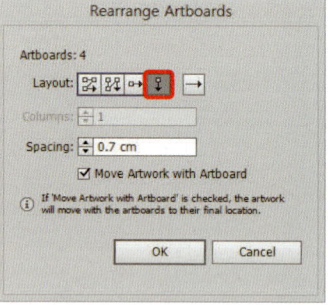

[Change to Right-to-Left Layout] 적용 시

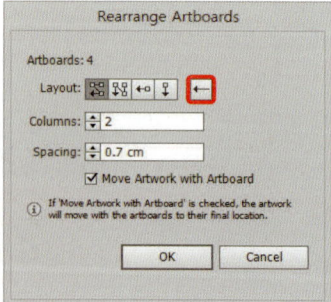

아트보드 패널 오른쪽 위에 있는 드롭다운 메뉴 버튼을 클릭하면 팝업 메뉴가 나타납니다. 이 중 아트보드 설정 자체를 변경할 수 있는 메뉴는 [ArtBoard Options]입니다. 아트보드를 사용하다 보면 아트보드의 이름을 바꾸거나 크기, 배치 등의 옵션을 설정해야 할 때가 있습니다. 아트보드 패널에서 각 아트보드의 오른쪽에 위치한 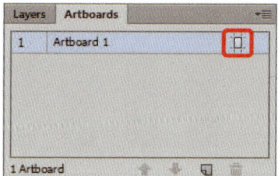 아이콘을 클릭하면 손쉽게 옵션 창을 꺼낼 수 있습니다.

- **Name** : 아트보드 이름 바꾸기
- **Preset** : 아트보드 사이즈 바꾸기
- **Orientation** : 아트보드 용지 방향 바꾸기
- **Display** : 아트보드에 중심선, 십자선, 비디오 영역 보이기

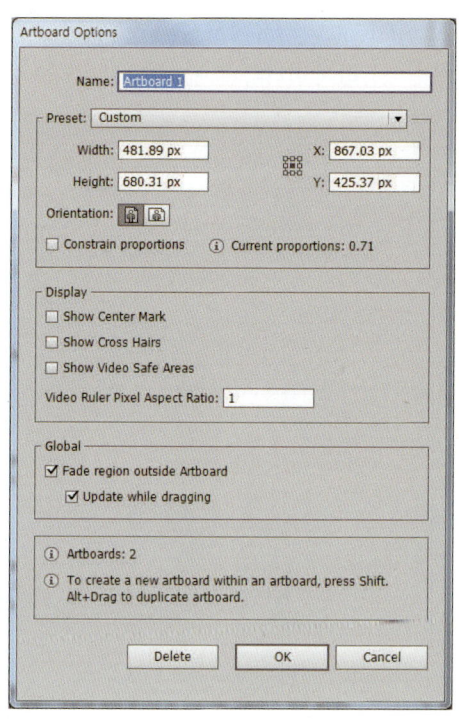

아트보드 패널에서 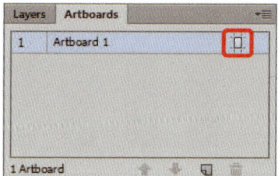 아이콘을 클릭하면 [Artboard Options] 창이 나타나면서 아트보드를 조절할 수 있는 모드로 변경됩니다. 옵션 창 안에서 아트보드의 이름이나 사이즈, 비율 등을 변경할 수 있습니다.

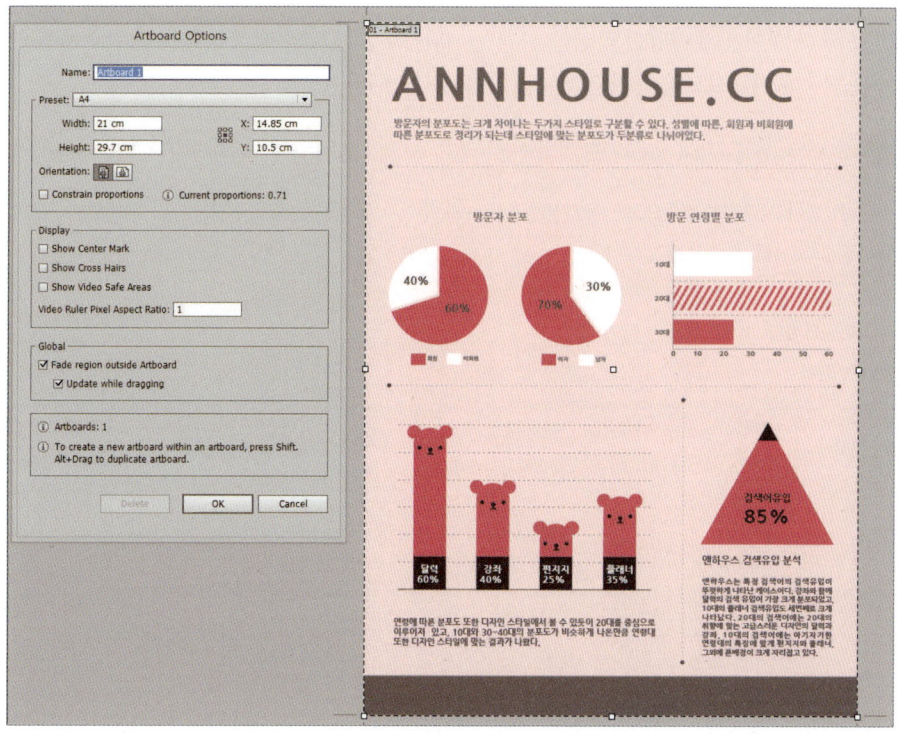

또한 [Display] 메뉴에서 중심선, 십자선, 비디오 영역 보이기 버튼을 적절하게 조절하면 아트보드 내 가이드라인을 이용하여 편리하게 오브젝트의 위치를 수정할 수 있습니다.

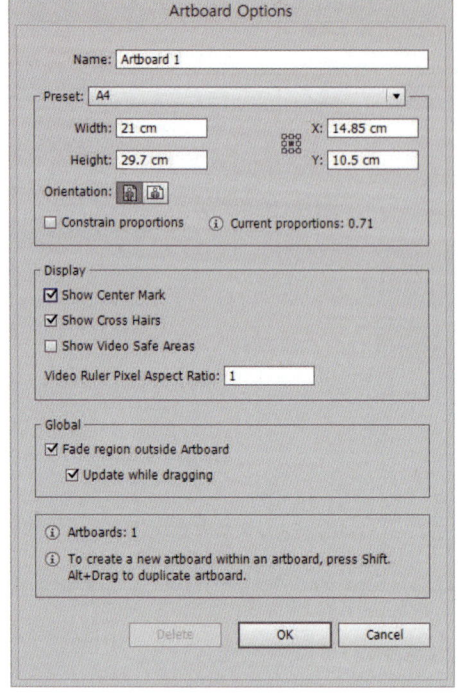

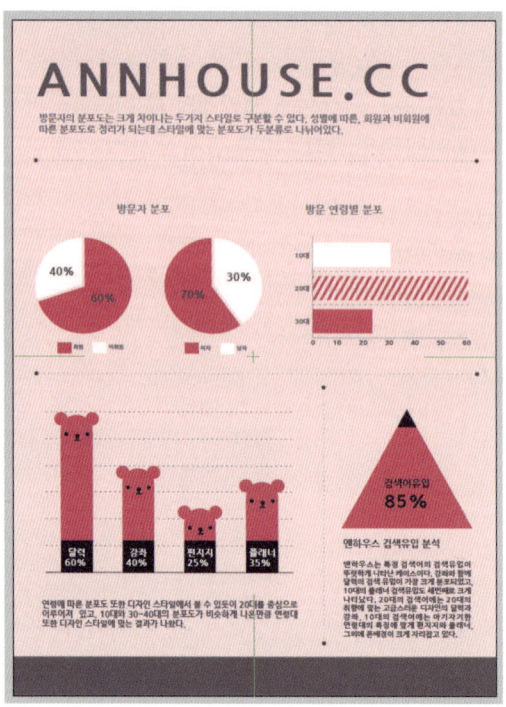

✿ 아트보드 옵션 바 알아보기

아트보드를 다루다 보면 옵션 바를 이용해 다양한 작업을 하게 됩니다. 이 옵션 바의 핵심 기능들이 실무에서 어떻게 사용되는지 알아보겠습니다. 아트보드와 관련된 메뉴는 다음과 같습니다.

❶ 아트보드의 규격, 즉 크기를 선택합니다. 오른쪽 버튼으로는 용지 방향/아트보드 추가/삭제 등을 설정할 수 있습니다. 아트보드의 설정은 컨트롤 패널 외 오브젝트 명령으로 직접 조절할 수 있습니다.

❷ 아트보드 이름 지정

❸ 버튼 클릭 시 아트보드 속 아트워크까지 그대로 복사

❹ 중심선, 십자선, 비디오 영역 보이기

❺ 아트보드 옵션 창 보기

❻ 아트보드 위치와 사이즈 조절

❼ 아트보드 개수 표시

아트보드가 열린 상태에서 단축키 Shift + O 를 눌러 아트보드를 조절 모드로 만듭니다. 이 상태에서 간단히 아트보드 컨트롤 패널을 조절해보며 기능을 살펴보겠습니다.

01. 아트보드 이름 바꾸기

컨트롤 패널 부분에서 [Name] 입력란을 클릭하고 원하는 이름을 입력합니다. Enter 를 누르면 아트보드 이름이 변경된 것을 확인할 수 있습니다. 아트보드의 이름을 따로 입력해두면 여러 개의 아트보드가 있을 때 편리하게 아트보드를 구분할 수 있습니다.

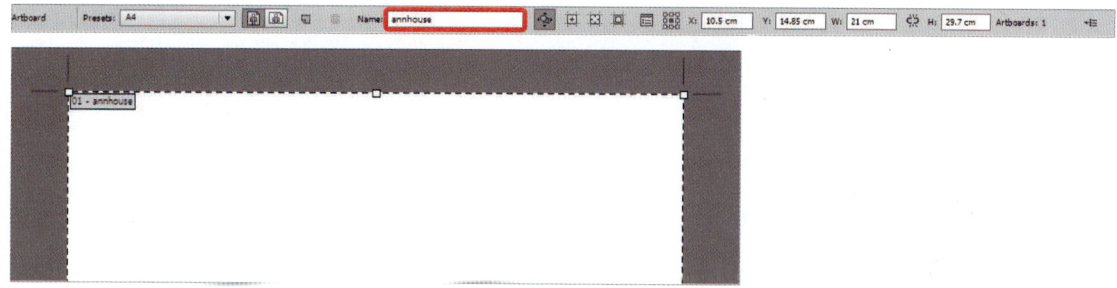

02. 새 아트보드 등록하기

상단의 컨트롤 패널에서 [New Artboard]를 클릭합니다. 아트보드 쪽으로 마우스 커서를 대면 등록 전인 새로운 아트보드가 마우스 커서를 따라다니는데, 원하는 위치를 클릭하면 아트보드가 등록됩니다.

03. 아트보드 사이즈 조절하기

상단 오른쪽에 아트보드 사이즈를 직접 조절할 수 있는 입력 창이 있습니다. 원하는 사이즈를 입력하고 Enter 를 누르면 사이즈가 조절됩니다. 이 방법 외에도 컨트롤 패널의 왼쪽 [Presets]를 클릭하면 다양한 사이즈의 아트보드를 한번에 선택할 수 있습니다.

Tip | Ai 활용 업그레이드_ 아트보드 저장 시 옵션 설정하기

저장을 클릭하면 다음과 같은 옵션 창이 나타납니다. 2개 이상의 아트보드를 저장할 때는 저장 옵션에서 [Save each artboard to a separate file]에 체크 표시합니다. 각각의 아트보드를 따로 저장할 수 있습니다. 옵션으로는 [All(모든 아트보드 저장)]/[Range(지정 아트보드 저장)]이 있습니다.

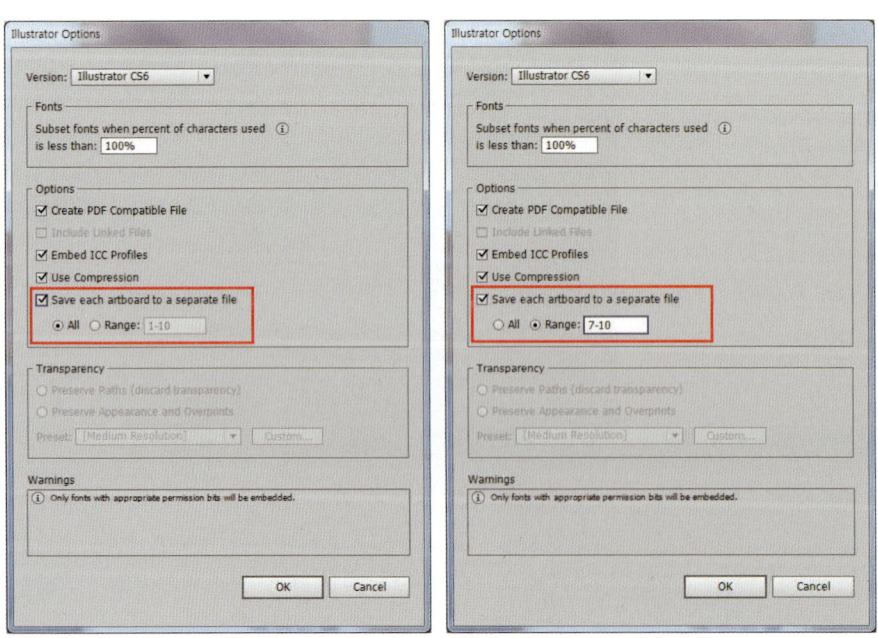

Section 06 파일 저장하기, 파일 포맷 형식에 따른 성격 파악하기

일러스트레이터에서는 기본 포맷 방식인 AI로 저장하는 방법도 있지만, 용도에 따라 EPS, PDF, PSD, JPG, PNG 등의 다양한 형식으로 저장할 수 있습니다. 작업을 하다 보면 작업물의 용도와 성격에 따라 파일 형식을 다양하게 바꿔 저장해야 하는 경우가 많습니다. 자주 사용하는 각 파일 형식의 성격과 특징을 이해하면 어떤 작업을 하게 되더라도 오류 없이 작업물의 목적에 따라 파일을 저장할 수 있습니다.

🔘 일러스트레이터 전용 파일인 AI로 저장하기

일러스트레이터의 기본 파일인 AI 파일은 작업한 상태의 색, 선 굵기, 텍스트, 브러시, 레이어 등의 데이터가 그대로 저장되어 있어 언제든 파일을 열어 자유롭게 수정할 수 있습니다. 다른 형식의 포맷으로 저장해야 하는 경우에도 우선 AI 원본 파일을 저장한 후 다른 형식의 파일로 재저장하는 것이 좋습니다. 나중에 파일을 수정할 때 사용하거나 원본을 보관하는 목적으로 사용합니다.

작업을 저장하려면 작업 파일에서 단축키 Ctrl + S 를 누릅니다. 저장 창이 나타나면 저장 위치를 지정한 후 [저장]을 클릭합니다. 저장 옵션 창이 나타나면 원하는 버전을 선택한 후 필요에 따라 옵션에 체크 표시 또는 체크 표시를 해제합니다. [OK]를 눌러 저장합니다.

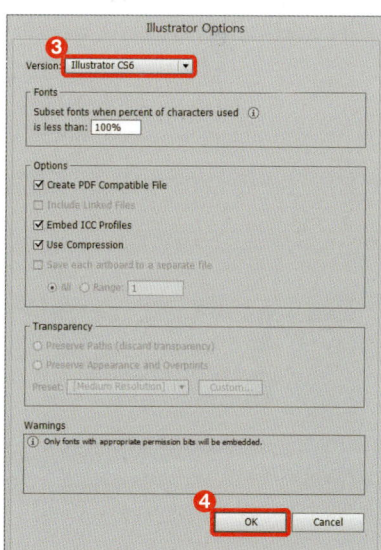

작업 시 주의사항_ AI로 저장 시 유의 사항

- 현재 작업 중인 파일을 다른 컴퓨터로 옮겨 작업해야 할 경우 해당 컴퓨터에 설치된 프로그램 버전에 맞게 파일을 저장해야 합니다. 그리고 인쇄소에 파일을 넘길 때는 CS보다 하위 버전으로 저장하는 것이 안전합니다.

- AI 파일은 일러스트레이터 전용 파일로 모든 데이터 정보가 남아 있습니다. EPS 파일로 저장할 때는 따로 AI 파일을 미리 저장해두는 것이 좋습니다.

- 저장 방법에는 [Save(저장)], [Save As(다른 이름으로 저장)], [Save a Copy(복사본 저장)]가 있습니다.

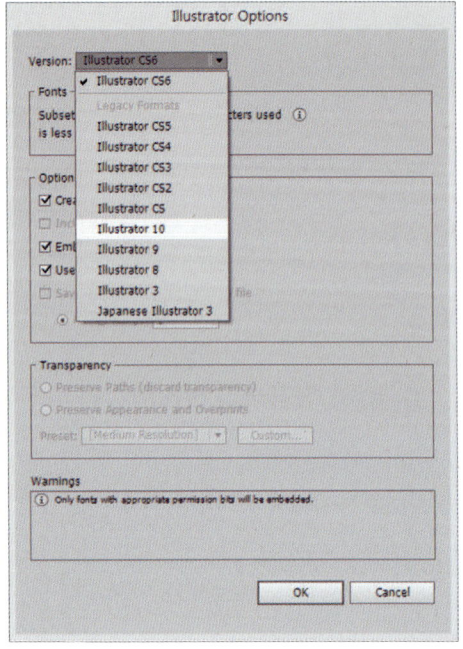

🌸 인쇄 전용 파일 형식인 EPS로 저장하기

EPS는 인쇄나 편집 전용 파일로, 퀵익스프레스에서 많이 사용됩니다. 낮은 버전으로 바꿔 저장할 경우 파일에 오류가 날 위험이 있으므로 원본은 반드시 AI 파일로 저장해둡니다.

01. 작업한 파일을 EPS로 저장하기 위해 단축키 Shift + Ctrl + S 또는 Ctrl + Alt + S 를 눌러줍니다. 저장 창의 파일 형식에서 EPS를 선택한 후 [저장]을 클릭합니다.

02. 저장 옵션 창이 나타나면 원하는 버전을 선택하고 옵션을 지정한 후 [OK]를 누릅니다.

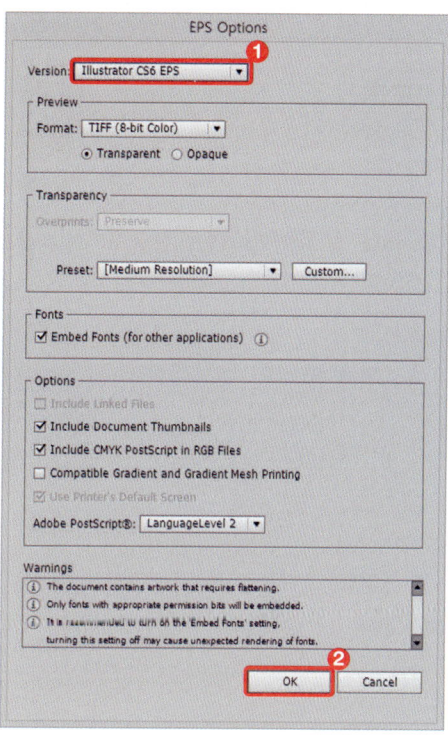

Tip 작업 시 **주의사항_** EPS로 저장 시 유의 사항

• 저장할 때는 인쇄소 사양에 맞게 버전 옵션을 지정합니다. 버전을 모른다면 인쇄소에 직접 알아봅니다. 인쇄소에서는 보통 하위 버전을 쓰는 경우가 많으므로 버전을 알 수 없다면 CS보다 낮은 버전을 선택하는 것이 좋습니다.

• 최종 작업 시 쿽익스프레스를 사용할 경우에는 매킨토시용 일러스트레이터에서 AI 파일을 불러온 후 EPS로 별도 저장합니다.

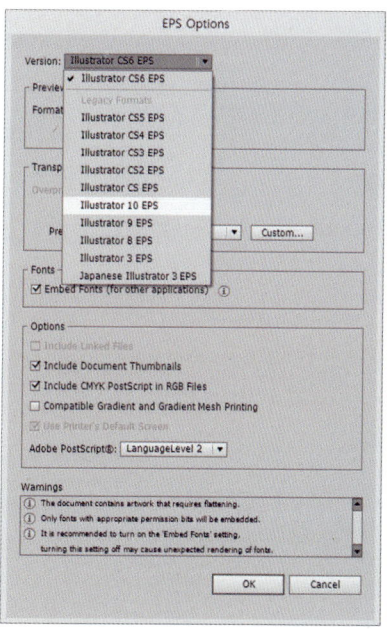

● 결과물을 그대로 볼 수 있는 PDF 형식으로 저장하기

PDF 파일은 모든 시스템에서 같은 결과물을 볼 수 있어 전자책이나 출판, 인쇄물에서 많이 사용됩니다. 또한 여러 장의 디자인을 보여주기 편리하기 때문에 출판, 인쇄 디자인의 시안을 전달할 때 많이 사용됩니다.

01. 파일 작업을 완료한 후 단축키 Ctrl + Alt + S 를 누릅니다. [Save As] 창이 나타나면 [파일 형식]에서 PDF를 선택한 후 [저장]을 클릭합니다.

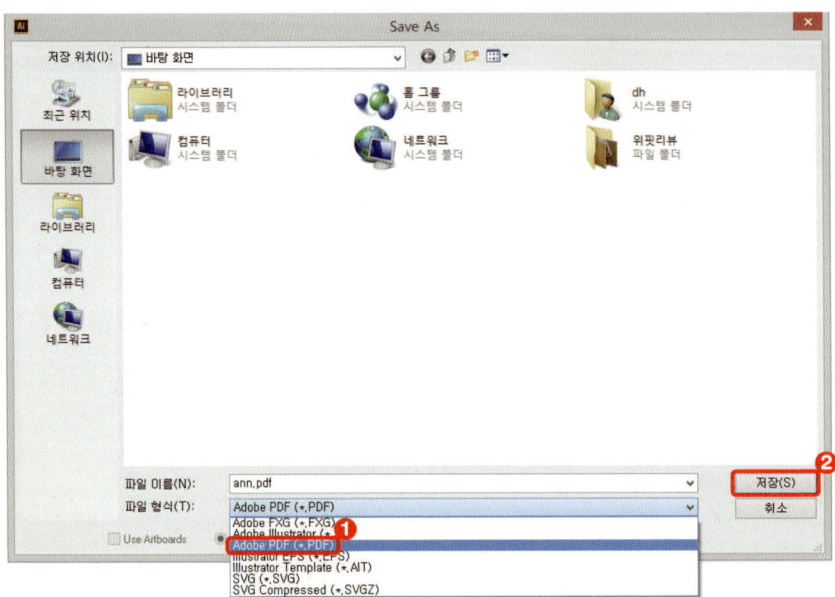

02. 저장 옵션 창이 나타나면 [Adobe PDF Preset]에서 인쇄 품질을 지정한 후 왼쪽 메뉴에서 [Marks and Bleeds]를 선택합니다. 재단선, 색상 바, 페이지 정보, 재단 여부 옵션을 지정하고 [Save PDF]를 클릭합니다.

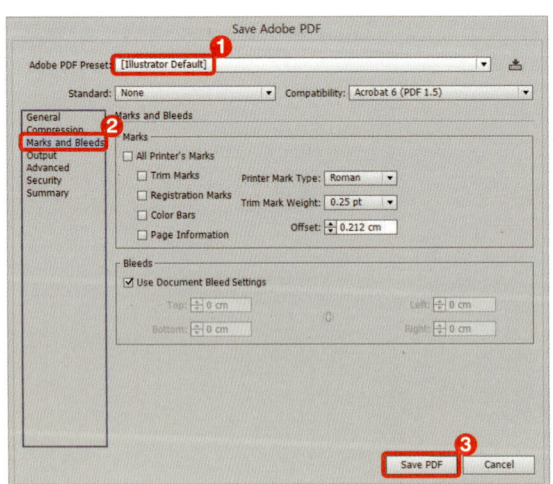

Tip | Ai 활용 ^업그레이드_ PDF 저장 옵션 [Adobe PDF Preset]

- [High Quality Print] : 고품질로 출력할 때 많이 사용됩니다.
- [PDF/x-1a] : 인쇄/출판용에서 가장 많이 사용되는 포맷 형식으로, 모든 데이터 컬러 값이 CMYK로 변환됩니다.
- [Smallest File Size] : 화면용 포맷 형식으로 모니터 화면이나 웹에서 시안을 확인할 목적으로 작업할 때 유용합니다.

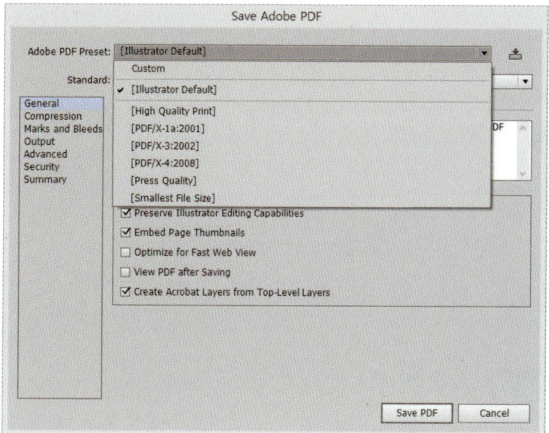

🏵 포토샵에서 불러올 수 있는 PSD 형식으로 저장하기

일러스트레이터에서 작업한 후 레이어를 살려 그대로 포토샵에서 불러올 수 있는 형식이 PSD 파일입니다. 실무에서는 일러스트레이터 작업을 기본으로 두고, 포토샵에서 다시 한 번 특수 효과를 줄 때 종종 사용합니다. 예를 들어 다음의 그림처럼 일러스트레이터에서 기본적인 일러스트 작업을 한 후 포토샵에서 브러시나 필터 효과를 줄 때 유용합니다. 일러스트레이터에서 작업한 후 포토샵에서 효과를 주는 방법은 같은 일러스트라도 활용할 수 있는 영역을 좀더 넓혀줍니다.

01. 일러스트 작업을 완료한 후 [File]-[Export]를 눌러 [Export] 옵션 창을 불러옵니다. [파일 형식]에서 PSD를 선택한 후 [저장]을 클릭합니다.

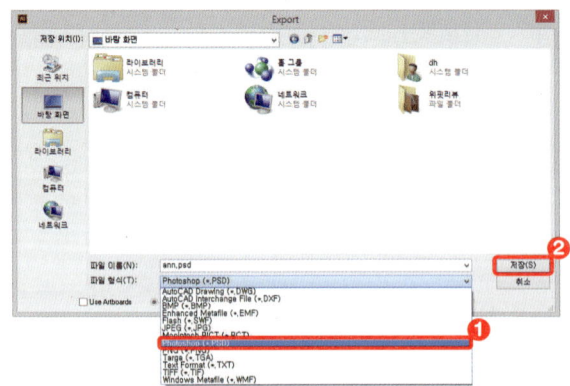

Tip **Ai 활용 업그레이드**

[Export] 옵션 창 하단의 [Use Artboards]에 체크 표시하면 이미지 크기와 상관 없이 설정한 아트보드 사이즈에 맞춰 저장해줍니다. 일러스트레이터에서 작업한 파일을 PDF로 저장할 경우 [Use Artboards]에 체크 표시를 하지 않으면 아트보드 사이즈와 관계 없이 오브젝트 사이즈대로 저장됩니다.

일러스트레이터 작업 파일

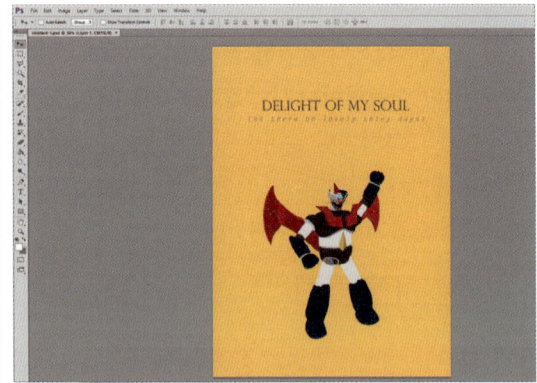

[Use Artboards]에 체크 표시를 하지 않은 저장 파일

반대로 저장 시 [Use Artboards]에 체크 표시하면 일러스트레이터에서 지정했던 아트보드의 사이즈 그대로 포토샵에서 확인할 수 있습니다.

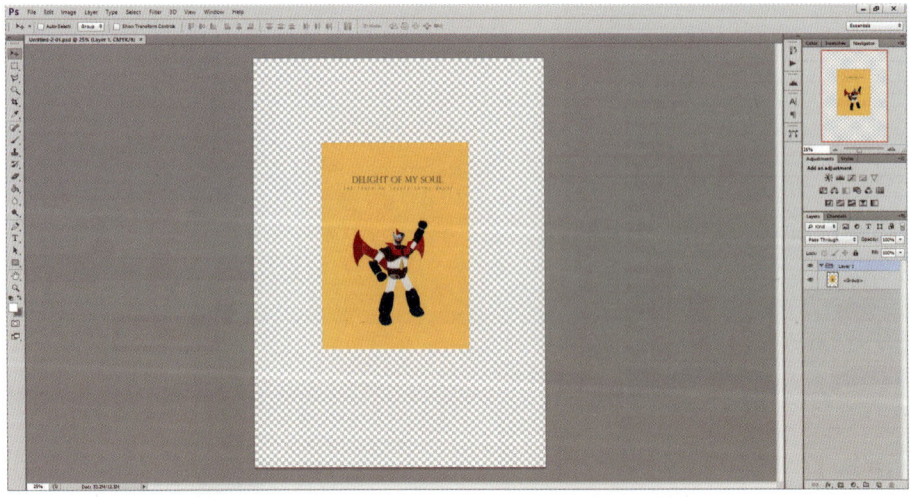

[Use Artboards]에 체크 표시를 한 저장 파일

02. [Photoshop Export Options] 창이 나타나면 [Color Model]에서 컬러 모드와 [Resolution]에서 해상도를 선택한 후 나머지 옵션을 선택합니다. [OK]를 눌러 저장합니다.

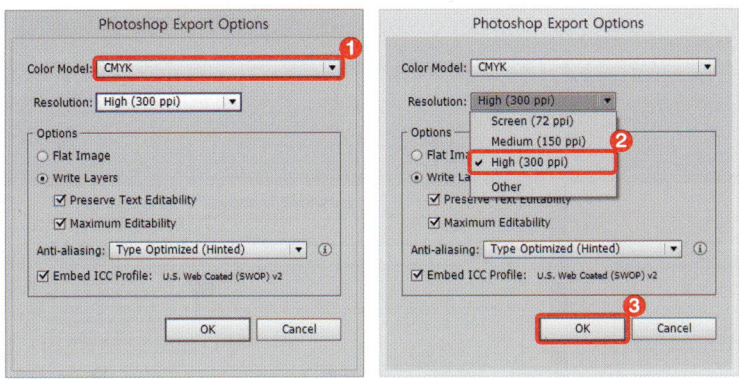

03. 포토샵에서 PSD로 저장한 파일을 불러오면 레이어가 구분된 채 나타나는 것을 확인할 수 있습니다.

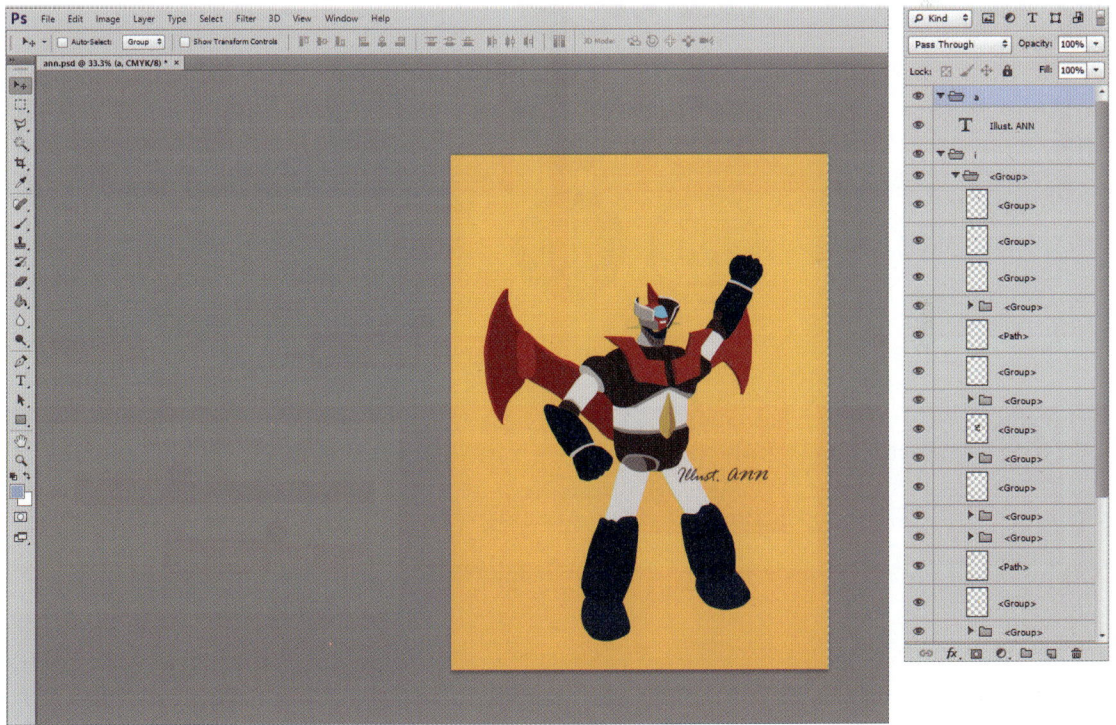

Tip | **Ai 활용 업그레이드**

[Photoshop Export Options] 창에서 [Resolution]은 해상도와 관련된 옵션입니다. 웹용으로 사용한다면 72ppi, 인쇄용으로 사용한다면 300ppi로 설정해줍니다.

🌀 웹용 이미지를 JPEG, GIF, PNG 파일로 저장하기

이미지 포맷 방식인 JPEG, GIF, PNG 파일은 보통 웹에서 많이 사용됩니다. 웹에서는 빠르게 전송하는 것이 중요하므로 저용량으로 저장되는 포맷 방식을 선호합니다. 대표적으로 가장 많이 사용되는 이 3개의 포맷 형식은 용량이 적고, 인터넷 브라우저에서 모두 볼 수 있습니다. 특히 JPEG 파일은 간단한 시안을 전달할 때 PDF 파일보다 자주 사용됩니다.

01. 작업을 완료한 후 단축키 Shift + Ctrl + Alt + S 를 눌러 웹용 이미지 파일 저장 창을 불러옵니다. [Save for Web] 옵션 창이 나타나면 오른쪽에 [Saved sets of optimization settings]에서 원하는 포맷 형식을 선택합니다.

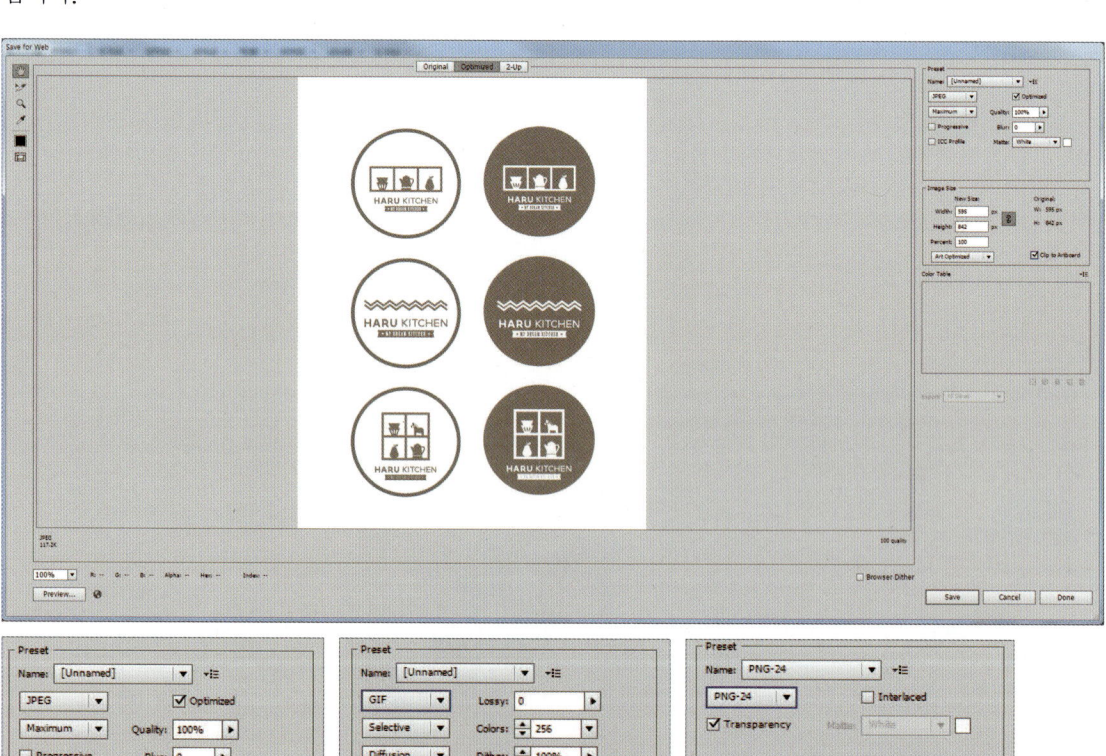

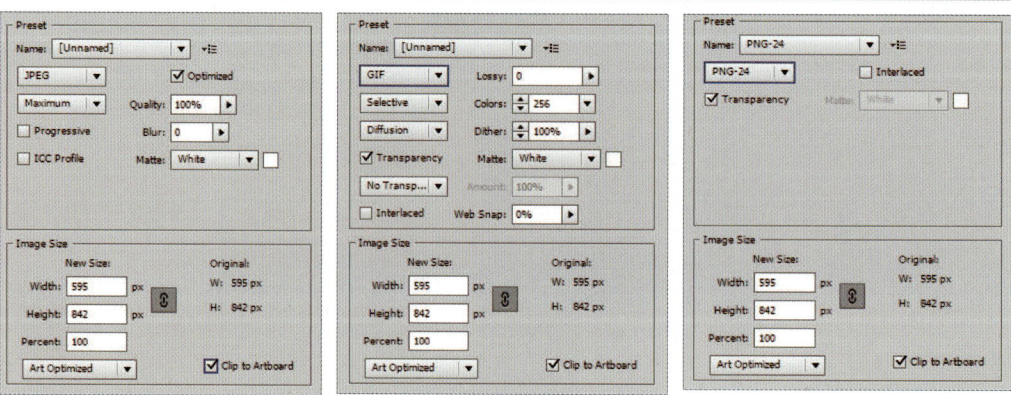

02. 그 외 [Quality] 바를 이용해 저장 품질을 선택하고 다른 옵션을 설정한 후 [Save]를 클릭합니다.

JPEG 저장 GIF 저장 PNG 저장

Tip | **Ai 활용 업그레이드 _ JPEG, GIF, PNG 파일별 특징**

파일 포맷별 특징을 잘 알고 사용하면 용도에 맞게 이미지 용량을 조절할 수 있습니다. 또한 각 포맷 성격에 따라 컬러 손실을 줄일 수 있으며, 작업물을 다양한 곳에 활용할 때도 도움이 됩니다.

- **JPEG** : 주로 사진을 저장할 때 사용됩니다. RGB와 CMYK 컬러를 지원합니다. 압축률을 높이거나 사진을 여러 번 저장하면 화질이 떨어집니다.

- **GIF** : 저장 가능 컬러는 256색으로 제한되어 있습니다. 256색 이상의 색을 갖는 이미지를 저장하면 손실이 있지만 그 이하의 색은 손실이 없습니다. 투명 이미지를 지원하며 애니메이션을 지원합니다. 파일이 가벼워 빠르게 표시해야 하는 웹에서 많이 사용됩니다.

- **PNG** : 24비트 컬러를 지원하여 원본을 손상 없이 저장할 수 있습니다. 투명 바탕을 지원해 웹용 아이콘이나 품질이 중요한 사진을 저장할 때 많이 사용됩니다. JPG, GIF보다 용량이 큽니다.

CS4 / CS5 / CS6

저장 전 확인 사항 미리 둘러보기

파일을 저장할 때는 용도별로 확인해야 할 부분을 잘 살펴보는 것이 중요합니다. 저장 전 확인 사항을 둘러보면서 꼼꼼히 저장하는 습관을 길러야 합니다.

Rasterize

작업물의 인쇄를 넘길 때는 효과를 준 개체를 래스터화해야 합니다. Effect, Filter, Opacity, Feather, Gradient, 왜곡, 변형 등의 효과를 준 오브젝트를 래스터화하면 효과를 적용한 모습 그대로 오류 없이 인쇄할 수 있습니다. 불러온 이미지 중 사이즈가 큰 경우에도 Rasterize를 적용하면 불필요한 용량을 줄이고 파일 내에서 하나의 개체로 저장됩니다. [Object]-[Rasterize]를 이용합니다.

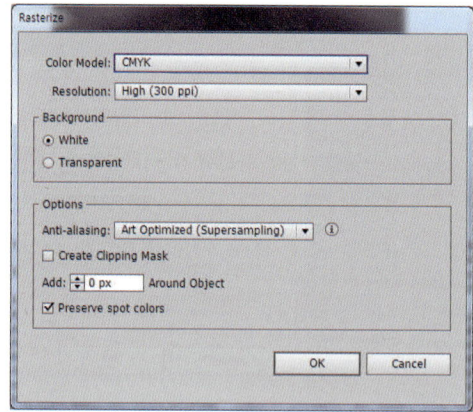

Flatten Transparency

오브젝트에 투명도를 주었거나 선에 두께가 있을 때 사용합니다. [Object]-[Flatten Transparency] 메뉴를 클릭한 후 옵션 창이 나타나면 옵션을 조정하여 효과적으로 사용합니다.

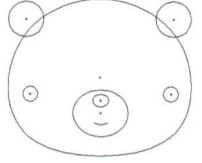

적용 전 각각 살아 있는 선과 서체

적용 후 이미지화된 오브젝트

[Flatten Transparency] 옵션 창에서 [Convert All Text to Outlines]는 서체 아웃라인입니다. 다시 폰트 스타일을 수정할 경우에 대비해 이 옵션의 체크 표시를 해제한 후 마무리 단계에서 서체 아웃라인화를 적용합니다. 단축키는 Shift + Ctrl + O 입니다. [Convert All Strokes to Outlines]는 선 두께 아웃라인을 나타냅니다.

[Flatten Transparency] 메뉴를 이용하여 선과 폰트를 오브젝트화할 때는 따로 폰트만 아웃라인화하지 않아도 한번에 폰트를 아웃라인화하면서 선 두께를 준 오브젝트를 면으로 변경할 수 있어 편리합니다.

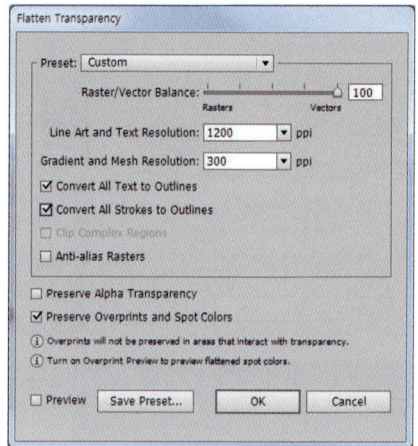

Tip 작업 효율 **업**그레이드

래스터화할 때는 여백이 모두 흰색으로 변경되므로 바탕도 함께 처리하는 것이 좋습니다. 바탕 없이 래스터화하면 클리핑 마스크를 적용한 이미지의 경우 클리핑 마스크로 가려진 원본 이미지 사이즈대로 흰 여백이 생깁니다. 이러한 결괴를 방지하려면 바탕을 함께 래스터화합니다.

1_ 래스터화 전   **2_** 바탕 없이 래스터화한 후   **3_** 바탕과 함께 래스터화한 후

이미지의 이해를 위해 아웃라인으로 작업 이미지를 살펴보겠습니다. 일반 모드로 볼 때는 클리핑 마스크가 적용되어 이미지의 원본 사이즈가 보이지 않지만 아웃라인 보기에서는 1번 그림처럼 클리핑 마스크 모양대로 바깥쪽에 이미지 원본 사이즈가 나타나는 것을 볼 수 있습니다. 이미지를 바탕 없이 그대로 래스터화하면 2번 그림과 같이 이미지 사이즈만큼 래스터화됩니다. 일반 모드로 보면 이미지와 클리핑 마스크의 바깥 영역이 흰색으로 채워진 것을 볼 수 있습니다. 3번 그림은 바탕과 이미지를 함께 래스터화한 상태입니다.

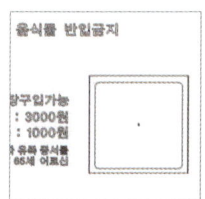 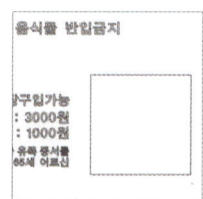 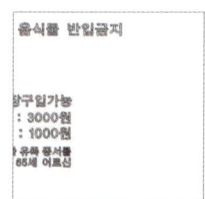

1_ 래스터화 전 아웃라인 보기   **2_** 바탕 없이 래스터화한 후   **3_** 바탕과 함께 래스터화한 후

🌸 Merge

면끼리 겹쳐진 같은 색의 면 오브젝트를 서로 합쳐서 보이는 모양 그대로 면으로 나누거나 클리핑 마스크를 보이는 모양 그대로 면으로 정리할 때 사용합니다.

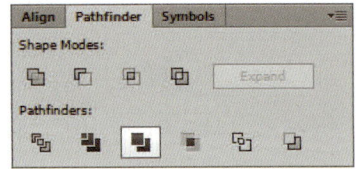

면끼리 겹쳐진 부분은 컬러가 다른 면으로 나눠 깔끔한 오브젝트로 처리합니다. 클리핑 마스크의 경우에도 선을 아웃라인화한 후 [Merge]를 적용하면 클리핑 마스크가 적용된 그대로 하나의 오브젝트로 처리됩니다. [Merge]를 이용하면 겹쳐진 오브젝트를 깔끔하게 정리할 수 있고, 용량을 줄이는 효과도 얻을 수 있습니다.

Merge 적용 전   Merge 적용 후

🌸 아웃라인으로 보기

마무리하기 전 아웃라인으로 보기를 눌러 불필요한 면이나 선이 있는지 살펴본 후 이런 부분을 정리할 때 사용하는 기능입니다. 단축키는 Ctrl + Y 입니다.

일반 작업 환경에서는 보이지 않지만, 아웃라인으로 보면 보이지 않았던 면이나 선이 보일 수 있습니다. 불필요한 선이나 면을 삭제합니다. 예를 들어 일반 보기 모드에서 보면 주변에 불필요한 선이 보이지 않지만 단축키 Ctrl + Y 를 눌러서 아웃라인으로 보면 두 번째 그림처럼 불필요한 선들이 주변에 남아 있는 경우가 있습니다. 단축키 A 를 눌러 직접 선택 툴을 이용해 세 번째 그림처럼 불필요한 선을 선택하고 지우거나 [Object]-[Path]-[Clean Up]을 이용하여 불필요한 선을 정리합니다.

일반 보기 모드   아웃라인 보기 모드   불필요한 선 제거하기

🌸 Clean Up

불필요한 선을 제거하기 위해 Clean Up 메뉴 옵션을 알아보겠습니다. [Object]–
[Path]–[Clean Up]을 클릭합니다. [Clean Up] 옵션 창에서 원하는 옵션에 체크 표
시하고 [OK]를 클릭합니다. 저장 전 불필요한 포인트나 오브젝트를 정리할 수 있으며,
오브젝트 결과물을 깔끔하게 유지하기 위해 면을 많이 쪼갰을 때는 한 번씩 점검해주
는 것이 좋습니다.

첫 번째 그림처럼 일반 보기 모드로 보면 불필요한 선이 보이지 않지만 단축키 Ctrl + Y 를 눌러 아웃라인으로 보
면 불필요한 선이 보이기도 합니다. 이때 [Clean Up]을 이용하여 불필요한 선들을 깔끔하게 없앱니다.

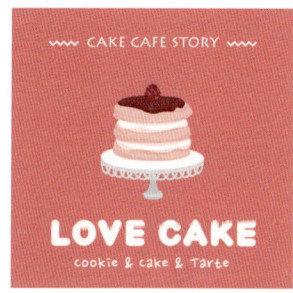

일반 모드 보기

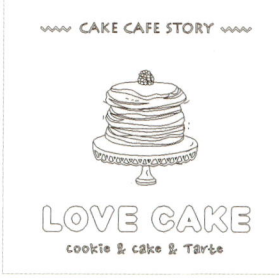

아웃라인 모드 보기

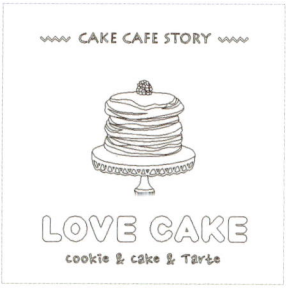

불필요한 선을 제거한 모습

> **Tip** | **Ai 활용 업그레이드**
>
> 아웃라인으로 보지 않아도 일반 보기 모드에서 [Clean Up]을 적용할 수 있습니다. 필요에 따라 아웃라인 보기와 일반 보기 모드를
> 번갈아가며 사용합니다.

🌸 컬러 모드

별색을 따로 인쇄하지 않을 경우 사용한 별색은 컬러 탭에서 삭제합니다. 예를 들어 별색을 사용했다면 [Swatches]
패널에 사용한 컬러칩이 남아 있습니다. 이때는 CMYK 모드로 색상을 변환해주어야 인쇄 시 오류가 나지 않습니
다. 사용한 컬러칩은 [Swatches] 패널에서 그대로 휴지통에 넣어 삭제합니다. 별색을 삭제한 후에는 사용한 컬러
가 일반 CMYK 모드의 색상으로 변환됩니다. [Color] 패널의 컬러 모드가 별색에서 일반 CMYK 모드로 바뀐 것을
확인할 수 있습니다.

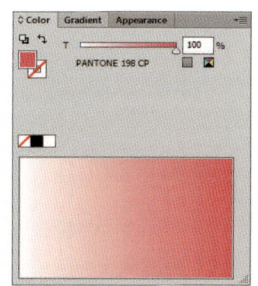

별색 지정

별색 등록된 모습

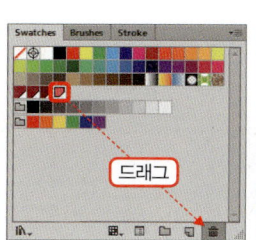

별색 삭제

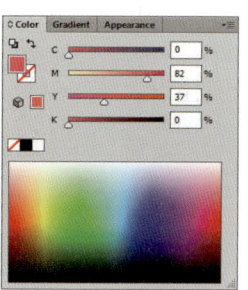

CMYK 모드로 변경된 컬러

더 이상 사용하지 않는 별색을 CMYK 모드로 변환하는 방법을 알아보겠습니다. [Edit]−[Edit Colors]−[Convert to CMYK]를 클릭합니다. 작업한 파일 안에 별색이 있다면 인쇄 파일로 저장할 때 [Convert to CMYK]를 적용합니다. 별색을 사용한 오브젝트를 선택하고 [Color] 패널을 살펴보면 별색이 일반 CMYK 컬러로 변환된 것을 확인할 수 있습니다.

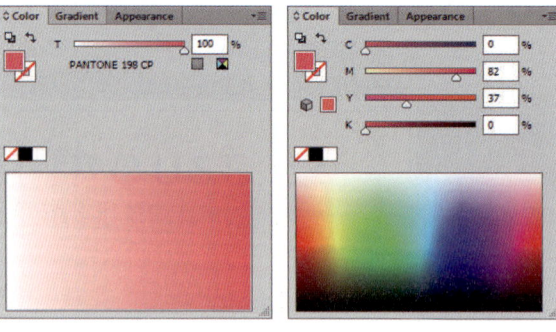

별색   CMYK 모드로 변경된 컬러

⚙ Find Font

파일을 저장하기 전 [Type]−[Find Font]에서 텍스트를 면으로 처리하지 않은 서체가 있는지 확인합니다. 사용한 서체의 종류를 확인하거나 사용한 서체를 문서로 저장할 수 있어 유용합니다.

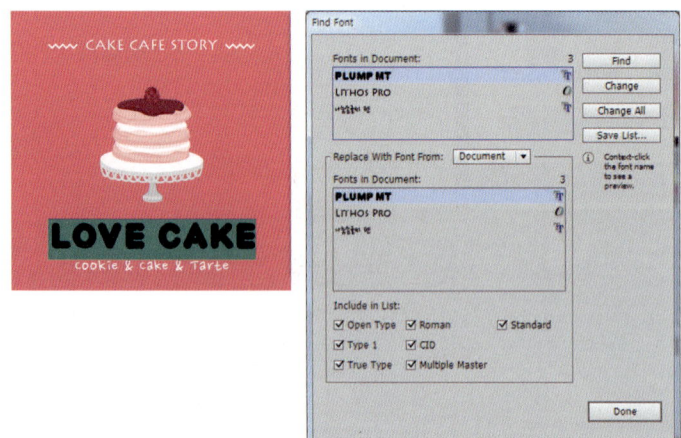

[Find Font] 옵션 창에서 [Save List]를 클릭하면 사용한 서체 리스트를 저장할 수 있습니다. 저장 경로를 지정한 후에 [저장]을 클릭합니다.

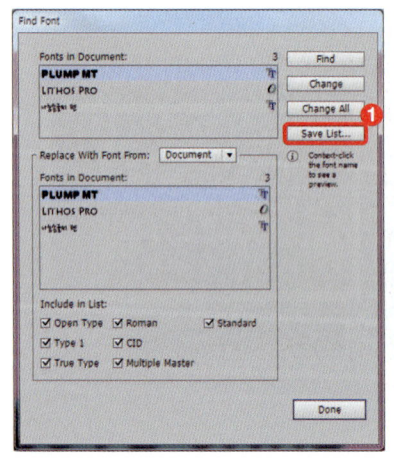

저장된 문서를 열어보면 사용한 서체 리스트를 확인할 수 있습니다.

Document Color Mode

[File]−[Document Color Mode]에서 용도에 맞춰 색상 모드를 설정하는 것으로, 작업의 기본이 될 수 있습니다. 인쇄용이라면 CMYK로, 웹용은 RGB로 설정해줍니다.

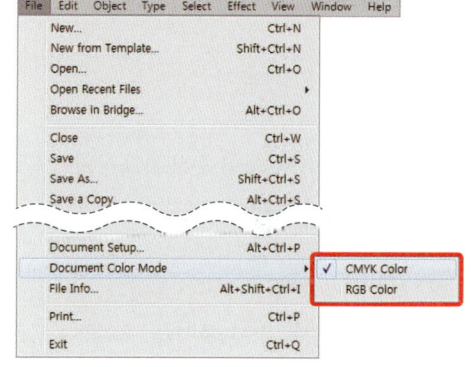

Document Info

인쇄 시 파일이 깨지거나 오류가 날 가능성이 있는 요소를 확인하기 위해 파일 마무리 전 단축키 Ctrl + F1 을 눌러 문서 정보 탭을 꺼냅니다.

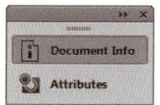

단축키 Ctrl + A 를 눌러 파일 내 개체를 모두 선택한 후 [Document Info] 패널 오른쪽에 있는 드롭다운 메뉴 버튼을 클릭해 숨겨진 메뉴를 표시합니다. [Objects]에 체크 표시한 후 도큐먼트 정보를 확인하여 각 작업 스타일에 맞게 마무리 작업을 했는지 점검합니다. 예를 들어 인쇄소로 보낼 파일이라면 사용한 폰트를 모두 면 처리했는지, 링크된 이미지를 링크가 아닌 내장된 이미지로 지정했는지 등의 정보를 확인합니다.

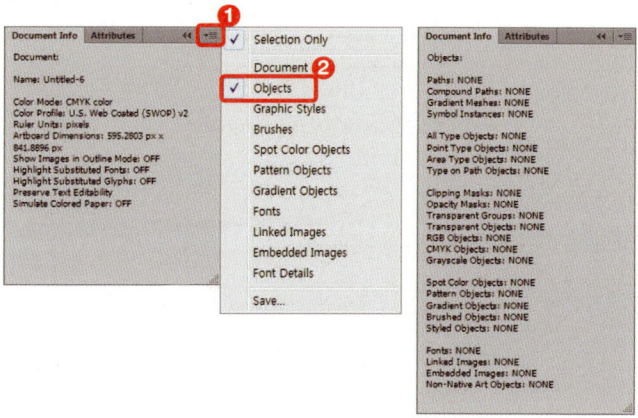

다음 항목이 모두 [NONE]으로 표시되었는지 확인합니다.

- **Opacity Mask** : 문서 정보 창의 불투명 마스크
- **Transparent Group** : 투명 그룹
- **Transparent Objects** : 투명 오브젝트
- **RGB Object** : RGB 오브젝트
- **Spot Color Object** : 별색 오브젝트
- **Pattern Objects** : 패턴 오브젝트
- **Gradient Objects** : 그라디언트 오브젝트
- **Brushed Objects** : 브러시 적용 오브젝트
- **Stylized Objects** : 스타일 적용 오브젝트
- **Fonts** : 글꼴
- **Link Image** : 연결 이미지

이 값이 [NONE]이 아닌 숫자로 표시되면 해당 오브젝트를 찾아서 인쇄 파일 설정에 맞게 정리한 후 항목의 값을 모두 [NONE]으로 만들어줍니다.

> **Tip** 작업 ^시 주의사항
>
> 파일 작업 마무리 전 다음 사항을 확인합니다. 폰트는 단축키 Shift + Ctrl + O 를 눌러 아웃라인화하고, 투명도를 주었거나 클리핑 마스크를 적용한 오브젝트는 래스터화합니다. 브러시를 사용한 경우에는 [Object]-[Path]-[Outline Stroke]를 적용해 오브젝트 화하고, 사진 등의 이미지를 가져왔을 때는 반드시 CMYK 모드인지 확인합니다. 링크된 이미지는 작업 마지막 단계에서 [Embed Image]하고, 가급적이면 처음에 이미지를 불러올 때도 [File]-[Place]를 이용하여 불러옵니다. 별색을 사용했을 때는 [Edit]-[Edit Colors]-[Convert to CMYK]를 적용하는 등 다시 한 번 꼼꼼히 파일 상태를 점검하며 마무리합니다.

Section 08 돌발적으로 일어나는 문제에 당황하지 말자!

작업 중에는 단축키를 잘못 눌러 다른 기능이 실행되거나 작업물이 지워지기도 합니다. 또 항상 사용하던 컴퓨터 프로그램 설정에 익숙해지다 보면 다른 컴퓨터에서 작업할 때 설정된 환경이 달라 불편한 경우도 있습니다. 실무 초반에는 이러한 문제로 당황하기 쉽지만, 서두르지 말고 찬찬히 내용을 확인해보면 직면한 문제에 여유롭게 대처할 수 있습니다.

사이즈를 조절해도 선의 굵기가 똑같을 때!
단축키 Ctrl + K 를 눌러 [Preferences] 옵션 창이 나타나면 옵션 중 [Scale strokes & Effects]에 체크 표시합니다.

바운딩 박스의 사이즈 조절 포인트가 사라졌을 때!
[View]−[Show Bounding Box](단축키 Shift + Ctrl + B)를 클릭합니다.

갑자기 픽셀 바탕이 되어버렸을 때!
[View]−[Hide Transparency Grid](단축키 Shift + Ctrl + D)를 클릭합니다.

갑자기 생긴 폰트 옆 파란색 부호를 없애고 싶을 때!
[Type]−[Show Hidden Characters](단축키 Ctrl + Alt + I)를 클릭합니다.

갑자기 생긴 도큐먼트 속에 큰 입체 격자 모양이 사라지지 않을 때!
[View]−[Perspective Grid]−[Hide Grid](단축키 Shift + Ctrl + I)를 클릭합니다.

illustrator

Chapter

02

마음을 사로잡는
캐릭터 디자인

Section 01 캐릭터 작업에 꼭 필요한 기본 팁으로 작업 속도 높이기

캐릭터를 그릴 때 번거롭게 면을 쪼개거나 직접 그릴 필요 없이 이펙트로 간단히 작업할 수 있는 과정을 소개하겠습니다. 작업 시간을 단축하면서 정확한 형태로 캐릭터를 완성하는 방법으로, 작업 속도를 높여주는 효율적인 작업 스타일입니다. 실무에서 유용한 팁이므로 반드시 알아두도록 합니다.

➕ **실습 파일** 2장 \ 캐릭터기본팁.ai

🔵 캐릭터 다리 늘리기

흔히 캐릭터는 다리가 없는 스타일과 짧은 다리가 있는 스타일, 긴 다리 스타일의 3종류로 나눌 수 있습니다. 다리의 유무와 다리 길이에 따라서도 캐릭터의 느낌이 달라지는데, 캐릭터에 다리를 그려줄 때 편리하게 활용할 수 있는 간단한 팁에 대해서 알아보겠습니다.

2장 폴더에서 캐릭터기본팁.ai 파일을 엽니다. 단축키 Ⅴ를 눌러 선택 툴 ▶(Selection Tool)을 선택한 후 다리 오브젝트만 선택하여 드래그하면서 길이를 조절합니다. 길이 조절에 앞서 미리 단축키 Ctrl + K 를 눌러 [Preferences] 옵션 창에서 [Transform Pattern Tiles]의 체크 표시를 해제하고 [OK]를 누르는 것이 중요합니다. 면에 패턴이 있는 경우 이 옵션에 체크 표시하면 오브젝트의 사이즈를 늘릴 때 다리에 들어 있는 패턴 면적이 같이 두꺼워지고, 체크 표시를 해제하면 오브젝트의 사이즈가 커져도 패턴의 두께에는 변화가 없습니다.

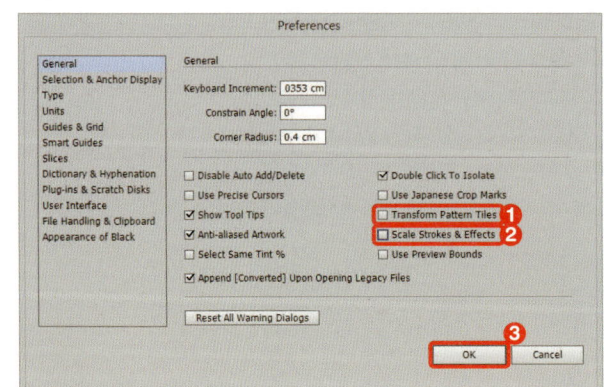

따라서 이 옵션을 해제하면 사이즈를 늘릴 때 늘린 영역만큼 면의 패턴이 자동으로 추가되므로 좀더 쉽게 작업할 수 있습니다.

[Scale Strokes & Effects] 옵션의 체크 표시를 해제하면 사이즈 조절 시에도 이펙트나 선의 두께가 변하지 않으므로 다리의 끝에 [Effect]−[Stylize]−[Round Corners]를 적용하여 둥글게 만든 후 드래그해 크기를 조절할 수 있습니다. 이펙트 상태에서는 직접 선택 툴이 아닌 일반 선택 툴로 전체 오브젝트를 그대로 드래그해도 모양이 변하지 않습니다.

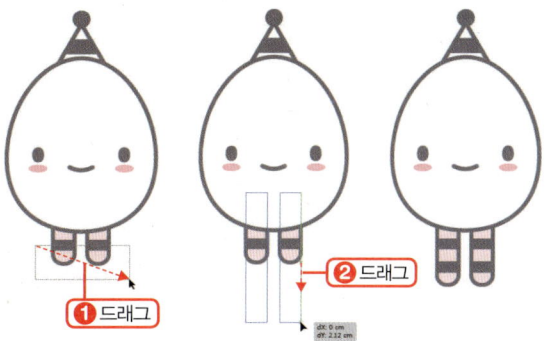

끝부분이 둥근 스타일이 아닌 기본 스타일의 사각형 모양 다리도 수정할 때 [Scale Strokes & Effects]에 체크 표시를 해제해두면 길이에 상관 없이 선 두께가 일정하게 유지됩니다. 캐릭터의 다리 늘리기 작업 시 쉽게 활용할 수 있는 방법입니다.

❶ 두 캐릭터의 다리를 아웃라인으로만 살펴보면 모서리가 둥근 사각형과 사각형으로 보입니다.

❷ 그림의 결과 화면에서는 끝부분이 둥근 스타일의 다리로 동일하게 표현되었습니다. 예제와 같은 캐릭터의 다리는 모서리가 둥근 사각형 툴로 사각형을 그리는 것보다 단축키 M을 눌러 사각형 툴 🔳 (Rectangle Tool)로 직사각형 모양으로 그린 후 [Effect]−[Stylize]−[Round Corners]를 적용하여 작업하는 것이 좀더 편리합니다. 모서리가 둥근 사각형 툴로 사각형을 그린 후 길이를 수정하면 라운딩 부분의 모양이 달라지기 때문입니다.

❸ 그림으로 비교해보겠습니다. 왼쪽 캐릭터의 다리가 모서리가 둥근 사각형을 늘린 이미지이고, 오른쪽 캐릭터의 다리가 사각형에 이펙트로 [Round Corners]를 사용해 늘린 이미지입니다. 일반 사각형은 라운딩 각도와 모양을 유지한 채 사이즈가 조절된 것을 확인할 수 있습니다.

> **Tip** 작업 시 주의사항
>
> 방금 적용한 이펙트를 다시 쓰고 싶을 때는 단축키 Ctrl + Shift + E 를 눌러 이펙트를 적용합니다. 마지막으로 적용한 이펙트가 사용된다는 점을 기억해둡니다.

⚫ 부분적인 오브젝트의 사이즈 수정 시 선 굵기 일정하게 유지하기

캐릭터 스케치를 꼼꼼하게 했다 하더라도 작업 중 부분적으로 사이즈를 수정해야 하는 경우가 있습니다. 일부 오브젝트의 사이즈를 늘리거나 줄이게 되면 그린 선의 굵기가 얇아 보거나 두꺼워 보일 수 있습니다. 이때는 단축키 Ctrl + K 를 눌러 [Preferences] 옵션 창을 불러온 후 [General] 항목에서 선 굵기 조절 옵션인 [Scale Strokes & Effects]에 체크 표시하거나 해제한 후 작업합니다.

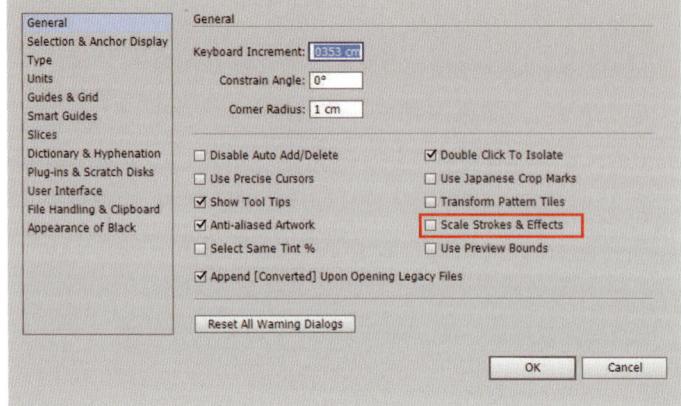

다음 예제에서 옵션 효과를 좀더 자세히 알아보겠습니다.

❶ 그림의 원본 캐릭터 이미지입니다. 고깔모자를 키우고, 입 크기를 수정합니다.

❷ [Scale Strokes&Effects]에 체크 표시가 된 상태입니다. 입 크기가 커지면서 선도 함께 굵어졌습니다.

❸ [Scale Strokes&Effects]의 체크 표시가 해제된 상태로 입 크기가 커졌지만 선 굵기는 그대로인 것을 확인할 수 있습니다.

다음은 [Scale Strokes & Effects] 옵션을 해제하거나 유지한 채 캐릭터의 다리 길이를 조절한 결과물입니다.

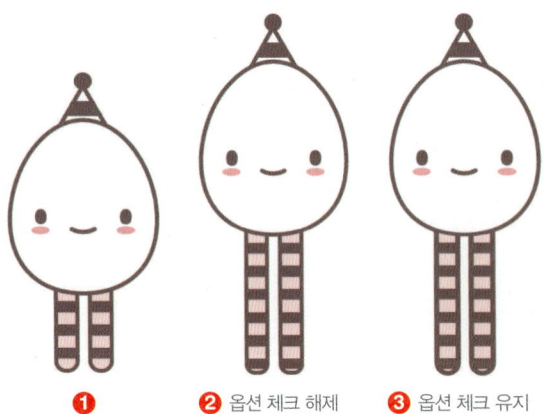

❶   　　❷ 옵션 체크 해제　　❸ 옵션 체크 유지

❶ 그림은 원본 캐릭터 이미지입니다. 다리 길이를 조절합니다.

❷ 다리 사이즈는 늘어났지만 선 굵기와 [Round Corners] 이펙트는 그대로 유지되었습니다. 사이즈에 상관 없이 이펙트를 적용한 부분은 그대로 유지됩니다.

❸ 그림은 [Round Corners]의 옵션 값이 달라진 이펙트와 선 굵기를 보여줍니다. 끝부분을 살펴보면 라운딩을 준 이펙트가 사이즈에 따라 더 둥글게 변화된 모습을 확인할 수 있습니다. 선 굵기 또한 원본 이미지와 달라진 것을 알 수 있습니다.

캐릭터를 작업할 때는 원하는 결과물에 따라 옵션을 자유롭게 활용할 수 있도록 습관화합니다. 이러한 습관은 일러스트레이터를 이용해 좀더 효율적으로 작업하는 데 도움이 됩니다.

> **Tip** | **Ai 활용 업그레이드**
>
> [Scale Strokes&Effects] 기능은 폰트 작업에서 유용하게 사용됩니다. 폰트의 형태나 각도, 사이즈를 수정하면 사이즈에 따라 같이 늘어나는 이펙트의 옵션 값과 선의 굵기 때문에 중간중간 굵어지거나 얇아진 선을 다른 선과 똑같이 조절해야 합니다. 이 기능을 사용하면 이펙트의 옵션 값이나 선의 굵기가 일정하게 유지되므로 사이즈에 따라 늘어나는 이펙트의 옵션 값을 따로 조절해야 하는 번거로움을 피할 수 있어 매우 편리합니다.

넣은 무늬 패턴화하여 사이즈 수정 간편하게 하기

단순한 캐릭터를 작업할 때는 포인트를 주기 위해 간단한 무늬를 넣어주기도 합니다. 예를 들어 캐릭터가 입고 있는 옷에 무늬를 넣거나 예제에서처럼 고깔모자와 다리에 줄무늬 등을 넣을 수 있습니다. 그런데 이 무늬 모양을 직접 하나하나 그리거나 칼 툴 ✐(Knife)로 만들 경우 사이즈 수정 시 무늬가 함께 수정되지 않고 그대로 커지거나 작아지는 것을 흔히 볼 수 있습니다. 따라서 이 경우에는 무늬를 간단한 패턴으로 만들어줍니다. 사이즈를 수정할 때 무늬를 일일이 바꿔주어야 하는 번거로움을 줄일 수 있습니다.

❶ 그림의 원본 캐릭터 이미지입니다. 캐릭터에서 고깔모자와 다리를 길게 늘여 수정합니다.

❷ 반복되는 분홍, 검정 줄무늬를 패턴으로 지정하지 않고 면 하나하나를 칼 툴이나 [Pathfinder] 패널을 이용해 자르고 무늬를 넣었습니다.

❸ 줄무늬를 패턴으로 만들어서 적용했습니다. ❷ 캐릭터는 길이를 수정했을 때 사이즈 그대로 무늬가 늘어났지만, ❸은 무늬의 간격과 사이즈는 그대로인 채 오브젝트의 사이즈만 늘어났습니다.

캐릭터 작업을 할 때는 가능하면 무늬를 패턴으로 등록해둡니다. 반복되는 무늬가 있는 부분을 패턴으로 등록해 두면 사이즈를 수정하거나 오브젝트 자체를 수정해도 패턴이 일정하게 반복되는 부분에만 추가되므로 수정 작업 시 편리합니다. 캐릭터 그리기는 수정이 많이 필요한 디자인 작업인 만큼 수정 작업이 손쉬운 환경을 만들어두는 것이 중요합니다.

Tip Ai 활용 업그레이드

무늬로 만든 패턴을 [Swatches] 패널로 드래그하면 간단하게 패턴을 등록할 수 있습니다.

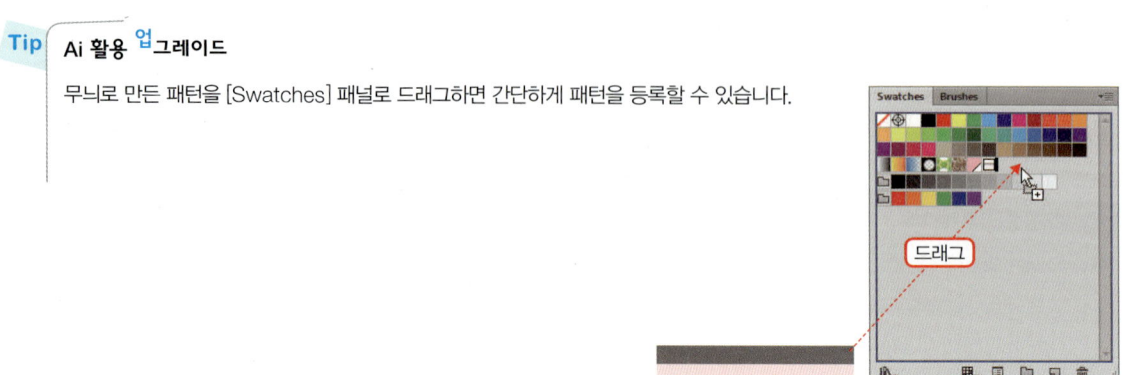

🌸 반전 툴로 빠르게 눈 그리기

캐릭터의 눈을 그릴 때는 한쪽 눈을 먼저 그린 후 복사하고 붙여 넣어 얼굴에서 중앙 정렬하는 경우가 많습니다. 하지만 이 작업도 반복되면 번거로우므로, 반전 툴 🔁(Reflect Tool)을 이용해 간단히 작업 속도를 높여보겠습니다.

01. 단축키 Ctrl + U를 눌러 스마트 가이드를 켠 상태에서 한쪽 눈을 선택합니다. 마우스 커서를 얼굴의 중앙으로 옮기면 [Center]가 표시됩니다. 단축키 O를 눌러 반전 툴을 선택한 후 얼굴의 중앙을 Alt + 클릭하면 [Reflect] 옵션 창이 나타납니다. 옵션 창에서 [Vertical]을 선택한 후 [Copy]를 클릭합니다.

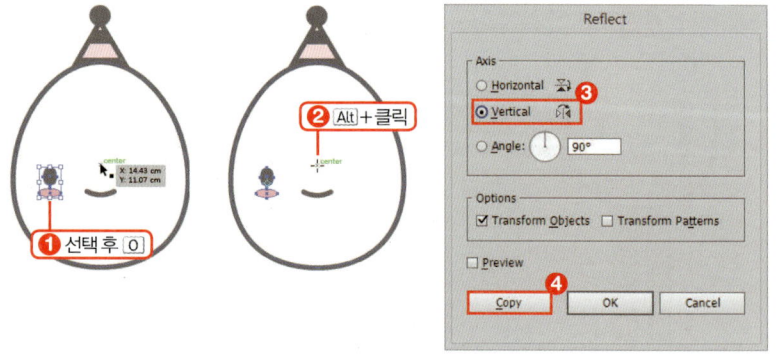

02. 다음과 같이 양쪽 눈과 볼터치가 얼굴 중앙을 기준으로 손쉽게 복사되었습니다.

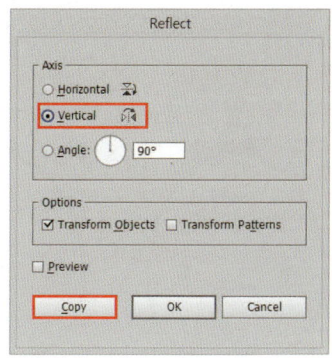

🔵 캐릭터 표정에 변화를 주자! 양볼 간단히 꾸미기

캐릭터 작업에서 부끄러움을 표현하거나 볼이 통통해서 어린아이같이 귀여워 보이는 캐릭터 등을 표현할 때 양
쪽 볼을 꾸며줍니다. 눈이나 입의 표정과 어울리게 변화를 줄 수 있는 볼터치는 다양한 스타일로 쉽게 조절할 수
있어 캐릭터를 표현하는 데 유용합니다.

Draw Inside 기능으로 볼터치 만들기

동그란 볼터치로 얼굴에 포인트를 준 캐릭터는 [Draw Inside] 기능을 활용해 손쉽게 그릴
수 있습니다.

01. 원하는 오브젝트에 선 컬러를 지정했다면 면을 선택하고 단
축키 Shift + D 를 두 번 눌러 [Draw Inside] 모드로 만듭니다. 빈
화면을 Ctrl + 클릭하여 선택을 해제합니다.

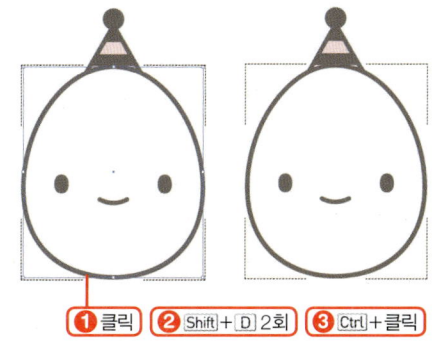

❶ 클릭   ❷ Shift + D 2회   ❸ Ctrl + 클릭

02. 단축키 L을 눌러 원 툴 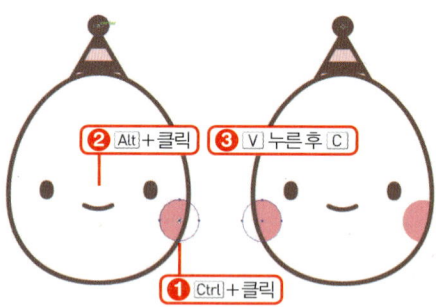(Ellipse Tool)을 선택한 후 컬러를 지정하고 원하는 부분으로 드래그합니다. 한쪽 볼터치를 그린 후 단축키 V를 눌러 선택 툴을 선택한 상태에서 빈 화면을 더블클릭하여 일반 모드로 돌아옵니다.

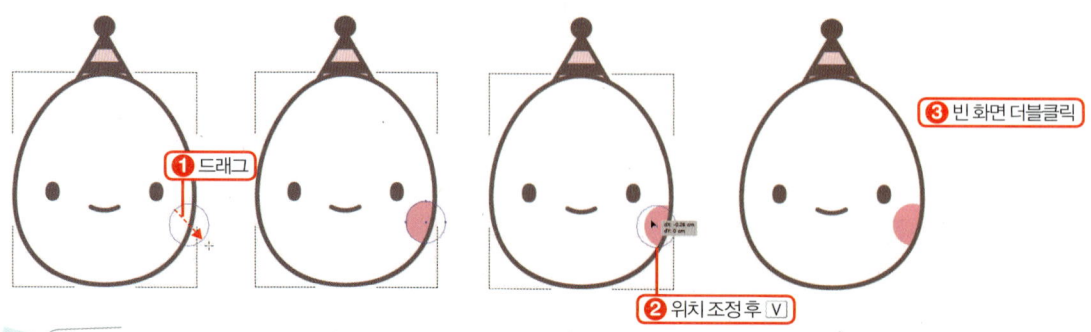

① 드래그
② 위치 조정 후 V
③ 빈 화면 더블클릭

> **Tip** **Ai 활용 업그레이드**
>
> 볼터치를 그린 후에 Ctrl+드래그하면 볼터치의 위치나 사이즈를 간편하게 수정할 수 있습니다.

03. 단축키 V를 눌러 선택 툴을 선택한 후 볼터치를 Ctrl+클릭합니다. 단축키 O를 눌러 반전 툴을 선택한 후 캐릭터의 중앙을 Alt+클릭하여 옵션 창을 엽니다. 옵션 창에서 [Vertical] 단축키 V와 [Copy] 단축키 C를 순서대로 누릅니다.

② Alt+클릭 ③ V 누른 후 C
① Ctrl+클릭

> **Tip** **Ai 활용 업그레이드**
>
> 반전 툴을 이용해 같은 방법으로 다른 스타일의 볼터치도 만들어봅니다.

단축키 Ctrl+D의 그대로 붙여넣기 기능으로 부끄럼 볼터치 만들기

그림과 같은 볼터치는 일반 사진을 꾸밀 때나 스티커 만들기 등에 많이 사용되면서 여러 모로 사랑받고 있는 효과입니다. 빗금 스타일의 볼터치는 붙여넣기 기능이나 [Scribble] 기능을 이용해 그릴 수 있습니다.

01. 단축키 W를 눌러 선 툴 /. (Line Segment Tool)을 선택합니다. 원하는 위치에서 비스듬하게 드래 그한 후 그린 선을 선택합니다. 끝부 분을 부드럽게 만들려면 [Stroke] 패 널에서 [Round Cap]을 클릭합니다.

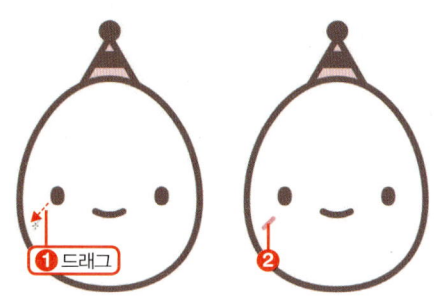

① 드래그

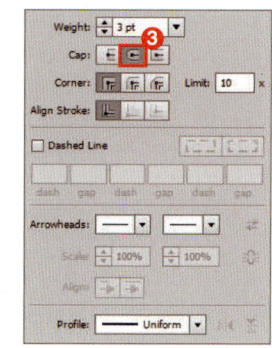

②

02. 단축키 V를 눌러 선을 선택하고 Shift + Alt + 드래그하여 옆으로 복사합니다. 단축키 Ctrl + D를 눌러 같은 간격으로 복사합니다. 원하는 수 만큼 볼터치를 만듭니다.

① Shift + Alt + 드래그 ② Ctrl + D

Tip Ai 활용 업그레이드

단축키 Ctrl + D를 눌러 같은 간격으로 선을 붙여 넣을 수도 있지만, [Align] 패널에서 [Horizontal Distribute Center]를 클릭하여 그린 선을 같은 간격으로 정렬하는 방법도 알아둡니 다. 선 길이가 다른 볼터치를 그린 후 정렬할 때 사용하면 좋습니다.

이펙트 [Scribble]를 이용하여 사인펜으로 그린 듯한 느낌의 볼터치 만들기

부끄러워하는 모습을 표현할 때 사용할 수 있는 사인펜으로 그린 듯한 느낌의 볼터치입니다. 이 볼터치는 [Scribble]을 이용해 간단히 만들 수 있습니다.

01. 단축키 W를 눌러 선 툴 /.을 선택합니다. 원하는 위치에 가로로 긴 선을 그립니다. 선을 선택한 후 [Effect]-[Stylize]-[Scribble]을 클릭하여 옵션 창을 불러옵니다.

① 드래그

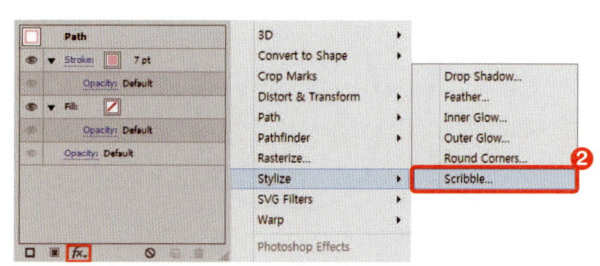

②

02. 옵션 창에서 각 옵션 바를 드래그하며 조절한 후 [OK]를 누릅니다.

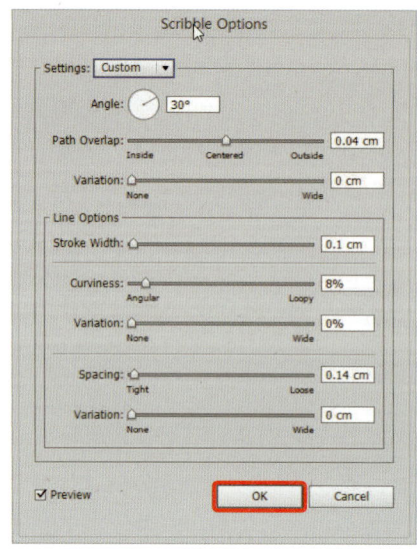

Tip **Ai 활용 업그레이드**

옵션 바를 조절하기가 번거롭다면 [Settings] 탭을 클릭하여 원하는 효과를 선택해 적용할 수 있습니다.

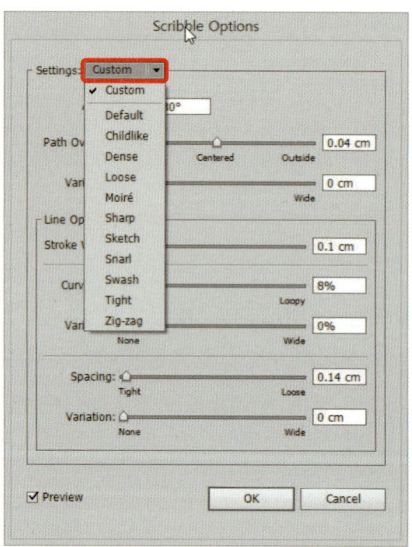

03. 이펙트가 적용된 선은 단축키 ⓞ 를 눌러 반전 툴을 선택한 후 반전 복사합니다.

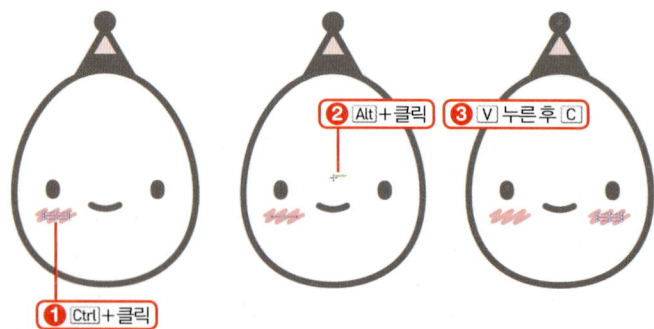

이펙트 Warp를 이용하여 익살스러운 표정의 효과 만들기

익살스러운 표정이나 개구쟁이 같은 표정을 표현할 때, 볼 살이 통통한 느낌을 연출할 때
[Warp]-[Arc]를 이용합니다.

01. 단축키 W를 눌러 선 툴 ✎ 을 선택합니다. 비스듬하게 긴 직선을 그립니다. 단축키 V를 눌러 선을 선택한
후 [Effect]-[Warp]-[Arc]를 선택하여 [Arc] 옵션 창을 불러옵니다.

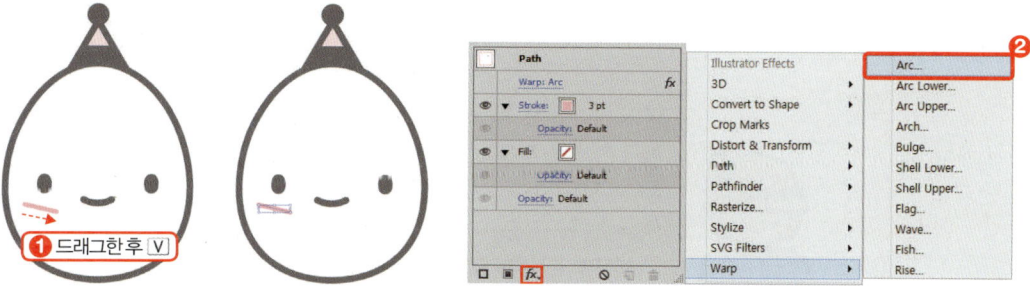

02. [Warp Options] 창이 나타나면 옵션 바를 드래그하며 조절한 후 [OK]를 눌러줍니다.

Warp Options

Style:	Arc
	● Horizontal ○ Vertical
Bend:	31%
Distortion	
Horizontal:	71%
Vertical:	4%

☐ Preview   OK   Cancel

03. 이펙트가 적용된 선을 선택한 후 [Object]-[Expand Appearance]를 적용합니다. 단축키 O를 눌러 반
전 툴을 선택한 후 반전 복사하여 마무리합니다.

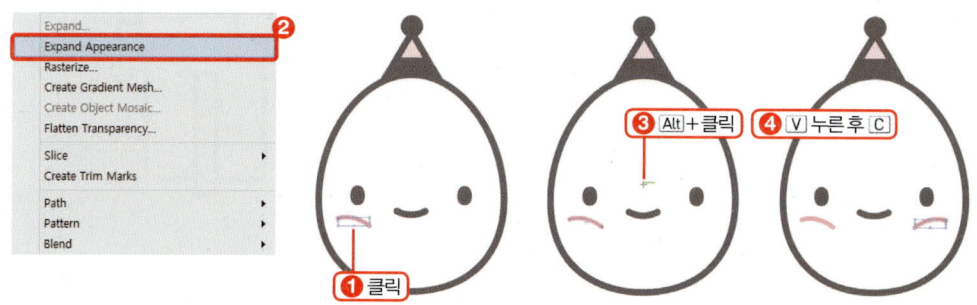

Section 02
도형 활용해 심플한 스타일의 캐릭터 그리기

캐릭터를 그릴 때는 자유로운 스타일로 선을 강조하거나 도형 툴을 이용해 심플하고 정돈된 느낌으로 표현하는 경우가 많습니다. 이번 섹션에서는 캐릭터 디자인 중 가장 기본 스타일이라고 할 수 있는 도형을 이용한 캐릭터 작업에 대해서 알아보겠습니다. 도형 툴의 경우에는 캐릭터 디자인 외에도 아이덴티티 디자인이나 다양한 일러스트 작업 시 활용도가 높은 기능이니, 활용 방법을 잘 익혀두는 것이 좋습니다. 도형 툴과 선 툴 등을 이용해 심플하면서도 깔끔한 느낌을 전달하는 캐릭터를 그려보도록 하겠습니다.

✚ 결과 파일 2장 \ 결과 파일 \ 2장_섹션2.ai

● **사용한 툴**

· 반전 툴 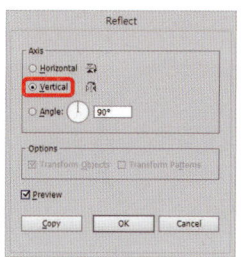 O : 왼쪽 팔을 오른쪽으로 반전 복사합니다.

● **사용한 패널**

_ Align 패널 Shift + F7 : 특정 도형을 기준으로 정렬할 수 있습니다. 서로 떨어져 있는 오브젝트를 정확한 수치로 붙여줍니다.

_ Pathfinder 패널 Shift + Ctrl + F9 : 선을 이용해서 면을 쪼개기도 하고 면끼리 겹치는 부분만 남길 수도 있습니다.

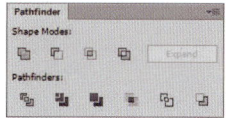

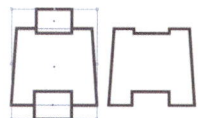

1_ 앞쪽에 올라와 있는 도형의 모양만큼 뒷부분 오브젝트가 잘라집니다.

2_ 선이 위치한 모양대로 도형이 쪼개집니다.

3_ 도형끼리 서로 겹쳐지는 부분만 남습니다.

● **사용한 기능**

_ Round Corners 이펙트 [Effect]–[Stylize]–[Round Corners] : 치수를 입력하여 오브젝트의 모서리를 둥글게 수정할 수 있습니다.

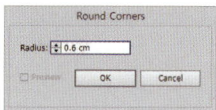

_ Arc 이펙트 [Effect]–[Warp]–[Arc] : 직선을 곡선처럼 휘게 만드는 기능입니다. 마지막 그림은 캐릭터의 입을 그리고 선의 속성을 [Round Cap]으로 수정한 모양입니다.

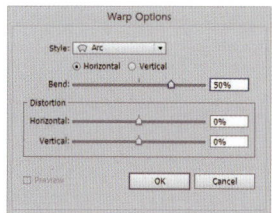

⚙ 캐릭터 얼굴 만들기

01. 단축키 Ctrl + N 을 눌러 새 아트보드를 엽니다. 단축키 L 을 눌러 원 툴 ◯ (Ellipse Tool)을 선택한 후 아
트보드의 중앙에 Shift + Alt 를 누른 채 드래그합니다.

Shift + Alt + 드래그

Tip **Ai 활용** 업그레이드

도형을 그릴 때 Shift + Alt 를 누른 채 드래그하면 드래그하는 첫 포인트가 중심점이 됩니다.

Tip **작업 효율** 업그레이드

작업을 진행하기 전에 미리 [Preferences] 옵션 창에서 [Scale Stroke&Effects]의 체크 표시를 해제합니다. 이 옵션을 해제하면
도형의 사이즈를 늘리거나 줄여도 지정한 선의 굵기가 그대로인 채 변경되지 않습니다. 오브젝트의 면 색은 도형의 아래, 위 위치를
확인하기 쉽게 흰색으로 지정한 후 작업하겠습니다.

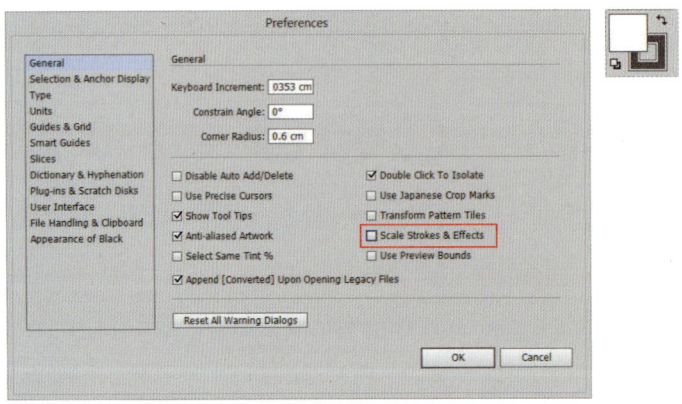

02. 단축키 V 를 눌러 선택 툴 ▶ 을 선택한 후 원의 밑부분 포인트를 Ctrl + 드래그합니다.

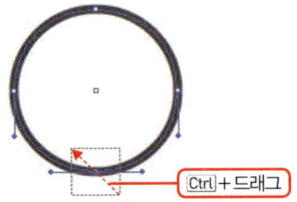

Ctrl + 드래그

Tip **Ai 활용** 업그레이드

단축키 A 를 눌러 직접 선택 툴 ▷ (Direct Selection Tool)을 선택한 상태가 아니더라도 단축키 V 를 눌러 선택 툴 ▶ 을 선택한
상태에서 Ctrl + 드래그해주면 직접 선택 툴과 같은 기능을 빠르게 적용할 수 있습니다.

03. 키보드의 ↑ 방향키를 두 번 눌러줍니다. 단축키 M 을 눌러 사각형 툴 ▣ (Rectangle Tool)을 선택한 후 직사각형을 그립니다.

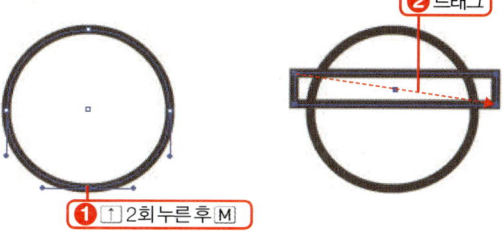

04. 단축키 V 를 눌러 선택 툴 ▶ 을 선택한 후 오브젝트를 모두 드래그해 선택합니다. [Align]의 [Horizontal Align Center]를 클릭하여 두 개의 오브젝트를 중앙 정렬합니다.

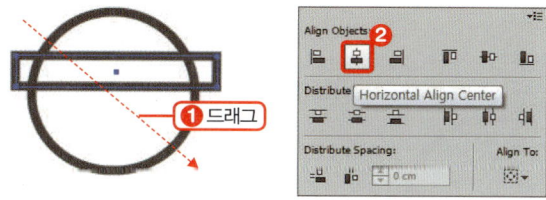

05. 선택 툴로 직사각형의 우측 하단 포인트를 선택합니다. Ctrl + 드래그하여 양쪽 포인트를 좌우로 0.42/- 0.42씩 이동합니다.

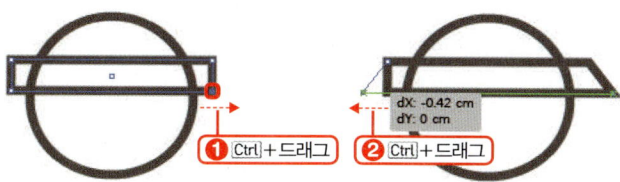

> **Tip** **Ai 활용 업그레이드**
>
> 단축키 Ctrl + U 를 눌러 스마트 가이드(Smart Guides)를 설정한 상태에서 포인트를 이동시키면 조절하는 만큼의 수치가 나타납니다. 수치를 보면서 원하는 만큼 오브젝트를 쉽게 조정할 수 있습니다.

06. 선택 툴로 수정한 직사각형을 선택한 후 [Appearance] 패널에서 [Add New Effect]-[Stylize]-[Round Corners]를 클릭합니다. [Round Corners] 옵션 창이 나타나면 [Radius]에 0.1cm를 입력한 후 [OK]를 클릭합니다. 사각형의 모서리가 둥글게 수정되었습니다.

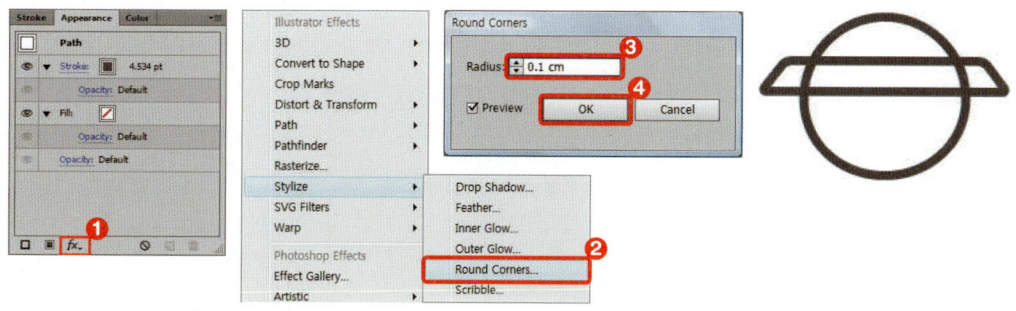

Tip **Ai 활용 업그레이드**

[Radius]에 치수 단위가 cm 이외의 단위로 나타난다면 눈금자에서 마우스 오른쪽 버튼을 클릭합니다. 단위를 빠르게 수정할 수 있는 메뉴가 나타납니다. 이 메뉴에서 간편하게 단위를 조정할 수 있습니다.

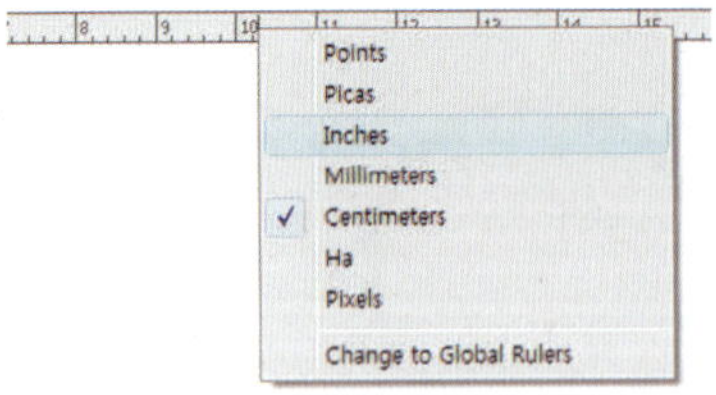

07. 단축키 L을 눌러 원 툴 을 선택한 후 Shift + 드래그하여 원을 그립니다. 단축키 V를 눌러 선택 툴을 선택한 상태에서 Ctrl + 드래그하여 하단의 포인트를 선택합니다. 선택한 포인트를 Delete로 삭제한 후 단축키 Ctrl + J를 눌러 [Join]합니다. 떨어져 있던 패스가 서로 연결됩니다.

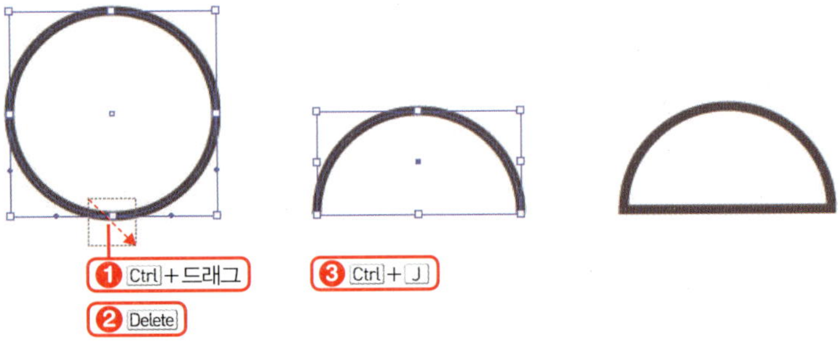

08. [Join]한 반원을 앞서 그린 두 개의 오브젝트 위에 올립니다. [Align] 패널의 오른쪽 하단에서 [Align To] 옵션의 화살표를 누른 후 [Align to key Object]를 선택하고 [Vertical Distribute Space]를 클릭합니다. 수치는 0cm로 조절합니다.

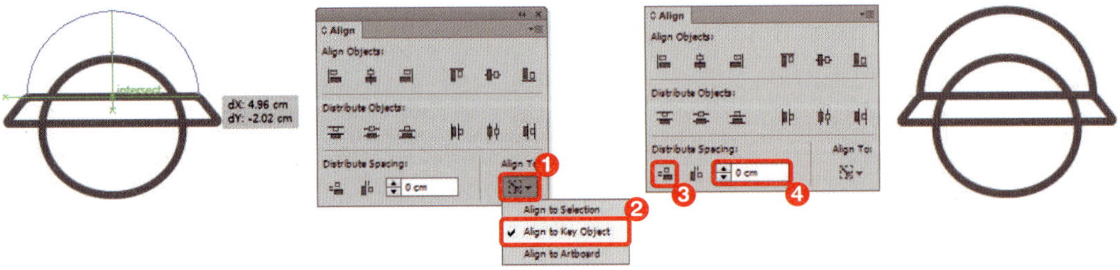

Tip **Ai 활용 업그레이드**

따로 떨어져 있는 오브젝트를 정확한 치수로 붙이려면 [Align] 패널에서 숨겨진 메뉴를 클릭한 후 [Show Options]를 눌러 [Distribute Spacing] 옵션을 꺼냅니다. 원하는 오브젝트를 선택한 후 기준으로 삼을 오브젝트를 다시 한 번 선택해서 진한 테두리가 나타나게 합니다. [Vertical Distribute Space]를 클릭하면 오브젝트 사이가 정확하게 딱 붙습니다.

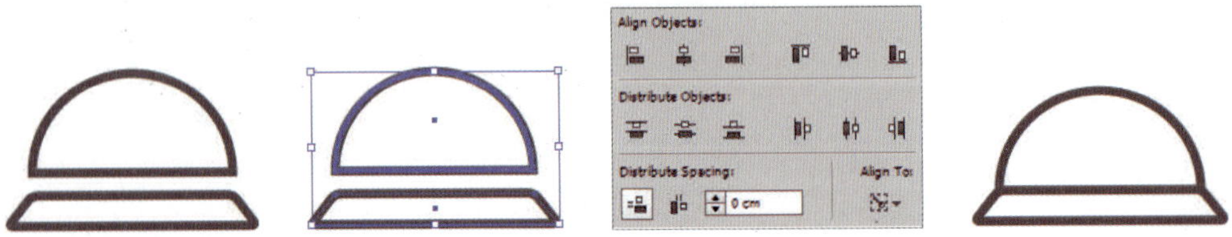

⬤ 나뭇잎 모자 장식 만들기

01. 단축키 M 을 눌러 사각형 툴 ■ 을 선택한 후 드래그하여 직사각형을 만듭니다.

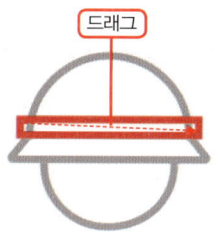

02. 앞서 그린 직사각형을 선택한 후 [Appearance]에서 [Effect]−[Stylize]−[Round Corners]를 클릭합니
다. [Round Corners] 옵션 창이 나타나면 [Radius]에 0.1cm을 입력한 후 [OK]를 클릭합니다.

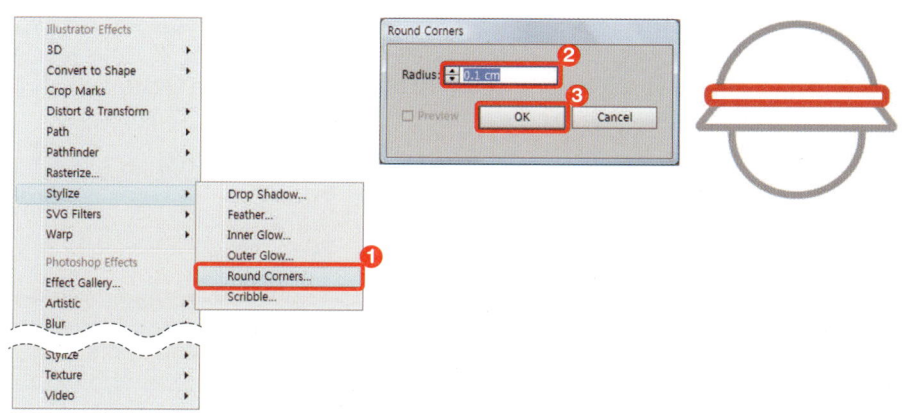

03. 단축키 W 를 눌러 선 툴 ╱ (Line Segment Tool)을 선택한 후 대각선을 그립니다. 그려준 선을 선택한 후
Shift + Alt + 드래그하고 Ctrl + D 를 누르면 같은 간격으로 선이 복사됩니다.

04. 직사각형과 대각선을 선택한 후 [Pathfinder] 패널에서 [Divide]를 적용합니다.

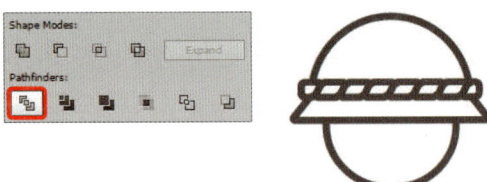

> **Tip** Ai 활용 **업**그레이드
>
> 더 자세한 [Pathfinder] 패널의 [Shape Modes] 및 [Pathfinder] 옵션 관련 내용은 150쪽을 참고합니다.

> **Tip** Ai 활용 **업**그레이드
>
> 이펙트가 적용된 상태에서 도형에 다른 기능을 적용하면, 이펙트와 다른 기능이 동시에 적용됩니다. 따라서 이펙트와 다른 기능을 중복되지 않게 하려면 [Object]−[Expand Appearance]로 적용된 이펙트를 별도의 오브젝트로 만들어줍니다.

05. 단축키 L 을 눌러 원툴 ◯ 을 선택한 후 Shift + 드래그하여 원을 그립니다. 그린 원을 선택한 후 Shift + Alt + 드래그해 오브젝트를 복사합니다.

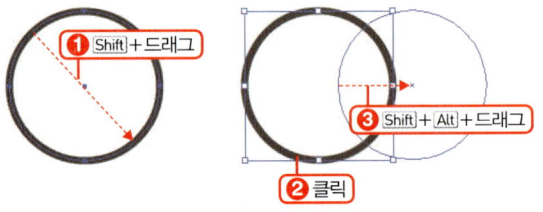

06. 두 개의 원을 선택한 후 [Pathfinder] 패널에서 [Shape Modes]−[Intersect]를 눌러 겹쳐진 부분만 남게 합니다.

07. 단축키 W 를 눌러 선 툴 ╱ 을 선택한 후 중심점에 맞춰 직선을 그립니다. 단축키 Ctrl + U 를 눌러 스마트 가이드를 설정하면 좀더 편리하게 오브젝트의 중심에 직선을 그릴 수 있습니다. 다시 선 툴을 이용해 대각선을 그린 후 아래 방향으로 그림과 같이 복사합니다.

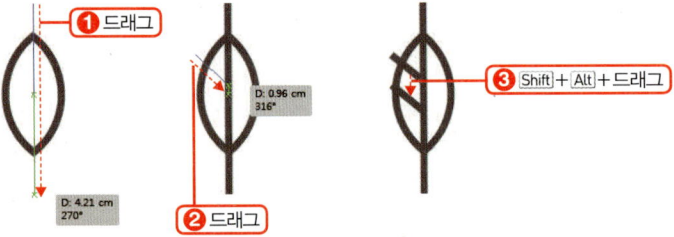

08. 그려준 두 개의 대각선을 선택한 후 단축키 □를 눌러 반전 툴 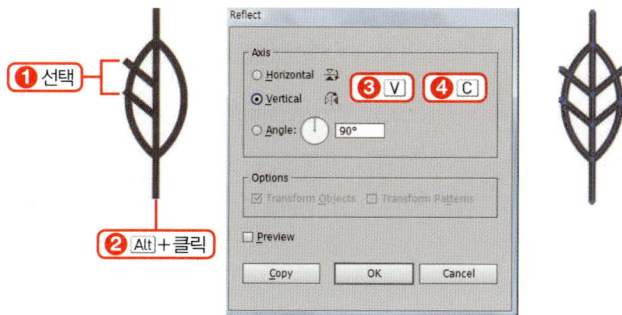(Reflect Tool)을 선택합니다. 중앙에 그려둔 직선에 마우스 커서를 위치시킨 후 Alt + 클릭합니다. [Reflect] 옵션 창이 나타나면 단축키 Ⅴ를 눌러 [Vertical]을 선택한 후 단축키 ⓒ를 눌러 복사합니다.

Tip **Ai 활용 업그레이드**

[Reflect] 옵션 창에서 마우스로 직접 옵션 버튼을 클릭하지 않아도 각 옵션 밑줄에 있는 알파벳을 키보드에서 선택하면 단축키로 사용할 수 있습니다.

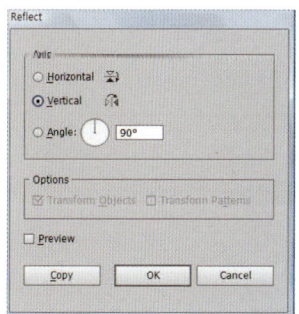

09. 잎사귀 모양의 오브젝트를 선택한 후 [Pathfinder] 패널에서 [Divide]를 적용합니다.

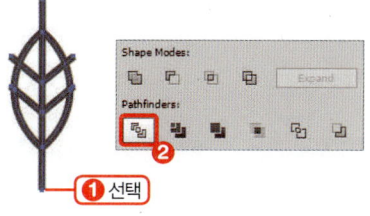

10. [Divide]가 적용된 잎사귀를 선택합니다. [Stroke] 옵션 창에서 선의 속성을 [Corner]-[Round Join]으로 수정합니다.

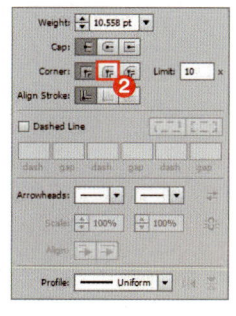

11. 완성된 잎사귀를 선택한 후 만들어둔 오브젝트 위에 올립니다. 단축키 Ctrl + I 를 이용해 잎사귀 위치를 뒤쪽으로 이동합니다. 잎사귀 모양과 모자의 띠 모양을 선택하고 단축키 Ctrl + G 를 눌러 그룹화합니다.

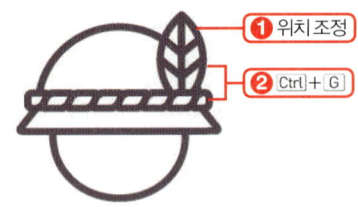

🔵 단발 모양의 머리카락 부분 및 눈과 입 만들기

01. 단축키 M 을 눌러 사각형 툴 🔲 을 선택합니다. Shift + 드래그하여 정사각형을 그립니다.

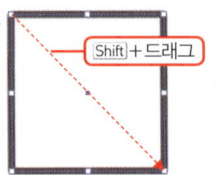

02. 단축키 V 를 눌러 선택 툴을 불러온 상태에서 사각형의 상단 부분을 Ctrl + 드래그하여 라인을 선택합니다. Delete 를 눌러 삭제합니다.

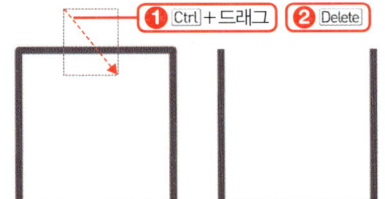

03. 잘려진 사각형의 위쪽 포인트를 Ctrl + 드래그하여 선택합니다. 모자와 얼굴 경계선의 위치를 확인하며 오브젝트를 얼굴 위로 이동합니다.

04. 전체 오브젝트를 선택한 후 [Align]에서 중앙 정렬을 클릭합니다. 선택 툴 ▶ 로 잘려진 사각형을 클릭한 후 단축키 Shift + Ctrl + I 를 눌러 오브젝트를 맨 뒤로 보냅니다.

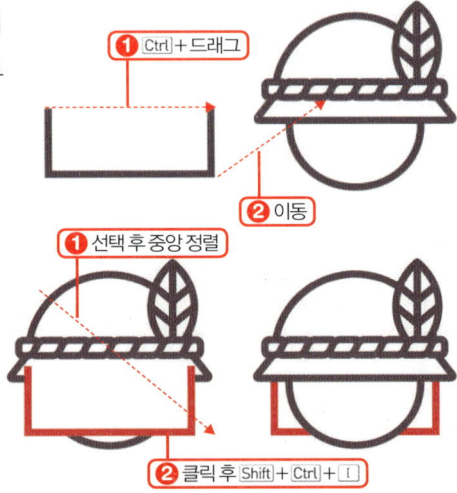

05. 맨 뒤로 보낸 사각형 오브젝트를 선택한 후 [Effect]−[Stylize]−[Round Corners]를 클릭합니다. [Round Corners] 옵션 창이 나타나면 [Radius]에 0.7cm를 입력한 후 [OK]를 클릭합니다.

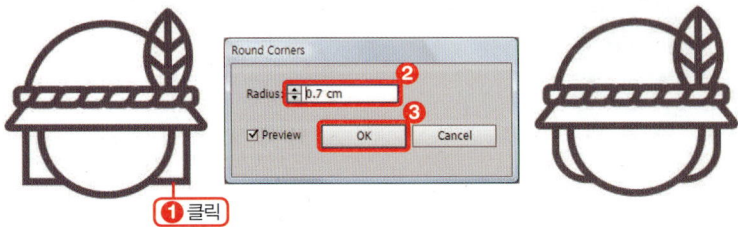

06. 단축기 L을 눌러 원 툴  을 선택합니다. 얼굴에서 눈에 해당하는 위치에서 Shift
+ Alt + 드래그합니다.

07. 앞서 그린 원형 오브젝트를 선택한 후 단축기 O를 눌러 반전 툴 을 선택합니다. 마우스 커서를 얼굴의
중앙 부분에 위치시킨 후 Alt + 클릭합니다. 단축기 V를 눌러 [Vertical]을 선택한 후 단축기 C를 눌러 복사합
니다. 그림에서는 스마트 가이드가 활성화된 상태로, 정확한 위치를 확인하며 작업할 수 있습니다. 눈 모양의 원
형 오브젝트 두 개를 모두 선택하고 단축기 Ctrl + G를 눌러 그룹화합니다.

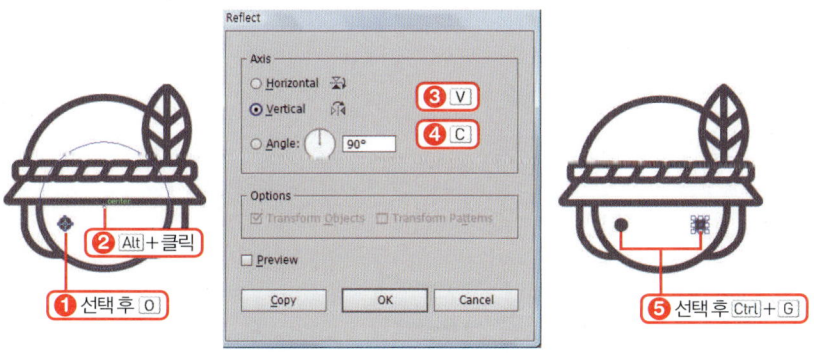

08. 단축기 W를 눌러 선 툴 을 선택합니다. 얼굴의 중심
선에서 Shift + Alt + 드래그합니다.

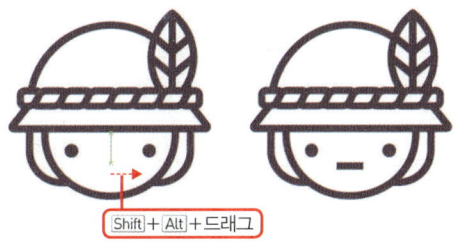

09. 앞서 그린 직선을 선택한 후 [Appearance] 패널에서 [Add New Effect]-[Warp]-[Arc]를 클릭합니다.
[Warp Options] 창이 나타나면 [Horizontal]을 선택합니다. [Bend]의 바를 왼쪽으로 드래그하여 원하는 만큼
조절한 후 내려줍니다. 여기에서는 -20%로 적용했습니다.

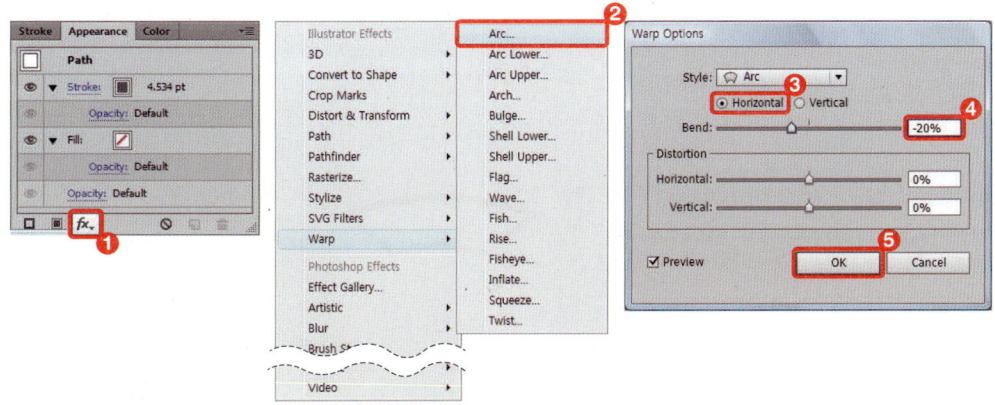

Ai 활용 ^업그레이드_ [Warp Options] 옵션 익히기

직사각형의 오브젝트로 [Warp Options] 창의 기능을 자세히 알아보겠습니다.

• **[Horizontal]/[Vertical]** : 가로/세로 방향으로 휘어집니다.

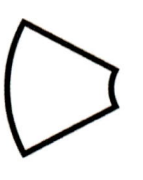
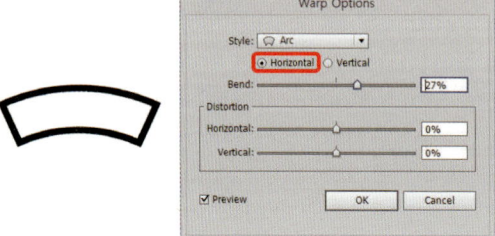
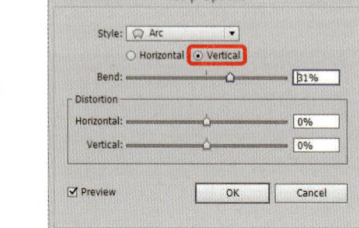

Horizontal   Vertical

• **[Bend]** : 바를 좌우로 조정하여 휘어지는 정도와 방향을 선택합니다.

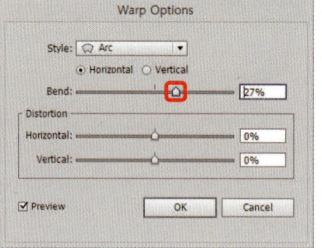

우측으로 27%   좌측으로 −21%

• **[Distortion]−[Horizontal]** : 왜곡 축을 가로로 지정하여 적용할 수 있습니다.

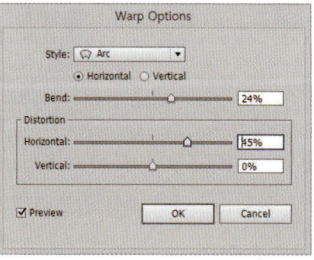
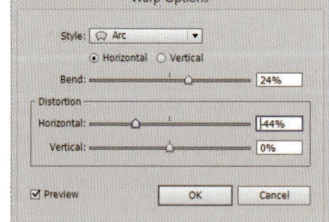

Horizontal 45%   Horizontal −44%

• **[Distortion]−[Vertical]** : 왜곡 축을 세로로 지정하여 적용할 수 있습니다.

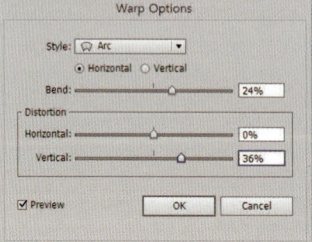
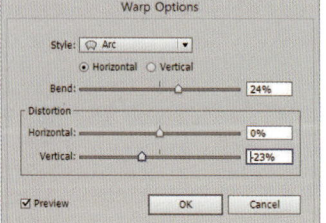

Vertical 36%   Vertical −23%

10. Warp를 적용한 후 입 모양 오브젝트를 선택하고 [Stroke] 옵션 창에서 [Cap]–[Round Cap]을 클릭합니다. 선의 끝이 둥글게 수정됩니다. 전체 오브젝트를 선택한 후 단축키 Ctrl + G 를 눌러 그룹화합니다.

① 클릭　　　③ 전체 선택 후 Ctrl + G

> **Tip** 작업 효율 업그레이드
>
> 머리와 몸통, 다리 등으로 나눠 그때그때 그룹화하여 작업하면 오브젝트가 큰 덩어리로 보이기 때문에 복잡하지 않고, 정렬할 때도 편리합니다.

⚙ 캐릭터 몸통 만들기

01. 단축키 M 을 눌러 사각형 툴을 선택한 후 사각형을 그립니다.

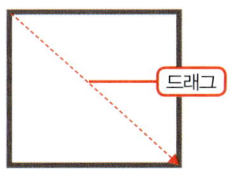

드래그

02. 단축키 V 를 눌러 선택 툴을 선택합니다. 앞서 그린 사각형의 상단 양쪽 포인트 중 왼쪽을 Ctrl + 드래그하여 선택한 후 Enter 를 누릅니다. [Move] 옵션 창에서 [Position]의 설정을 다음과 같이 설정하여 0.3cm 이동시킵니다. 사각형의 상단 오른쪽 포인트도 같은 방법으로 수정합니다.

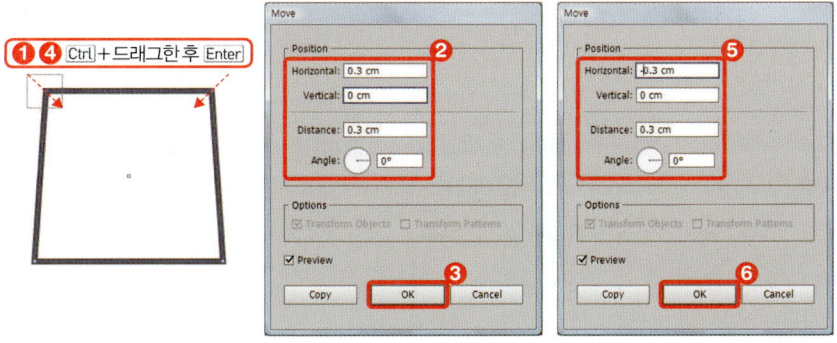

① ④ Ctrl + 드래그한 후 Enter

> **Tip** Ai 활용 업그레이드
>
> 선택 툴 상태에서 [Move] 옵션 창을 불러올 때 바로 Enter 를 누릅니다. 간편하고 빠르게 옵션 창을 불러올 수 있습니다.

03. 단축키 M 을 눌러 사각형 툴을 선택합니다. 스마트 가이드를 활용해 중앙에 마우스 커서를 위치시킨 후 Alt + 드래그합니다.

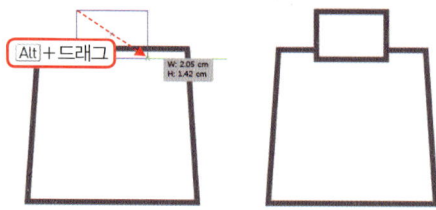

> **Tip** **Ai 활용 업그레이드**
>
> 사각형 툴을 선택한 후 스마트 가이드가 켜진 상태에서 Alt + 드래그하면 이미 그려둔 오브젝트의 중심축에 맞춰 직사각형을 그릴 수 있습니다.

04. 처음 그린 사각형의 하단 중심에 마우스 커서를 위치시킵니다. Alt + 드래그하여 사각형을 하나 더 그립니다.

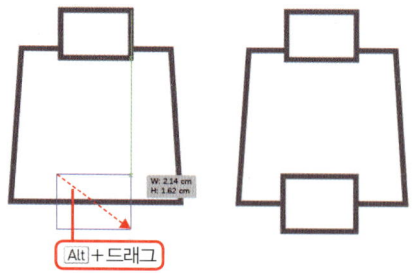

05. 3개의 사각형 오브젝트를 선택한 후 [Pathfinder] 패널에서 [Minus Front]를 클릭합니다.

06. [Minus Front]를 적용한 오브젝트를 선택한 후 [Effect]-[Stylize]-[Round Corners]를 클릭합니다. [Round Corners] 옵션 창에서 [Radius]를 0.3cm로 수정한 후 [OK]를 클릭합니다.

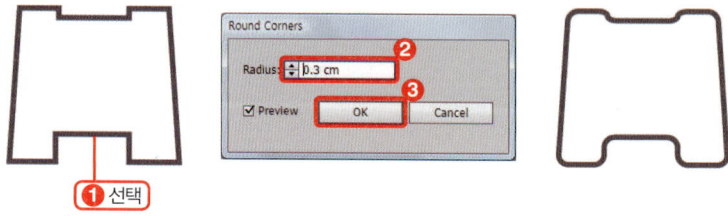

07. 이펙트를 적용한 오브젝트를 선택한 후 [Object]−[Expand Appearance]를 클릭합니다. 이펙트 적용 상태의 오브젝트를 보이는 모양 그대로 정리합니다.

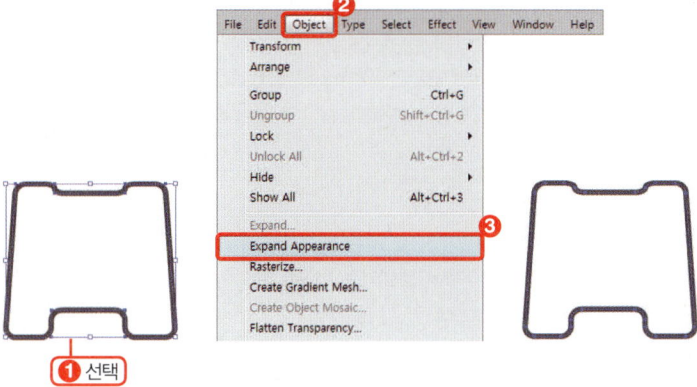

08. 작업한 오브젝트를 캐릭터의 얼굴 아래로 옮겨 몸통을 표시해줍니다. 얼굴과 몸통 오브젝트를 선택한 후 [Align]에서 중앙 정렬합니다.

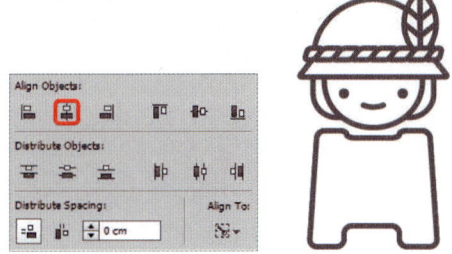

> **Tip** **Ai 활용 업그레이드**
>
> 더 자세한 [Align] 패널의 내용은 97쪽 '[Align] 패널 옵션 알아보기'를 참고합니다.

🌐 캐릭터 목과 팔 만들기

01. 단축키 [M]을 눌러 사각형 툴을 선택한 후 이미 작업한 오브젝트의 중앙에 마우스 커서를 위치시킵니다. [Alt] +드래그하여 그림과 같은 위치에 사각형을 추가합니다. 이 사각형으로 캐릭터의 목을 만들어줍니다. 단축키 [Shift]+[Ctrl]+[I]를 눌러 오브젝트를 맨 뒤로 이동시킵니다.

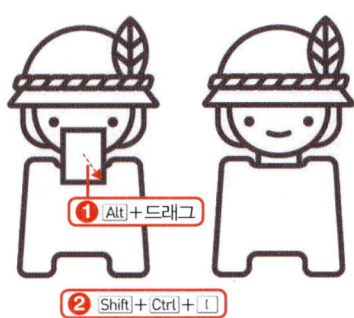

02. 도형 툴에서 모서리가 둥근 사각형 툴 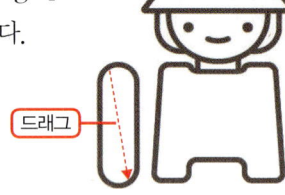(Rounded Rectangle Tool)을 선택한 후 긴 직사각형 모양을 그립니다. 드래그한 채 빈 화면을 클릭하여 [Rounded Rectangle] 옵션 창이 나타나면 키보드의 방향키 ↑, ↓를 눌러 [Corner Radius]를 조절합니다.

드래그

Tip **Ai 활용 ^업그레이드_ [Corner Radius] 익히기**

모서리가 둥근 사각형 툴로 도형을 그린 후 빈 화면을 클릭하여 [Rounded Rectangle] 옵션 창을 불러와 도형 모서리의 둥근 정도를 조절할 수 있습니다. 또한 옵션 창을 열지 않아도 도형을 드래그한 채 키보드의 ↑, ↓를 누르면 [Corner Radius]를 빠르게 수정할 수 있습니다. ↑는 더 둥글게, ↓는 각을 더 줄 때 사용합니다. [Corner Radius]의 값이 커질수록 모서리가 더 둥글게 수정됩니다.

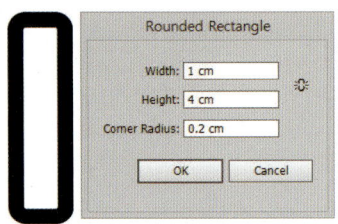
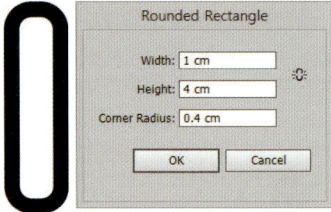
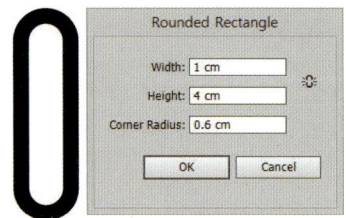

Corner Radius 0.2cm   Corner Radius 0.4cm   Corner Radius 0.6cm

03. 단축키 W를 눌러 선 툴을 선택한 후 둥근 직사각형 아래쪽에서 Shift + 드래그합니다. 둥근 직사각형과 새로 그린 선을 모두 선택한 후 [Pathfinder] 패널에서 [Divide]를 적용하면 팔 모양이 완성됩니다.

04. 팔 오브젝트를 몸통 옆으로 옮긴 후 단축키 Shift + Ctrl + I 를 눌러 몸통 뒤로 이동시킵니다. 단축키 R 을 눌러 회전 툴 (Ratate Tool)을 선택한 후 팔의 위쪽을 클릭해 중심축으로 지정합니다.

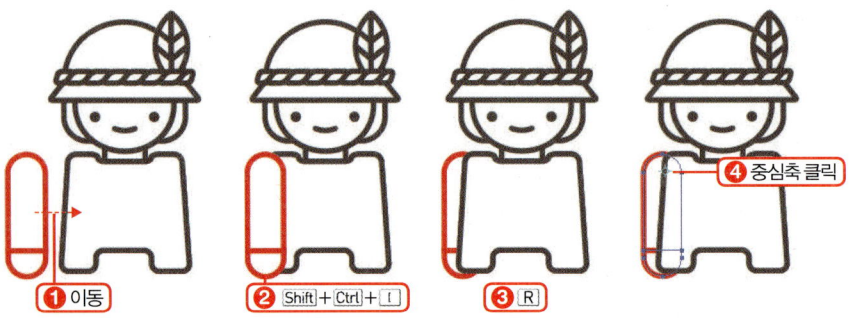

05. 팔의 아래쪽을 클릭한 채 중심축을 기준으로 마우스를 왼쪽으로 드래그합니다.

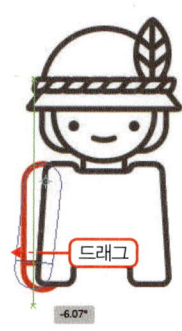

06. 어깨와의 비율을 고려해 팔을 조금 아래쪽으로 이동시킵니다.

07. 완성된 팔을 선택한 후 단축키 [O]를 눌러 반전 툴을 선택합니다. [Alt]를 누른 채 얼굴의 중앙을 클릭합니다. [Reflect] 옵션 창이 나타나면 단축키 [V], 단축키 [C]를 순서대로 눌러 반전 복사합니다. 오른쪽 팔이 복사됩니다. 양쪽 팔을 선택한 후 단축키 [Ctrl] + [G]를 눌러 그룹화합니다.

🌸 주머니 장식 만들기

01. 단축키 [M]을 눌러 사각형 툴을 선택한 후 작은 직사각형을 만듭니다. 단축키 [P]를 눌러 펜 툴 ✒️(Path Tool)을 선택한 후 사각형 하단에 포인트를 추가합니다. 사각형 하단 라인에서 스마트 가이드로 중앙을 확인하고 마우스 커서를 올립니다. 툴 모양이 기준점 추가 툴 ✒️₊(Add Anchor Point Tool)로 변하면 클릭하여 포인트를 추가합니다. 포인트를 추가하면 포인트를 움직여 기본 도형의 모양을 다른 모양으로 수정할 수 있습니다.

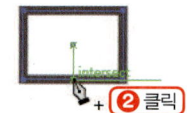

02. 단축키 V를 눌러 선택 툴을 선택한 후 하단에 추가한 포인트를 Ctrl + 드래그하면서 아래로 내립니다.

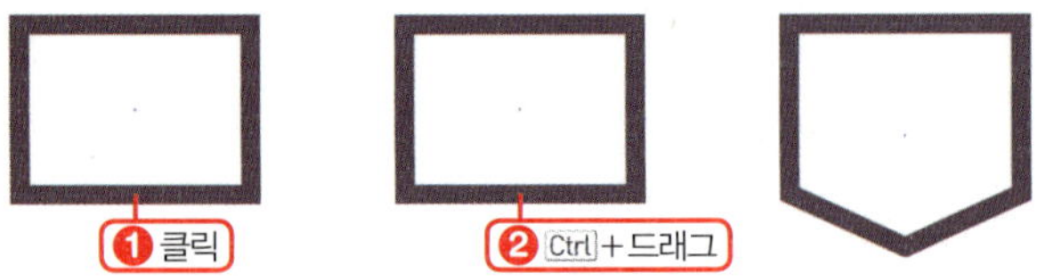

03. 단축키 W를 눌러 선 툴을 선택한 후 가로 선을 그립니다. 앞서 그린 오브젝트와 선을 선택하고 [Pathfinder] 패널에서 [Divide]를 적용합니다.

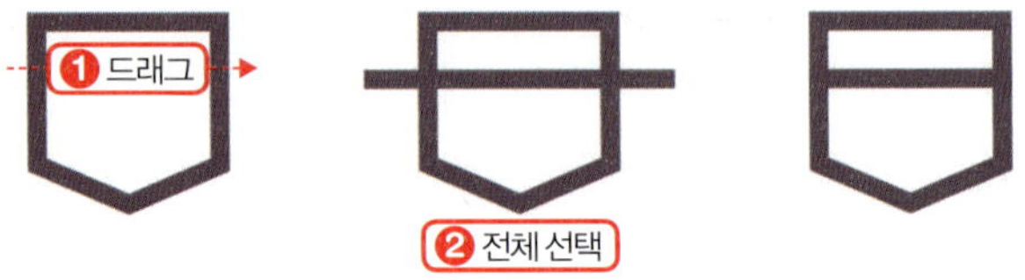

04. 주머니 모양의 오브젝트를 원하는 위치로 옮겨 배치합니다. 캐릭터의 몸통과 주머니를 선택한 후 단축키 Ctrl + G를 눌러 그룹화합니다.

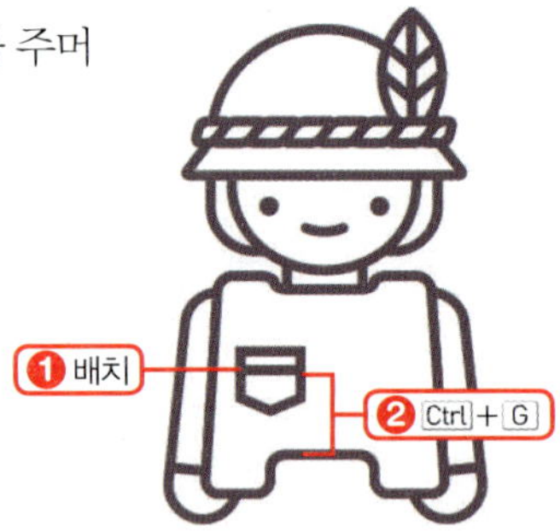

캐릭터 다리 만들기

01. 단축키 M을 눌러 사각형 툴을 선택한 후 다리가 될 직사각형을 그립니다. 몸통 부분과 어울리도록 비율에 맞춰 크기를 수정합니다. 몸통과 다리의 중심을 맞추기 위해 오브젝트를 선택한 후 [Align] 패널에서 가운데 정렬 (Horizontal Align Center)을 클릭합니다. 수정한 사각형 오브젝트를 선택한 후 단축키 Shift + Ctrl + [를 눌러 몸통 뒤로 이동시킵니다. 단축키 M을 눌러 사각형 툴을 선택한 후 다리 중앙에 긴 직사각형을 그립니다.

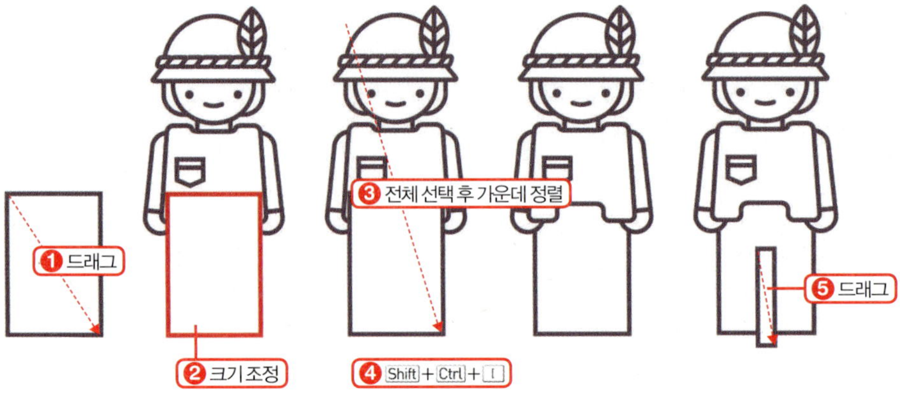

Ai 활용 업그레이드_ [Align] 패널 옵션 알아보기

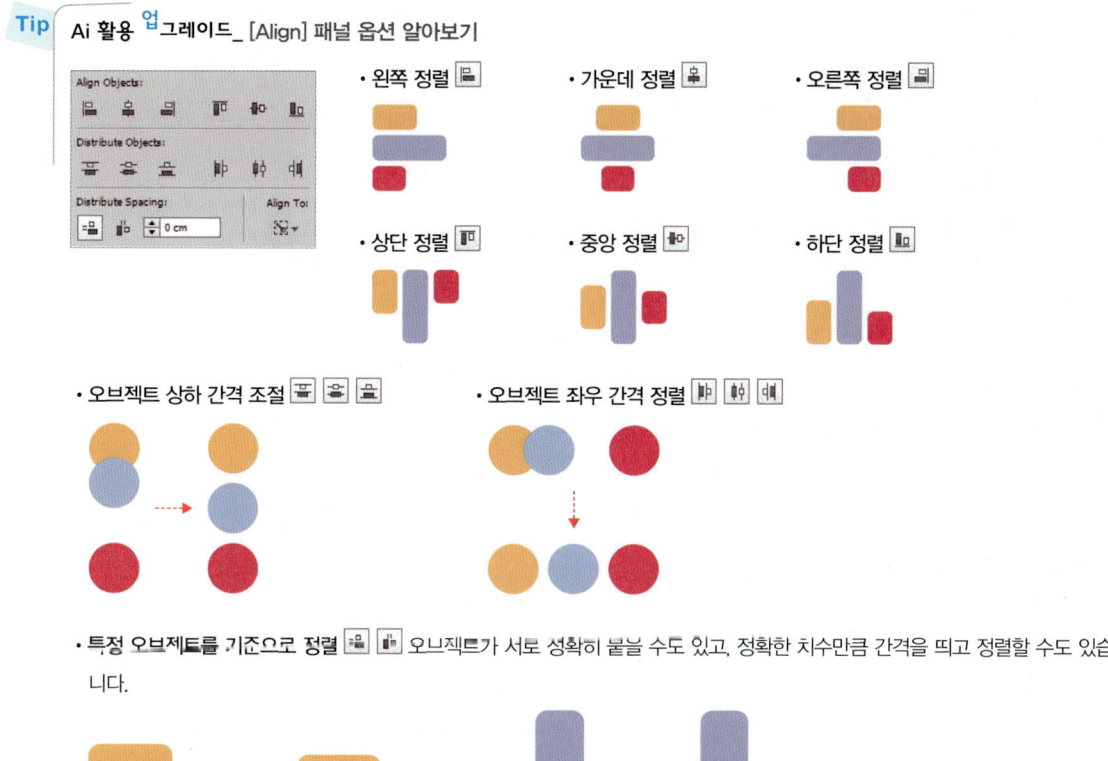

• **왼쪽 정렬**

• **가운데 정렬**

• **오른쪽 정렬**

• **상단 정렬**

• **중앙 정렬**

• **하단 정렬**

• **오브젝트 상하 간격 조절**

• **오브젝트 좌우 간격 정렬**

• **특정 오브젝트를 기준으로 정렬** 오브젝트가 서로 정확히 붙을 수도 있고, 정확한 치수만큼 간격을 띄고 정렬할 수도 있습니다.

02. 단축키 V를 눌러 선택 툴을 선택한 후 직사각형 하단 왼쪽의 포인트를 Ctrl + 드래그하여 선택합니다. Enter를 눌러 [Move] 옵션 창을 불러옵니다. [Horizontal]에 −0.3cm를 입력합니다. 오른쪽 포인트도 같은 방법으로 선택한 후 [Horizontal]에 0.3cm를 입력합니다.

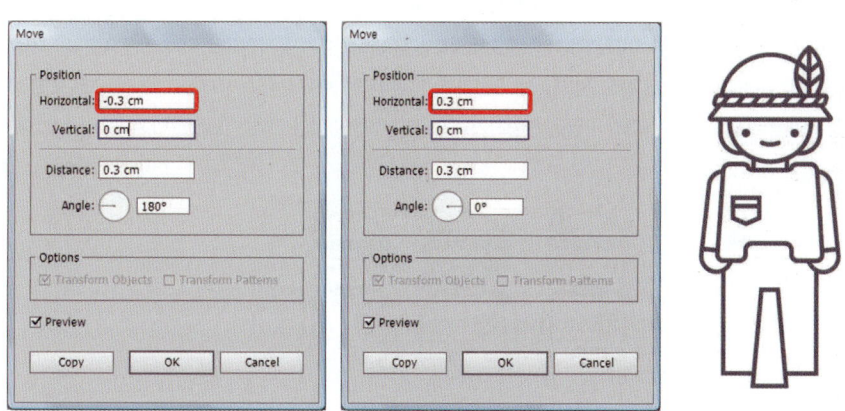

03. 다리가 될 두 개의 직사각형을 선택한 후 [Pathfinder]-[Minus Front] ⓖ를 클릭합니다. 단축키 Shift +
Ctrl + I 를 눌러 오브젝트를 몸통 뒤로 옮깁니다. 다리를 선택한 후 [Effect]-[Stylize]-[Round Corner]를 클
릭합니다. 옵션 창에서 [Radius]에 0.3cm을 입력하고 [OK]를 클릭합니다. 이펙트가 적용된 상태의 오브젝트를
보이는 모양 그대로 정리하기 위해 [Object]-[Expand Appearance]를 클릭합니다.

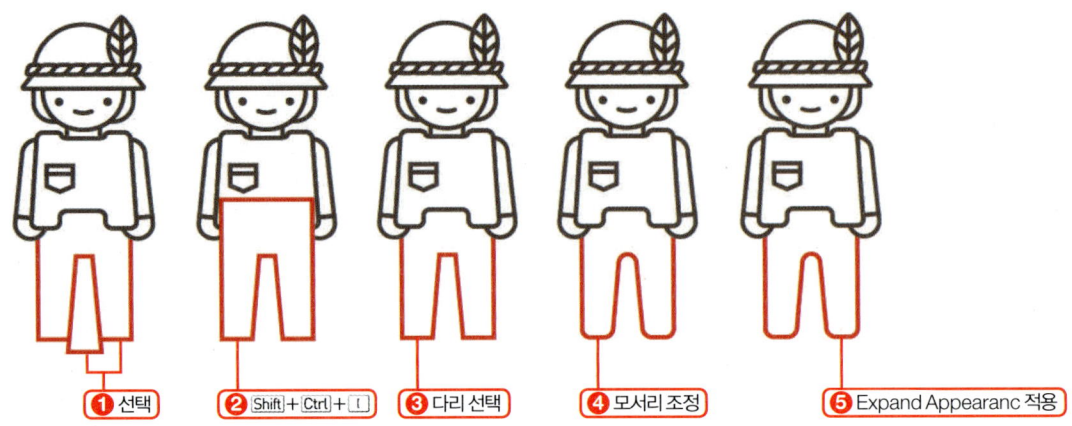

① 선택 ② Shift + Ctrl + I ③ 다리 선택 ④ 모서리 조정 ⑤ Expand Appearanc 적용

> **Tip** **Ai 활용 업그레이드**
>
> 이펙트를 적용한 뒤 오브젝트 상태를 보려면 단축키 Ctrl + Y 를 눌러 아웃라인 보기를 선택합니다. [Expand Appearance]를 적
> 용하지 않은 오브젝트는 이펙트만 입혀진 상태의 오브젝트로 볼 수 있습니다. [Expand Appearance]를 적용하면 보이는 모양 그
> 대로 오브젝트를 만들 수 있습니다.

> **Tip** **작업 효율 업그레이드**
>
> 이펙트만 입혀진 상태의 오브젝트는 보관용 파일로 따로 저장해두어야 합니다. 추후 선 두께나 이펙트 효과를 수정하려면 미리 저
> 장해둔 원본 파일을 이용해야 하기 때문입니다. 하지만 인쇄를 넘기거나 파일을 정리해야 하는 경우에는 이펙트 상태의 오브젝트를
> 보이는 모양 그대로 오브젝트화하기 위해 [Expand Appearance]를 적용해 주어야 오류가 나지 않습니다. 폰트를 아웃라인화하
> 는 것처럼 이펙트를 적용한 오브젝트도 보이는 모양대로 오브젝트화해야 합니다.
>
> A 이미지는 B 이미지를 아웃라인으로 본 것입니다. 이펙트가 적용된 오브젝트인 B 이미지를 아웃라인으로 보게 되면 A 이미지처럼
> 이펙트 적용 전 오브젝트 모양으로 보입니다. 1번과 4번, 2번과 5번, 3번과 6번 이미지는 서로 같아 보이지만 아웃라인으로 보면 보
> 이는 모양이 서로 다른 것을 확인할 수 있습니다. 따라서 파일을 전송하거나 인쇄 파일을 넘기기 전에는 [Expand Appearance]를
> 적용해 오브젝트를 정리합니다.

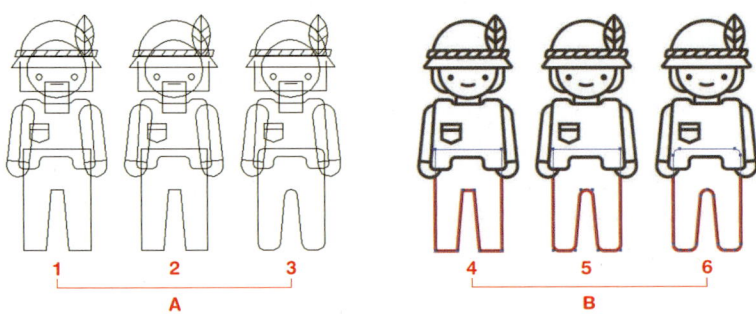

1   2   3   4   5   6
      A   B

04. 단축키 W를 눌러 선 툴을 선택한 후 다리 중간에 그림과 같이 선을 그립니다. [Pathfinder]-[Divide]를 적용합니다. 양말이 표현되었습니다.

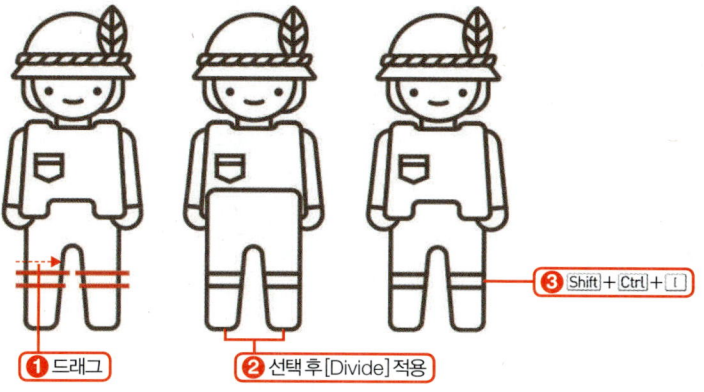

① 드래그
② 선택 후 [Divide] 적용
③ Shift + Ctrl + i

05. 단축키 L을 눌러 원 툴을 선택한 후 원을 그립니다. 단축키 W를 눌러 선 툴을 선택한 후 원 위에 선을 두 줄 그립니다. 원과 선 오브젝트를 모두 선택한 후 [Pathfinder]-[Divide]를 적용합니다.

② 드래그
① 드래그
③ 모두 선택 후 [Divide] 적용

06. 단축키 V를 눌러 선택 툴을 선택합니다. Ctrl + 드래그하여 아래쪽 원을 선택한 후 Delete를 두 번 눌러 삭제합니다.

① Ctrl + 드래그
② Delete 2회

07. 앞서 그린 오브젝트를 다리 아래쪽으로 옮겨 신발을 표현합니다. 신발이 선택된 상태에서 단축키 O를 눌러 반전 툴을 선택한 후 마우스 커서를 스마트 가이드의 중앙에 위치시킵니다. Alt + 클릭하여 옵션 창이 나타나면 단축키 V, C를 순서대로 누릅니다. 오른쪽 신발이 복사되었습니다.

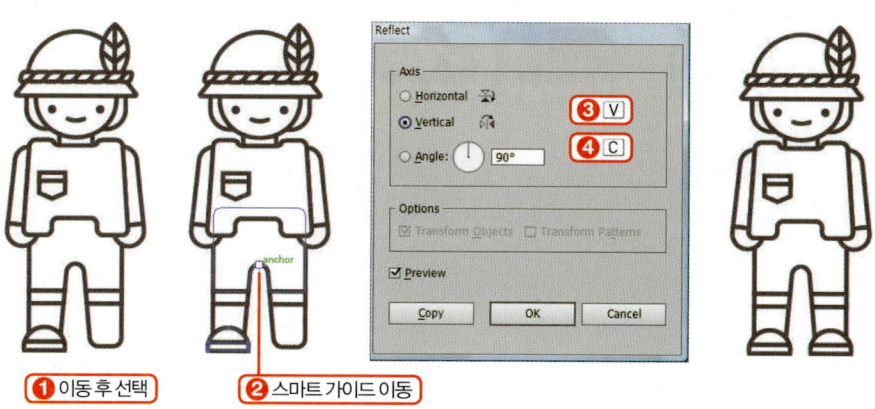

① 이동 후 선택
② 스마트 가이드 이동
③ V
④ C

08. 캐릭터 전체를 선택한 후 [Object]-[Flatten Transparency]를 클릭합니다. [Pathfinder]-[Merge] 를 클릭합니다. [Merge]를 적용하면 같은 색으로 붙어 있는 면은 모두 합쳐주고, 다른 색의 면은 겹쳐지더라도 보이는 모양 그대로 오브젝트를 만들어줍니다. [Merge]로 같은 색끼리 합친 후 다른 색을 나눠주는 과정은 겹쳐진 오브젝트를 보기 좋게 정리해주고 파일의 용량은 더 가볍게 줄여주는 방법입니다.

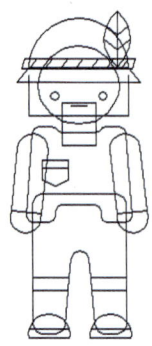

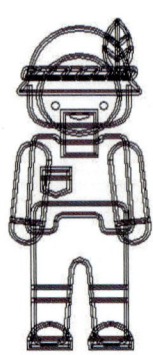

1_ 이펙트 적용 상태+선 상태의 오브젝트

2_ 이펙트 적용 상태인 오브젝트를 보이는 모양 그대로 오브젝트로 정리하며 선을 면으로 정리, [Expand Appearance]→[Expand] 또는 [Flatten Transparency]를 적용

3_ 2번 그림처럼 겹겹이 겹쳐진 오브젝트를 보이는 모양 그대로 면으로 정리, [Merge] 적용

Tip 작업 효율 업그레이드

예제에서는 이해를 위해 검은색 선과 흰 면으로 지정해두고 작업을 진행했지만 실제 작업에서는 기본 작업 색을 어느 정도 잡아두는 것이 좋습니다. 잎사귀나 모자의 밴드 부분은 면이 많이 쪼개지므로 자잘한 면에 색을 하나하나 지정하는 것보다 면을 쪼개기 전에 미리 전체적인 색을 지정하고 작업을 시작하는 것이 편리합니다. 특히 이 작업은 예제의 모자 밴드 부분이나 잎사귀처럼 쪼개진 면의 색이 같거나 일정하게 반복되는 패턴의 컬러를 사용할 때 유용합니다. 실제 캐릭터 디자인 작업에서는 [Merge] 적용 전에 색을 지정하여 일일이 모든 면의 색을 설정해야 하는 번거로움을 줄입니다.

09. 이제 완성된 캐릭터에 원하는 색을 지정하고 마무리합니다. 완성된 캐릭터에 배경을 넣거나 깔끔한 흰 바탕에 문구를 넣어 완성도를 높입니다.

디자이너에게 단축키는 구구단과 같다!

열심히 학교생활을 하지 않았던 저는 휴학하기 전까지만 해도 일러스트레이터로 네모, 세모 등의 오브젝트만 조금 그릴 수 있는 무늬만 디자인과 학생이었습니다. 당연히 프로그램 기능도 잘 몰랐죠. 다시 학교에 복학했을 때 '제대로 살자'는 생각으로 프로그램도 열심히 익히고 방학 때마다 공모전에도 참가했습니다(그 결과 단 한 번이었지만 공모전에 입선하기도 했습니다). 이때 프로그램에 대한 공부를 많이 하게 되었는데요, 검색도 해가며 스스로 이런저런 기능들을 많이 터득하게 되었습니다. 그러다 보니 자연스레 단축키에 대한 욕심이 생기기 시작했습니다.

단축키를 모르면 메뉴를 일일이 눌러서 기능을 찾아 적용해야 하고, 작업 시간이 오래 걸립니다. 저는 수업 시간에 키보드 위에서 손가락이 날아다니는 후배들을 보면서 자극을 많이 받았습니다. 단축키를 억지로 외우기보다는 자연스럽게 익히자는 생각에 모니터에 단축키가 적힌 메모를 붙여나갔습니다. 일부러 외우는 게 아니라 단축키가 생각나지 않을 때마다 붙어 있는 단축키를 보고, 익히는 과정을 반복하였습니다. 한 달도 지나지 않아 자주 사용하는 단축키 대부분을 외울 수 있게 되었고, 제 손가락 역시 키보드 위를 날아다니게 되었습니다.

자주 사용하지 않는 단축키는 지금도 하나하나 찾아보며 익히고 있고 처음 알게 된 단축키는 메모하여 모니터 옆에 붙여둡니다. 어떤 단축키든 한 번 붙여두면 익숙해지려고 노력하는데, 익혀두면 단축키 하나하나가 어찌나 유용하게 활용되는지 작업 시간도 훨씬 줄어들게 됩니다.

디자이너에게 단축키는 어릴 때 힘들게 외웠던 구구단과 같다는 생각이 듭니다. 기능이 필요할 때면 '척!' 하고 튀어나와야 하는 단축키는 디자이너의 작업 효율성까지 좌우할 만큼 중요한 기능입니다. 뭐든 억지로 할 것이 아니라 즐기면서 배울 수 있는 나만의 방법을 만들어보세요. 스스로 잘할 수 있는 방법을 터득하는 것도 디자이너의 능력입니다.

Section 03

선이 생동감 있게 느껴지는 애니메이션 스타일 캐릭터 그리기

캐릭터를 그릴 때는 모양이 깔끔해 보이도록 한 가지 선 굵기만 사용해 작업하기도 하지만 캐릭터에서 생동감이 느껴지도록 펜 툴과 폭 툴 등을 이용해 다양한 선 굵기를 주어 작업하는 경우도 있습니다. 주로 만화 캐릭터나 드라마 속의 등장인물을 캐릭터화할 때 생동감 있는 선으로 작업합니다. 주변에서 흔히 볼 수 있는 2D 애니메이션에서도 생동감 있는 선 모양이 적용된 캐릭터를 쉽게 만나볼 수 있습니다. 여기에서는 펜 툴과 폭 툴 등을 이용해 다양한 선 굵기가 적용된 캐릭터를 완성하고 색을 넣어보겠습니다. 실무에서 바로 활용할 수 있는 빠르고 편리한 작업 방식입니다.

✛ **실습 파일** 2장 \ 스케치.jpg ✛ **결과 파일** 2장 \ 결과 파일 \ 2장_섹션3.ai

● **사용된 툴**

- 파일 열기 Ctrl + O 또는 Ai 구동 후 빈 화면 더블클릭
- 폭 툴 Shift + W
- 직접 선택 툴 A
- 라이브 페인트 버킷 툴 K

- 펜 툴 P
- 반전 툴 O
- 가위 툴 C
- 마술봉 툴 Y

● **사용된 패널**

_ Stroke 패널 : Ctrl + F10

[Stroke] 패널을 이용하여 첫 번째 그림과 같은 기본 선에서 선의 굵기와 속성을 조절할 수 있습니다. 패널 하단의 [Profile] 옵션을 이용하여 선의 굵기 변화를 지정할 수 있습니다.

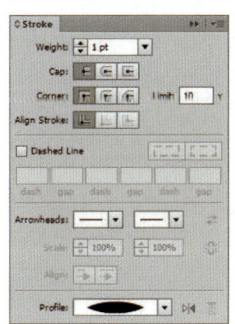

기본 선 작업

선의 굵기 조정

_ Live Paint–Make : Ctrl + Alt + X

그림처럼 빨간 선으로 명암이 들어갈 부분을 표시합니다. 라이브 페인트 버킷 툴을 이용하면 마지막 그림처럼 명암을 넣을 수 있습니다.

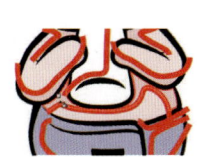

명암이 들어갈 부분 표시

_ Draw Inside : Shift + D ×2   _ 물방울 브러시 : Shift + B

단축키 Shift + D 를 두 번 눌러서 [Draw Inside]를 선택합니다. 물방울 브러시를 이용하여 그림처럼 드래그하면 손쉽게 명암을 넣을 수 있습니다.

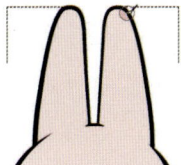

✿ 펜 툴로 전체적인 캐릭터 형태 그리기

01. 일러스트레이터를 구동한 후 단축키 Ctrl + O 를 누르거나 아무것도 열려 있지 않은 상태에서 빈 화면을 더블클릭하여 2장 예제 폴더에서 스케치1.jpg 파일을 불러옵니다. 작업 과정을 중간에 확인하기 위해 스케치 파일을 따로 새 레이어에 옮긴 후 레이어를 잠급니다. 새 레이어에 스케치를 옮겨두면 스케치를 쉽게 숨기거나 보이도록 할 수 있습니다. 작업에 앞서 선은 검은색으로, 면 색은 없음으로 설정합니다.

Tip 작업 효율 업그레이드

스케치를 따라서 그려야 하므로 스케치가 있는 레이어는 하단에 있어야 합니다.

02. 단축키 P 를 눌러 펜 툴 ✐ 을 선택합니다. 스케치를 따라 선을 그립니다.

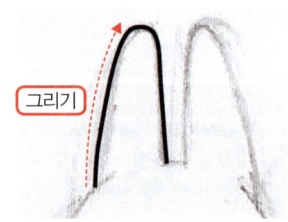

그리기

03. 단축키 Shift + W 를 눌러 폭 툴 ✎ (Width Tool)을 선택하고 선에 마우스 커서를 가져갑니다. 선 폭을 조절할 수 있는 동그라미가 나타나는데, 선 양쪽 끝부분을 적당히 드래그하며 두께를 조절합니다. 선 끝부분을 바깥쪽으로 드래그하면 드래그한 만큼 양방향으로 선이 두꺼워집니다.

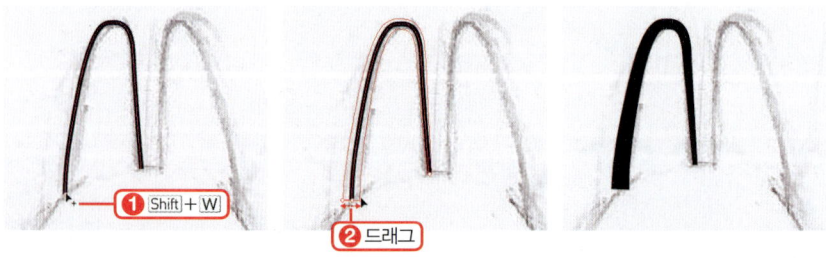

❶ Shift + W

❷ 드래그

Tip Ai 활용 업그레이드

- 폭 툴로 직접 선의 두께를 조절하거나 오브젝트를 선택한 후 컨트롤 패널의 [Variable Width Profile]에서 알맞은 모양의 선을 골라 두께를 조절할 수 있습니다.
- 시작과 끝 방향에 따라 폭이 다른 선으로 설정한 경우 두께를 반대로 바꾸려면 [Stroke] 패널 하단의 [Flip Along]과 [Flip Across]를 클릭합니다.

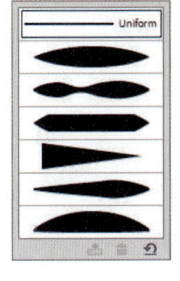
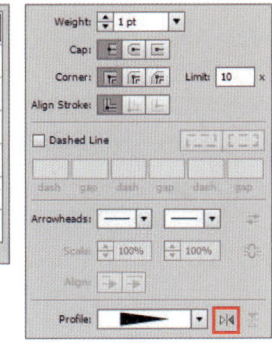

04. 단축키 Shift + W 를 눌러 폭 툴 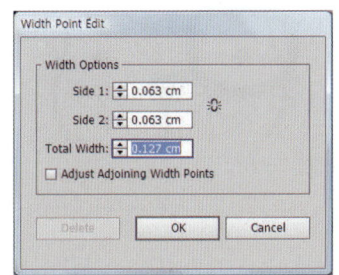 을 선택하고 Alt 를 누른 채 드래그합니다. 한쪽 폭 포인트를 Alt 를 누른 채 드래그하면 선 폭을 한쪽 방향으로만 조절할 수 있습니다.

Alt + 드래그

Tip Ai 활용 업그레이드

폭을 좀더 정확하게 조절하려면 옵션 창을 이용합니다. 폭 포인트를 더블클릭하면 [Width Point Edit] 옵션 창이 나타납니다. 각각의 수치를 입력해 폭의 두께를 정확히 조절할 수 있습니다.

05. 단축키 P 를 눌러 펜 툴을 선택한 후 얼굴을 그립니다. 단축키 L 을 눌러 원형 툴을 선택한 후 눈을 그립니다. 눈을 클릭한 후 밀기 툴 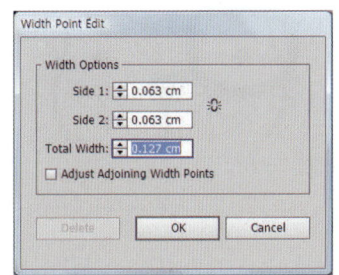 (Shear Tool)을 선택하고 Shift + 드래그하여 순한 느낌의 눈을 만듭니다.

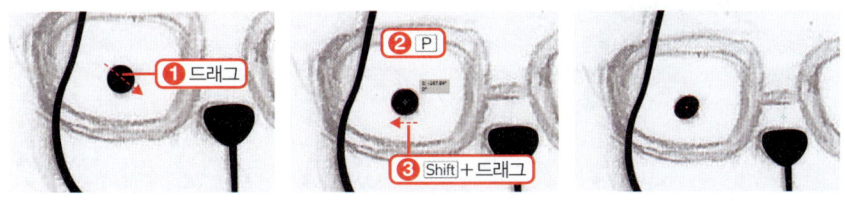

① 드래그 ② P ③ Shift + 드래그

06. 앞서 그린 한쪽 눈을 선택한 상태에서 단축키 ⓞ를 눌러 반전 툴을 선택합니다. 양쪽 눈의 중심이 되는 위치에서 Alt + 클릭합니다. [Reflect] 옵션 창이 나타나면 단축키 ⓥ와 ⓒ를 순서대로 눌러 반대쪽 눈을 복사합니다.

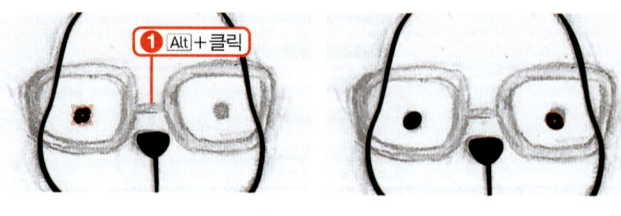
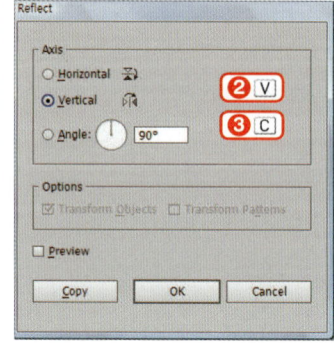

Tip 작업 효율 업그레이드
정면을 보고 있는 캐릭터를 그릴 때는 반전 툴을 이용하여 빠르게 복사하여 작업을 완료할 수 있습니다.

07. 단축키 ⓟ를 눌러 펜 툴을 선택한 후 안경을 그리고 선 두께를 3pt로 두껍게 조절합니다. **06**의 과정처럼 반전 툴 을 선택하고 안경을 복사합니다. 펜 툴로 가운데 안경테를 그리면 안경이 완성됩니다.

안경 그리기   가운데 안경테를 그려 완성

08. 옷 주름이 잡힌 부분을 그릴 때는 자연스러운 주름을 표현하기 위해 선 두께를 이용하여 선의 강약을 잘 조절합니다.

옷 주름 그리기   선의 강약을 조절

Tip 작업 효율 업그레이드
폭 툴은 각도를 수직 방향으로 조절하기 때문에 모두 그리고 나면 [Object]-[Expand Appearance]를 적용하여 선을 면으로 바꾼 후 직접 선택 툴 이나 가위 툴 ✂(Scissors Tool)을 이용해 선이 다른 선 밖으로 빠져나가지 않고 깔끔하게 보이도록 정리합니다.

Tip **Ai 활용** **업**그레이드

겹치는 선 모양을 깔끔하게 정리할 때 가위 툴 ✂️ 이 편리한 점

① 과 같이 겹쳐진 부분이 바깥으로 많이 빠져나왔을 때는 가위 툴로 잘라주고 정리합니다. 단축키 C 를 눌러서 가위 툴을 선택한 후 ②, ③ 그림처럼 순차적으로 빠져나온 부분을 잘라줍니다. 잘린 부분을 ④ 와 같이 지운 후 양끝 포인트가 떨어져 있는 선은 단축 키 Ctrl + J 를 눌러 [Join]합니다.

겹치는 선 모양을 깔끔하게 정리할 때 직접 선택 툴 ▷ 이 편리한 점

① 과 같이 선의 한쪽은 다른 선과 겹쳐지지 않은 채 떨어져 있고, 어떤 쪽은 빠져나와 있는 경우라면 직접 선택 툴을 이용하여 포인 트를 안쪽으로 겹쳐지게 수정하는 것이 편리합니다. ②, ③ 그림과 같이 떨어져 있는 부분은 겹쳐지게, 빠져나온 부분은 안쪽으로 들어가도록 빠르게 선을 수정할 수 있습니다.

09. 옷을 다 그렸으면 단축키 Shift + W 를 눌러 폭 툴 🖌️ 을 선택합니다. Alt + 드래그하여 바지에 해당 하는 부분의 선을 자연스럽게 조절합니다.

10. 나머지 부분도 펜 툴을 이용해 스케치를 따라 그린 후 단축키 Shift + W 를 눌러 폭 툴로 선 굵기를 조절합니 다. 그림을 완성한 후에는 선을 모두 선택하고 [Object]−[Expand Appearance]를 적용합니다. 단축키 Ctrl + Y 를 눌러 아웃라인을 확인해봅니다.

1_ 작업 이미지

2_ 아웃라인 보기

3_ [Expand Appearance] 적용 후 아웃라인 보기

11. 단축키 A를 눌러 직접 선택 툴을 선택한 후 조절한 선이 다른 선 밖으로 빠져나가지 않고 깔끔해 보이도록 정리합니다. 직접 선택 툴이 선택된 상태에서 정리할 선을 Ctrl + 클릭하거나 드래그하여 정리합니다. 가위 툴을 이용해도 됩니다.

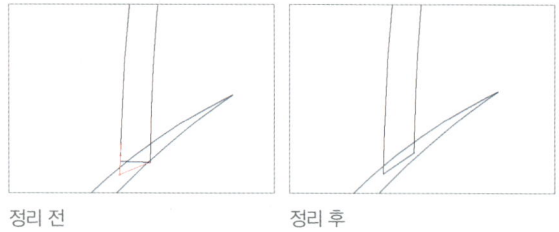

정리 전   정리 후

그림처럼 선을 면으로 처리해준 후 선끼리 겹쳐져 있지 않고 떨어져 있는 부분도 직접 선택 툴 🔀 을 이용합니다. 두 번째 그림처럼 깔끔하게 정리합니다.

🔵 라이브 페인트 버킷 툴로 캐릭터에 손쉽게 색감 입히기

01. 앞서 그린 캐릭터를 모두 선택한 후 단축키 Ctrl + Alt + X 를 누르거나 메뉴에서 [Object]−[Live Paint]− [Make]를 선택하여 라이브 페인트 환경을 만듭니다. 빈 화면을 클릭하여 선택을 해제합니다.

① 캐릭터 전체 선택

Tip 작업 효율 업그레이드

라이브 페인트는 선을 이용하여 형태를 만들기 때문에 면과 면을 쪼개서 형태를 만드는 번거로움을 줄일 수 있습니다. 보이는 부분에 선을 그려 면이 분할될 수 있는 공간만 만들어지면 라이브 페인트로 쉽게 색을 지정할 수 있어서 작업을 빠르게 진행할 수 있습니다.

02. 단축키 K를 눌러 라이브 페인트 버킷 툴 🖌(Live Paint Bucket)을 선택한 후 원하는 색을 지정합니다. 각 면을 클릭합니다.

03. 색을 넣은 캐릭터를 모두 선택합니다. 라이브 페인트 환경을 벗어나 일반 오브젝트로 수정하려면 [Object]-[Live Paint]-[Expand]를 적용합니다.

이제부터 캐릭터에 입체적인 느낌이 나도록 명암을 넣을 수 있는 두 가지 방법에 대해서 알아보겠습니다.

펜 툴을 이용하여 정교한 명암 만들기

01. 명암의 경계선을 만들어보겠습니다. 단축키 P를 눌러 펜 툴을 선택한 후 사용하지 않은 색을 지정하고 명암의 경계선이 될 부분을 그립니다.

02. 명암의 경계선을 모두 그린 후 캐릭터를 모두 선택합니다. 단축키 Ctrl + Alt + X 를 누르거나 [Object]-[Live Paint]-[Make]를 적용합니다. 그대로 바탕화면을 클릭하여 선택을 해제합니다.

03. 이제 캐릭터에 명암을 입혀보겠습니다. 단축키 K를 눌러 라이브 페인트 버킷 툴 🖌️을 선택하고 이미 칠해 둔 색보다 한 톤 어두운 색을 지정한 후 명암이 될 부분을 클릭합니다. 캐릭터를 모두 선택한 후 [Object]-[Live Paint]-[Expand]를 적용합니다.

명암 부분 클릭하여 그리기   전체 선택   [Expand] 적용

04. 캐릭터를 더블클릭한 후 그룹 안에서 단축키 Y를 눌러 마술봉 툴 🪄(Magic Wand Tool)을 선택합니다. 명암의 경계를 표시한 선을 선택하고 Delete를 눌러 삭제합니다.

❶ 명암 경계 클릭
❷ Delete

Tip 작업 효율 **업**그레이드

간편하게 마술봉 툴로 명암 경계선을 삭제하려면 처음 명암 경계선을 그릴 때 캐릭터에 지정한 색과 겹치지 않는 컬러를 설정합니다. 검은색 선일 때는 전혀 다른 계열인 붉은색이나 초록색을 사용해도 좋습니다.

Tip Ai 활용 **업**그레이드

마술봉 툴로 특정 선이나 면을 선택할 때 좀더 정확히 선택하려면 툴 바에서 마술봉 툴을 더블 클릭하여 옵션 창을 불러옵니다. 예를 들어 이 예제에서는 [Stroke Color]에 체크 표시하고 [Tolerance]에 0을 입력한 후 선택하면 좀더 정확하게 선이나 면을 선택할 수 있습니다.

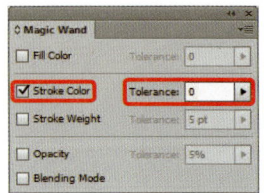

🌼 물방울 브러시 툴 이용하여 간편하게 명암 넣기

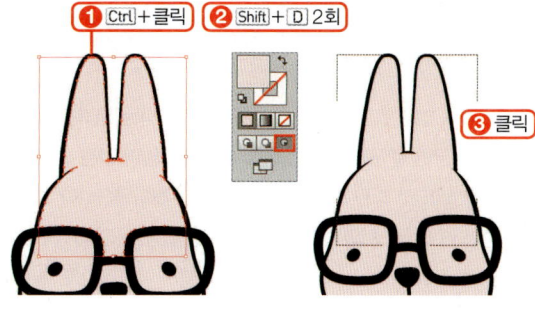

01. 단축키 [V]를 눌러 선택 툴을 선택한 후 명암 넣을 면을 [Ctrl]+클릭하고, 단축키 [Shift]+[D]를 두 번 눌러 [Draw Inside] 상태로 만듭니다. 빈 공간을 클릭하여 선택을 해제합니다.

> **Tip** 작업 효율 **업**그레이드
>
> [Draw Inside]를 누르면 박스형 점선이 나타납니다.

02. 단축키 [Shift]+[B]를 눌러 물방울 브러시 툴 ✏ (Blob Brush Tool)을 선택한 후 명암으로 넣을 색을 지정하고 명암 넣을 위치를 드래그합니다. 한 면에 명암을 모두 넣었다면 단축키 [Shift]+[D]를 눌러 [Draw Inside] 모드에서 빠져나옵니다.

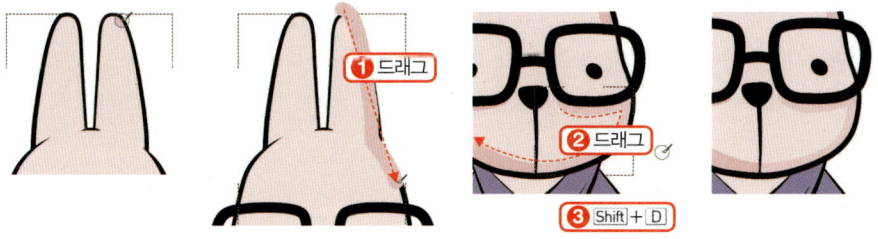

03. 02와 같은 방법을 반복해서 나머지 면에도 모두 명암을 넣어줍니다.

> **Tip** Ai 활용 **업**그레이드
>
> 캐릭터에 명암을 넣는 순서를 다음과 같이 정리해보았습니다. 알아두면 좀더 빠르게 작업하는 데 도움이 됩니다. 명암을 넣을 때 [Pathfinder]의 복잡한 면 쪼개기나 [Make]-[Clipping Mask]를 적용하지 않더라도 물방울 브러시를 이용하면 브러시의 굵기를 [ ]와 [ ]로 조절하며 세밀한 부분도 직접 보면서 색칠할 수 있습니다.
>
> ❶ 면 선택 ❷ 단축키 [Shift]+[D]를 눌러 [Draw Inside] 실행 ❸ 빈 화면에서 [Ctrl]+클릭 ❹ 단축키 [Shift]+[B]를 눌러 물방울 브러시 툴 선택 ❺ 색 지정 후 명암 드래그 ❻ 단축키 [Shift]+[D]를 눌러 일반 모드로 전환

● 컬러의 여왕, 독특한 색 조합이 있다면 길바닥의 쓰레기도 그냥 지나치지 않는다!

대학 생활 동안 의무적으로 학교를 다닌다는 생각을 했습니다. 고3 때 그렇게 밤새워 그림 그리고 노력한 끝에 합격한 대학이지만 꿈만 같았던 대학 생활은 내 멋대로 놀기 바쁜 의미 없는 생활의 연속이었습니다. 인생의 전환점은 학고(학사 경고)만 간신히 면하고 맞게 된 3학년 1학기 축제 때 찾아왔습니다. 축제 때 열 플리마켓을 준비하는 후배들을 만나게 되었어요. 너무 예쁜 손 그림 일러스트와 함께 이런저런 소품을 만들고 있었는데, 제가 보기에는 정말 엄청난 상품이었어요. '이 애들은 그동안 뭘 했는데 그림을 이렇게 척척 잘 그릴까, 색은 어떻게 이렇게 쓰지?'라는 생각에 큰 자극과 충격을 받았습니다. 평소 그 후배들은 학교 생활을 성실하게 한 데다 성적도 좋았고, 실력 또한 엄지손가락을 몇 번이나 치켜세울 정도로 최고였습니다. 후배들이지만 이미 자기만의 색깔도 찾았고, 자신이 잘하는 분야를 알고 있었던 거예요. 곧 축제가 시작되었고 다른 학생들이 참여하는 플리마켓도 자주 둘러보았습니다. 어쩜 그리도 자신이 속한 공간 안에서 최선을 다하며 즐기고 있는지. 매일 놀러만 다녔던 제 자신이 부끄러워졌습니다.

그 이후로 스스로를 되돌아보는 시간을 갖게 되었습니다. 벌써 3학년 1학기인데 준비해놓은 것은 하나도 없고 이렇게 되면 꿈도 없이 겨우 학교나 졸업하고, 영혼 없이 회사에 취직해 출퇴근하는 그저 그런 디자이너가 될 것만 같아 무서운 생각이 들었습니다. 저는 우선 다이어리에 그동안 해보지 못했던 것들, 꼭 이뤄보고 싶은 목표를 적어나가며 우선순위를 정했습니다. 일 년 단위로 목표를 3개씩 나누고 졸업할 때까지 시간이 얼마나 남았나 계산해보았어요. 그리고 그렇게 기록한 다이어리를 들고 가족과 휴학에 대해 상의를 했습니다. 나에게 1년이라는 시간이 더해진다면 그 시간을 잘 활용해서 충분히 승부를 해볼 만하다 생각했습니다. 목표는 다음과 같이 정했습니다.

목표 1. 일러스트를 잘 그리는 디자이너
목표 2. 컬러를 자유자재로 가지고 노는 디자이너
목표 3. 손 그림도 잘 그리는 디자이너

이렇게 세 개의 목표를 세우고 휴학에 돌입했어요. 1년 동안 거의 하루도 빠짐없이 복잡한 사물이나 사람을 손 그림으로 한 장 한 장 그렸습니다.

특히 가장 중요한 컬러 쓰기에 관한 학습은 생각보다 그리 어렵지 않았고 정말 재밌었어요. 길을 가다가 버려져 있는 쓰레기도 그냥 지나치지 않았어요. 색이 예쁘면 적어두었다가 연습할 때 꼭 그 색 조합을 적용시켰고, 주방에 있는 주방용품도 손잡이 색과 도구 색이 함께 있을 때 어울리면 메모해두고 연습할 때 그대로 사용해보았습니다. 잡지를 보다가도 예쁘다고 생각되는 색 조합이 있으면 스크랩을 해놓았어요. 그렇게 연습을 거듭하며 시간이 흐르고 제게는 저만의 컬러 스타일이 생겼습니다. 아직도 힘든 컬러 작업이지만 적어도 즐기면서 할 수 있게 되었습니다. 디자이너는 디자인만 잘하면 끝이라고 생각하기 쉬운데, 디자인과 함께 색의 조화도 결과물에 엄청난 영향력을 발휘하므로 색을 잘 쓰기 위해서는 무조건 많이 연습해두는 것이 좋습니다. 하루, 한 달, 1년이 지나고 나면 예전과는 비교할 수 없는 무언가 자신만의 것이 생겨날 것입니다. 확실히 믿고 노력하면 빛이 보인답니다.

Section 04

연필 툴로 자연스러운 선 느낌 나는 일러스트 그리기

보는 이들에게 편안함과 친근감을 주는 자연스러운 선 일러스트는 디자인 문구뿐만 아니라 팸플릿이나 홈페이지 디자인, 실사 출력 등 다양한 분야에서 많이 활용됩니다. 이러한 자연스러운 선 일러스트는 일반적으로 연필 툴을 사용합니다. 펜 툴과 달리 하나하나 포인트를 찍어 작업하지 않으므로 실제 그린 것과 같은 자연스러운 느낌을 전달합니다.

다음에 소개하는 연필 툴 사용 노하우는 실무에서 자연스러운 느낌을 표현하는 아기자기한 일러스트를 작업할 때, 혹은 심심한 디자인에 색다른 포인트를 줄 때 사용할 수 있으며, 촉박한 작업 일정에서 작업 시간을 단축할 수 있다는 장점이 있습니다. 작업 시간을 단축하면서 쉽게 그릴 수 있는 자연스러운 선 일러스트에 대해서 알아보도록 하겠습니다.

✚ **실습 파일** 2장 \ 스케치2.jpg ✚ **결과 파일** 2장 \ 결과 파일 \ 2장_섹션4.ai

● **사용된 툴**

- 연필 툴 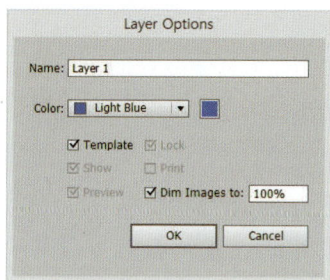 N
- 칼 툴
- 도형 구성 툴 Shift + M

- 스무드 툴 연필 툴 상태 + Alt + 드래그
- 회전 툴 R

● **사용된 패널 및 기능**

_ 불러온 이미지 밑그림으로 레이어 속성 설정하기 : 레이어를 더블클릭한 후 [Template]에 체크 표시

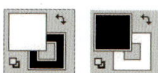

_ 선 색, 면 색 서로 바꾸기 : Shift + X

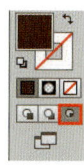

_ 선택한 선 색이나 면 색 없애기 : /

_ 선택 오브젝트 안으로 그리기 : 단축키 Shift + D 를 두 번 눌러 [Draw Inside] 모드 만들기

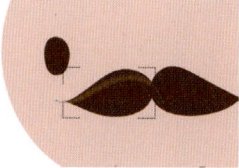 

_ Stroke 패널 : Ctrl + F10

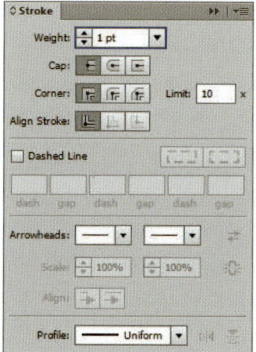

🌸 작업을 시작하기 전에

단축기 Ctrl + N 을 눌러 새로운 아트보드를 생성합니다. [File]-[Place]를 클릭하고 2장 예제 폴더에서 스케치 2.jpg 파일을 불러옵니다.

손 그림을 스캔한 이미지를 불러온 후 [Layers] 패널에서 레이어를 더블클릭하여 옵션 창을 불러옵니다. [Template]에 체크 표시하고 [Dim Images to]에 100%를 입력한 후 [OK]를 클릭합니다. 기본 레이어가 [Template] 상태로, 선택이나 이동이 되지 않는 밑그림으로 설정되었습니다.

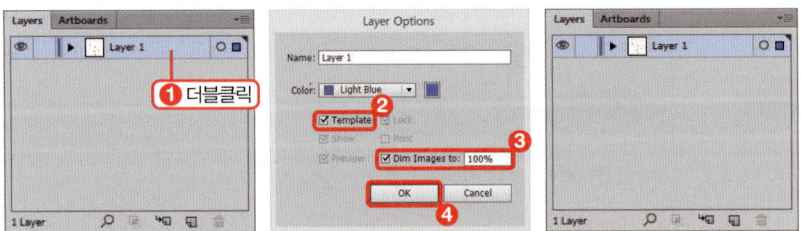

[Template] 상태에서 마우스 커서를 아트보드 안에 두면 마우스 모양은 아무것도 선택하거나 그릴 수 없는 상태로 변경됩니다.

[Layers] 패널 하단의 [Create New Layer]를 클릭하거나 단축키 Ctrl + L 을 눌러 새로운 레이어를 생성한 후 작업이 가능한 상태의 아트보드를 만듭니다.

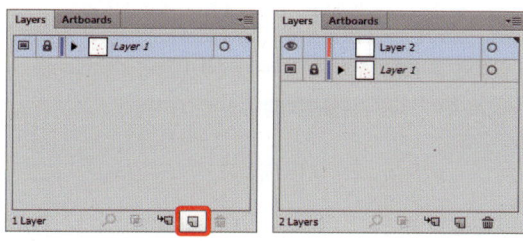

> **Tip** | **Ai 활용 업그레이드**
>
> 사진이나 손 그림 스캔 이미지를 이용하여 작업할 때 스캔한 이미지의 선 색이 레이어 색과 비슷한 계열이라면 레이어를 더블클릭 했을 때 나타나는 [Layer Options] 창에서 선 색을 바꿀 수 있습니다. 또한 불러온 손 그림이나 사진을 밑그림 상태로 바꿀 수 있 는데, 투명도를 조절할 수 있어서 적절히 활용하면 편리한 작업 환경을 만들 수 있습니다.

[Layer Options] 창에서 [Dim Images to]를 50%로 지정한 작업 환경

🌐 연필 툴로 선 일러스트 간편하게 수정하기

01. 단축키 N 을 눌러 연필 툴 ✏(Pencil Tool)을 선택한 후 밑그림을 따라서 자연스럽게 그립니다. 처음 그리기 시작한 부분까지 선 그리기가 완료될 때쯤 Alt 를 누르면 연필 툴 ✏ 밑에 동그라미가 나타납니다. 이때 마우스 왼쪽 버튼에서 손을 떼면 선을 닫힌 패스로 만들 수 있습니다.

그리기

Tip Ai 활용 ^업그레이드

두 귀가 만나는 지점처럼 뾰족하게 들어간 부분을 그릴 때는 그림처럼 패스를 매듭처럼 동그랗게 말아서 그리면 좀더 빠르고 정확하게 원하는 느낌을 표현할 수 있습니다. 색을 넣으면 그림과 같이 쏙 들어간 부분을 표현할 수 있습니다.

선이 있는 일러스트로 작업할 때 선 색을 지정하면 왼쪽 그림과 같이 안으로 말아서 그린 부분이 나타납니다. 이때는 [Pathfinder]-[Shape Modes]-[Unite]를 클릭하여 하나의 오브젝트로 합친 후 안으로 말아 그린 부분을 정리합니다.

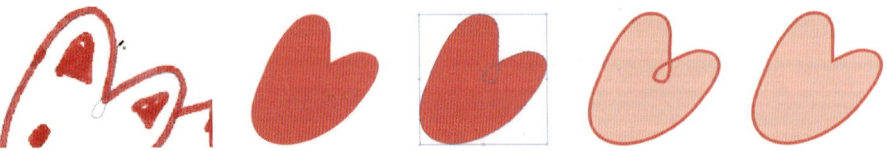

02. 여우 얼굴을 그린 후 연필 툴 ✏ 상태에서 선을 따라 울퉁불퉁하거나 너무 뾰족한 부분은 Alt 를 누른 채 드래그하면서 정리합니다. 연필 툴을 사용하다 Alt 를 누르면 따로 선택하지 않아도 바로 스무드 툴 ✏ (Smooth Tool)로 전환됩니다.

Alt + 드래그

Tip Ai 활용 ^업그레이드

선이 너무 뾰족해서 스무드 툴로 수정되지 않거나 굴곡을 좀더 부드럽게 수정하고 싶다면 스무드 툴 모드에서 다시 연필 툴 상태로 바꿉니다. 선의 포인트 부분부터 바깥쪽으로 드래그하면서 다른 포인트에서는 Alt 를 누른 채 마우스에서 손을 뗍니다.

❷ Alt + 마우스에서 손 떼기

❶ 드래그

03. 얼굴을 그린 후 눈과 코를 그립니다. 우선 한쪽 눈을 그린 후 화면을 Ctrl + 클릭하여 선이 선택된 상태를 해제하고 다시 그릴 위치를 선택해 선을 그립니다. 부드러운 느낌으로 수정하려면 **02**의 방법대로 스무드 툴 ✏ 을 이용합니다. 얼굴에 색을 채우고 자연스러워 보이는 위치로 눈과 코를 이동합니다.

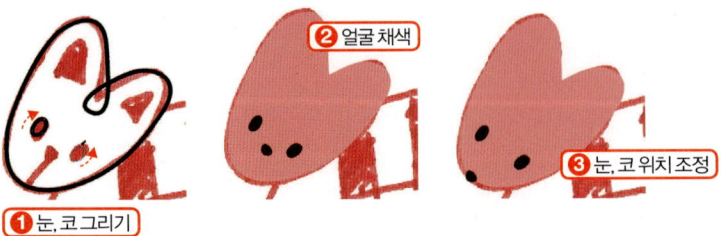

❷ 얼굴 채색

❸ 눈, 코 위치 조정

❶ 눈, 코 그리기

뽀족하게 들어간 부분을 간편하게 그릴 때 안쪽으로 둥글게 말아서 그리는 방법을 사용하면 구름이나 사과 모양의 오브젝트를 좀더 쉽게 그릴 수 있습니다. 따로 단축키 Shift + C 를 눌러 기준점 변환 툴 (Covert Anchol Point Tool)을 사용하지 않아도 효율적으로 작업할 수 있습니다.

만약 뽀족하게 들어간 부분을 살짝만 둥근 느낌으로 표현하고 싶다면 [Pathfinder]-[Shape Modes]-[Unite]를 적용한 후 스무드 툴 로 해당 선 부분을 드래그하여 부드러운 느낌이 나도록 수정합니다.

04. 나머지 몸통 부분도 단축키 N 을 눌러 연필 툴 을 선택한 후 그립니다.

05. 몸통까지 모두 그린 상태에서 꼬리를 조금 더 키워 살짝 말린 것처럼 수정하겠습니다. 단축키 N 을 눌러 연필 툴을 선택한 후 꼬리가 시작되는 첫 포인트에서부터 원하는 모양으로 길게 그립니다. 마지막에 닫힌 패스를 만들기 위해 Alt 를 누르면서 마무리합니다. 연필 툴을 이용해 추가한 영역을 보면 선이 고르지 못합니다. 스무드 툴 로 드래그하여 좀더 자연스러운 선 모양으로 수정합니다.

① 드래그   ② Alt + 마우스 떼기   ③ Alt + 드래그

연필 툴로 이미 그린 부분을 조금 더 추가하거나 변형할 때는 포인트에서 시작하여 드래그하면서 포인트에서 마무리해야 합니다. 포인트를 기준으로 드래그하지 않을 경우에는 수정되는 것이 아니라 새로운 선이 그려지거나 닫힌 상태의 선이 열린 상태로 전환되면서 모양이 흐트러질 수 있습니다. 이 기능을 잘 활용하면 닫힌 패스뿐만 아니라 입 모양처럼 열린 패스에서도 자연스러운 선 모양으로 수정할 수 있습니다.

06. 완성된 몸통 면에 원하는 컬러를 넣습니다. 칼 툴 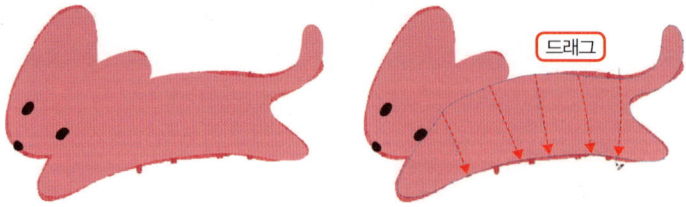을 선택한 후 자연스럽게 드래그하여 면을 자릅니다.

07. 같은 색이 들어갈 면을 번갈아가며 선택한 후 컬러를 지정합니다. 몸통 면과는 다른 컬러를 넣어줍니다.

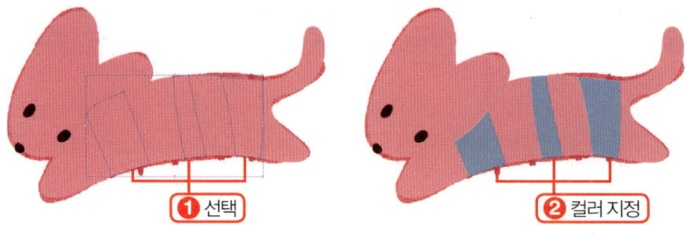

Tip   **작업 효율 업그레이드**

펜 툴로 선을 만들어서 정확히 면을 나누는 것도 좋지만 때로는 직선보다 드래그하는 그대로 면이 나누어지는 칼 툴을 활용하는 것이 좋습니다. 칼 툴을 사용하면 면을 쪼개거나 나눠서 색을 입힐 때도 하나하나 선을 그려서 라이브 페인트 기능을 사용하거나 [Pathfinder] 패널을 이용해 자르는 번거로움을 줄일 수 있어 작업 시간을 단축하는 데도 도움이 됩니다.

칼 툴은 자연스러운 느낌을 표현할 때도 유용하게 사용되는 툴입니다. 예제에서 면을 나누는 부분, 예를 들어 여우가 입은 옷, 곰돌이의 고깔모자 등은 모두 칼 툴을 이용해 작업했습니다.

08. 캐릭터가 뛰어노는 듯한 생동감을 표현해보겠습니다. 오브젝트를 선택한 후 단축키 [R]을 눌러 회전 툴 🔄을 선택하고 각도를 조절합니다. 완성된 오브젝트를 좀더 어울리는 컬러로 수정한 후 모두 선택하여 단축키 [Ctrl] +[G]를 눌러 그룹화하고 마무리합니다.

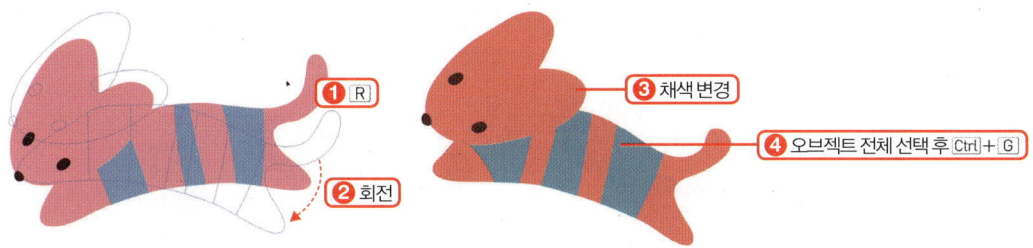

🔵 도형 구성 툴로 간단히 토성 일러스트 그리기

01. 단축키 [N]을 눌러 연필 툴을 선택한 후 스케치 중 토성 모양이 그려진 부분을 다음과 같이 따라 그립니다. 스무드 툴 ✏️로 자연스럽지 못한 부분을 정리합니다.

02. 토성의 선을 모두 선택한 후 단축키 [Shift]+[M]을 눌러 도형 구성 툴 🖱(Shape Builder Tool)을 선택합니다. 이 상태에서 앞서 선택한 오브젝트로 마우스 커서를 가져가면 영역이 표시됩니다. 먼저 면 색을 선택한 후 색을 지정할 동그라미 부분을 클릭합니다.

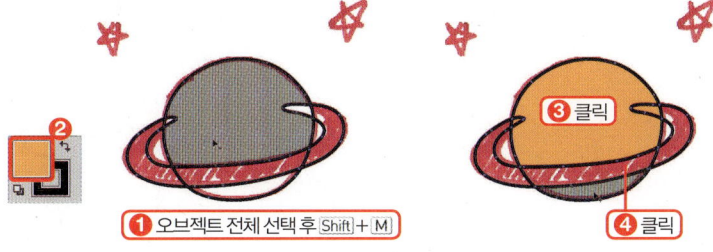

03. 다시 면 색을 바꾸고 토성의 띠 부분을 클릭합니다.

04. 색을 모두 채운 후 토성을 선택합니다. 단축키 [X]를 눌러 선이 위로 올라오게 한 후 단축키 [/]를 누르거나 툴 바 하단의 세 번째 [None]을 눌러서 선 색을 없앱니다. [Pathfinder]–[Merge] ▣를 클릭하며 정리된 오브젝트로 만듭니다.

05. 나머지 별은 단축키 [P]를 눌러 펜 툴을 선택한 후 꼭짓점만 클릭해 완성합니다.

⚙ 연필 툴 똑똑하게 응용하기

01. 단축키 [N]을 눌러 연필 툴 🖉을 선택합니다. 고깔모자를 쓴 콧수염 아저씨 캐릭터를 그립니다.

Tip | **Ai 활용 업그레이드**

캐릭터를 그릴 때 많이 사용하는 연필 툴과 펜 툴은 그려진 결과물의 느낌 자체가 서로 다르기 때문에 어떤 툴이 더 좋다고 말하기는 어렵지만, 굳이 선택하자면 연필 툴이 캐릭터를 그리는 데는 좀더 편합니다. 그러나 연필 툴은 자연스럽고 귀여운 느낌이 잘 살아나는 데 비해 표현의 세밀함이 떨어진다는 단점이 있습니다. 반면 펜 툴은 번거롭긴 하지만 정확하고 세밀한 형태를 만들 때 사용하기에 좋습니다. 펜 툴로도 연필 툴을 사용할 때와 같은 느낌을 낼 수 있지만 아기자기한 느낌의 캐릭터를 그릴 때는 연필 툴이 더 적합하며, 작업 시간을 단축하는 데도 도움이 됩니다.

02. 모두 그린 후 콧수염 부분을 추가하기 위해 화면을 확대합니다. 단축키 N을 눌러 연필 툴 ✐ 을 선택한 후 뾰족한 콧수염 부분을 클릭하여 시작 포인트로 하고 선을 따라 드래그합니다. 선 시작 지점에 다다랐을 때 Alt 를 누르면 연필 툴 ✐ 밑에 동그라미가 나타납니다. 이때 마우스 왼쪽 버튼에서 손을 떼면 닫힌 패스로 만들 수 있습니다.

03. 스무드 툴 ✐ 로 콧수염을 정리합니다. 단축키 N을 눌러 연필 툴을 선택한 상태에서 Alt 를 누른 채 그린 콧수염을 드래그하여 선을 매끄럽게 수정합니다.

04. 완성된 캐릭터에 원하는 색을 채우고 단축키 Ctrl + G 를 눌러 그룹화합니다.

05. 콧수염에 자연스러운 컬을 넣어 재미있게 표현해보겠습니다. 단축키 V 를 눌러 선택 툴 ▶ 을 선택한 상태에서 Ctrl 을 누른 채 콧수염 한쪽을 클릭합니다. 단축키 Shift + D 를 두 번 눌러 [Draw Inside] 모드로 바꾼 후 빈 화면을 Ctrl + 클릭합니다. 단축키 N 을 눌러 연필 툴 ✐ 을 선택한 후 콧수염의 컬을 그리고 선 색을 지정합니다.

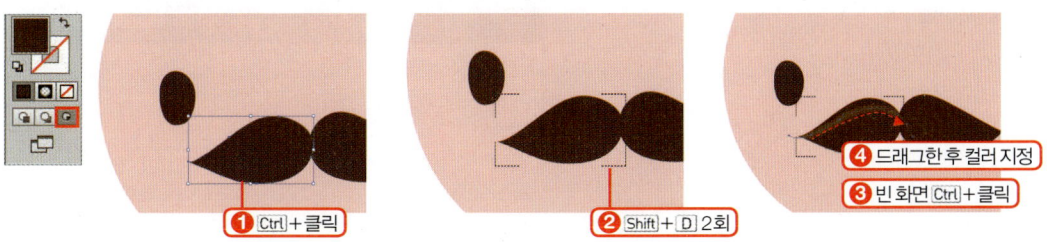

06. 같은 방법으로 콧수염 컬을 몇 개 더 그린 후 단축키 Shift + D 를 눌러 일반 모드로 변경합니다. 나머지 콧수염도 같은 방법으로 컬을 그립니다.

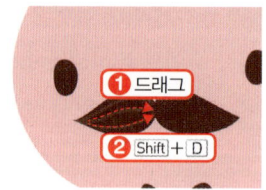

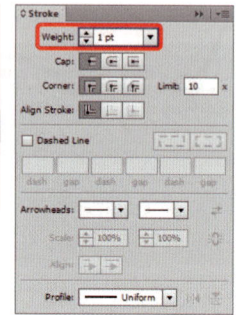

앤하우스 디자인 다이어리 ● **내 그림은 내가 지킨다, 저작권 도용 피해를 막는 노하우!**

일러스트를 그리는 프리랜서들은 연습한 작품을 블로그나 자신의 사이트에 올리는 경우가 많습니다. 많은 사람과 함께 볼 수 있어야 빛을 보기 때문입니다. 하지만 이러한 작품들은 상업적으로 무단 도용되기도 합니다. 어둠의 손길(?)이 프리랜서들의 블로그를 돌아다니면서 써먹을 만한 작품을 발견하면 그 작품을 베끼거나 다른 디자이너에게 그대로 따라 그리게 해 상품으로 출시하는 경우도 종종 발생합니다. 아주 유명한 작가라면 팬들이 작가의 작품이 어디에서 유통되고 있다는 등의 제보를 해주어 무단 도용 위험이 조금이라도 줄지만, 대부분은 그대로 피해를 보게 됩니다.

이 분야에서는 대체로 저작권 도용 피해를 당해도 보상을 받기가 어렵습니다. 일러스트가 도용되어 티셔츠 등에 인쇄된 채 판매되어도 상품을 만드는 업주들은 서로에게 책임을 떠넘긴 채 잠적하는 경우가 대부분이기 때문입니다. 또한 모르쇠로 일관하며 일러스트레이터나 디자이너가 보상 문제를 포기하게끔 합니다. 사실상 법적 대응을 하게 되면 비용도 만만치 않고, 시간도 오래 걸리므로 본인 작품이 무단 도용당한 것은 화가 나지만 어쩔 수 없이 넘어가는 경우가 많습니다.

블로그 등에 작품을 올릴 때는 미리 한국미술저작권협회에 저작권을 등록하는 것이 좋습니다. 현실적으로 보호받을 방법이 많지는 않지만, 내 그림을 지키는 첫걸음이자 최소한의 장치가 저작권 등록입니다.

한국저작권위원회 사이트

https://www.copyright.or.kr/main/index.do
저작권 등록에 대한 뉴스와 정보를 얻을 수 있고 다음의 저작권 등록 사이트로 이동할 수 있습니다.

저작권 등록 사이트

http://www.cros.or.kr/main.cc

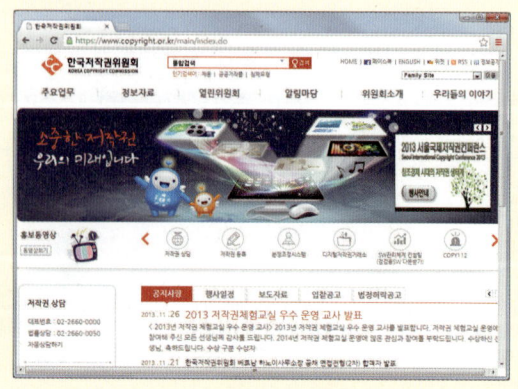

WE ARE Friend

글씨 등도 연필 툴을 이용하여 자연스럽게 그린 후 예쁜 색을 지정하고 모두 그룹화합니다.

Section 05
손맛이 느껴지는 일러스트, 버튼 하나로 작업하기

손 그림 일러스트는 스캔을 해서 직접 펜 툴로 따라 그리며 작업하는 방법이 있지만 [Image Trace] 기능을 사용하면 클릭 한 번으로 스캔한 이미지가 벡터 오브젝트로 전환되기도 합니다. 손 그림은 연필이나 얇은 펜으로 스케치를 그려도 상관없지만, 촉이 두꺼운 사인 펜 등으로 그리면 좀더 정확하게 이미지를 따올 수 있어 편리합니다.

[Image Trace] 기능은 실무에서 캘리그래피를 쓰고 스캔한 후 파일 작업을 할 때 응용할 수도 있고, 자연스러운 콘셉트의 일러스트를 그린 후 컴퓨터로 옮기는 작업에서도 간편하게 사용됩니다. 더 세밀하게 표현되는 좋은 결과물을 얻으려면 그림 사이즈를 좀더 크게, 선을 두껍게 그려서 스캔합니다. 자연스러우면서도 높은 퀄리티의 결과물을 얻을 수 있습니다.

✚ **실습 파일** 2장 \ 스케치3.jpg ✚ **결과 파일** 2장 \ 결과 파일 \ 2장_섹션5.ai

● **사용된 툴**

· 라이브 페인트 버킷 툴  K

● **사용된 기능 및 패널**

_ Image Trace : 스캔한 그림을 벡터 오브젝트로 만듭니다.

| Linked File | 0001.jpg | RGB | PPI: 99 | Embed | Edit Original | Image Trace | ▾ | Mask | Opacity: | 100% | ▾ |

_ 라이브 페인트 : Ctrl + Alt + X

간단한 방법으로 정교하게 색을 칠할 수 있습니다.

_ Color Guide 패널 : Shift + F3

_ Recolor Artwork : 효과적으로 색 수정을 할 수 있습니다.

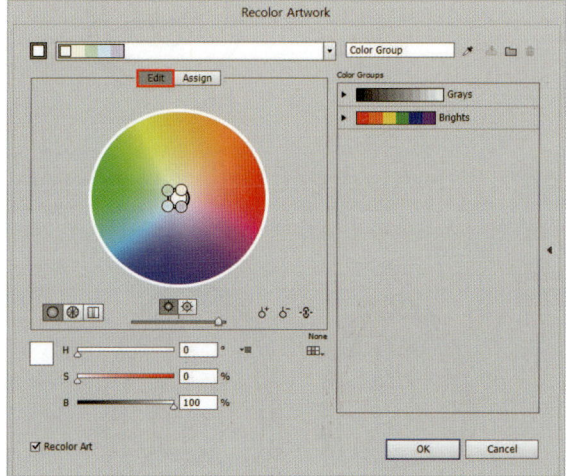

01. 2장 예제 폴더에서 사인펜으로 그린 스케치3.jpg 파일을 엽니다. [Image Trace] 기능은 해상도가 너무 낮거나 사이즈가 작을 때는 정교하게 적용되지 않으므로 사이즈를 줄이지 않고 그대로 작업하는 것이 더 좋습니다.

02. 단축키 [V]를 눌러 선택 툴 ▶을 선택한 상태에서 이미지를 클릭하고 상단의 컨트롤 패널에서 [Image Trace]를 클릭합니다.

03. 다시 컨트롤 패널에서 [Expand]를 클릭한 후 이미지를 하나의 오브젝트로 만듭니다. 단축키 [Ctrl] + [U]를 눌러 스마트 가이드 상태를 만든 후 살펴보면 이미지가 벡터 오브젝트로 변경된 것을 알 수 있습니다.

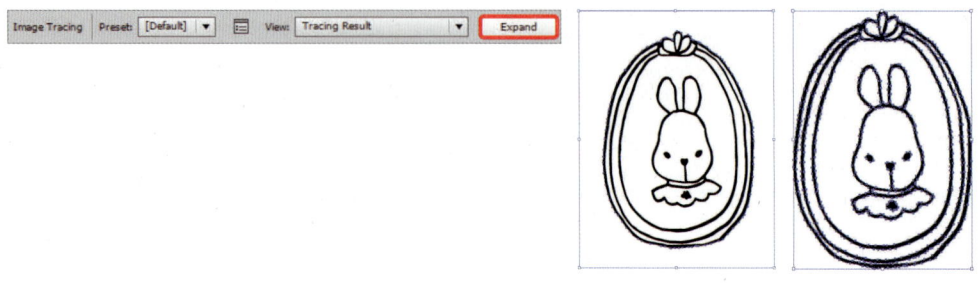

단축키 A를 눌러 직접 선택 툴 ▶을 선택한 후 오브젝트화된 일러스트의 바깥쪽 바탕을 클릭하여 삭제합니다.

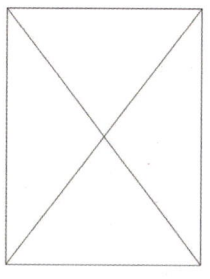

1_ 배경까지 오브젝트된 이미지

2_ 스캔한 이미지를 아웃라인으로 보면 박스 모양만 나타납니다.

3_ 스캔한 이미지에 벡터 오브젝트를 적용한 이미지입니다.

4_ 아웃라인으로 보면 벡터 오브젝트의 모양 그대로 라인이 보입니다.

04. 오브젝트를 클릭한 후 단축키 Ctrl + Alt + X를 눌러 라이브 페인트 환경을 만듭니다. 빈 화면을 Ctrl + 클릭하여 선택을 해제합니다. 단축키 K를 눌러 라이브 페인트 버킷 툴 ㉦을 선택한 후 면에 색을 채웁니다.

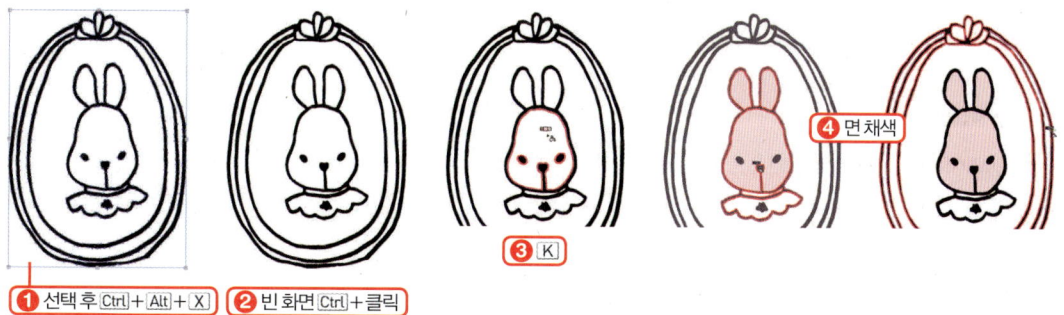

① 선택 후 Ctrl + Alt + X **②** 빈 화면 Ctrl + 클릭

③ K **④** 면 채색

05. 색을 채운 일러스트를 선택한 후 [Object]-[Live Paint]-[Expand]를 클릭합니다.

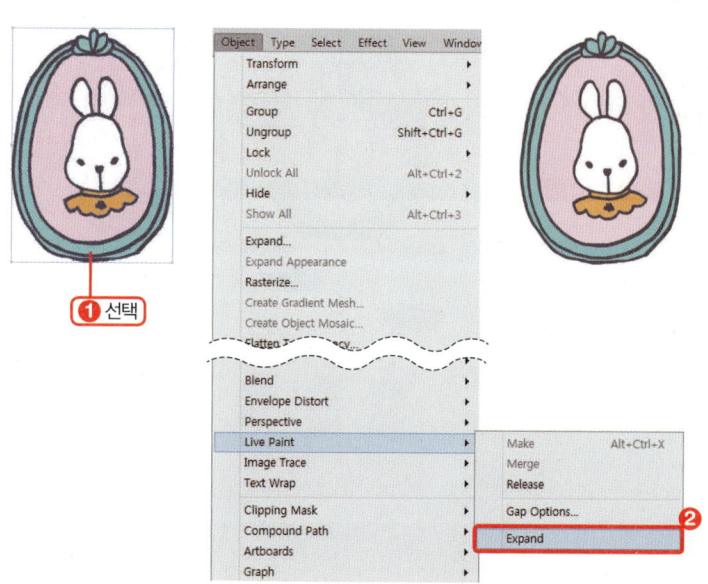

① 선택

② Expand

06. [Color Guide] 패널에서 [Edit or Apply Colors]를 누릅니다. [Recolor Artwork] 옵션 창이 나타나면 [Edit]나 [Assign] 탭에서 전체적인 색감을 조절합니다.

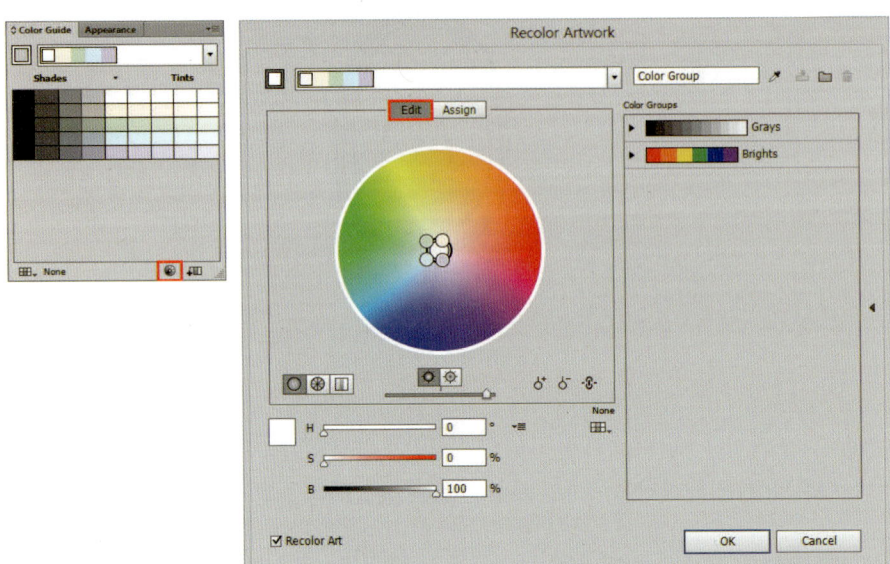

Tip **Ai 활용** 업**그레이드**

[Edit] 탭에서는 원형 스펙트럼 안에 있는 설정된 색을 드래그하여 직접 색을 바꿀 수 있는데, 색 조합을 통해 우연하게 좋은 색이 나오기를 기대해볼 수 있습니다. [Assign] 탭에서는 목록 창에서 원하는 색상 배색을 지정할 수 있어서 편하게 컬러를 수정할 수 있습니다. 좀더 직접적인 수정을 원할 때는 [Edit]를 클릭합니다.

07. [Edit]를 선택한 후 동그라미 부분을 드래그하며 색상을 조절합니다. 하단 바를 드래그하여 조절하면 좀더 예쁜 색감으로 수정할 수 있습니다. 평범한 컬러의 조합을 특이한 느낌으로 변경할 때 사용하면 좋습니다.

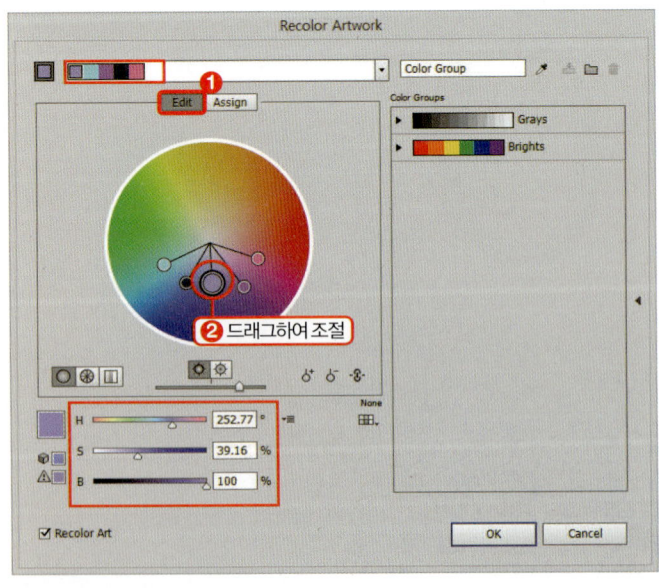

Section 06

자연스럽고 아기자기한 느낌이 나는 배경 패턴 만들기

캐릭터 작업에서 무늬를 넣거나 배경을 넣을 때 주로 사용하는 패턴 만들기는 사이즈를 늘려도 패턴이 계속 반복되는 장점이 있습니다. 실무에서는 각종 상품 디자인, 예를 들어 캐릭터의 옷, 우산 등에서 많이 애용되고 있으며, 반복되는 무늬가 들어가는 벽면이나 기둥처럼 패턴이 있는 면을 만들 때도 편리하게 사용됩니다. 패턴은 만들기도 쉽고, 반복되는 면 작업 시간을 단축할 수 있는 기능입니다. 패턴은 한 번 만들어놓으면 다양한 곳에 활용할 수 있으므로 응용하기에도 좋습니다. 손쉬운 패턴 만들기 기능으로 자연스러운 느낌이 나는 배경을 작업해보겠습니다.

➕ **결과 파일** 2장 \ 결과 파일 \ 2장_섹션6.ai

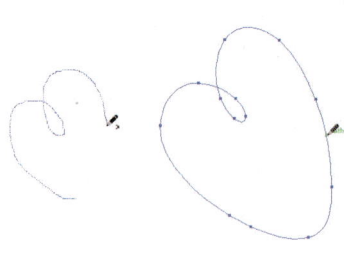  

 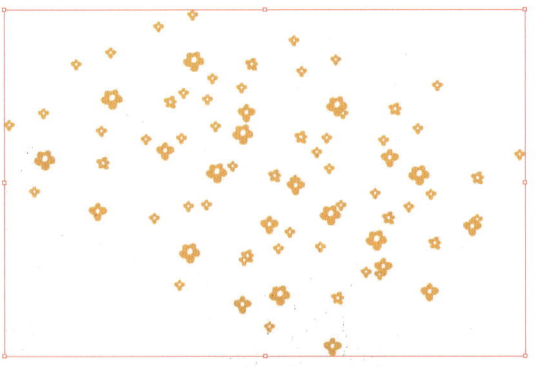

● 사용된 툴

· 연필 툴  N   · 스무드 툴   · 원형 툴 L

· 기준점 변환 툴 Shift + C   · 라이브 페인트 버킷 툴 K   · 심벌 스프레이어 툴 Shift + S

● 사용된 패널, 기능

_ 패턴 등록 : [Object]-[Pattern]-[Make]

[Swatches] 패널로 바로 드래그하여 등록할 수 있어 편리합니다.

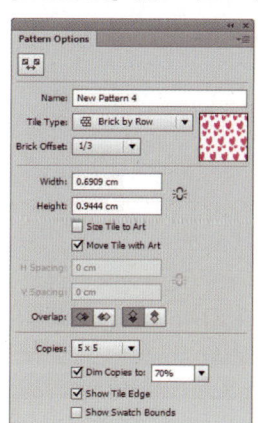

_ [Recolor Artwork]-[Edit] 탭   _ [Recolor Artwork]-[Assign] 탭

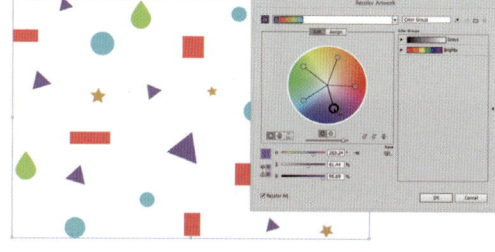 

위의 두 가지 방법으로 컬러를 효과적으로 수정할 수 있습니다.

_ Symbols 패널 : Shift + Ctrl + F11

패널에 심벌을 드래그하여 등록하거나 수정할 수 있습니다.

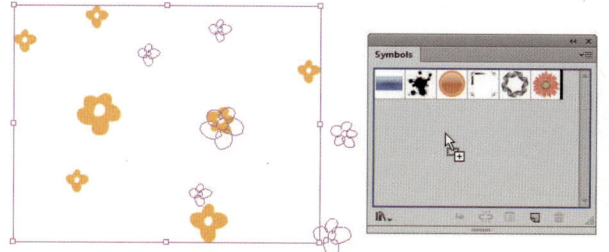 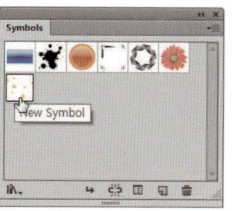

● 연필 툴로 하트 모양 그리고 패턴 만들기

하트 모양은 어떻게 그리느냐에 따라 다양한 느낌으로 표현할 수 있습니다. 도형 툴을 이용하여 하트 모양을 만들 수도 있고, 연필 툴을 이용해서 자연스러운 하트 모양을 그릴 수도 있습니다. 여기에서는 간단히 하트 모양을 그리고 패턴으로 등록하는 방법에 대해서 알아 보겠습니다.

01. 단축키 N 을 눌러 연필 툴 ✏ 을 선택한 후 그림과 같이 드래그하여 하트 모양을 그립니다. 선을 그리기 시작한 부분에 다다를 때쯤 막힌 패스로 처리하기 위해 Alt 를 누른 채 마우스 왼쪽 버튼에서 손을 뗍니다.

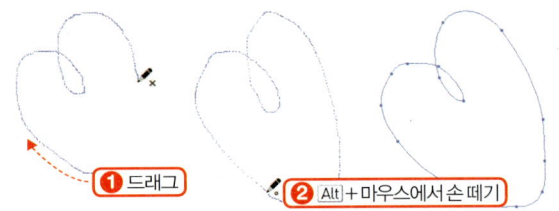

02. 스무드 툴 ✏ 로 고르지 못한 선을 수정합니다. 연필 툴 ✏ 상태에서 Alt 를 누른 채 드래그하면서 선을 부드럽게 만듭니다. 움푹 파인 곳은 연필 툴을 그대로 꼭짓점 부분끼리 드래그하여 좀더 자연스럽게 수정합니다.

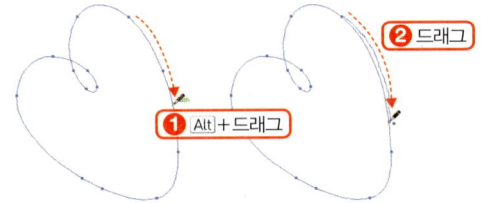

03. 하트에 색을 지정하고 나머지 2개의 하트도 같은 방법으로 그립니다. 3개의 하트를 모두 선택한 후 단축키 Ctrl + G 를 눌러 그룹화하고 원하는 사이즈를 생각하며 크기를 수정합니다. 하트를 선택한 후 [Object]−[Pattern]−[Make]를 클릭합니다.

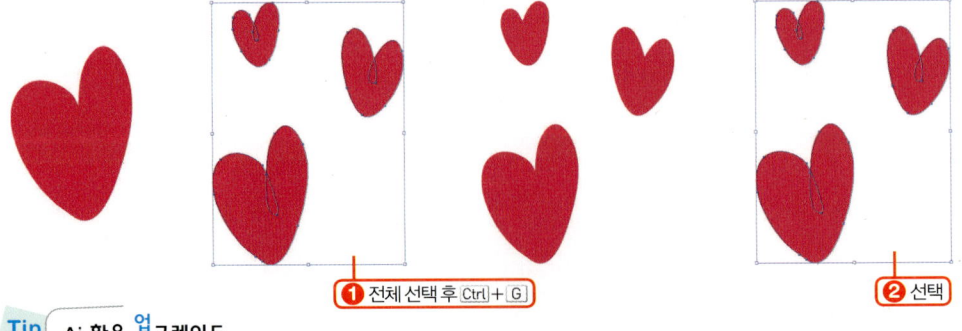

Tip **Ai 활용** ^업그레이드

패턴 작업을 할 때는 패턴에 적당한 크기가 따로 없습니다. 패턴은 어떤 크기로 작업해도 상관없는데, 작업 시 원하는 결과물에 적용할 것을 고려하여 적당히 크기를 정합니다.

04. [Pattern Options] 창이 나타나면 [Tile Type]를 [Brick By Row]로 교차되게 지정한 후 바탕을 더블클릭하여 일반 모드로 돌아옵니다.

Tip **Ai 활용 업그레이드_ [Pattern Options] 패널 옵션 알아보기**

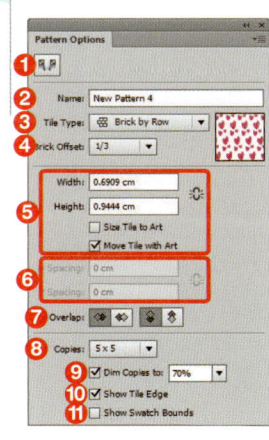

❶ Pattern Tile Tool : 패널 타일 도구입니다. 클릭하여 패턴 주변의 방향점을 드래그하면서 패턴 영역을 수정합니다.

❷ Name : 패턴의 이름을 지정합니다.

❸ Tile Type : [Grid], [Bricks by Row] 등 타일 유형을 설정할 수 있습니다.

❹ Brick Offset : 패턴 유형이 벽돌형인 경우 짝수 열 또는 행에 타일을 어떻게 쌓을지 지정합니다.

❺ Width/Height : 타일의 사이즈를 지정합니다.

❻ H/V Spacing : [Size Tile to Art] 옵션에 체크 표시한 경우 옵션 값을 입력하여 타일 사이의 간격을 조절할 수 있습니다.

❼ Overlap : 패턴을 겹쳐서 배치할 경우 타일의 어느 방향을 위쪽에 놓을지 지정합니다.

❽ Copies : 복사할 패턴 개수를 설정합니다.

❾ Dim Copies to : 복제될 패턴이 흐려지는 정도를 지정합니다.

❿ Show Tile Edge : 타일 테두리가 표시됩니다.

⓫ Show Swatch Bounds : 패턴 견본의 테두리를 표시합니다.

05. 단축키 M을 눌러 사각형 툴 ▢을 선택한 후 도형을 그립니다. 도형을 선택한 후 [Swatches] 패널에서 만들어둔 패턴을 클릭하면 도형에 패턴이 적용됩니다.

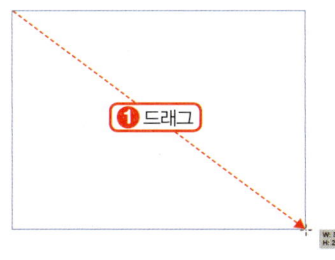

🌸 도형이 깔린 바탕을 만들고 색감만 쏙쏙 바꾸기

도형을 이용한 패턴은 아기자기하면서도 동화적인 느낌을 주고 싶거나 독특한 느낌을 표현하고 싶을 때 사용합니다. 한두 가지 도형만으로 패턴을 만드는 경우도 있지만 다양한 모양의 도형을 이용하기도 합니다. 도형 패턴을 쉽게 만드는 방법에 대해서 알아보고, 여러 가지 도형으로 구성된 패턴을 등록해보겠습니다.

삼각형 쉽게 그리기

도형 툴 ▣ 에서 Alt + 클릭하여 다각형 툴 ⬢ (Polygon Tool)을 선택합니다. 화면에 드래그하면서 키보드의 ↓ 를 3번 눌러 삼각형을 만듭니다. 비슷한 크기의 노란색 삼각형을 몇 개 더 그립니다.

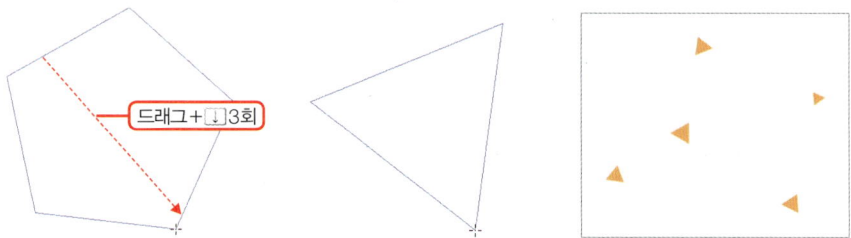

별의 꼭짓점 각도 조절해서 그리기

도형 툴에서 Alt + 클릭하여 별 툴 ★ (Star Tool)을 선택합니다.

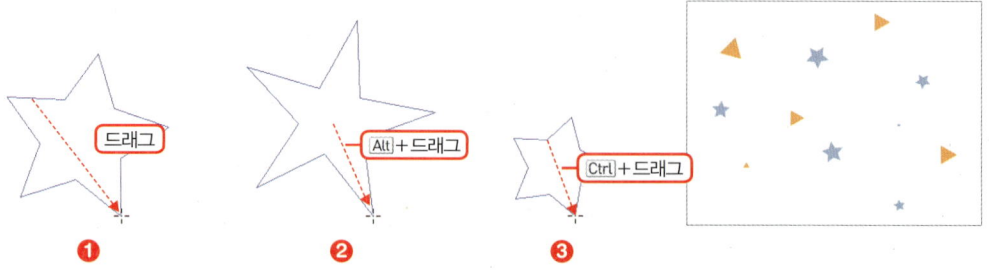

Alt 를 누른 채 바깥쪽(❷)이나 안쪽(❸)으로 드래그합니다. 별의 꼭짓점 각도를 조절한 후 Alt 에서 손을 떼고, 그대로 드래그하여 원하는 크기로 수정합니다. 별을 그릴 때 별 모양을 똑바로 그리려면 Ctrl 을 이용해 각을 조절한 후 Shift 를 누른 채 마우스에서 손을 뗍니다. 이와 같은 방법을 이용해 하늘색 별을 몇 개 더 그립니다.

물방울 쉽게 그리기

01. 단축키 L을 눌러 원 툴 ○,을 선택합니다. 클릭한 부분이 원의 중앙에 위치하도록 Shift + Alt 를 누른 채 드래그하여 원을 그리고 색을 칠합니다. 단축키 Shift + C 를 눌러 기준점 변환 툴 ▷ 을 선택합니다. 원의 윗부분 포인트를 클릭합니다.

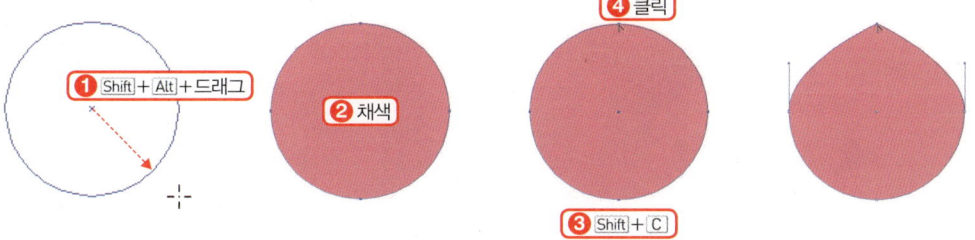

02. 단축키 A 를 눌러 직접 선택 툴 ▷ 을 선택하고 윗부분 포인트를 클릭합니다. 좀더 날씬한 물방울 모양을 만들기 위해 위쪽으로 Shift + 드래그하여 길쭉한 물방울 모양으로 만듭니다. 물방울을 선택하고 Alt + 드래그하여 복사합니다.

> **Tip** **Ai 활용 업그레이드**
>
> 직접 선택 툴을 사용할 때는 선택 툴 상태에서 Ctrl 을 눌러 직접 선택 툴로 변경한 후 사용하는 경우가 더 많습니다. 예제에서는 단축키 A 를 눌러 직접 선택 툴을 선택하거나 선택 툴에서 Ctrl 을 누른 채 포인트를 클릭해도 됩니다.

03. 도형 툴을 이용해 나머지 사각형과 원을 그립니다. 같은 모양끼리 같은 색을 칠한 후 전체를 그룹화합니다. 만들어둔 도형을 선택한 상태에서 [Color Guide] 패널의 [Edit or Apply Colors]를 클릭합니다.

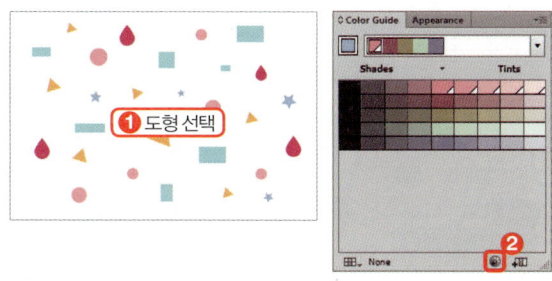

04. [Recolor Artwork] 옵션 창에서 [Assign]을 선택한 후 목록 창에서 원하는 색상 배색으로 수정하거나 [Edit] 에서 직접 원하는 느낌으로 드래그하여 전체적인 색상을 조절합니다. 수정을 완료한 후 [OK]를 클릭합니다.

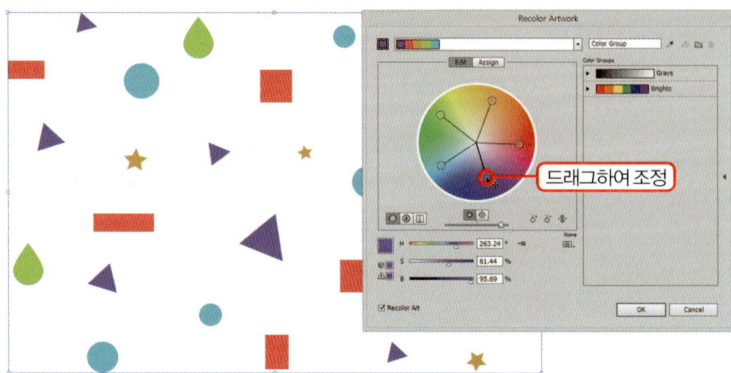

[Edit] 선택 후 조절

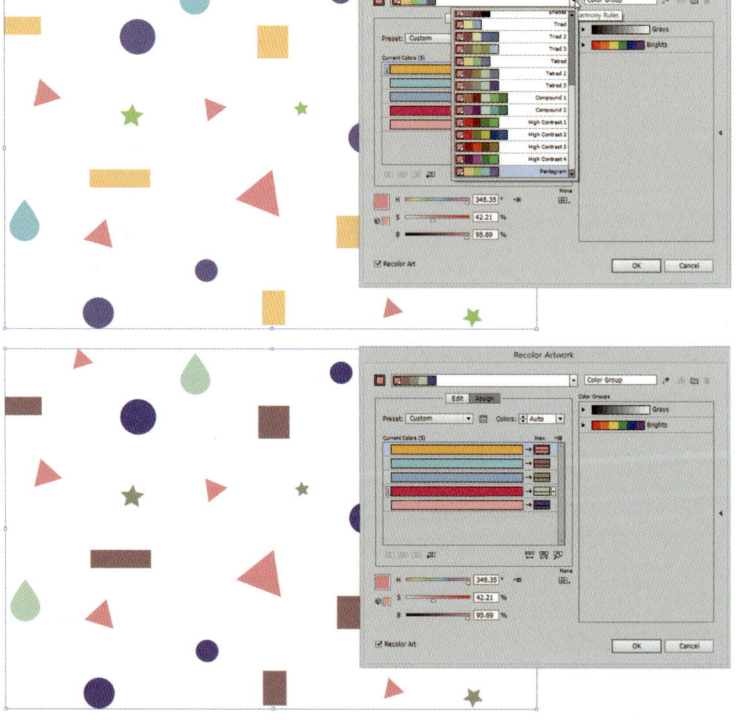

[Assign] 선택 후 조절

05. 전체 도형을 선택한 후 [Object]-[Pattern]-[Make]를 클릭합니다.

06. [Pattern Options] 패널이 나타나면 [Tile Type]를 [Brick By Column]으로 선택한 후 바탕을 더블클릭하여 일반 모드로 돌아옵니다. [Swatches] 패널에 패턴으로 등록된 것을 확인할 수 있습니다.

❷ 더블클릭

연필 툴로 자연스러운 원형 패턴 만들기

01. 단축키 N을 눌러 연필 툴 🖉 을 선택한 후 원을 그립니다. 선을 그리기 시작한 부분에 다다를 때쯤 막힌 패스로 처리하기 위해 Alt를 누른 채 마우스 왼쪽 버튼에서 손을 뗍니다. 연필 툴 🖉 상태에서 Alt + 드래그하면서 원형을 다듬어줍니다.

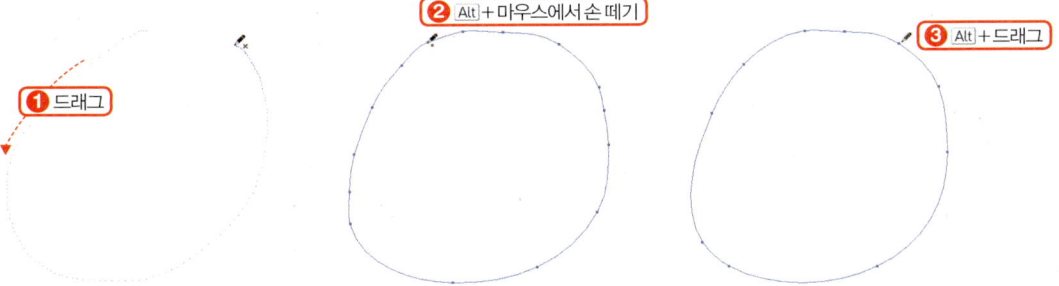

❷ Alt + 마우스에서 손 떼기

❶ 드래그

❸ Alt + 드래그

02. 같은 방법으로 원을 몇 개 더 그린 후에 원을 모두 선택합니다. 단축키 Ctrl + Alt + X 를 눌러 [Object]–[Live Paint]–[Make]를 실행합니다. 빈 화면을 Ctrl + 클릭하여 선택을 해제합니다.

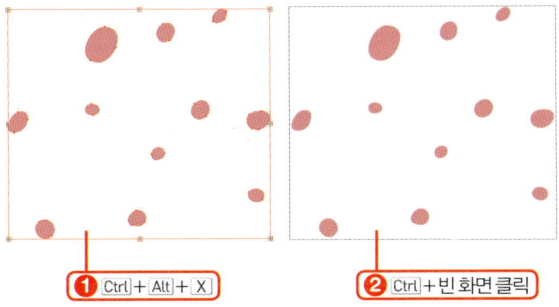

❶ Ctrl + Alt + X

❷ Ctrl + 빈 화면 클릭

03. 단축키 K를 눌러 라이브 페인트 버킷 툴 🪣 을 선택하고 도형에 마우스 커서를 올립니다. 원에 빨간 테두리가 생기면 클릭하여 컬러를 다양하게 바꿔줍니다. 색상을 모두 바꾼 후 [Object]-[Live Paint]-[Expand]를 클릭합니다. 오브젝트를 선택하여 패턴을 만듭니다.

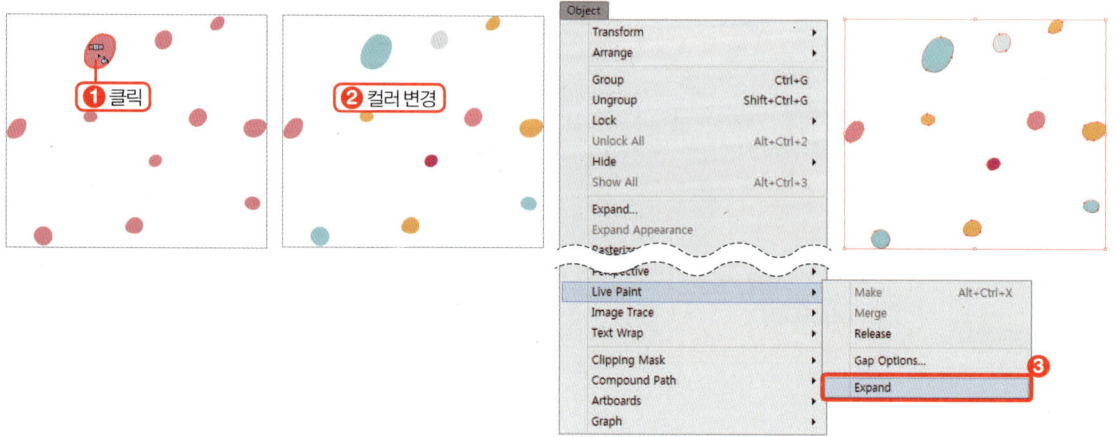

🌸 연필 툴로 그린 꽃을 Symbol로 등록하여 자연스러운 꽃 날림 만들기

01. 단축키 N을 눌러 연필 툴 ✏️ 을 선택합니다. 연필 툴로 그림과 같이 꽃을 그립니다. 연필 툴로 그리다가 시작 부근에 다다르면 Alt를 눌러 막힌 패스로 처리해줍니다. 연필 툴을 선택한 상태에서 Alt + 드래그하며 꽃 모양을 다듬고 색을 지정합니다.

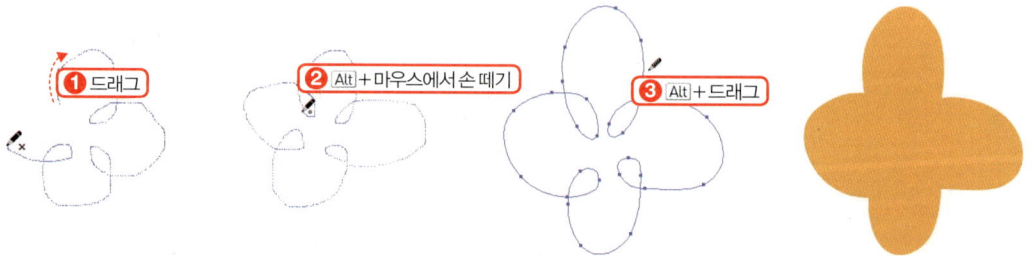

02. 연필 툴로 꽃 가운데 원을 그려 완성합니다. 같은 방법으로 꽃을 몇 개 더 그린 후 꽃을 모두 선택하고 단축키 Ctrl + G를 눌러 그룹화합니다.

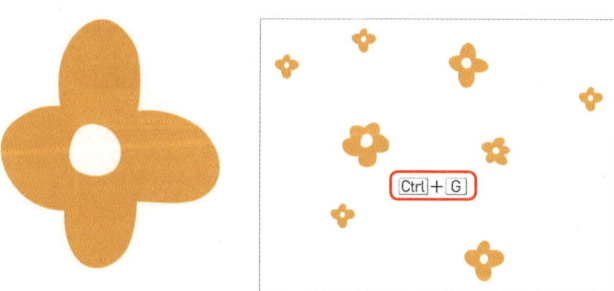

Tip **Ai 활용 업그레이드**

이 예제에서는 꽃 모양 일러스트를 여러 개 그려 심벌로 등록합니다. 여러 개 오브젝트를 그룹화하면 모양과 크기 수정이 좀더 편리합니다. 패턴으로 등록할 오브젝트가 하나인 경우에는 그룹화 과정 없이 오브젝트만 직접 선택해서 수정해도 됩니다.

03. 꽃 크기를 작게 줄인 후 [Symbols] 패널로 드래그합니다. 옵션 창이 나타나면 [Type]를 [Graphic]으로 지정한 후 [OK]를 클릭합니다. [Symbols] 패널에 꽃이 심벌로 등록된 것을 확인할 수 있습니다.

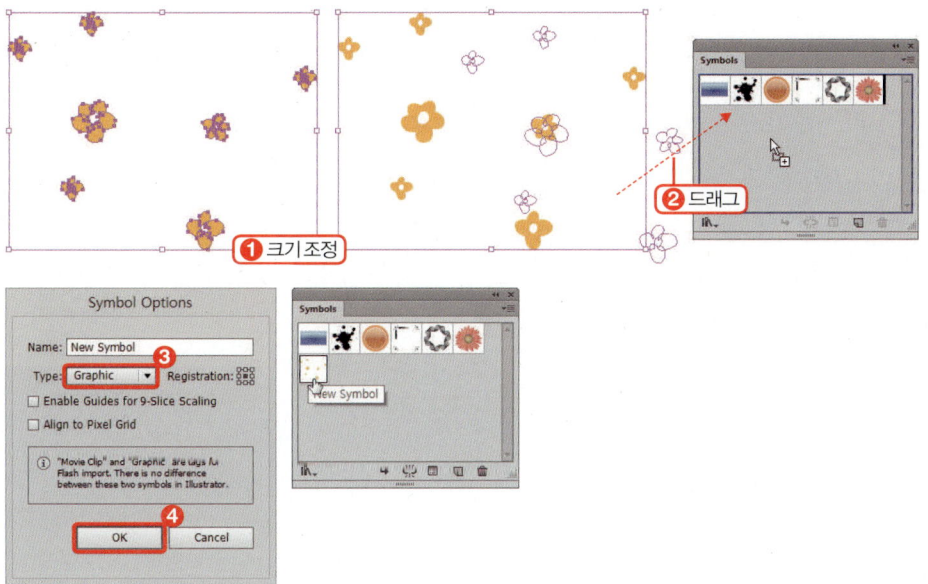

04. 등록된 심벌을 선택한 후 단축키 Shift + S 를 눌러 심벌 스프레이어 툴 🔳(Symbol Sprayer Tool)을 선택합니다. 자유롭게 드래그하여 꽃 날림 배경을 만듭니다.

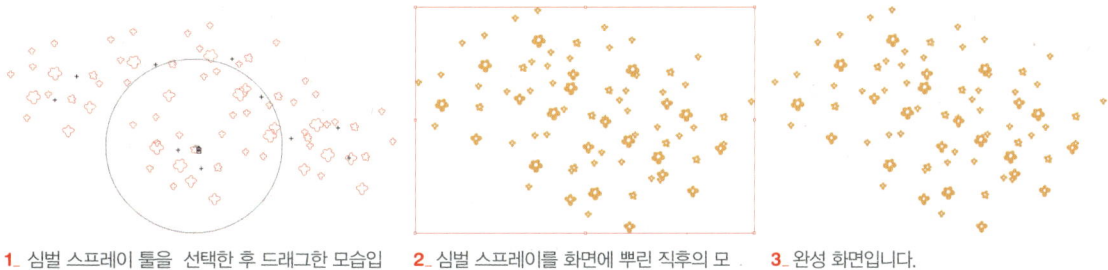

1_ 심벌 스프레이 툴을 선택한 후 드래그한 모습입니다.　**2_** 심벌 스프레이를 화면에 뿌린 직후의 모습입니다.　**3_** 완성 화면입니다.

05. 심벌 툴 🔳 에서 Alt + 클릭하여 심벌 모으기 툴 🔳(Symbol Scruncher Tool)을 선택한 후 드래그 또는 클릭하여 꽃의 간격을 좁힙니다. 간격이 너무 좁아진 부분은 심벌 이동 툴 🔳(Symbol Shifter Tool)을 선택한 후 드래그하여 간격을 넓혀줍니다.

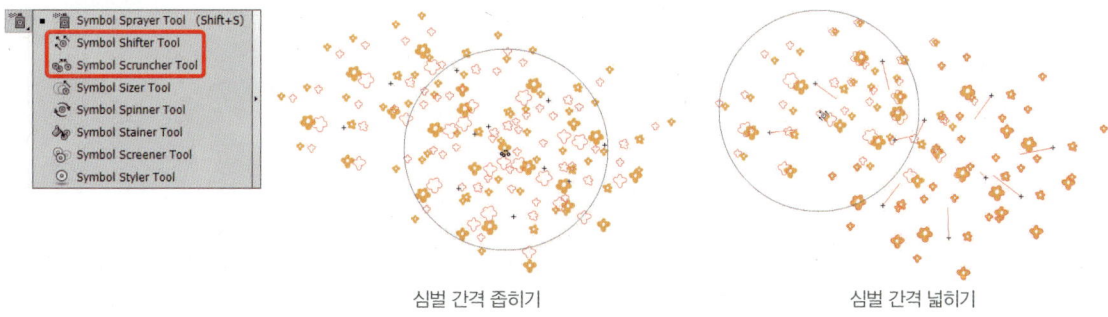

심벌 간격 좁히기　　　　　　　　　　　심벌 간격 넓히기

illustrator

Chapter

03

아이덴티티를
제대로
표현하는
로고 디자인

직접 만든 폰트 스타일로 로고 만들기

로고 작업에서 번뜩이는 아이디어만큼 중요한 것이 폰트 스타일입니다. 로고를 만들 때는 기존의 폰트를 사용하는 것이 아니라 직접 만들어야 하는 경우가 많으므로, 해당 브랜드 스타일에 맞춰 폰트까지 함께 구상해야 합니다. 로고는 상업적인 용도로 분류되므로 기존에 있는 폰트를 사용할 경우 저작권료를 지불하고 사용합니다. 대부분의 로고는 브랜드 스타일에 맞게 디자이너가 직접 작업합니다.

폰트를 작업할 때 다양하게 활용하면 유용한 기본 팁을 이용하여 로고에 쓰일 글씨 만들기의 기초를 익히도록 합니다.

✚ **결과 파일** 3장 \ 결과 파일 \ 3장_섹션1.ai

● **사용된 단축키**

• 동일하게 설정하여 폰트 작업 시 편리한 작업 환경을 만들 수 있습니다.

[Preference] 옵션 창 `Ctrl`+`K` [Scale Strokes&Effects]의 체크 표시를 해제하면 수정에 상관없이 선 굵기가 동일하게 유지됩니다.

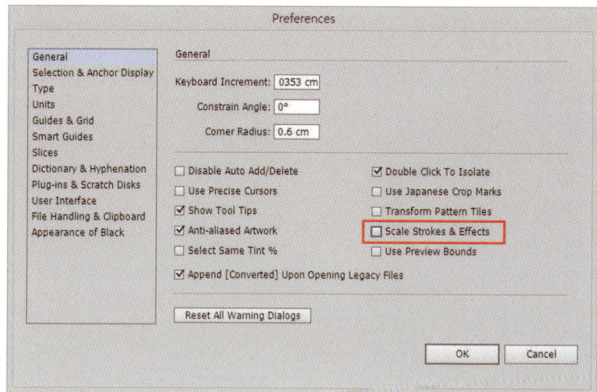

• [Show Grid] `Ctrl`+`'` 아트보드 밑으로 그리드가 보이도록 설정합니다.

• [Snap to Grid] `Shift`+`Ctrl`+`'` 그리드의 교차되는 지점에만 작업하도록 하는 설정입니다. 폰트 작업이나 정확한 치수의 상자 도안 작업에서 많이 쓰입니다.

● **사용된 패널**

_ **Stroke 패널** `Ctrl`+`F10` : 기본적으로 선 두께를 지정할 수 있습니다. 선의 끝 모양을 둥글게 지정하거나 모서리의 모양을 둥글거나 각지게 조절할 수 있습니다.

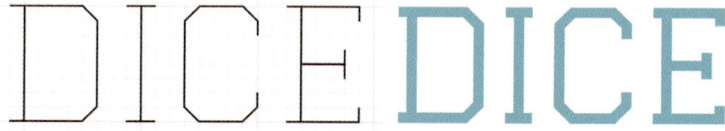

● **사용된 이펙트**

_ **Round Corners** [Effect]-[Stylize]-[Round Corners] : 모서리를 둥글게 처리하는 이펙트로, 도형을 그리거나 폰트를 작업할 때 많이 쓰입니다. 정확한 치수를 입력하여 각진 모서리를 둥근 모서리로 만들 수 있습니다.

_ **[Appearance] 패널-[Add New Stroke]** : 선 안에 선을 한 번 더 추가하여 그림과 같은 색다른 스타일의 선을 작업할 수 있습니다. 이 기능은 작업하기도 간단하고 다양하게 활용할 수 있습니다.

🔵 그리드 모드를 이용하여 손쉽게 폰트 만들기

폰트 작업 시 그리드 모드를 이용하면 작업 시간을 좀더 단축할 수 있습니다. 또한 그리드 모드는 정확한 치수와 위치를 지정해 작업할 수 있어 폰트 작업뿐 아니라 상자 도안 등을 만들 때도 많이 사용됩니다. 이번 장에서는 그리드 모드를 이용하여 정확한 치수로 편리하게 폰트를 만드는 방법을 익혀보겠습니다.

01. 단축키 Ctrl + N 을 눌러 새 창을 연 후 단축키 Ctrl + K 를 누릅니다. [Preference] 옵션 창이 나타납니다. [General] 항목에서 [Scale Strokes & Effects]의 체크 표시를 해제합니다.

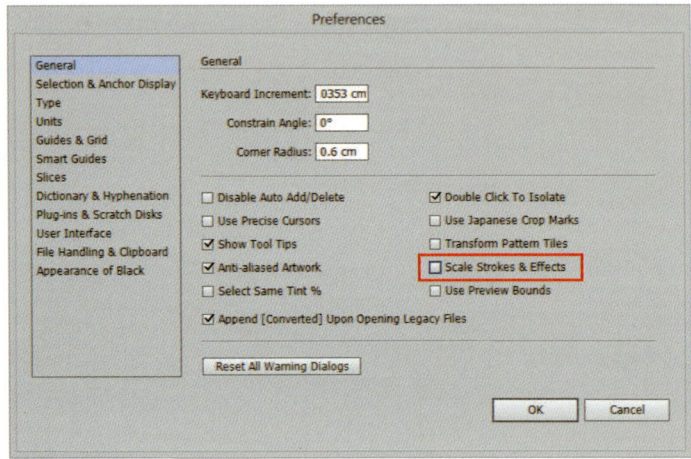

Tip | **Ai 활용 업그레이드**

[Scale Strokes & Effects]를 해제하면 폰트 수정 시 크기를 늘리거나 줄여도 지정한 선의 굵기가 변하지 않아 일일이 수정해야 하는 번거로움을 줄일 수 있습니다. 폰트 작업에서 유용한 기능입니다.

02. 단축키 Ctrl + " 를 눌러 그리드를 표시합니다. 바로 단축키 Shift + Ctrl + " 를 눌러 [Snap To Grid] 모드 상태가 되면 단축키 P 를 눌러 펜 툴 🖊 을 선택합니다. 그림처럼 폰트를 그립니다.

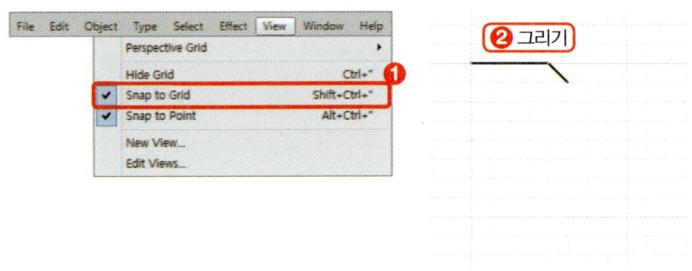

Tip | **작업 효율 업그레이드**

그리드가 보이는 상태에서 [Snap To Grid]를 선택하면 그리드 선 위로만 이동하거나 그릴 수 있습니다. 폰트 작업 시에는 필요에 따라 이 기능을 선택 혹은 해제하여 효율적으로 결과물을 만들 수 있습니다.

03. 펜 툴 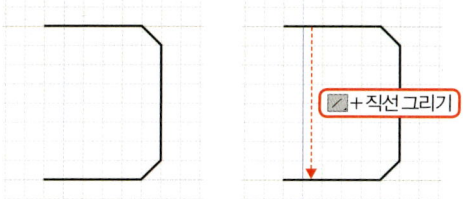 로 다음과 같이 그린 후 단축키 W 를 눌러 선 툴 /을 선택합니다. 직선을 그립니다.

/+직선 그리기

04. 선 툴 /과 펜 툴 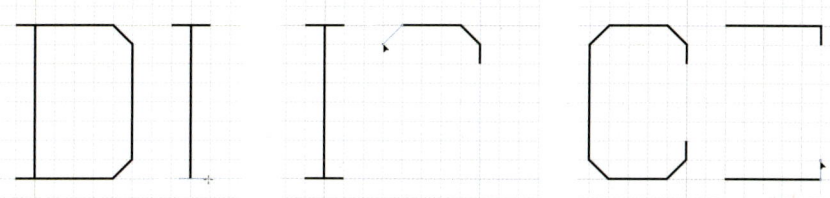 을 이용하여 알파벳 DICE를 그립니다.

05. 알파벳을 모두 선택한 후 [Stroke] 패널에서 선 두께를 지정합니다.

Stroke: 7 pt ❷

❶ 드래그

06. 원하는 컬러를 지정합니다. 그리드 모드 상태에서 다양한 알파벳을 작업해보고, 폰트 작성 방법을 익히도록 합니다.

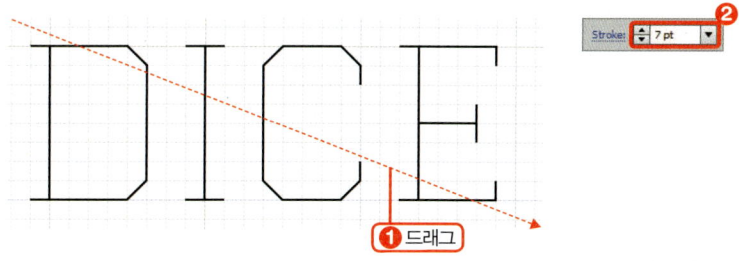

DICE ABCDEF GHIJKL

🏵 직선과 이펙트를 이용하여 손쉽게 라운딩 스타일 폰트 만들기

폰트를 작업할 때는 한 가지 스타일이 아닌 다양한 스타일로 브랜드 이미지에 맞게 구상하여 작업합니다. 모서리 부분이 둥근 모양의 폰트 스타일은 부드러운 느낌이나 아기자기한 느낌을 줄 때 많이 사용합니다. 모서리를 둥글게 만들 때 이펙트를 적용해 손쉽게 작업하는 방법에 대해서 알아보겠습니다. 이펙트를 이용한 라운딩 스타일 폰트 만들기는 펜 툴을 사용할 때보다 작업 시간을 단축해주면서도 라운딩 각을 정확하게 맞추기 때문에 보다 정확한 치수로 작업할 수 있습니다.

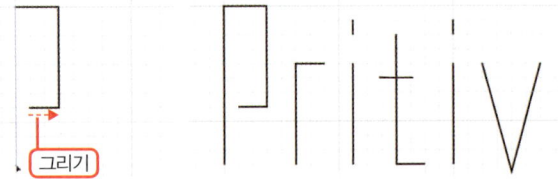

01. 단축키 P를 눌러 펜 툴 ✐을 선택한 후 다음과 같이 Pritiv라고 그립니다.

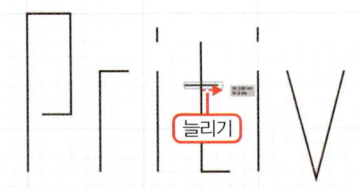

02. 단축키 Shift + Ctrl + ˙를 눌러서 [Snap to Grid]를 해제합니다. 그려둔 알파벳 t의 위쪽 가로 선을 살짝 늘립니다.

03. 알파벳을 모두 선택합니다. [Stroke] 패널에서 선 두께를 조절하고, [Cap]에서 [Projecting Cap]을 선택합니다.

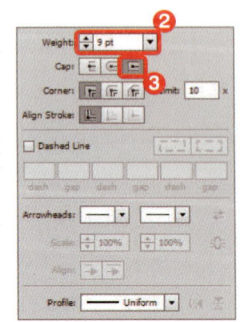

04. 끝이 뾰족하게 처리된 알파벳 V를 선택하고 다시 [Stroke] 패널의 [Corner]에서 [Bevel Join]을 클릭합니다.

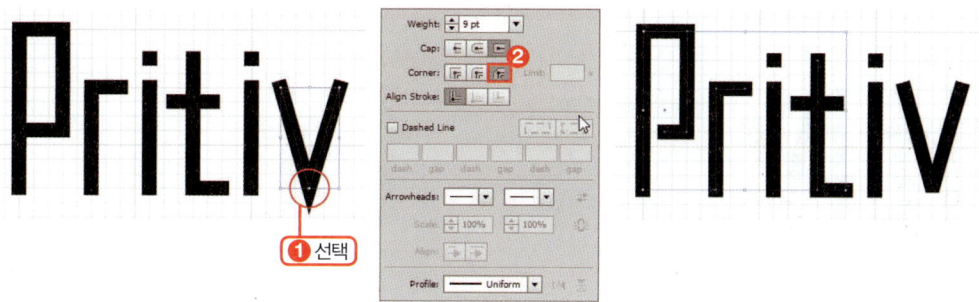

05. 알파벳 P, r, t를 선택한 후 [Appearance] 패널에서 [Add New Effect]−[Stylize]−[Round Corners]를 선택합니다. 옵션 창이 나타나면 0.3cm를 입력한 후 [OK]를 클릭합니다.

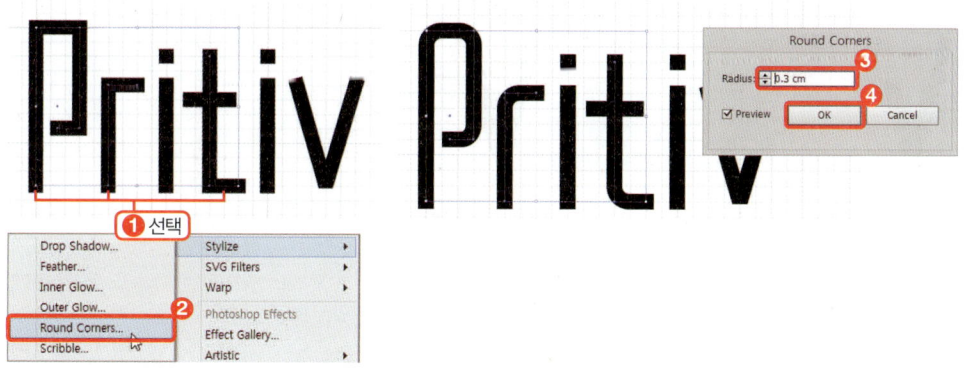

06. 알파벳을 모두 선택한 후 [Object]−[Flatten Transparency]를 클릭합니다. 옵션 창이 나타나면 [OK]를 클릭합니다.

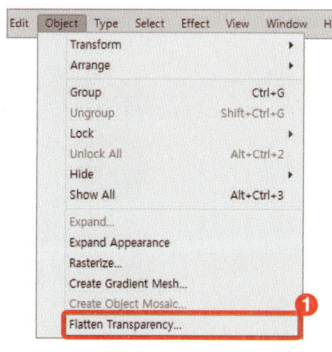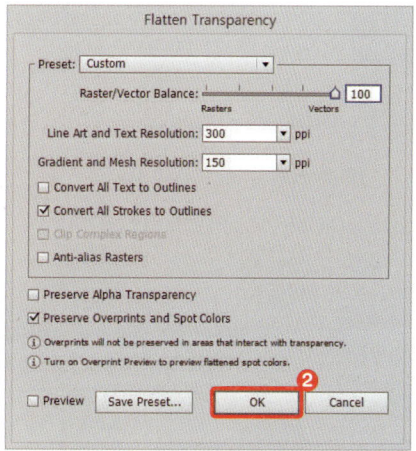

> **Tip** 작업 효율 업그레이드
>
> '선을 추가하여 다른 느낌의 폰트 만들기(151쪽)' 실습에 이 예제를 사용하기 위해서 만들어둔 글씨를 모두 선택한 후 단축키 Ctrl + C 를 눌러 복사합니다. 단축키 Ctrl + V 를 눌러 붙여넣기한 후 단축키 Ctrl + 3 을 눌러 잠깐 숨깁니다. 로고에 사용될 폰트를 작업할 때는 수정이 필요할 때를 대비하여 선 상태의 폰트를 따로 저장해두는 것이 좋습니다. 숨긴 오브젝트를 보이게 할 때는 Ctrl + Alt + 3 을 눌러서 확인할 수 있습니다.

07. 오브젝트화한 알파벳을 선택한 후 [Pathfinder] 패널의 [Shape Modes]에서 [Unite]를 클릭합니다. 하나의 오브젝트로 만들어줍니다. 알파벳 t를 살펴보면 [Unite] 적용 전과 적용 후를 확인할 수 있습니다.

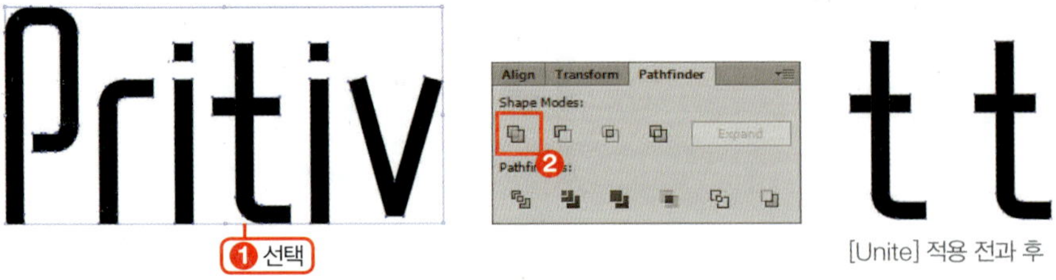

[Unite] 적용 전과 후

08. 단축키 Ctrl + U를 눌러 스마트 가이드를 선택한 후 단축키 W를 눌러 선 툴 을 선택합니다. 직선을 그린 후 단축키 A를 눌러서 직접 선택 툴 을 선택한 상태에서 알파벳 V와 그린 선을 선택하고 [Pathfinder] 패널의 [Pathfinders]에서 [Divide]를 클릭합니다. 윗부분의 잘라진 면은 삭제합니다.

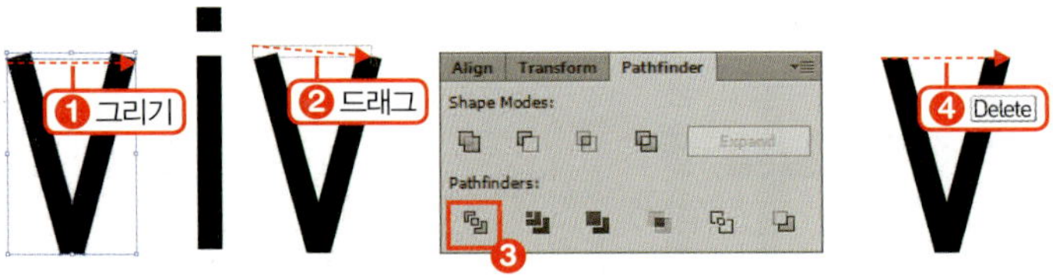

Tip Ai 활용 업그레이드_ [Pathfinder] 패널 옵션 알아보기

[Shape Modes] 옵션

- **Unite** 선택한 오브젝트를 하나로 합치기

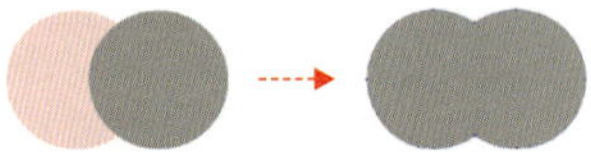

위에 놓인 도형의 색으로 합쳐집니다.

- **Minus Front** 뒤에 있는 모양만 남기기

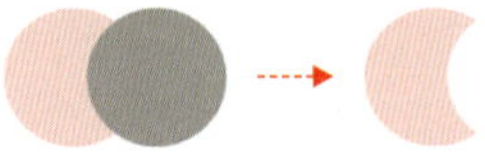

- **Intersect** 겹쳐진 부분만 남기기

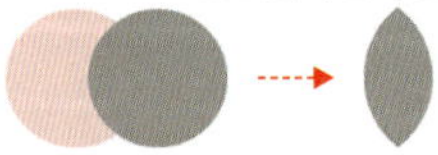

- **Exclude** 겹쳐지지 않은 부분만 남기기

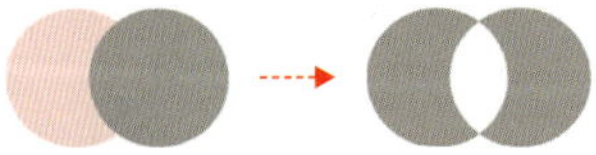

[Pathfinders] 옵션

- **Divide** 선택한 모든 면 쪼개기

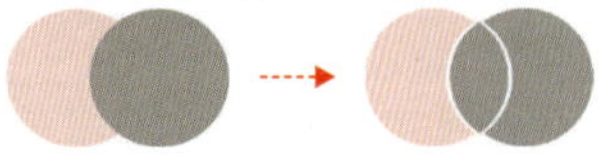

여기에서는 이해를 돕기 위해 면을 떼어냈습니다.

- **Trim** 겹쳐진 모양대로 나누기

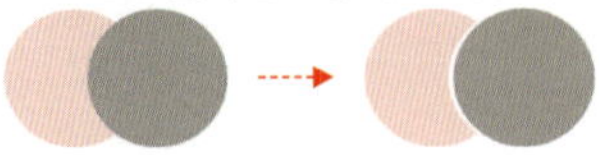

- **Merge** 같은 색상으로 면 나누기

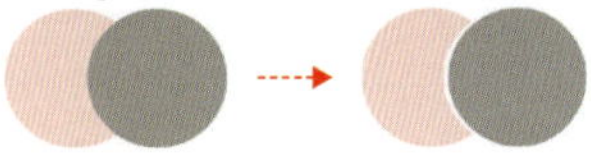

여기에서는 이해를 돕기 위해 면을 떼어냈습니다.

- **Crop** 맨 위 오브젝트와 아래쪽 겹치는 부분만 남기기

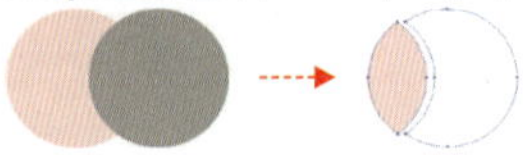

- **Outline** 패스 교차되는 곳 모두 자르기

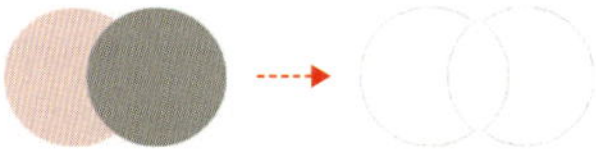

패스 선만 남습니다.

- **Minus Back** 겹치지 않은 맨 윗면만 남기기

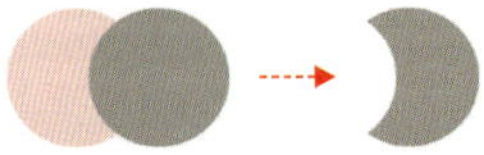

09. 알파벳 V가 왼쪽 그림처럼 윗면 끝이 정리되었습니다.

Pritiv Pritiv

10. 작업을 마무리하기 위해 원하는 컬러를 넣은 후 [Pathfinder] 패널에서 [Merge]를 클릭합니다.

선을 추가하여 다른 느낌의 폰트 만들기

만들어둔 폰트는 어떻게 활용하느냐에 따라 다양한 스타일로 변경해 로고 작업을 할 수 있습니다. [Effect]나 [Stroke] 컨트롤 패널 안의 버튼 하나로 간단하게 선의 속성을 바꿔 다른 느낌의 폰트를 작업하는 방법에 대해서 알아보겠습니다.

01. 단축키 Ctrl + Alt + 3 을 눌러 이전에 숨겨둔 선 상태의 폰트를 꺼냅니다. 선의 양끝 속성을 뭉툭하게 하기 위해 폰트를 선택한 후 [Stroke] 패널에서 [Cap]-[Butt Cap]을 클릭합니다.

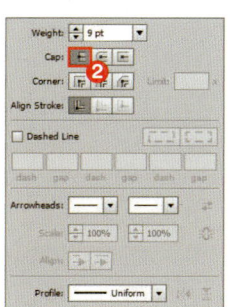

02. 알파벳을 원하는 색으로 바꿉니다. [Appearance] 패널에서 [Add New Stroke]를 눌러 선을 추가합니다.

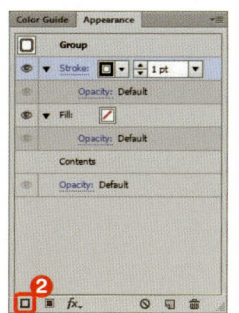

03. 선 색을 흰색으로 바꾼 후 두께를 조절합니다. 그림과 같이 [Appearance] 패널 안에서 추가한 선이 흰색으로 바뀌고 두께 속성도 조절된 것을 확인할 수 있습니다.

이 기능을 활용하면 간단한 선 추가만으로 새로운 느낌의 로고 폰트를 연출할 수 있습니다.

🔵 직선으로 알파벳을 그린 후 한쪽만 둥근 스타일의 폰트 만들기

간단한 기능들을 잘 조합하여 활용하면 좀더 쉽고 간편하게 작업의 효율성을 높일 수 있습니다. 직선을 그린 후 가위 툴과 Round Corners 이펙트만으로 폰트를 쉽게 작업하는 과정을 익혀봅니다.

01. 펜 툴(단축키 ⓟ)과 사각형 툴(단축키 Ⓜ)을 선택한 후 그림과 같이 알파벳 P와 긴 직사각형을 그립니다. P와 직사각형을 선택하고 [Stroke] 패널에서 [Cap]−[Projecting Cap]을 클릭합니다.

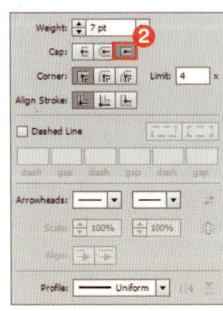

02. [Appearance] 패널에서 [Add New Effect]−[Stylize]−[Round Corners]를 선택합니다. [Round Corners] 옵션 창이 나타나면 [Radius]를 조정한 후 [OK]를 클릭합니다.

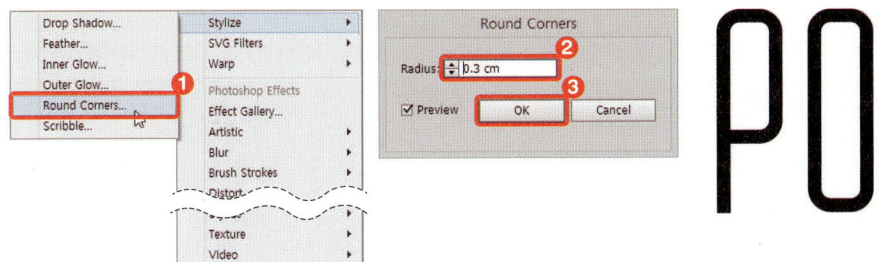

03. 알파벳 P를 선택하고 단축키 C를 눌러 가위 툴을 선택한 후 P 모양의 상단 왼쪽 모서리를 클릭합니다. 그림과 같이 굴려진 P의 한쪽 모서리가 뾰족하게 변경된 것을 확인할 수 있습니다.

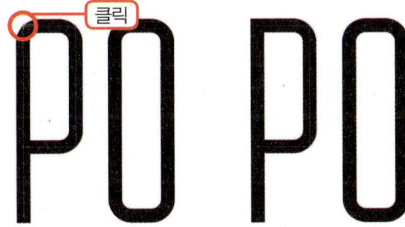

04. 단축키 C를 눌러 가위 툴을 선택한 후 직사각형의 오른쪽 모서리도 클릭합니다. 그림처럼 알파벳 D의 모양으로 깔끔하게 정리되었습니다.

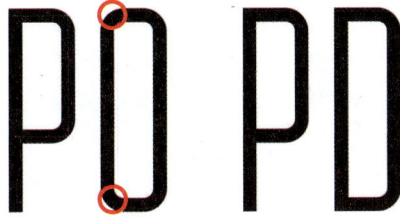

> **Tip** **Ai 활용 업그레이드**
>
> 이 조합으로 폰트를 만들 때는 반드시 [Stroke] 패널에서 [Cap]을 [Projecting Cap]으로 선택해야 합니다. [Cap]이 기본 옵션인 [Butt Cap] 상태일 때는 왼쪽 그림과 같이 선이 모두 끊어져 보입니다. 반면 [Projecting Cap]을 선택하면 오른쪽 그림과 같이 선이 이어져 있는 모양으로 결과물이 나타납니다. 하지만 [Cap]에서 [Butt Cap]을 잘 활용하면 또 다른 느낌의 로고 폰트를 작업할 수 있으므로, 이 옵션도 활용해보도록 합니다.
>
>
>
> [Butt Cap] 상태   [Projecting Cap] 상태

이펙트에서 라운딩 효과를 주지 않더라도 [Stroke] 패널의 [Corner]에서 [Bevel Join]을 활용할 수 있습니다.

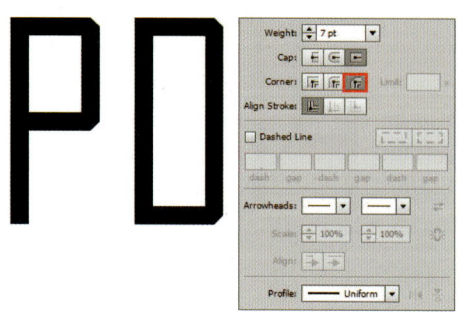

[Stroke] 패널의 옵션을 잘 활용하고 조합하여 다양한 느낌으로 폰트 작업을 해봅니다.

앤하우스 디자인 다이어리 ● **나 자신을 알고 가치를 높이자, 디자이너의 작업 비용 책정 노하우!**

디자이너로서 어느 정도 기반을 다진 후 프리랜서 선언을 한 디자이너를 제외하면 대부분의 프리랜서 디자이너는 초반에 일거리가 많지 않습니다. 작업 문의가 온다고 해도 경험이 많지 않아 어느 정도의 비용을 받고 일해야 하나 난감했던 경우가 많을 것입니다. 저 역시 '맨땅에 헤딩하기' 식으로 기반을 잡아온 터라 초반에는 작업 비용 때문에 혼란을 겪던 시절이 있었습니다.

주변에서 '자신의 가치를 왜 남이 판단하게 해?' 혹은 '예술가의 작품은 남이 판단할 수 없다' 등의 이야기가 종종 들려옵니다. 하지만 이런 식의 이야기는 어느 정도 기반이 잡힌 디자이너에게나 통하는 말입니다. 프리랜서 3년 차 이상의 디자이너가 받는 작업 비용과 프리랜서 1년 차 디자이너가 받는 작업 비용은 같을 수 없다는 것이 제 생각입니다.

작업 비용을 측정할 때는 어느 정도 나만의 기준을 정하는 것이 중요합니다. 일이 생길 때마다 얼마를 받을지 다른 사람들에게 물어볼 수도 없거니와, 비용을 무조건 남의 기준에 맞출 수도 없기 때문입니다. 저는 처음 얼마간은 무조건 스스로를 성장시키는 과정이라 생각하고 적은 비용도 상관 없이 일을 했습니다. 그 후에는 어느 정도 실력이 향상되었다는 생각이 들 때 스스로의 능력에 적합하다 싶은 정도로 비용을 조금씩 더 받으며 일했습니다.

사실 이런 제 모습을 보고 주변 지인 중에는 '자원봉사하는 거냐', '너 같은 사람들이 이 바닥 물을 흐리는 거다' 식으로 모질게 이야기한 적도 있습니다. 하지만 어떤 분야든지 상황을 길게 보는 것이 중요하다고 생각합니다. 디자이너가 되고 초반에 실무 경험을 많이 쌓아봐야 능력도 향상되고 포트폴리오도 쌓여가기 마련입니다. 콧대만 높아 일을 하나도 받지 못하는 디자이너보다는 자신의 현재 위치를 파악하고 한 계단 한 계단 오르면서 당당하게 자신의 가치를 높이는 디자이너가 디자이너로서의 생명력도 길 것입니다. 이때 남이 하는 이야기는 어느 정도 참고만 하는 것이 좋다고 생각됩니다. 이야기를 들려주는 사람이 내 인생을 대신 살아주는 것이 아닌 만큼 나만의 기준과 규칙을 만들면서 신념을 갖고 작업에 임하는 것이 현명합니다.

Section 02

Blend 기능으로
자동 오브젝트 생성해 로고 만들기

Blend 기능은 오브젝트와 오브젝트 사이에 값을 입력하면 중간 값 사이에 오브젝트를 생성하여 자연스럽게 이어주는 역할을 합니다. 전혀 다른 모양의 오브젝트 사이에도 적용할 수 있으며, 서로 다른 선 굵기나 색을 가진 오브젝트 사이에서도 값을 생성하면 자연스럽게 중간 오브젝트를 만들어줍니다. 이를 활용하여 나무의 나이테나 병 모양 등 자연스러운 형태를 만들고 변화를 줄 수 있습니다.

✚ **결과 파일** 3장 \ 결과 파일 \ 3장_섹션2.ai

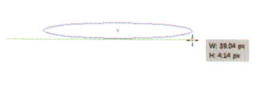
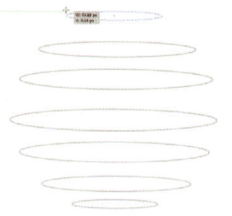
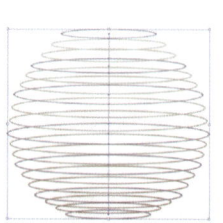

● 사용된 기능

_ Blend Ctrl+Alt+B : [Object]-[Blend]-[Blend Options]를 클릭하여 옵션 창을 불러옵니다. 옵션 창의 [Spacing]에서 [Specifed Steps]를 선택하고 값을 지정한 후 [OK]를 클릭합니다. 단축키 Ctrl+Alt+B 를 눌러 [Blend]를 적용합니다.

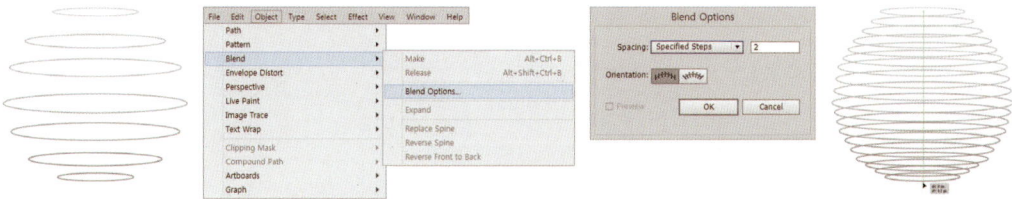

_ Replace Spine [Object]-[Blend]-[Replace Spine] : 도형을 블렌딩한 후 적용하고 싶은 모양의 선을 그리고 [Replace Spine]을 적용하면 블렌딩된 도형이 자유로운 선 모양에 따라 배열됩니다.

_ Clipping Mask Ctrl+7 : 오브젝트를 원하는 모양 안에 넣는 기능입니다. 아래쪽에 오브젝트가 있는 상태에서 원하는 모양을 올리고 전체 선택한 후 Ctrl+7 을 누릅니다. Clipping Mask가 적용됩니다.

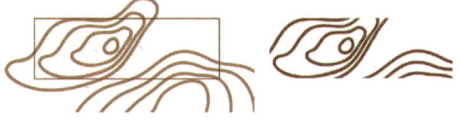

_ Graphic Pen [Add New Effect]-[Sketch]-[Graphic Pen] : 나무의 거친 느낌을 잘 표현해 주는 기능입니다. 면 위에 검은색 면을 올리고 옵션 값을 조절한 후 거친 느낌으로 만든 후 [OK]를 클릭합니다. 추가로 [Transparency] 패널에서 [Blending Mode]와 [Opacity]를 조절합니다.

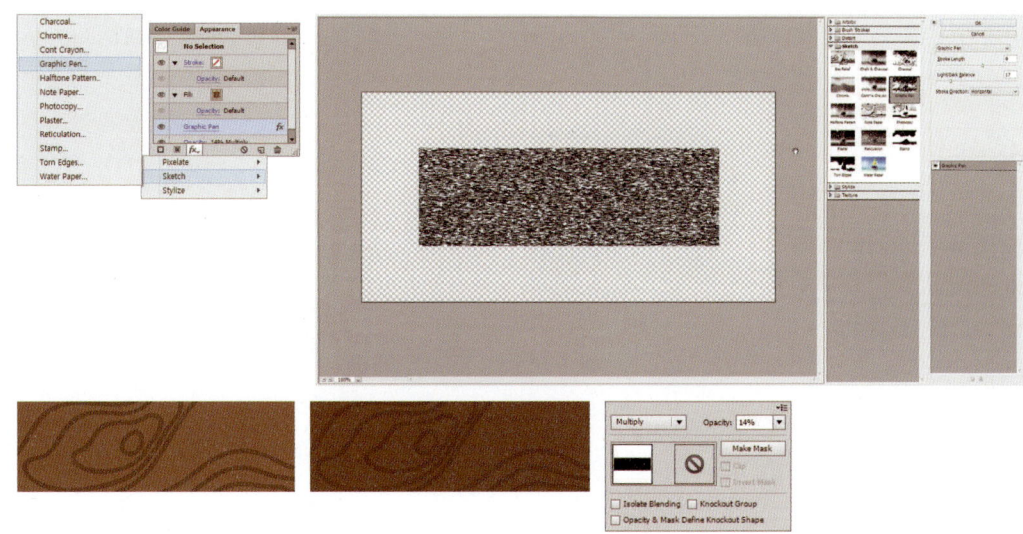

🔵 항아리 모양의 로고 만들기

Blend 기능은 같은 크기의 두 개 오브젝트 사이의 값을 생성하여 중간 단계의 오브젝트들을 자연스럽게 만들어 주는 단순한 기능이지만 조금 더 응용하면 각각 다른 색과 다른 모양의 오브젝트를 여러 개 배열하여 Blend 기능을 적용할 수 있습니다.

01. 단축키 ⓛ을 눌러 원 툴 ⬭을 선택한 후 그림처럼 타원을 그립니다.

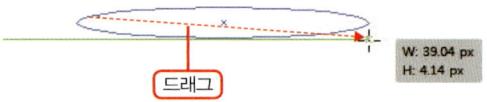

02. 볼록한 항아리의 형태를 생각하며 타원을 몇 개 더 그립니다.

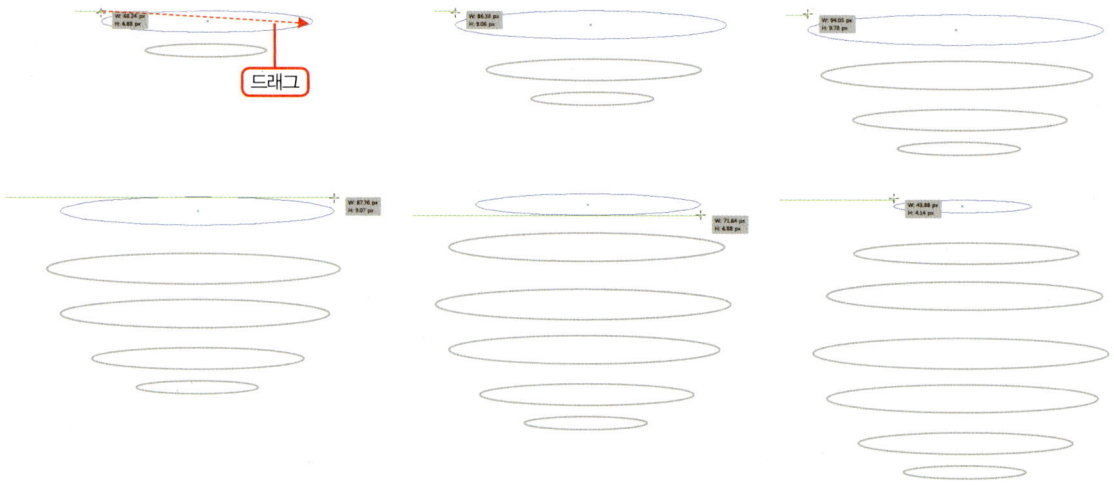

03. 단축키 Ⓥ를 눌러 선택 툴 ▶을 선택합니다. 타원을 모두 선택한 후 [Align] 패널에서 [Horizontal Align Center]를 클릭해 중앙 정렬합니다.

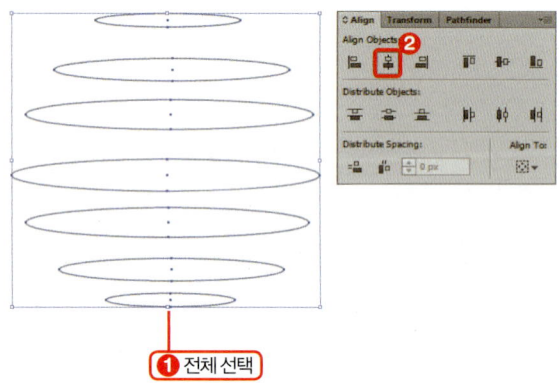

04. 도형의 아래부터 위로 올라오면서 색이 점점 흐려지도록 색을 지정한 후 [Object]–[Blend]–[Blend Options]를 클릭하여 옵션 창을 불러옵니다. 옵션 창의 [Spacing]에서 [Specified Steps]를 선택하고 값을 2로 지정한 후 [OK]를 클릭합니다.

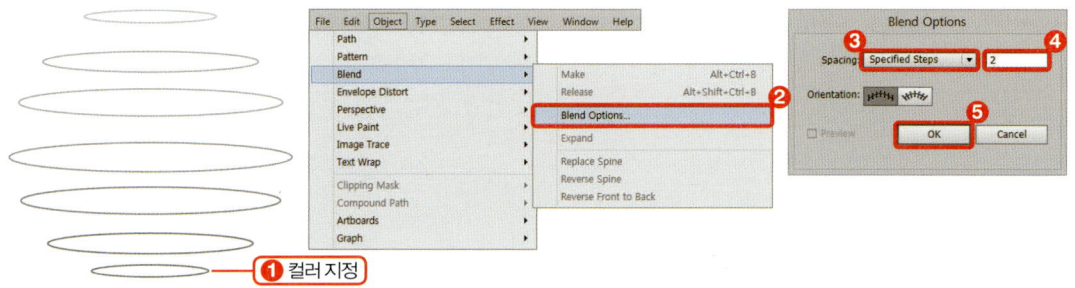

05. 단축키 Ctrl + Alt + B 를 눌러서 Blend를 적용합니다. 그림과 같이 Blend 가 적용된 후 오브젝트를 선택해보면 중앙에 포인트가 만들어진 것을 확인할 수 있습니다.

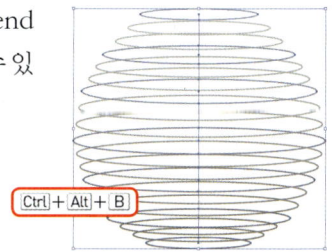

06. 단축키 A 를 눌러 직접 선택 툴 ▷을 선택한 상태에서 중앙의 포인트를 클릭하여 위아래로 움직이면서 항아리의 형태를 수정합니다.

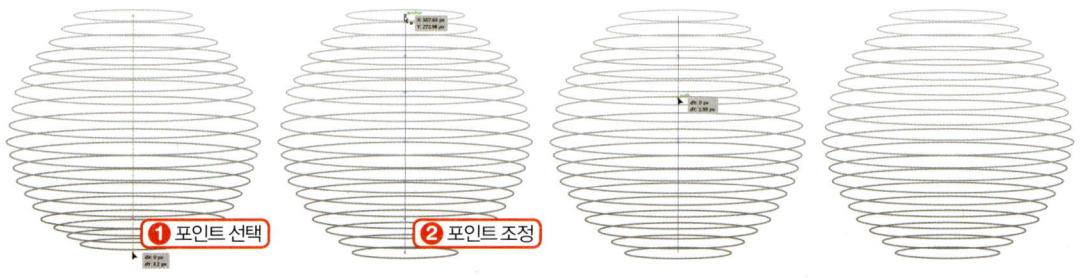

07. Blend를 적용한 오브젝트를 보이는 모양 그대로 하나의 오브젝트로 만들기 위해 [Object]–[Blend]–[Expand]를 클릭합니다.

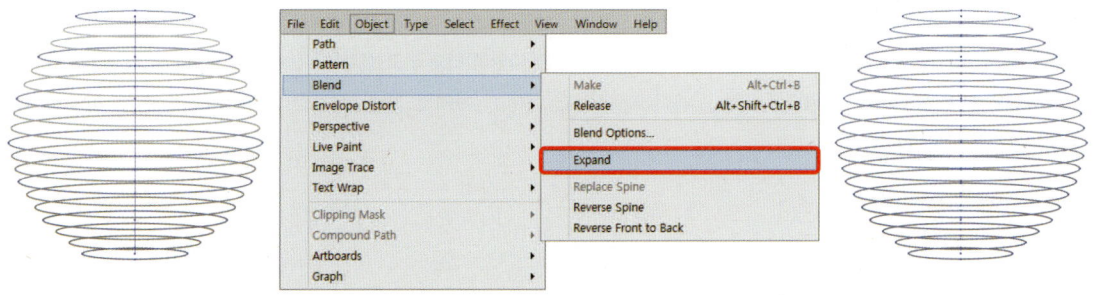

08. 단축키 A를 눌러 직접 선택 툴 을 선택합니다. 맨 위에 원을 선택한 후 위쪽 방향으로 Shift + Alt + 드래 그하여 복사한 후 Ctrl + D를 눌러 같은 간격으로 한 번 더 복사합니다.

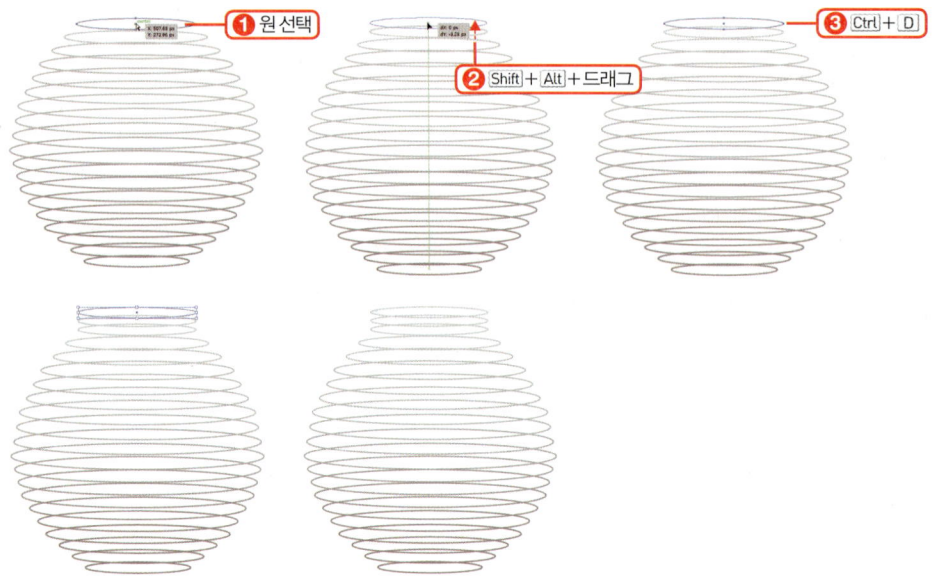

① 원 선택
② Shift + Alt + 드래그
③ Ctrl + D

09. 간단한 방법으로 항아리 모양의 로고가 완성되었습니다.

— MARKET —
CONELLE ©

Tip | **Ai 활용 업그레이드_ Replace Spine 기능 익히기**

Blend 기능을 적용한 후 [Replace Spine]을 한 번 더 적용하면 다양한 형태의 오브젝트를 간편하게 작업할 수 있습니다. 도형을 블렌딩한 후 적용하고 싶은 모양으로 선을 그리고 [Replace Spine]을 적용하면 블렌딩된 도형이 자유로운 선 모양을 따라 배열됩니다.

1. 단축키 [L]을 눌러 원 툴을 선택한 후 3개의 원을 그립니다. 각 원의 색을 다르게 지정합니다.

2. 3개의 원을 모두 선택한 후 [Object]–[Blend]–[Blend Options]를 클릭합니다. 옵션 창이 나타나면 그림처럼 옵션 값을 지정합니다.

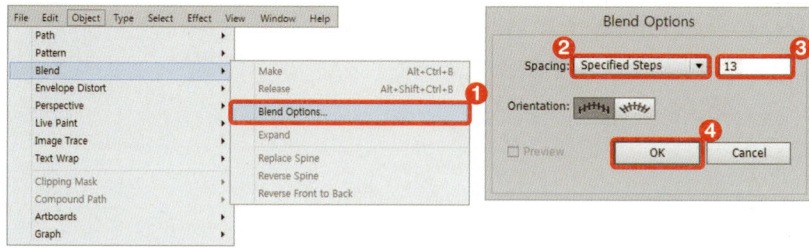

3. 단축키 [Ctrl]+[Alt]+[B]를 눌러 Blend를 적용합니다.

4. Blend를 적용한 오브젝트 아래에 연필 툴이나 펜 툴로 물결 모양의 선을 그립니다.

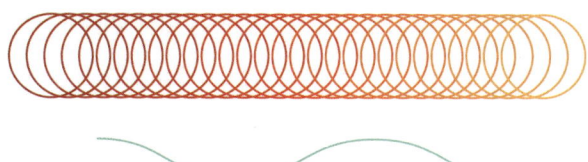

5. 2개의 오브젝트를 모두 선택한 후 [Object]–[Blend]–[Replace Spine]을 클릭합니다.

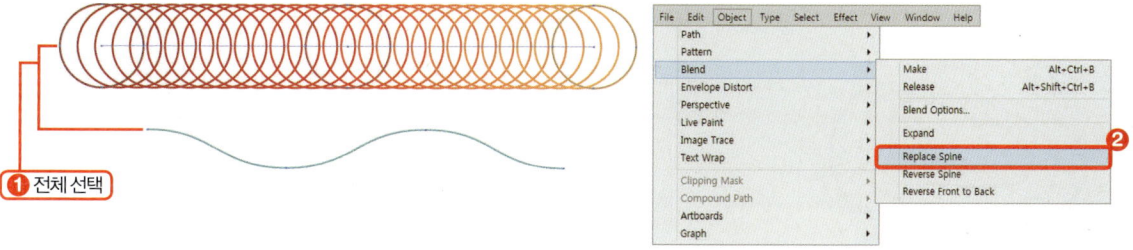

6. Blend가 적용된 오브젝트의 모양이 아래에 그렸던 선의 모양대로 수정되었습니다.

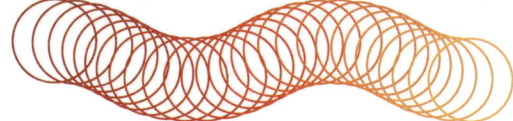

✿ 나무의 나이테가 담겨 있는 로고 만들기

Blend 기능을 조금만 다르게 지정해도 좀더 다양한 느낌의 작업을 할 수 있습니다. 원이나 별 모양 등 딱 떨어지는 모양의 오브젝트가 아니더라도 자연스러운 선을 이용해 나무 나이테의 틀을 그린 후 Blend를 적용하면 나무 나이테 무늬의 로고를 작업할 수 있습니다.

01. 펜 툴(단축키 P)이나 연필 툴(단축키 N)을 이용해 그림과 같이 나이테의 형태를 만듭니다.

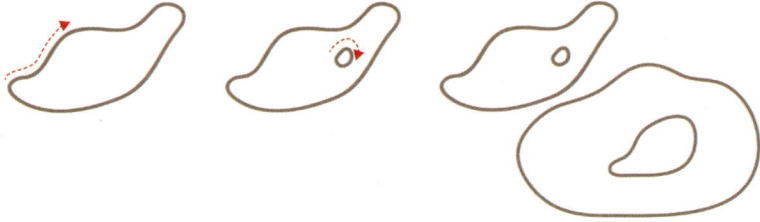

02. [Object]-[Blend]-[Blend Options]를 클릭하여 옵션 창을 불러온 후 다음과 같이 옵션 값을 지정하고 [OK]를 클릭합니다. 나이테의 틀이 될 두 개의 선을 선택한 후 Ctrl + Alt + B 를 눌러 Blend를 적용합니다. 아래쪽의 오브젝트도 같은 방법으로 Blend를 적용합니다.

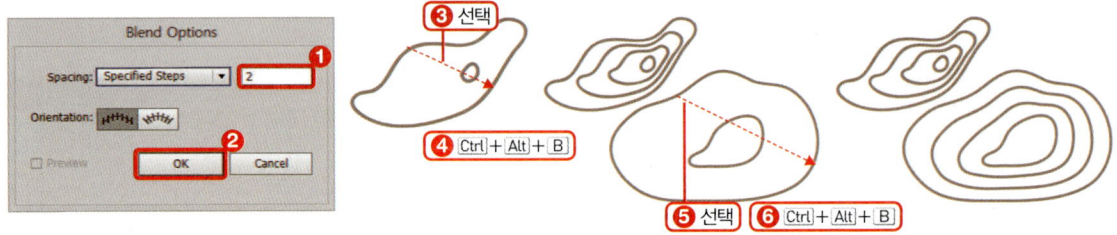

03. 각 오브젝트를 더블클릭하여 위치를 조절하면서 나이테의 형태를 수정합니다.

> **Tip** **Ai 활용 업그레이드**
>
> 오브젝트는 처음에 그린 두 개의 선만 수정할 수 있습니다. 두 오브젝트의 위치를 수정하면 자동으로 블렌딩된 나머지 선도 함께 수정됩니다.

04. 나이테 오브젝트를 모두 선택한 후 [Object]-[Blend]-[Expand]를 클릭하여 하나의 오브젝트로 만듭니다. 다시 한 번 [Object]-[Expand]를 적용합니다. [Expand] 옵션 창이 나타면 [OK]를 클릭해 선을 면으로 바꾸고 단축키 Ctrl + G 를 눌러 모두 그룹화합니다.

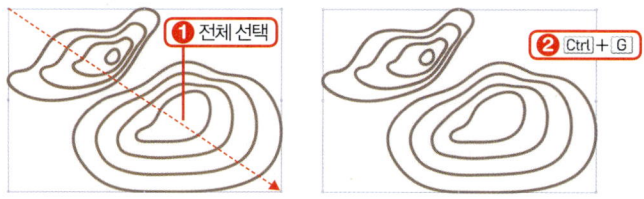

05. 단축키 M 을 눌러 사각형 툴을 선택하고 그림과 같이 긴 직사각형을 그립니다. 이때 그린 직사각형은 단축키 Ctrl + C 를 눌러 복사해둡니다. 나이테 오브젝트와 직사각형을 모두 선택한 후 단축키 Ctrl + 7 을 눌러 Clipping Mask를 적용합니다. [Pathfinder] 패널에서 [Merge]를 클릭합니다.

06. 나이테 오브젝트를 선택한 후 [Effect]-[Stylize]-[Inner Glow]를 클릭하여 옵션 창을 불러옵니다. 다음과 같이 옵션 값을 지정한 후 [OK]를 클릭해 적용합니다. 나이테 오브젝트의 안쪽으로 검은색 명암이 생겨서 입체감을 줍니다.

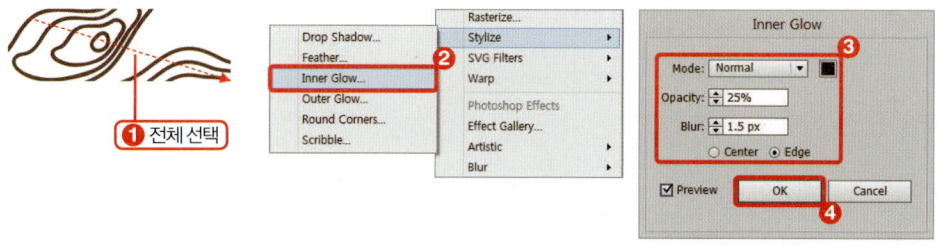

07. 단축키 Ctrl + B 를 눌러 앞서 복사해둔 직사각형을 나이테 오브젝트의 맨 뒤로 붙여 넣습니다. 전체를 선택한 후 단축키 Ctrl + G 를 눌러 그룹화합니다.

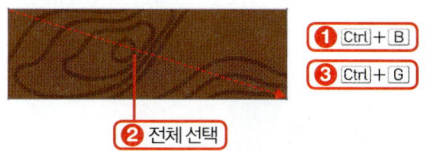

08. 단축키 Ctrl + F 를 눌러 다시 한 번 직사각형을 맨 앞으로 붙여넣기한 후 색을 검은색으로 바꿉니다. [Transparency] 패널에서 그림과 같이 [Blending Mode]와 [Opacity]의 옵션 값을 지정합니다. [Blending Mode]를 조절하는 이유는 다음 단계에서 나무 무늬 효과를 줄 때 갈색의 배경색과 나무 무늬 효과가 혼합되어 자연스럽게 보이도록 하기 위해서입니다.

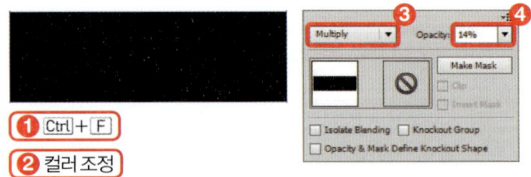

09. [Appearance] 패널에서 [Add New Effect]-[Sketch]-[Graphic Pen]을 클릭하고 옵션 창이 나타나면 나무의 거친 느낌을 잘 표현해줄 수 있는 치수로 조절합니다. 예제에서는 [Stroke Length]에 9, [Light/Dark Balance]에 17을 입력했습니다. 자신의 취향에 맞게 옵션 값을 조절하고 [OK]를 클릭합니다.

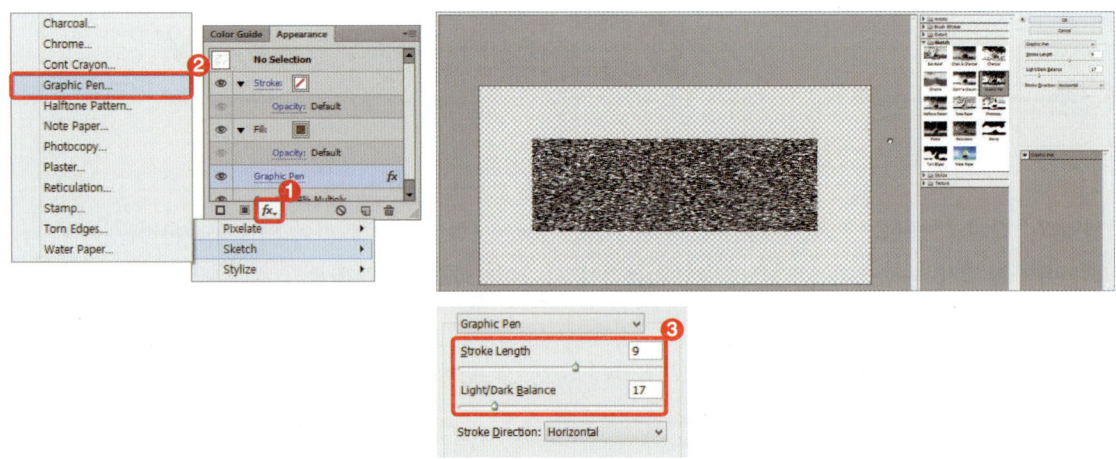

10. 밋밋했던 이미지가 다음과 같이 나뭇결의 느낌이 살아있는 이미지로 수정되었습니다.

11. 이미지 안에 글씨를 입력한 후 [Effect]-[Stylize]-[Inner Glow]를 클릭합니다. [Inner Glow] 옵션 창에서 옵션을 다음과 같이 적용하여 좀더 자연스러운 느낌의 로고를 완성합니다.

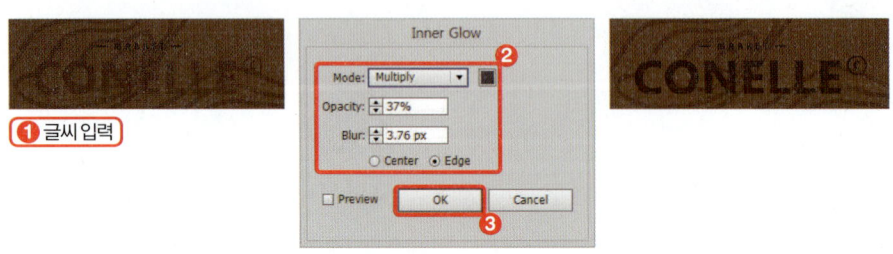

원근감 격자 툴을 이용하여 입체 모양 로고 만들기

원근감 격자 툴을 이용하면 입체 느낌의 오브젝트를 손쉽게 만들 수 있습니다. 입체 모양을 만드는 각도 조절이 쉽고 다루는 방법도 간단하며 작업 이후의 수정도 간편하므로 로고 작업 외에도 많이 사용됩니다. 예제를 만들어보면서 기능을 파악하고 익혀보겠습니다.

✚ **결과 파일** 3장 \ 결과 파일 \ 3장_섹션3.ai

● 사용된 툴

• 반전 툴 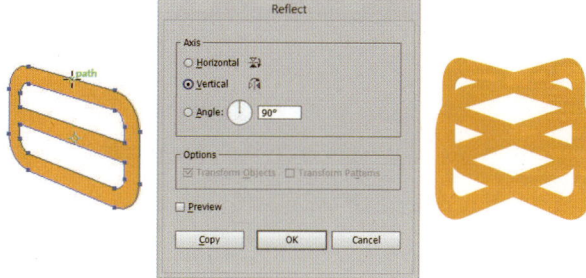 O : 오브젝트를 선택하고 중앙 부분을 Alt +클릭하면 옵션 창에서 위아래/좌우로 각도를 조절하여 복사 또는 이동할 수 있습니다.

• 도형 구성 툴 Shift + M : [Pathfinder]로 면을 쪼개지 않아도 도형 구성 툴을 이용하면 겹쳐진 면에 컬러를 지정하여 면을 나눌 수 있습니다.

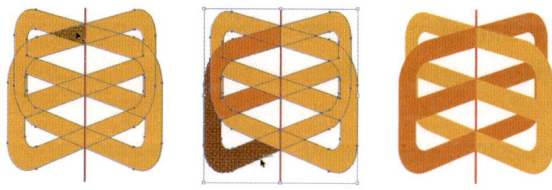

• 원근감 격자 툴 Shift + P 또는 Shift + Ctrl + I : 원근감 격자 툴을 이용하여 오브젝트의 원근감을 줄 때 입체각 계산 없이 손쉽게 표현할 수 있습니다.

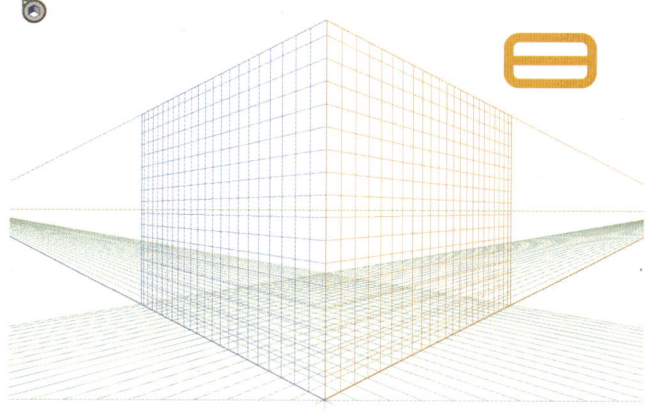

• 원근감 선택 툴 Shift + V : 원근감 격자 툴을 이용할 때 입체적인 모양을 결정하는 좌, 우, 바닥 면을 선택하여 오브젝트를 이동, 수정할 수 있습니다.

● 사용된 패널

_ [Pathfinder]-[Unite] : 겹쳐진 오브젝트를 하나의 오브젝트로 정리할 수 있습니다.
_ [Pathfinder]-[Merge] : 조각난 면을 같은 색 면끼리 합쳐지도록 정리할 수 있습니다.

● 종이 모빌 느낌이 나는 입체 크로스 스타일 로고 만들기

01. 작업 화면에서 모서리가 둥근 사각형 툴 ▣ 을 선택한 후 드래그한 채 키보드의 ↑, ↓ 을 누르며 모서리의 둥글기를 조절합니다. 그림과 같이 선 굵기를 두껍게 수정합니다.

02. 단축키 ₩ 를 눌러 선 툴 ✎ 을 선택한 후 사각형 중앙에 가로 선을 그립니다. 오브젝트를 모두 선택하고 [Object]−[Expnad]를 선택한 후 [Pathfinder] 패널에서 [Unite]를 클릭해 하나의 오브젝트로 정리합니다.

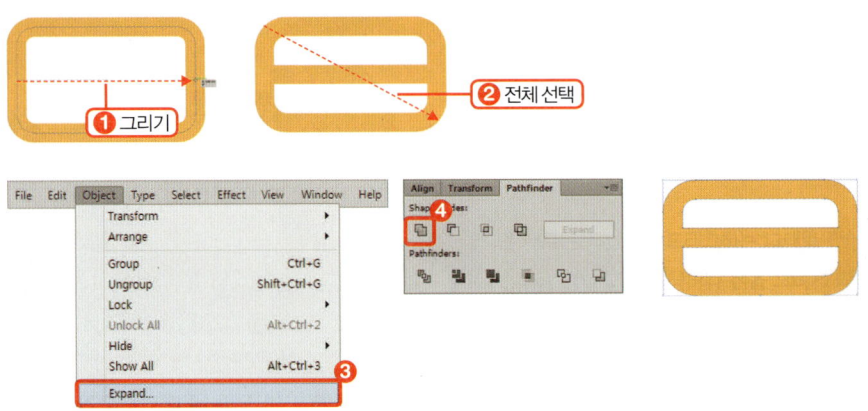

03. 단축키 Shift + P 또는 Shift + Ctrl + I 를 눌러 원근감 격자 툴 ▦ (Perspective Grid Tool)을 선택한 후 단축키 Shift + V 를 눌러서 원근감 선택 툴 ▶ (Perspective Selection Tool)을 선택합니다. 단축키 1 을 눌러 왼쪽 면 ◉ 을 선택하고 오브젝트를 드래그합니다. 기울기는 눈높이나 각도를 고려하여 자신이 원하는 만큼 자유롭게 조절할 수 있습니다.

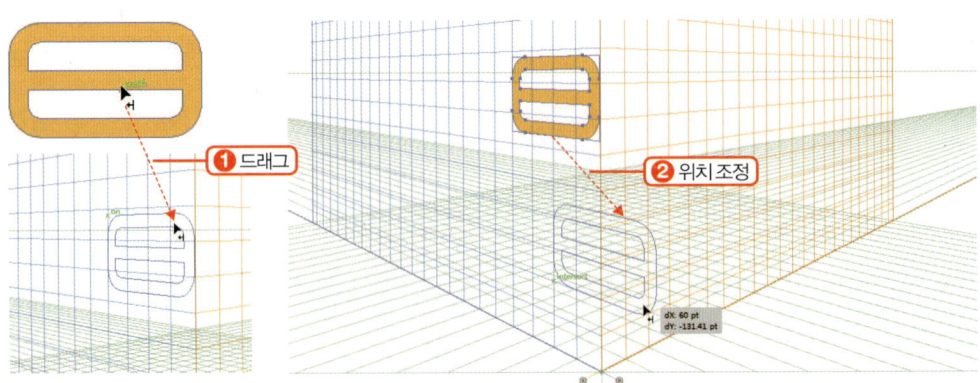

Ai 활용 업그레이드

원근감 격자 툴 사용 시 단축키

단축키를 이용하면 작업을 좀더 빠르게 선택할 수 있습니다. 각 면에 대한 단축키는 숫자 1, 2, 3이므로, 기억하기 쉽습니다.

 단축키 1

 단축키 2

 단축키 3

1_ 왼쪽 격자 선택   **2_** 바닥 격자 선택   **3_** 오른쪽 격자 선택

그리드의 각도와 위치 조절 방법

각 면에 오브젝트를 넣을 때는 단축키 Shift + V 를 눌러 원근감 선택 툴 🔧 을 선택한 후 해당 면으로 드래그하면 됩니다. 그리드의 각도나 위치를 바꿀 때는 Shift + P 를 눌러 원근감 격자 툴 🔧 을 선택하여 밑부분 포인트를 움직여 조절할 수 있습니다.

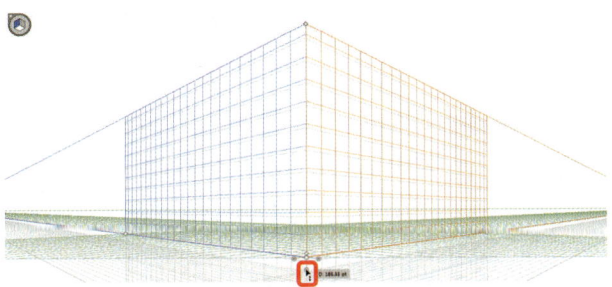

하단 격자 : 위아래로 드래그하여 각도를 조절할 수 있습니다.

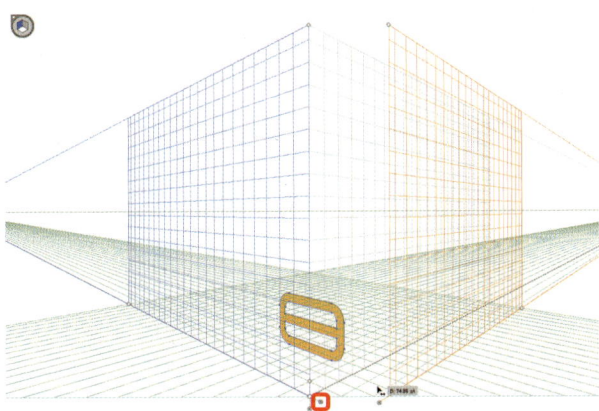

우측 격자 : 좌우로 드래그하여 각도를 조절할 수 있습니다.

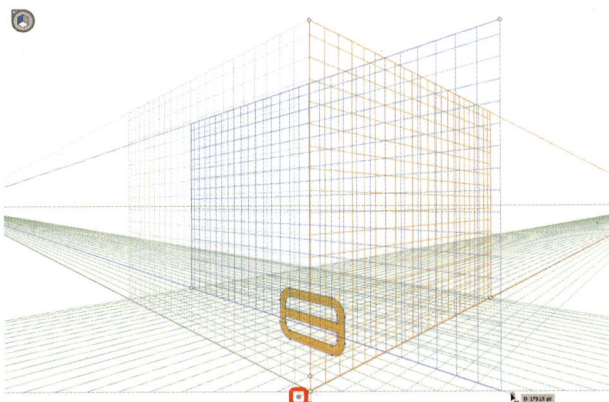

좌측 격자 : 좌우로 드래그하여 각도를 조절할 수 있습니다.

04. 단축기 Shift + Ctrl + I 를 눌러 원근감 격자를 숨기고 단축기 V 를 눌러 선택 툴 을 선택합니다. 오브젝트를 선택한 후 단축기 O 를 눌러 반전 툴 을 불러온 상태에서 오브젝트 중앙에 마우스 커서를 위치합니다. Alt + 클릭합니다. [Reflect] 옵션 창이 나타나면 단축기 V 와 C 를 눌러 반전 복사합니다.

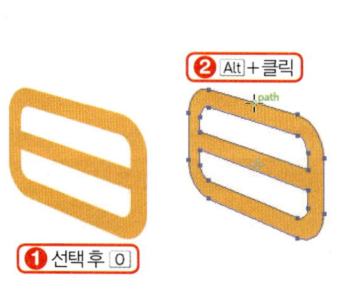

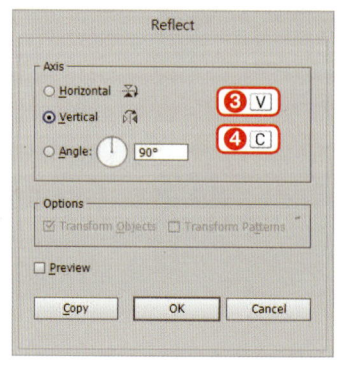

05. 단축기 W 를 눌러 선 툴 을 선택한 후 오브젝트끼리 겹쳐지는 부분에 세로로 직선을 그립니다.

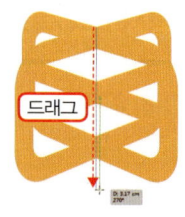

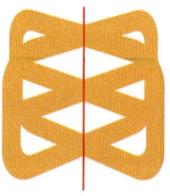

06. 오브젝트를 모두 선택한 후 단축기 Shift + M 을 눌러 도형 구성 툴 (Shape Builder Tool)을 선택합니다. 그림처럼 엇갈린 모습을 상상하며 다른 색을 지정하고 면을 입체적으로 보이도록 컬러를 조절합니다.

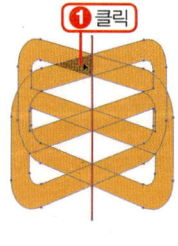

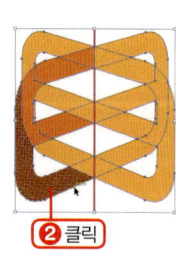

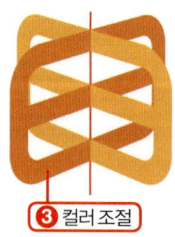

07. [Pathfinder] 패널에서 [Merge]를 눌러 조각난 면을 같은 색의 면끼리 합쳐지도록 정리합니다. 로고에 들어갈 문구를 쓰고 완성합니다.

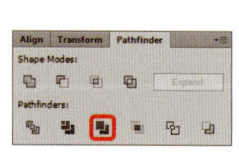

POLLIWE
SECIRITY

🌼 입체적인 느낌이 나는 집 모양 로고 만들기

01. 단축키 [M]을 눌러 사각형 툴 ▣ 을 선택한 후 그림처럼 두 개의 사각형을 그립니다. 단축키 [Ctrl]＋[U]를 눌러 스마트 가이드 상태로 설정한 후 작업하면 양쪽 치수를 맞추기 편합니다.

02. 첫 번째 사각형 위에 파란색 사각형을 그립니다. 단축키 [A]를 눌러 직접 선택 툴을 선택한 후 왼쪽 맨 위의 포인트를 클릭하여 선택합니다. 포인트를 선택한 상태에서 오른쪽으로 [Shift]＋드래그하면서 대각선으로 수정합니다. 오른쪽 사각형 위에도 같은 방법으로 파란색 사각형을 그립니다. 오브젝트를 모두 선택한 후 도형의 선 색을 흰색으로 지정합니다. 도형끼리 조금씩 더 떨어져 있는 것처럼 보이도록 선이 안쪽으로 그려지는 옵션을 선택합니다. [Stroke] 패널에서 [Align Stroke to Inside]를 클릭합니다.

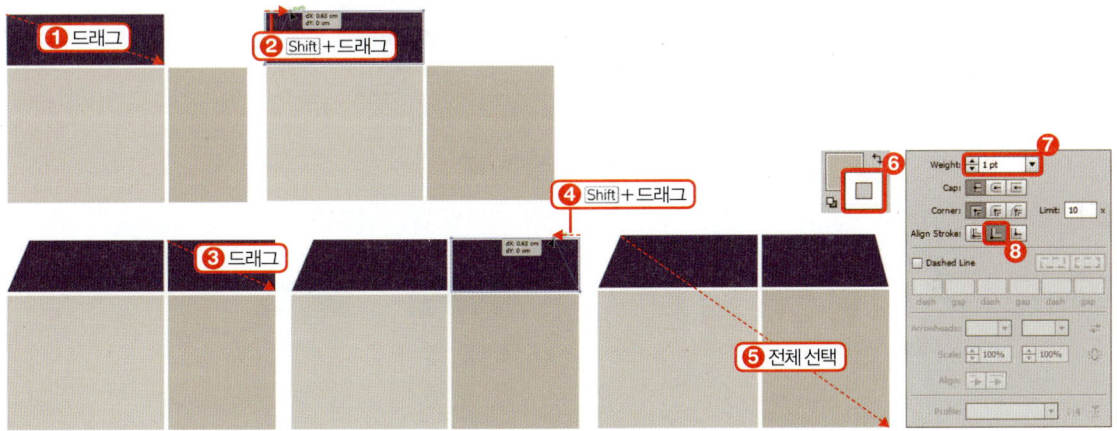

03. 그림처럼 안쪽에 창문이 될 도형을 그린 후 6개를 더 만듭니다. 오른쪽에도 같은 방법으로 문과 창문을 만듭니다. 왼쪽과 오른쪽에 위치한 오브젝트를 각각 좌우로 나누고 단축키 [Ctrl]＋[G]를 눌러 그룹화합니다.

창문 그리기   문과 창문 그리기   오브젝트 좌우 나누고 [Ctrl]＋[G]

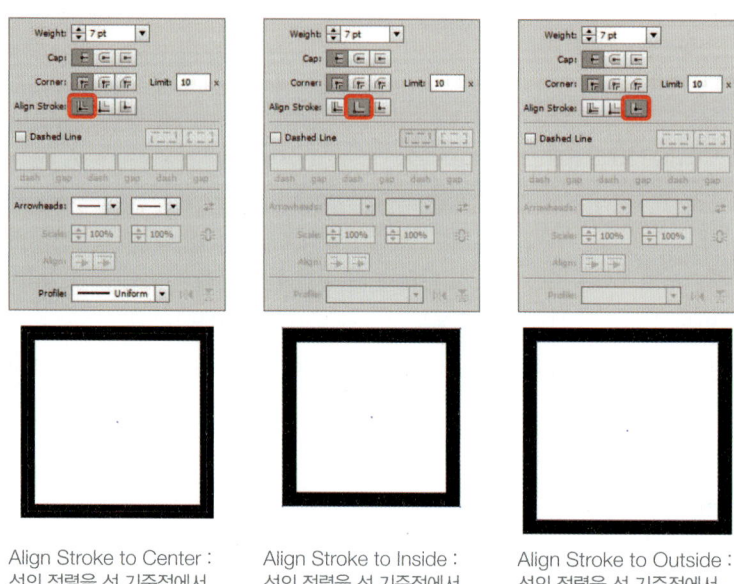
04. 단축키 Shift + Ctrl + I 또는 Shift + P 를 눌러 원근감 격자 툴 을 선택합니다.

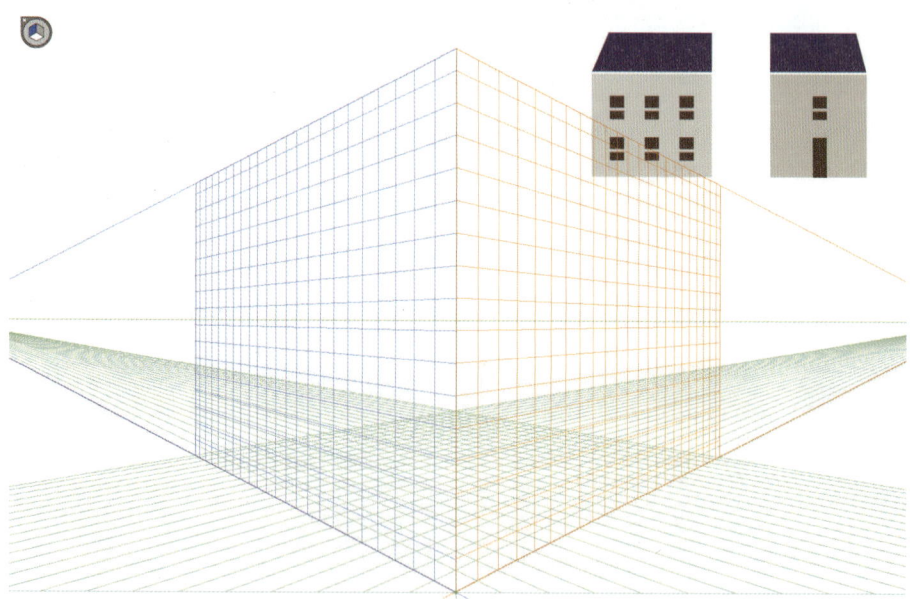

05. 원근감 격자 툴 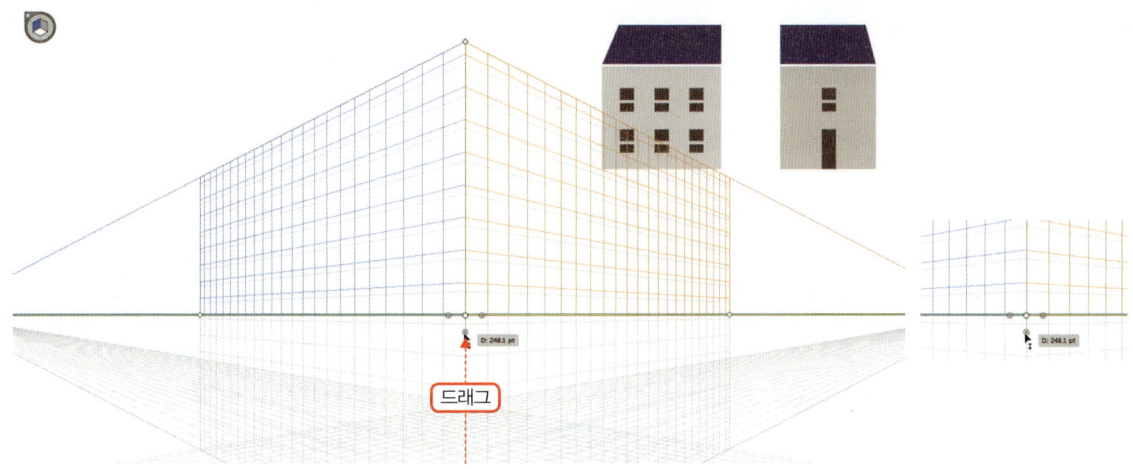의 아래쪽에 위치한 중심축을 위로 올려 바닥면이 평평한 모양이 되도록 수정합니다.

드래그

06. 단축키 Shift + V 를 눌러서 원근감 선택 툴 을 선택하고 위젯의 왼쪽 면을 선택하기 위해 단축키 1 을 누릅니다. 오브젝트의 왼쪽 건물을 선택한 후 클릭하고 드래그하여 격자쪽으로 이동합니다. 파란색 격자인 왼쪽 면에 맞춰 집의 단면을 드래그해 옮깁니다.

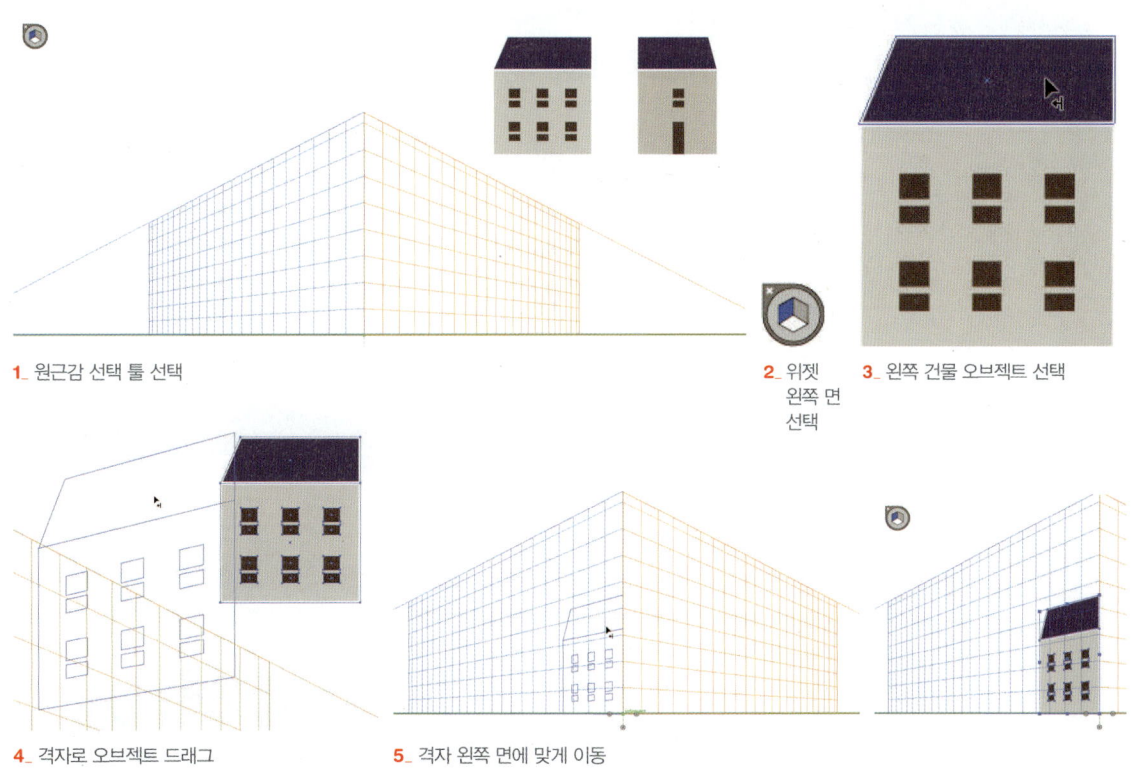

1 원근감 선택 툴 선택

2_ 위젯
왼쪽 면
선택

3_ 왼쪽 건물 오브젝트 선택

4_ 격자로 오브젝트 드래그

5_ 격자 왼쪽 면에 맞게 이동

07. 그대로 단축키 ③을 눌러 위젯의 오른쪽 면을 선택한 후 주황색 격자에 오른쪽 집 단면을 드래그해 옮깁니다. 원근감 격자를 이용해 입체적인 집 모양을 완성했습니다. 단축키 Ctrl + Alt + I 를 눌러 원근감 격자를 숨깁니다.

1_ 위젯 선택 후 오른쪽 건물 격자로 이동   2_ 입체 집 완성   3_ 격자 숨기기

08. 전체 오브젝트를 선택하고 단축키 Ctrl + G 를 눌러 그룹화합니다. 오브젝트 전체를 아래쪽으로 드래그하여 건물 모양을 조금 납작하게 수정합니다.

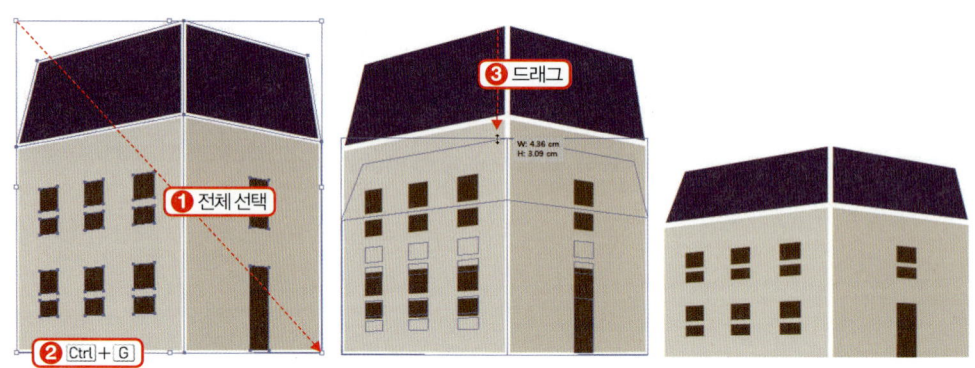

09. 단축키 W 를 눌러 선 툴 ✏을 선택한 후 건물 아래쪽에 가로로 긴 선을 그립니다. 건물 왼쪽 공간에 폰트 작업을 한 후 모두 그룹화하면 작업이 완료됩니다.

POLLIWE
SECIRITY

클라이언트가 없다면 스스로 클라이언트가 되자!

클라이언트는 디자이너의 결과물을 둘러본 후 디자이너의 능력을 판단합니다. 질과 양에 충실한 포트폴리오는 클라이언트에게 '이 디자이너는 경험 많은 프로다'라는 믿음을 줄 수 있습니다. 저도 포트폴리오를 준비하는 데 2년의 시간을 썼습니다. 한 우물을 파는 데 2년 정도면 그 분야에서 승부를 낼 수 있다고 생각한 것입니다.

사실 '포트폴리오를 만들자'라는 것보다 나 자신이 클라이언트가 되어 이것저것 과제를 내고, 그 과제에 맞게 일해보는 것을 목표로 삼았습니다. 나 홀로 진행하는 작업이지만 자신을 믿고 2년 동안 하루에 2~3개씩 포트폴리오를 작업하기 위해 최선을 다했습니다. 그러자 처음에는 정말 보잘 것 없었던 작업물들이 시간이 지나면서 달라지기 시작했습니다. 작업의 노하우도 생기고 질적으로도 향상된 결과물을 만들 수 있게 된 것입니다.

가끔 엄청난 양의 작업에 파묻혀 지칠 때면 어김없이 예전의 작업들을 찾아보며 힘을 얻기도 합니다. 풋풋했던 시절에 만든 작품들을 보고 있자면 어찌나 뿌듯한지 힘이 불끈불끈 솟습니다. 저도 처음에는 스스로 과제를 내면서 매우 힘들었습니다. '이게 혼자서 뭐하는 건가?' 하는 생각도 수없이 했습니다. 하지만 꾸준히 작업했고, '지금 이렇게 최선을 다한다면 2년 후에는 놀랍게 성장한 나의 모습을 만날 수 있다'는 희망과 확신이 생겼습니다. 다음은 제가 했던 초창기 작업물과 최근의 작업물을 비교해본 것입니다. 같은 형식의 작업도 꾸준히 하다 보면 공간 활용 능력이 향상이 되고, 나만의 디자인 스타일이 생깁니다.

초창기에 한 달력 작업

중반 이후 지금까지 한 달력 작업

만약 혼자서만 작업하는 것이 힘들다면 블로그나 동호회 등 다른 사람들과 결과물을 공유할 수 있는 공간을 만드는 것도 좋습니다. 제 블로그는 언니의 권유로 우연히 서류 심사에서 떨어진 포트폴리오 일러스트를 올리면서 시작되었습니다. 클라이언트 중에는 인터넷으로 검색하며 참신한 디자이너를 찾는 사람도 많습니다. 이런 클라이언트에게 선택받았을 때의 기쁨은 이루 말할 수 없습니다. 천천히 시간을 들여 공유해둔 결과물들이 빛을 발하는 것이지요. 그런 면에서 블로그 등은 도전해볼 만한 일입니다.

Section 04

월계수 잎 스타일의
브러시 등록하여 로고 만들기

브러시를 등록할 때 브러시 양 끝부분의 모양을 달리하여 등록하면 디자인 상황에 맞게 활용할 수 있어 작업 과정과 수정이 간편해집니다. 브러시를 만들어 활용하는 기능은 로고뿐만 아니라 일러스트 작업이나 픽토그램, 편집 디자인 등 디자인 전 분야에서 다양하게 사용됩니다. 예제와 함께 잎사귀를 만들고 브러시로 등록하는 방법 및 활용 방법에 대해서 알아보도록 하겠습니다.

✚ **결과 파일** 3장 \ 결과 파일 \ 3장_섹션4.ai

● **사용된 기능**

_ **기울어진 바운딩 박스 다시 설정하기** [Object]–[Transform]–[Reset Bounding Box] : 오브젝트 기울기를 수정하면서 기울어진 바운딩 박스를 오브젝트 모양에 맞게 다시 설정합니다. 바운딩 박스를 이용하여 사이즈를 수정할 때 편리합니다.

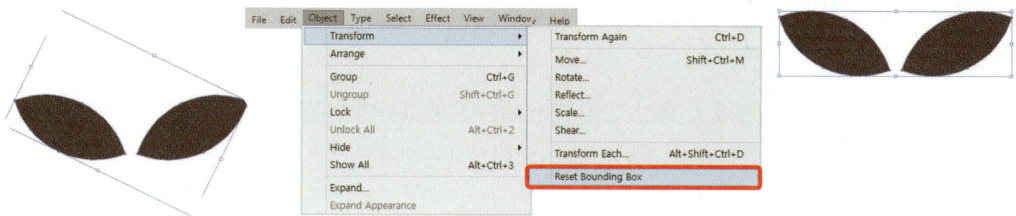

_ **Transform Effect** [Distort&Transform]–[Transform] : 이펙트를 이용하여 오브젝트를 위아래로 복사할 때 편리합니다. 수정할 때는 [Appearance] 패널에서 이펙트를 더블클릭하여 옵션 창에서 조절하면 됩니다.

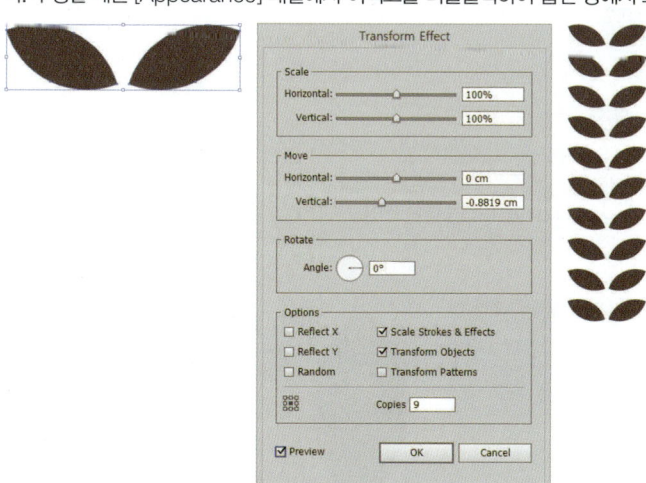

_ **Clipping Mask** Ctrl+7 : 오브젝트를 원하는 모양 안에 넣는 기능으로, 첫 번째 그림처럼 각 줄의 잎사귀 모양을 위에 올려진 빨간색 사각형에 넣는 기능입니다. 오브젝트와 원하는 모양을 선택하고 단축키 Ctrl+7을 누르면 두 번째 그림처럼 원하는 모양에만 오브젝트가 나타납니다.

마스크 적용하기   마스크 적용

_ **등록한 브러시 수정하기** : [Brushes] 패널에서 해당 브러시를 더블클릭합니다. 또는 [Brushes] 패널 하단의 [Options of Selected Object]를 클릭합니다. 옵션 창이 나타나면 브러시 모양을 반대로 뒤집는 [Flip Along]을 선택하거나 브러시 크기를 조절하는 [Scale]의 바를 좌우로 드래그해 원하는 사이즈로 수정한 후 [OK]를 클릭합니다.

🌸 월계수 잎 스타일의 브러시 만들기

처음 브러시를 만들 때는 오브젝트 크기를 어떻게 정해야 할지 고민이 될 수 있습니다. 하지만 어떻게 디자인하느냐에 따라 브러시의 크기도 달라지므로 우선 브러시를 만드는 데 집중합니다. 브러시를 적용했을 때 오브젝트 모양이 생각보다 너무 크거나 작아 보인다면 [Brushes] 패널에서 해당 브러시를 더블클릭한 후 옵션 창에서 [Scale] 바를 좌우로 움직여서 사이즈를 조절할 수 있습니다.

01. 단축키 □을 눌러 원 툴 ◎을 선택한 후 Shift + Alt + 드래그하여 원을 하나 만듭니다. 단축키 ▽를 눌러 선택 툴을 선택한 후 만든 원을 선택하고 Shift + Alt + 드래그하여 오른쪽으로 복사합니다.

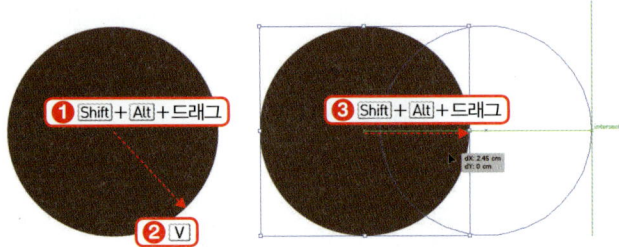

02. 두 원을 모두 선택한 후 [Pathfinder] 패널에서 [Intersect]를 클릭합니다. 원의 중복된 곳만 남아 잎사귀 형태가 만들어집니다.

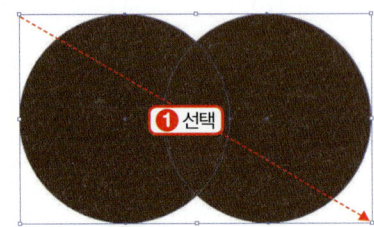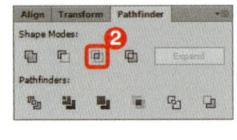

03. 잎사귀 모양을 선택한 후 단축키 Ctrl + U를 눌러 스마트 가이드 상태를 만듭니다. 단축키 R을 눌러 회전 툴 ↻을 선택합니다. 마우스 커서를 잎사귀 오브젝트 아래로 이동한 후 클릭하여 왼쪽으로 드래그합니다. 잎사귀 모양을 비스듬히 기울입니다.

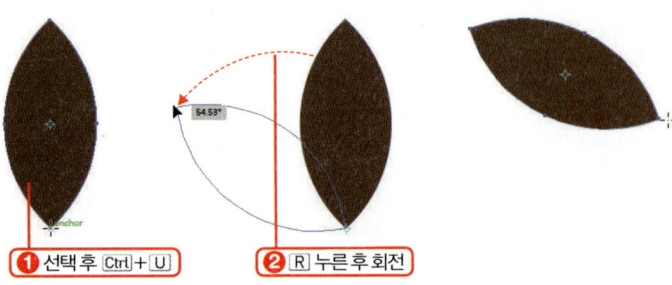

04. 그대로 단축키 ☐를 눌러 반전 툴 ☐을 선택한 후 잎사귀 오른쪽 아래에 마우스 커서를 위치하고 Alt + 클릭합니다. [Reflect] 옵션 창이 나타나면 [Vertical]을 선택하고 [Copy]를 클릭해 반전 복사합니다.

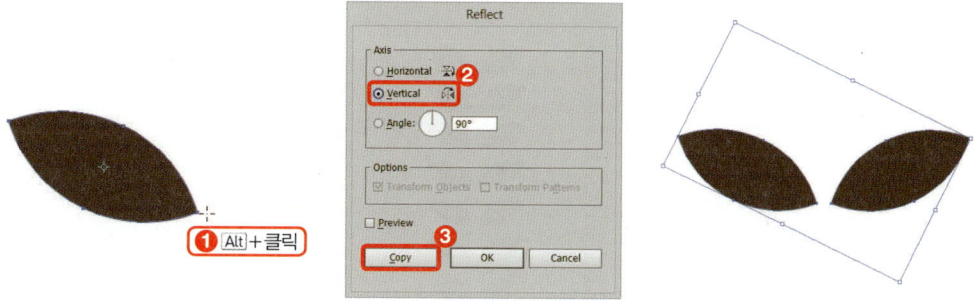

05. 단축키 ☑를 눌러 선택 툴을 선택하고 두 개의 오브젝트를 모두 선택합니다. 오브젝트가 회전된 상태로 바운딩 박스가 같이 기울어져 있습니다. 추후에 크기 조절 등 수정 작업이 편리하도록 [Object]-[Transform]-[Reset Bounding Box]를 클릭합니다. 기울어진 바운딩 박스가 정리됩니다.

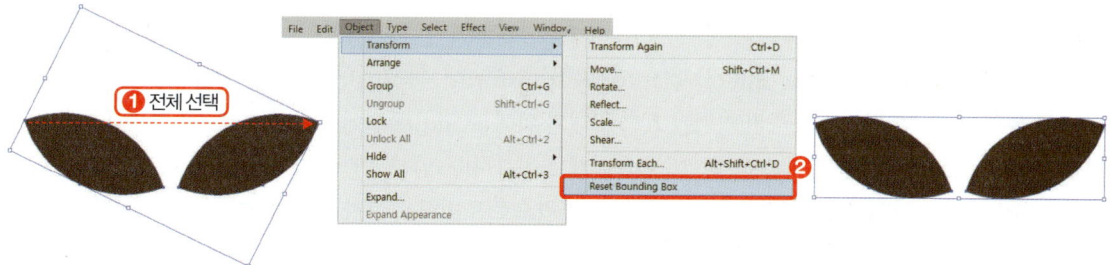

06. 잎사귀를 모두 선택한 후 [Appearance] 패널에서 [Add New Effect]-[Distort & Transform]-[Transform]을 클릭합니다. [Transform Effect] 옵션 창이 나타나면 [Move]에서 수직 방향의 조절 옵션인 [Vertical]과 오브젝트의 복사 개수를 설정하는 옵션인 [Copies]에 값을 입력하고 [OK]를 클릭합니다. 자신이 만든 잎사귀에 이 옵션 값을 적용했을 때 모양이 원하는 대로 나오지 않는다면 [Preview]에 체크 표시한 후 [Move]의 [Vertical] 바를 좌우로 움직이며 직접 간격을 조절할 수 있습니다.

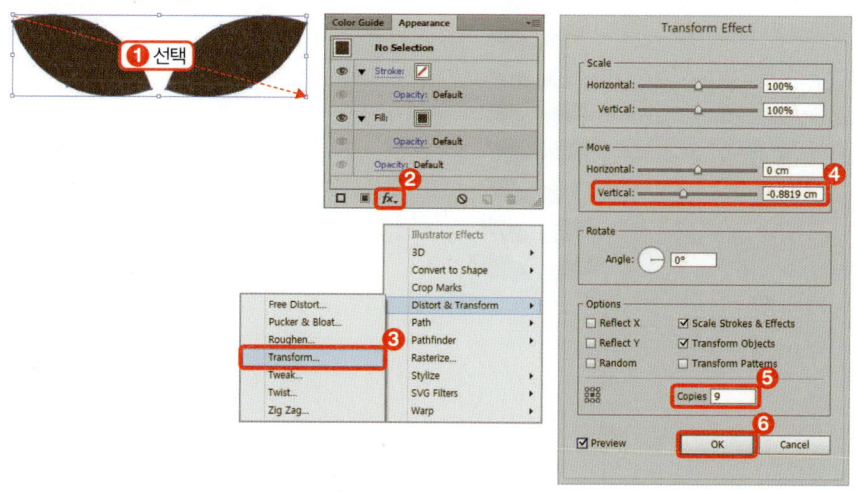

07. [Transform] 이펙트가 적용된 오브젝트를 아웃라인으로 살펴보면 두 개의 잎사귀만 확인할 수 있습니다. 이펙트 적용 상태인 오브젝트를 보이는 모양 그대로 전부 오브젝트로 만들려면 [Object]−[Expand Appearance]를 선택합니다. 그림처럼 모든 잎사귀가 오브젝트화되었습니다.

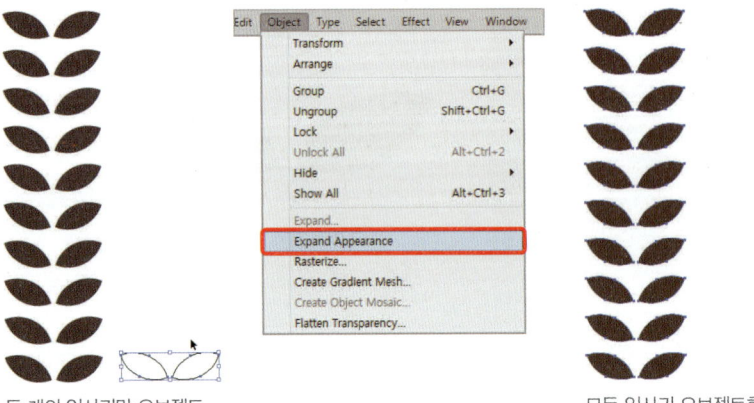

두 개의 잎사귀만 오브젝트   모든 잎사귀 오브젝트화

08. 단축키 A 를 눌러 직접 선택 툴 ↳ 을 선택한 후 가장 아랫줄의 잎사귀 오브젝트를 선택하고 [Appearance] 패널에서 다시 한 번 [Add New Effect]−[Distort&Transform]−[Transform]을 클릭합니다. [Transform Effect] 옵션 창에서 잎사귀가 조금씩 커지는 효과를 내기 위해 [Scale] 옵션에서 가로 사이즈인 [Horizontal]과 세로 사이즈인 [Vertical] 값을 바를 움직이며 어울리게 조절합니다. 잎사귀 간격이 될 [Move] 옵션에서 세로 간격인 [Vertical] 값은 바를 좌우로 움직이며 어울리는 간격으로 조절하고 복사 개수인 [Copies]에는 2를 입력하고 [OK]를 클릭합니다.

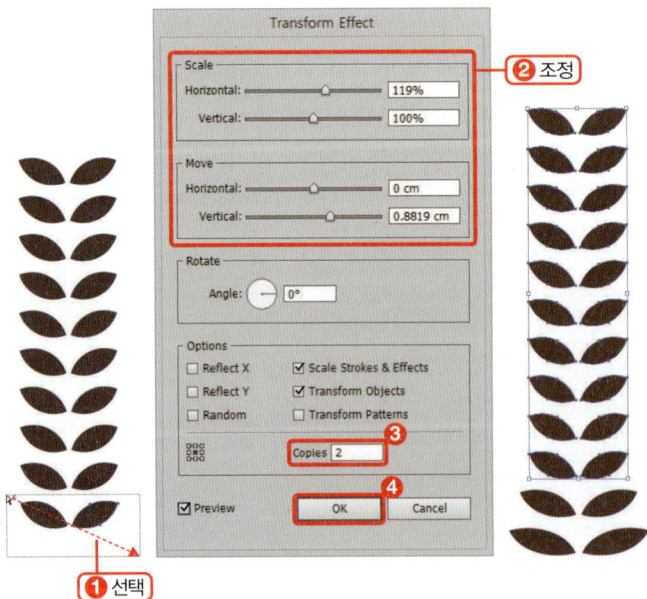

09. 단축키 A를 눌러 직접 선택 툴을 선택한 후 잎사귀 중 한 개의 잎사귀만 선택합니다. 단축키 Ctrl + C를 눌러 복사한 후 단축키 Ctrl + V를 눌러 붙여 넣습니다. 단축키 V를 눌러 선택 툴을 선택한 후 바운딩 박스에서 Shift + 드래그하여 회전한 후 세로 방향으로 세워줍니다. 그림처럼 잎사귀가 세로로 위치하게 만듭니다.

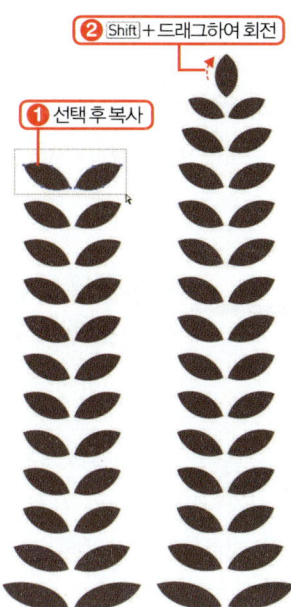

① 선택 후 복사
② Shift + 드래그하여 회전

10. 단축키 W를 눌러 선 툴을 선택한 후 오브젝트 아래에 잎의 줄기가 될 직선을 그립니다. [Stroke] 패널을 클릭하여 선 두께를 수정하고 [Profile]을 그림과 같이 설정합니다.

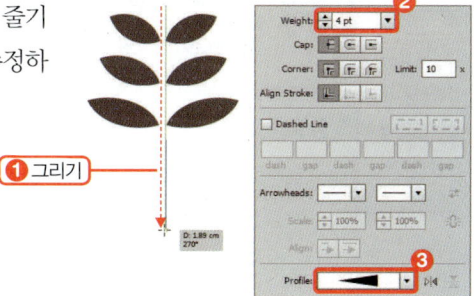

① 그리기

11. 단축키 Shift + W를 눌러 폭 툴 을 선택한 후 줄기 아래쪽을 두껍게 수정합니다. 오브젝트 전체를 선택한 후 이펙트가 적용된 오브젝트 및 선에 [Expand Appearance]를 적용합니다. 모든 오브젝트를 선택한 후 [Align] 패널에서 중앙 정렬 합니다.

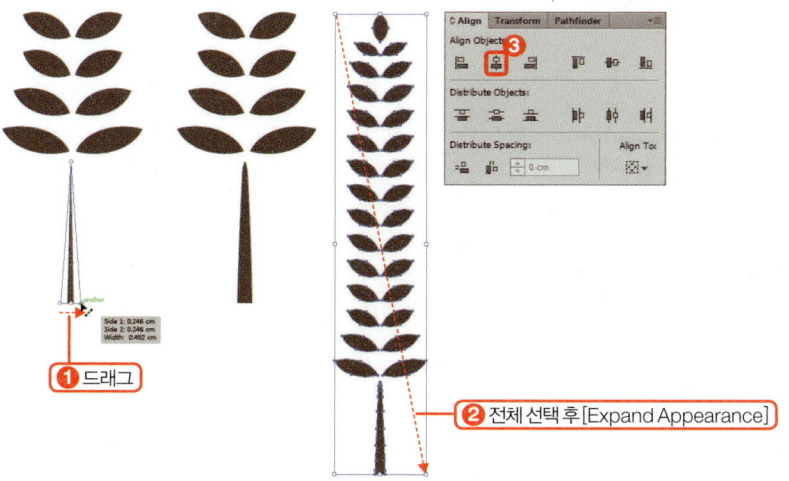

① 드래그
② 전체 선택 후 [Expand Appearance]

12. 잎사귀를 가로로 눕히고 브러시를 만들어보겠습니다. 그림 속의 빨간색 선을 기준으로 3개의 오브젝트를 만듭니다. 가운데 부분은 반복되는 패턴으로, 양끝으로 브러시의 시작과 끝이 연결되어 있어 패턴이 반복되어도 모양이 끊어지지 않고 그대로 이어져야 합니다. 따라서 그림과 같이 빨간색 선의 위치를 잘 고려해 브러시를 만듭니다.

13. 단축키 M을 눌러 사각형 툴을 선택한 후 빨간색 선들을 기준으로 그림과 같이 시작과 끝 위치에 주의하면서 사각형을 그립니다. 우선 패턴이 반복될 가운데 부분에서 잎사귀 끝부분 포인트를 잘 보며 사각형을 그립니다. 좀더 편하게 작업하기 위해 같은 전체 오브젝트 3개를 복사하여 브러시의 머리, 가운데, 꼬리를 만드는 데 활용하겠습니다.

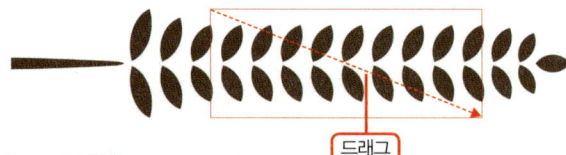

드래그

Tip Ai 활용 업그레이드

이처럼 중간에 패턴이 들어가는 브러시 작업을 할 때는 단축키 Ctrl+U를 눌러 스마트 가이드를 선택한 후 브러시의 앞과 끝, 중간에 패턴이 반복될 영역을 정확히 나누는 것이 중요합니다. 패턴이 될 영역을 생각하며 앞, 뒤, 중간 영역을 하나하나 정하지 않고 한꺼번에 3개로 복사하면 나누기 편하고 정확한 치수로 작업할 수 있습니다. 그린 잎사귀와 도형을 모두 선택하여 복사합니다.

1_ 빨간색 사각형 영역만큼 패턴이 될 브러시 부분

2_ 수정하여 브러시의 꼬리가 될 부분

3_ 수정하여 브러시의 앞머리가 될 부분

14. 브러시의 꼬리 부분을 만들어보겠습니다. 빨간색 사각형을 선택하고 왼쪽에서 줄기 끝부분까지 드래그합니다.

15. 브러시의 앞머리를 만들어보겠습니다. 그림처럼 오른쪽 잎사귀 끝까지 드래그합니다.

16. 나뭇잎 위에 있는 3개 사각형에는 선 색이 지정되어 있습니다. 단축키 V 를 눌러 선택 툴을 선택한 후 3개의 사각형을 모두 선택하고 단축키 Shift + X 를 눌러 선 색을 면 색으로 바꿔 지정합니다.

면색으로 변경

17. 단축키 V 를 눌러 선택 툴을 선택한 후 맨 윗줄에 있는 잎사귀와 빨간색 사각형을 드래그하여 선택합니다. 단축키 Ctrl + 7 을 눌러 Clipping Mask를 적용합니다. 나머지 머리와 꼬리에 해당하는 나뭇잎과 사각형도 각각 선택한 후 단축키 Ctrl + 7 을 눌러 Clipping Mask를 적용합니다. 단축키 V 를 눌러 선택 툴을 선택한 후 반복되는 패턴이 될 오브젝트를 선택합니다. [Pathfinder] 패널에서 [Merge]를 클릭하여 Clipping Mask가 적용된 오브젝트를 보이는 모양 그대로 오브젝트화합니다. 나머지 오브젝트도 같은 방법으로 오브젝트화합니다.

❶ 각 오브젝트 선택한 후 Ctrl + 7

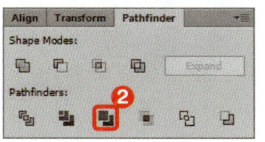

18. 그림과 같이 브러시로 등록할 오브젝트가 준비되었습니다. 만들어진 오브젝트에서 왼쪽은 브러시가 끝나는 부분, 가운데는 반복적인 패턴 브러시가 될 부분, 오른쪽은 브러시가 시작되는 부분입니다.

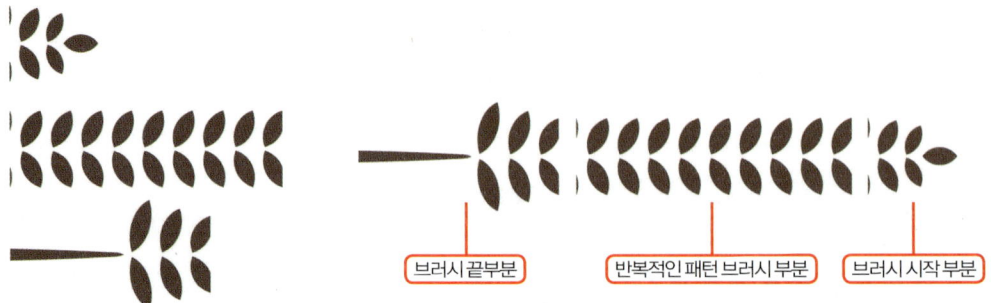

브러시 끝부분　　반복적인 패턴 브러시 부분　　브러시 시작 부분

브러시로 등록할 오브젝트

19. 양쪽 끝이 될 오브젝트를 [Swatches] 패널로 드래그합니다.

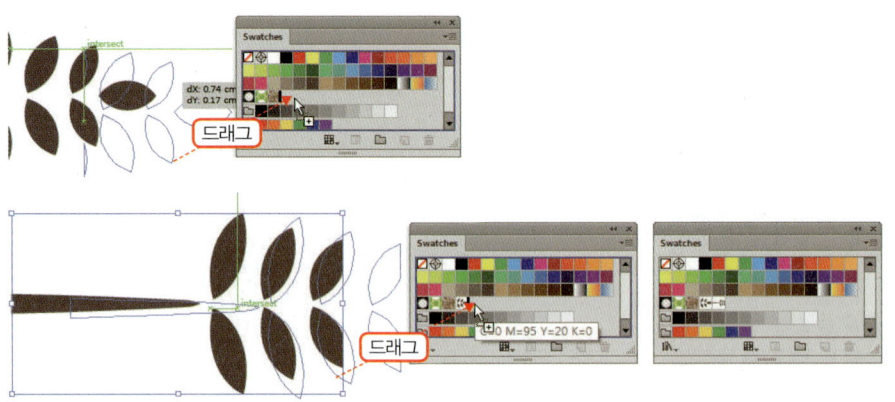

20. 가운데 반복되는 패턴이 될 오브젝트는 [Brushes] 패널로 드래그합니다. 브러시를 등록할 수 있는 [New Brush] 옵션 창이 나타나면 [Pattern Brush]를 선택하고 [OK]를 클릭합니다.

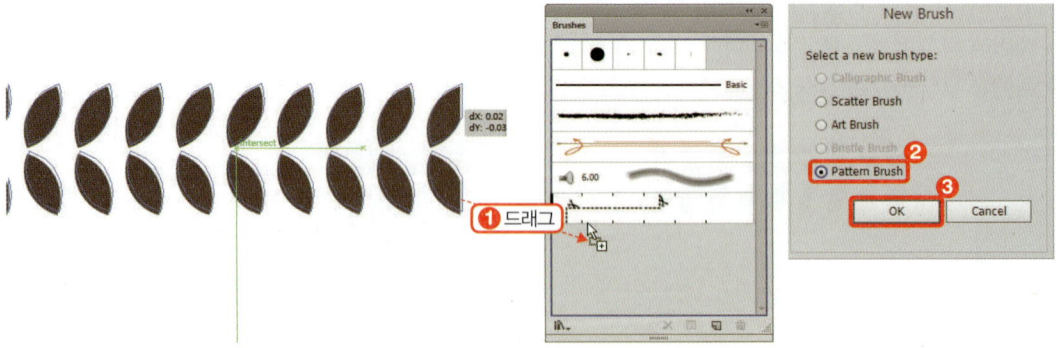

21. [Pattern Brush Options] 창이 나타나면 브러시의 시작과 끝부분인 [Start Tile]과 [End Tile]을 미리 등록해둔 [New Pattern Swatch 1]과 [New Pattern Swatch 2]로 각각 설정합니다. [OK]를 클릭하여 브러시 등록을 마무리합니다. [Brushes] 패널에 월계수 잎 모양 브러시가 등록된 것을 확인할 수 있습니다.

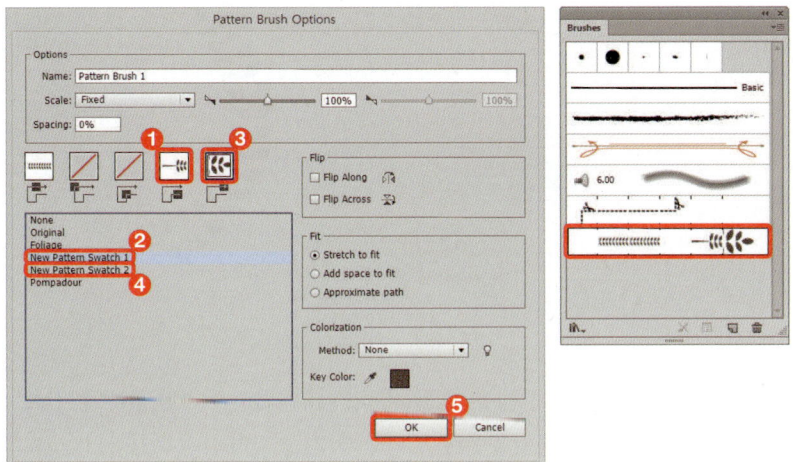

◉ 새로 만든 패턴 브러시를 적용해 로고 만들기

01. 단축키 [L]을 눌러 원 툴 ◯ 을 선택한 후 [Shift] + [Alt] + 드래그하여 원을 그립니다. 단축키 [A]를 눌러 직접 선택 툴을 선택한 후 원의 오른쪽 포인트를 클릭하고 [Delete]를 눌러 오른쪽 원을 지웁니다.

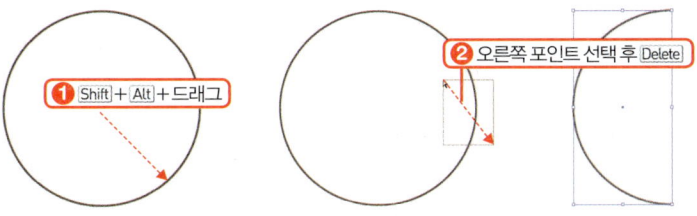

02. 그림과 같이 반원의 끝부분을 살짝 길게 늘어지도록 단축키 [Shift] + [C]를 눌러 기준점 변환 툴(Convert Anchor point tool)을 선택한 후 끝부분 포인트를 클릭한 후 드래그하여 약간 휘게 만듭니다. 단축키 [A]를 눌러 직접 선택 툴을 선택한 후 끝부분을 살짝 아래쪽으로 내려 수정합니다. 수정한 선을 클릭하고 [Brushes] 패널에서 등록한 브러시를 적용하면 그림과 같이 브러시 모양이 반대로 적용됩니다. 이때 브러시 모양이 반대로 적용되지 않고 바르게 적용되면 **04**로 넘어갑니다.

03. 브러시 모양이 반대로 적용되는 경우 [Brushes] 패널 하단의 [Options of Selected Object]를 클릭합니다. [Stroke Options (Pattern Brush)] 옵션 창이 나타나면 브러시의 모양을 반대로 뒤집는 [Flip Along]을 선택합니다. 브러시 크기를 조절하는 [Scale] 바를 좌우로 드래그해 원하는 크기로 수정한 후 [OK]를 클릭합니다.

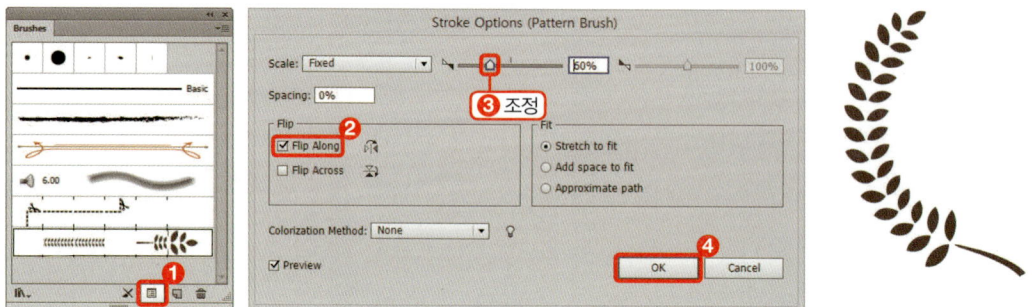

04. 브러시가 적용된 선을 선택한 후 단축키 O 를 눌러 반전 툴 을 선택합니다. 기준점이 될 부분에 마우스 커서를 위치시키고 Alt + 클릭합니다. 옵션 창에서 단축키 V 를 누른 후 단축키 C 를 눌러 반전 복사합니다.

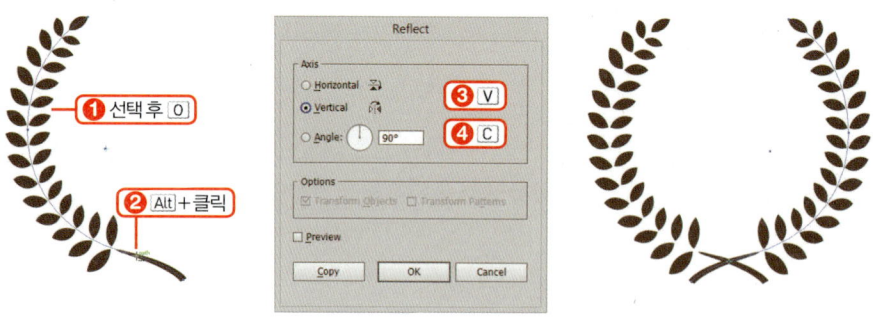

05. 오브젝트를 모두 선택하고 [Object]-[Expand Appearance]를 클릭합니다. 가운데 브랜드 이름을 쓰고 작업을 완성합니다.

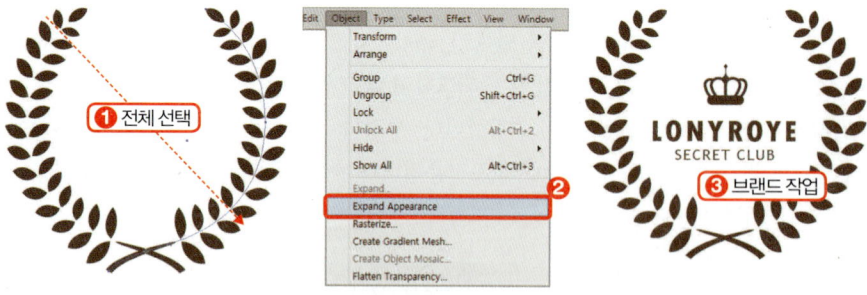

지금까지 작업한 과정으로 다른 스타일의 브러시를 만들어봅니다. 여러 가지 스타일의 브러시를 등록해두면 필요할 때마다 간편하게 적용할 수 있습니다. 브러시 기능은 아이덴티티 분야뿐 아니라 전 디자인 영역에서 유용하게 사용할 수 있는 기능입니다.

Section 05

꽃 모양을 활용하여 씰링 왁스 스타일 로고 만들기

꽃 모양 로고는 여러 방법으로 작업할 수 있는데, 이번 장에서는 불필요한 툴의 사용을 줄이면서 효율적으로 씰링 왁스 스타일의 로고를 만들어보겠습니다. 각 과정을 여러모로 활용하면 색다른 느낌으로 원하는 모양을 표현할 수 있을 뿐 아니라 이펙트 내에서 간편히 수정하는 방법 및 사용한 이펙트의 활용 능력까지 기를 수 있습니다.

✚ **결과 파일** 3장 \ 결과 파일 \ 3장_섹션5.ai

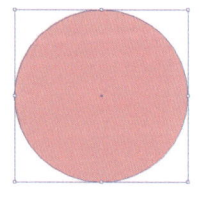 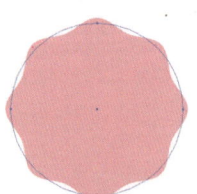 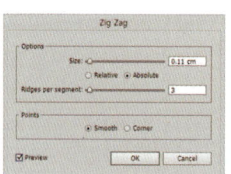  

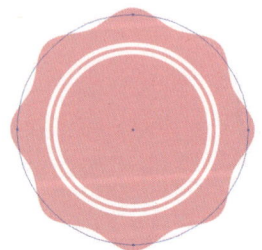   

● 사용된 단축키

• 별 툴 : 키보드의 ↑, ↓를 이용해 꼭짓점의 개수를 조절할 수 있습니다.

● 사용된 기능

_ Zig Zag [Add New Effect]-[Distort&Transform]-[Zig Zag] : 완만한 곡선의 오브젝트나 선을 지그재그 모양으로 손쉽게 작업할 수 있습니다.

 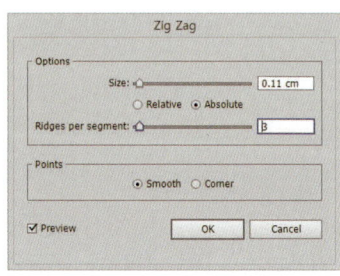 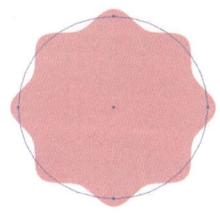

_ Round Corners [Add New Effect]-[Stylize]-[Round Corners] : 옵션 값을 입력하여 뾰족한 모서리를 부드럽게 라운딩할 수 있습니다.

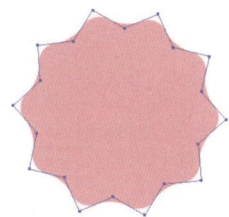 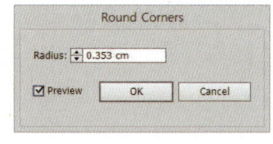 

_ Drop Shadow [Add New Effect]-[Stylize]-[Drop Shadow] : 디자인 작업물에 맞게 옵션을 조절할 때는 투명도 인 [Opacity], 그림자의 크기를 조절할 수 있는 [Blur]에 값을 입력하고 조절하여 그림자 효과를 낼 수 있습니다.

🌸 다양한 방법으로 꽃 모양 만들기

부드러운 느낌이 나는 꽃 모양 오브젝트는 이펙트를 활용하거나 별 툴, 원 툴을 이용해 작업할 수 있습니다. 이 기능은 로고 외 모든 디자인 분야에서 활용할 수 있는데, 꽃 모양으로 변형하여 일러스트에 넣거나 패턴을 만들 수도 있습니다. 다양한 방법으로 꽃 모양을 만들어보겠습니다.

이펙트를 이용하여 부드러운 느낌의 꽃 모양 만들기

01. 단축키 [L]을 눌러 원 툴 🔘 을 선택한 후 [Shift] + [Alt] + 드래그하여 원을 그립니다.

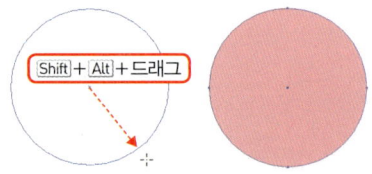

02. [Appearance] 패널에서 [Add New Effect]−[Distort&Transform]−[Zig Zag]를 클릭합니다.

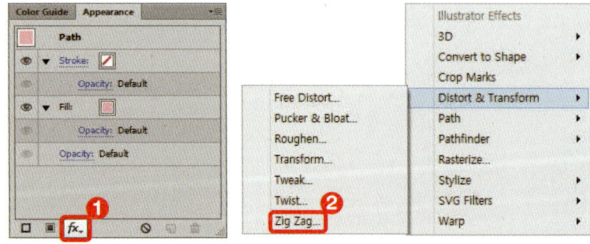

03. [Zig Zag] 옵션 창이 나타나면 [Size]의 바를 이용해 볼록하게 튀어나오는 꼭짓점의 크기를 조절하고, [Ridges per segment]의 바를 이용해 꼭짓점의 개수를 조절합니다. [Points]에서 [Smooth]를 선택하여 꼭짓점을 부드러운 모양으로 바꾼 후 [OK]를 클릭합니다.

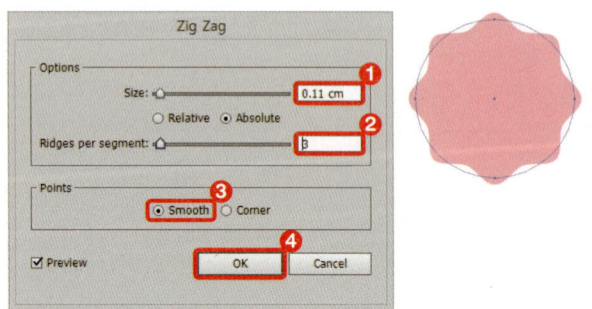

두 옵션의 차이점은 [Preview]에서 쉽게 확인할 수 있습니다. [Ridges per segment] 값을 크게 하여 지그재그 개수를 늘리면 상장 마크나 별 모양의 스티커 도안 등을 간단하게 작업할 수 있습니다. 각의 개수와 포인트의 모양을 조절하여 작업 스타일에 맞게 다양하게 활용해봅니다.

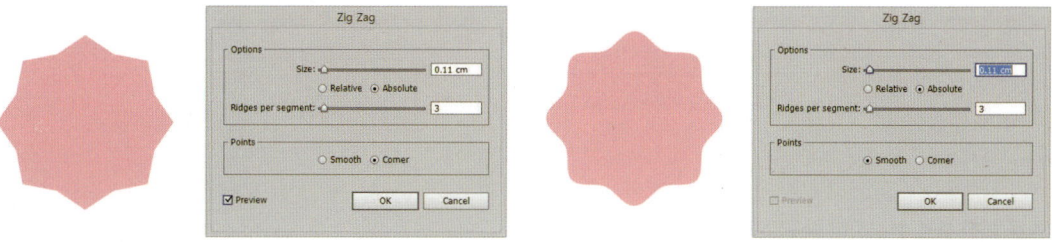

04. 원 모양에 이펙트가 적용되어 부드러운 꽃 모양으로 수정된 것을 확인할 수 있습니다. [Zig Zag] 옵션 창에서 옵션을 조정하여 여러 가지 스타일에 맞게 작업해봅니다.

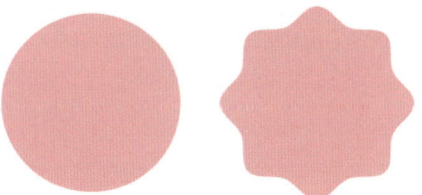

별 툴을 이용하여 부드러운 꽃 모양 만들기

01. 별 툴 ☆(Star Tool)을 선택한 후 드래그하면서 키보드의 ↑, ↓를 이용해 꼭짓점의 개수를 조절합니다. 그 상태에서 바로 Ctrl 을 누르며 드래그하면 꼭짓점의 각도를 부드럽게 하거나 좀더 뾰족한 모양으로 수정할 수 있습니다.

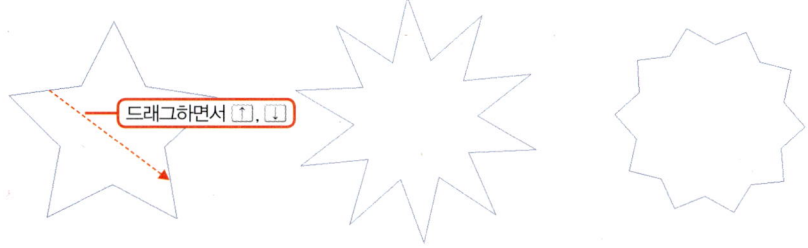

드래그하면서 ↑, ↓

02. 단축키 V 를 눌러 선택 툴 ▶ 을 선택한 후 앞서 그린 오브젝트를 선택합니다. [Appearance] 패널에서 [Add New Effect]−[Stylize]−[Round Corners]를 클릭합니다.

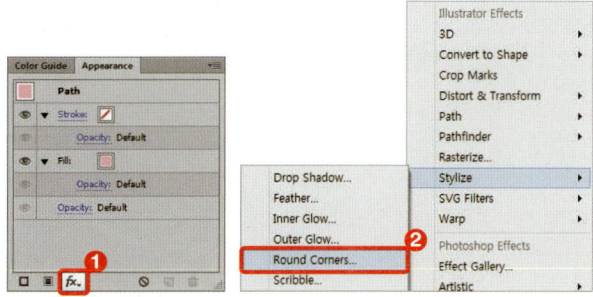

03. [Round Corners] 옵션 창이 나타나면 [Radius]를 조절하여 꼭짓점을 부드러운 모양으로 수정합니다. 뾰족했던 꼭짓점이 부드러운 곡선으로 처리되었습니다.

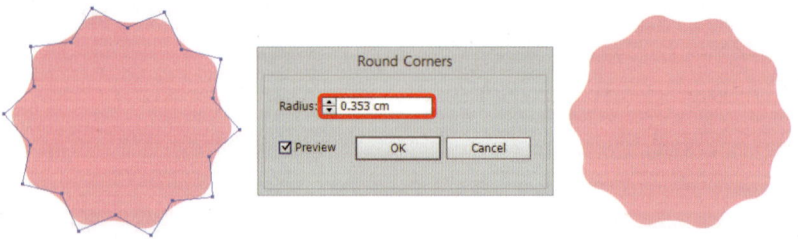

원을 회전 툴로 연결하여 방긋방긋한 꽃 모양 만들기

01. 단축키 [L]을 눌러 원 툴을 선택한 후 [Shift]+[Alt]+드래그하며 원을 그립니다.

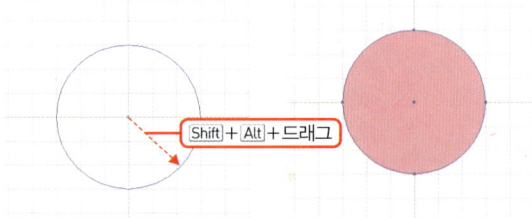

> **Tip** Ai 활용 ^업그레이드
>
> 손쉽고 빠른 작업을 위해 단축키 [Ctrl]+[']를 눌러 그리드를 보이게 합니다. 단축키 [Shift]+[Ctrl]+[']를 눌러 [Snap to Grid] 모드를 설정합니다. [Snap to Grid] 모드는 그리드가 교차하는 부분에 포인트가 그려지게 하는 기능으로, 크기나 비율 등의 세심한 작업이 필요할 때 자주 사용됩니다.

02. 단축키 [R]을 눌러 회전 툴 🔄 을 선택한 후 그림처럼 원 아래쪽에 마우스 커서를 위치합니다. [Alt]+클릭한 후 [Rotate] 옵션 창을 불러옵니다. 원을 둥글게 이어 붙여 꽃 모양을 만들 예정이므로, 꽃잎의 수를 '360°÷꽃잎 개수'로 계산하여 [Angle]에 입력합니다. 여기에서는 10개의 볼록한 꽃잎을 만들 예정이므로 36을 입력하고 [Copy]를 클릭합니다.

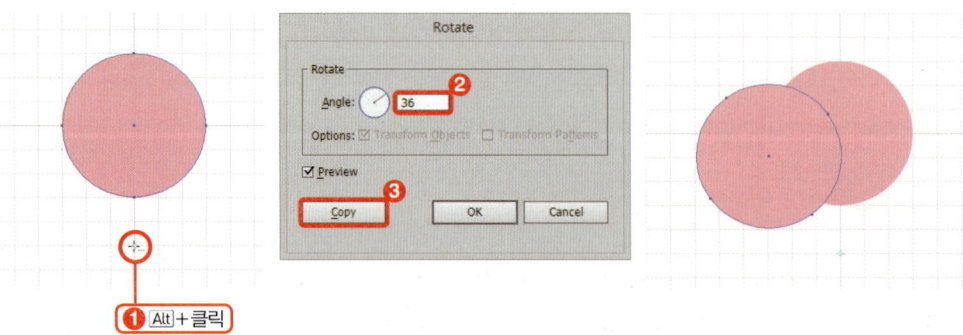

03. 바로 단축키 Ctrl + D 를 눌러 같은 각도로 원을 여러 개 복사합니다.

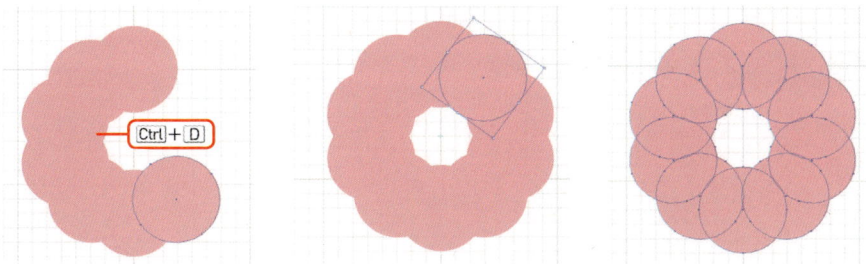

04. 단축키 V 를 눌러 선택 툴을 선택합니다. 전체 원을 선택한 후 [Pathfinder] 패널의 [Shape Modes]에서 [Unite]를 클릭합니다.

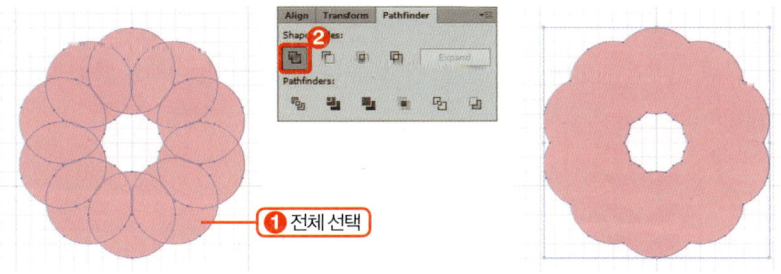

05. 선택 툴 상태에서 뚫려 있는 안쪽의 포인트 일부분을 Ctrl + 클릭하여 선택합니다. Delete 를 두 번 눌러 포인트를 삭제하고 막혀 있는 꽃잎 모양을 만듭니다.

원에 [Pucker&Bloat] 이펙트를 적용하여 방긋방긋한 꽃 모양 만들기

01. 단축키 L 을 눌러 원 툴을 선택한 후 Shift + Alt + 드래그해 원을 그립니다.

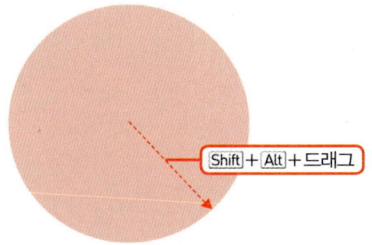

02. 원에 있는 포인트의 개수만큼 이펙트가 적용됩니다. 봉긋한 모양을 많이 적용하려면 [Object]-[Path]-[Add Anchor Points]를 두 번 적용하여 포인트를 같은 간격으로 추가합니다.

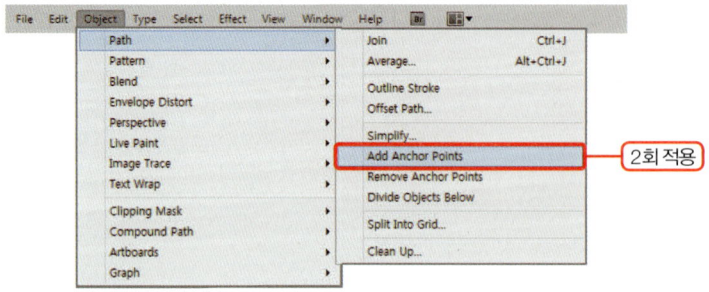

03. [Appearance] 패널에서 [Add New Effect]-[Distort&Transform]-[Pucker&Bloat]를 클릭하여 [Pucker&Bloat] 옵션 창을 불러옵니다. [Preview]에 체크 표시한 후 바를 [Bloat] 방향으로 움직이며 볼록하게 나오는 모양을 조절하고 [OK]를 클릭합니다. 간단히 꽃 모양 오브젝트를 만들었습니다. 이펙트 기능으로 오브젝트를 만든 후에는 [Expand Appearance]를 적용해 하나의 오브젝트로 만들고 마무리합니다.

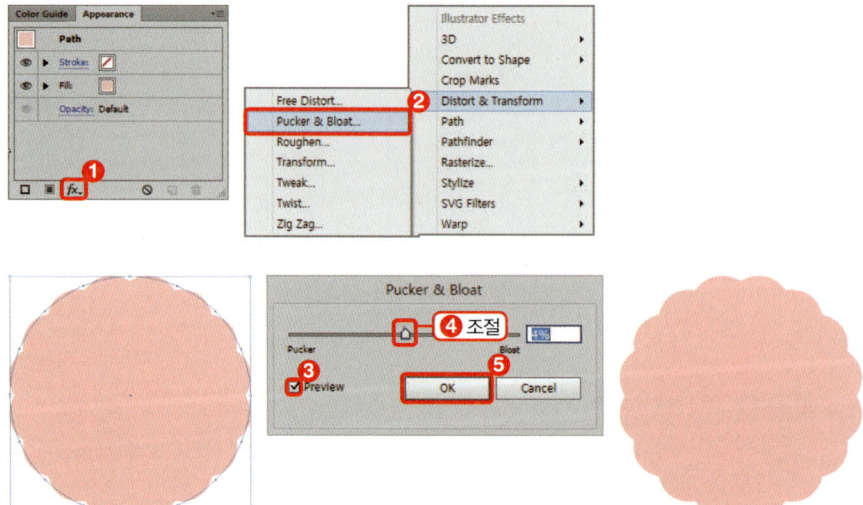

🌸 부드러운 꽃 모양 만들기를 활용하여 씰링 왁스 스타일의 로고 만들기

01. 단축키 [L]을 눌러 원 툴을 선택한 후 바탕화면을 클릭합니다. [Ellipse] 옵션 창이 나오면 [Width]와 [Height]에 각각 3.81cm를 입력해 [OK]를 클릭하고 원을 만듭니다.

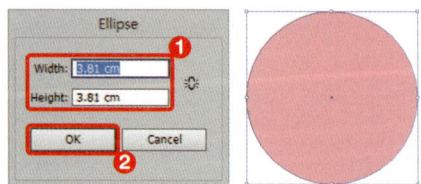

02. [Appearance] 패널에서 [Add New Effect]-[Distort&Transform]-[Zig Zag]를 클릭합니다. [Zig Zag] 옵션 창에서 그림과 같이 옵션을 조절하고 [OK]를 클릭합니다.

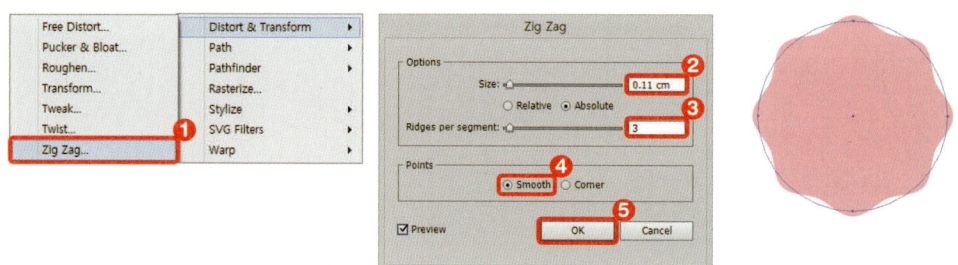

03. 이펙트 적용 정보가 [Appearance] 패널 내 [Fill]에 들어 있는 것을 확인합니다. 만약 이펙트가 [Fill] 안에 들어 있지 않다면 해당 이펙트를 클릭하여 드래그해서 [Fill]로 옮깁니다. [Appearance] 패널은 레이어의 구성과 사용 방법이 비슷합니다. 이펙트를 [Fill] 안으로 넣을 수 있고, [Fill]과 [Stroke]의 순서를 드래그하여 변경할 수도 있습니다.

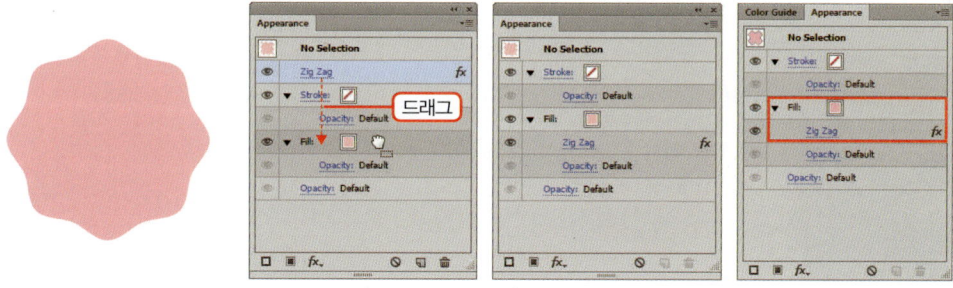

> **Tip** **작업 효율 업그레이드**
>
> 이펙트를 적용할 때는 [Appearance] 패널 안의 선과 면의 순서가 가장 중요합니다. 오브젝트에 효과를 줄 때는 해당 오브젝트에 면 또는 선을 [Appearance] 패널에서 먼저 선택한 후 효과를 적용합니다. [Appearance] 패널 안에서 이펙트나 선, 면의 순서가 [Layers] 패널 내의 순서와 같다고 이해하면 좀더 쉽습니다.

04. 오브젝트를 선택하고 [Appearance] 패널의 빈 부분을 클릭하여 면 선택을 해제합니다. [Add New Stroke]를 눌러 선을 추가합니다.

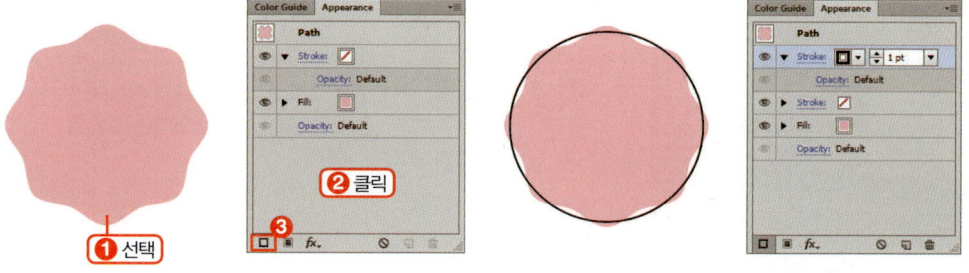

> **Tip** **Ai 활용 업그레이드**
>
> 이펙트가 적용된 [Fill]이나 [Stroke]를 선택한 상태에서 선이나 면을 추가하면 이펙트 상태로 선, 면이 추가됩니다. 선택을 해제하고 선이나 면을 추가하면 이펙트 적용 전인 원래 모양대로 선, 면이 추가됩니다.

05. [Appearance] 패널에서 추가한 [Stroke]를 선택한 후 원을 입력한 치수만큼 축소 또는 확대해주는 [Add New Effect]-[Path]-[Offset Path]를 선택합니다. [Offset Path] 옵션 창에서 그림과 같이 옵션을 지정한 후 [OK]를 클릭합니다.

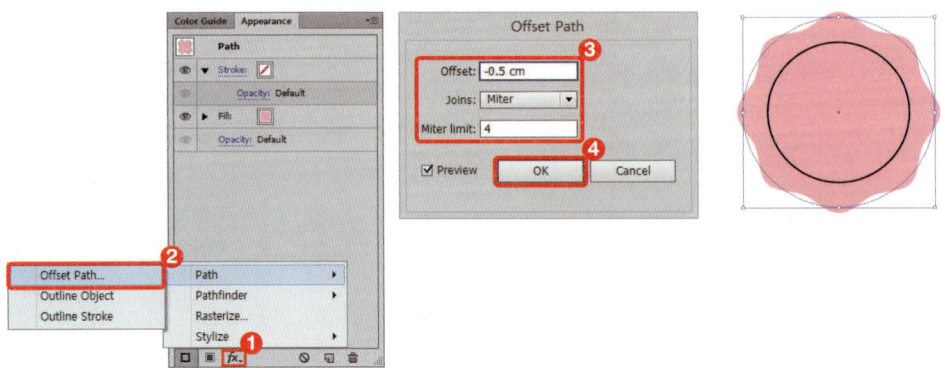

06. [Appearance] 패널에서 추가한 선을 흰색으로 변경합니다.

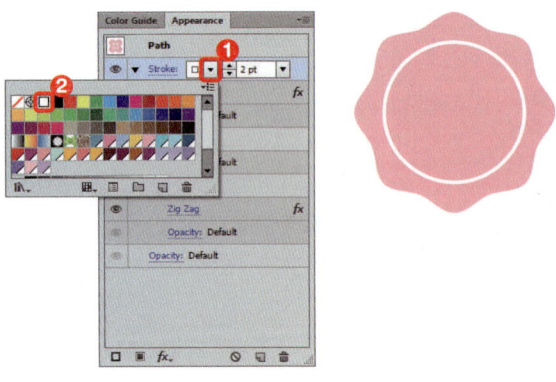

07. [Appearance] 패널에서 [Add New Stroke]를 클릭해 선을 추가합니다. [Add New Effect]-[Path]-[Offset Path]를 클릭한 후 그림과 같이 옵션을 지정합니다. [OK]를 클릭합니다.

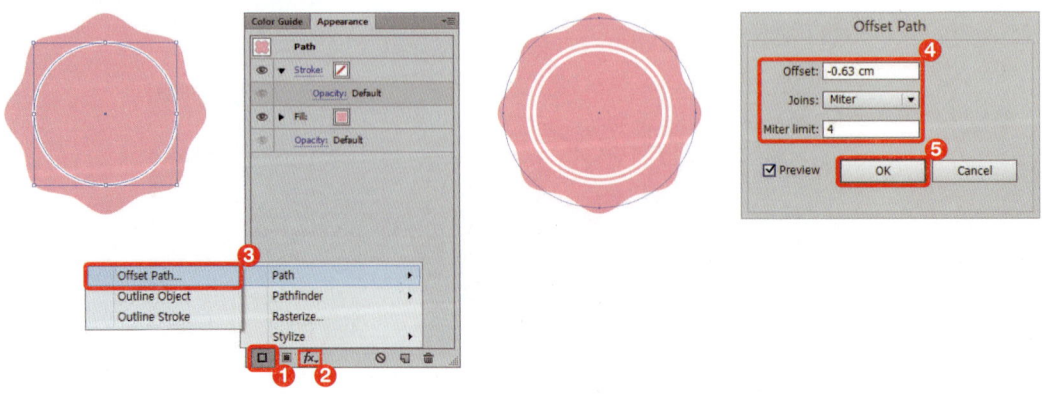

08. [Appearance] 패널에서 추가한 선을 선택한 후 [Add New Effect]−[Distort&Transform]−[Zig Zag]
를 클릭합니다. [Zig Zag] 옵션 창에서 그림과 같이 옵션을 수정하고 [OK]를 클릭합니다. [Appearance] 패널
을 살펴보면 각 선과 면에 지정된 옵션이 정리된 것을 확인할 수 있습니다.

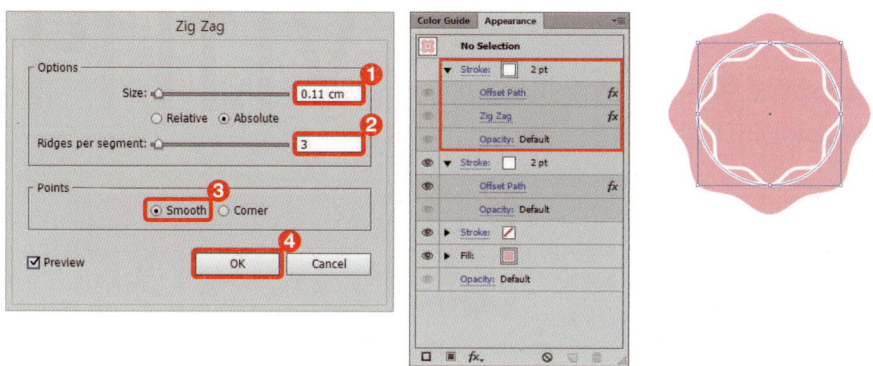

09. 오브젝트를 모두 선택한 후 [Appreance] 패널 내 빈 바탕을 클릭하여 모든 선과 면의 선택을 해세합니다.
[Add New Stroke]를 클릭합니다.

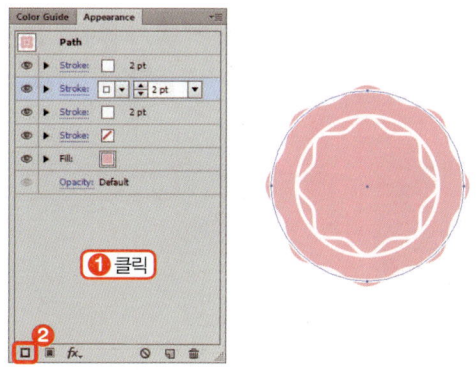

10. 다시 [Appreance] 패널에서 [Add New Effect]−[Path]−[Offset Path]를 클릭합니다. [Offset Path] 옵
션 창에서 그림과 같이 입력한 후 [OK]를 클릭합니다. 원 안에 이니셜을 작업해 넣고 완성합니다.

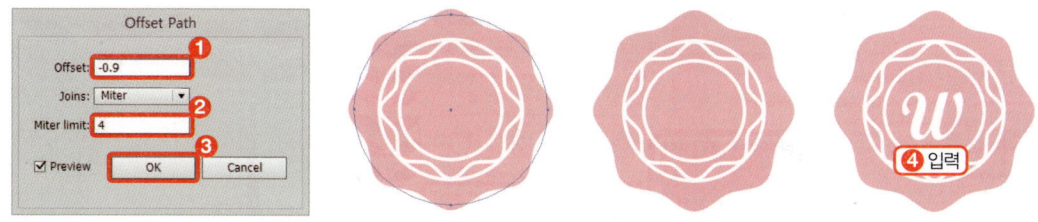

Tip **작업 시 주의사항**

일반적인 로고 작업에서는 기존에 있는 폰트를 사용하는 것이 아니라 해당 브랜드 스타일로 새로 만들어 사용해야 합니다. 예제에
서는 기존 폰트 중 어울리는 것을 골라 로고의 느낌을 확인하는 것으로 마무리했습니다.

● 씰링 왁스 스타일 로고에 입체적인 느낌 표현하기

완성된 씰링 왁스 스타일 로고를 입체적으로 표현해보겠습니다. 이펙트를 이용하면 간단한 방법으로 입체적인 느낌을 살릴 수 있습니다.

01. 만들어둔 로고를 선택한 후 상단 메뉴의 [Object]−[Expand Appearance]를 클릭합니다. 오브젝트를 다시 선택한 후 [Object]−[Expand]를 클릭합니다.

 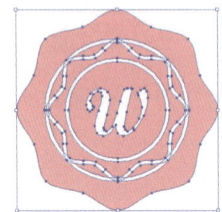

Tip **Ai 활용 업그레이드**

선을 간단히 오브젝트화하려면 [Object]−[Flatten Transparency]를 클릭합니다. [Flatten Transparency]는 선을 오브젝트화할 때 사용할 수 있지만, 면에 적용한 투명한 효과를 보이는 모양 그대로의 색으로 불투명하게 처리하는 기능이 있습니다. 옵션에따라 선택한 오브젝트에 있는 텍스트 오브젝트를 아웃라인화하거나 선 오브젝트를 면으로 아웃라인화합니다. 옵션을 어떻게 활용하느냐에 따라 한꺼번에 다양한 처리를 할 수 있습니다. 추후 오브젝트 수정에 대비하여 오브젝트를 적용하기 전 텍스트 상태와 선상태의 원본 파일을 따로 보관해두는 것이 좋습니다.

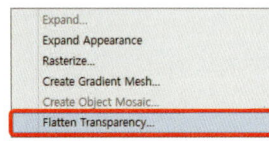 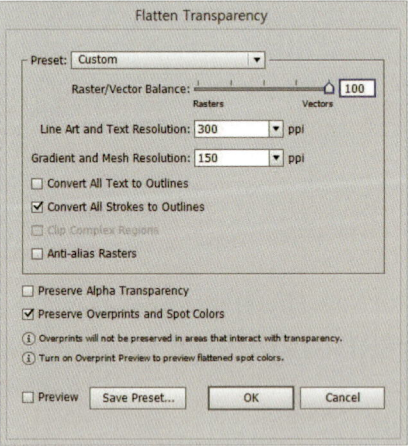 

02. 안쪽의 흰색 오브젝트를 선택한 후 [Pathfinder] 패널에서 [Unit]를 클릭합니다. 여러 개의 오브젝트를 하나의 오브젝트로 만듭니다.

 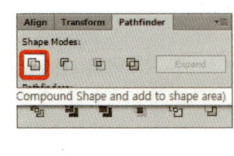

03. [Appearance] 패널에서 [Add New Effect]-[Stylize]-[Drop Shadow]를 클릭합니다. [Drop Shadow] 옵션 창이 나타나면 그림과 같이 옵션을 지정한 후 [OK]를 클릭합니다.

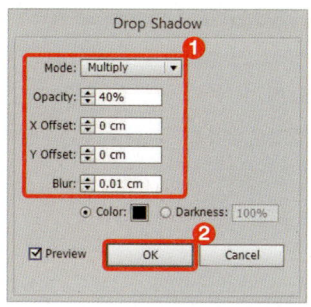

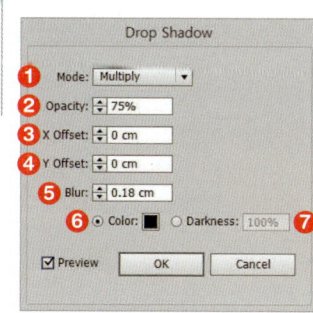

❶ **Mode** : 그림자의 블렌딩 모드 조절

❷ **Opacity** : 그림자의 투명도 조절

❸ **X Offset** : 가로 방향의 그림자 위치 조절

❹ **Y Offset** : 세로 방향의 그림자 위치 조절

❺ **Blur** : 그림자 크기 설정. 숫자가 클수록 더 많이 번진 효과의 그림자가 나타납니다.

❻ **Color** : 그림자 색 지정

❼ **Darkness** : 선택한 오브젝트 색에 검은색을 섞어 그림자를 만듭니다.

04. 오브젝트를 선택한 후 [Add New Effect]-[Stylize]-[Inner Glow]를 클릭합니다. [Inner Glow] 옵션 창이 나타나면 그림과 같이 옵션을 설정한 후 [OK]를 클릭합니다. 디자인 작업물에 맞게 옵션을 조절할 때는 투명도인 [Opacity], 그림자의 크기를 조절할 수 있는 [Blur]에 값을 입력하고 조절하여 그림자 효과를 낼 수 있습니다.

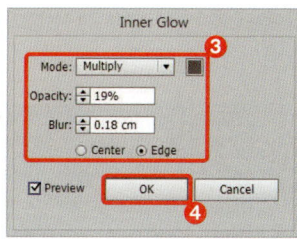

Ai 활용 업그레이드_ [Inner Glow] 옵션 창 알아보기

❶ **Mode** : 블렌딩 모드 조절로 오브젝트 안쪽으로 빛을 주는 효과입니다. 색을 어둡게 조절하고 블렌딩 모드를 [Multiply]나 [Normal] 등으로 조절하면 어두운 효과를 낼 수 있습니다.

❷ **Opacity** : 투명도 조절

❸ **Blur** : 효과의 크기를 조절하여 크기가 클수록 효과 영역이 커집니다.

❹ **Center** : 중앙으로 효과 적용

❺ **Edge** : 가장자리로 효과 적용

INNER GLOW

원본 이미지

INNER GLOW

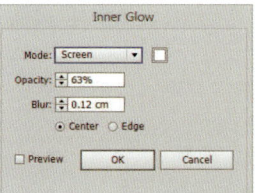

1_ 블렌딩 모드를 [Screen]으로, 색을 밝게 지정하여 바깥으로 볼록하게 올라오는 효과를 표현합니다. 금속 효과를 낼 때 많이 사용되며 [Center] 옵션을 선택하여 중앙에 효과가 적용되었습니다.

INNER GLOW

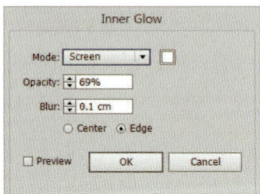

2_ 블렌딩 모드를 [Screen]으로, 색을 밝게 지정하여 밝게 비추는 효과를 표현합니다. [Edge] 옵션을 선택하여 가장자리로 효과가 적용되었습니다. 바탕색을 어둡게 조절하면 더 밝게 빛나는 효과를 낼 수 있습니다.

INNER GLOW

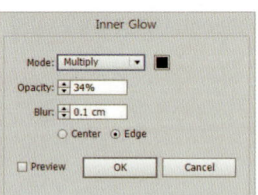

3_ 블렌딩 모드를 [Multiply]로, 색을 어둡게 지정하여 안쪽으로 들어간 느낌을 표현합니다. [Edge] 옵션을 선택하여 가장자리로 효과가 적용되었습니다.

INNER GLOW

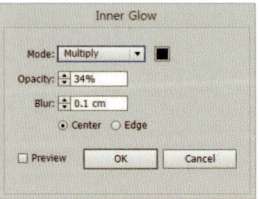

4_ 블렌딩 모드를 [Multiply]로, 색을 어둡게 지정했습니다. 오브젝트 색 자체를 밝게 한 상태에서 적용하면 두 번째 그림과 같은 효과를 낼 수 있습니다. [Center] 옵션을 선택하여 중앙에 효과가 적용되었습니다.

Section 06

3D 이펙트를 이용하여
자연스러운 입체 깃발 로고 만들기

입체적인 느낌이 나는 로고 스타일을 펜 툴로 그리는 경우도 있지만 좀더 자연스러운 효과를 내면서 작업 시간을 단축하려면 3D 이펙트 기능을 이용합니다. 다양한 입체 느낌의 로고를 만들어보면서 작업에 유용한 과정을 연습해보겠습니다.

✚ **결과 파일** 3장 \ 결과 파일 \ 3장_섹션6_1.ai, 3장_섹션6_2.ai

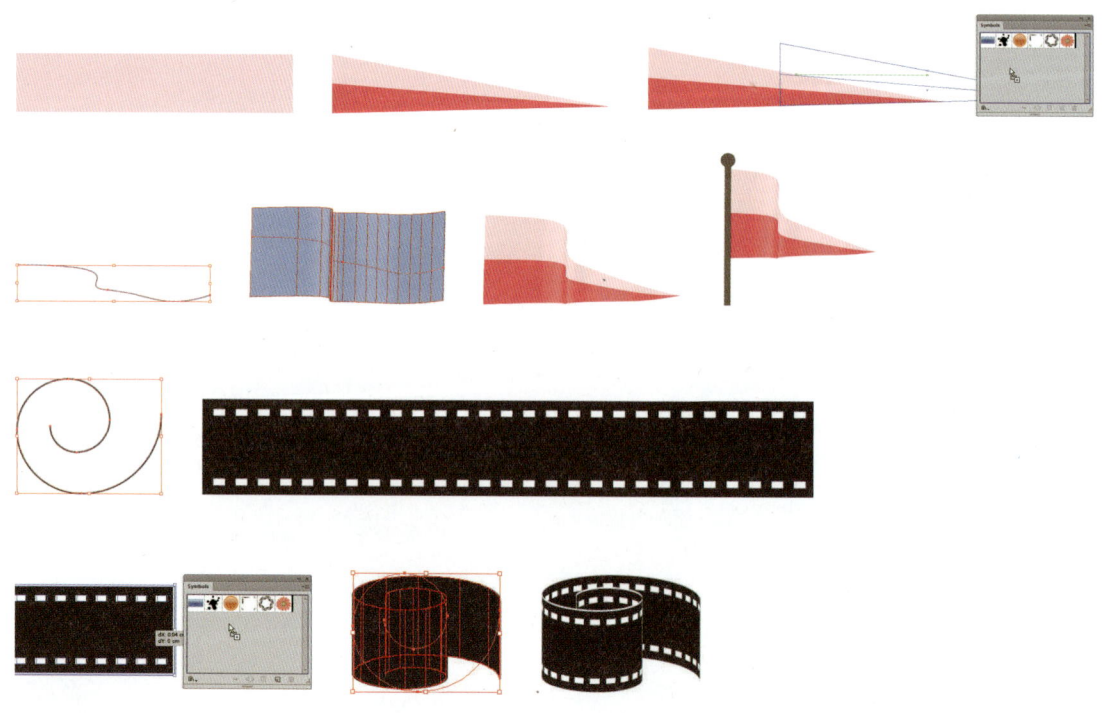

● 사용된 패널

_ [Pathfinder] 패널 Shift + Ctrl + F9 : 선이나 면을 이용하여 오브젝트를 쪼개거나 합칠 수 있습니다. 선과 면을 선택한 후 [Pathfinder] 패널에서 [Divide]를 클릭하면 선을 기준으로 면을 두 개로 쪼갤 수 있습니다.

_ [Symbols] 패널 Shift + Ctrl + F11 : 심벌 스프레이를 사용할 때 활용할 심벌을 등록하거나 [Effect]의 [3D] 기능을 사용할 때 [Map Art]로 활용됩니다. 오브젝트를 [Symbols] 패널에 드래그한 후 옵션 창이 나타나면 심벌 이름을 등록하고 [OK]를 클릭합니다. [Symbols] 패널에 심벌이 등록된 것을 확인할 수 있습니다.

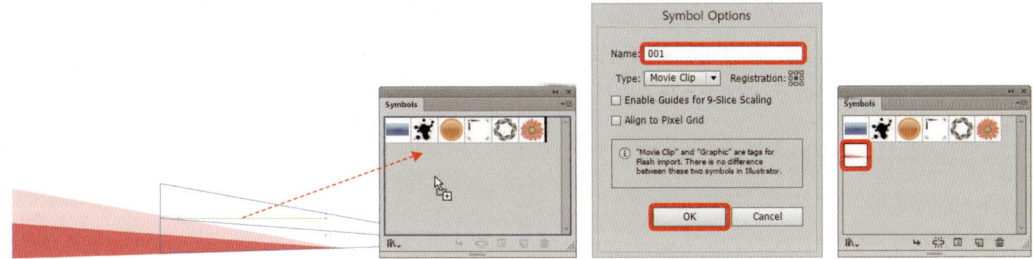

● 사용된 기능

_ Transform [Add New Effect]–[Distort&Transform]–[Transform] : 오브젝트를 이펙트를 이용해서 복사할 때 편리합니다. 오브젝트를 수정할 때는 [Appearance] 패널에서 이펙트를 더블클릭하여 옵션 창에서 조절하면 됩니다. 작은 흰 사각형을 선택하고 [Add New Effect]–[Distort&Transform]–[Transform]을 클릭하면 옵션 창이 나타납니다. 사각형을 일정한 간격으로 복사할 수 있습니다. 이펙트 상태의 오브젝트이므로, 단축키 Ctrl + Y 를 눌러 아웃라인으로 살펴보면 오브젝트 한 개만 보입니다. 이펙트 상태에서 보이는 모양 그대로 모든 사각형을 오브젝트화하려면 [Object]–[Expand Appearance]를 적용합니다.

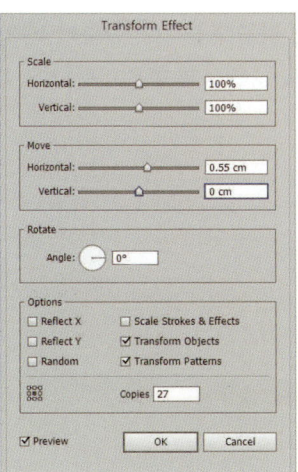

⚙ 깃발을 만들어서 입체 로고 기본기 익히기

01. 단축키 P를 눌러 펜 툴 🖋을 선택합니다. 펜 툴 외에 단축키 N을 눌러 연필 툴 ✏을 선택한 후 자연스러운 선으로 그려도 됩니다. 깃발의 틀이 될 선을 그림과 같이 그립니다.

> **Tip** | **Ai 활용** 업**그레이드**
>
> 깃발의 틀이 될 선은 3D 입체 이펙트를 이용하여 선의 모양대로 긴 면이 적용될 예정입니다. 따라서 선을 그릴 때는 이 부분을 고려하여 깃발이 접히는 모양까지 자연스럽게 그리는 것이 좋습니다. 깃발 모양은 추후 선을 수정하여 손쉽게 조절할 수 있습니다.

02. 깃발이 될 이미지를 준비합니다. 단축키 M을 눌러 사각형 툴 ▭을 선택한 후 가로로 긴 직사각형을 만듭니다. 단축키 P를 눌러 펜 툴 🖋을 선택한 후 도형의 오른쪽 선에 마우스 커서를 올리고 더하기 모양 🖋으로 변경되면 클릭하여 포인트를 하나 더 추가합니다.

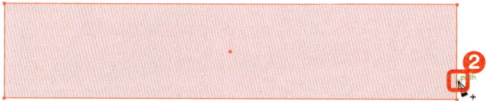

03. 펜 툴 🖋이 선택된 상태에서 마우스 커서를 오른쪽 선의 맨 위와 아래 포인트에 올립니다. 빼기 모양 🖋으로 변경되면 클릭하여 포인트를 삭제합니다. 뾰족한 깃발 모양의 틀이 완성되었습니다.

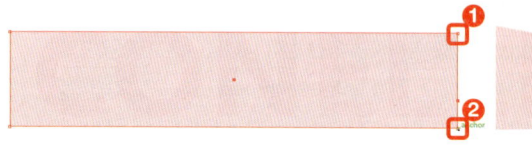

04. 단축키 W를 눌러 선 툴을 선택한 후 그림처럼 선을 그립니다. 단축키 V를 눌러 선택 툴을 선택한 후 오브젝트를 모두 선택하고 [Pathfinder] 패널에서 [Divide]를 눌러 면을 나눕니다. 두 개로 나누어진 면에 각각 원하는 색을 지정합니다.

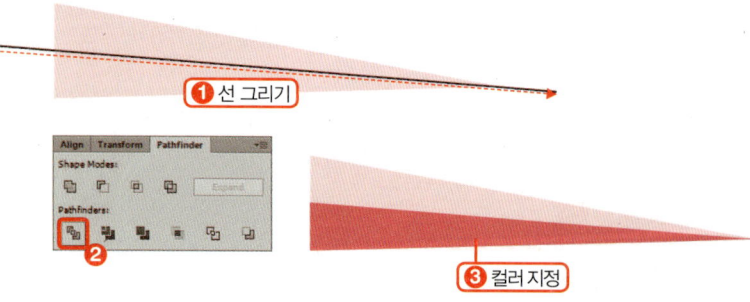

05. 단축키 Shift + Ctrl + F11 을 눌러 [Symbols] 패널을 불러온 후 깃발 모양을 선택하고 심벌 패널로 드래그합니다. [Symbol Options] 창이 나타나면 이름을 입력한 후 [OK]를 클릭합니다. [Symbols] 패널에 깃발 모양의 심벌이 등록된 것을 확인할 수 있습니다.

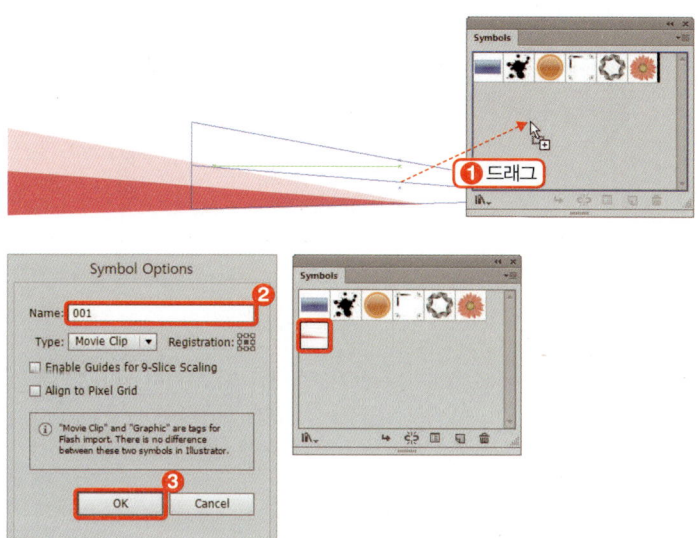

Tip **Ai 활용 업그레이드**

상단의 이미지는 심벌로 등록하기 전 이미지고, 하단의 이미지는 심벌로 등록되어 심벌과 링크되어 있는 이미지입니다. 링크 표시는 [Symbols] 패널에서 [Break Link to Symbol] 버튼이 활성화된 것으로 알 수 있습니다. 활성화된 버튼을 클릭하면 링크를 해제할 수 있습니다.

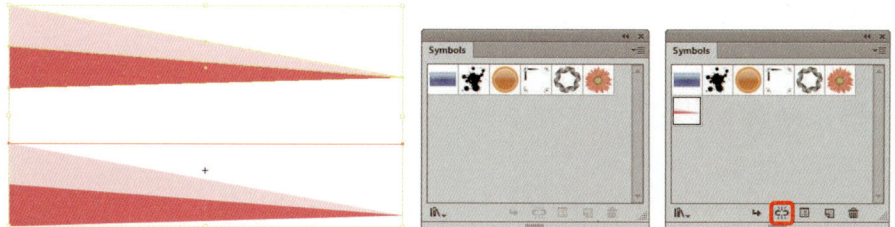

06. 처음에 그린 선을 선택하고 [Appearance] 패널에서 [Add New Effect]–[3D]–[Extrude&Bevel]을 클릭합니다. [3D Extrude&Bevel Options] 창을 불러옵니다.

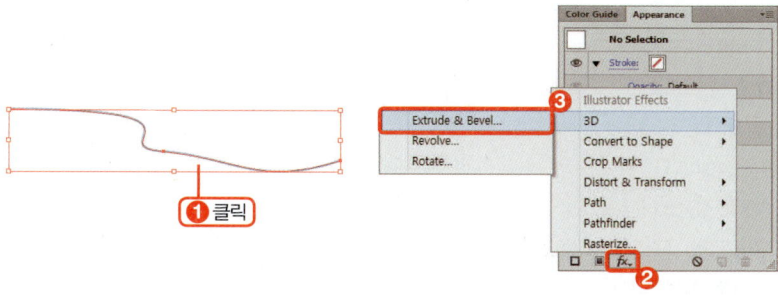

07. [3D Extrude&Bevel Options] 창이 나타나면 다음과 같이 옵션을 지정한 후 [Map Art]를 클릭합니다. [Map Art] 옵션 창이 나타납니다. 맵 아트 기능을 적용하기 전에는 기본 도형 모양입니다.

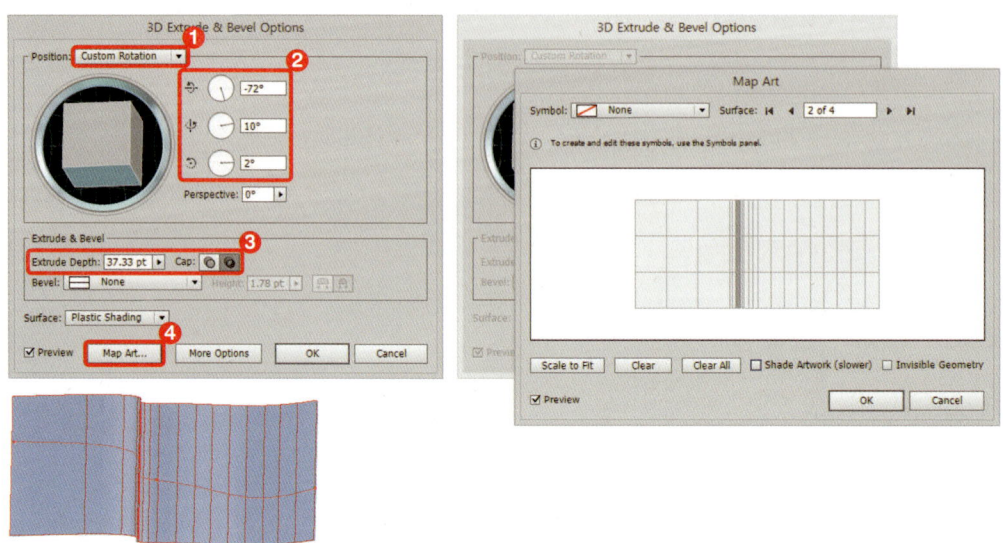

Tip

Ai 활용 업그레이드_ [3D Extrude&Bevel Options] 창 알아보기

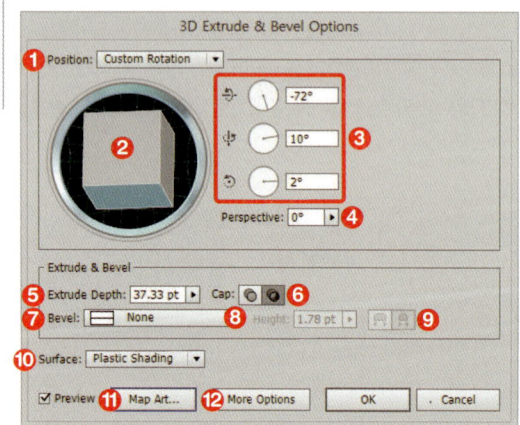

❶ **Position** : 오브젝트가 보이는 방향을 선택합니다.

❷ **입체 각도 미리 보기** : 마우스로 직접 드래그하며 입체 각도를 설정합니다.

❸ **입체 각도 입력** : 각도 수치를 입력하여 도형의 입체 각도를 변경합니다.

❹ **Perspective** : 원근감을 살려주는 옵션으로, 수치가 높을수록 원근감이 더해집니다.

❺ **Extrude Depth** : 입체 도형의 두께를 설정합니다.

❻ **Cap** : 입체 도형을 열린/닫힌 상태로 설정합니다.

❼ **Bevel** : 도형 모서리의 모양을 설정합니다.

❽ **Height** : 모서리가 깎이는 높이를 설정합니다.

❾ **Bevel Extent out** : Bevel의 방향을 설정합니다.

❿ **Surface** : 표면 광택을 외곽선, 단색, 무광, 유광으로 표현하는 옵션입니다.

⓫ **Map Art** : 도형에 덧입힐 질감 이미지를 설정합니다.

⓬ **More Options** : 빛의 위치와 명암 처리 방식을 설정합니다.

08. [Map Art] 옵션 창 상단의 [Surface ▶]를 클릭하여 겉면에 해당하는 [2 of 4]가 나타나도록 설정합니다. [Symbol] 탭을 클릭하여 등록한 심벌을 선택합니다.

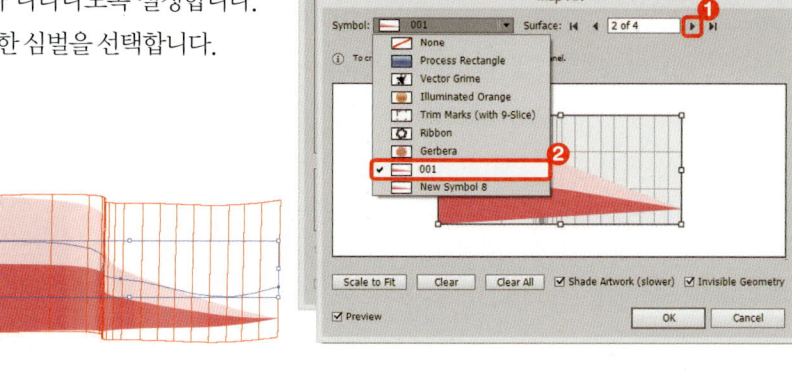

09. [Scale to Fit]를 클릭한 후 [Shade Artwork]와 [Invisible Geometry]에 체크 표시합니다. [OK]를 클릭하여 [Map Art] 옵션 창과 [3D Extude & Bevel Options] 창을 닫습니다.

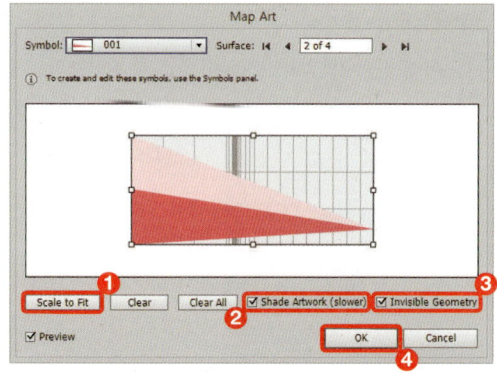

10. 깃발이 완성되었습니다. 선 툴과 원 툴을 이용해 완성된 깃발 왼쪽에 깃발봉을 만듭니다. 폰트와 함께 그룹화하여 로고를 마무리합니다.

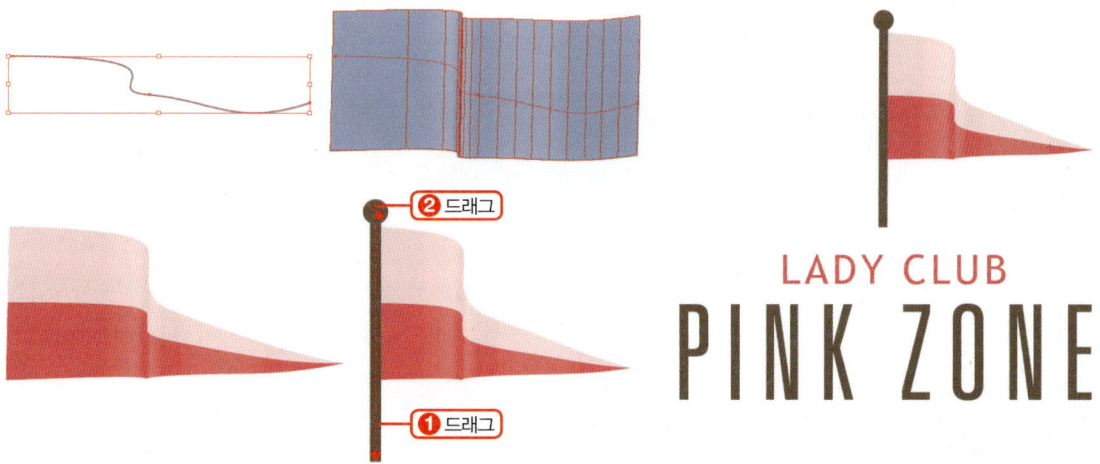

🏵 필름 모양의 로고를 만들고 응용하기

입체 모양으로 작업을 할 때는 수정이 쉽고 각도나 입체 모양이 사실적이고 자연스러운 3D 이펙트 기능을 활용하면 편리합니다. 여기에서는 필름이 말려 있는 모양의 로고를 만들어 3D 이펙트의 활용 방법을 익혀보겠습니다.

01. 선 툴 메뉴에서 나선 툴 ◎ (Spiral Tool)을 선택한 후 바탕 화면을 클릭합니다. [Spiral] 옵션 창이 나타나면 다음과 같이 설정하고 나선형 안에 선분 개수를 조절하는 옵션인 [Segments]에 6을 입력한 후 [OK]를 클릭합니다.

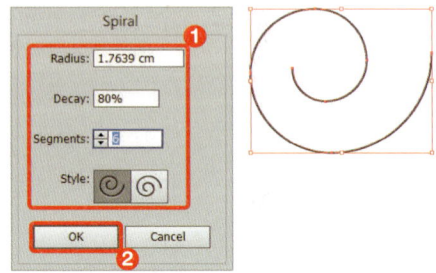

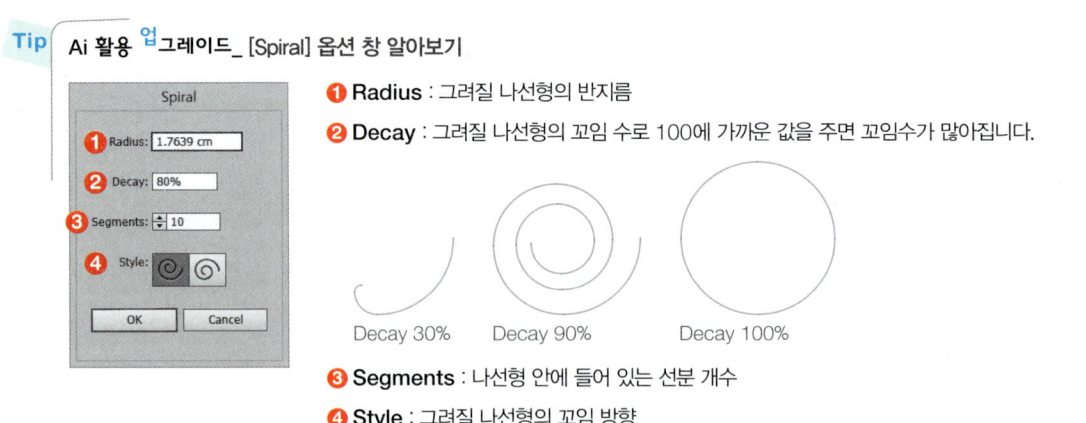

Tip Ai 활용 업그레이드_ [Spiral] 옵션 창 알아보기

❶ **Radius** : 그려질 나선형의 반지름

❷ **Decay** : 그려질 나선형의 꼬임 수로 100에 가까운 값을 주면 꼬임수가 많아집니다.

Decay 30% Decay 90% Decay 100%

❸ **Segments** : 나선형 안에 들어 있는 선분 개수

❹ **Style** : 그려질 나선형의 꼬임 방향

02. 단축키 [M]을 눌러 사각형 툴을 선택한 후 가로로 긴 직사각형을 그립니다. 필름이 말려 있는 모양을 표현했을 때 겹치는 부분의 선이 흰색으로 표시되도록 선 색을 지정합니다.

❶ 드래그 ❷

03. 다시 단축키 [M]을 눌러 사각형 툴을 선택한 후 앞서 그린 검은색 직사각형 내에 흰색으로 작은 사각형을 그립니다. 흰색 사각형을 선택한 후 [Appearance] 패널에서 [Add New Effect]–[Distort&Transform]–[Transform]을 클릭합니다.

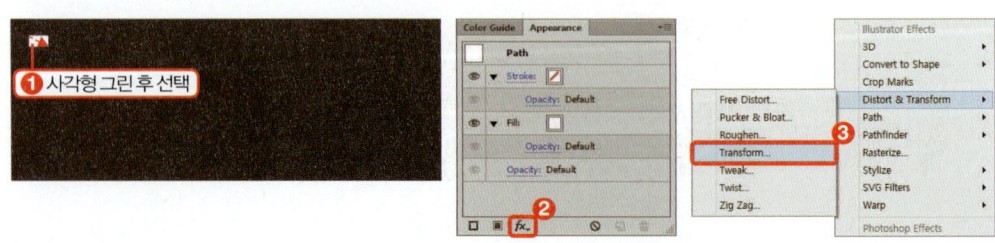

❶ 사각형 그린 후 선택

04. [Transform Effect] 옵션 창이 나타나면 사각형의 가로 방향으로 이펙트를 적용하기 위해 [Move]의 [Horizontal]에 0.55cm, [Copies]에 복사할 개수인 27을 입력한 후 [OK]를 클릭합니다. 이펙트를 적용하면 오브젝트가 여러 개 복사된 것처럼 보이지만, 아웃라인으로 살펴보면 처음 그린 흰색 사각형 하나만 보입니다. 나머지 흰색 사각형은 이펙트 상태의 모습입니다.

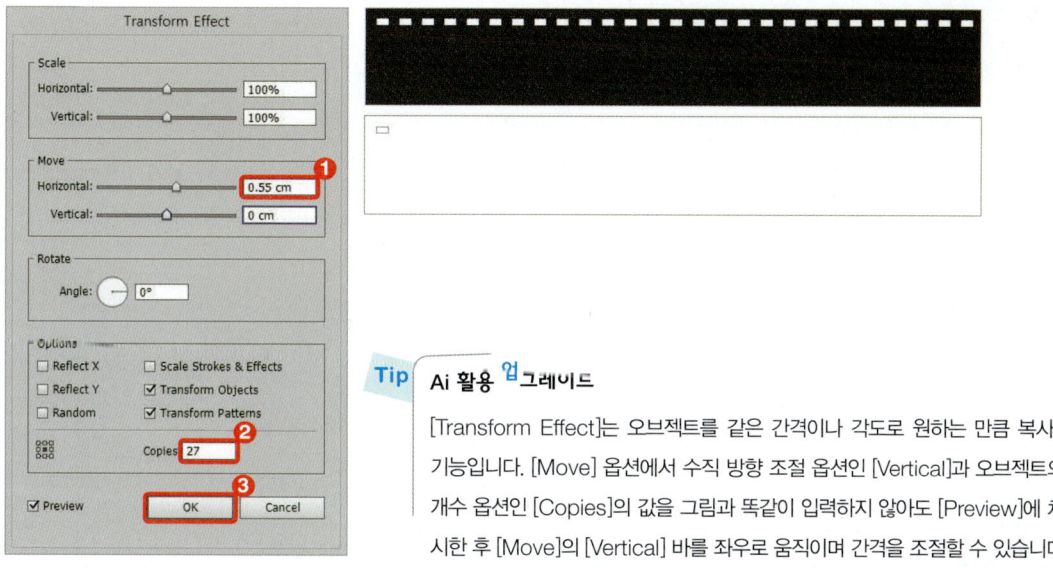

Tip Ai 활용 업그레이드

[Transform Effect]는 오브젝트를 같은 간격이나 각도로 원하는 만큼 복사해주는 기능입니다. [Move] 옵션에서 수직 방향 조절 옵션인 [Vertical]과 오브젝트의 복사 개수 옵션인 [Copies]의 값을 그림과 똑같이 입력하지 않아도 [Preview]에 체크 표시한 후 [Move]의 [Vertical] 바를 좌우로 움직이며 간격을 조절할 수 있습니다.

05. 처음 그린 흰색 사각형을 선택한 후 [Appearance] 패널에서 [Add New Effect]−[Distort&Transform]−[Transform]을 클릭합니다. 이때 경고 창이 나타나는데, [Apply New Effect]를 클릭하여 다시 한 번 새로운 이펙트를 적용합니다. 이번에는 사각형의 세로 방향으로 이펙트를 적용하기 위해 [Move]의 [Vertical]에 수치를 입력하고 [Copies]에 1을 입력합니다. [OK]를 클릭합니다.

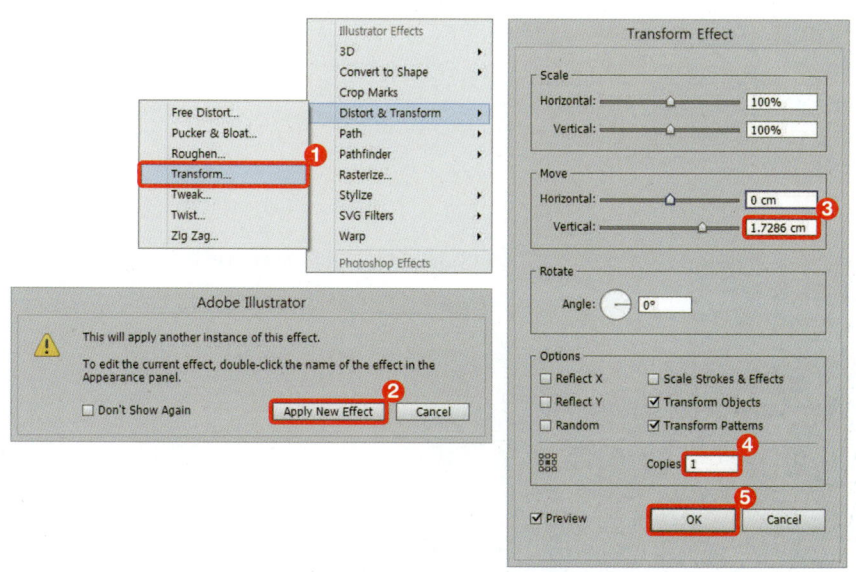

06. 이펙트가 세로 방향으로 한 번 더 적용되었습니다.

07. 단축키 V를 눌러 선택 툴 ▶을 선택한 후 필름 이미지를 전체 선택합니다. [Object]−[Expand Appearance]를 클릭한 후 다시 한 번 [Object]−[Expand]를 선택합니다. 옵션 창에서 [OK]를 클릭하고 이펙트가 적용된 오브젝트를 하나의 오브젝트로 정리합니다.

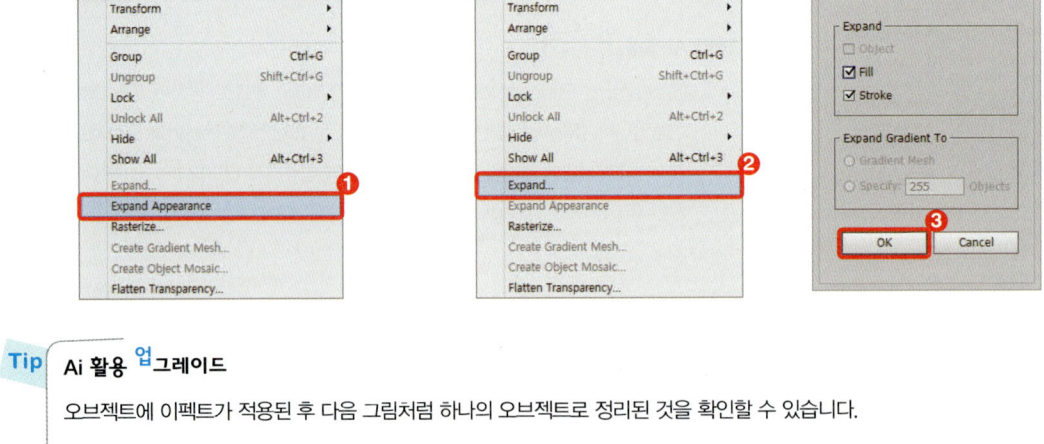

Tip ┌ **Ai 활용 업그레이드**

오브젝트에 이펙트가 적용된 후 다음 그림처럼 하나의 오브젝트로 정리된 것을 확인할 수 있습니다.

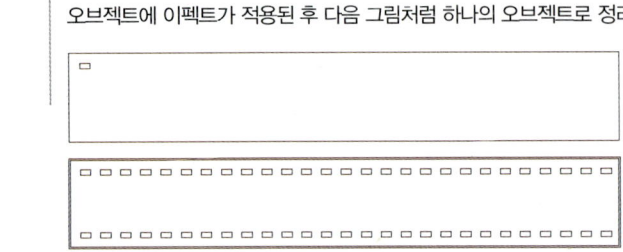

08. 단축키 Shift + Ctrl + F11을 눌러 [Symbols] 패널을 불러옵니다. 작업한 필름 오브젝트를 패널에 드래그해 심벌로 등록합니다.

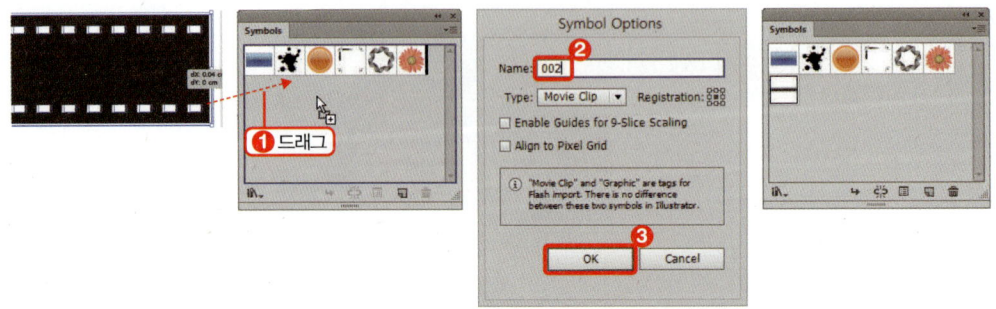

09. 앞서 그린 나선을 선택한 후 [Appearance] 패널에서 [Add New Effect]−[3D]−[Extrude&Bevel]을 클릭해 옵션 창을 불러옵니다. 다음과 같이 옵션을 지정한 후 [Map Art]를 클릭합니다.

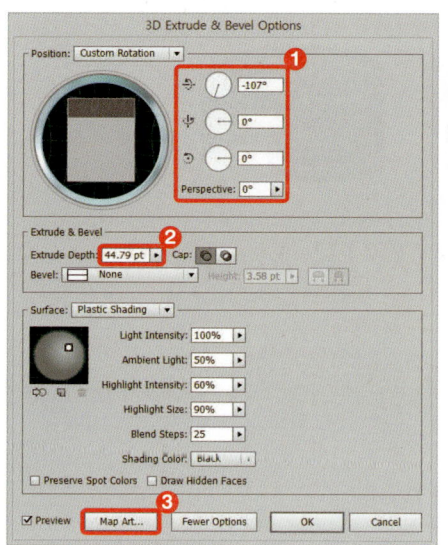
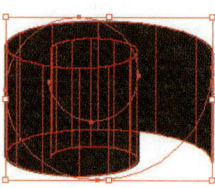

> **Tip**
>
> **Ai 활용 업그레이드_ 한 번 더 생각해서 활용하는 [Extrude&Bevel] 기능**
>
> 그림과 같이 물결 모양의 선을 간단히 그린 후 [Extrude&Bevel] 기능을 적용하면 리본 모양으로 손쉽게 작업할 수 있습니다. [More Options]를 클릭하여 빛의 방향이나 강도를 조절하면 더욱 실감나는 결과물을 얻을 수 있습니다.

10. [Map Art] 옵션 창에서 [Surface ▶]를 클릭하여 필름의 바깥쪽 면을 선택한 후 [Symbol] 탭에서 만들어 둔 심벌을 선택합니다. [Scale To Fit]를 클릭해 너무 크게 보이는 필름 이미지를 면에 꽉 채웁니다. [Invisible Geometry]에 체크 표시한 후 [OK]를 클릭합니다.

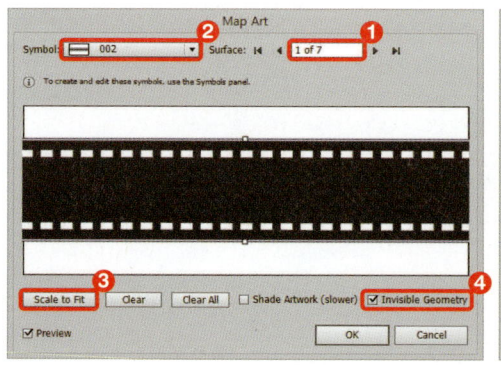
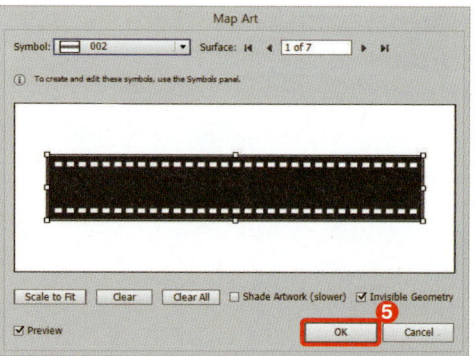

11. 만들어둔 필름 모양 오브젝트를 선택한 후 [Object]−[Expand Appearance]를 적용합니다. 다시 한 번 [Expand]를 클릭하여 보이는 모양 그대로 하나의 오브젝트로 정리합니다.

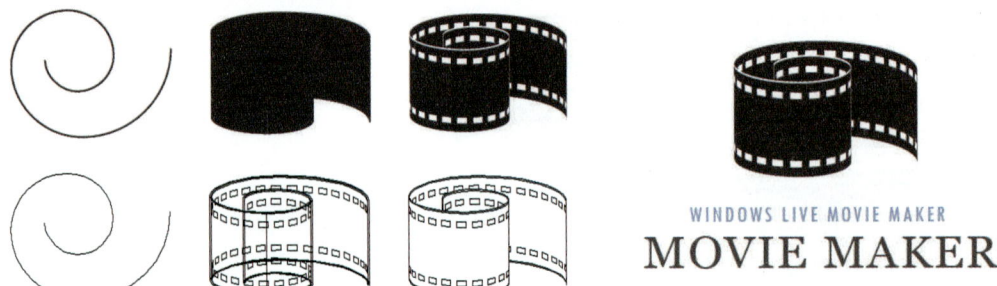

이외에도 3D 이펙트 기능을 활용해 다양한 스타일의 로고를 만들 수 있습니다. [Surface] 옵션과 [Bevel] 옵션만 달리해도 여러 가지 느낌으로 작업할 수 있습니다.

> **Tip** **Ai 활용 업그레이드_ 선을 이용하여 회전한 모양으로 적용되는 [Revolve] 기능**
>
> 사선 모양에 [Revolve]를 적용하면 고깔 모양으로 표현됩니다.
>
>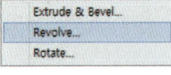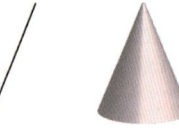
>
> 반구의 선에 [Revolve]를 적용하면 원형으로 표현됩니다.
>
>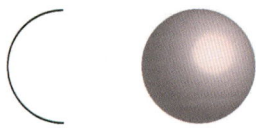
>
> 와인 잔의 단면을 생각하여 선을 그린 후 [Revolve]를 적용합니다. 이 기능을 이용하면 다양한 입체 오브젝트를 만들 수 있습니다.
>
>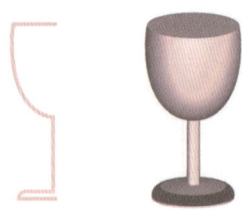

Ann House
CUP CAKE & COFFEE

KIDS CAFE
PLAY PAPER

LADY CLUB
PINK ZONE

WINDOWS LIVE MOVIE MAKER
MOVIE MAKER

KIDS CAFE
PLAY PAPER

MOTIMAI

FRESH FRUITS STORE
ORANGEMANGO

smoothie maker
TORNADO ©

Section

07
이펙트와 브러시 이용하여
도일리 페이퍼 스타일 로고 만들기

같은 모양의 스타일로 반복되는 로고의 경우, 크게 3가지 방법으로 작업할 수 있습니다. Rotate와 Transform, Make Brush 기능을 사용할 수 있는데, 여기에서는 이펙트와 브러시를 이용해 반복되는 작업을 좀더 쉽게하는 방법을 익혀보겠습니다.

✚ **결과 파일** 3장 \ 결과 파일 \ 3장_섹션7.ai

● 사용된 툴

• **반전 툴**  : 선택한 오브젝트를 원하는 기준점에서 반전 복사 또는 이동합니다. 사선 오브젝트 2개를 모두 선택하고 단축키 O 를 눌러 반전 툴을 선택합니다. 오브젝트의 중앙을 Alt + 클릭하고 나타나는 [Reflect] 옵션 창에서 단축키 V 를 눌러 [Vertical]을 선택한 후 단축키 C 를 눌러 [Copy]를 선택합니다. 좌우 반전 복사가 완료됩니다.

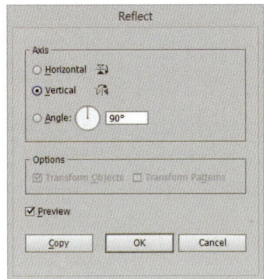

● 사용된 패널

_ **[Brushes] 패널** F5 : 기본적으로 브러시를 사용할 때 쓰지만 브러시의 등록이나 등록된 브러시를 수정할 때도 사용합니다. 브러시를 등록할 때는 등록할 오브젝트를 [Brushes] 패널로 드래그한 후 옵션 창이 나타나면 해당 유형의 브러시를 선택하고 [OK]를 클릭합니다. 해당 브러시와 관련된 옵션 창에서 각각의 옵션 값을 조절하고 [OK]를 누르면 [Brushes] 패널 내에 브러시가 등록됩니다.

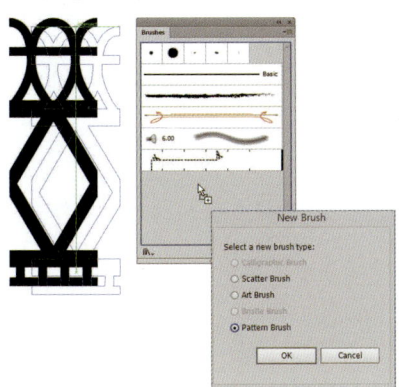

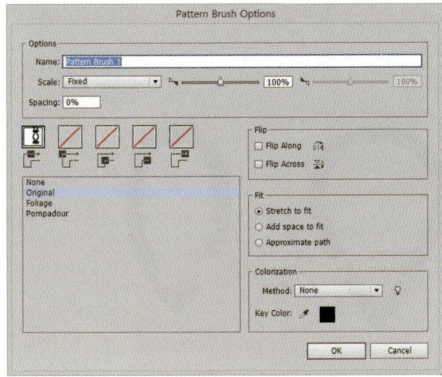

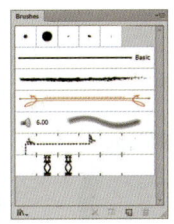

● 사용된 기능

_ **Drop Shadow [Add New Effect]−[Stylize]−[Drop Shadow]** : 선택한 오브젝트 밑으로 그림자를 넣는 효과입니다. 오브젝트를 선택하고 [Add New Effect]−[Stylize]−[Drop Shadow]를 클릭합니다. [Drop Shadow] 옵션 창에서 그림자의 위치를 조절하는 [X Offset]과 [Y Offset]에 원하는 옵션 값을 입력한 후 그림자의 진하기와 크기를 조절하는 [Blur]와 [Opacity] 값을 입력하고 [OK]를 클릭합니다.

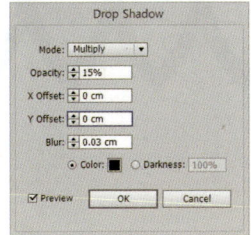

⬢ Make Brush를 이용해 도일리 페이퍼 스타일의 반복되는 오브젝트 만들기

도일리 페이퍼 스타일의 브러시를 작업할 때는 패턴이 이어지는 부분이 자연스러운 형태인지 생각하며 작업해야 합니다. 패턴 브러시를 이용하면 한번에 결과물이 적용되어 나오므로 패턴이 자연스럽게 이어지는 것이 중요합니다. 따라서 도일리 페이퍼와 같이 레이스가 있는 스타일의 오브젝트는 반복되는 부분만 브러시로 등록해두면 작업할 때 다양하게 활용할 수 있습니다. 응용하는 스타일에 따라 다양한 방법으로 활용할 수 있는 브러시를 만들어 보겠습니다.

01. 단축키 L을 눌러 원 툴 ◉을 선택한 후 Shift + Alt + 드래그하여 원을 그립니다. 단축키 Ctrl + U를 눌러 스마트 가이드 모드를 설정한 상태에서 단축키 Shift + C를 눌러 기준점 변환 툴 ⌐을 선택한 후 원 아래쪽의 포인트를 클릭해 원 모양을 수정합니다.

02. 단축키 V를 눌러 선택 툴을 선택한 후 아래쪽 포인트를 Ctrl + 클릭하여 선택합니다. 선택한 포인트를 아래 방향으로 Shift + Ctrl + 드래그합니다. 바탕화면을 클릭하여 선택 해제한 후 오브젝트를 선택하고 바운딩 박스가 나타나면 전체적인 오브젝트 모양을 세로로 늘립니다.

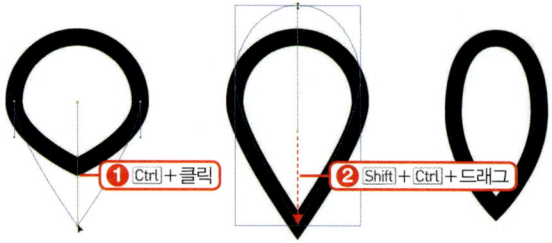

03. 수정한 오브젝트를 Shift + Alt + 드래그하여 오른쪽으로 오브젝트끼리 서로 붙게 복사합니다. 단축키 Ctrl + D를 세 번 눌러 오브젝트를 5개 만듭니다.

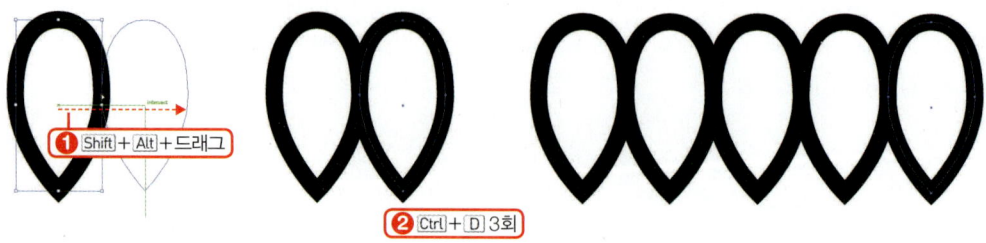

04. 단축키 W를 눌러 선 툴을 선택한 후 5개의 오브젝트 중앙에 Shift + Alt + 드래그합니다. 볼록한 부분의 중앙을 가로지르는 직선을 그립니다.

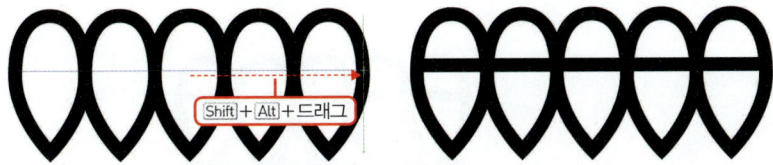

05. 선 툴로 오브젝트 아래쪽에도 선을 그린 후 [Stroke] 패널에서 선의 두께를 두껍게 수정합니다.

06. 오브젝트 하단에 그림과 같이 직선 두 개를 추가합니다. 단축키 V를 눌러 선택 툴을 선택한 후 그려둔 오브젝트를 모두 선택하고 단축키 Ctrl + G를 눌러 그룹화합니다. 그림처럼 세 번째 타원 아래쪽에서 시작하는 대각선을 그립니다.

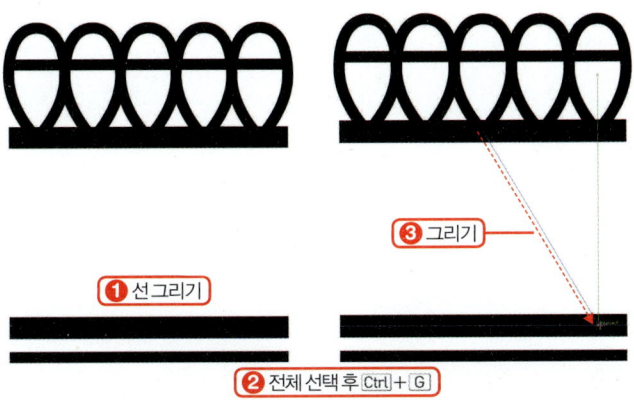

07. 단축키 V를 눌러 선택 툴을 선택한 후 대각선을 선택하고 왼쪽으로 Shift + Alt + 드래그해 복사합니다. 대각선 두 개를 그룹화합니다.

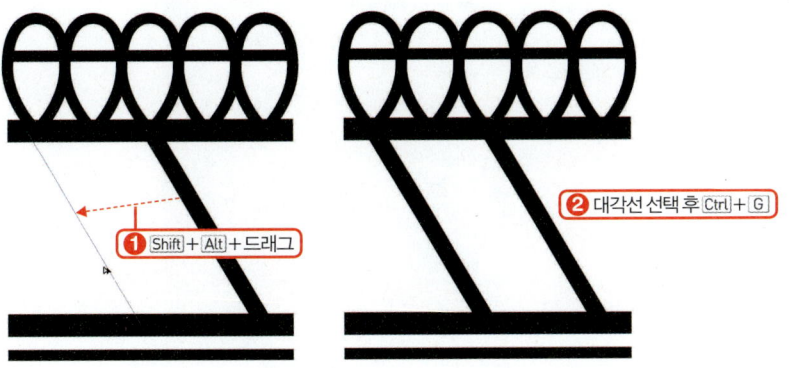

08. 두 개의 대각선을 모두 선택한 후 단축키 O 를 누르면 반전 툴 📷 을 선택합니다. 그림처럼 전체 오브젝트의 중앙인 3번째 타원 아래쪽 포인트를 Alt + 클릭합니다. [Reflect] 옵션 창에서 단축키 V , 단축키 C 를 눌러 반전 복사합니다. 오브젝트를 모두 선택하고 단축키 Ctrl + G 를 눌러 그룹화합니다.

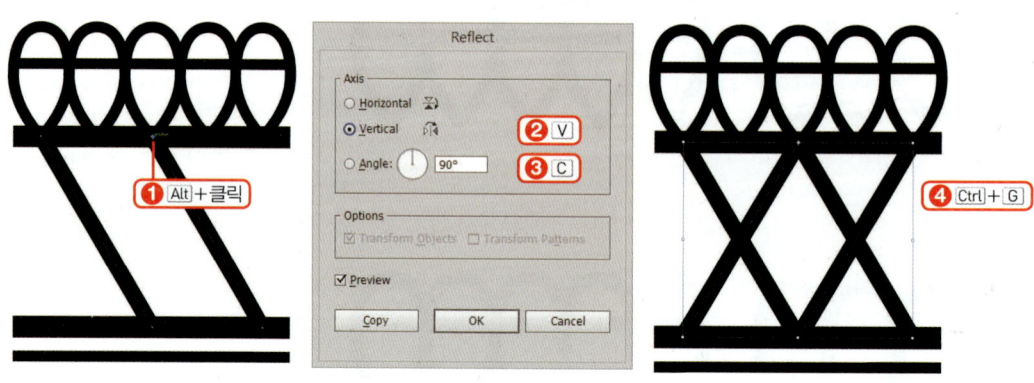

09. 단축키 W 를 눌러 선 툴을 선택한 후 하단 두 선 사이에 Shift + 드래그하여 짧은 세로 선을 그립니다. 새로 그린 선을 선택한 후 [Appearance] 패널에서 [Add New Effect]-[Distort&Transform]-[Transform]을 클릭합니다. [Transform Effect] 옵션 창에서 [Preview]에 체크 표시한 후 [Move]의 [Horizontal]과 [Copies] 값을 다음과 같이 수정하고 [OK]를 클릭합니다. 자신이 작업한 작업물에 어울리도록 옵션 값을 입력할 때는 가로 열로 움직이는 [Move]-[Horizontal]과 복사될 오브젝트의 개수를 조절하는 [Copies]의 값을 적당히 조절합니다.

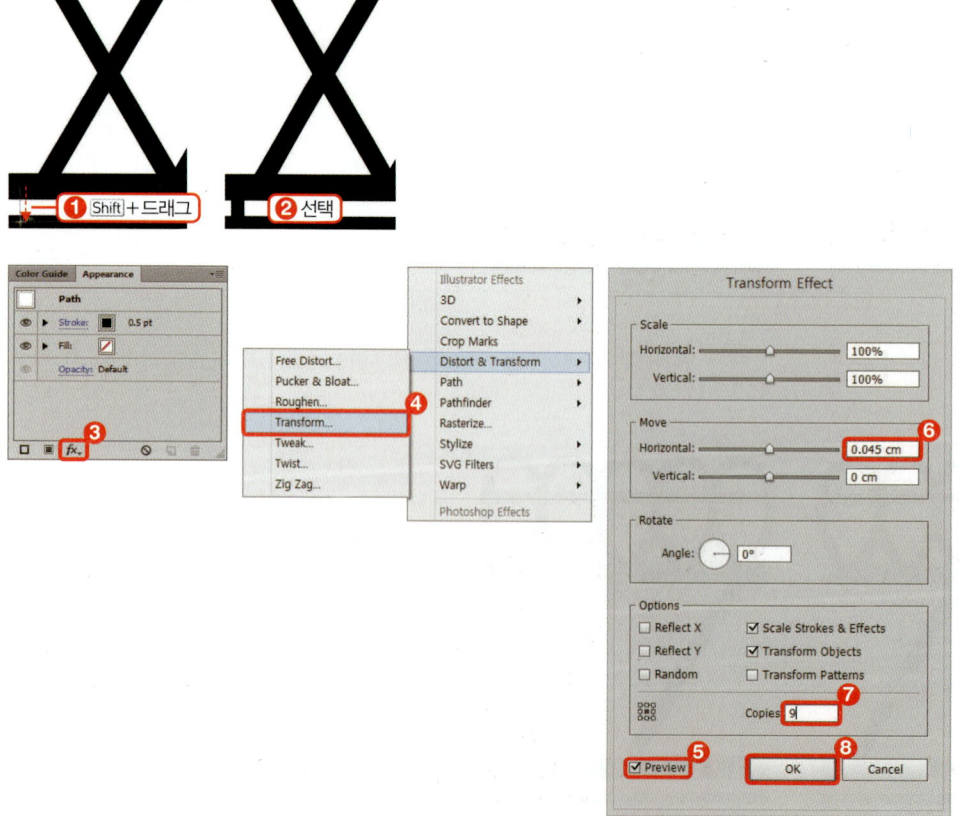

10. 오브젝트를 모두 선택한 후 [Object]–[Expand Appearance]를 클릭합니다. 다시 [Object]–[Expand]를 적용합니다. [Align] 패널에서 중앙 정렬을 선택한 후 단축키 Ctrl + G 를 눌러 모두 그룹화합니다.

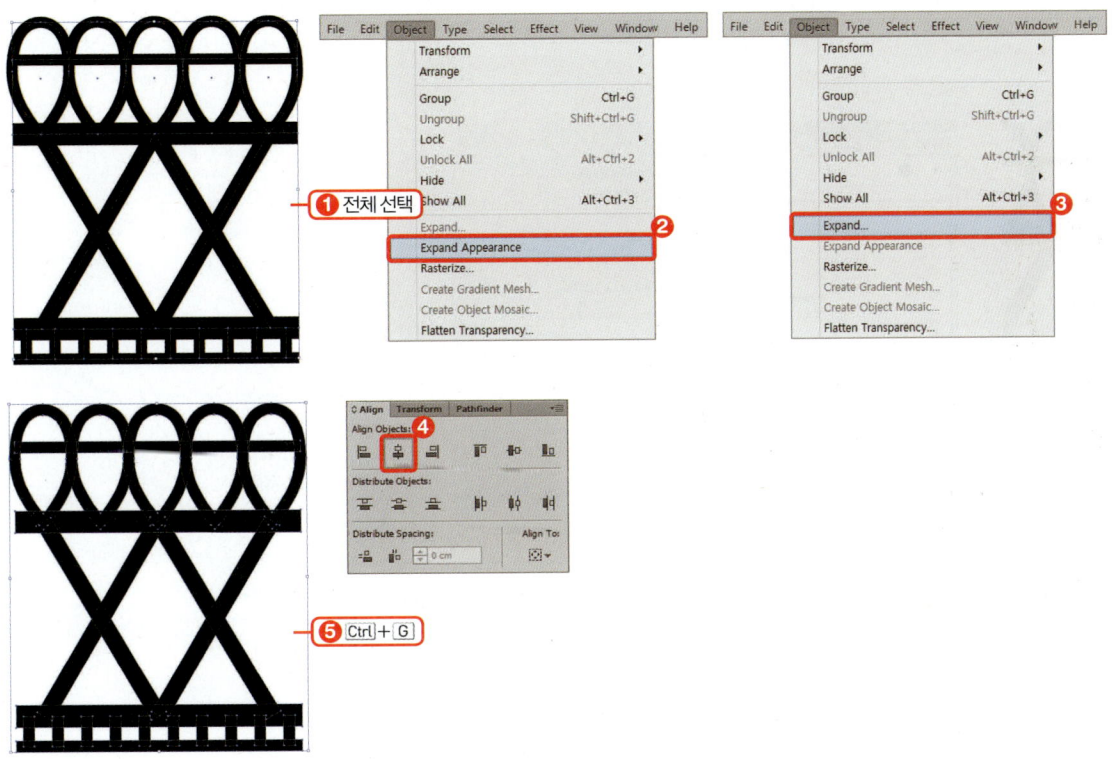

11. 단축키 M 을 눌러 사각형 툴을 선택한 후 그림처럼 반복되는 부분에 걸쳐 사각형을 그립니다. 만들어둔 바탕의 오브젝트와 직사각형을 모두 선택한 후 단축키 Ctrl + 7 을 눌러 [Make Clipping Mask]를 적용합니다. Clipping Mask를 적용한 오브젝트를 선택한 후 [Pathfinder]–[Merge]를 클릭해 하나의 오브젝트로 만듭니다.

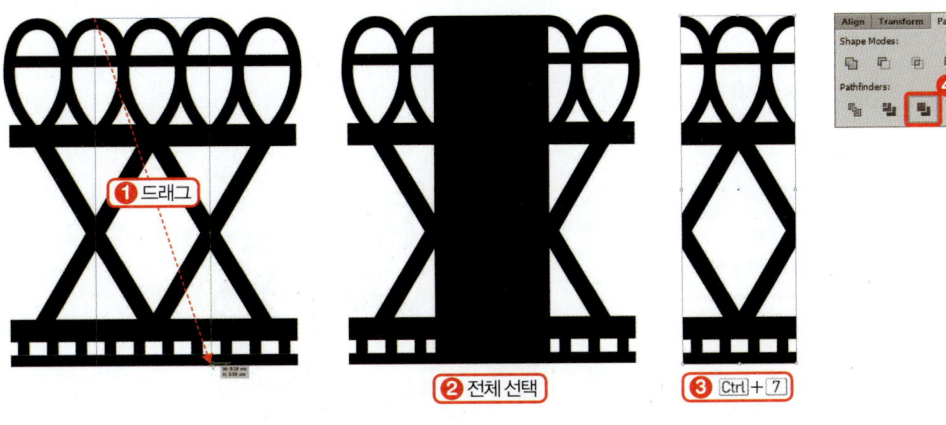

⚜ 브러시를 적용하여 도일리 페이퍼 스타일의 로고 만들기

01. F5 를 눌러 [Brushes] 패널을 불러옵니다. 오브젝트를 패널로 드래그하면 [New Brush] 옵션 창이 나타납니다. [Pattern Brush]를 선택하고 [OK]를 클릭합니다. [Pattern Brush Options] 창이 나타나면 [OK]를 클릭합니다.

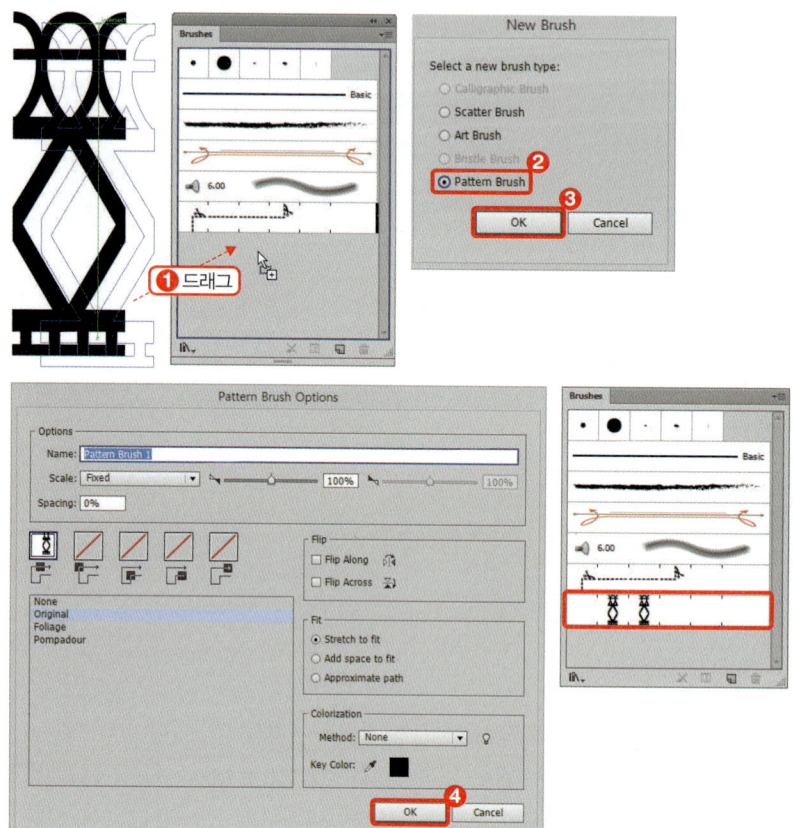

02. 단축키 L 을 눌러 원 툴을 선택한 후 Shift + Alt + 드래그하여 원을 만듭니다. [Brushes] 패널에서 등록해 둔 레이스 스타일의 브러시를 선택하고 적용합니다.

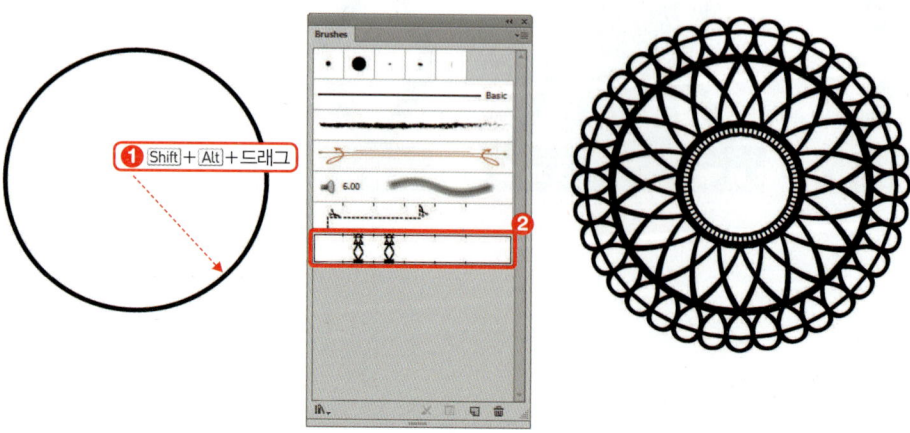

03. 브러시를 적용한 오브젝트를 선택한 후 레이스의 사이즈를 조절하기 위해 [Brushes] 패널 하단의 [Options of Selected Object]를 클릭합니다. 옵션 창이 나타나면 [Scale] 바를 좌우로 움직이며 원하는 사이즈로 조절하고 [OK]를 클릭합니다.

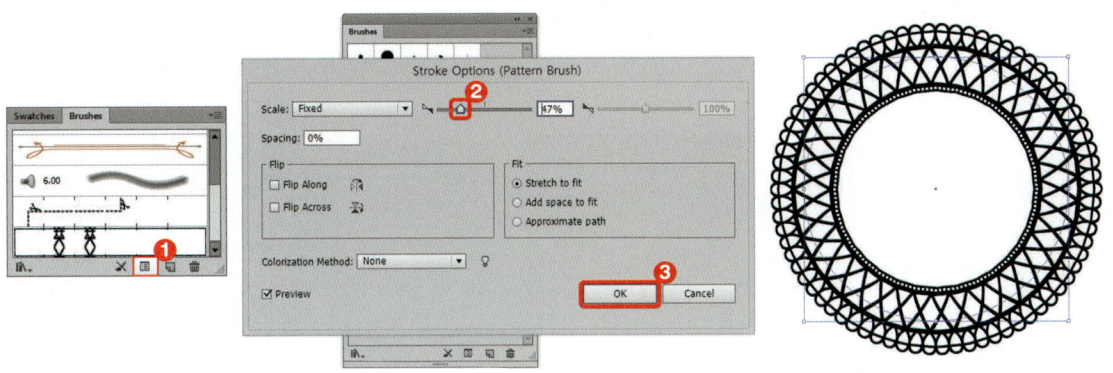

04. 원 안에 이니셜을 작업해 넣고 브러시를 적용한 오브젝트를 선택합니다. [Object]-[Expand Appearance]를 클릭합니다. [Pathfinder] 패널에서 [Merge]를 선택합니다.

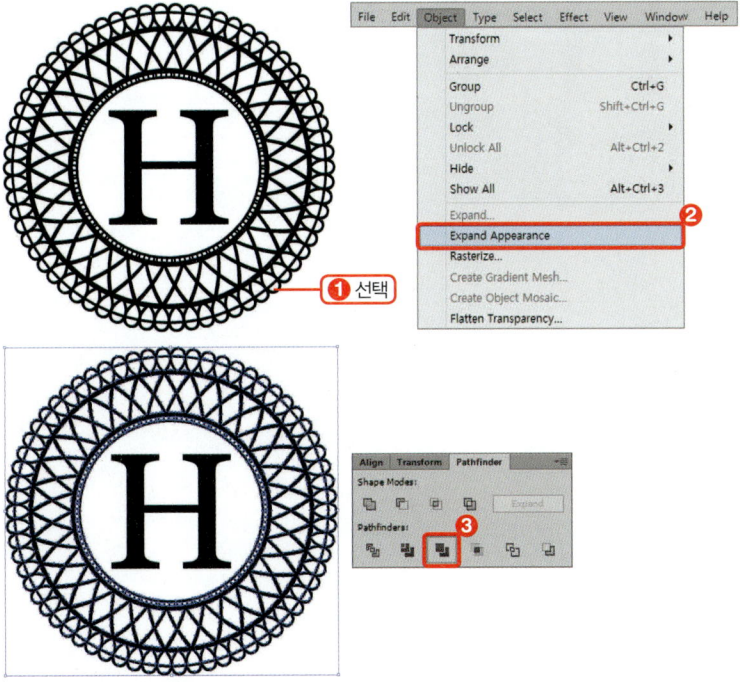

05. 오브젝트를 원하는 컬러로 수정한 후 그림자 효과를 내기 위해 [Appearance] 패널에서 [Add New Effect]−[Stylize]−[Drop Shadow]를 클릭합니다. [Drop Shadow] 옵션 창에서 그림자의 위치를 조절하는 [X Offset]과 [Y Offset]에 0을 입력한 후 그림자의 진하기와 크기를 조절하는 [Blur] 및 [Opacity] 값을 적당히 조절하고 [OK]를 클릭합니다.

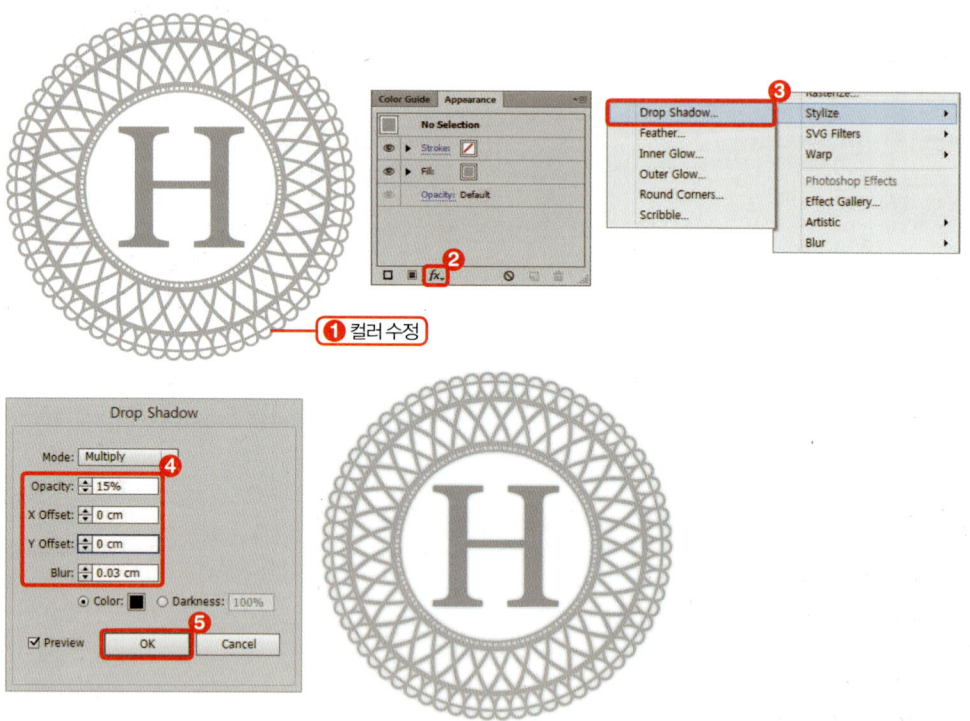

06. 브랜드 이름을 작업한 후 마무리합니다.

illustrator

Chapter

04

___

글자에 생동감을
부여하는
캘리그래피와
타이포 디자인

Section 01 필압이 느껴지는 캘리그래피를 편집 디자인에 활용하기

캘리그래피는 전단, 잡지, 리플렛, 카다로그, 팸플릿 등 편집 디자인 외에도 로고, 팬시 디자인 등 다양한 분야에서 각광받고 있습니다. 캘리그래피는 글씨의 형태나 선의 흘림만 잘 파악하면 누구라도 쉽게 쓸 수 있습니다. 캘리그래피를 만들 때 선의 끝부분을 흘려 쓰면 좀더 자연스러운 느낌을 낼 수 있고, 자간을 붙여 쓰면서 글씨의 중심을 위아래로 조금씩 옮겨주면 글씨에 생동감을 줄 수 있습니다. 이러한 선과 글자의 속성을 잘 활용하여 여러 가지 스타일의 캘리그래피를 작업해보겠습니다.

✚ **실습 파일** 4장 \ calli_따라쓰기.jpg ✚ **결과 파일** 4장 \ 결과 파일 \ 4장_섹션1.ai

● 사용한 툴

· 펜 툴 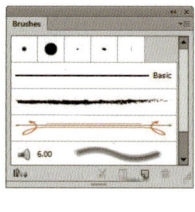 P   · 폭 툴 Shift + W 선의 두께를 조절할 수 있습니다.

● 사용한 패널

_ Stroke 패널 Ctrl + F10 : 선의 속성을 조절할 수 있습니다.

_ Pathfinder 패널 Shift + Ctrl + F9 : 면을 쪼개거나 나누고, 합칠 수 있습니다.

_ Brushes 패널 F5 : 선의 속성을 다양한 모양으로 조절할 수 있습니다.

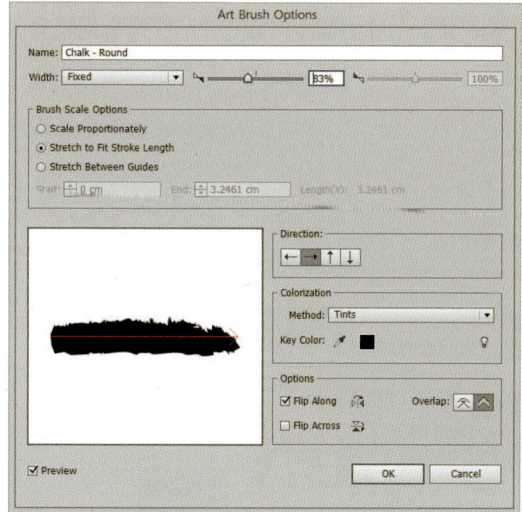

● 사용한 기능

_ Place 기능 [File]-[Place] : 열려 있는 창에서 파일을 불러옵니다. [Place] 기능을 이용해 이미지를 불러오면 파일에 링크된 상태로 이미지가 나타납니다. 이미지 파일 외에도 PSD, PDF, EPS 등 다양한 형식의 파일을 불러올 수 있습니다. 링크된 이미지는 [Embed] 버튼을 누르면 문서에 포함된 상태로 바뀌므로 인쇄 시 그대로 파일을 넘길 수 있어 편리합니다.

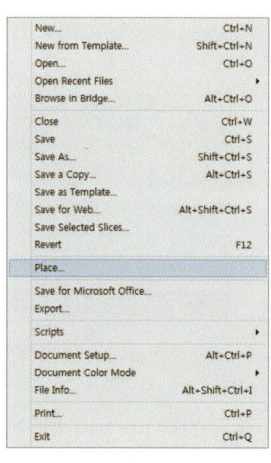

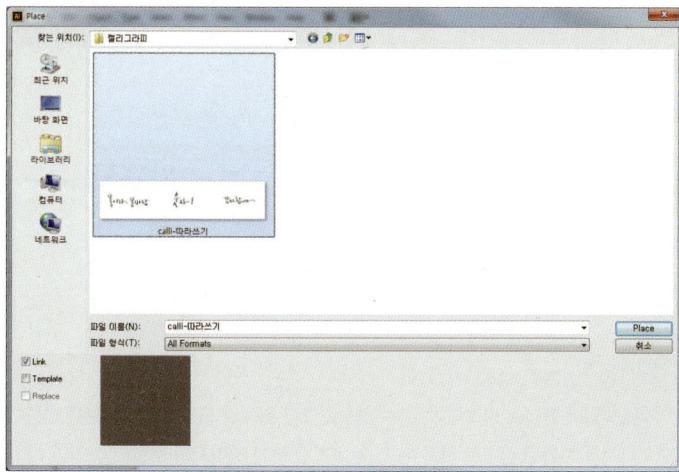

● 캘리그래피 이미지를 스캔한 후 펜 툴로 따라 그리기

직접 쓴 캘리그래피를 스캔하여 작업할 때는 원본 그대로 펜 툴이나 브러시 툴로 따라 쓰는 경우도 있지만, 이 스캔 이미지를 [Image Trace]를 이용해 벡터화하는 방법도 많이 사용됩니다. 따라서 원본 글씨를 쓸 때는 캘리그래피를 작업하는 방법에 따라 글씨 크기를 조절하는 것이 중요합니다. 펜 툴 등으로 원본을 그대로 따라 쓰는 경우에는 원본 사이즈가 크게 중요하지 않지만, [Image Trace] 기능을 사용할 때는 가능하면 글씨를 크고 선명하게 쓰는 것이 좋습니다. 그래야 벡터화했을 때 원본 이미지와 비슷한 느낌으로 결과물이 완성됩니다.

01. 일러스트레이터에서 단축키 Ctrl + N 을 눌러 새 창을 엽니다. 스캔한 캘리그래피 이미지를 새 창으로 불러오기 위해 [File]-[Place]를 클릭합니다. [Place] 창이 나타나면 4장 예제 폴더에서 calli-따라쓰기.jpg 파일을 더블클릭합니다.

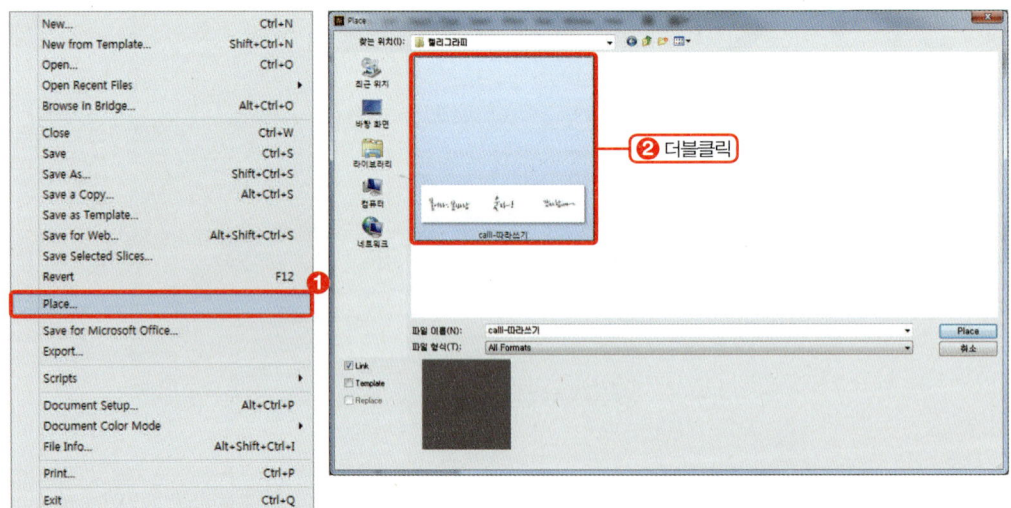

02. 그림과 같이 스캔한 이미지가 나타나면 이미지가 포함된 레이어를 잠그고 새로운 레이어를 생성합니다. 스캔한 이미지가 맨 아래쪽 레이어에 위치해야 합니다.

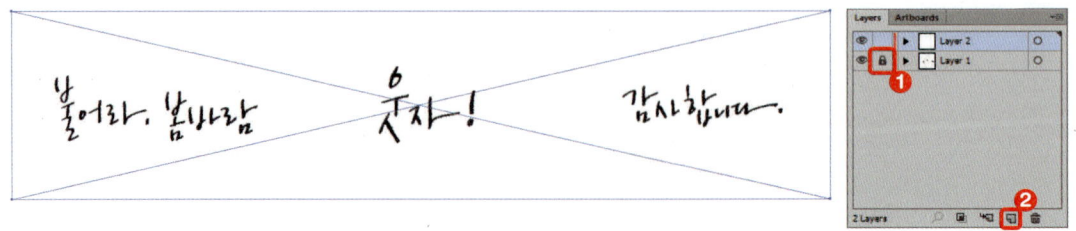

> **Tip** **Ai 활용 업그레이드**
>
> 불러온 이미지는 외부 폴더에 링크되어 있는 상태로 그림 위에 x 모양이 표시되는데, 상단 컨트롤 패널에서 [Embed] 버튼을 누르면 문서에 이미지가 포함된 상태로 바꿀 수 있습니다. 문서에 이미지가 포함되면 외부 이미지가 삭제되어도 파일 내에는 그대로 남아 있게 되므로, 바로 저장하여 인쇄소에 파일을 넘길 수 있습니다.

03. 쓰고 싶은 글씨를 Ctrl + Space Bar + 드래그하여 확대합니다.

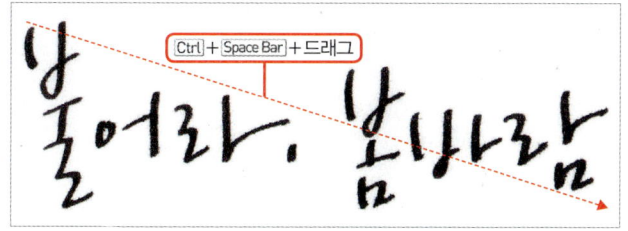

04. 단축키 P를 눌러 펜 툴을 선택한 후 스캔한 이미지를 따라 선을 그립니다. [Stroke] 패널에서 [Cap]을 [Round Cap]으로 수정합니다.

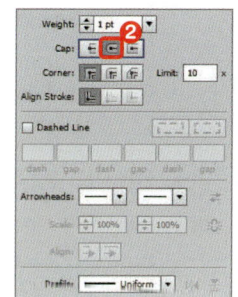

05. 붓으로 쓴 느낌의 선을 만들기 위해 단축키 Shift + W를 눌러 폭 툴을 선택합니다. 스캔한 이미지의 글씨 두께와 비슷해 보이도록 선 두께를 조절합니다.

Tip | **Ai 활용** **업**그레이드_ 양끝의 두께를 먼저 지정하고 선 폭 조절하기

선의 강약을 표현하기 위해 폭 툴을 사용할 때는 선 두께를 조절하게 됩니다. 이때 선의 양끝을 먼저 지정해 수정한 후 중간 부분을 조절하면 선 모양이 흐트러지지 않아 좀더 편하게 수정할 수 있습니다.

스캔한 이미지를 따라 펜 툴로 선을 그린 후 단축키 Shift + W를 눌러 폭 툴을 선택합니다. 선의 양 끝을 폭 툴로 먼저 조절합니다. 그림과 같이 양끝을 조절하고 중간 부분을 클릭+드래그하여 선을 양쪽으로 늘리면서 두께감을 줍니다. 좀더 자연스러운 필압의 표현을 위해 한쪽 부분의 폭만 늘어나도록 Alt + 클릭 + 드래그해 수정합니다.

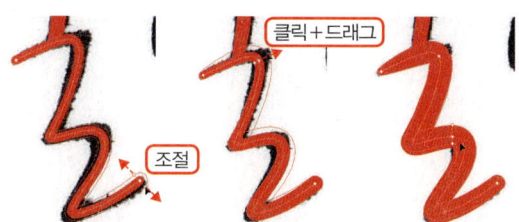

1_ 양끝 조절하기 **2_** 두께감 주기

06. 작업 상태를 정확히 확인하려면 스캔한 이미지가 들어 있는 레이어를 숨기고 자연스럽게 필압이 표현되었는지 점검합니다.

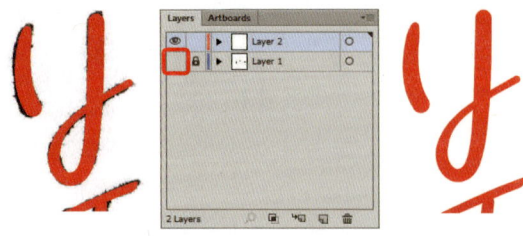

Tip **Ai 활용** ^업그레이드_ 폭 툴로 사선 브러시 효과 내기

선으로 글씨를 표현할 때 두께가 어느 정도 있는 선의 시작 부분을 실제 글을 쓴 것처럼 사선으로 기울여 표현해야 할 때가 있습니다. 이때 사선 브러시를 따로 사용하지 않고, 폭 툴만으로 사선 브러시 효과를 내는 방법에 대해서 알아보겠습니다.

펜 툴을 이용해 스캔한 이미지를 선으로 그립니다. 단축키 Shift + W 를 눌러 폭 툴을 선택하고 그림과 같이 선 위쪽의 두께를 조절합니다. 폭 툴 상태에서 Alt + 클릭 + 왼쪽으로 드래그하여 사선 형태로 조절합니다.

그림처럼 선의 아래쪽도 같은 방법으로 조절하여 실제 펜으로 쓴 것 같은 느낌으로 글씨를 표현합니다.

07. 글씨를 모두 쓰고 나면 단축키 Ctrl + G 를 눌러 그룹화합니다.

08. 글씨를 검은색으로 바꾼 후 [Object]-[Expand Appearance]를 클릭하여 선을 면으로 만듭니다.

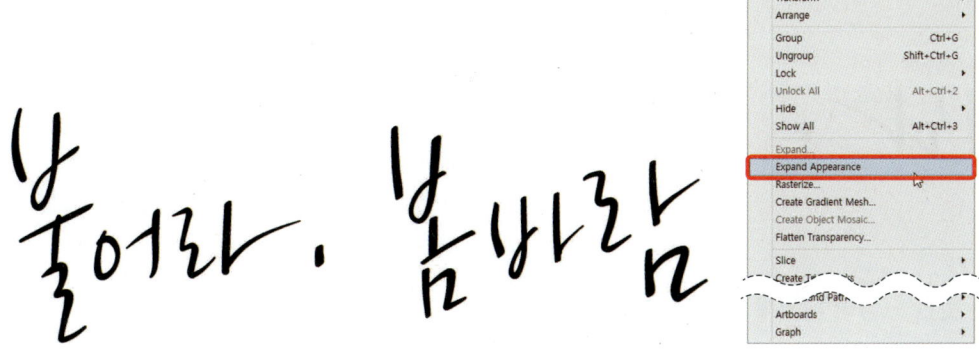

> **Tip** | **작업 효율 업그레이드**
>
> 선을 면으로 바꿀 때는 Expand를 적용하기 전 미리 선 상태의 원본 파일을 따로 보관해둡니다. 추가 수정이 필요한 경우에 편리하게 사용할 수 있습니다.

09. 면으로 바꾼 캘리그래피를 선택하고 [Pathfinder] 패널에서 [Unite]를 클릭하여 겹쳐지는 면을 모두 합칩니다. 꺾이는 면이나 겹쳐진 부분에서 정리되지 않은 면은 포인트를 삭제하거나 부자연스러운 패스를 부드러운 모양으로 수정하여 정리합니다.

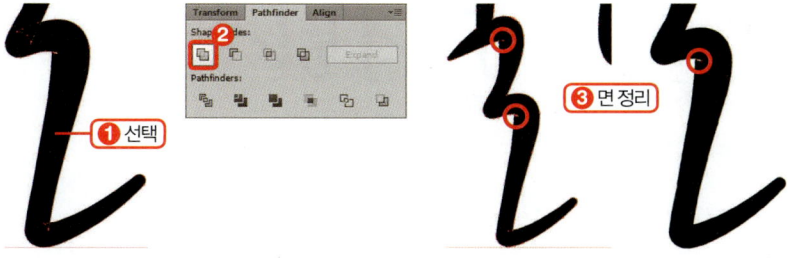

10. 단축키 Ctrl + Y 를 눌러 아웃라인을 보면서 불필요한 선이 남아 있는지 확인합니다. [Object]-[Path]-[Clean Up]을 적용해 불필요한 선을 정리합니다.

11. 필압이 느껴지는 깔끔한 캘리그래피가 완성되었습니다.

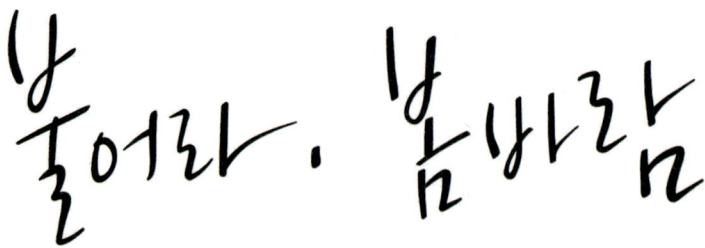

🔵 붓으로 쓴 듯한 느낌이 나도록 캘리그래피 수정하기

글씨를 붓으로 직접 쓴 것처럼 좀더 자연스럽게 수정해보겠습니다.

01. 앞서 작업한 면으로 정리한 글씨를 선택하고 선 색을 검은색으로 지정합니다. [Brushes] 패널의 기본 브러시에서 붓으로 쓴 듯한 느낌을 주는 [Charcoal-Feather]를 클릭합니다. [Stroke] 패널에서 선 굵기를 얇게 조절하면 붓으로 쓴 느낌의 캘리그래피로 수정됩니다.

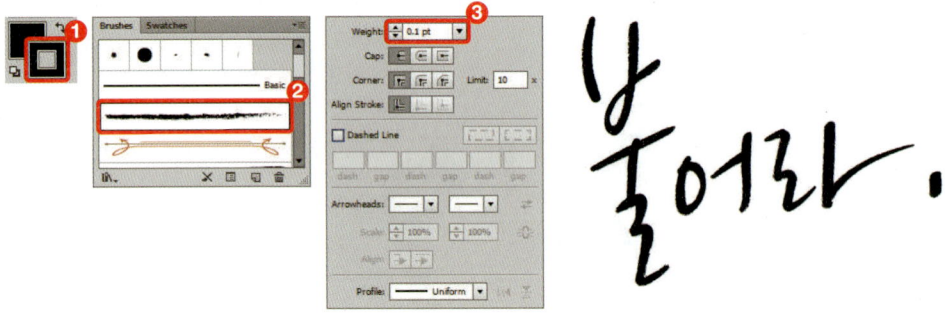

02. 브러시를 적용한 선을 면으로 정리하기 위해 [Object]-[Expand Appearance]를 클릭합니다. [Pathfinder] 패널에서 [Unite]를 클릭하여 하나의 면으로 정리합니다.

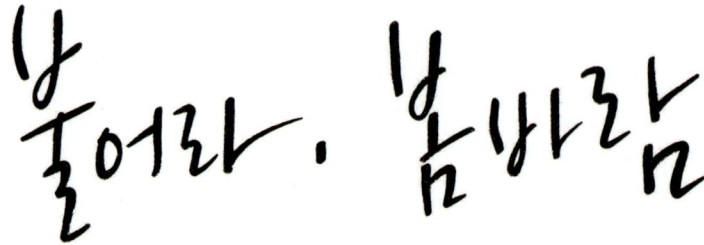

⬤ 태블릿 없이 간편하게 캘리그래피 완성하기 - 펜 툴로 글씨 쓰고 브러시 적용하기

태블릿을 사용하면 화면에 필압을 그대로 옮길 수 있는 장점이 있습니다. 하지만 태블릿이 없어도 브러시를 사용하거나 Profile을 조절하면 비슷한 느낌으로 캘리그래피를 표현할 수 있습니다.

01. 단축키 [P]를 눌러 펜 툴을 선택합니다. 앞서 불러온 이미지에서 원하는 글씨를 확대한 후 스캔한 이미지를 따라 선을 그립니다.

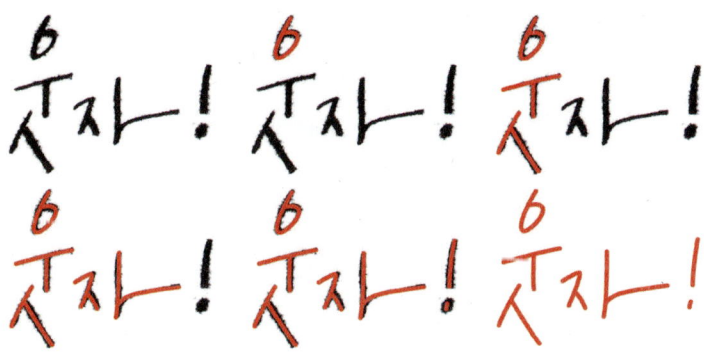

02. 앞서 쓴 글씨에 브러시를 적용해보겠습니다. 브러시 패널에서 드롭다운 메뉴 버튼을 클릭하고 [Open Brush Library]-[Artistic]-[Artistic_ChalkCharcoalPencil]을 선택합니다. [Articstic_ChalkCharcoalPencil] 패널이 나타나면 하나씩 눌러본 후 원하는 스타일의 브러시를 선택합니다.

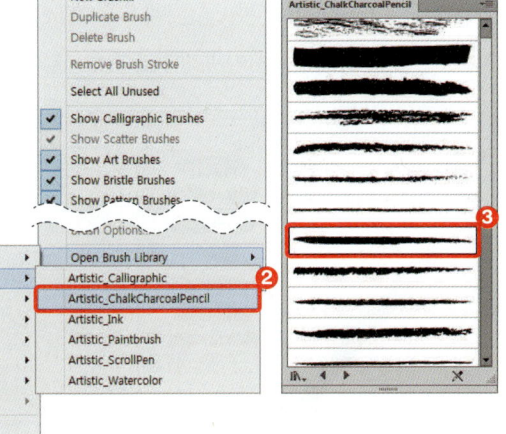

03. 브러시가 적용된 선을 모두 선택하고 단축키 [Ctrl]+[G]를 눌러 그룹화합니다. 적용한 브러시의 속성을 조절하기 위해 브러시 패널에서 적용한 브러시를 더블클릭합니다.

04. [Art Brush Options] 창을 이용하면 [Stroke] 패널을 이용하지 않더라도 바를 이용해 선 두께를 조절할 수 있습니다. 선의 시작점과 끝점 모양은 [Flip Along]과 [Flip Across]를 이용해 조절합니다.

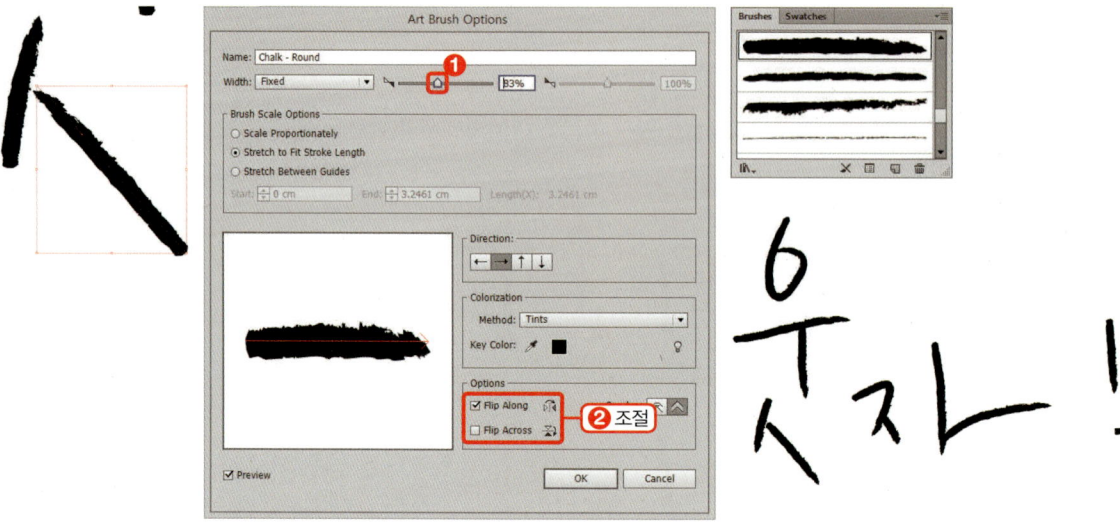

05. 필압이 느껴지는 스타일로 수정하기 위해 브러시를 적용한 후 상단 컨트롤 패널에서 [Variable Width Profile]을 클릭합니다. [Profile]에서 원하는 스타일을 선택합니다. [Stroke] 패널에서 [Flip Along]과 [Flip Across]를 이용해 [Profile]의 방향을 바꿀 수 있습니다.

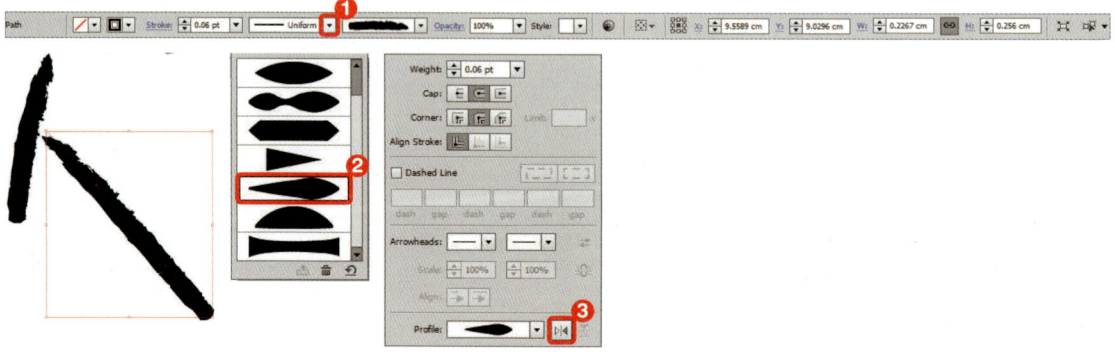

06. 원하는 스타일의 브러시와 [Profile]을 적용한 후 면으로 정리하기 위해 [Object]—[Expand Appearance]를 클릭합니다.

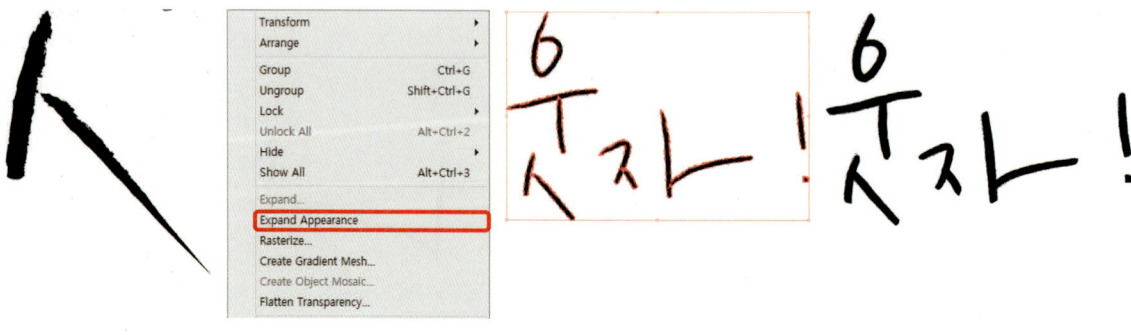

굳이 [Profile]과 폭 툴을 사용하지 않더라도 충분히 캘리그래피 효과를 낼 수 있습니다. 펜 툴로 글씨를 쓰고 선을 면으로 바꾼 후 선에 바로 브러시를 적용합니다. 브러시 패널의 드롭다운 메뉴 버튼을 누르고 [Open Brush Library]에 마우스를 대면 브러시의 종류가 많이 보입니다. 다양한 브러시의 종류를 살펴보며 캘리그래피에 어울리는 브러시들을 적용하고, [Stroke] 패널에서 선 굵기를 조절하며 캘리그래피의 느낌을 줄 수 있습니다.

그림과 같이 직접 붓으로 종이에 쓴 듯한 질감을 표현하려면 브러시 적용 시 선 굵기를 얇게 조절하는 것이 중요합니다. 이때 원본 글씨에 브러시 적용만 잘하면 굳이 캘리그래피 펜이나 붓으로 쓰지 않더라도 원하는 글씨 느낌을 살릴 수 있습니다.

캘리그래피는 처음 시도하기는 쉽지만 좋은 작품이 나오기까지는 은근히 까다로운 분야입니다. 저도 처음에 연습장 한 권에 이런저런 글씨를 써보며 연습했던 것이 생각납니다. 캘리그래피를 처음 연습할 때는 캘리그래피 전용 펜을 사용하는 것이 좋습니다. 캘리그래피 전용 펜으로 필압을 느끼면서 써보는 것은 실력을 키우는 데 도움이 됩니다. 캘리그래피 펜은 저렴한 연습용부터 사용하면서 전용 펜 느낌을 익히고, 어느 정도 실력이 붙어 제대로 쓰고 싶다는 생각이 들 때 연습용 이상의 펜을 선택합니다. 캘리그래피 쓰기에 익숙해지면 연필이나 사인펜 등 어떤 펜으로 써도 펜 자체의 느낌을 살릴 수 있습니다.

Section 02

다양한 느낌으로 글자를 변형한 타이포 포스터 만들기

일러스트레이터는 알면 알수록, 익히면 익힐수록 다양하게 활용할 수 있는 많은 기능이 있습니다. 이러한 기능은 어떻게 적용하느냐에 따라 작업물의 품질과 느낌이 달라집니다. 각종 Warp나 Scribble, 3D 이펙트 등 자주 사용하지 않았던 툴을 활용해보고 여러 가지 툴을 이용한 포스터를 만들어보면서 실무에서 간단하게 활용할 수 있는 기능을 익혀보겠습니다.

➕ **실습 파일** 4장 \ 문구.txt ➕ **결과 파일** 4장 \결과 파일 \ 4장_섹션2.ai

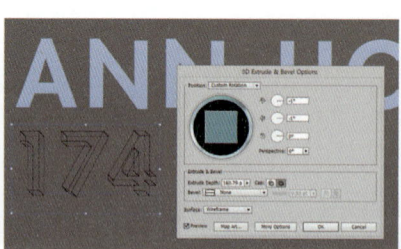

● **사용한 툴**

• 사각형 툴 ⬜ M [Rectangle] 옵션 창을 활용하면 정확한 치수의 도형을 그릴 수 있습니다.

• 글자 툴 T T • 선 툴 ╱ W • 원 툴 ⬭ L

• 폭 툴 Shift + W 선 폭을 조절할 수 있습니다.

● **사용한 패널**

_ Pathfinder 패널 Shift + Ctrl + F9 : 서로 쪼개져 있는 면을 합칠 수 있습니다.

● **사용한 기능**

_ Extrude&Bevel [Effect]−[3D]−[Extrude&Bevel] : 입체 오브젝트로 만들 수 있습니다. 타입 오브젝트 상태에서도 이펙트를 적용할 수 있습니다.

 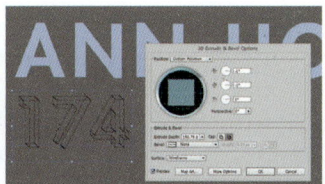 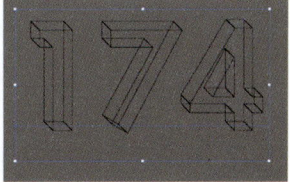

_ Scribble [Effect]−[Stylize]−[Scribble] : 선이나 면 오브젝트를 색연필로 칠한 느낌으로 작업할 수 있습니다.

_ Make Top Object [Object]−[Envelope Distort]−[Make Top Object] : 원하는 오브젝트 안에 오브젝트 모양 그대로 글자를 넣을 수 있습니다.

⚙ [Effect]-[3D] 기능 이용해서 입체감이 나는 와이어 글씨 만들기

01. 작업 화면에서 단축키 [M]을 눌러 사각형 툴 ▣을 선택하고 빈 화면을 클릭합니다. [Rectangle] 옵션 창이 나타나면 [Width]와 [Height]에 각각 11cm를 입력하고 [OK]를 누릅니다. 정사각형의 면 색과 선 색을 수정합니다.

02. 사각형을 선택하고 [Stroke] 패널에서 선 두께를 6pt로 수정한 후 [Align Stroke]-[Align Stroke to Outside]로 지정합니다.

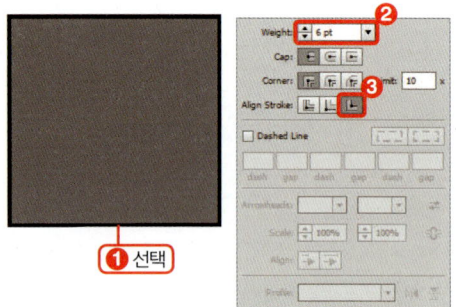

03. 단축키 [T]를 눌러 글자 툴 T.(Type Tool)을 선택하고 사각형 상단을 클릭한 후 문구를 입력합니다. 글자 오브젝트를 선택하고 글자 색을 수정합니다.

04. 단축키 [T]를 눌러 글자 툴을 선택한 후 사각형 안에 174를 입력합니다.

05. 숫자 오브젝트를 선택한 후 [Appearance] 패널에서 [Add New Effect]−[3D]−[Extrude & Bevel]을 클릭합니다.

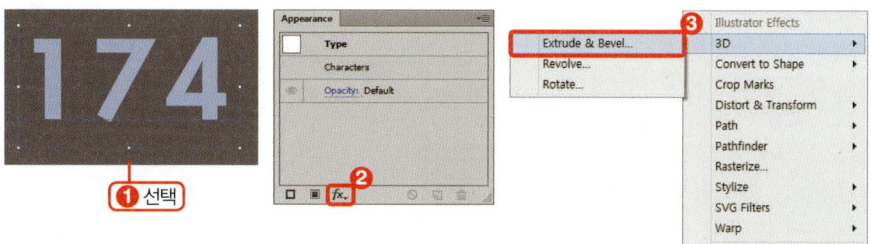

06. [3D Extrude & Bevel Options] 창이 나타나면 그림과 같이 옵션 값을 수정하고 [OK]를 클릭합니다. 자신이 원하는 느낌으로 옵션 값을 재조정할 때는 상단의 옵션을 이용하여 입체 글씨의 방향을 정하고, [Extrude Depth]에서 입체 글씨의 두께를 조절합니다. [Surface]에서는 입체 글씨 표면에 적용할 효과를 외곽선, 단색, 부상, 유광 중에서 선택할 수 있습니다. 여기에서는 외곽선인 [Wire Frame]을 선택했습니다.

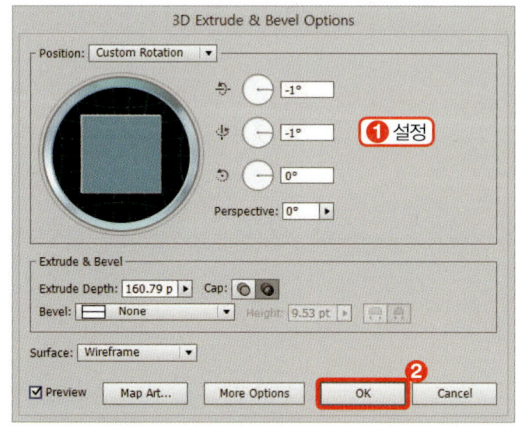
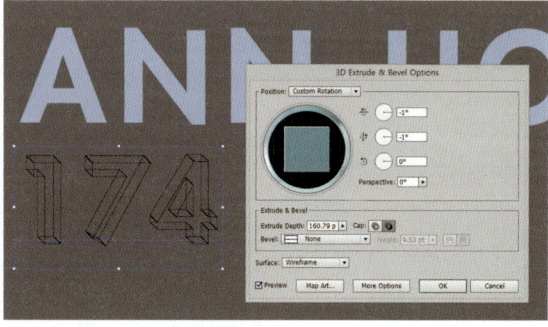

07. 외곽선으로 이루어진 와이어 느낌의 입체 글씨 이펙트가 적용되어 있는 숫자 오브젝트를 선택합니다. [Object]−[Flatten Transparency]를 클릭하여 보이는 모양 그대로 오브젝트를 만듭니다.

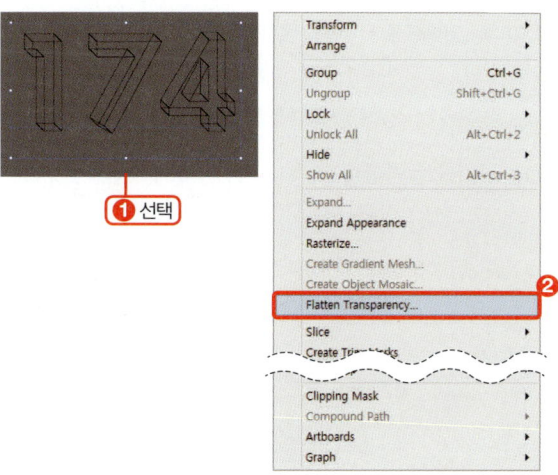

08. [Flatten Transparency] 옵션 창이 나타나면 이펙트 상태의 글씨를 오브젝트화하기 위해 [Convert All Text to Outlines]에 체크 표시합니다. 보이는 모양 그대로 정교한 오브젝트를 만들기 위해 [Raster/Vector Balance]의 바를 오른쪽으로 이동시켜 100으로 조정합니다. 바의 기본 옵션 값은 75인데, 이 정도의 값도 정교한 느낌을 낼 수 있으나 보이는 모양 그대로 섬세한 부분까지 벡터화하지 못하므로 옵션 값을 100으로 조정하고 [OK]를 클릭합니다. 그림과 같이 보이는 그대로 벡터화된 것을 확인할 수 있습니다.

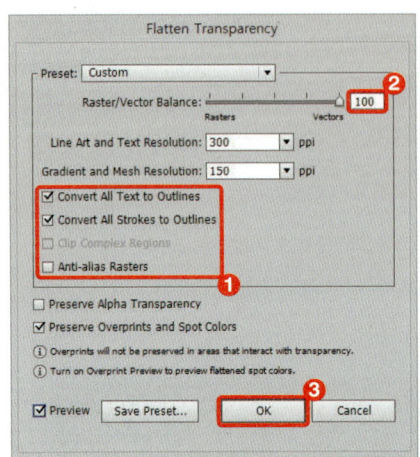
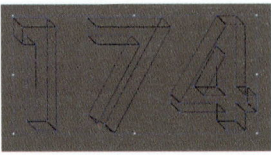

🔹 오브젝트로 정리하고 원하는 색 지정하기

01. 숫자 오브젝트에 선 색을 지정합니다. 선을 면으로 바꾸기 위해 [Object]-[Expand Appearance]를 클릭합니다.

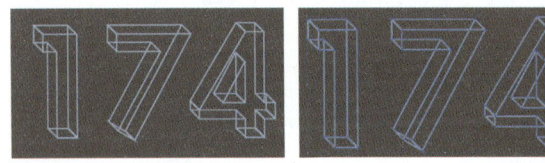

선 색 지정

> **Tip** 작업 효율 **업**그레이드
>
> 단순한 수정 작업에서는 굳이 선을 면으로 바꿀 필요가 없습니다. 그러나 인쇄소 등에 파일을 넘기려면 반드시 이 과정을 완료하고 완성 파일을 전달합니다.

02. 오브젝트를 전체 선택한 후 [Pathfinder] 패널에서 [Divide]를 클릭합니다.

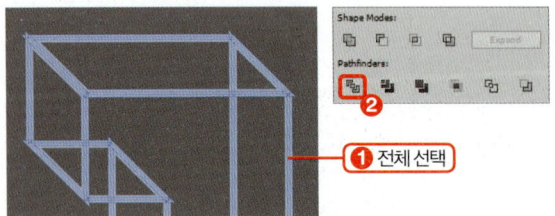

03. 단축키 A를 눌러 직접 선택 툴을 선택하고 정리가 되지 않은 모서리 작은 면의 포인트 1개를 선택한 후 Delete를 2번 눌러 정리합니다. 같은 방법으로 전체 오브젝트의 모서리 부분을 정리합니다. 전체적으로 모서리 부분이 깔끔하게 정리되었습니다.

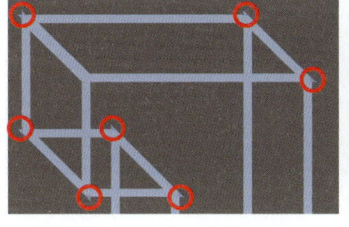 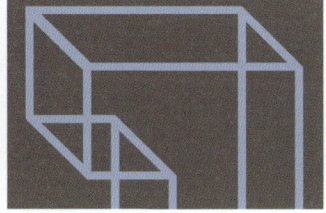 

모서리 정리   정리된 모서리

04. 4장 예제 폴더에서 문구.txt 파일을 열고 전체를 선택한 후 단축키 Ctrl + C를 눌러 내용을 복사합니다. 텍스트 상자를 만들어 글씨를 붙여 넣어보겠습니다(Ctrl + V). 일러스트레이터로 돌아온 후 단축키 T를 눌러 글자 툴 T.을 선택하고 숫자 오브젝트의 오른쪽을 드래그하여 텍스트 상자를 만듭니다. 원하는 스타일의 서체를 지정하고 서체 컬러를 지정합니다.

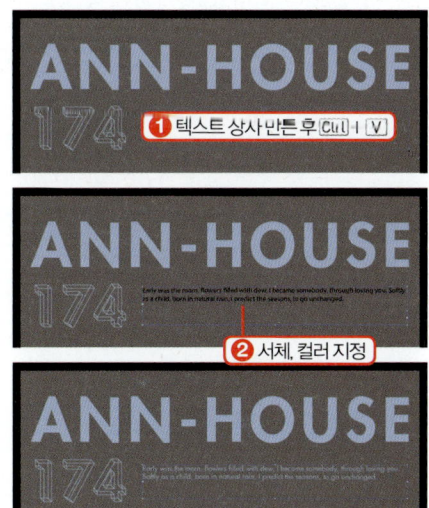

05. 소문자를 한꺼번에 대문자로 바꿔보겠습니다. 텍스트 상자를 선택하고 단축키 Ctrl + T를 눌러 [Character] 패널을 불러온 후 [All Caps]를 클릭합니다. 모든 텍스트가 대문자로 바뀌었습니다.

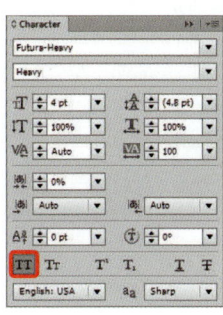 

● 색연필로 칠한 느낌이 나는 글씨 만들기

01. 사각형 아래쪽에 글자를 입력한 후 글자 크기를 크게 수정합니다.

02. 단축키 Shift + X 를 눌러 면에 지정된 색을 선 색으로 바꿉니다. [Appearance] 패널에서 [Add New Fill]을 클릭하여 면을 추가합니다.

 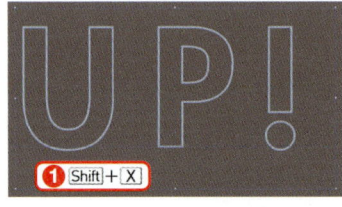 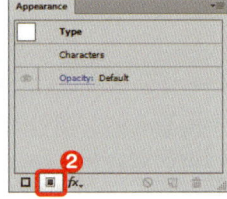

03. 새로 추가한 면 색이 검은색인 것을 확인할 수 있습니다. 면 색을 바꾼 후 [Add New Effect]를 클릭합니다.

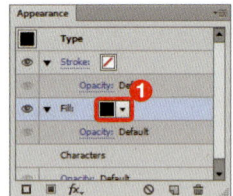 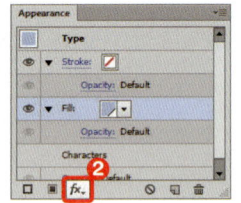

04. [Effect]−[Stylize]−[Scribble]을 클릭하고 옵션 창이 나타나면 다음 그림과 같이 옵션 값을 수정하고 [OK]를 클릭합니다. [Scribble Options] 창에서 [Preview]에 체크 표시한 후 옵션 값을 수정하면 수정된 모양 을 미리 확인하면서 원하는 스타일로 세밀하게 바꿀 수 있습니다. 기본적으로 [Stroke Width]를 이용하여 선 두 께를 설정할 수 있고, Spacing으로 선 간격을 설정할 수 있습니다.

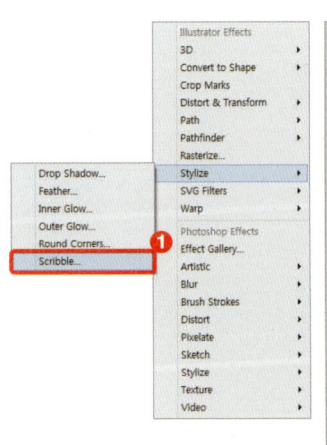 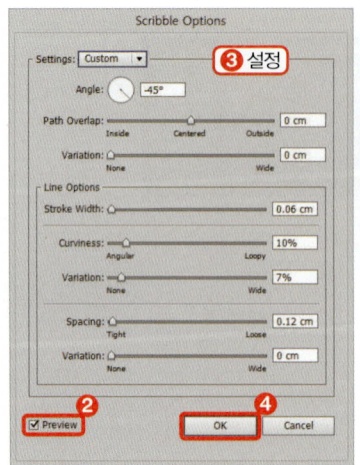 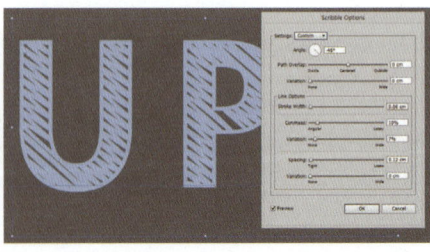

Tip Ai 활용 ^업그레이드_ [Scribble Options] 알아보기

❶ **Settings** : 다양하게 설정된 옵션 스타일을 선택합니다.

❷ **Angle** : 선의 각도를 조절할 수 있습니다.

❸ **Path Overlap** : 오브젝트 영역을 기준으로 선이 벗어나는 정도를 설정합니다. 왼쪽으로 갈수록 오브젝트 안쪽으로, 오른쪽으로 갈수록 오브젝트 바깥쪽으로 벗어나는 정도가 커집니다. Variation은 벗어나는 모양의 균형을 맞춰줍니다.

❹ **Stroke Width** : 선 두께를 설정합니다.

❺ **Curviness** : 구부러지는 선 모양을 설정합니다. 값이 커질수록 지그재그 모양이 둥글게 설정됩니다. Variation의 값으로 선의 균형을 맞출 수 있습니다.

❻ **Spacing** : 선 사이 간격을 설정합니다. Variation의 값으로 선 사이 간격의 균형을 맞출 수 있습니다.

❼ **Preview** : 체크 표시한 상태로 옵션을 조절하면 실시간으로 옵션이 적용된 모습을 확인할 수 있습니다.

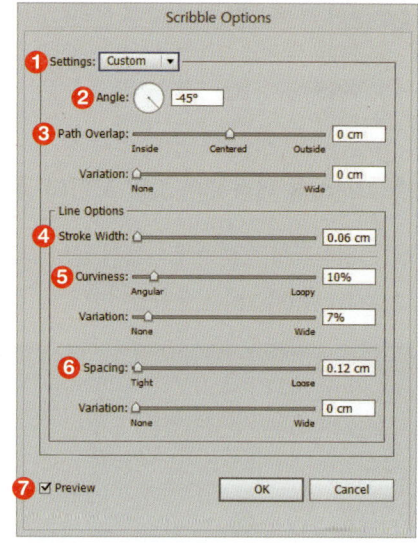

Tip Ai 활용 ^업그레이드_ [Scribble Options]-[Settings] 간단히 알아보기

[Settings]에서 설정할 수 있는 11개의 옵션 스타일은 다음과 같습니다. 각 옵션 적용 시 나타나는 특징을 잘 살펴보고 직접 옵션 값을 조정해보면 효과적으로 [Scribble] 기능을 다룰 수 있습니다.

05. [Scribble]이 적용된 글자의 선 굵기가 옵션이 적용된 선 두께와 비슷하게 보이도록 [Stroke] 패널에서 수정합니다.

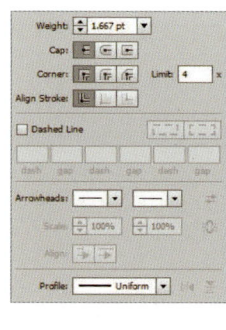

⬡ Warp를 이용해서 깃발 모양의 글씨 만들기

01. 정사각형 오른쪽에 다음과 같이 작게 글자를 입력합니다. 글자 크기를 수정하고 [Appearance] 패널에서
[Add New Effect]를 클릭합니다.

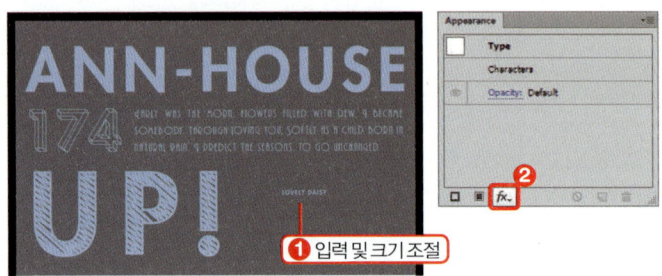

02. [Effect]-[Warp]-[Flag]를 클릭하고 [Warp Options] 창이 나타나면 [Bend]의 바를 다음과 같이 이동한
후 [OK]를 클릭합니다. 옵션이 적용된 물결 모양의 글자 오브젝트를 선택하고 Shift + Alt + 드래그하여 아래 방
향으로 복사합니다.

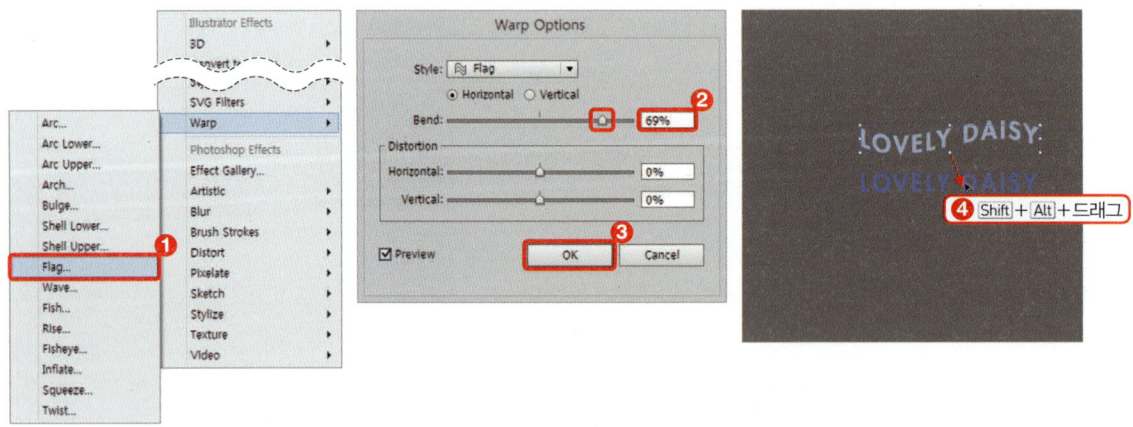

03. 그대로 단축키 Ctrl + D 를 눌러 같은 간격으로 한 개 더 복사합니다.

04. 단축키 W를 눌러 선 툴 ✏을 선택하고 Shift + 드래그하여 긴 선을 만든 후 색을 지정합니다. 단축키 Ctrl + U를 눌러 스마트 가이드가 보이도록 설정한 상태에서 단축키 L을 눌러 원 툴 ⬤을 선택합니다. 선 상단 포인트에 마우스 커서를 위치한 후 Shift + Alt + 드래그하여 원을 만듭니다.

05. 단축키 M을 눌러 사각형 툴을 선택한 후 학교 모양을 그립니다. 단축키 T를 눌러 글자 툴을 선택한 후 다음과 같이 글씨를 입력합니다. 깃발과 숫자, 학교 모양의 오브젝트를 선택하고 단축키 Ctrl + G를 눌러 그룹화합니다.

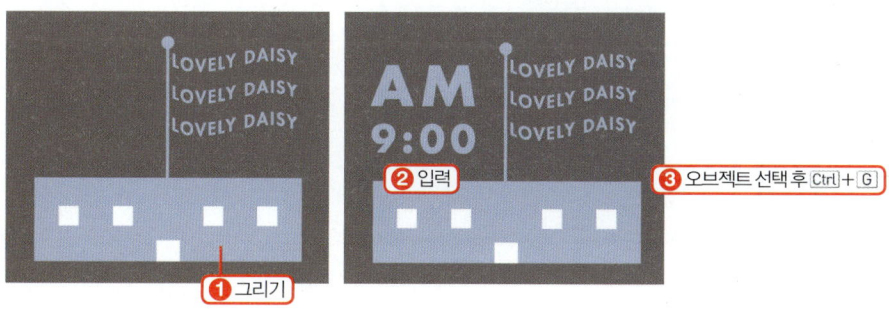

06. 단축키 T를 눌러 글자 툴을 선택하고 드래그하여 하단에 텍스트 상자를 만듭니다. 복사해두었던 메모장의 문구를 붙여 넣거나 원하는 문구를 입력합니다. 텍스트 상자를 선택하고 단축키 Ctrl + T를 눌러 [Character] 패널을 불러온 후 [All Caps]를 클릭하여 모든 글자를 대문자로 바꿉니다.

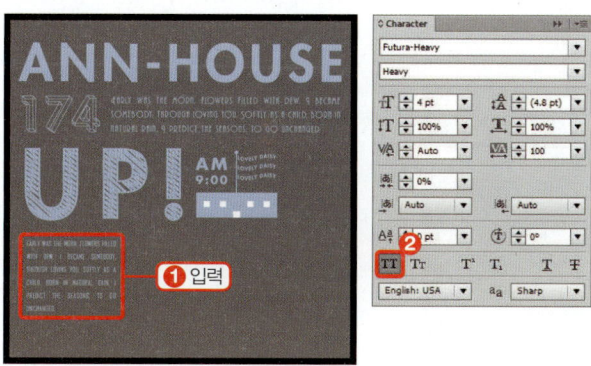

07. 단축키 ⊺를 눌러 글자 툴 ⊤.을 선택한 후 다음과 같이 문구를 입력한 후 색을 지정합니다. 그대로 단축키 Shift + X를 눌러 선과 면의 색을 바꿉니다.

08. 숫자를 추가로 입력하고 색을 지정한 후 크기를 수정합니다.

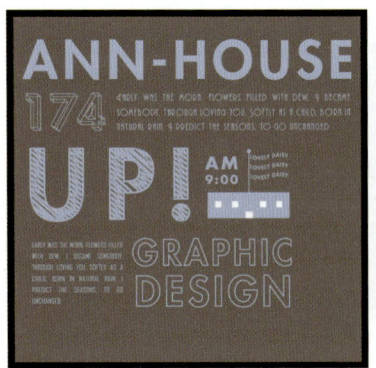
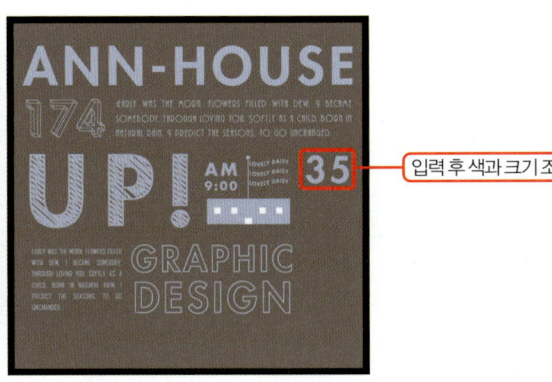

⚙ Offset Path를 이용하여 라인으로 한 번 더 둘러싸인 글씨 만들기

01. 단축키 ⊺를 눌러 글자 툴을 선택한 후 빈 공간을 클릭하고 문구를 입력합니다. 글자 색을 지정하고 단축 키 ⩔를 눌러 선택 툴을 선택한 후 모서리 부분에 마우스 커서를 이동합니다. Shift + 드래그하여 글자 오브젝트 를 세로 방향으로 돌립니다. 다음 그림과 같이 글자 오브젝트의 위치를 옮긴 후 [Appearance] 패널에서 [Add New Stroke]를 클릭합니다.

02. 기본 색인 검은색으로 선이 추가되었습니다. [Appearance] 패널에서 [Add New Effect]–[Path]–[Offset Path]를 클릭합니다.

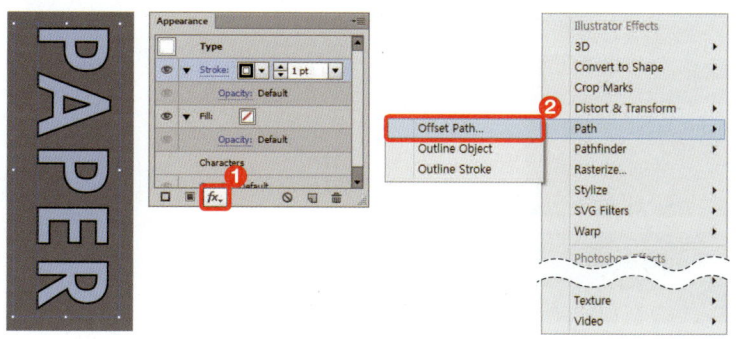

03. [Offset Path] 옵션 창이 나타나면 옵션 값을 다음과 같이 입력하고 [OK]를 클릭합니다. 글자에 검은색 선이 둘러싸인 효과가 적용됩니다. [Appearance] 패널에서 선 색을 수정합니다.

🌸 물결 모양 오브젝트에 글씨 넣기

01. 단축키 W를 눌러 선 툴 ✏ 을 선택한 후 Shift + 드래그하여 가로로 긴 선을 그립니다. 그림과 같이 가로로 긴 선이 만들어졌습니다.

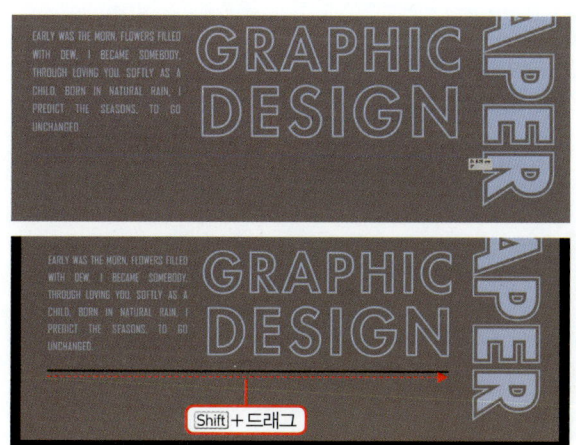

02. 단축키 Shift + W 를 눌러 폭 툴 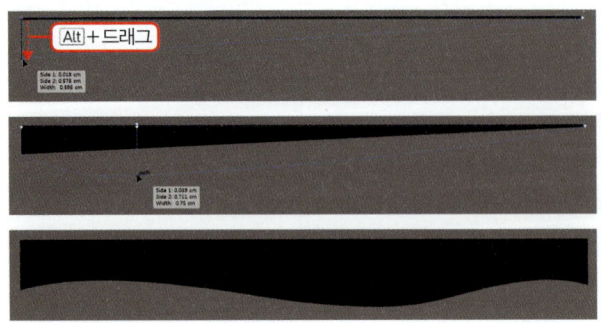 을 선택한 후 Alt 를 누르며 드래그합니다. 그림과 같이 물결 모양의 선을 만듭니다.

03. 선 상태인 물결 모양의 오브젝트를 선택하고 [Object]-[Expand Appearance]를 클릭하여 면으로 바꿔 줍니다. 그림과 같이 선이 면으로 바뀐 것을 확인할 수 있습니다.

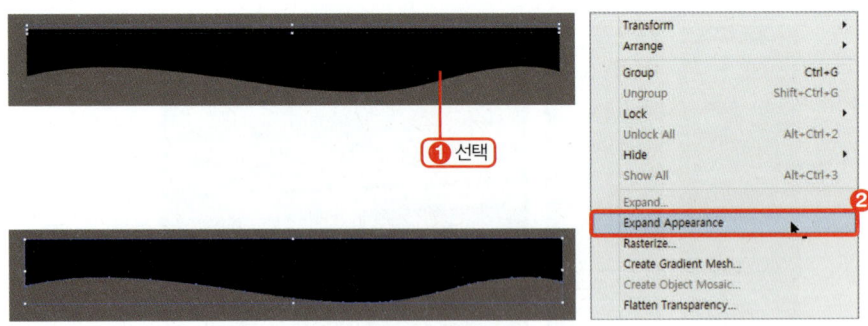

04. 사각형 아래에 글자 툴을 이용해 문구를 입력합니다. 글자 색을 지정합니다.

05. 물결 모양 오브젝트를 선택하고 단축키 Shift + Ctrl +] 를 눌러 오브젝트를 맨 위쪽으로 이동합니다.

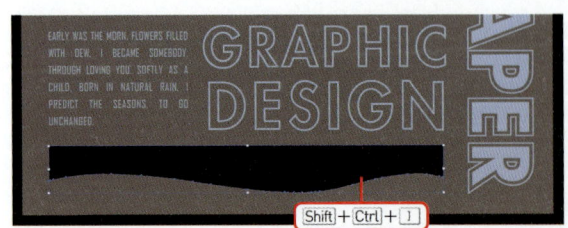

06. 물결 모양 오브젝트와 앞서 입력한 글자 오브젝트를 선택합니다. 단축키 Alt + Ctrl + C 를 눌러 [Object]−[Envelope Distort]−[Make Top Object]를 적용합니다.

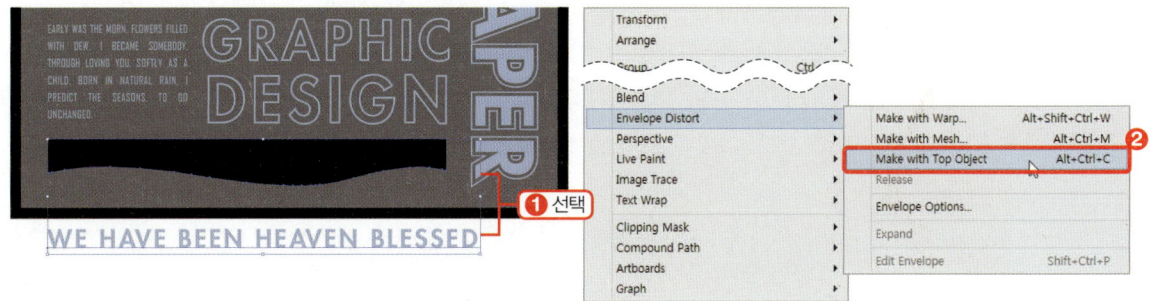

07. 오브젝트 안의 글자 오브젝트가 물결 모양으로 변형된 것을 확인할 수 있습니다.

08. 전체적으로 오브젝트의 위치를 조절하며 정리한 후 그룹화하고 저장합니다.

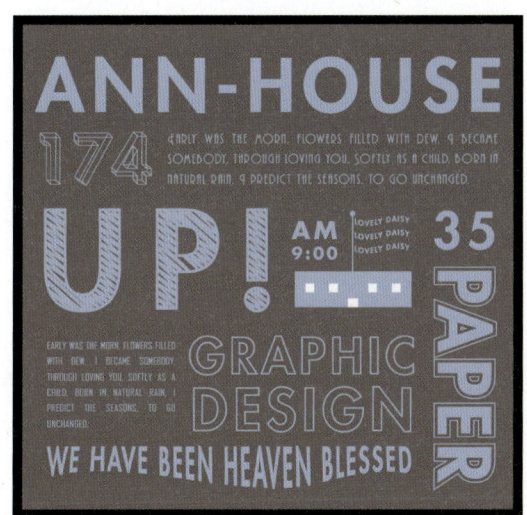

이 예제에서 포스터를 만들며 적용한 기능은 모두 7가지입니다. 각각의 기능만 보면 단순하다고 생각할 수 있지만 어떻게 활용하느냐에 따라 사용한 기능의 효과가 빛나 보일 수 있습니다. 평소에 디자인 작업에 활용할 만한 다양한 기능을 사용해보고, 또 다각도로 연습해두면 실무에서 좀더 빠르고 효율적으로 디자인 결과물을 완성할 수 있습니다.

illustrator

Chapter

05

자유자재로
지면을
활용하는
편집 디자인

Section 01 명함 작업에 꼭 필요한 기본 과정 익히기

명함은 인쇄물 중 작업 방법이 가장 쉽습니다. 흔히 접할 수 있는 작업물이기 때문에 한 번 작업 방법을 익히고 나면 활용하기도 좋습니다. 요즘은 여러 개의 인쇄 주문 건을 한 판에 인쇄하는 합판 업체가 많이 생겨서 직접 명함을 작업하고 저렴한 가격에 인쇄를 맡길 수 있습니다. 직접 본인의 명함을 만들고 인쇄를 맡겨보는 것도 실무 작업 과정을 익히는 데 좋은 방법입니다. 여기에서는 기본적인 명함 만드는 방법과 더불어 명함 모양에 따른 칼 선 작업 방법에 대해서 알아보겠습니다.

➕ **결과 파일** 5장 \ 결과 파일 \ 5장_섹션1.ai

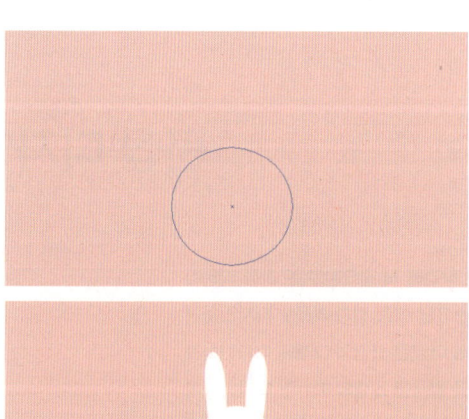

● **사용된 기능**

_ Create Outlines Shift + Ctrl + O : 글자 오브젝트를 면 오브젝트로 바꿉니다. 실무에서는 주로 '폰트를 깬다'고 표현합니다.

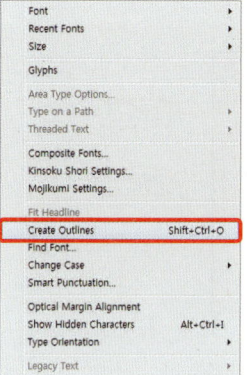

_ Round Corners [Add New Effect]-[Stylize]-[Round Corner] : 오브젝트를 선택한 후 [Radius] 옵션 값을 입력하여 모서리를 둥글게 조절할 수 있습니다.

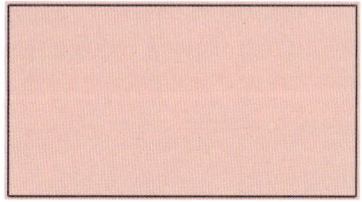
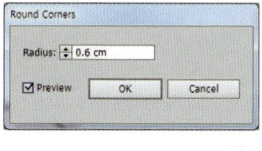

_ Zig Zag [Add New Effect]-[Distort&Transform]-[Zig Zag] : 선이나 면을 지그재그나 물결 모양으로 만들 수 있습니다.

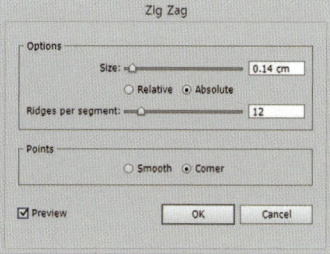

🌸 명함 작업 기본 익히기

명함을 작업할 때는 다음의 세 가지 선을 기억해둡니다. 실제 명함 크기에서 사방으로 1~2mm 여유를 두고 늘린 편집 선, 실제 인쇄물 크기인 재단 선, 재단 선 안쪽으로 2~3mm 여유를 두고 작업하는 안전선 등이 명함 작업 시 기본적으로 알아두어야 할 요소입니다.

01. 단축키 [M]을 눌러 사각형 툴 □.을 선택합니다. 빈 바탕화면을 클릭하고 그림과 같이 가로로 긴 명함의 크기를 입력합니다. 면 색을 원하는 색으로 바꿉니다.

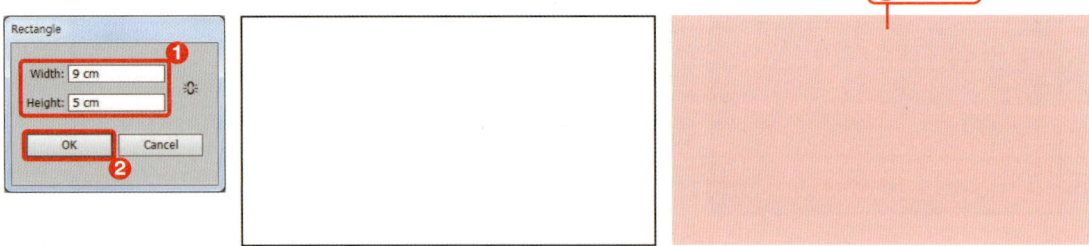

02. 단축키 [L]을 눌러 원 툴 ◯.을 선택하고 그림과 같이 토끼 얼굴을 만듭니다.

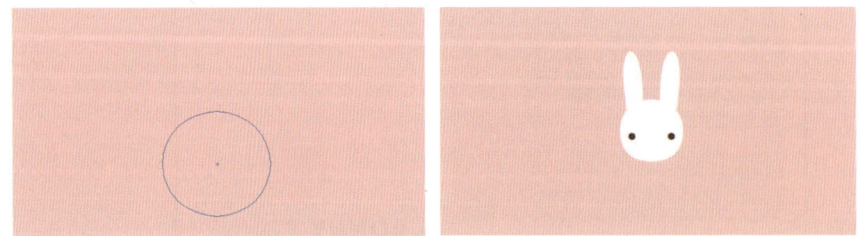

03. 단축키 T를 눌러 글자 툴 T을 선택하고 원하는 문구를 씁니다. 아래쪽에도 작게 문구를 씁니다.

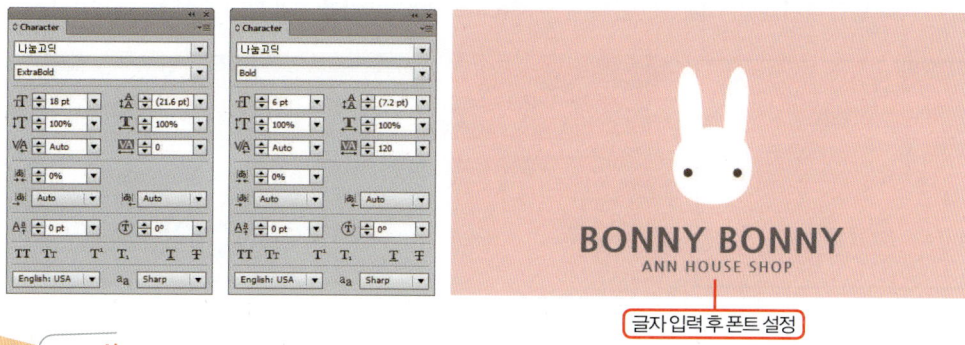

글자 입력 후 폰트 설정

Tip 작업 시 주의사항

같은 크기의 글자라도 폰트마다 크기가 다르니 폰트별 크기에 유의하며 작업합니다.

04. 명함의 바탕 면을 선택하고 [Appearance] 패널에서 [Add New Stroke]를 클릭합니다. [Add New Effect]-[Path]-[Offset Path]를 클릭하고 옵션 창이 나타나면 그림과 같이 [Offset]에 0.1cm를 입력하고 [OK]를 누릅니다. 이 선은 편집 선이 됩니다.

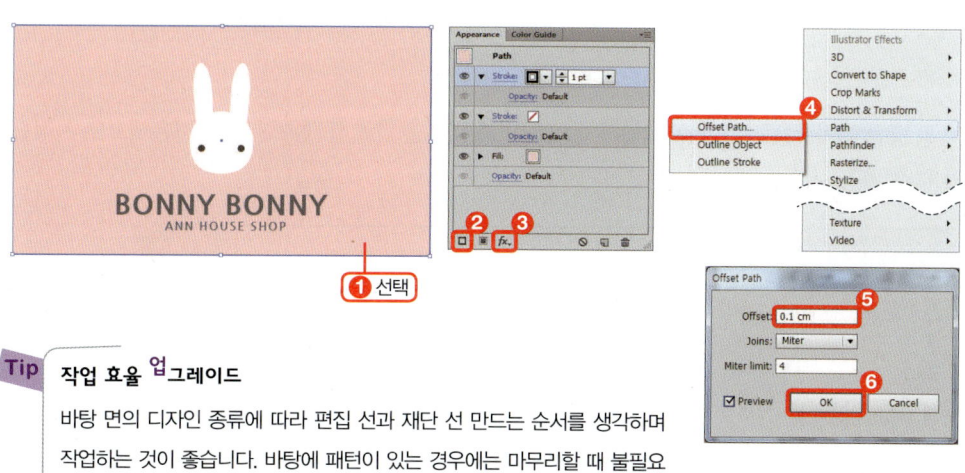

❶ 선택

Tip 작업 효율 업그레이드

바탕 면의 디자인 종류에 따라 편집 선과 재단 선 만드는 순서를 생각하며 작업하는 것이 좋습니다. 바탕에 패턴이 있는 경우에는 마무리할 때 불필요한 작업 시간을 줄일 수 있도록 편집 선을 미리 만들어둔 상태에서 작업하는 것이 좋습니다. 이 내용은 뒤에서 더 자세히 설명하겠습니다.

05. 선이 이펙트로 적용된 면 오브젝트를 선택하고 [Object]-[Expand Appearance]를 적용하여 각각 면과 선으로 나눠줍니다.

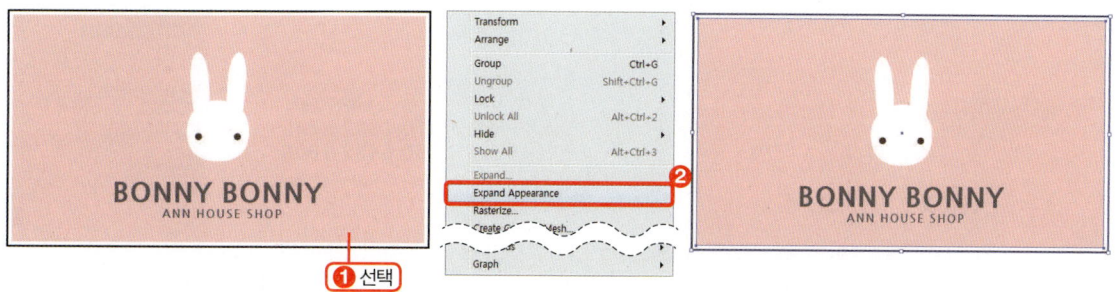

❶ 선택

06. 바깥으로 나온 면에 색을 지정하고 안쪽으로 들어오는 면을 재단 선으로 지정하기 위해 선 색을 수정합니다. 글자 오브젝트를 선택하고 단축키 Shift + Ctrl + O 를 눌러 [Create Outlines]를 적용하여 오브젝트화합니다.

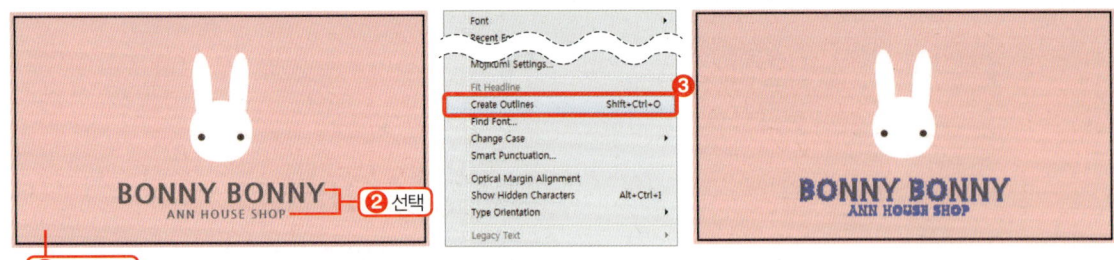

07. 편집 선과 토끼 오브젝트, 글자를 선택하고 [Align] 패널에서 중앙 정렬을 클릭한 후 단축키 Ctrl + G 를 눌러 그룹화합니다. 단축키 Shift + Ctrl + I 를 눌러 편집 선이 보이도록 맨 위로 올라온 그룹화된 오브젝트를 아래쪽으로 내립니다.

08. 같은 방법으로 명함의 뒷장을 작업한 후 그림과 같이 앞면과 뒷면을 나란히 배치합니다. 검은색으로 지정했던 재단 선의 색을 없앱니다.

09. 이제 인쇄를 넘길 수 있는 상태로 정리되었습니다. [Window]-[Document Info]를 클릭합니다. [Document Info] 패널이 나타나면 아웃라인을 적용하지 않은 서체가 있는지, 링크된 이미지가 있는지, 각 효과를 적용한 오브젝트 중 래스터화되지 않은 것이 있는지 등을 확인하며 점검합니다.

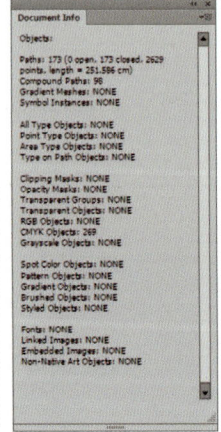

10. 작업 파일을 인쇄소에 넘기기 전 단축키 Ctrl + S 를 눌러 AI 원본 파일로 저장한 후 단축키 Shift + Ctrl + S 를 눌러 인쇄용 파일인 EPS로 저장합니다. 이때 인쇄소에서 지정해준 버전에 맞춰 저장합니다.

지금까지의 과정으로 다른 명함도 작업해보면서 제작 방법을 익히도록 합니다. 명함 작업을 이해했다면 다른 인쇄물 작업도 쉽게 이해할 수 있습니다.

⚙ 명함 모양에 따른 칼 선 작업하기

연필 모양이나 세모 모양, 유리병 모양 등 다양한 형태로 명함을 작업할 수 있지만 기본적으로 사각형 모양이 가장 일반적입니다. 기본 사각형 명함에서 각 모서리에 라운딩을 주는 후가공 방법에 대해서 알아보겠습니다.

모든 모서리가 둥근 칼 선 만들기

모서리에 라운딩을 주는 후가공을 '귀도리'라고 부릅니다. 보통 저렴한 합판집에서는 귀도리를 후가공 처리해 사각형 명함의 각 모서리를 둥글게 잘라내어 모양을 만들어줍니다. 이외에도 명함 작업 시 직접 도무송 칼 선을 넣어 명함을 오려내는 방법을 사용할 수 있습니다. 각 모서리에 라운딩을 주는 칼 선 작업을 통해 명함 작업을 익혀보겠습니다.

01. 단축키 M 을 눌러 사각형 툴 ▣ 을 선택하고 바탕화면을 클릭합니다. [Rectangle] 옵션 창이 나타나면 일반 명함의 기본 규격인 가로 9cm, 세로 5cm에서 사방으로 0.2cm씩 면적을 추가해 편집 선이 들어갈 옵션 값을 지정하고 [OK]를 클릭합니다.

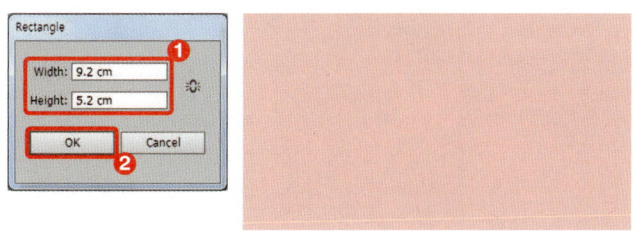

02. 사각형을 선택하고 [Appearance] 패널에서 [Add New Stroke]를 클릭하여 선을 하나 추가합니다. [Add New Effect]–[Path]–[Offset Path]를 클릭합니다. [Offset Path] 옵션 창이 나타나면 본래의 명함 크기로 재단 선을 만들기 위해 −0.1cm를 입력하고 [OK]를 클릭합니다.

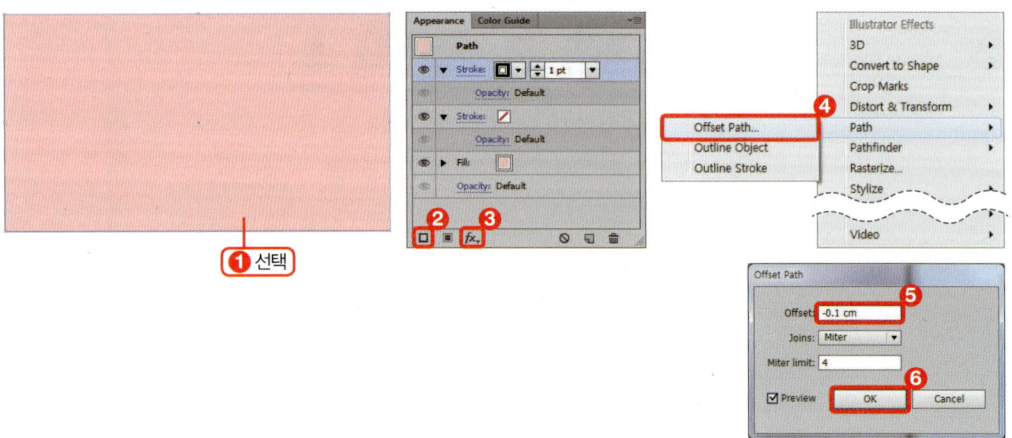

03. 그림과 같이 검은색 선이 이펙트 상태로 면에 추가된 것을 확인할 수 있습니다. 이펙트 상태의 선을 면과 선으로 분리하기 위해 [Object]–[Expand Appearance]를 클릭합니다. 단축키 Shift + Ctrl + G 를 눌러 그룹을 해제합니다.

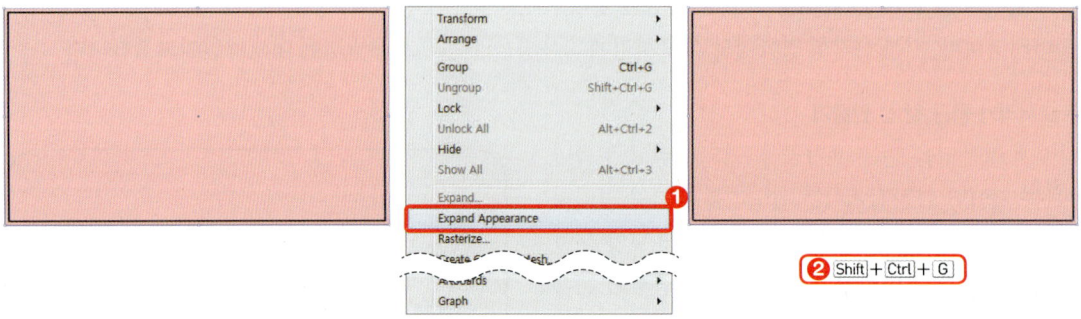

04. 검은색 재단 선을 클릭하고 모서리에 라운딩을 주기 위해 [Appearance] 패널에서 [Add New Effect]–[Stylize]–[Round Corners]를 클릭합니다. 옵션 창이 나타나면 [Radius]에 0.6cm를 입력하고 [OK]를 클릭합니다.

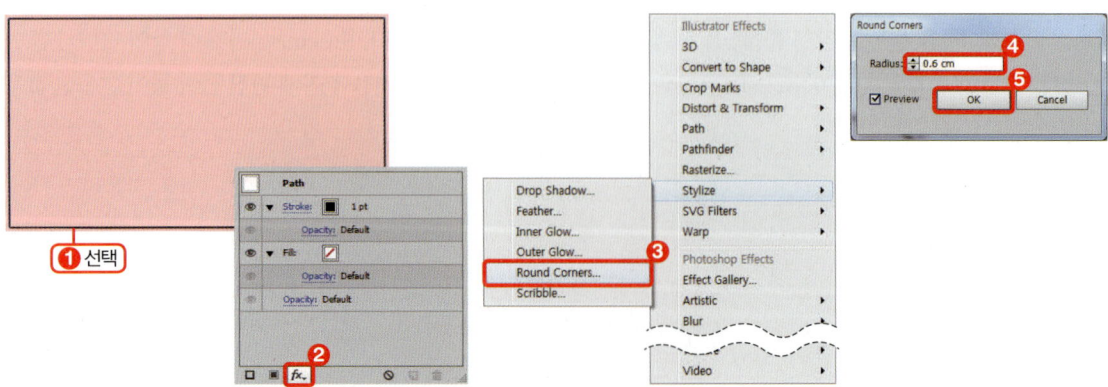

05. 이펙트 상태인 사각형을 선택하고 [Object]−[Expand Appearance]를 클릭하여 라운딩 사각형으로 오브젝트화합니다.

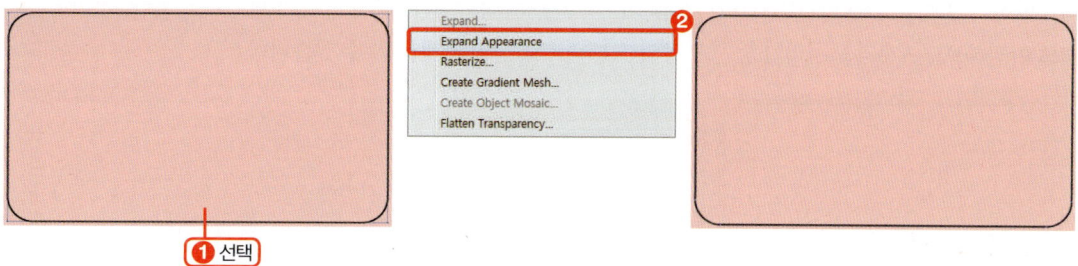

06. 명함에 들어갈 디자인을 완성한 후 디자인 오브젝트 및 바깥쪽으로 나온 편집 선을 선택하고 단축키 Ctrl + G 를 눌러 그룹화합니다. 모든 모서리가 라운딩 처리된 칼 선 만들기가 완료되었습니다.

3개 모서리만 둥근 칼 선 만들기

모서리를 몇 개로 라운딩 처리해 제작하느냐에 따라 일반 사각형 명함과 다른 매력의 명함을 만들 수 있습니다. 여기에서는 모서리 세 개만 라운딩 처리한 칼 선 만드는 방법에 대해서 알아보겠습니다.

01. '모든 모서리가 둥근 칼 선 만들기'의 **01~05**와 동일하게 사각형을 만든 후 라운드 이펙트를 적용합니다.

02. 이펙트 상태의 사각형을 선택한 후 단축키 C 를 눌러 가위 툴 ✂ 을 선택합니다. 모서리를 둥글게 처리하지 않을 왼쪽 하단을 클릭하여 면을 끊어줍니다. 왼쪽 하단 모서리만 뾰족하게 변경된 것을 볼 수 있습니다.

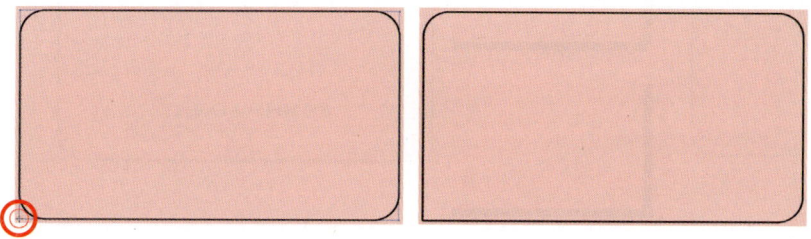

03. 사각형 모서리가 보기에 둥글게 처리되었지만, 단축키 Ctrl + Y 를 눌러 아웃라인 상태로 확인해보면 이펙트가 적용된 사각형 오브젝트라는 것을 알 수 있습니다. 라운딩 이펙트가 적용된 모서리를 보이는 모양 그대로 오브젝트화하기 위해 [Object]-[Expand Appearance]를 클릭합니다. 다시 단축키 Ctrl + Y 를 눌러 아웃라인 상태로 확인해보면 3개의 모서리가 둥근 모양의 오브젝트로 정리된 것을 알 수 있습니다.

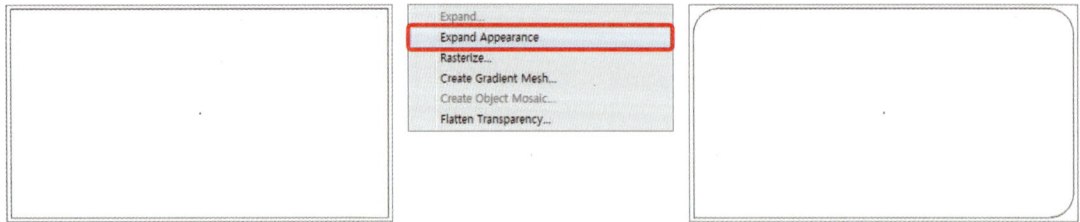

04. 면을 끊어서 모서리를 뾰족하게 만든 왼쪽 하단을 Ctrl + Space Bar + 드래그하여 확대해서 살펴봅니다. 선이 끊어진 상태인 것을 확인할 수 있습니다. 이어진 선으로 만들기 위해 선을 모두 선택하고 [Pathfinder]-[Unite]를 클릭해 선을 이어줍니다.

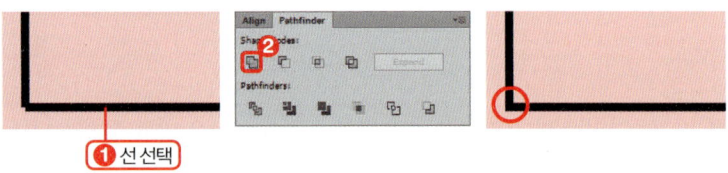

05. 명함에 들어갈 디자인을 완성한 후 디자인 오브젝트 및 바깥쪽으로 나온 편집 선을 선택하고 단축키 Ctrl + G 를 눌러 그룹화합니다.

Ctrl + G

Tip **Ai 활용** **업**그레이드

2개의 모서리가 둥근 모양의 칼 선 작업 방법은 3개의 모서리가 둥근 모양의 칼 선 작업 과정과 같습니다. 라운딩 이펙트를 적용한 후 가위 툴로 모서리 부분의 선을 잘라내고 [Expand Appearance]를 적용합니다. 선을 모두 선택하고 [Pathfinder]-[Unite]를 클릭해 이어진 선으로 만들어줍니다.

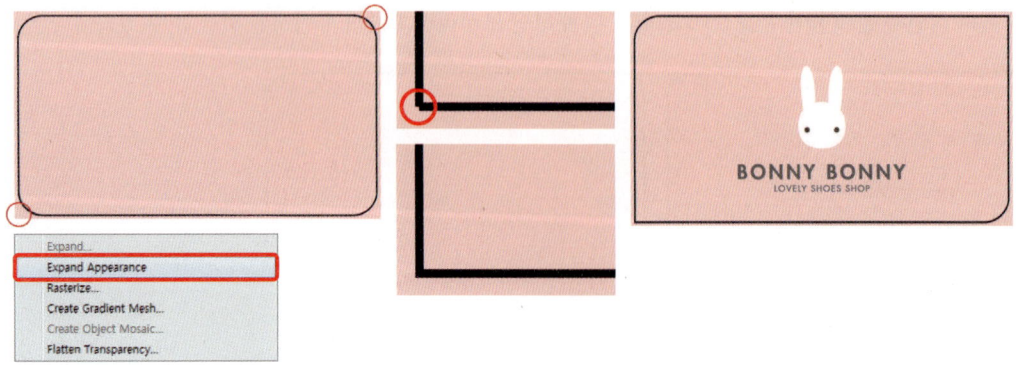

1개 모서리만 둥근 칼 선 만들기

01. '모든 모서리가 둥근 칼 선 만들기'의 **01~05**와 동일하게 사각형을 만든 후 라운드 이펙트를 적용합니다.

02. 이펙트 상태의 사각형을 선택한 후 단축키 [C]를 눌러 가위 툴 ✄을 선택합니다. 모서리를 둥글게 처리할 오른쪽 상단을 제외한 나머지 모서리를 클릭하여 면을 끊어줍니다. 그림과 같이 오른쪽 상단 모서리만 둥근 모양으로 남은 것을 확인할 수 있습니다.

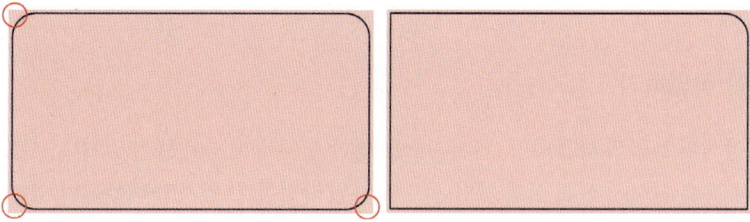

03. 사각형 모서리는 보기에 둥글게 처리되었지만, 단축키 [Ctrl] + [Y]를 눌러 아웃라인 상대로 확인해보면 이펙트가 적용된 사각형 오브젝트라는 것을 알 수 있습니다. 라운딩 이펙트가 적용된 모서리를 보이는 모양 그대로 오브젝트화하기 위해 [Object]-[Expand Appearance]를 클릭합니다.

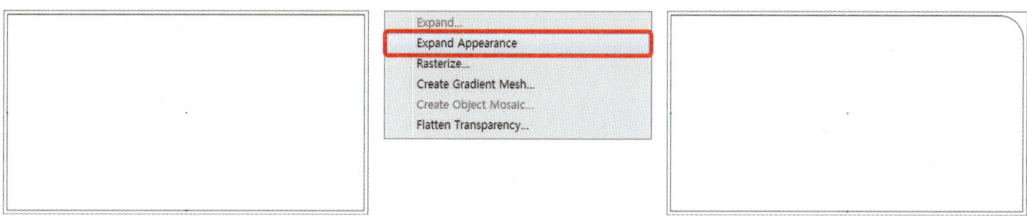

04. 둥근 모서리가 있는 부분만 선이 이어져 있고 모서리가 뾰족한 3개의 모서리 선은 모두 끊어져 있는 상태입니다. 이어진 선으로 만들기 위해 선을 모두 선택하고 단축키 [Ctrl] + [G]를 누른 후 더블클릭합니다.

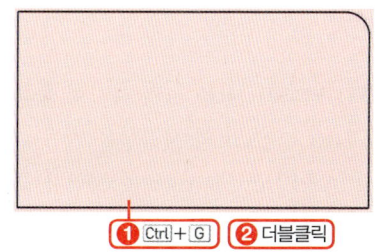

05. 단축키 [A]를 눌러 직접 선택 툴을 선택한 후 모서리가 뾰족한 부분을 선택하고 단축키 [Ctrl] + [J]를 눌러 [Join]해줍니다. 나머지 두 곳의 모서리도 같은 방법으로 [Join]합니다. 선을 모두 이어준 후 바탕화면을 더블클릭해 일반 모드로 빠져나옵니다.

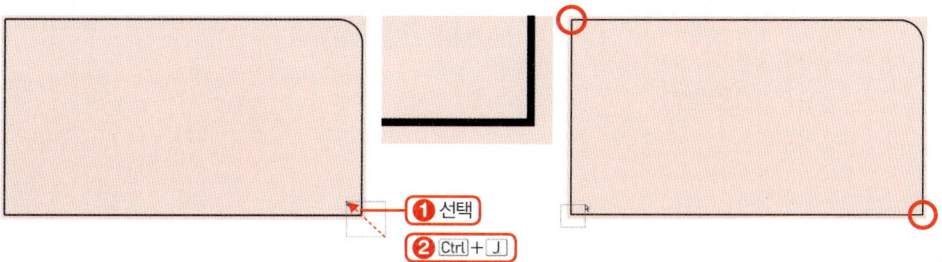

06. 디자인을 모두 완성하고 편집 선과 디자인을 그룹화한 후 EPS로 저장해 마무리합니다.

배경 디자인의 종류에 따른 명함 작업하기

명함의 배경 디자인에 따라 작업하는 방식이 조금씩 다릅니다. 기본적으로 명함 전체에 배경이 들어 있거나 부분적으로 들어 있을 때, 배경 색이 없을 때 등은 간단히 편집 선과 재단 선으로 나눠 작업할 수 있지만 테두리가 있는 명함이나 반복적인 패턴이 들어 있는 명함 등은 작업 시 몇 가지 팁을 참고하여 작업할 필요가 있습니다. 여기에서는 테두리가 있는 명함과 패턴이 들어 있는 명함의 제작을 통해 각각 작업에 필요한 팁을 익혀보겠습니다.

테두리가 있는 라운딩 명함 작업 익히기

모서리가 둥근 라운딩 명함의 테두리를 만들 때 [Offset Path]를 이용하면 인쇄 시 모서리 라운딩의 테두리 각이 맞지 않을 때가 있습니다. 인쇄 시에도 모서리의 테두리 각이 칼 선에서 어긋나지 않도록 맞춰보겠습니다.

01. 단축키 ⓜ을 눌러 사각형 툴 █을 선택하고 바탕화면을 클릭합니다. [Rectangle] 옵션 창이 나타나면 9.2cm×5.2cm의 사각형을 만듭니다. 명함 디자인을 완성한 후 편집 면을 클릭하고 [Appearance] 패널에서 [Add New Stroke]를 눌러 선을 추가합니다. [Add New Effect]-[Path]-[Offset Path]를 클릭합니다. [Offset Path] 옵션 창이 나타나면 재단 선을 만들기 위해 [Offset]에 −0.1cm를 입력하고 [OK]를 클릭합니다.

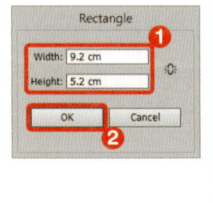

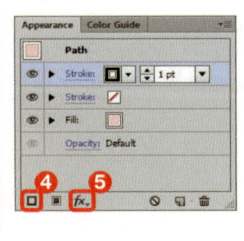
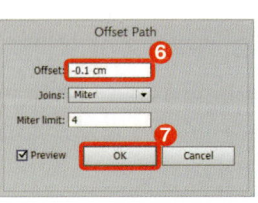

02. 다시 한 번 [Appearance] 패널에서 [Add New Stroke]를 클릭하고 선을 하나 더 추가합니다. [Add New Effect]−[Path]−[Offset Path]를 클릭합니다. [Offset Path] 옵션 창이 나타나면 [Offset]에 −0.4cm를 입력하고 [OK]를 클릭합니다.

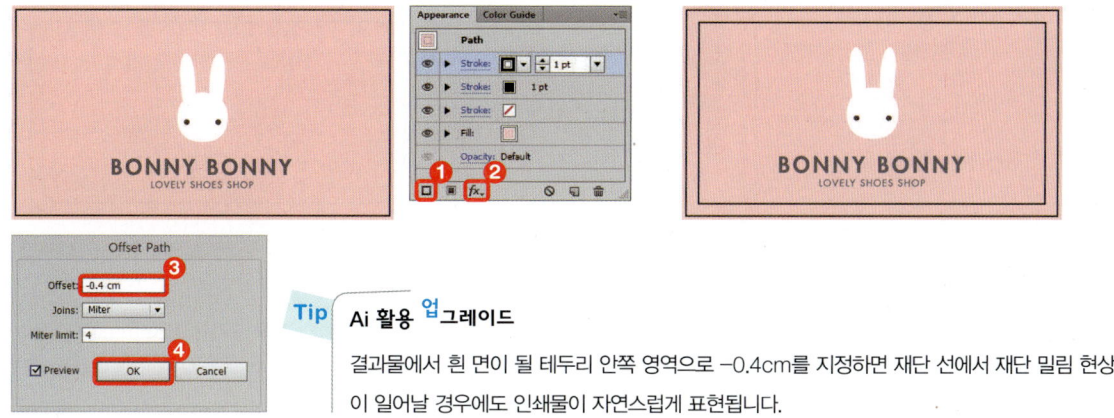

> **Tip** **Ai 활용 업그레이드**
>
> 결과물에서 흰 면이 될 테두리 안쪽 영역으로 −0.4cm를 지정하면 재단 선에서 재단 밀림 현상이 일어날 경우에도 인쇄물이 자연스럽게 표현됩니다.

03. 단축키 Ctrl + Y를 눌러 아웃라인 상태로 확인해보면 2개의 검은색 선은 보이지 않고, 하나의 면만 나타납니다. 이펙트가 적용된 면을 보이는 모양대로 면과 2개의 선으로 정리하기 위해 [Object]−[Expand Appearance]를 클릭합니다.

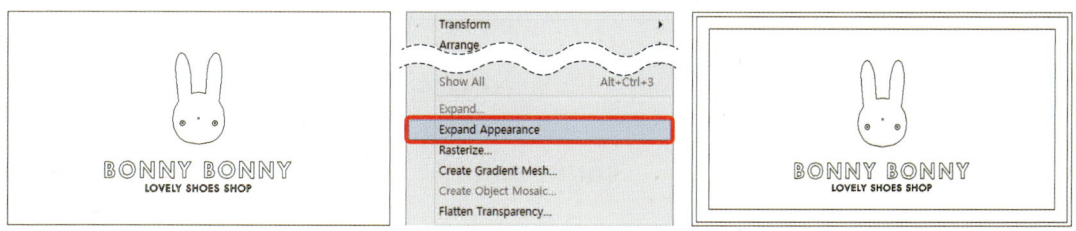

04. 단축키 Shift + Ctrl + G를 눌러 그룹을 해제한 후 바깥쪽에 있는 검은색 선을 선택하고 [Appearance] 패널에서 [Add New Effect]−[Stylize]−[Round Corner]를 클릭합니다. 옵션 창이 나타나면 [Radius]에 0.6cm를 입력하고 [OK]를 클릭합니다.

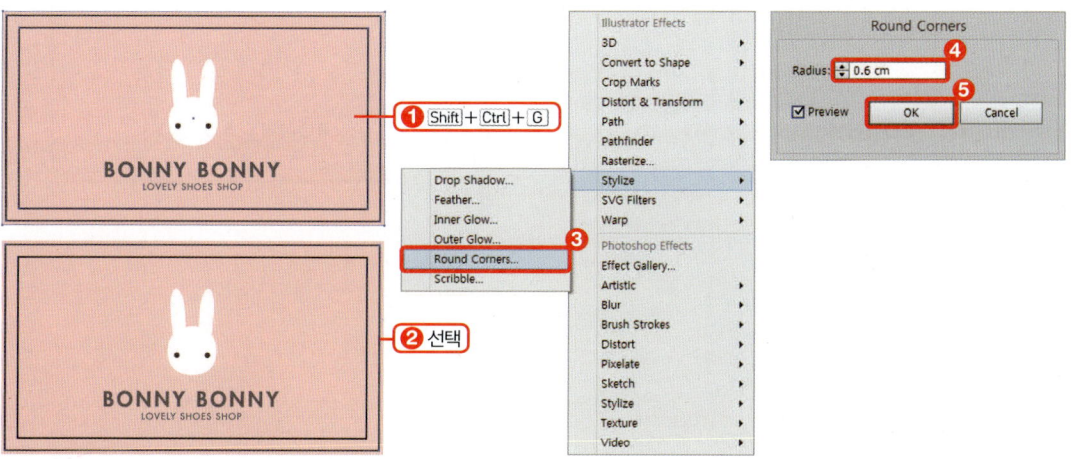

05. 그림과 같이 라운딩 처리된 선을 확인할 수 있습니다. 다시 안쪽의 검은색 선을 선택하고 [Appearance] 패널에서 [Add New Effect]–[Stylize]–[Round Corner]를 클릭합니다. 옵션 창이 나타나면 [Radius]에 0.4cm를 입력하고 [OK]를 클릭합니다. 두 개의 선이 모두 라운딩 처리된 것을 확인할 수 있습니다.

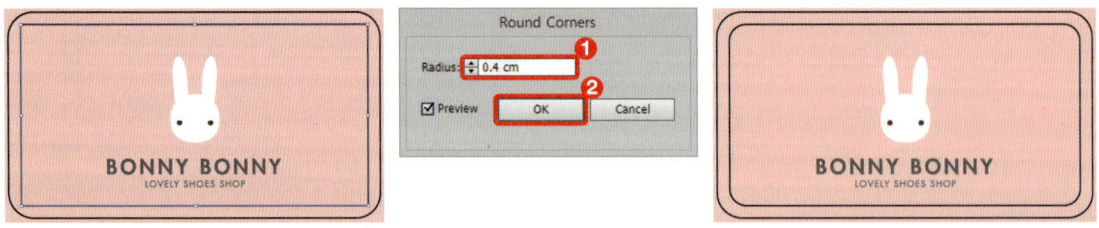

> **Tip │ Ai 활용 업그레이드**
>
> 라운딩된 재단 선에 테두리를 주면 테두리의 두께만큼 라운딩 옵션 값도 줄어듭니다. 만약 재단 선의 크기가 9.2cm의 정사각형이고 선 두께가 안쪽으로 0.2cm 들어간 형태의 디자인이라면 [Round Corner] 옵션 창에서 재단 선에는 0.6cm, 안쪽으로 들어간 선에는 0.2cm를 뺀 값인 0.4cm를 지정합니다. 소수점으로 떨어지는 경우에는 대략의 값만 입력해도 자연스럽게 보이므로 너무 민감하게 계산할 필요는 없습니다.

06. 테두리 형태의 디자인을 만들기 위해 안쪽의 검은색 선을 흰색 면으로 바꿉니다. 흰색 토끼 얼굴을 원하는 색으로 바꿔줍니다.

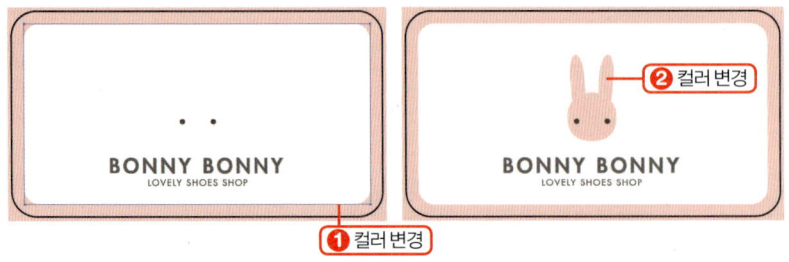

07. 검은색 테두리와 흰색 면을 선택하고 각각의 보이는 모양 그대로 오브젝트로 정리하기 위해 [Object]–[Expand Appearance]를 클릭합니다.

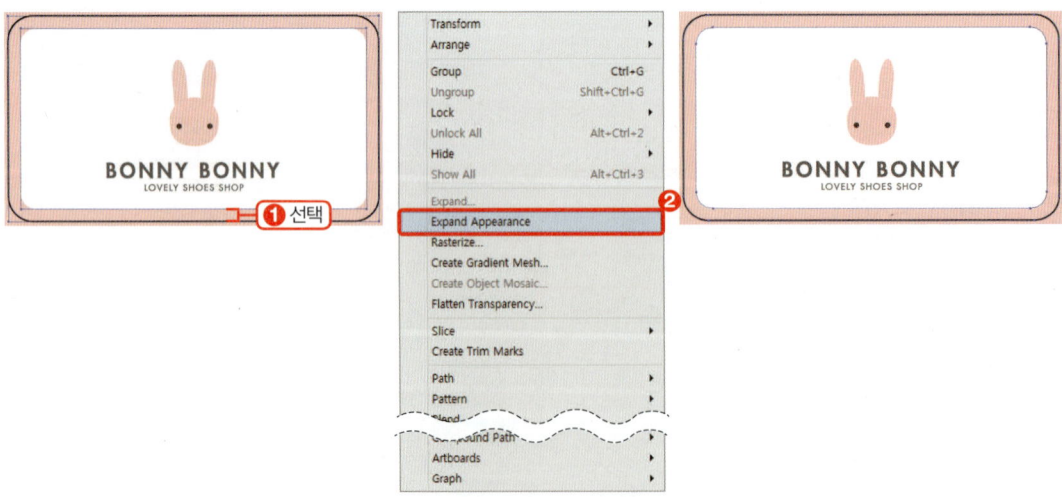

08. 바깥으로 나오는 편집 면과 안쪽의 흰색 면을 선택한 후 [Pathfinder]-[Merge]를 클릭합니다. 단축키 Shift + Ctrl + I 를 눌러 면을 맨 뒤로 위치하게 합니다.

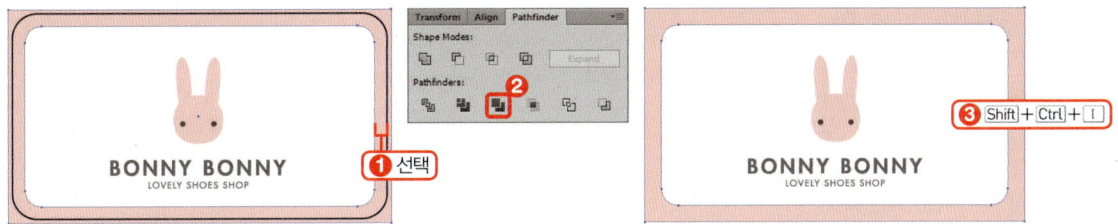

09. 다시 한 번 정리하기 위해 토끼와 글자 오브젝트, 바탕 면을 선택하고 단축키 Ctrl + G 를 눌러 그룹화합니다. 그림과 같이 테두리가 있는 디자인의 명함이 완성되었습니다. 인쇄소에서 지정한 버전에 맞춰 EPS 파일로 저장합니다.

패턴이 들어 있는 명함 디자인 익히기

01. 단축키 M 을 눌러 사각형 툴을 선택합니다. 바탕화면을 클릭하여 옵션 창이 나타나면 편집 선을 고려해 사방으로 0.1cm 넓은 크기로 지정한 후 [OK]를 클릭합니다. 오브젝트에 색을 지정한 후 [Appearance] 패널에서 [Add New Stroke]를 클릭하여 선을 하나 추가합니다. [Add New Effect]-[Path]-[Offset Path]를 클릭합니다.

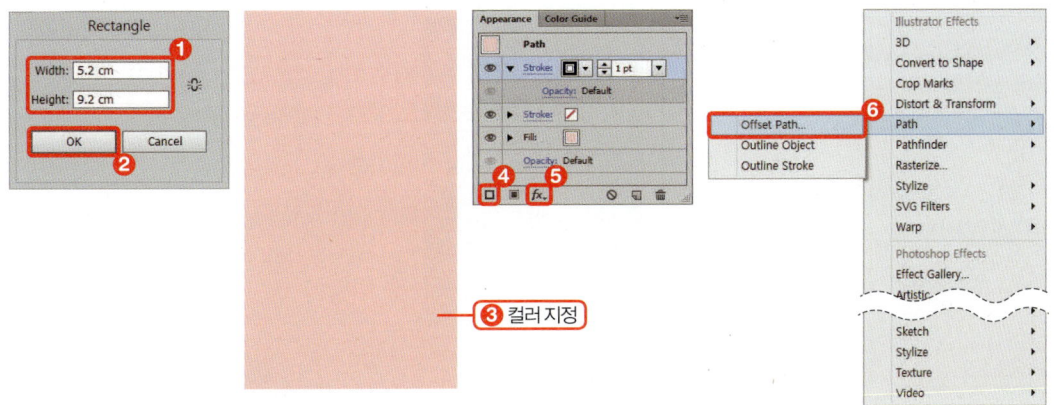

02. [Offset Path] 옵션 창이 나타나면 −0.1cm를 입력하고 [OK]를 클릭합니다. 이펙트가 적용된 그대로 오브 젝트화해 면과 선으로 정리하기 위해서 [Object]−[Expand Appearance]를 클릭합니다.

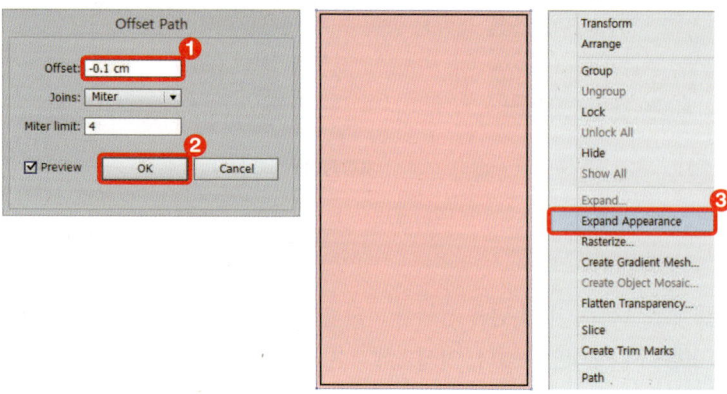

03. 단축키 W를 눌러 선 툴을 선택한 후 그림과 같이 가로 선을 그립니다. 직선과 뒷면을 선택한 후 [Pathfinder]− [Divide]를 눌러 면을 나눕니다. 나누어진 면에서 위쪽 면을 흰색으로 지정한 후 단축키 Shift + Ctrl + [ ]를 눌러 맨 뒤로 배치합니다.

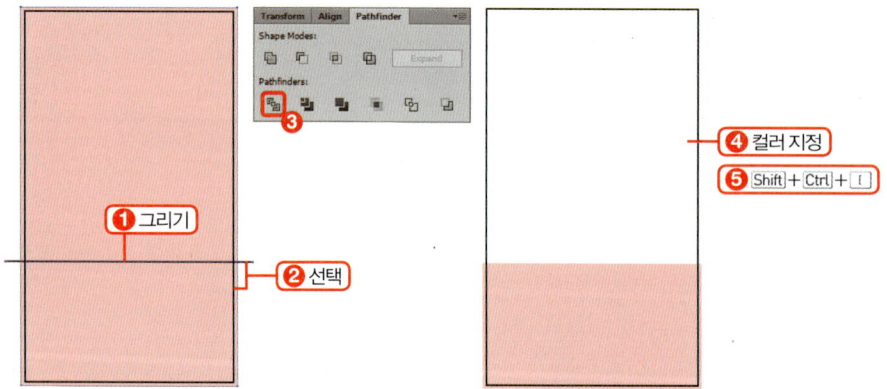

04. 명함을 디자인합니다. 단축키 W를 눌러 선 툴을 선택한 후 아래쪽 면에 그림과 같이 가로로 직선을 그립니 다. [Stroke] 패널에서 선 두께를 지정하고 흰색으로 수정합니다.

05. 흰색 선을 선택한 후 [Appearance] 패널에서 [Add New Effect]−[Distort&Transform]−[Zig Zag]를 클릭합니다. [Zig Zag] 옵션 창이 나타나면 바를 움직여 원하는 형태를 만들고 [OK]를 클릭합니다.

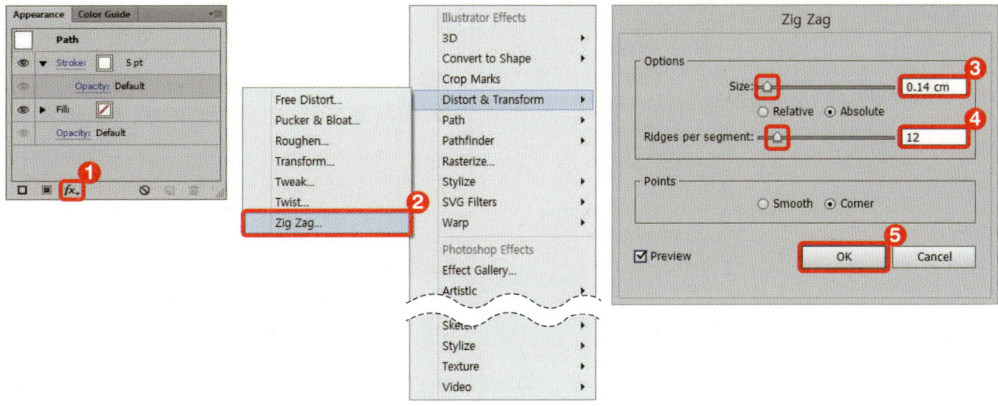

06. 지그재그 모양으로 이펙트가 적용된 선을 선택하고 아래 방향으로 Shift + Alt + 드래그하여 복사합니다.

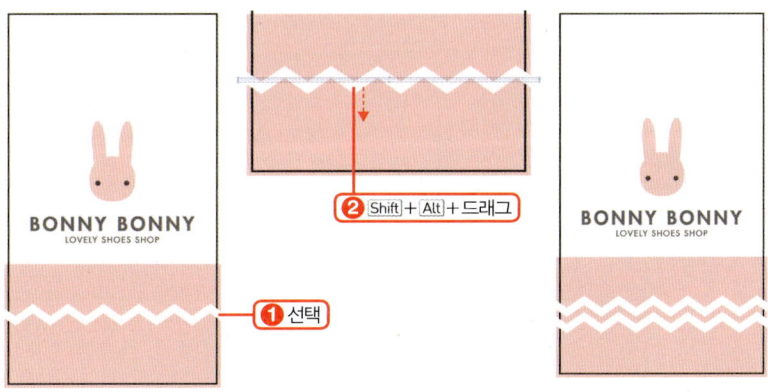

07. 단축키 Ctrl + Y 를 눌러 아웃라인으로 보면 직선에 이펙트가 적용된 것을 확인할 수 있습니다. 보이는 모양 그대로 오브젝트를 만들기 위해 [Object]−[Flatten Transparency]를 클릭합니다. 옵션 창이 나타나면 그림과 같이 옵션 값을 지정한 후 [OK]를 클릭합니다. 이벤트가 적용되었던 직선이 지그재그 모양의 면으로 정리되었습니다.

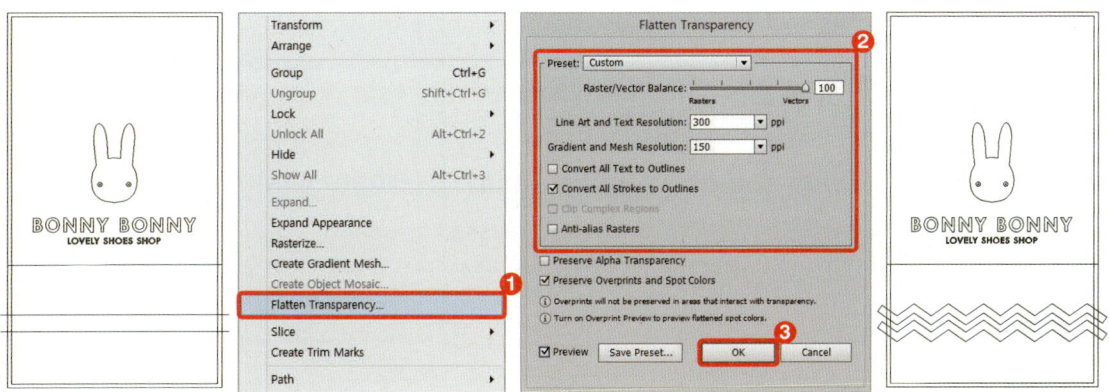

08. 단축키 Ctrl + U 를 눌러 스마트 가이드 상태를 설정한 후 그림과 같이 네모를 그립니다. 이해를 돕기 위해 사각형을 빨간색으로 지정했습니다. 지그재그 모양의 선 오브젝트 2개와 방금 그린 사각형을 모두 선택하고 단축키 Ctrl + 7 을 눌러 [Make Clipping Mask]를 적용합니다.

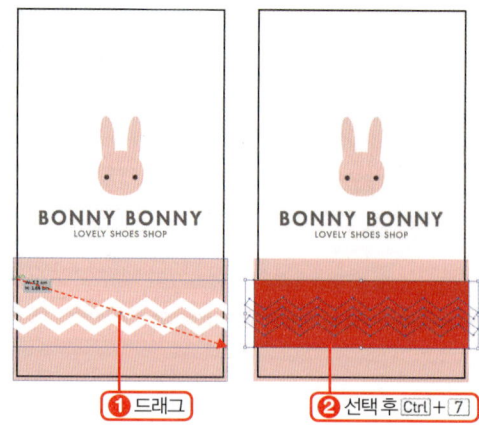

① 드래그

② 선택 후 Ctrl + 7

> **Tip** **Ai 활용 업그레이드**
>
> 단축키가 바로 생각나지 않을 때는 면을 선택한 상태에서 마우스 오른쪽 버튼을 클릭하여 메뉴를 불러옵니다. 메뉴에서 찾아 원하는 효과를 지정할 수 있습니다.

09. Clipping Mask가 적용된 오브젝트를 선택하고 [Pathfinder]-[Merge]를 클릭하여 보이는 모양 그대로 오브젝트화해줍니다.

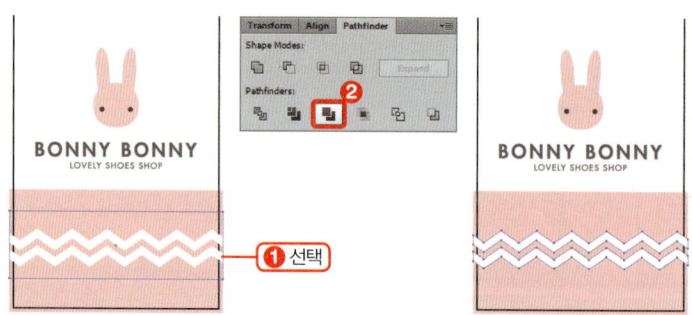

① 선택

10. 지그재그 모양의 오브젝트와 배경, 디자인된 오브젝트를 모두 선택하고 단축키 Ctrl + G 를 눌러 그룹화합니다. 맨 위로 올라온 그룹을 단축키 Shift + Ctrl + I 를 눌러 맨 뒤로 이동시킵니다. 인쇄를 맡길 수 있는 상태로 정리되었습니다.

① 선택 후 Ctrl + G

② Shift + Ctrl + I

지금까지 배운 내용으로 모서리가 둥근 형태의 부드러운 느낌의 명함을 작업해봅니다.

명함 등의 인쇄물 시안 전달 시 고객 만족도를 높이는 노하우!

프리랜서 디자이너로 일을 처음 시작했을 때 비교적 쉽다고 생각했던 작업도 실전에서 맞닥뜨리면서 많은 어려움을 겪게 되었습니다. 명함 디자인 역시 이러한 깨달음을 얻게 해준 작업입니다. 디자인만 신경 쓸 것이 아니라 명함을 주고받는 사람들, 즉 명함 사용자들까지 고려해서 작업해야 하므로 의외로 제작이 까다롭습니다.

제가 명함 디자인을 하면서 초반에 가장 많이 했던 실수는 폰트 크기였습니다. 젊은 사람들은 작은 글씨라도 보는 데 큰 문제가 없지만, 명함을 주고받는 고객의 연령대가 높을 때는 작은 글씨가 잘 보이지 않아 인쇄된 명함을 보고 불만족스러워하는 경우가 종종 있었습니다. '이걸 보라고 준거냐?'며 항의 전화를 해온 고객도 있었는데, '디자인만 예쁘면 된다'는 생각에 정보 전달의 수단이라는 명함 본래의 기능에 대해서 크게 고려하지 않았기 때문에 일어난 실수였습니다.

명함과 같은 인쇄물은 디자인 시안과 실제 결과물 사이의 느낌 차이가 크기 때문에 이 부분을 고객에게 이해시킬 수 있는 노하우가 중요합니다. 보통 디자인 시안은 메일로 주고받게 되는데, 화면에서 보는 것과 실제 인쇄물이 어떻게 다른지, 예를 들어 글씨 크기 등이 화면에서 볼 때와 실제 인쇄물에서 어떻게 다른지 등을 알려줄 수 있어야 합니다. 따라서 모니터마다 색이 다르게 표현될 수 있다는 점을 안내하고, 글씨 크기를 실제 크기와 비교해서 확인할 수 있도록 시안의 샘플 인쇄 파일을 A4 사이즈로 해상도에 맞게 전달하는 등의 작업 과정도 필요합니다. 그러면 명함 제작을 의뢰하는 고객에게 실제 명함이 나왔을 때의 느낌을 어느 정도 안내할 수 있어 작업이 마무리되었을 때 고객 만족도를 높일 수 있습니다.

Section 02
많은 내용을 한번에 담을 수 있는 3단 병풍 접지 리플렛 디자인하기

리플렛 디자인은 한 장의 종이 안에서 페이지를 나눠 디자인하는 대표적인 인쇄 관련 편집 디자인입니다. 많은 양의 내용을 한 곳에 담는 작업이므로 어떻게 나누고 강조하여 디자인하느냐에 따라 결과물이 많이 달라집니다. 리플렛 디자인을 작업해보면서 내용을 깔끔하게 정리하는 텍스트 관련 팁도 함께 배워보겠습니다.

➕ **실습 파일** 5장 \ 리플렛-일러스트.ai, 리플렛만들기.txt, qr코드.png ➕ **결과 파일** 5장 \ 결과 파일 \ 5장_섹션2.ai

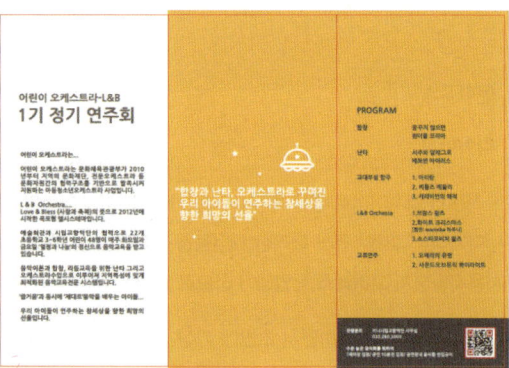

● **사용된 패널**

_ **Align 패널** Shift + 7 : 여러 개의 오브젝트를 선택하고 [Horizontal Distribute Center]를 클릭하면 같은 간격으로 정렬할 수 있습니다. 인쇄물의 경우 한 면에 접히는 오시 줄이 많을 때 이 간격을 일정하게 조절하기 위해서 사용합니다.

_ **Tabs 패널** Shift + Ctrl + T : Tab 을 눌러 띄어쓰기를 한 글자의 정렬을 조절할 수 있습니다.

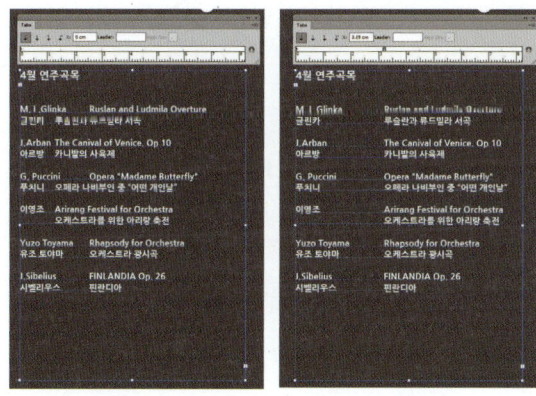

_ **구두점 내어 쓰기** : [Paragraph] 패널에서 오른쪽 상단의 드롭다운 메뉴 버튼을 누른 후 [Roman Hanging Punctuation]을 클릭하여 따옴표 모양에 내어 쓰기를 적용합니다.

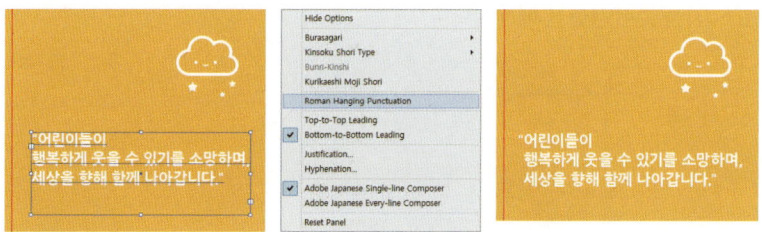

● **사용된 기능**

_ **Rasterize [Object]-[Rasterize]** : 그라데이션처럼 효과를 준 오브젝트나 사진을 넣어서 작업한 경우에는 인쇄를 넘기기 전 비트맵 이미지로 변환할 수 있습니다. 인쇄물일 경우에는 300dpi 이상이며 인쇄소에서 원하는 해상도로 설정합니다.

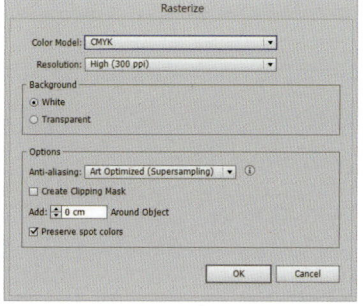

● 리플렛 편집 선과 칼 선 만들기

01. 단축키 [M]을 눌러 사각형 툴 ■ 을 선택한 후 바탕화면을 클릭합니다. [Rectangle] 옵션 창이 나타나면 그림과 같이 옵션 값을 입력하고 [OK]를 클릭합니다.

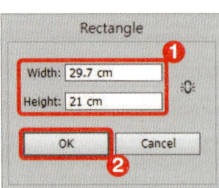

02. 사각형을 선택한 후 [Appearance] 패널에서 [Add New Stroke]를 클릭하여 선을 추가합니다. [Add New Effect]−[Path]−[Offset Path]를 클릭하고 옵션 창이 나타나면 원래 크기에서 사방으로 0.2cm씩 넓은 편집 면을 만들기 위해 0.2cm를 입력하고 [OK]를 클릭합니다.

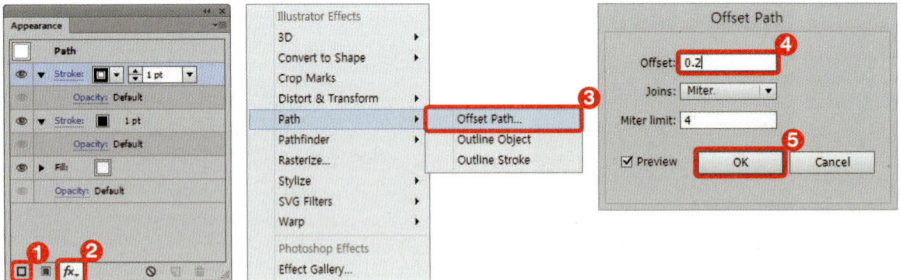

03. 이펙트가 적용된 선을 보이는 모양 그대로 오브젝트화해 두 개의 선으로 나누기 위해 [Expand Appearance]를 클릭합니다. 단축키 [Shift]+[Ctrl]+[G]를 눌러 그룹을 해제합니다.

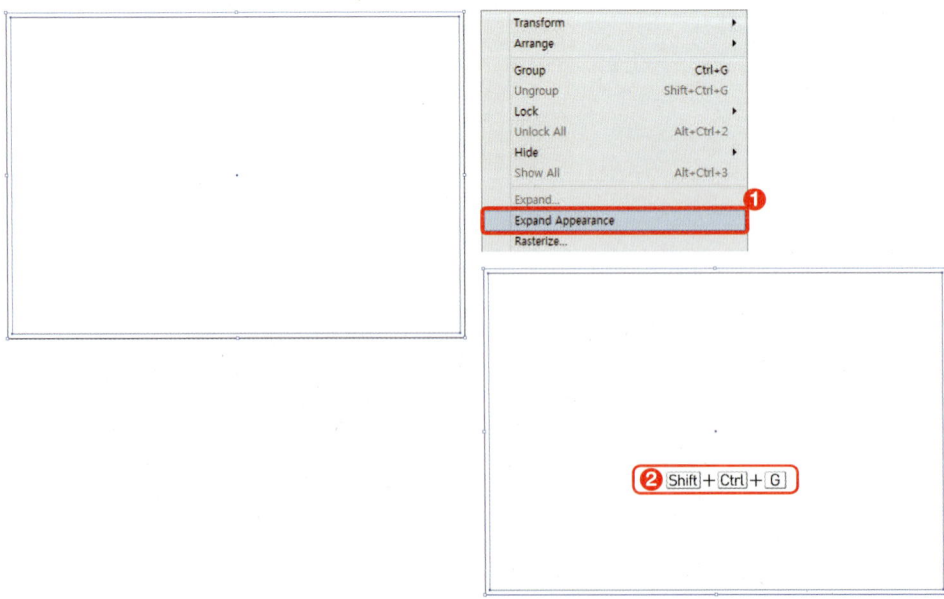

04. 단축키 Ctrl + U 를 눌러 스마트 가이드 상태를 설정한 후 단축키 W 를 눌러 선 툴 / 을 선택합니다. 안쪽 면의 왼쪽 선을 따라 선을 그립니다.

05. 순차적으로 오른쪽의 선을 따라 선을 그립니다. 그림처럼 4개의 선을 그려줍니다.

06. 앞서 그린 4개의 선을 선택한 후 [Align] 패널에서 [Horizontal Distribute Center]를 클릭하여 양쪽을 기준으로 선의 간격을 모두 같게 합니다. 이 4개의 선과 바깥쪽으로 나온 면을 선택합니다.

07. [Pathfinder] 패널에서 [Divide]를 클릭하여 면을 쪼개줍니다.

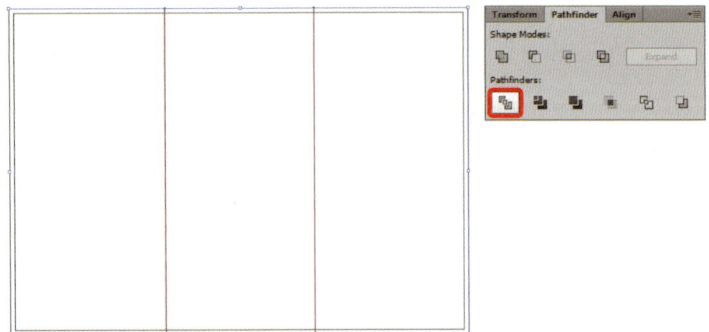

08. 목형이 될 재단선을 한 번 더 만들기 위해 다시 3개의 면을 쪼개준 안쪽 선을 따라 2개의 선을 그립니다. 안쪽 면과 2개의 선을 선택한 후 [Pathfinder] 패널에서 [Divide]를 클릭합니다.

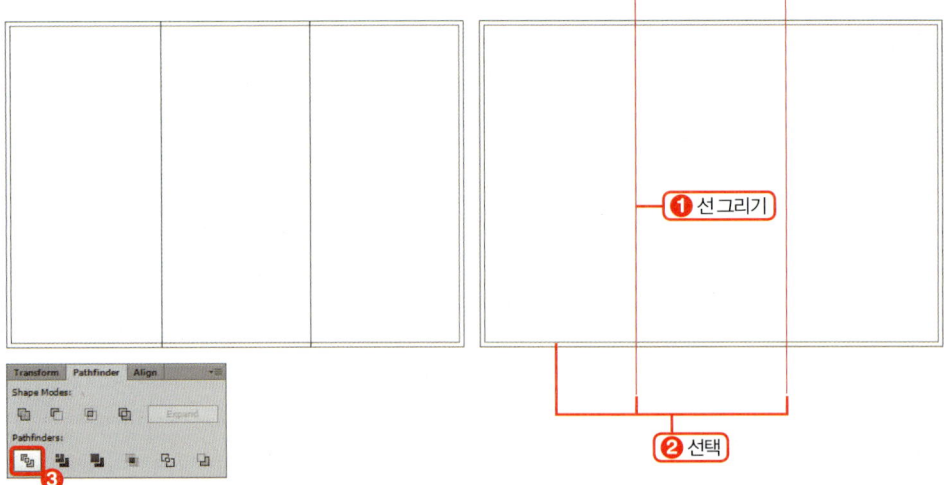

09. 안쪽 면은 면 색 없이 빨간색 선으로 지정하여 재단 선으로 만듭니다. 바깥쪽 편집 영역은 양쪽 면을 노란색, 가운데 면을 짙은 회색으로 지정합니다. 바깥쪽 편집 영역의 면을 모두 선택하고 단축키 Shift + Ctrl + [를 눌러 빨간색 선보다 밑으로 위치하게 합니다. 빨간색 선은 목형이 될 재단선입니다.

10. 오른쪽 면을 선택하고 단축키 Ctrl + C 를 눌러 복사한 후 단축키 Ctrl + F 를 눌러 제자리에 붙여 넣은 후 크기를 짧게 수정합니다. 수정한 면을 가운데 면과 같은 색인 짙은 회색으로 지정합니다.

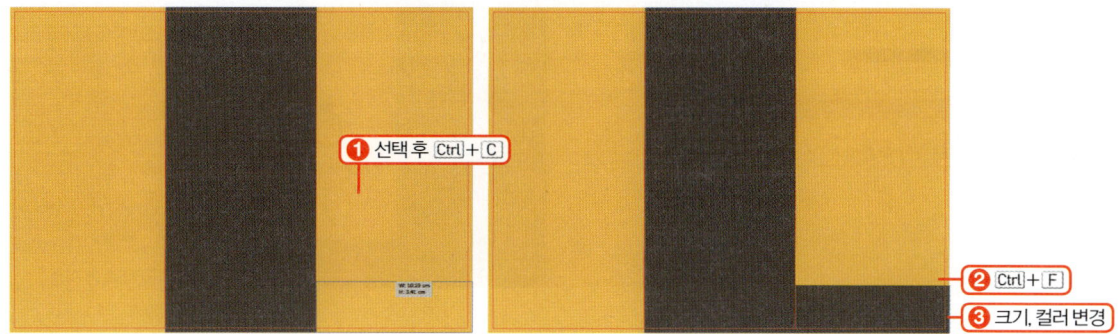

11. 단축키 Ctrl + O 를 눌러 5장 예제 폴더에서 리플렛-일러스트.ai 파일을 불러온 후 고래 일러스트를 선택합니다. 단축키 Ctrl + C 를 눌러 복사한 후 작업 중이던 창으로 돌아와 단축키 Ctrl + V 를 눌러 붙여 넣습니다.

🌼 내용 복사해서 글씨 넣기

01. 5장 예제 폴더의 리플렛만들기.txt 파일을 메모장에서 엽니다. 제목을 드래그한 후 단축키 Ctrl + C 를 눌러 복사하고 고래 그림 아래에 붙여 넣습니다. 다음과 같이 글자 속성을 지정합니다.

02. 메모장에서 다음 내용을 드래그하여 복사한 후 텍스트 하단에 붙여 넣습니다. 글자 속성을 지정합니다.

텍스트 실제 크기와 딱 맞게 바운딩 박스 조절하고 정렬하기

앞서 조절한 두 개의 텍스트 오브젝트를 선택하면 텍스트에서 바깥쪽으로 바운딩 박스가 조금 튀어나와 있는 모습을 볼 수 있습니다. 바운딩 박스가 글자 모양과 딱 맞지 않으면 오브젝트나 텍스트를 좌우, 중앙 정렬할 때 정확하게 수정 되지 않습니다. 여기에서는 약간의 팁을 활용해 바운딩 박스를 정확하게 정렬하는 방법에 대해서 알아보겠습니다.

01. 글씨 오브젝트를 선택합니다. [Appearance] 패널에서 [Add New Effcet]-[Path]-[Outline Object]를 클릭합니다.

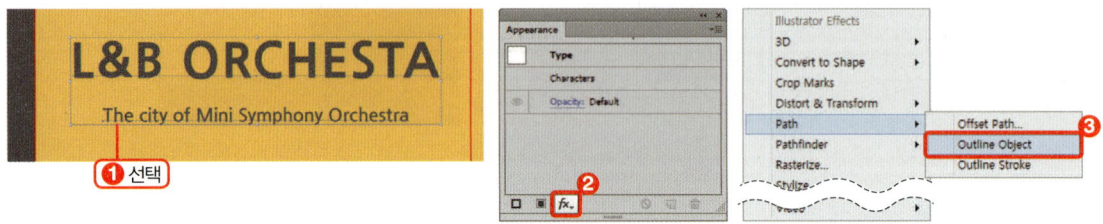

02. [Align] 패널에서 드롭다운 메뉴 버튼을 클릭한 후 [Use Preview Bounds]에 체크 표시합니다.

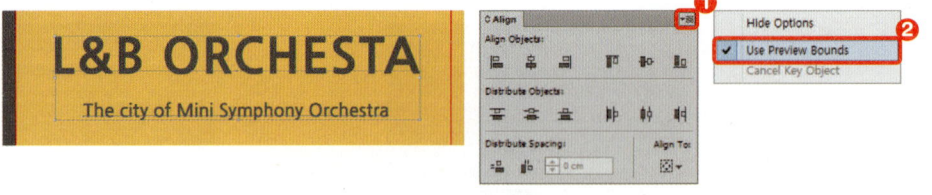

03. 글씨 크기와 딱 맞게 정리된 바운딩 박스를 확인할 수 있습니다. [Align] 패널에서 중앙 정렬을 클릭합니다.

● 텍스트 상자를 만들어 글씨 넣기

01. 5장 예제 폴더의 리플렛-일러스트.ai 파일에서 별자리 일러스트를 복사하여 가운데 면에 붙여 넣습니다.

02. 5장 예제 폴더의 리플렛만들기.txt 파일에서 '4월 연주곡목'에 해당하는 내용을 드래그하여 복사합니다. 단축키 T를 눌러 글자 툴 T.을 선택한 후 별자리 아래쪽에 드래그하여 텍스트 상자를 만듭니다.

03. 단축키 Ctrl + V를 눌러 내용을 붙여 넣은 후 [Character] 패널에서 그림과 같이 글자 속성을 지정합니다. '4월 연주곡목'을 드래그한 후 글씨 크기를 조절합니다.

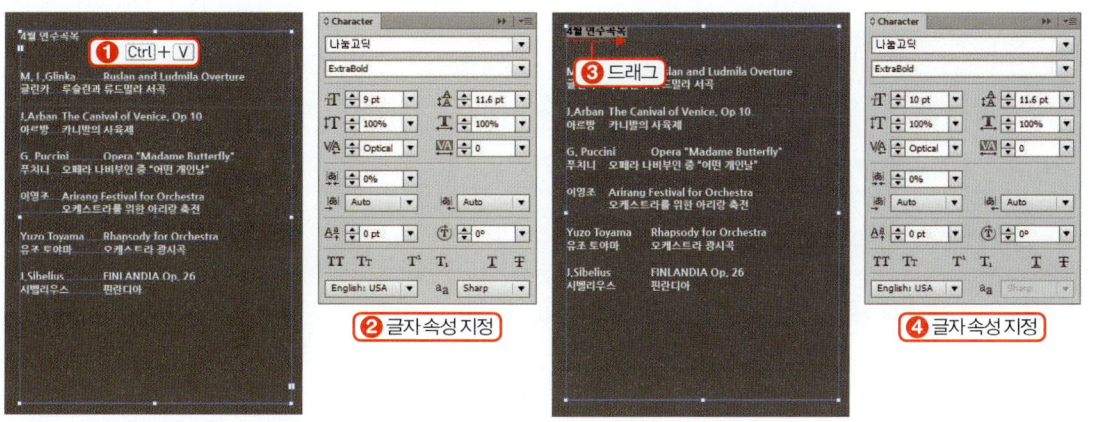

◉ [Tabs] 패널로 자간 조절하기

01. 단축키 Shift + Ctrl + T 를 눌러 [Tabs] 패널을 불러옵니다. 텍스트 상자를 선택한 후 [Tabs] 패널 오른쪽의 [Position Panel Above Text] ◉를 눌러 텍스트 상자와 딱 맞는 크기로 위치시킵니다.

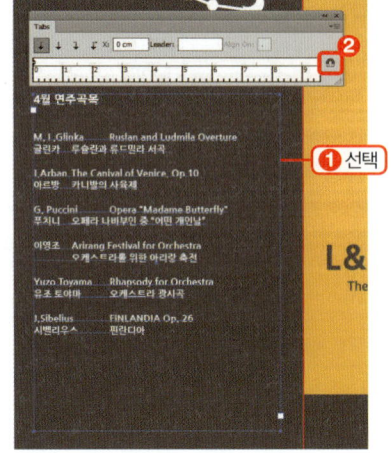

02. 줄자 부분을 클릭, 드래그하며 간격을 조절합니다. 추가된 화살표를 드래그하며 조절하고 [Tabs] 패널을 숨깁니다.

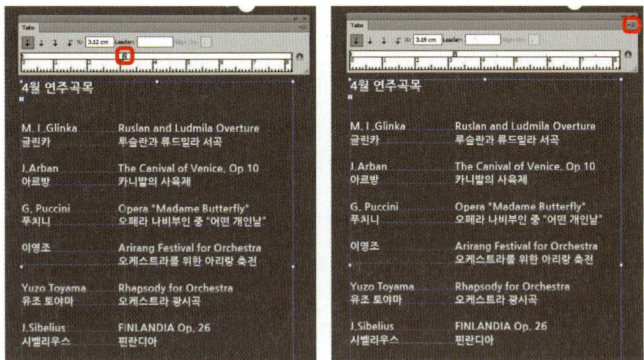

◉ 반복되는 형식을 [Paragraph Styles]를 이용해서 속성 저장하고 활용하기

01. 연주 곡목의 한글 설명을 드래그하고 그림과 같이 글자 크기를 조절합니다. [Window]-[Type]-[Paragraph Styles]를 클릭하여 [Paragraph] 패널을 불러옵니다.

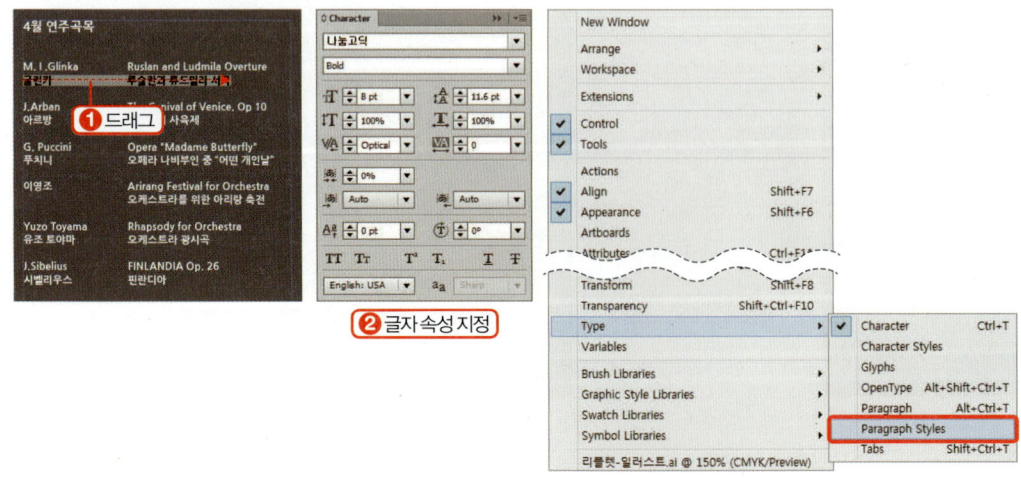

02. [Paragraph Styles] 패널 하단의 [Creat New Style]을 눌러 속성을 저장하고 클릭하여 이름을 바꿉니다.

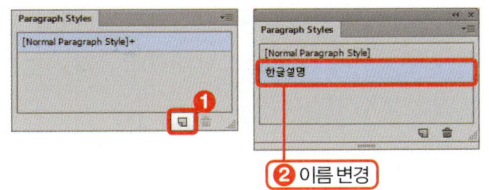

03. 연주 곡목의 한글 설명을 드래그한 후 [Paragraph] 패널에서 등록한 속성을 클릭합니다. +가 나타나면 다시 한 번 속성을 클릭하여 완벽하게 적용합니다. 다른 곡목의 한글 설명에도 속성을 적용합니다.

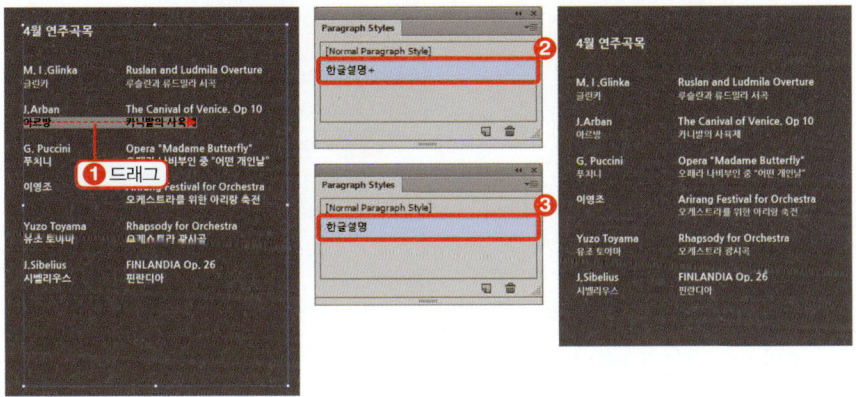

🔵 따옴표나 마침표, 쉼표가 있는 문장에 구두점 내어 쓰기

01. 5장 예제 폴더의 리플렛-일러스트.ai 파일에서 구름 모양 일러스트를 복사하고 왼쪽 면에 붙여 넣습니다.

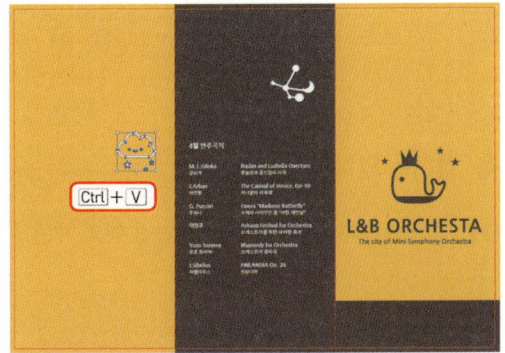

02. 단축키 T를 눌러 글자 툴을 선택한 후 구름 아래쪽으로 드래그하여 텍스트 상자를 만듭니다.

03. 5장 예제 폴더의 리플렛만들기.txt 파일에서 글을 복사한 후 **02**에서 만든 텍스트 상자에 단축키 Ctrl + V 를 눌러 붙여 넣습니다. 그림과 같이 글자 속성을 지정하면 따옴표가 있는 줄까지 텍스트 상자 안으로 들어와 있는 것을 볼 수 있습니다.

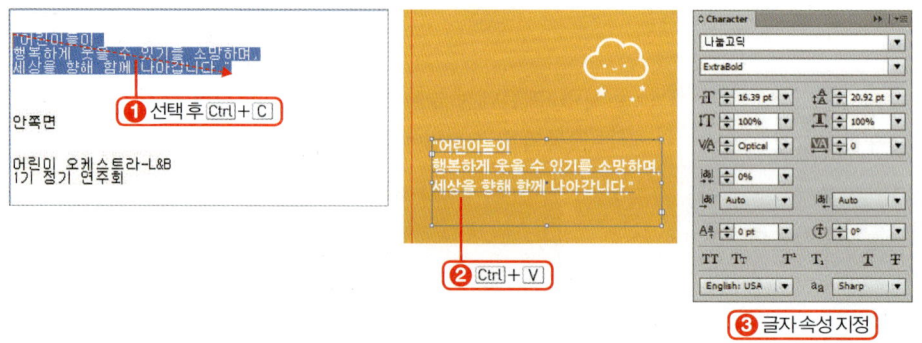

04. [Paragraph] 패널에서 드롭다운 메뉴 버튼을 누른 후 [Roman Hanging Punctuation]을 클릭합니다. 따옴표 모양에 내어 쓰기를 적용합니다.

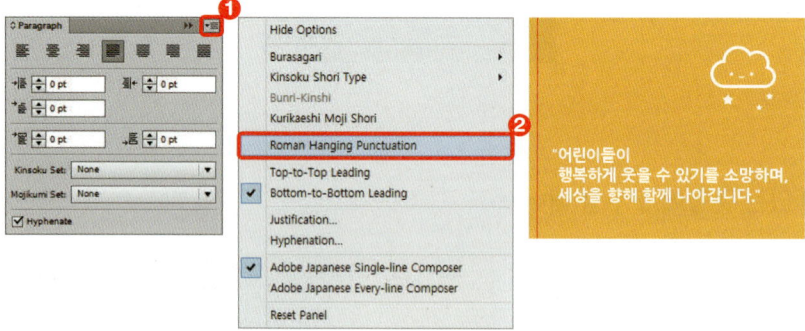

🌀 접히는 안쪽 면 디자인하기

01. 안쪽 면을 디자인하기 위해 편집 면과 재단 선을 선택합니다. Shift + Alt + 드래그하여 안쪽 면의 틀을 만듭니다.

02. 복사된 면의 색을 그림과 같이 수정합니다.

컬러 수정

03. 5장 예제 폴더의 리플렛만들기.txt 파일에서 '안쪽 면'의 내용을 그림과 같이 복사한 후 왼쪽 면에 붙여 넣습니다. 글자 속성을 조절한 후 다른 문장도 붙여 넣습니다.

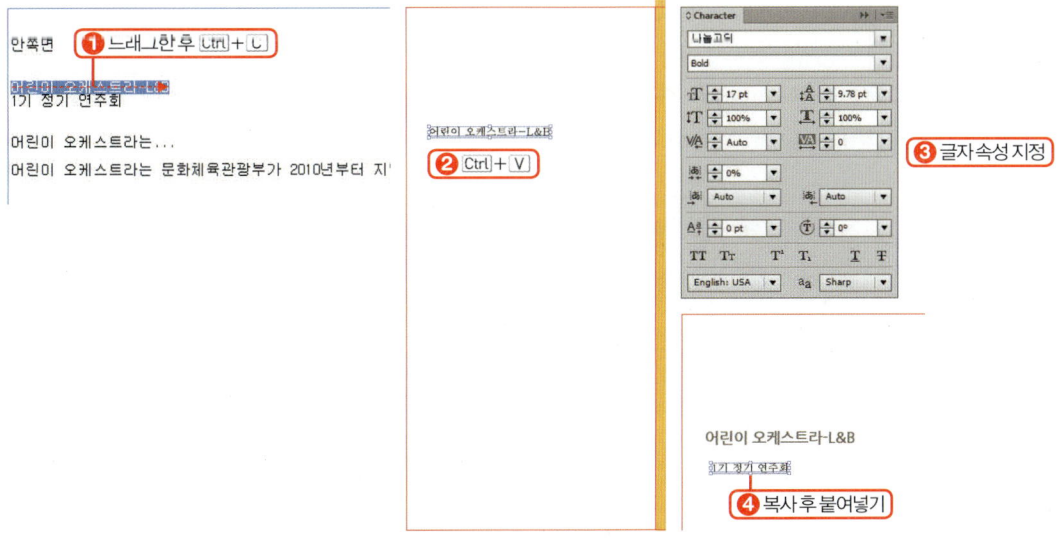

04. 그림과 같이 글자 속성을 지정하여 텍스트 스타일을 정리합니다.

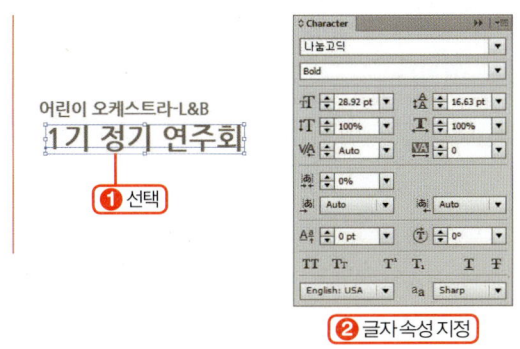

🏵 글씨가 많이 담긴 텍스트 상자 손쉽게 설정해서 정리하기

01. 단축키 [T]를 눌러 글자 툴을 선택한 후 왼쪽 면에 드래그해 텍스트 상자를 만듭니다. 5장 예제 폴더의 리플렛만들기.txt 파일에서 글을 복사한 후 붙여 넣습니다.

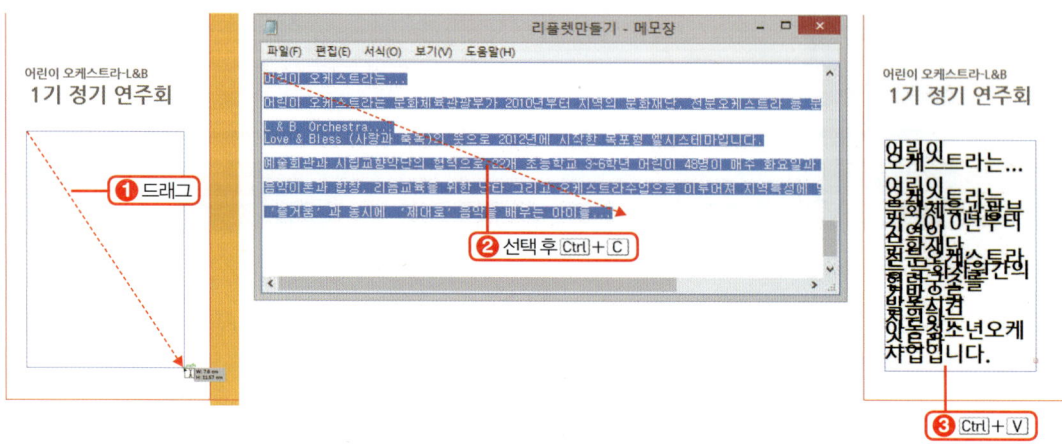

02. 글씨 크기를 작게 줄인 후 [Paragraph] 패널에서 드롭다운 메뉴 버튼을 클릭합니다. [Bottom-to-Bottom Leading]과 [Adobe Japanese Every-line Composer]에 체크 표시합니다.

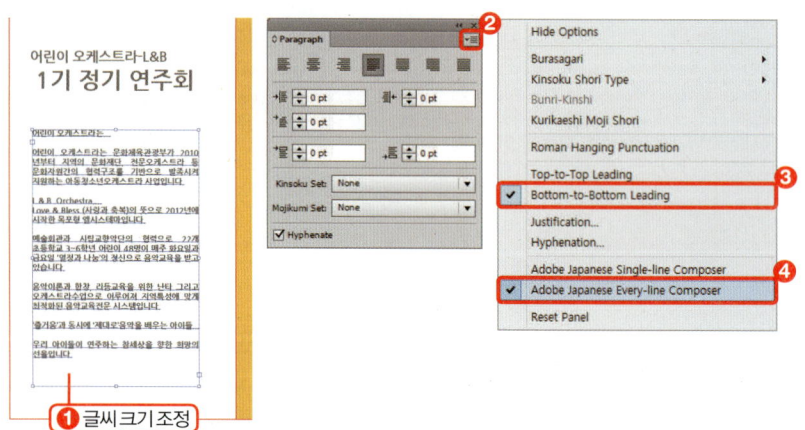

03. [Paragraph] 패널의 드롭다운 메뉴 버튼에서 [Justification]을 클릭합니다. [Justification] 옵션 창이 나타나면 그림과 같이 옵션 값을 수정하여 정리되지 않은 자간을 조절합니다.

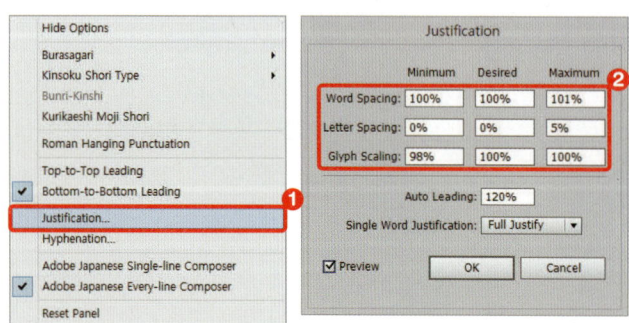

04. 텍스트 상자 안에 따옴표와 마침표가 들여쓰기로 적용되어 있습니다. 텍스트 상자를 선택한 후 [Paragraph] 패널의 드롭다운 메뉴 버튼에서 [Roman Hanging Punctuation]에 체크 표시합니다. 하이픈, 쉼표, 마침표 등의 문자가 텍스트 상자의 바깥쪽에 표시되어 텍스트가 매끄럽게 정리되어 보입니다.

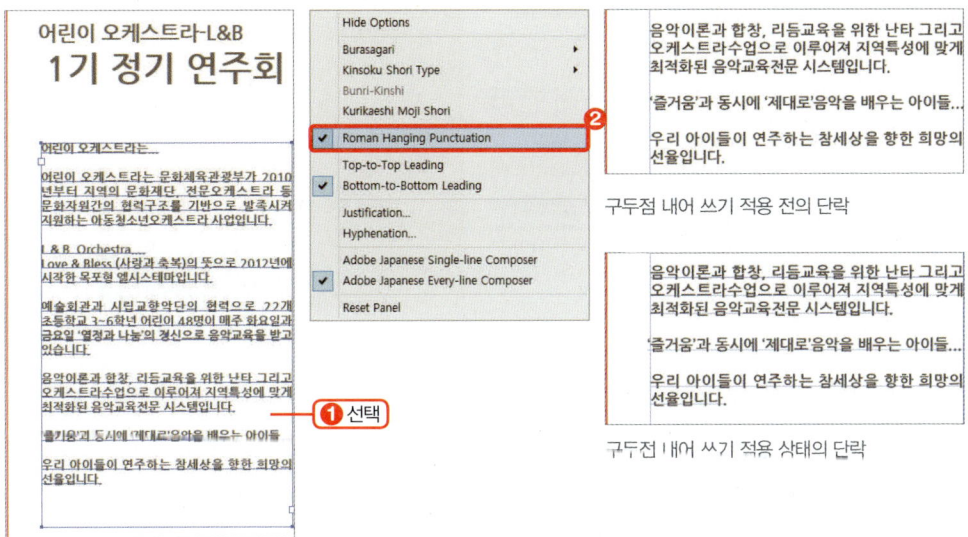

🌐 [Outline Object]를 이용하여 정확하게 전체 정렬하기

01. 정리된 세 개의 텍스트 오브젝트를 모두 선택합니다. [Appearance] 패널에서 [Add New Effect]−[Path]−[Outline Object]를 클릭합니다.

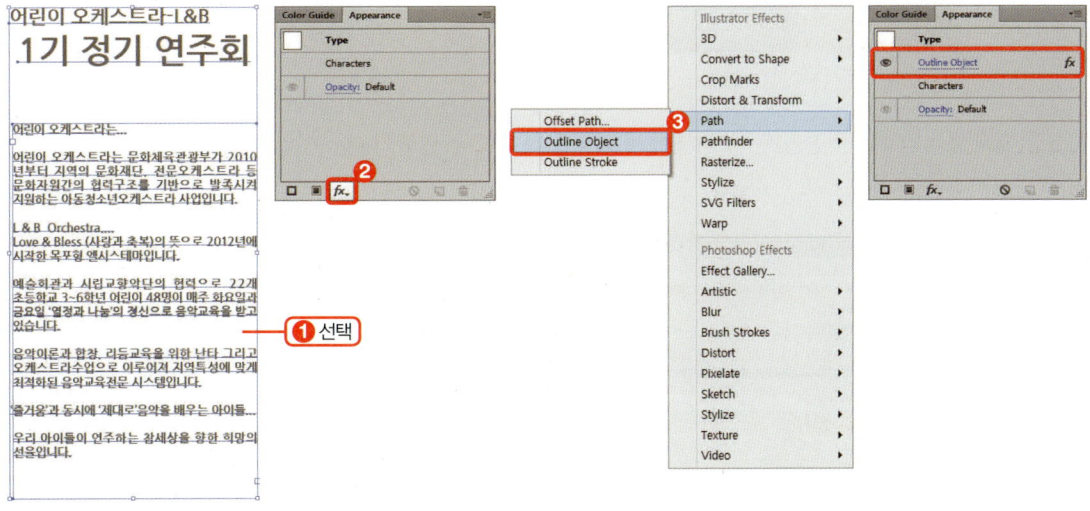

02. [Align] 패널에서 왼쪽 정렬을 클릭하여 텍스트 오브젝트를 정리합니다.

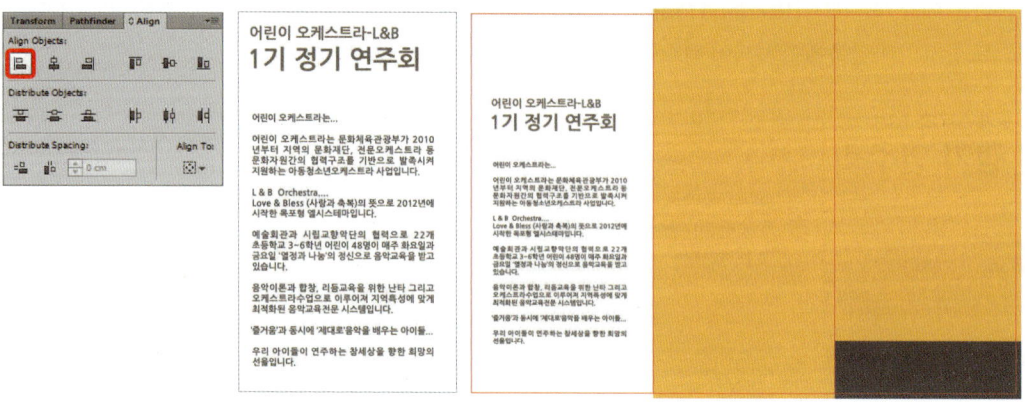

03. 5장 예제 폴더의 리플렛-일러스트.ai 파일에서 우주선 일러스트를 복사하여 가운데 면에 붙여 넣습니다. 단축키 T를 눌러 글자 툴을 선택한 후 우주선 아래쪽에 드래그하여 텍스트 상자를 만듭니다.

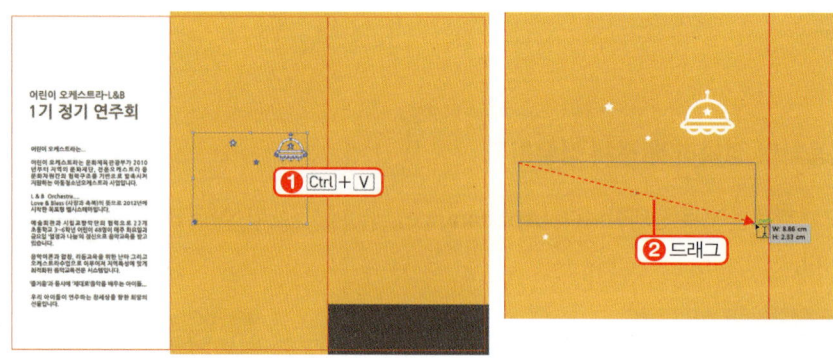

04. 5장 예제 폴더의 리플렛만들기.txt 파일에서 내용을 복사한 후 단축키 Ctrl + V를 눌러 붙여 넣습니다. 글 자의 속성을 지정해줍니다.

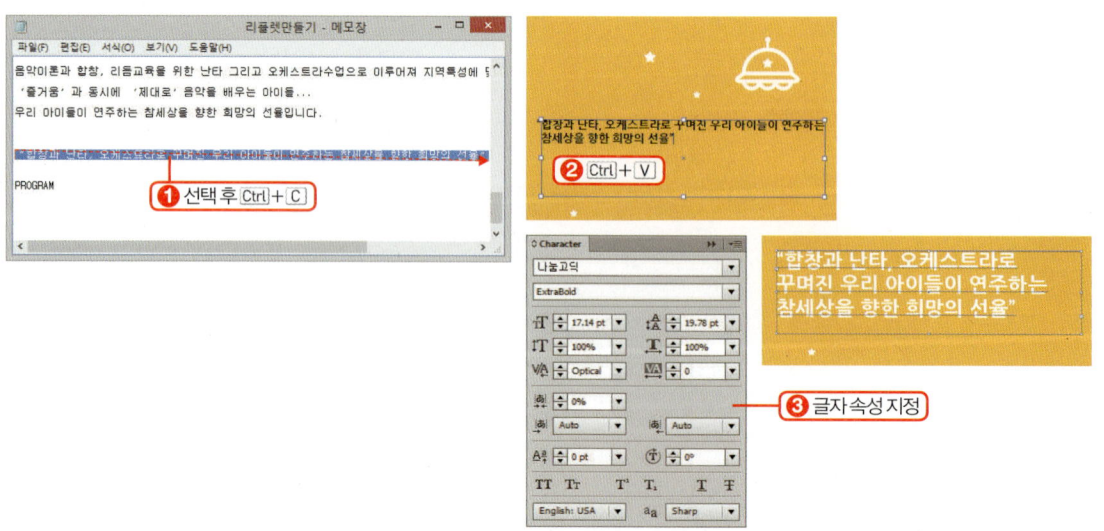

05. 텍스트 상자 바깥으로 따옴표 내어 쓰기가 적용되지 않은 상태입니다. [Paragraph] 패널에서 드롭다운 메뉴 버튼을 클릭하고 [Roman Hanging Punctuation]에 체크 표시합니다.

구두점 내어쓰기 적용

06. 그림과 같이 맨 앞에 위치한 글자들의 앞쪽으로 깔끔하게 정리된 것을 확인할 수 있습니다.

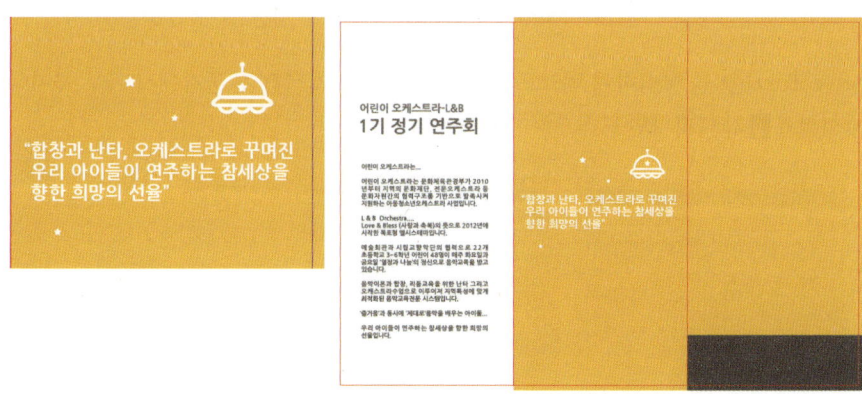

⚙ [Tabs] 패널 이용해서 자간 정렬하기

01. 단축키 T를 눌러 글자 툴을 선택한 후 오른쪽 면에 드래그하여 텍스트 상자를 그립니다. 5장 예제 폴더의 리플렛만들기.txt 파일을 열어 프로그램 내용을 복사한 후 붙여 넣습니다.

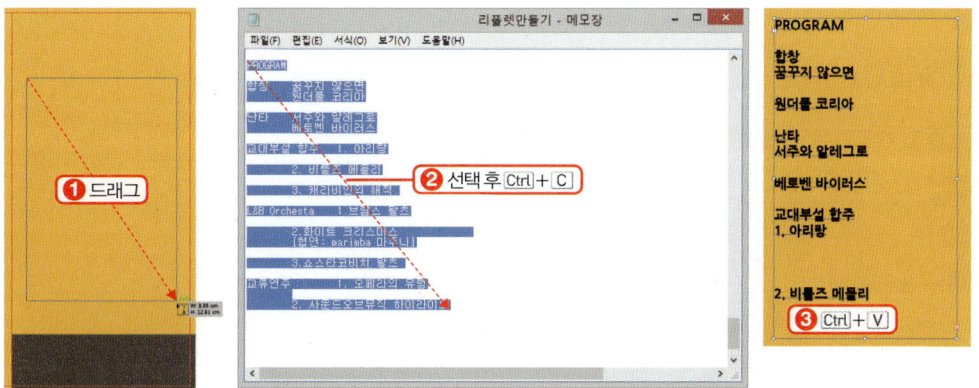

02. 다음 그림처럼 글자 속성을 지정합니다. 단축키 Shift + Ctrl + T 를 눌러 [Tabs] 패널을 불러옵니다.

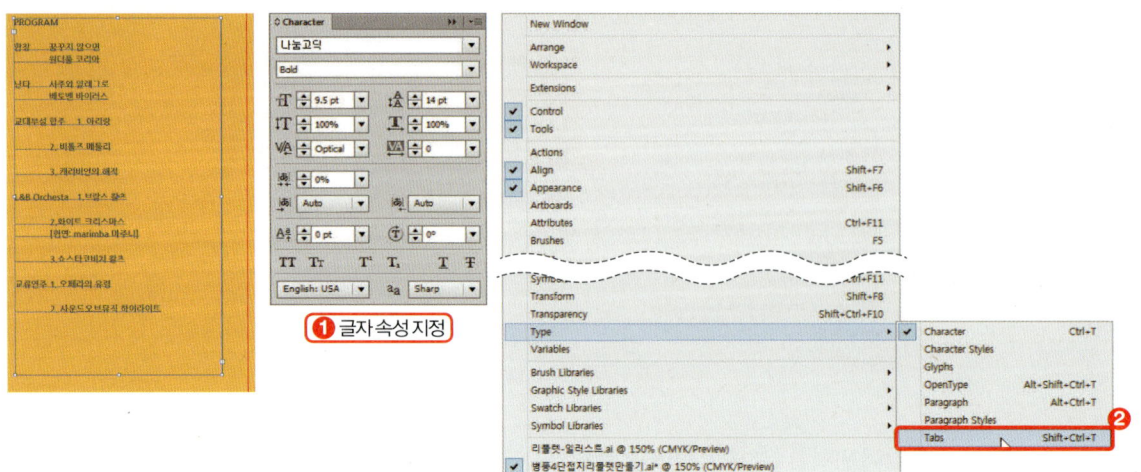

03. [Position Panel Above Text] 🔲 를 클릭하여 텍스트 상자와 딱 맞게 위치시킨 후 줄자에서 아무 곳이나 클릭합니다. 클릭한 부분에 화살표 🔻 가 나타나면 드래그하며 간격을 조절합니다.

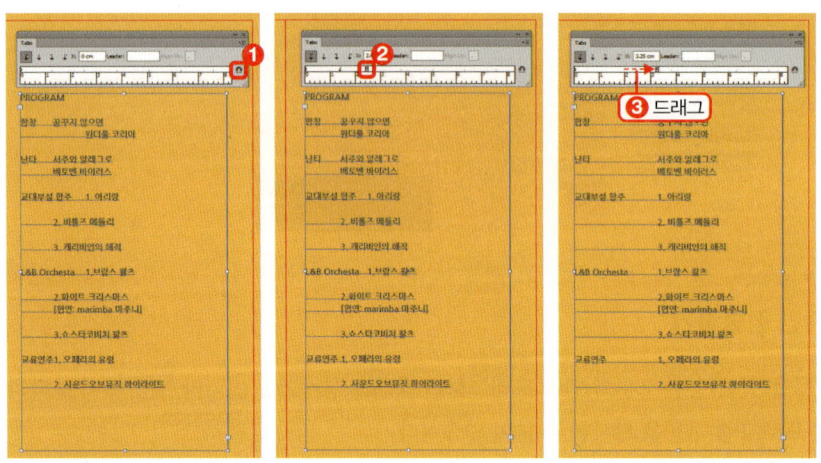

04. 위쪽에 'PROGRAM'이라고 쓰인 부분을 드래그한 후 글자 크기를 지정합니다.

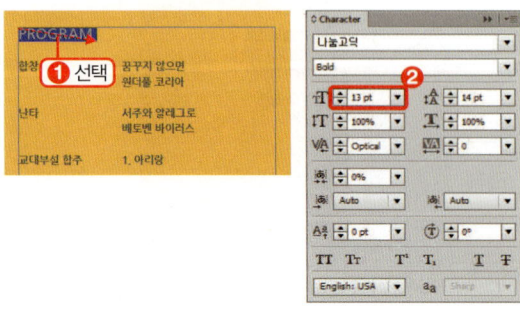

05. '2. 화이트 크리스마스' 아래쪽에 위치한 글을 드래그한 후 글자 크기를 작게 줄입니다.

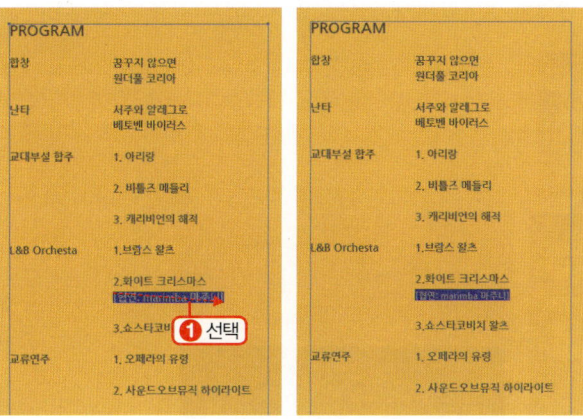
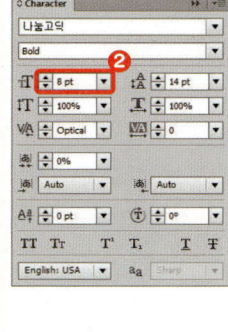

06. 단축키 ⊤를 눌러 글자 툴을 선택한 후 '교대부설 합주' 다음 행의 앞쪽을 클릭합니다. 단축키 Shift + ↓를 눌러 그림과 같이 4줄을 선택합니다.

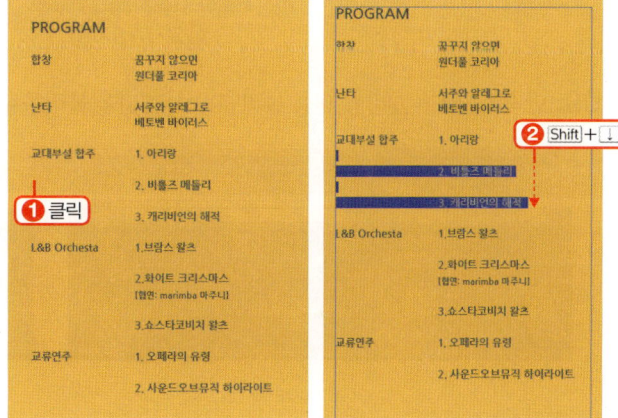

07. 단축키 Alt + ↑를 누르며 행간을 조절합니다. 다른 줄도 같은 방법에 동일한 간격으로 조금씩 행간을 줄입니다.

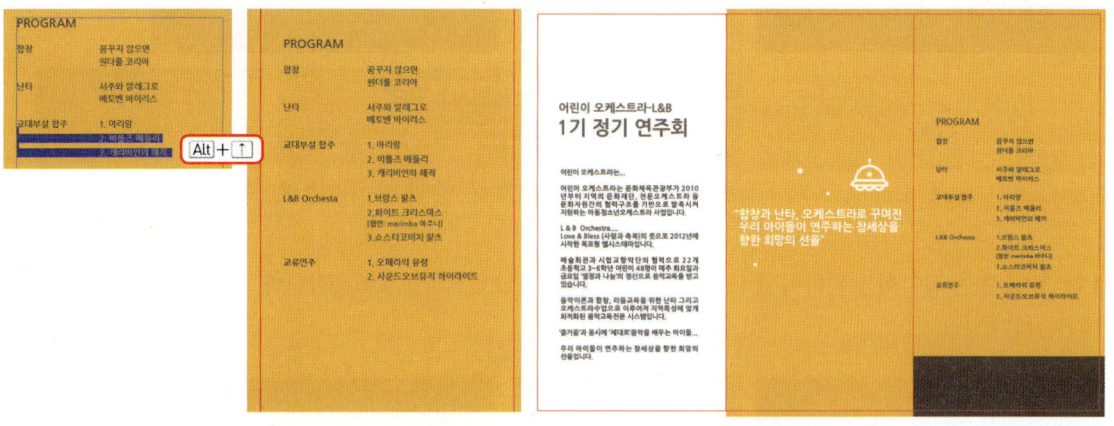

08. 바탕화면을 Ctrl + 클릭한 후 리플렛 아래쪽에 텍스트 상자를 드래그하여 만듭니다. 메모장에서 복사했던 내용을 단축키 Ctrl + V 를 눌러 붙여 넣습니다. 글자 속성을 지정합니다.

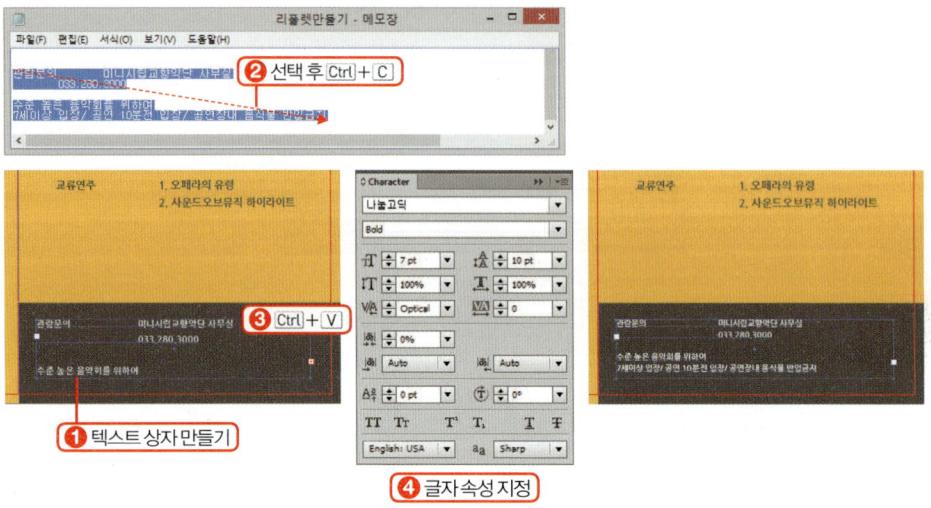

09. 단축키 Shift + Ctrl + T 를 눌러 [Tabs] 패널을 불러옵니다. 탭의 화살표를 드래그하며 간격을 조절합니다.

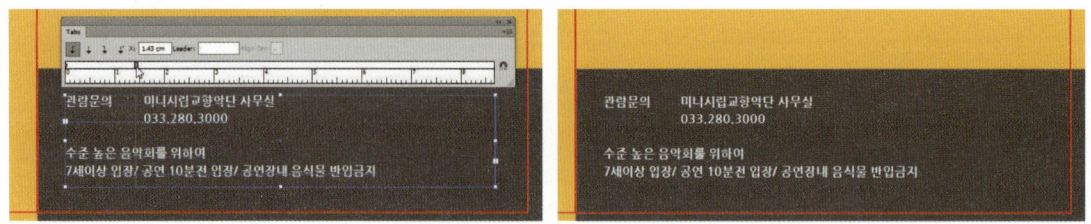

10. '관람 문의'를 선택한 후 글자 속성을 두껍게 지정합니다. [Paragraph] 패널에서 속성을 등록합니다.

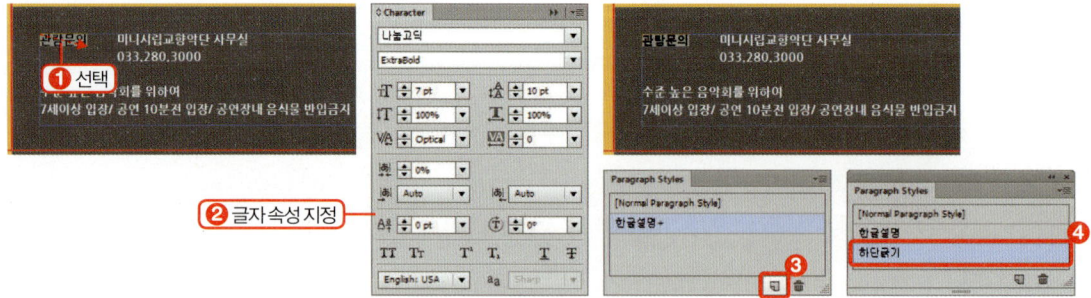

11. '수준 높은 음악회를 위하여'를 드래그한 후 등록한 텍스트 스타일을 적용합니다. 다음과 같이 내용이 정리되었습니다.

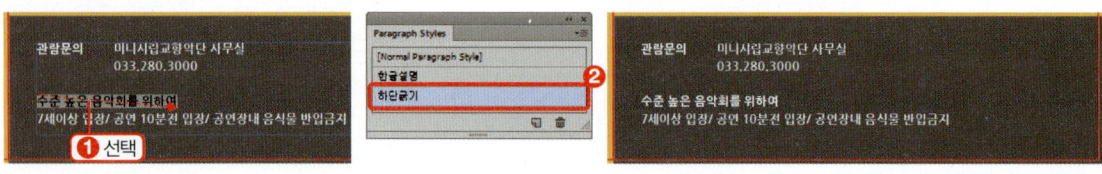

⚙️ 작업하고 있는 창에 이미지가 바로 포함되도록 불러오기

01. [File]−[Place]를 클릭합니다. [Place] 옵션 창이 나타나면 QR코드를 선택하고 [Place]를 클릭합니다. 이 때 하단 [Link]에 체크 표시가 되어있다면 해제합니다.

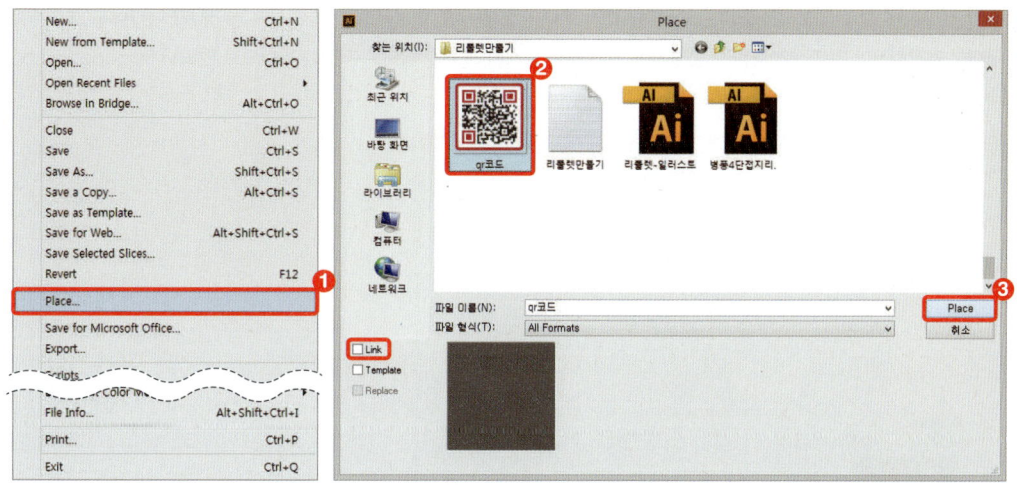

Tip **Ai 활용 업그레이드_** [Place] 개념 제대로 알고 가기

기본적으로 열려 있는 아트보드에 손쉽게 이미지나 파일을 불러올 수 있는 기능입니다. [Link]에 체크 표시가 된 경우와 그렇지 않은 경우로 나눠 살펴보겠습니다.

[Link]에 체크 표시가 해제되어 있는 경우

이미지나 파일 등을 문서에 포함된 상태로 불러옵니다. [Link]에 체크 표시가 해제된 상태로 이미지를 불러오면 저장 시 [Include Linked Files]에 체크 표시를 하지 않아도 이미지가 문서에 포함된 상태로 저장됩니다. 이미지를 클릭하면 상단의 [Object type]에 [Image]로 표시되는 것을 확인할 수 있습니다. 이렇게 [Link]에 체크 표시가 해제된 상태로 이미지를 불러오면 이미지를 따로 수정해도 수정한 결과가 이미지에 반영되지 않습니다.

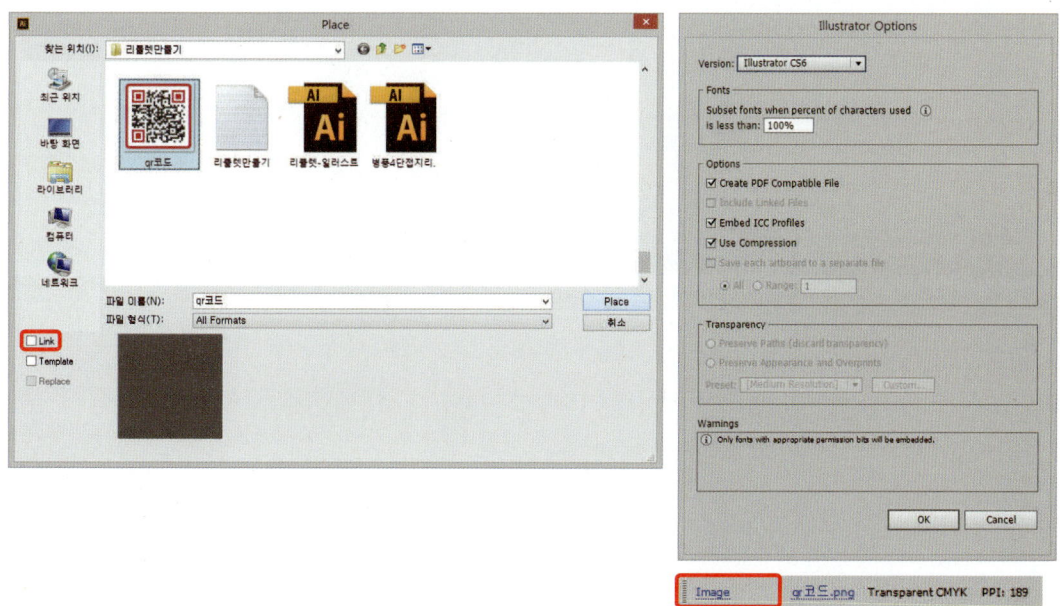

[Link]에 체크 표시가 되어 있는 경우

링크된 상태로 이미지를 불러옵니다. [Link]에 체크 표시한 후 이미지를 불러오면 상단의 [Object type]에 [Linked File]로 표시됩니다. 저장 시에는 [Include Linked Files]에 체크 표시를 할 수 있도록 옵션 창에서 항목이 활성화되어 나타납니다. 아트보드가 열린 상태에서 불러온 이미지를 수정하면 수정된 상태로 이미지가 반영되는 장점이 있습니다. 반면 [Include Linked Files]에 체크 표시를 하지 않은 상태로 저장하면 불러온 파일이 삭제되거나 다른 폴더로 이동되었을 때 문서에 이미지가 나타나지 않습니다. 작업을 끝내고 저장하거나 인쇄소에 파일을 넘길 때는 이미지를 문서에 포함된 상태로 저장해야 하므로 반드시 [Include Linked Files]에 체크 표시한 후 저장합니다.

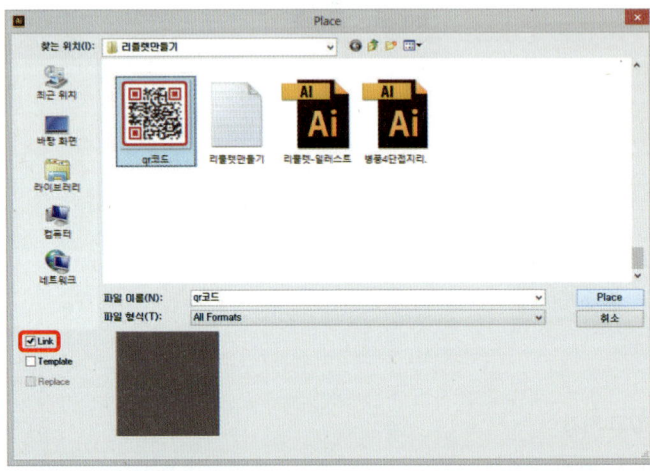

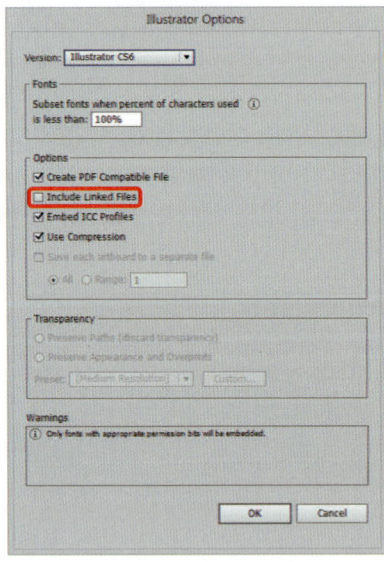

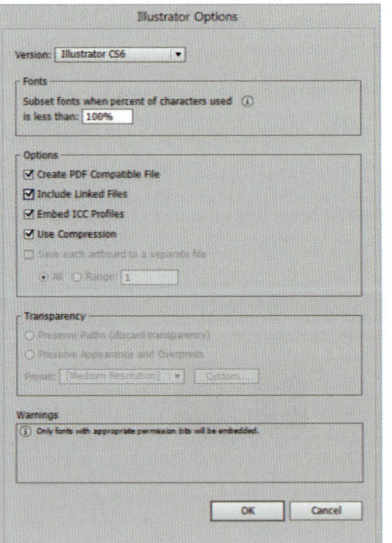

02. 원본 크기 그대로 붙여 넣은 QR코드를 선택하고 상단의 컨트롤 패널에서 [W]에 2를 입력하고 Enter 를 누릅니다.

03. QR코드의 위치를 조정합니다. 안쪽 면의 디자인도 모두 마무리되었습니다.

Tip **Ai 활용 업그레이드_ 리플렛의 면 알아보기**

리플렛 면의 구조는 다음 그림과 같이 이해하면 쉽습니다. 각 면의 순서대로 번호를 붙이는 것이 아니라 접혔을 때 모양을 생각하며 면을 배치합니다.

5PAGE	6PAGE	1PAGE 표지	2PAGE	3PAGE	4PAGE

● 인쇄 넘기기 전 파일 정리하기

서체 아웃라인화하기

텍스트 오브젝트를 모두 선택하고 [Type]−[Create Outlines]의 단축키인 Shift + Ctrl + O 를 눌러 텍스트를 오브젝트화합니다. 텍스트 상태의 글자들이 모두 오브젝트로 정리되었습니다.

텍스트 오브젝트 모두 선택

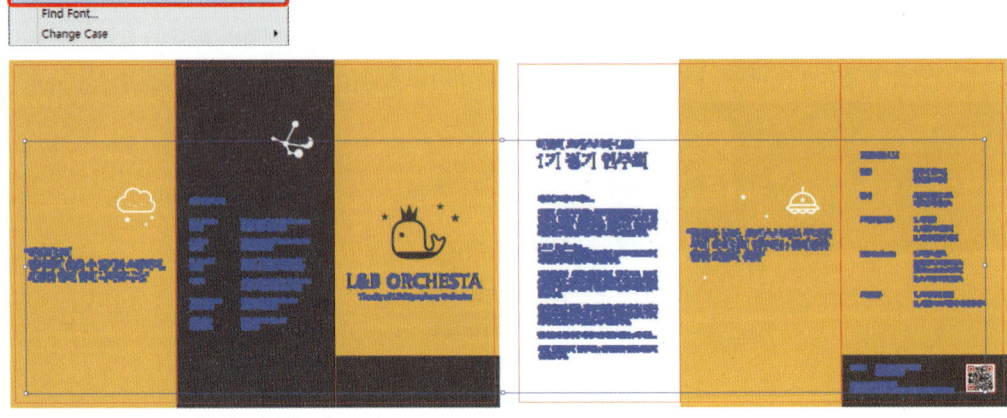

[Create Outlines]로 텍스트 오브젝트화

색이 있는 바탕 위에 놓인 이미지를 인쇄용 파일에 맞게 정리하기

01. QR코드는 인쇄를 넘기기 전에 [Rasterize]를 적용해야 합니다. 짙은 회색으로 된 바탕 면과 QR코드를 함께 선택한 후 [Object]−[Rasterize]를 클릭합니다. 옵션 창이 나타나면 [OK]를 클릭합니다.

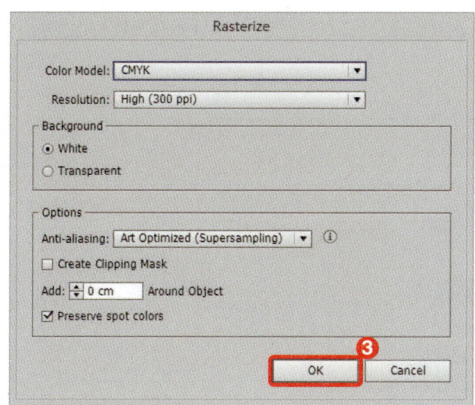

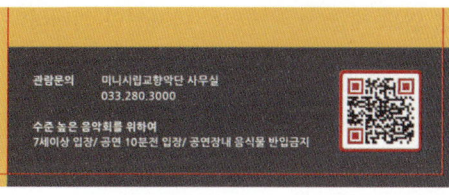

Tip

Ai 활용 업그레이드

QR코드만 선택하여 [Rasterize]를 적용했을 때 주변에 흰 바탕이
생기는 것을 확인할 수 있습니다. 바탕면과 QR코드를 함께 선택한 후
[Rasterize]합니다.

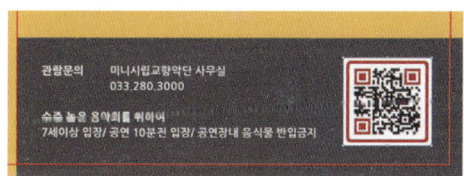

02. 맨 위로 올라온 오브젝트를 선택합니다. 그림과 같이 오브젝트의 위치가 뒤로 이동해 칼 선이 보이도록 수정
합니다.

오브젝트 위치 조정

● 앞장, 뒷장 각각 그룹화하여 정리하기

01. 디자인이 완성된 앞장에서 재단 선을 제외한 모든 이미지를 선택하고 단축키 Ctrl + G 를 눌러 그룹화합니
다. 단축키 Shift + Ctrl + [를 눌러 맨 위로 올라온 디자인을 맨 뒤로 이동시킵니다.

02. 리플렛의 뒷장 면도 재단 선을 제외한 디자인만 선택하고 단축키 Ctrl + G 를 눌러 그룹화합니다. 단축키 Shift + Ctrl + I 를 눌러 맨 뒤로 이동시킵니다.

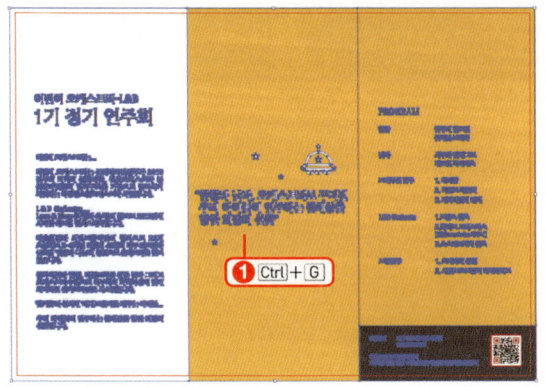 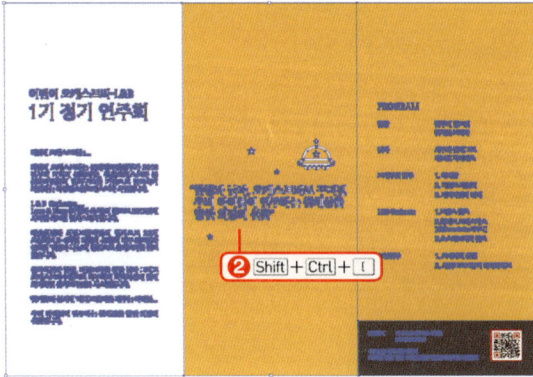

03. 디자인된 오브젝트들과 재단 선이 정리된 것을 확인할 수 있습니다.

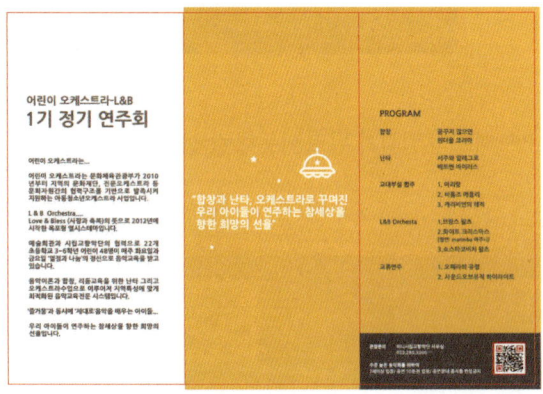

🌼 인쇄를 넘기기 전 마지막 점검! 문서 정보 패널에서 확인하기

01. 모두 선택한 후 [Window]–[Document Info]를 클릭합니다. 패널을 불러온 후 오른쪽 상단의 메뉴 버튼을 클릭하여 [Object]에 체크 표시합니다.

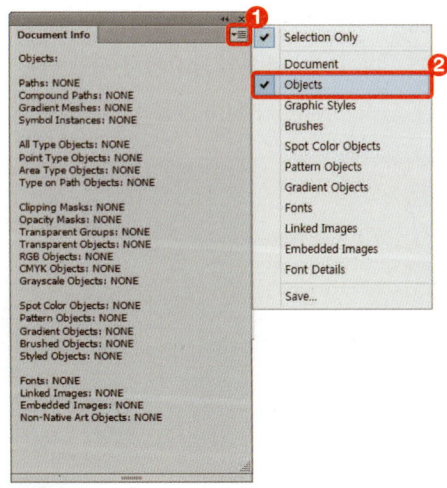

02. 문서 정보 패널을 보면서 파일을 점검하고 EPS로 따로 저장한 후 인쇄소에 파일을 보냅니다.

리플렛 앞장 완성 모습

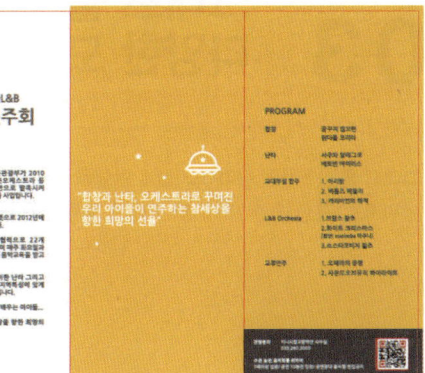

리플렛 뒷장 완성 모습

앤하우스
디자인 ●
다이어리

리플렛 제작 연습 소스가 필요할 때는 공공기관으로 달려가라!

내용을 정확하게 전달해야 하는 리플렛이나 카탈로그 등의 디자인은 작업할 수 있는 내용이 충분히 있어야 연습도 실전처럼 할 수 있습니다. 연습용 작업 내용을 구할 때는 인터넷 등을 검색하는 것보다 주변에 있는 은행이나 각종 공공기관에서 발행하는 리플렛이나 카탈로그를 구해와 담겨 있는 내용을 가지고 그대로 연습해보는 것이 좋습니다.

잘 정리된 정보가 담긴 샘플 리플렛이나 카탈로그 등을 보면서 내 디자인과 비교해볼 수 있고, 실제 결과물에서 중요하게 다뤄야 할 리플렛 디자인의 포인트가 무엇인지, 어떤 점을 고려해야 좋은 리플렛을 만들 수 있는지 등 경험이 아니고서는 얻을 수 없는 값진 배움을 얻을 수 있습니다. 공공기관의 리플렛 디자인은 정형화된 것이 많아 멋지고 세련된 디자인보다는 기관의 특성과 어울리는 디자인을 선호하는 것이 사실입니다. 이런 특성 역시 연습을 통해 알게 되는 경우가 많으므로, 각 기관마다 디자인의 차이는 무엇인지, 내 작업물을 수정할 때는 어떤 점을 고려해야 하는지를 확인하면서 자신만의 포트폴리오로 작업해두면 실제 작업을 의뢰 받았을 때 좀더 수월하게 작업할 수 있습니다.

어떤 분야의 디자인을 하느냐에 따라 집중해서 연습해야 하는 분야가 정해져 있겠지만, 자신이 할 수 있는 디자인 분야가 많아질수록 프리랜서 디자이너의 경쟁력도 강해진다는 사실을 기억해야 합니다. 한 분야에서 실력을 쌓고 잘 다듬었다는 생각이 든다면, 다른 분야로 영역을 넓혀나가는 것도 중요합니다. 디자이너마다 디자인 스타일이 다르기 때문에 그 디자이너의 스타일을 좋아하는 사람들은 다양한 분야에서 같은 디자이너의 작업물을 보고 싶어하는 경우가 많습니다. 따라서 준비된 디자이너는 언제든 좋은 디자인 작업 기회를 얻을 수 있다는 것을 믿고 다방면으로 자신의 영역을 넓혀나가야 합니다.

CS4 / CS5 / CS6

그래프 툴 활용하여
다양한 모양의 그래프 디자인하기

그래프 툴은 활용에 따라 스타일에 변화를 주는 매력이 있습니다. 딱딱한 보고서나 기획안, 리플렛 등에도 그래프를 넣어주면 색다른 분위기를 표현해볼 수 있습니다. 다양한 툴을 활용해보면서 그래프 툴에 대해서 알아보겠습니다.

✚ **실습 파일** 5장 \ 여러가지그래프만들기-예제.ai ✚ **결과 파일** 5장 \결과 파일 \ 5장_섹션3.ai

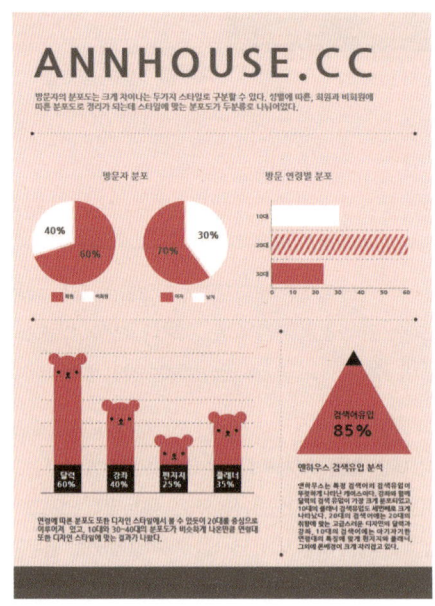

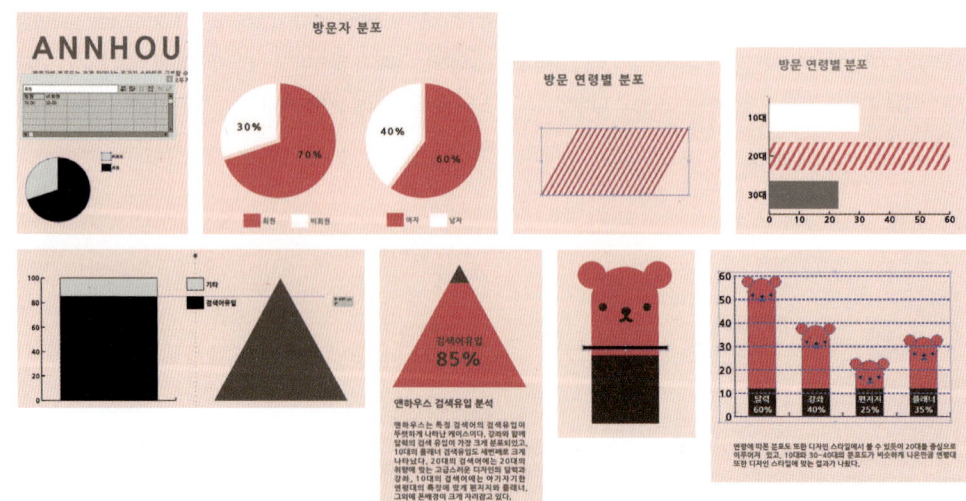

● 사용된 툴

· 원그래프 툴(Pie Graph Tool) : 툴 선택 상태에서 빈 화면을 클릭하면 원하는 크기의 그래프를 만들 수 있습니다.

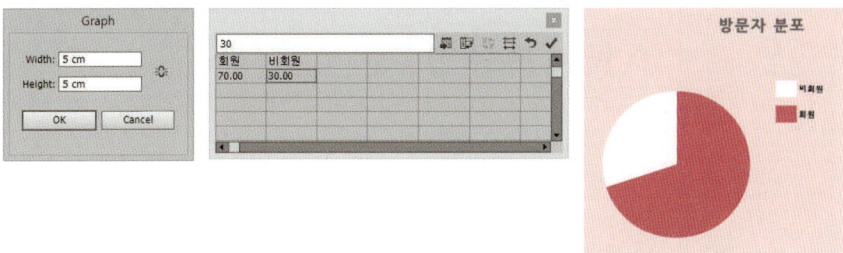

· 가로 막대그래프 툴(Bar Graph Tool) : 기본 막대그래프에 패턴을 적용할 수 있습니다.

● 사용된 패널

_ Stroke 패널 Ctrl+F10 : [Dashed Line]에 체크 표시한 후 치수를 입력하면 선을 점선으로 바꿀 수 있습니다.

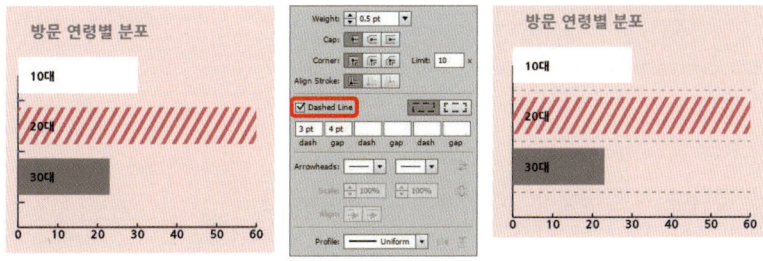

● 사용된 기능

_ Graph Design [Object]-[Graph]-[Design] : 일러스트를 등록하여 막대그래프에 원하는 일러스트로 바꿀 수 있습니다.

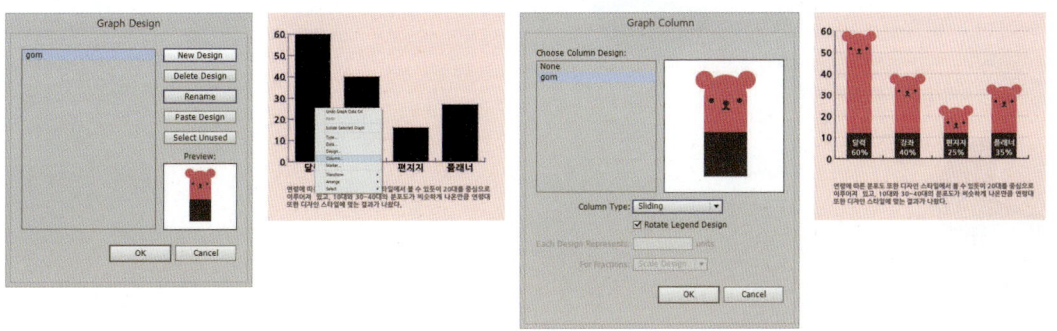

● 원그래프 툴을 이용해서 동글동글 귀여운 그래프 만들기

01. 빈 화면을 더블클릭하여 5장 예제 폴더에서 여러가지그래프만들기–예제.ai 파일을 불러옵니다. 원그래프 툴 🔵 (Pie Graph Tool)을 선택하고 왼쪽을 Shift + Alt + 클릭하여 옵션 창을 불러옵니다.

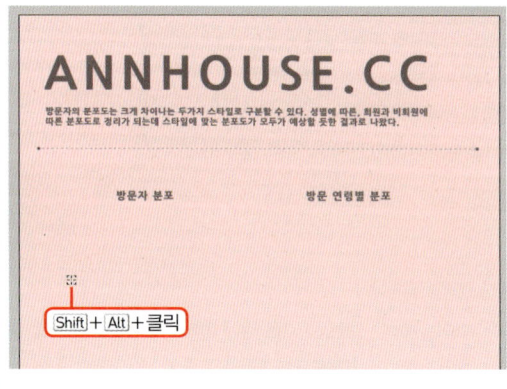

02. [Graph] 옵션 창에서 5×5cm 값을 입력하고 [OK]를 클릭합니다. 데이터 창이 나타나면 그림과 같이 값을 모두 입력한 후 [Apply]를 클릭합니다.

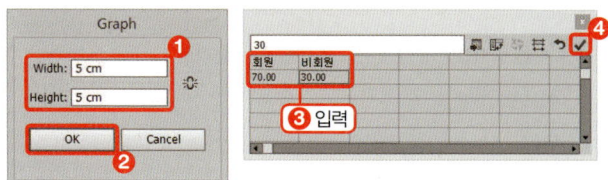

03. 알맞게 적용되었으면 창을 닫습니다. 기본 색상의 그래프에서 색을 바꿉니다.

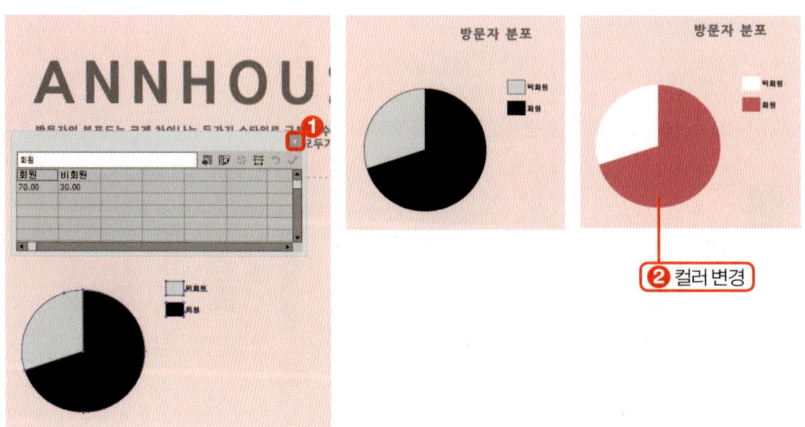

04. 그래프 사이의 간격이 있는 모양으로 수정하기 위해 단축키 A 를 눌러 직접 선택 툴을 선택한 후 그래프를 선택합니다. [Appearance] 패널에서 [Add New Effect]−[Path]−[Offset Path]를 클릭합니다. 옵션 창이 나타나면 [Offset]에 −0.05cm를 입력한 후 [OK]를 클릭합니다. −0.05cm의 치수만큼 그래프가 축소됩니다.

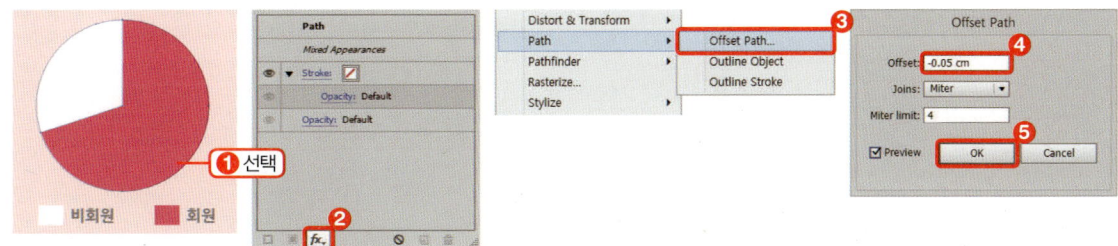

05. 기본 원그래프 모양에서 그래프 사이의 간격이 있는 모양의 [Offset Path] 이펙트가 적용되었습니다. 이 펙트 상태의 오브젝트는 인쇄를 넘기기 전이나 파일을 전달하기 전에 보이는 모양 그대로 오브젝트화하기 위해 [Object]−[Expand Appearance]를 적용합니다.

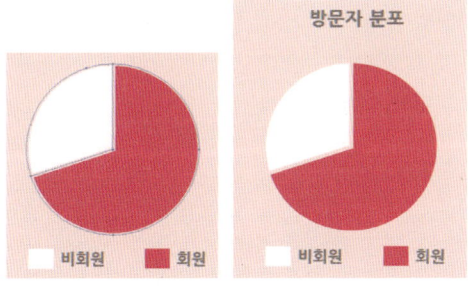

[Offset path] 이펙트 적용

06. 원그래프 툴 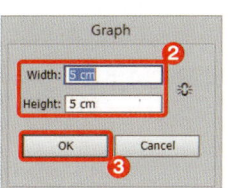 을 선택한 후 다시 Shift + Alt + 클릭하여 5×5cm 크기의 그래프를 만듭니다. [OK]를 클릭합니다.

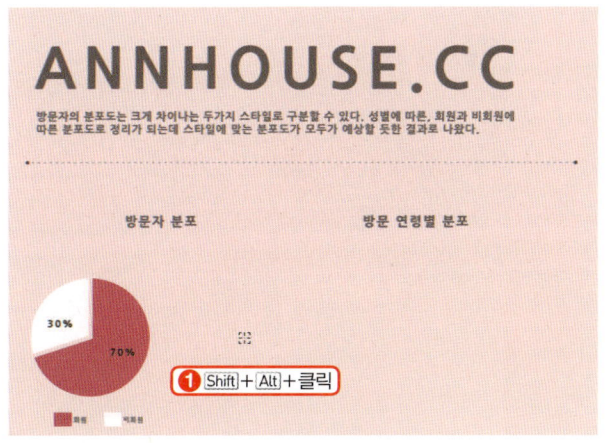

07. 데이터 창에 값을 그림과 같이 입력하고 [Apply]를 클릭합니다. 적용된 모양을 확인한 후 창을 닫습니다. 왼쪽의 그래프와 같은 방법으로 그래프의 색을 수정하고 [Offset Path] 이펙트를 같은 값인 −0.05cm로 적용합니다.

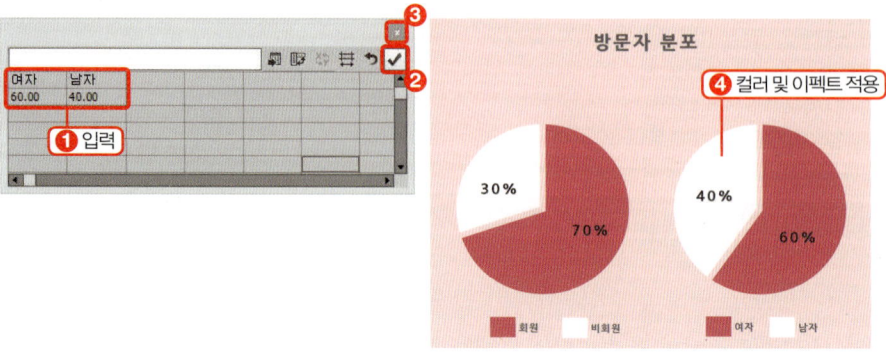

◉ 그래프에 적용할 패턴을 만들고 등록하기

01. 선 툴 ▱ 을 선택한 후 드래그하여 사선을 만들고 색을 지정합니다.

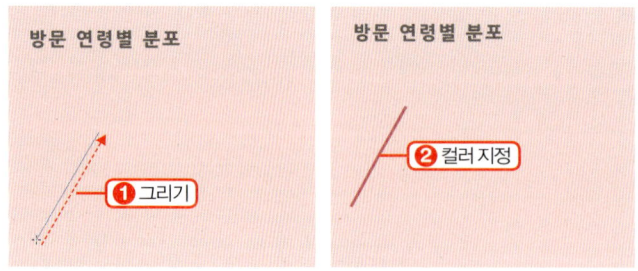

02. 사선을 클릭하고 Shift + Alt + 드래그하여 복사합니다. 단축키 Ctrl + D 를 누르며 같은 간격으로 붙여 넣습니다.

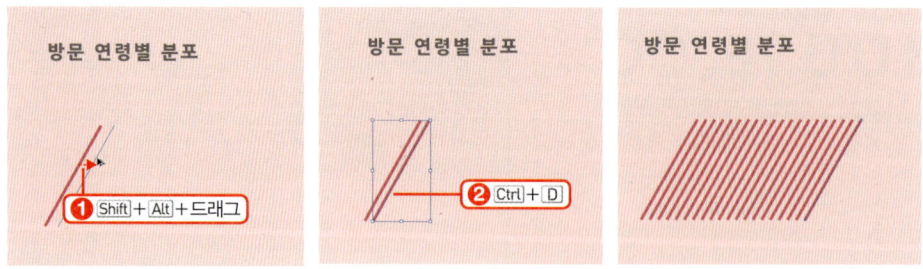

03. 오브젝트를 모두 선택하고 [Object]−[Flatten Transparency]를 클릭합니다. 옵션 창이 나타나면 [Raster/Vector Balance]의 값을 100으로 지정하고 [OK]를 클릭합니다.

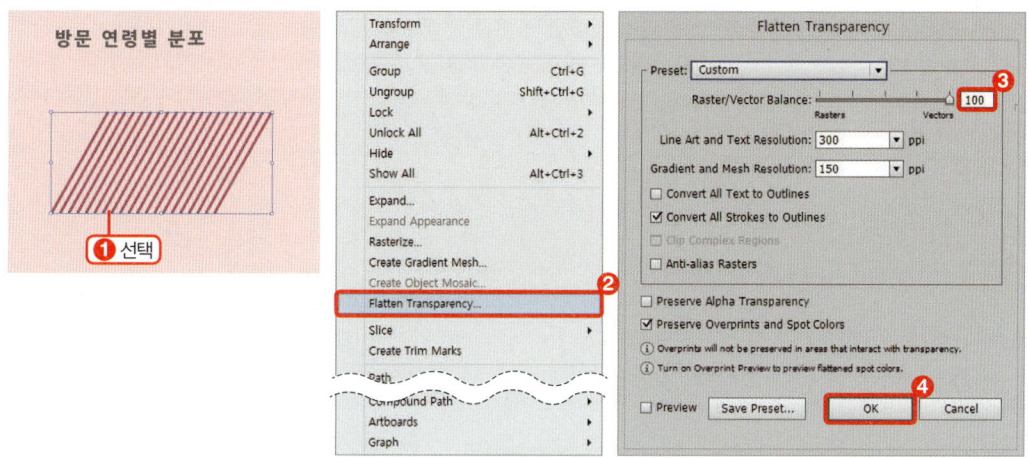

04. 단축키 Ctrl + U 를 눌러 스마트 가이드 상태로 설정합니다. 단축키 M 을 눌러 사각형 툴 ▣ 을 선택하고 그림과 같이 패턴이 이어질 부분을 생각하며 드래그합니다.

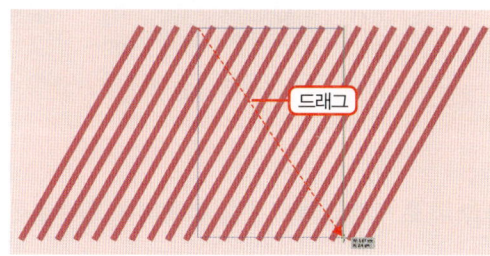

> **Tip** **Ai 활용 업그레이드**
>
> 이해를 돕기 위해 다음 그림을 살펴보면서 사각형의 정확한 위치를 확인합니다.

05. 오브젝트를 모두 선택하고 단축키 Ctrl + 7 을 눌러 Clipping Mask를 적용합니다.

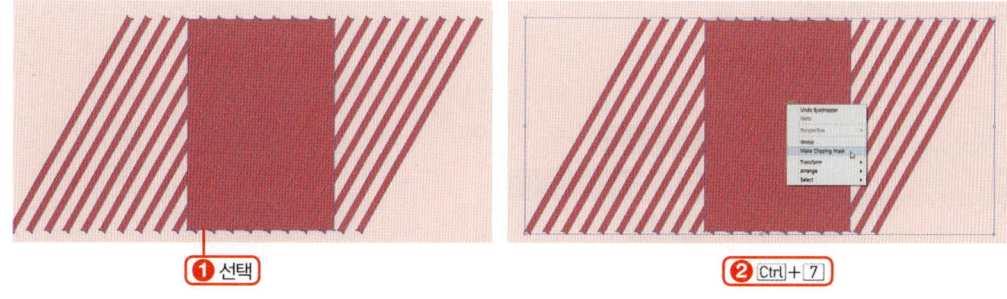

06. 보이는 모양 그대로 오브젝트로 정리하기 위해 [Pathfinder]-[Merge]를 클릭합니다.

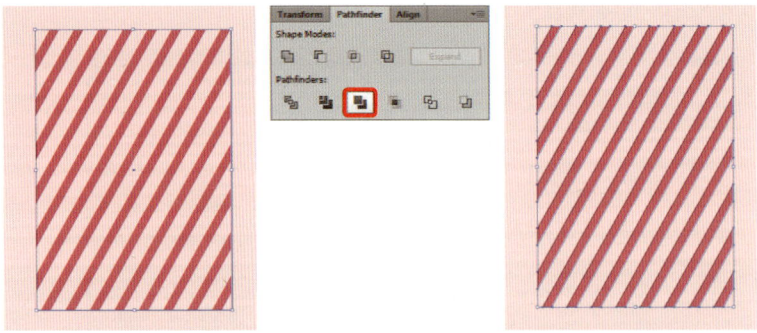

07. 패턴 오브젝트를 [Swatches] 패널로 드래그하여 패턴을 등록합니다.

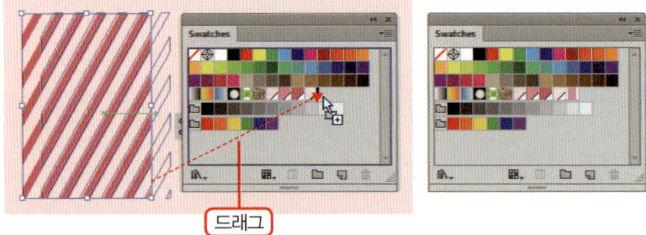

드래그

🔵 가로 막대그래프 툴을 이용하여 패턴을 적용한 그래프 만들기

01. 가로 막대그래프 툴 ▣(Bar Graph Tool)을 선택한 후 드래그하여 사이즈를 직접 설정합니다.

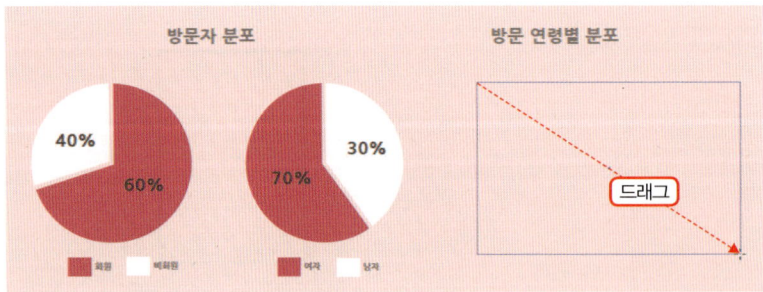

드래그

02. 데이터 창이 나타나면 그림과 같이 입력하고 [Apply]를 클릭합니다. 단축키 A를 눌러 직접 선택 툴을 선택한 후 가운데 바를 선택합니다.

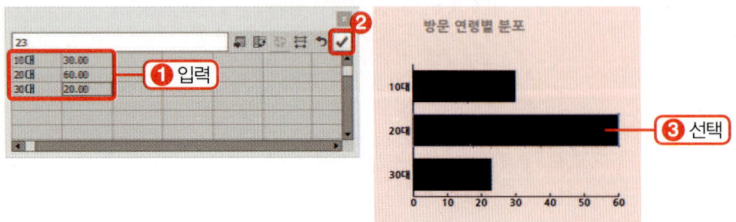

❶ 입력 ❷ ❸ 선택

03. [Swatches] 패널에서 등록한 패턴을 클릭하여 바 패턴으로 적용합니다.

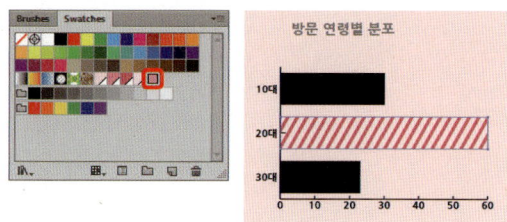

04. 위아래 바도 색을 변경합니다. 단축키 ⓥ를 눌러 선택 툴을 선택한 후 세로 줄의 텍스트 오브젝트를 선택합니다. 텍스트를 세로축의 오른쪽으로 옮겨봅니다.

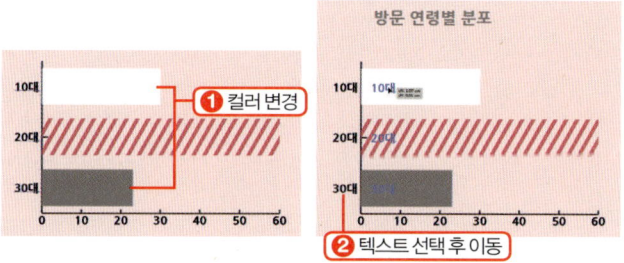

🔵 직접 선택 툴로 그래프 수정하기

01. 그래프의 바와 글씨 오브젝트를 모두 선택하고 Shift + 드래그하여 위쪽으로 옮깁니다.

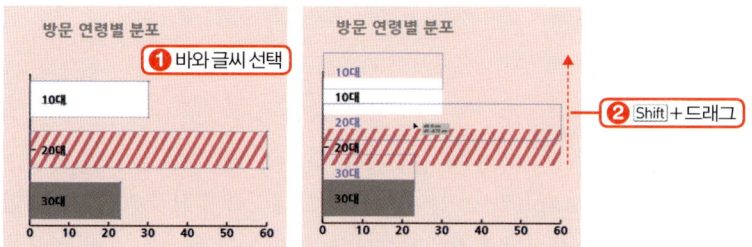

02. 단축키 ⓐ를 눌러 직접 선택 툴을 선택한 후 바 사이 구분선의 오른쪽 포인트를 선택하고 가로로 길게 늘립니다. [Stroke] 패널에서 [Dashed Line]에 체크하고 치수를 입력하여 선의 속성을 점선으로 바꾸고 색을 수정합니다.

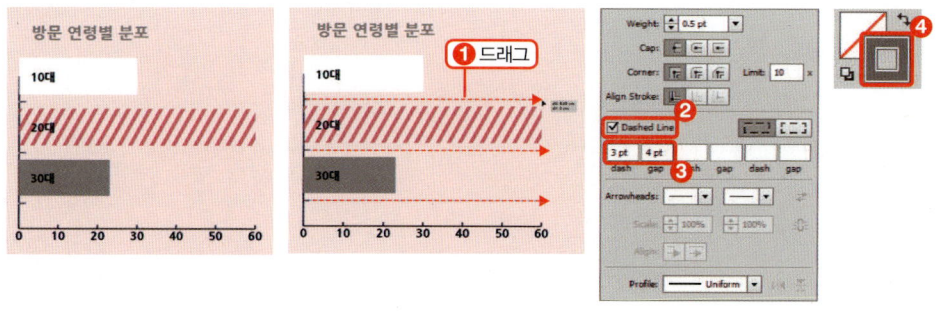

03. 선 색을 바꾸거나 글씨 스타일을 수정합니다.

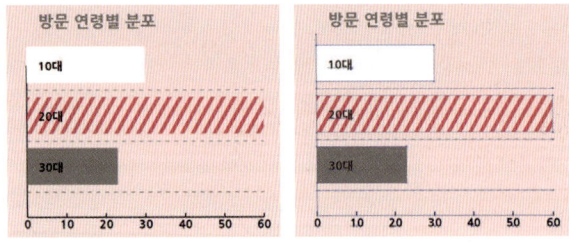

04. 모두 수정한 후 [Object]-[Expand]를 클릭합니다. 두 가지 스타일의 그래프가 완성되었습니다.

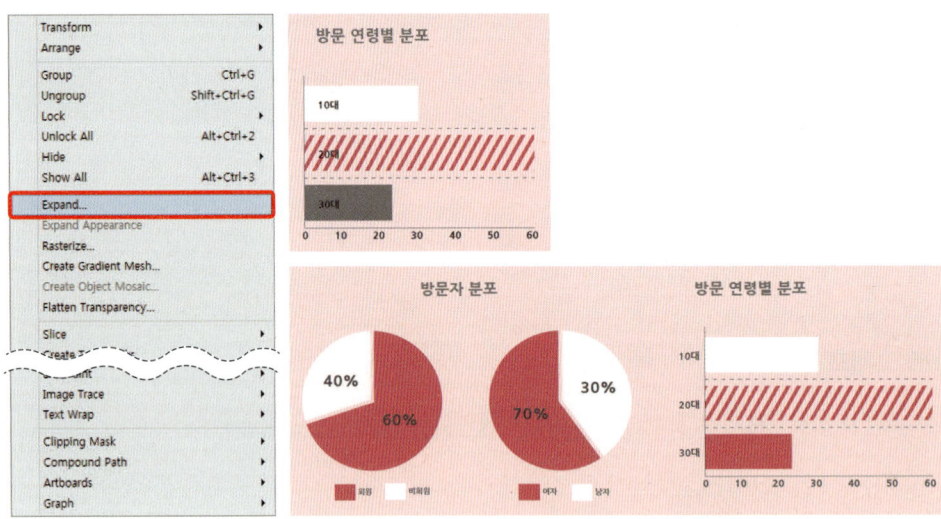

💮 세로 누적 막대그래프 툴을 이용하여 이미지 분할 그래프 만들기

01. 세로 누적 막대그래프 📊 (Stacked Column Graph Tool)를 선택한 후 드래그하여 직접 크기를 지정합니다. 데이터 창이 나타나면 값을 입력하고 [Apply]를 클릭한 후 창을 닫습니다.

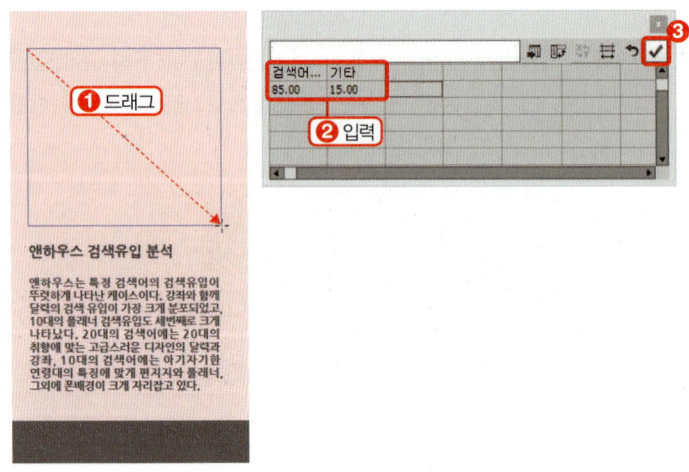

02. 다각형 툴을 이용하여 그래프의 높이와 같은 삼각형을 그립니다. 단축키 Ctrl + U 를 눌러 스마트 가이드 상태로 설정한 후 그래프의 나누어진 면 위치에서 그림과 같이 선을 그립니다.

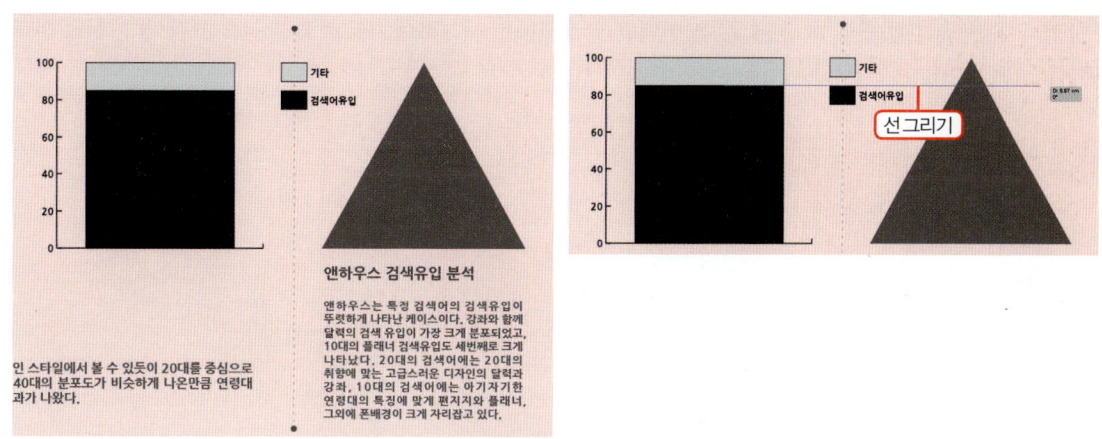

03. 앞서 그린 선과 삼각형을 선택하고 [Pathfinder] 패널에서 [Divide]를 클릭합니다. 삼각형을 그래프가 나뉘진 것처럼 나눕니다.

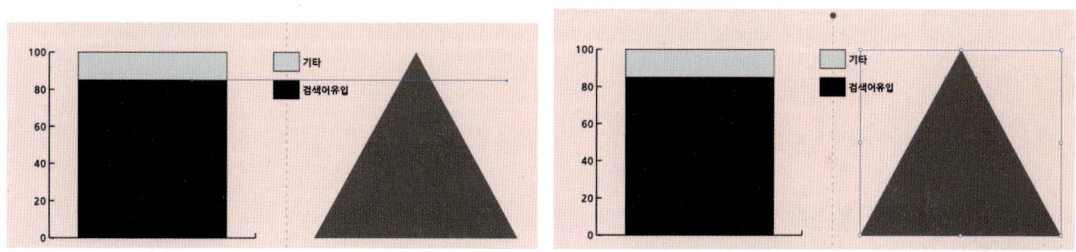

04. 삼각형 위쪽 색을 바꾼 후 아래쪽 넓은 부분에 수치를 씁니다. 단축키 Ctrl + G 를 눌러 그룹화합니다.

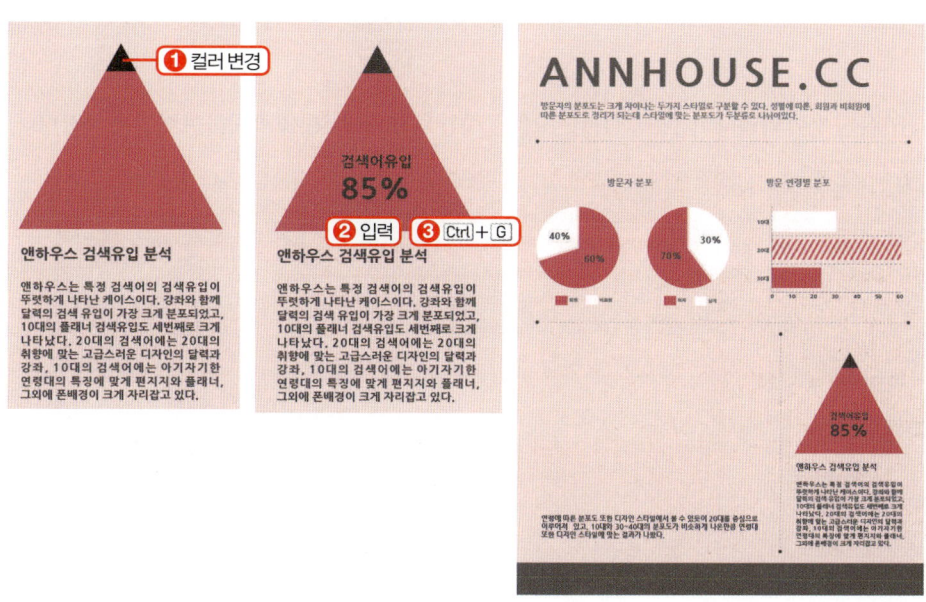

● 일러스트를 등록하여 일러스트 그래프 만들기

01. 단축키 Ctrl + Alt + 3 을 눌러 [Show All]을 실행합니다. 미리 만들어 숨겨놓았던 곰돌이 일러스트를 나타나게 합니다. 단축키 W 를 눌러 선 툴 / 을 선택한 후 Shift + 드래그하여 가로로 짧은 선을 그립니다. 선을 선택하고 [View]-[Guides]-[Make Guides]의 단축키 Ctrl + 5 를 누릅니다.

02. 선이 가이드로 바뀌었습니다. 값을 입력했을 때 가이드 선을 기준으로 가이드 선이 있는 부분만 늘어나는 그래프를 만들어보겠습니다. 오브젝트를 모두 선택하고 [Object]-[Graph]-[Design]을 클릭합니다.

03. [Graph Design] 옵션 창이 나타나면 [New Design]을 클릭한 후 [Rename]을 클릭하여 이름을 바꿉니다.

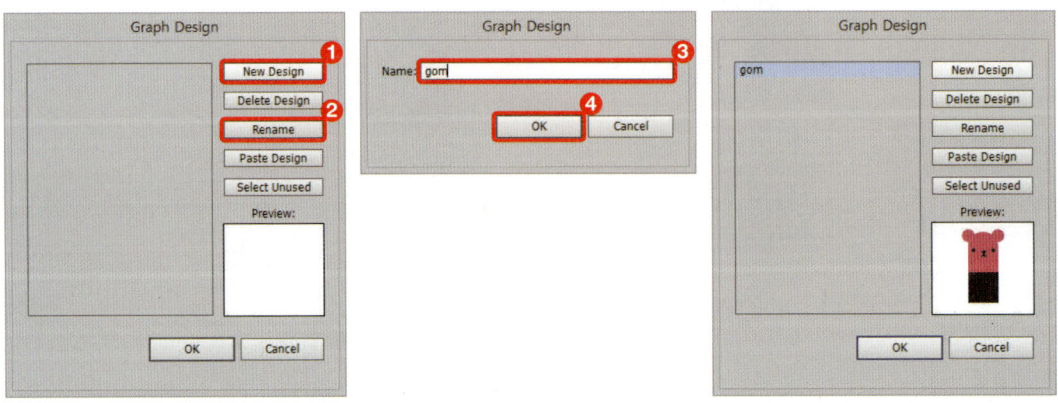

04. 단축키 J를 눌러 세로 막대그래프 툴  (Column Graph Tool)을 선택한 후 드래그하여 직접 크기를 지정합니다. 데이터 창이 나타나면 값을 입력하고 [Apply]를 누른 후 창을 닫습니다.

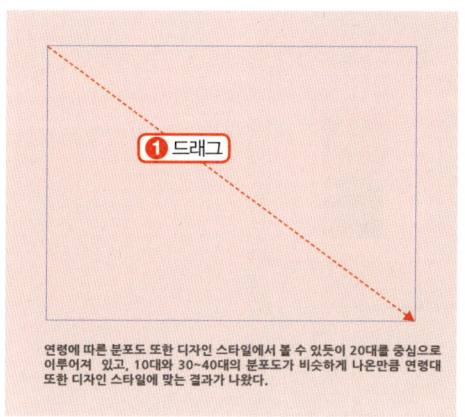

05. 그래프를 선택하고 마우스 오른쪽 버튼을 클릭해 메뉴에서 [Data]를 클릭합니다.

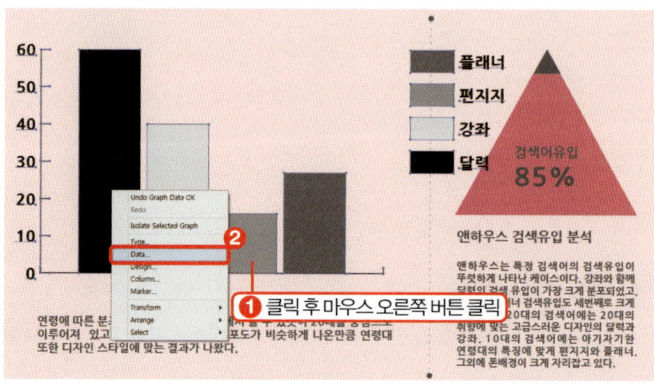

06. 데이터 창이 나타나면 [Transpose Row/Column]을 선택한 후 [Apply]를 클릭합니다. 창을 닫습니다.

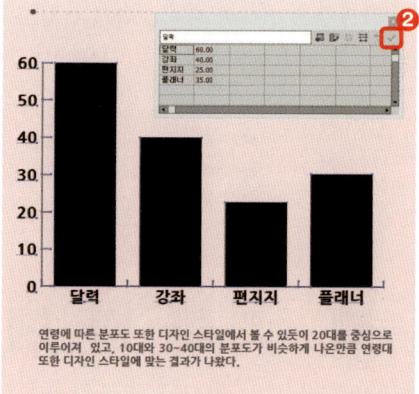

07. 다시 마우스 오른쪽 버튼을 클릭해 메뉴에서 [Column]을 선택합니다. 등록해둔 곰돌이 이미지를 선택하고 [Column Type]를 [Sliding]으로 지정한 후 [OK]를 클릭합니다.

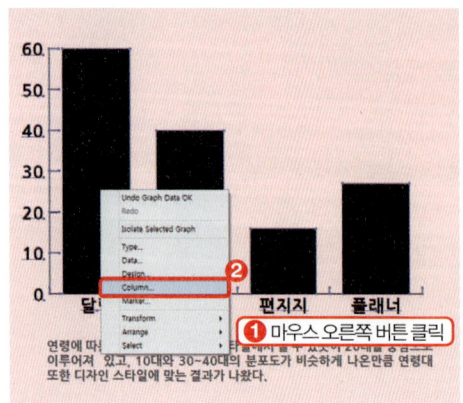
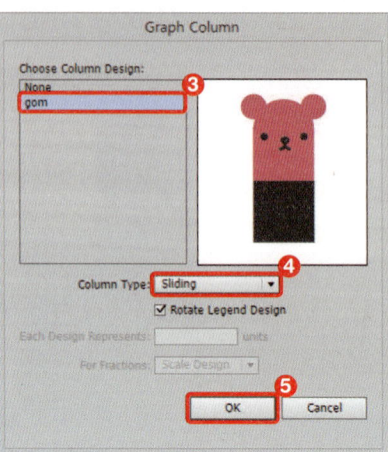

08. 곰돌이 이미지가 그래프에 적용된 것을 확인할 수 있습니다.

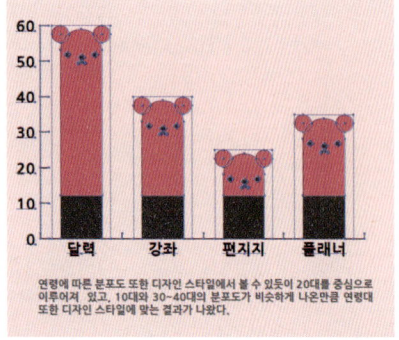

Tip **Ai 활용 업그레이드**

다양한 그래프나 차트를 만들려면 333쪽 '인포그래픽 무료 제작 사이트'를 참고합니다.

💮 직접 선택 툴 이용해서 그래프 수정하기

01. 단축키 A를 눌러 직접 선택 툴을 선택한 후 세로축의 수치 표시 선을 가로로 길게 늘이고 점선으로 수정합니다. 곰돌이 이미지 아래쪽에는 입력했던 수치 값을 적어줍니다.

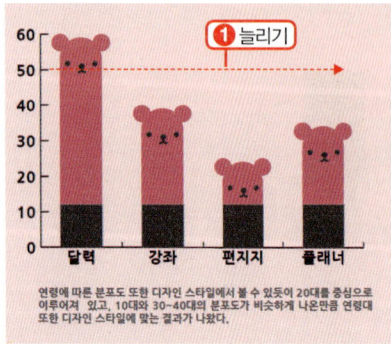
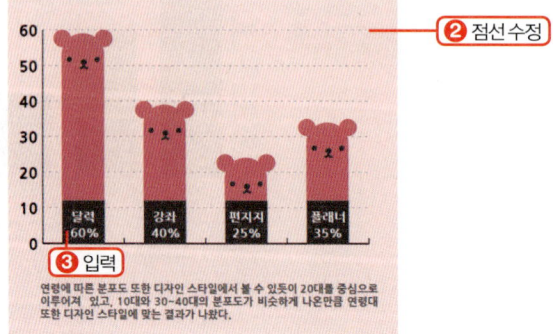

02. [Object]-[Flattten Transparency]를 클릭합니다. 옵션 창이 나타나면 [OK]를 클릭합니다.

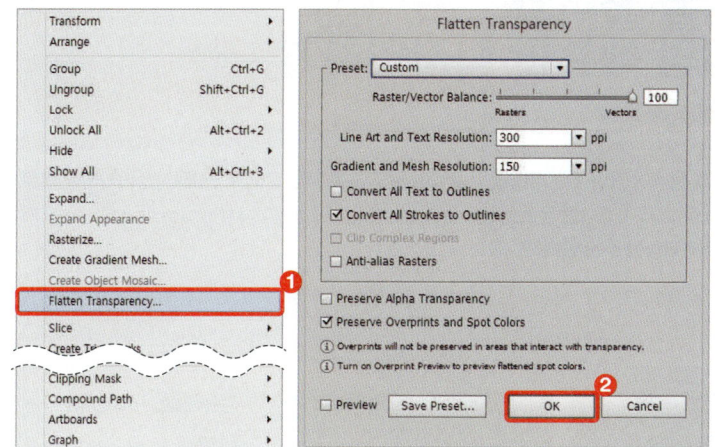

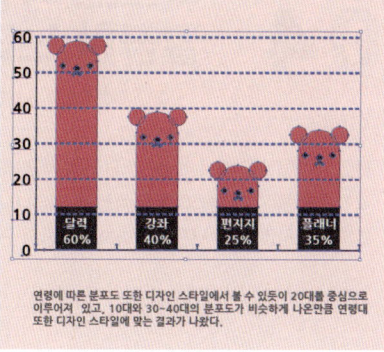

연령에 따른 분포도 또한 디자인 스타일에서 볼 수 있듯이 20대를 중심으로 이루어져 있고, 10대와 30~40대의 분포도가 비슷하게 나온만큼 연령대 또한 디자인 스타일에 맞는 결과가 나왔다.

Tip | **Ai 활용 업그레이드**

더 이상의 수정이 없다면 그래프를 오브젝트로 바꿔줍니다. 단축키 Ctrl + C 를 눌러 복사하고 단축키 Ctrl + F 를 눌러 붙여 넣습니다. 추후 수정이 필요할 경우를 위해 단축키 Ctrl + 3 을 눌러 숨겨두는 것도 좋습니다.

---

03. 직접 선택 툴을 이용해 그래프와 색을 수정합니다.

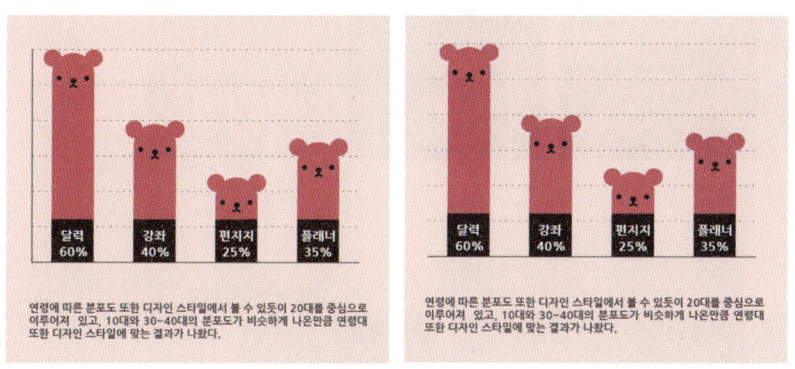

4가지 모양의 그래프를 이용하여 디자인해보았습니다. 그래프를 그릴 때는 같은 그래프를 다른 스타일로 바꿔보면서 전달력을 높일 수 있는 디자인을 다양하게 구상해봅니다. 그래프 툴은 활용하면 할수록 전혀 다른 스타일의 결과물을 만들어낼 수 있어 편집 디자인에 활용하거나 보고서 등을 만들 때 유용한 기능입니다.

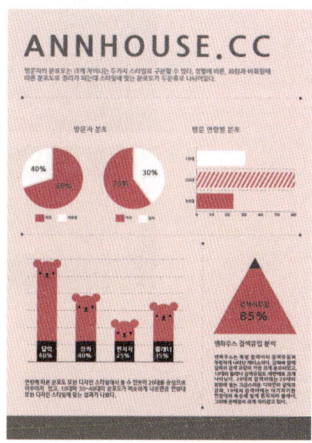

Section 04

텍스트 파일을 불러와
깔끔한 느낌의 메뉴판 디자인하기

편집 디자인 작업에서 메뉴판처럼 반복적인 내용의 형식이 담겨 있는 편집물은 콘셉트를 잡고 정해진 콘셉트 안에서 2~3가지 폰트로 크기 변화를 주어 깔끔하게 완성할 수 있습니다. 반복해서 사용되는 폰트는 [Character Styles] 패널이나 [Paragraph Styles] 패널을 이용하면 작업 시간도 단축하면서 좀더 편하게 작업할 수 있습니다.

✦ **실습 파일** 5장 \ menu.docx, 메뉴판-토네이도.ai ✦ **결과 파일** 5장 \ 결과 파일 \ 5장_섹션4.ai

● **사용된 패널**

_ Paragraph Styles 패널 : 메뉴판처럼 반복되는 구성의 작업물에서 글자 속성을 저장하고, 반복되는 패턴을 글자에 적용할 수 있습니다.

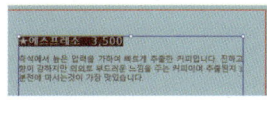 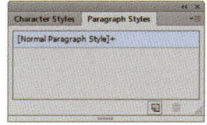 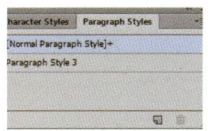 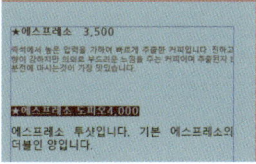

_ Tabs 패널 Shift + Ctrl + T : 띄어쓰기한 부분의 간격을 조절할 수 있습니다.

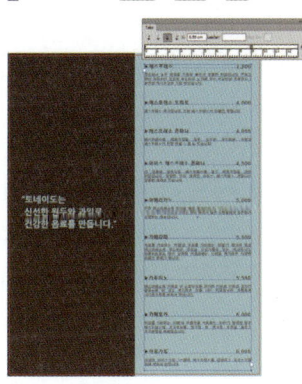 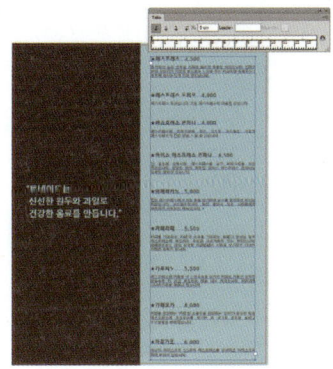

● **사용된 기능**

_ Place [File]−[Place] : 아트보드를 연 상태에서 이미지, 워드 파일이나 ANSI, 유니코드 파일 등의 텍스트를 불러올 수 있습니다.

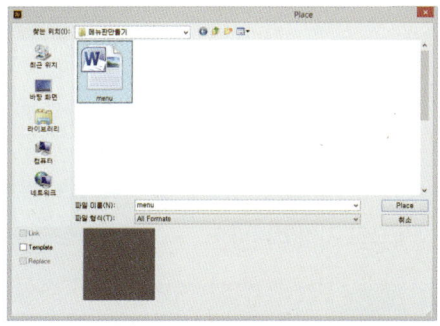  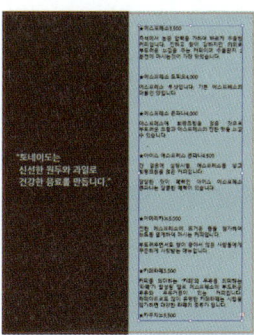

_ Replace & Find [Edit]−[Find and Replace] : 글자나 이모티콘을 찾아서 원하는 글씨나 이모티콘으로 바꿔줍니다. 단어나 이모티콘을 다른 글자 등으로 한번에 수정할 때는 [Replace All]을 클릭해 수정합니다.

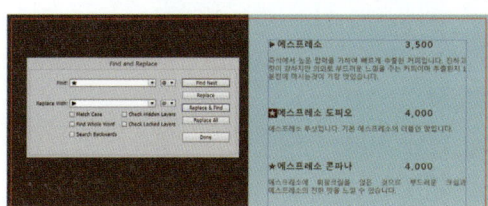 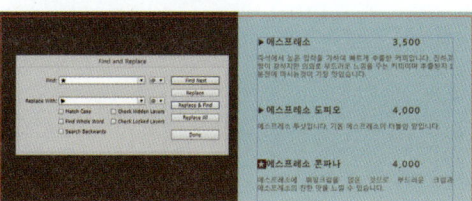

🌸 메뉴판 사이즈 지정하기

01. 단축키 [M]을 눌러 사각형 툴 ▣.을 선택합니다. 바탕화면을 클릭하고 옵션 창이 나타나면 21×27cm의 사각형을 만들고, [OK]를 클릭합니다. 그림과 같이 민트색 계열로 면 색을 지정합니다.

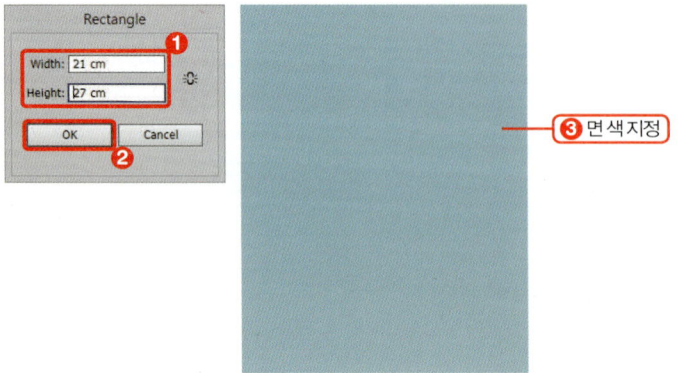

02. [Appearance] 패널에서 [Add New Stroke]를 눌러 선을 추가합니다. [Add New Effect]−[Path]−[Offset Path]를 눌러 옵션 창이 나타나면 [Offset]에 0.2cm를 입력하고 [OK]를 클릭합니다. 사방으로 0.2cm씩 늘린 편집 선이 만들어집니다. 이펙트가 적용된 편집 선을 오브젝트화하기 위해 [Object]−[Expand Appreance]를 클릭합니다.

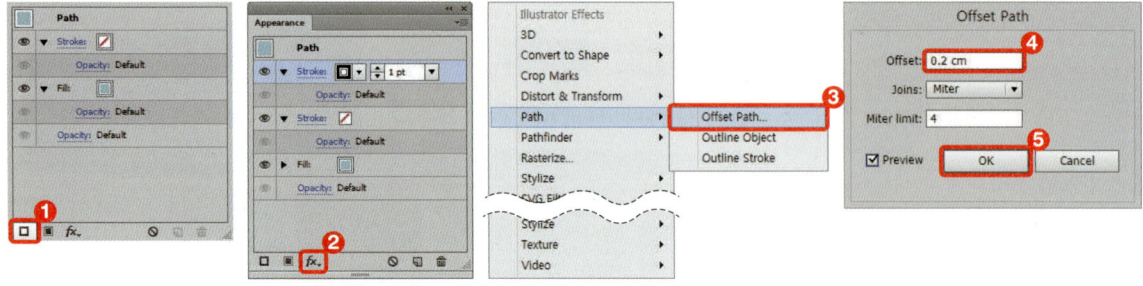

03. 바깥으로 2mm씩 늘려준 선을 선택하고 단축키 [I]를 눌러 스포이드 툴 ✐을 선택한 후 안쪽 면의 색과 같은 색으로 바꿉니다. 안쪽 면을 선택하고 면 색은 없음, 선 색은 빨간색으로 지정합니다.

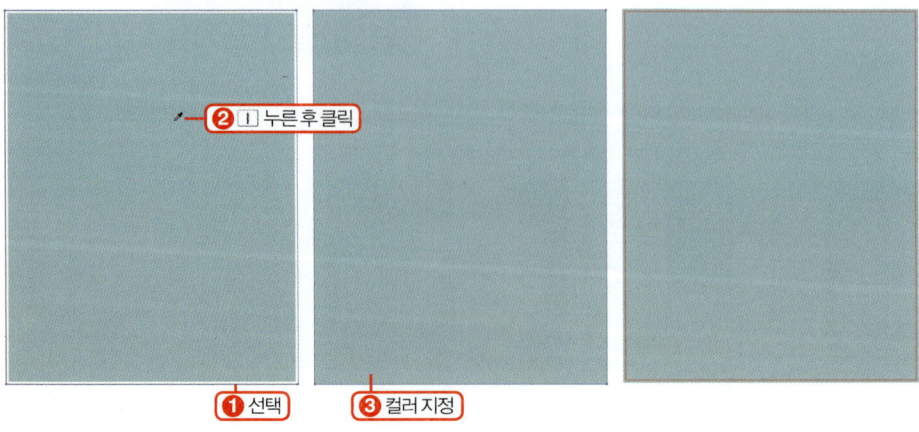

04. 단축키 Ctrl + U 를 눌러 스마트 가이드를 설정한 후 편집 면인 바깥으로 나온 면을 선택합니다. 단축키 Ctrl + C 를 눌러 복사한 후 단축키 Ctrl + F 를 눌러 다시 그 자리에 붙여 넣습니다. 그림과 같이 복사한 면을 반으로 줄입니다.

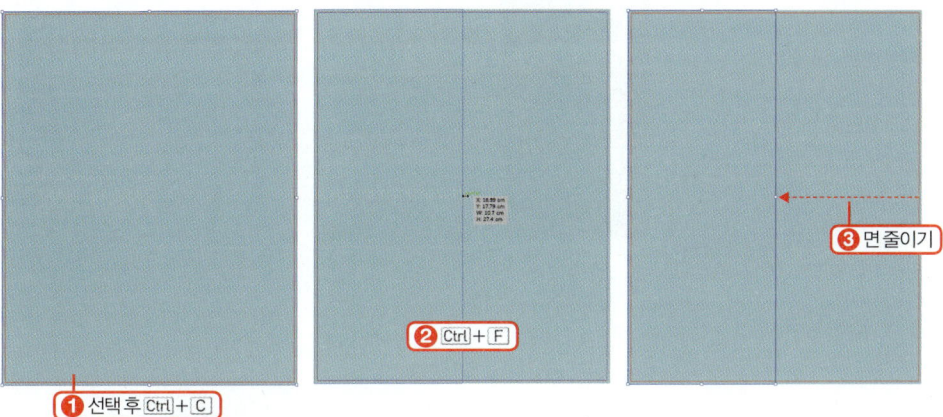

① 선택 후 Ctrl + C

② Ctrl + F

③ 면 줄이기

05. 반으로 줄인 면은 진은 갈색으로 수정합니다. 민트색 면과 짙은 갈색 면을 모두 선택한 후 [Pathfinder] 패널에서 [Merge]를 클릭합니다.

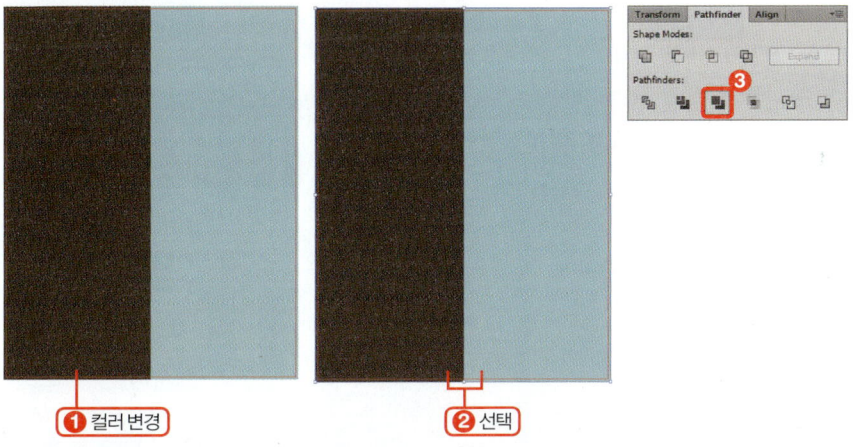

① 컬러 변경

② 선택

③

06. 단축키 T 를 눌러 글자 툴을 선택하고 문구를 씁니다. 글자 속성을 다음과 같이 지정합니다.

① 입력

② 글자 속성 지정

07. 단축키 ⊤를 눌러 글자 툴 ⊤을 선택한 후 드래그하여 오른쪽에 텍스트가 들어갈 영역을 만듭니다. 글을 불러오기 위해 [File]−[Place]를 클릭합니다.

워드 파일 손쉽게 붙여넣기

01. [Place] 창이 나타나면 menu.docx 워드 파일을 선택합니다. [Microsoft Word Options] 창이 나타나면 [OK]를 클릭하여 텍스트 영역에 그대로 붙여 넣습니다. 모두 선택한 후 폰트를 '나눔고딕'체로 바꿉니다.

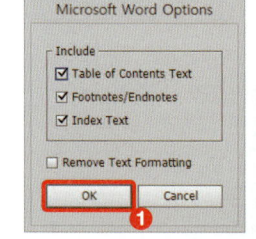

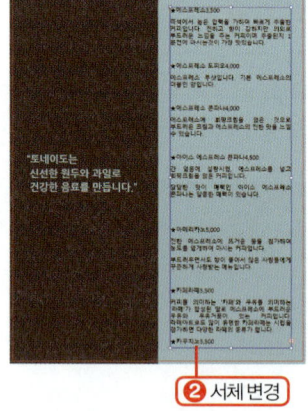

> **Tip** Ai 활용 업그레이드_ **텍스트 불러오기가 가능한 파일**
>
> MS 워드 파일, RTF(서식이 있는 텍스트 형식), ANSI, 유니코드, Shift JIS, GB2312, Chinese Big5, 키릴어, GB18030, 그리스어, 터키어, 발트어 및 중앙 유럽어 인코딩이 지원되는 일반 텍스트(ASCII)로 작성된 파일 등

02. 메뉴 이름을 드래그한 후 [Character] 패널에서 다음과 같이 지정합니다.

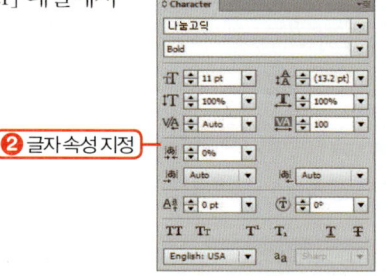

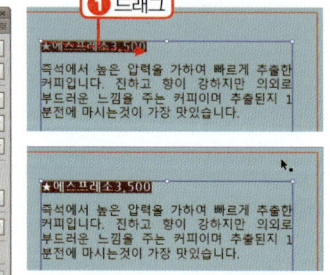

03. 아래쪽에 위치한 내용을 드래그한 후 그림과 같이 약간 작은 크기의 폰트로 수정합니다.

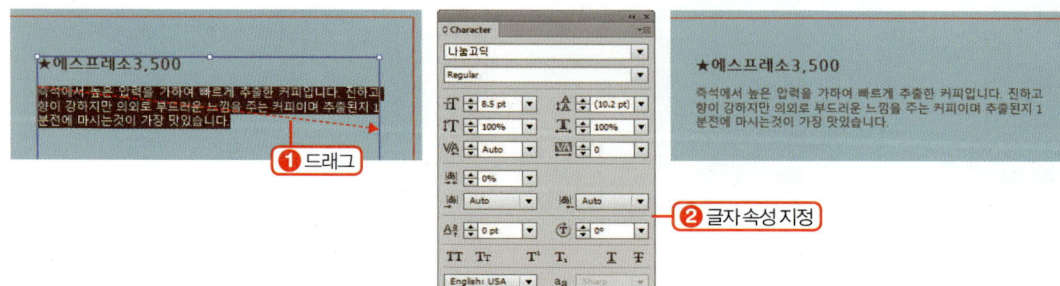

04. 메뉴 이름과 가격이 붙어 있는 사이를 클릭하고 Tab 을 누릅니다.

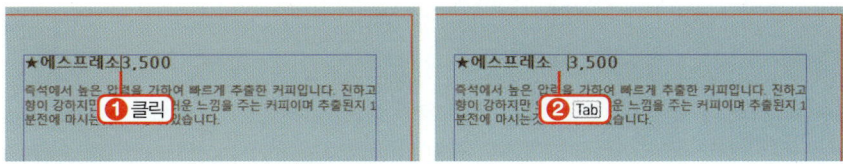

🌸 글자 속성 저장하고 적용하기

01. 첫줄에서 지정한 폰트 스타일을 저장합니다. [Window]-[Type]-[Paragraph Styles] 패널을 불러옵니다.

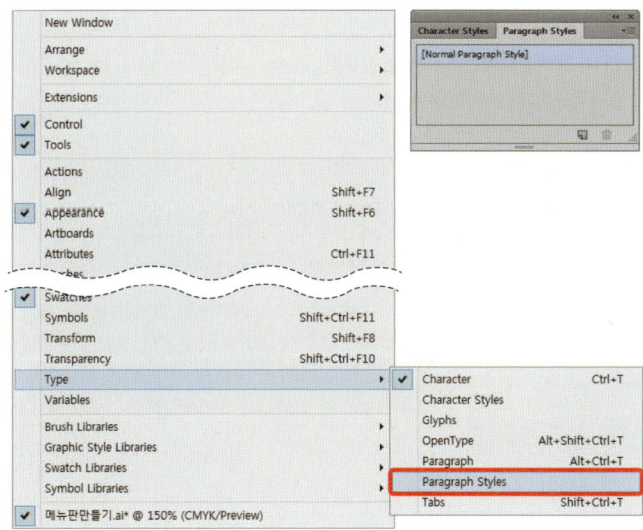

02. 메뉴를 드래그하고 [Creat New Style]을 클릭합니다. 더블클릭하여 그림과 같이 이름을 지정합니다.

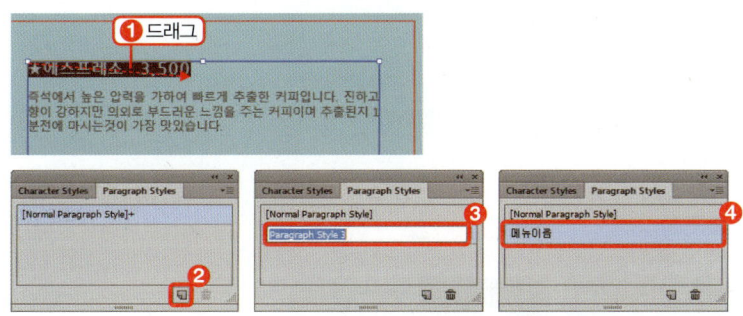

03. 같은 방법으로 내용도 드래그하여 [Creat New Style]을 클릭한 후 이름을 지정합니다.

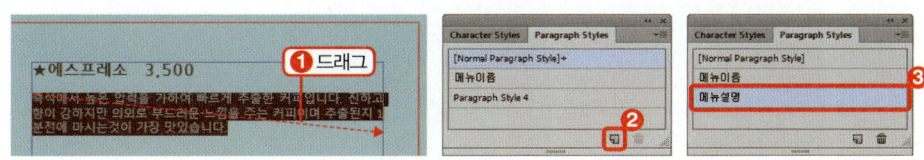

04. 밑 줄 메뉴 이름을 드래그하고 [Paragraph Styles] 패널에서 메뉴 이름을 클릭하면 + 모양이 나타나고 일부 속성이 적용됩니다. 한 번 더 클릭하여 등록된 스타일을 완벽하게 적용합니다.

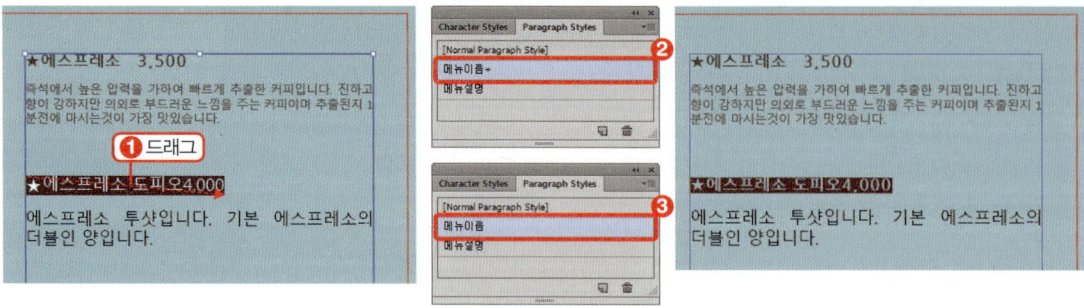

05. 메뉴 이름이 저장한 속성대로 적용되었습니다. 아래에 위치한 내용도 드래그하여 지정한 스타일을 선택하고 + 표시가 나타나면 한 번 더 클릭하여 완벽하게 적용합니다.

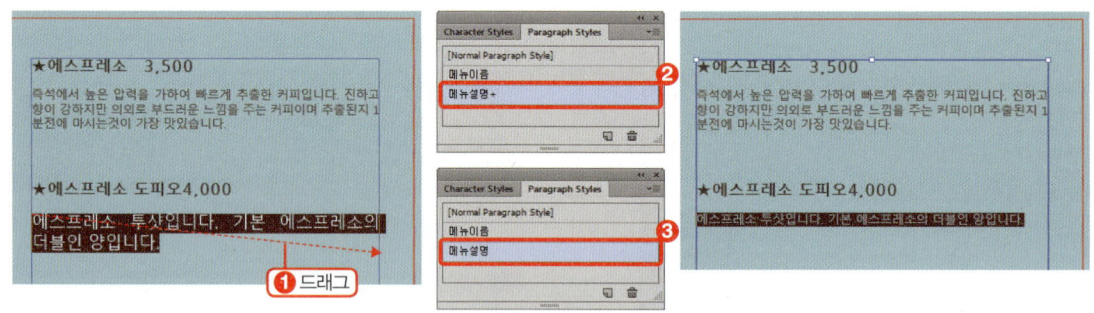

06. 메뉴 이름과 가격 사이를 클릭하고 [Tab]을 누릅니다.

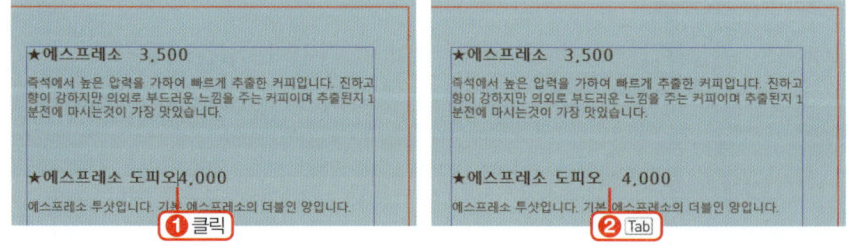

07. 남아 있는 내용도 저장한 스타일로 적용합니다.

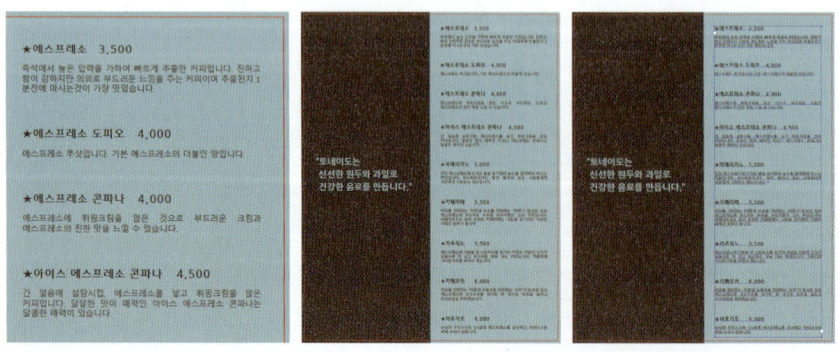

❁ [Tabs] 패널을 사용해서 원하는 위치로 글자 지정하기

01. 가격이 들어갈 위치를 정렬하기 위해 단축키 Shift + Ctrl + T 를 눌러 [Tabs] 패널을 불러옵니다. 텍스트 상자를 선택하고 [Tabs] 패널을 선택한 후 [Position Panel Above Text]를 클릭해 텍스트 상자와 딱 맞게 위치하도록 정렬합니다.

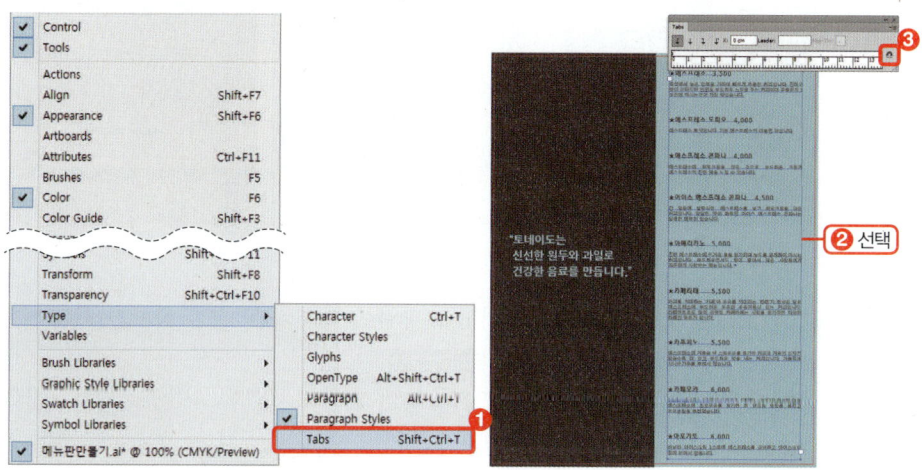

02. 상단의 [Left-Justified Tab]을 누른 후 줄자를 클릭하여 오른쪽으로 드래그합니다. [Tab]을 이용하여 사이를 띄운 각 줄의 가격 위치를 조절합니다. [Tabs] 패널을 닫습니다.

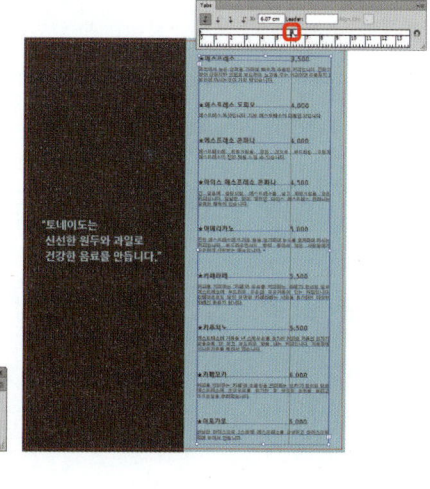

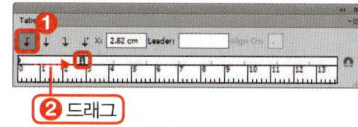

Tip Ai 활용 ^업그레이드

패널은 좌측 정렬, 중앙 정렬, 우측 정렬 및 사이에 원하는 글씨나 이모티콘을 채우는 기능으로 구성되어 있습니다.

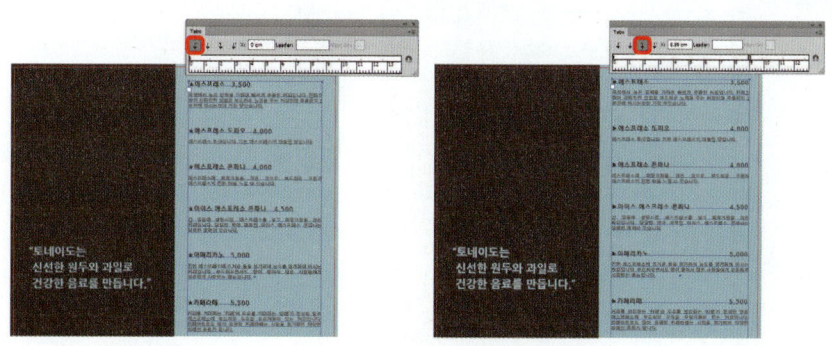

메뉴판의 가격 위치가 정렬되지 않은 상태에서 [Tabs]를 이용해 가격을 우측 정렬로 수정

03. 편집 영역의 두 면과 재단 선으로 표시된 빨간색 선을 선택한 후 왼쪽으로 Shift + Alt + 드래그하여 복사합니다. 면 색을 서로 바꿔서 지정합니다.

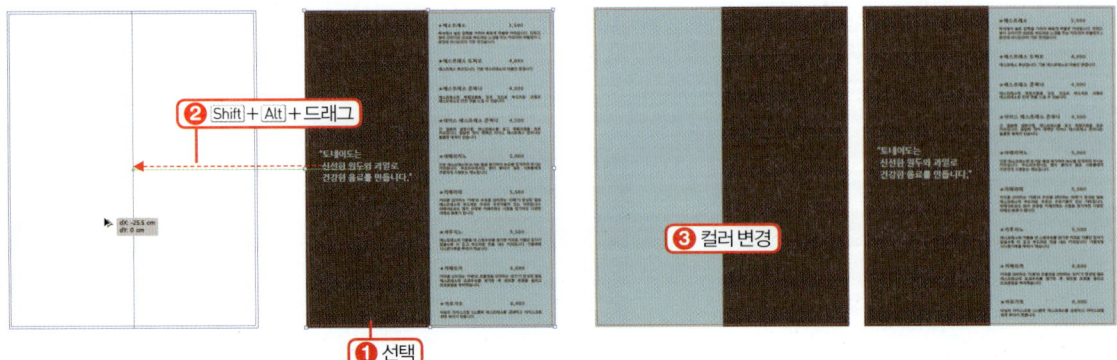

04. 단축키 Ctrl + O 를 눌러 로고가 들어 있는 메뉴판–토네이도.ai 파일을 불러온 후 단축키 Ctrl + A 를 눌러 전체 선택합니다. 단축키 Ctrl + C 를 눌러 복사하고 다시 작업했던 창으로 돌아와서 단축키 Ctrl + V 를 눌러 붙여 넣습니다.

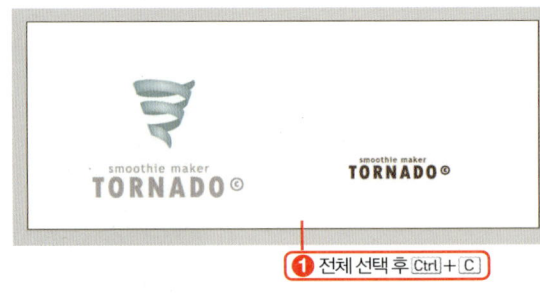
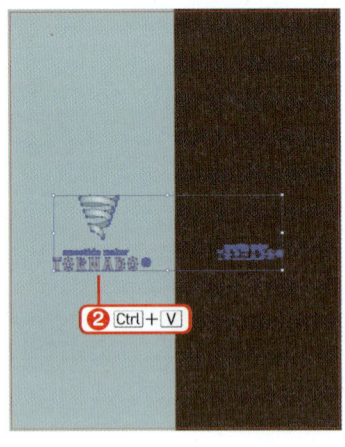

🌀 기준 오브젝트를 지정하고 중앙 정렬하기

01. 왼쪽 면과 글씨를 선택하고 한 번 더 면을 클릭합니다. 파란색 선이 표시되면 [Align] 패널에서 중앙 정렬을 클릭합니다. 같은 방법으로 우측 로고와 면을 선택한 후 다시 한 번 면을 클릭하고 파란색 선이 표시되면 중앙 정렬합니다.

왼쪽 면 중앙 정렬   오른쪽 면 중앙 정렬

02. 빨간색 재단 선을 제외한 면과 로고를 선택하고 단축키 Ctrl + G 를 눌러 그룹화합니다. 맨 위로 올라온 디자인을 단축키 Shift + Ctrl + I 를 눌러 맨 밑으로 위치하게 합니다.

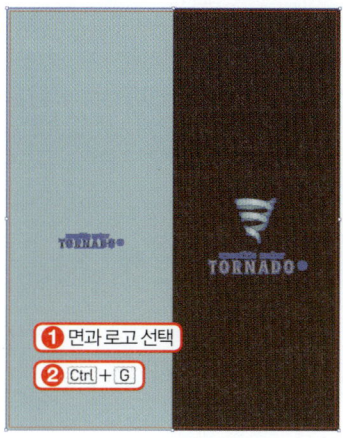
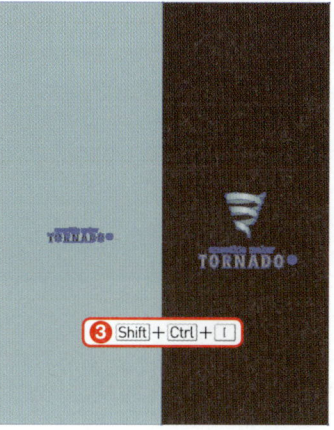

● [Find And Replace]를 이용하여 지정한 문자를 원하는 문자로 한번에 바꾸기

01. 스타일이 맞지 않은 오른쪽 메뉴 이름 앞에 있는 별 모양을 삼각형으로 바꾸겠습니다. [Edit]−[Find and Replace]를 클릭합니다.

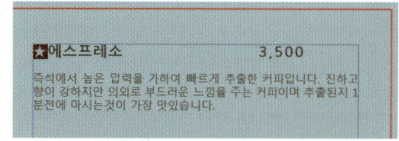

Tip Ai 활용 업그레이드_ [Find And Replace] 창 알아보기

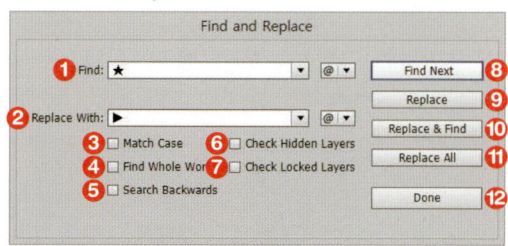

❶ **Find** : 찾을 단어를 입력합니다.

❷ **Replace With** : 바꿀 단어를 입력합니다.

❸ **Match Case** : 단어를 찾을 때 대소문자를 구분합니다.

❹ **Find Whole Words** : 유사 단어는 검색하지 않고 정확한 단어만 검색합니다.

❺ **Search Backwards** : 현재 검색된 단어의 다음 글자부터 검색합니다.

❻ **Check Hidden Layers** : 감춰진 레이어에 있는 단어도 검색합니다.

❼ **Check Locked Layers** : 잠긴 레이어에 있는 단어도 검색합니다.

❽ **Find Next** : 단어 검색을 시작합니다.

❾ **Replace** : 찾은 단어를 변경할 단어로 바꿉니다.

❿ **Replace & Find** : 단어를 교체한 후 계속해서 단어를 검색합니다.

⓫ **Replace All** : 단어를 한번에 찾아 모두 교체합니다.

⓬ **Done** : 창을 닫습니다.

02. [Find and Replace] 옵션 창이 나타나면 다음과 같이 옵션 값을 지정한 후 [Find]를 클릭합니다. 별이 선택되었습니다. [Replace & Find]를 눌러 삼각형으로 바꿉니다.

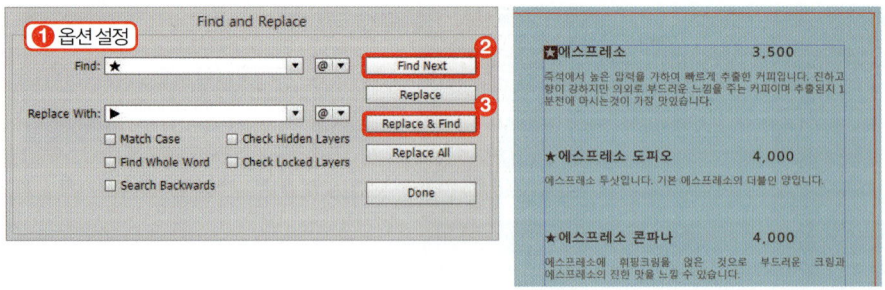

03. 계속해서 [Replace & Find]를 눌러 아래쪽의 별도 모두 바꿉니다. 모든 별을 삼각형으로 바꾸면 변경 완료를 알려주는 창이 나타납니다. [OK]를 클릭합니다.

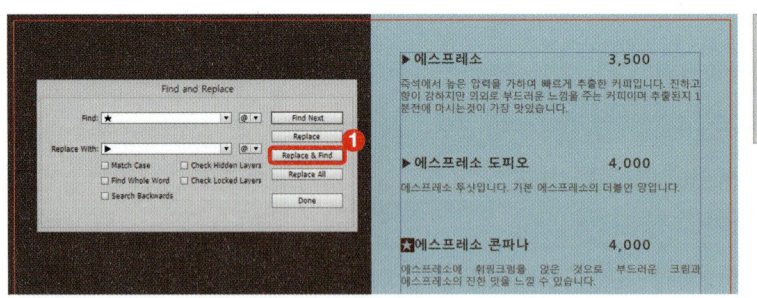
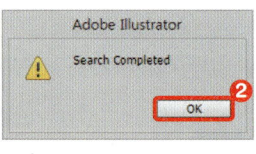

Tip | **Ai 활용** ^업그레이드

변경할 문자가 다양할 때는 [Replace & Find]를 눌러 원하는 문자로 바꿉니다. 그러나 한 가지 문자를 다른 문자나 이모티콘으로 바꿀 때는 [Replace All]을 클릭해 한번에 모든 단어를 바꿀 수 있습니다. [Replace All]을 클릭하면 변경할 문자의 횟수를 확인할 수 있습니다.

04. 오른쪽 메뉴 설명글도 자간을 조절하여 원하는 스타일로 정리합니다. 글을 모두 선택하고 단축키 Shift + Ctrl + O 를 눌러 텍스트를 오브젝트화합니다.

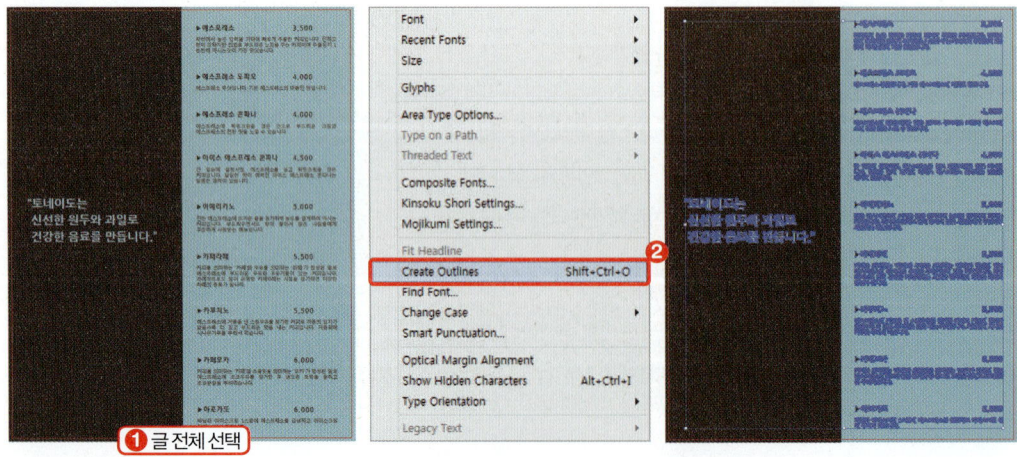

05. 빨간색 재단 선을 제외한 글과 면을 모두 선택하고 단축키 Ctrl + G 를 눌러 그룹화합니다. 단축키 Shift + Ctrl + I 를 눌러 그룹화한 오브젝트를 맨 밑으로 이동시킵니다.

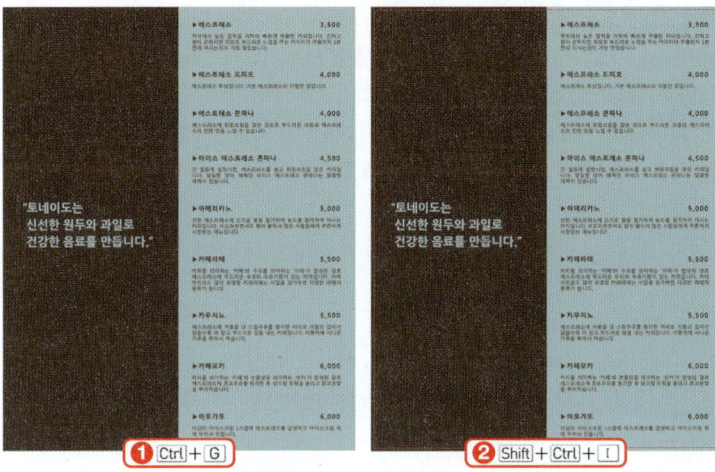

06. 그림과 같이 메뉴판이 완성되었습니다. 마지막으로 접는 선이 될 오시의 위치를 표시한 후 저장하고, 인쇄용 EPS 파일로 다시 한 번 저장합니다.

Section 05

돋보기로 확대한 모양의 포인트가 가미된 잡지 페이지 만들기

편집 디자인을 할 때 조금만 생각을 달리해보면 간단한 기능만으로도 재미있는 포인트 디자인을 할 수 있습니다. 특히 읽을 내용이 많은 경우에는 어떻게 디자인하느냐에 따라 가독성에 영향을 미치고 완성도가 높아질 수 있습니다. 눈길을 사로잡는 포인트가 가미된 편집 디자인에 대해서 알아보겠습니다.

✚ **실습 파일** 5장 \ history of paris.docx, 돋보기일러스트.ai, 물방울글씨.txt ✚ **결과 파일** 5장 \ 결과 파일 \ 5장_섹션5.ai

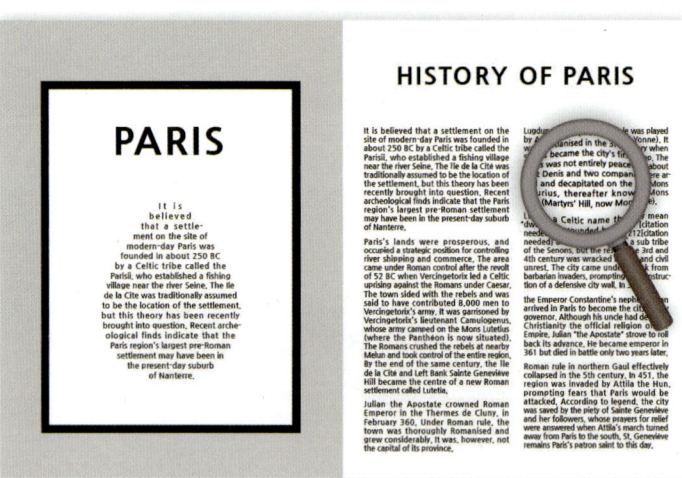

● 사용된 기능

_ Area Type Options [Type]-[Area Type Options] : 글자가 많은 텍스트 상자에 디자인을 달리하거나 가독성을 좀더 높일 수 있도록 단을 나눠주는 옵션입니다.

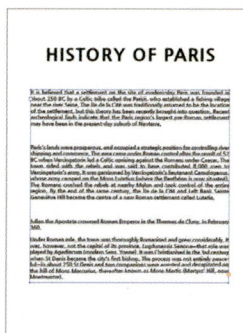 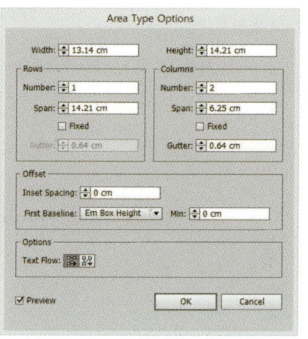 

_ Justification : 단락의 양끝 정렬을 조절하는 옵션입니다. 단어 사이 간격이나 문자 간격, 자동 행간 등을 조절할 수 있습니다.

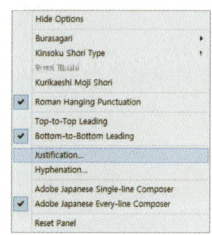 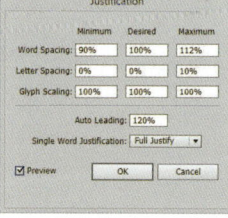 

_ Warp [Add New Effect]-[Warp]-[Inflate] : 선택한 오브젝트에 원하는 모양으로 왜곡 효과를 줄 수 있습니다. 예제에 서는 볼록 렌즈의 느낌으로 옵션을 적용하였습니다.

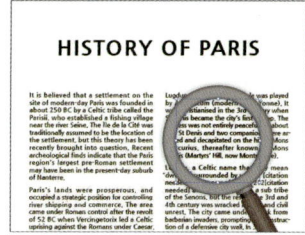 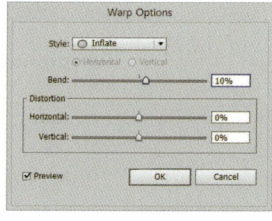 

_ Drop Shadow [Add New Effect]-[Stylize]-[Drop Shadow] : 선택한 오브젝트로 그림자 효과를 줄 수 있습니다.

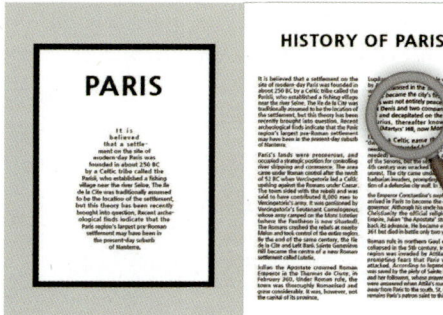 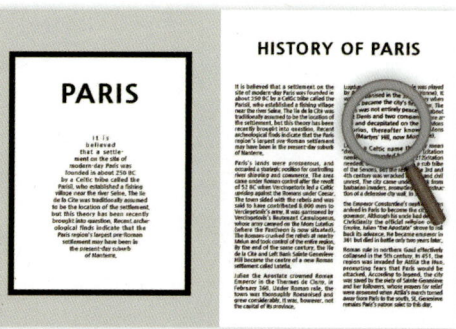

🔵 기본 페이지 만들고 문서 파일 바로 붙여넣기

01. 단축키 M을 눌러 사각형 툴 🔲을 선택한 후 빈 화면을 클릭합니다. 옵션 창이 나타나면 15×20cm를 입력하고 [OK]를 누릅니다. 단축키 T를 눌러 글자 툴 T.을 선택한 후 문구를 쓰고 크기를 조절합니다. 글자 툴 상태에서 그대로 드래그하여 텍스트 상자를 만듭니다.

02. [File]-[Place]를 클릭하고 5장 예제 폴더에서 history of paris.docx 워드 문서를 선택한 후 [Place]를 클릭합니다. [Microsoft Word Options] 창이 나타나면 [OK]를 클릭합니다.

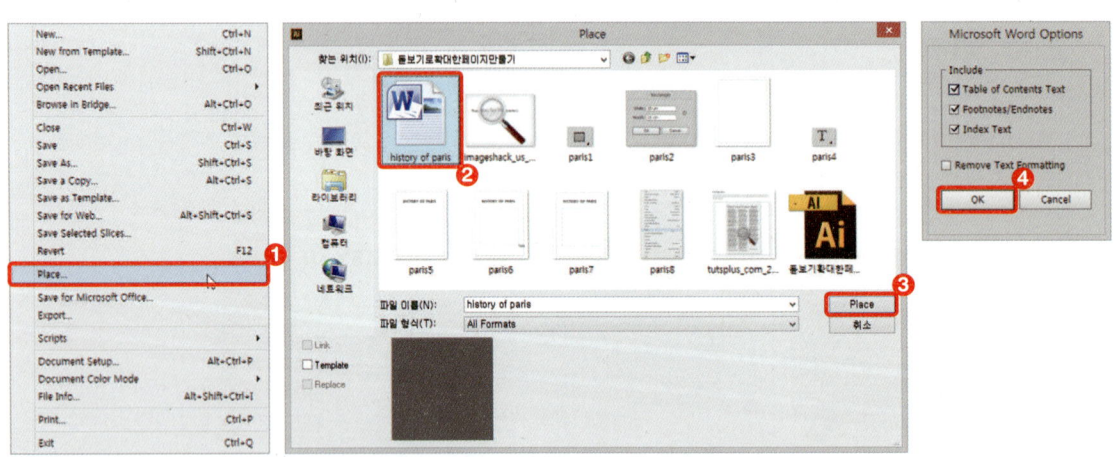

03. 선택한 워드 문서의 내용을 그대로 불러왔습니다. [Character] 패널을 이용하여 글씨 크기와 종류를 조절합니다.

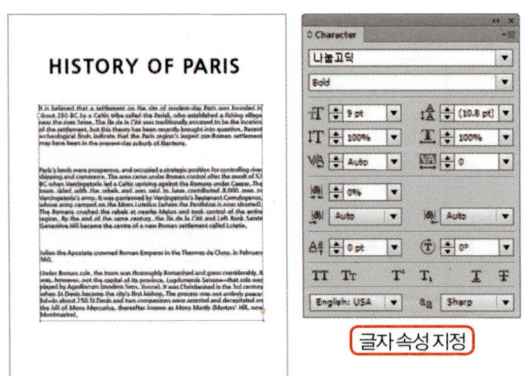

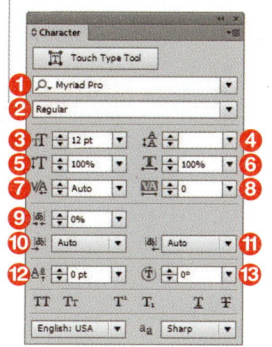

❶ **Set the font family** : 폰트의 종류를 선택할 수 있습니다.

❷ **Set the font style** : 폰트의 굵기, 기울기 등의 속성을 조절합니다. 단, 폰트 자체에서 이러한 옵션을 지원해야 사용할 수 있습니다.

❸ **Set the font size** : 폰트의 크기를 조절합니다.

❹ **Set the font leading** : 글 줄 사이의 간격인 행간을 조절합니다.

❺ **Vertical Scale** : 글자의 장 조절로, 한 글자의 세로 너비를 조절합니다.

❻ **Horizontal Scale** : 글자의 평 조절로, 한 글자의 가로 너비를 조절합니다.

❼ **Set the Kerning between two characters** : 자간을 조절합니다.

❽ **Set the tracking for selected characters** : 선택 부분의 자간 조절, 글자와 글자 사이 간격을 조절합니다.

❾ **Tsume** : 비율로 글자 간격을 조절합니다.

❿ **Insert Aki(Left)** : 왼쪽 공백을 조절합니다.

⓫ **Insert Aki(Right)** : 오른쪽 공백을 조절합니다.

⓬ **Set the baseline Shift** : 글자의 기준점을 중심으로 상하를 조절합니다. 한 글자만 선택해 조절한 후 기준섬을 올리거나 내릴 수 있습니다.

⓭ **Characters Rotation** : 글자를 선택하여 회전시킵니다.

· **All Caps** ⊤⊤ 글자를 대문자로 변환합니다.

· **Small Caps** ⊤ᵣ 모든 글자를 대문자로 변환하되, 소문자는 대문자로 된 글자보다 작게 변환됩니다.

Hello J → HELLO J

Hello J → HᴇLLO J

· **Superscript** T¹ 위 첨자를 만듭니다.

· **Subscript** T₁ 아래 첨자를 만듭니다.

Hello J → Hello ᴶ

Hello J → Hello J

· **Underline** ⊤ 글자 하단에 선을 넣습니다.

· **Strikethrough** ∓ 글자 가운데 선을 넣습니다.

Hello J → Hello J

Hello J → Hello J

⚙ 내용이 많이 들어 있는 텍스트 상자를 2단으로 나눠 배치하여 가독성 높이기

01. 텍스트 상자에 내용이 너무 많이 담겨 있습니다. 내용의 가독성을 좀더 높일 수 있도록 텍스트 상자를 두 개로 나눠보겠습니다. [Type]−[Area Type Options]를 클릭합니다.

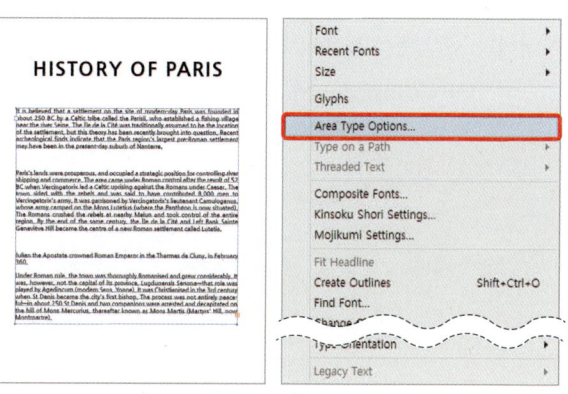

02. [Area Type Options] 창이 나타나면 세로 열을 조절해주는 [Columns]에서 [Number]에 세로 열 개수인 2를 입력하여 단을 2개로 나눕니다. 다음과 같이 옵션 값을 입력하고 [OK]를 클릭합니다. [Span]에는 옵션 값을 입력하여 간단히 단의 가로 사이즈를 조절할 수 있습니다.

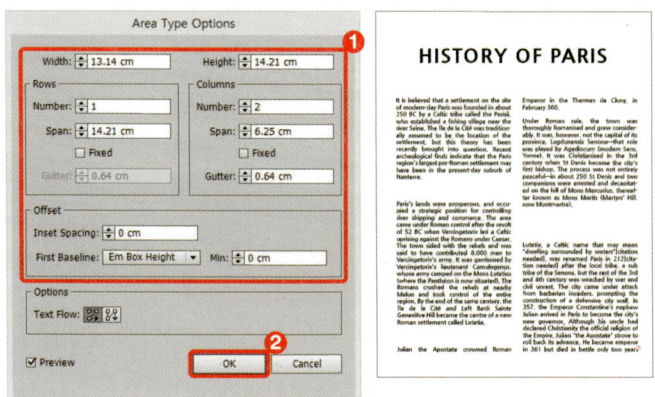

Tip Ai 활용 업그레이드_ [Area Type Options] 창 알아보기

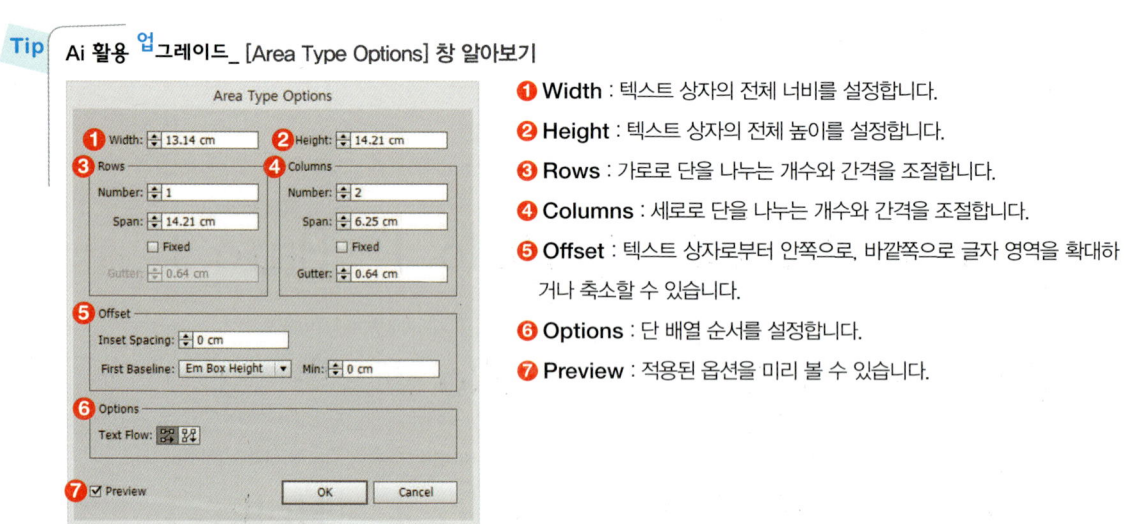

❶ **Width** : 텍스트 상자의 전체 너비를 설정합니다.

❷ **Height** : 텍스트 상자의 전체 높이를 설정합니다.

❸ **Rows** : 가로로 단을 나누는 개수와 간격을 조절합니다.

❹ **Columns** : 세로로 단을 나누는 개수와 간격을 조절합니다.

❺ **Offset** : 텍스트 상자로부터 안쪽으로, 바깥쪽으로 글자 영역을 확대하거나 축소할 수 있습니다.

❻ **Options** : 단 배열 순서를 설정합니다.

❼ **Preview** : 적용된 옵션을 미리 볼 수 있습니다.

03. [Paragraph] 패널에서 정렬 방식을 [Justify with last line aligned left]로 선택한 후 드롭다운 메뉴 버튼을 클릭하여 따옴표나 쉼표를 내어 쓸 때 적용하는 [Roman Hanging Punctuation]에 체크 표시합니다. 이후 여백이나 자간 등을 전체적으로 보기 좋게 정리해주는 [Bottom-to-Bottom Leading]과 [Adobe Japanese Every-line Composer]에 체크 표시합니다.

04. 다시 메뉴에서 [Justification]을 클릭하고 옵션 창이 나타나면 [Preview]에 체크 표시합니다. 옵션 값을 입력하고 정리합니다.

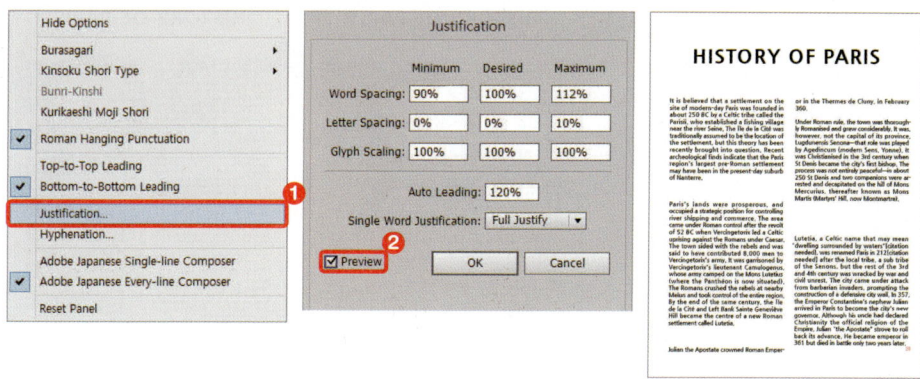

Tip

Ai 활용 ^업그레이드_ [Justification] 창 알아보기

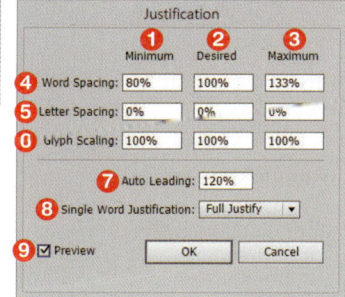

❶ **Minimum** : 양쪽 정렬된 단락에서만 적용되며 최소 간격을 설정합니다.

❷ **Desired** : 모든 단락에 대한 권장 간격이 정해집니다.

❸ **Maximum** : 양쪽 정렬된 단락에서만 적용되며 최대 간격을 설정합니다.

❹ **Word Spacing** : 단어 간 간격을 조절합니다.

❺ **Latter Spacing** : 문자 간 간격을 조절합니다.

❻ **Glyph Scaling** : 글리프 크기를 조절합니다.

❼ **Auto Leading** : 자동으로 행간을 조절합니다.

❽ **Single Word Justification** : 한 단어를 양쪽으로 정렬합니다.

❾ **Preview** : 적용된 옵션을 미리 볼 수 있습니다.

05. 글자 툴을 이용하여 자간과 행간을 조절하며 깔끔하게 정리합니다.

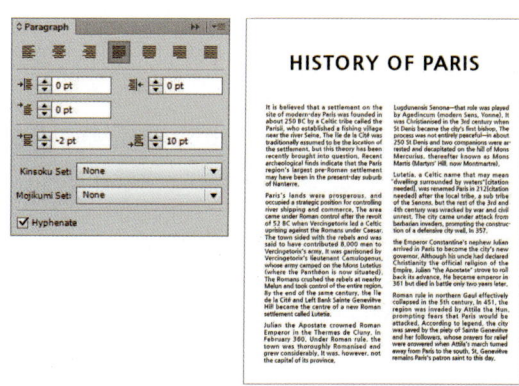

⬢ 글자를 돋보기로 확대한 것처럼 보이도록 이펙트 적용하기

01. 5장 예제 폴더에서 돋보기일러스트.ai 파일을 불러온 후 돋보기 일러스트를 선택합니다. 단축키 Ctrl + C 를 눌러 복사한 후 작업 창으로 돌아와서 단축키 Ctrl + V 를 눌러 붙여 넣습니다. 원하는 위치로 돋보기 오브젝트를 이동합니다.

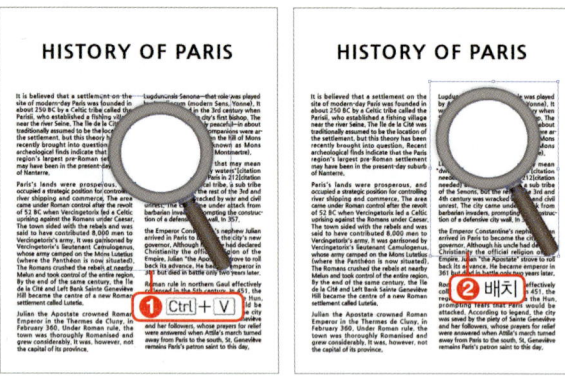

02. 단축키 Shift + Ctrl + G 를 눌러 돋보기와 흰 원 오브젝트의 그룹을 해제합니다. 긴 글이 들어 있는 두 단의 텍스트 상자를 선택하고 단축키 Ctrl + C 를 눌러 복사한 후 단축키 Ctrl + F 를 눌러 제자리에 붙여 넣습니다. 그대로 돋보기의 흰 원을 선택한 후 단축키 Ctrl + C 를 누르고, 단축키 Ctrl + F 를 눌러 복사합니다. 흰 원과 텍스트 상자를 선택합니다. 단축키 Ctrl + 7 을 눌러 Clipping Mask를 적용합니다.

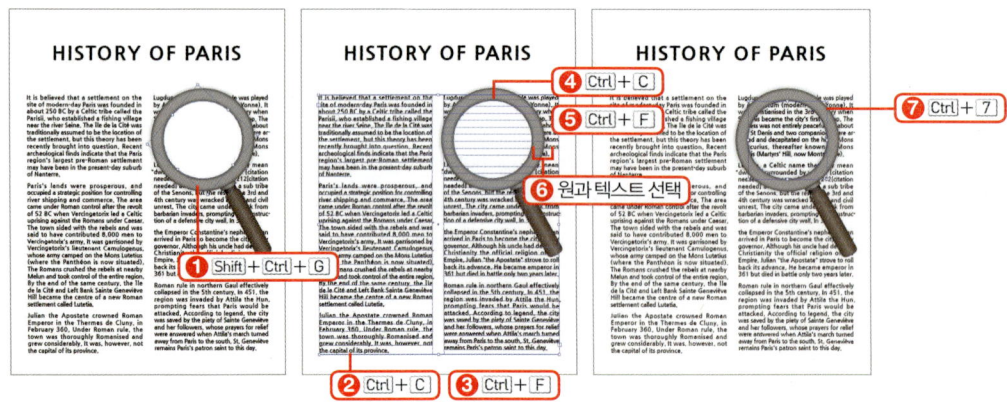

03. 단축키 Shift + Ctrl + O 를 눌러 [Type]−[Create Outlines]를 선택합니다. [Pathfinder] 패널에서 [Merge]를 눌러 Clipping Mask가 적용된 오브젝트를 보이는 모양 그대로 오브젝트화합니다. 그림과 같이 원 안에 들어 있는 글씨가 오브젝트로 정리되었습니다.

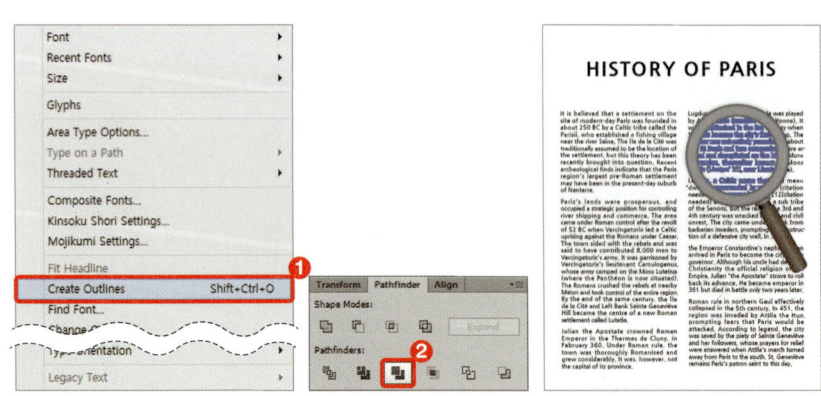

04. 복사해둔 흰 원과 글씨 오브젝트를 선택하고 [Appearance] 패널에서 [Add New Effect]-[Warp]-[Inflate]를 클릭합니다.

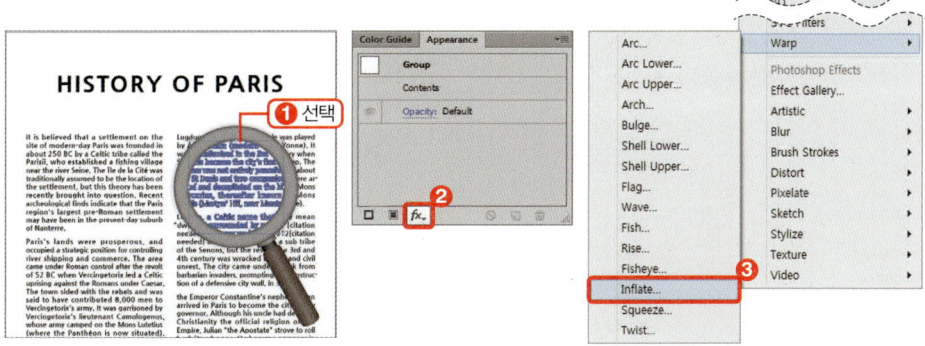

05. [Warp Options] 창이 나타나면 [Bend] 바를 오른쪽으로 살짝 드래그하여 이미지가 볼록한 효과가 나도록 조절합니다. 그림과 같이 볼록한 모양의 이펙트가 적용된 것을 확인할 수 있습니다. 단축키 Ctrl + I 를 눌러 이펙트를 적용한 텍스트를 돋보기 아래로 위치하게 합니다.

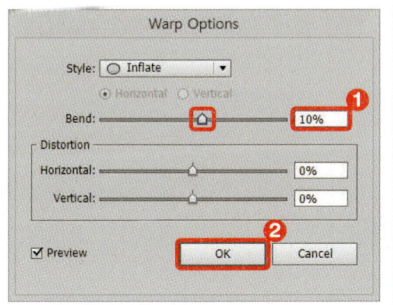
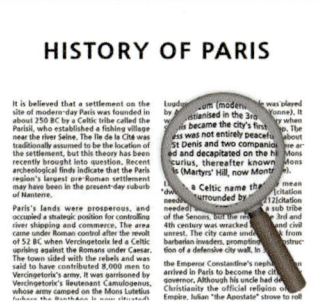
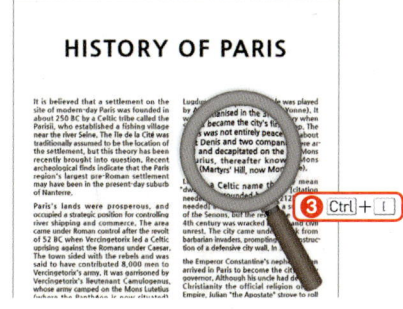

Tip **Ai 활용 업그레이드**

이펙트를 적용할 때는 단축키 Ctrl + H 를 눌러 오브젝트 모양대로 아웃라인이 나타나지 않도록 설정한 후 조절하는 것이 편리합니다. 글씨의 아웃라인이 모두 나타나면 이펙트를 조절하는 단계에서 오브젝트의 변화를 잘 볼 수 없기 때문입니다. 단축키 Ctrl + H 를 눌러 바운딩 박스만 보이게 한 후 직접 보면서 이펙트를 적용할 수도 있습니다. 적용 후에는 단축키 Ctrl + H 를 눌러 다시 개체의 아웃라인을 보이게 합니다.

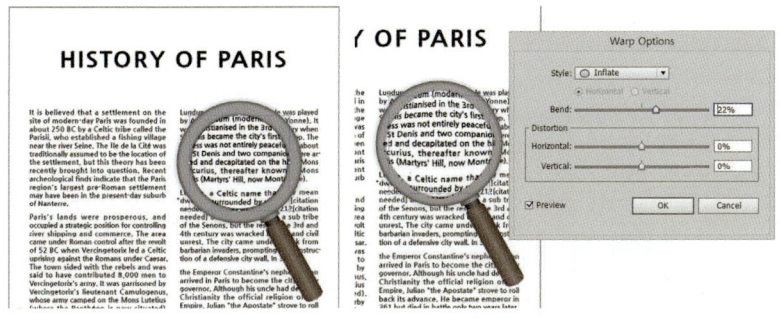

● 돋보기 오브젝트 주변에 그림자 넣기

01. 돋보기 오브젝트를 선택한 후 [Appearance] 패널에서 [Add New Effect]–[Stylize]–[Drop Shadow]를 클릭합니다. [Drop Shadow] 옵션 창이 나타나면 [Preview]에 체크 표시하고 옵션 값을 조절한 후 [OK]를 클릭합니다. 그림자가 들어가고 글씨 부분이 좀더 볼록해진 효과가 나는 심플한 스타일의 페이지가 완성되었습니다.

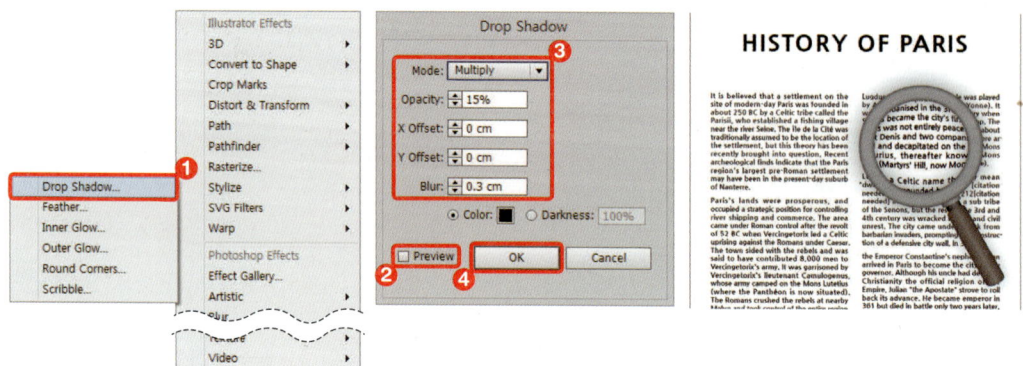

02. 옆 페이지를 만들기 위해 단축키 M을 눌러 사각형 툴을 선택한 후 빈 화면을 클릭합니다. [Rectangle] 옵션 창이 나타나면 15×20cm를 입력하고 [OK]를 클릭합니다.

03. [Align] 패널에서 [Horizontal Distribute Space]를 이용하여 오른쪽 면과 딱 붙도록 정렬하고 면 색을 바꿔줍니다.

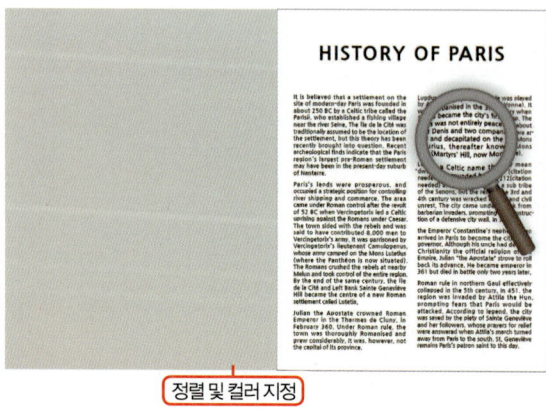

04. 다시 사각형 툴을 선택하고 [Rectangle] 옵션 창에서 11×15cm의 사각형을 만든 뒤 선을 두껍게 조절합니다.

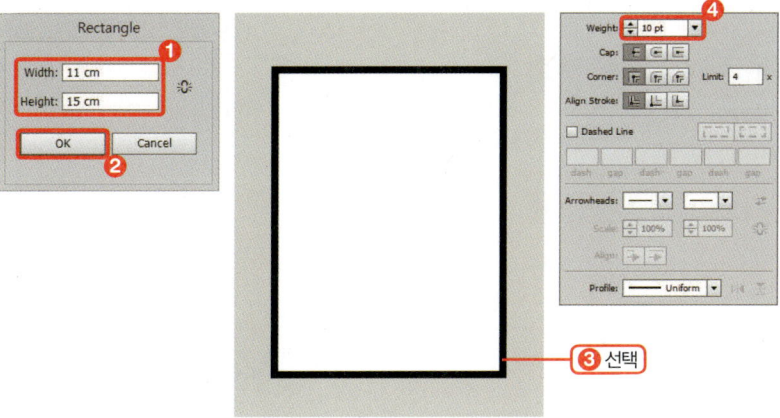

💧 물방울 모양을 만들 오브젝트 안에 글씨 담기

01. 문구를 크게 쓴 후 단축키 ⎇ 을 눌러 원 툴 ⬤ 을 선택한 후 Shift + Alt + 드래그하여 원을 만듭니다. 단축키 Shift + ⌒ 를 눌러 기준점 변환 툴 ◸ 을 선택하고 원 상단의 포인트를 클릭합니다.

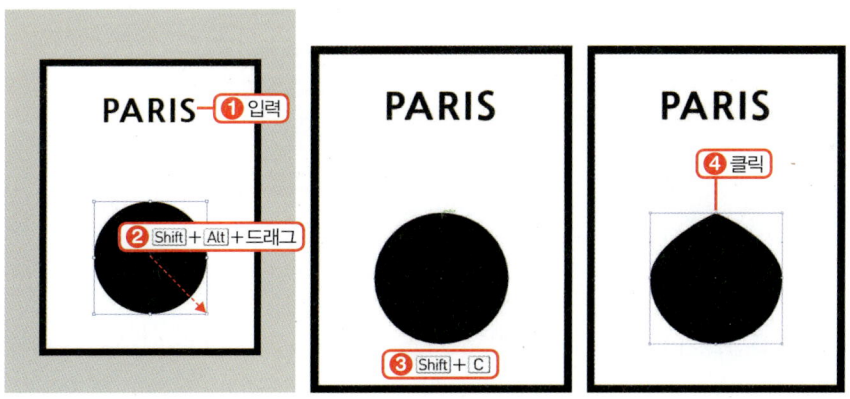

02. 단축키 Ⓐ 를 눌러 직접 선택 툴을 선택한 후 원 상단의 포인트를 선택합니다. Shift + 드래그하여 자연스러운 물방울 모양으로 수정합니다.

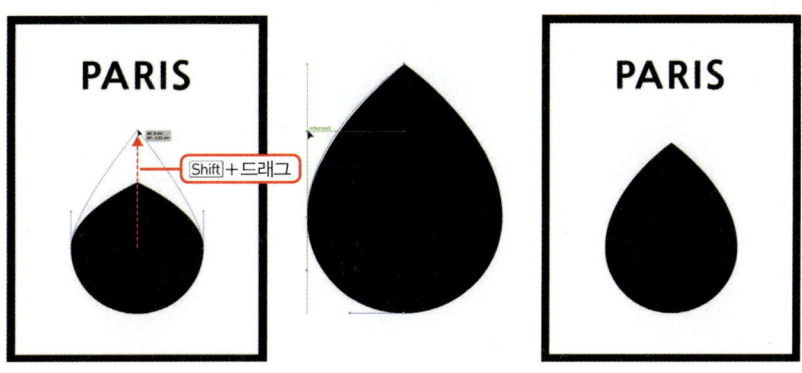

03. 5장 예제 폴더에서 물방울글씨.txt 파일을 엽니다. 단축키 Ctrl + A 를 눌러 전체를 선택한 후 단축키 Ctrl + C 를 눌러 텍스트를 복사합니다.

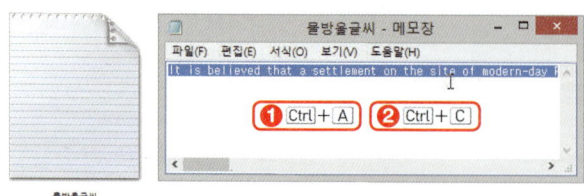

04. 단축키 T 를 눌러 글자 툴 T 을 선택한 후 물방울 모양 위로 마우스 커서를 위치시킵니다. 마우스 커서가 오브젝트 내에 글을 넣을 수 있는 상태라는 뜻으로 동그란 점선 ⍟ 이 나타납니다. 클릭한 후 단축키 Ctrl + V 를 눌러 복사한 글을 붙여 넣고 [Character] 패널에서 글자 속성을 조절합니다.

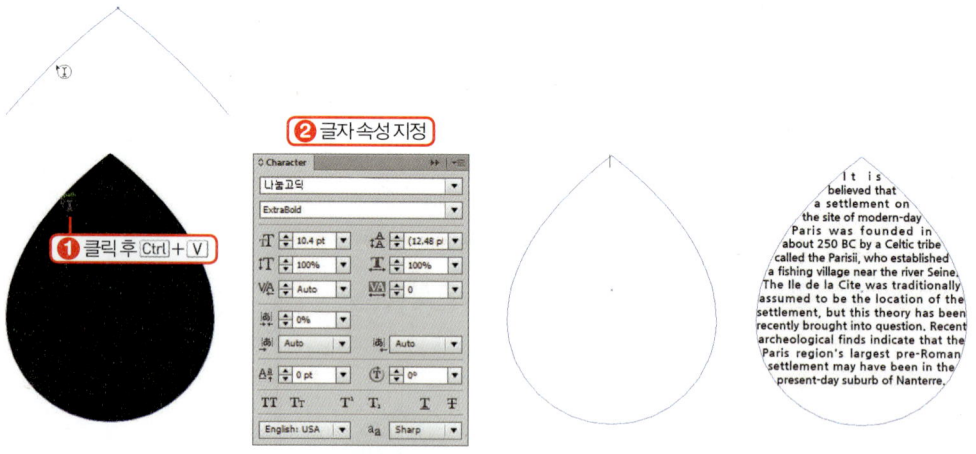

05. [Paragraph] 패널에서 정렬 옵션을 [Justify with last line aligned Center]로 지정하고 드롭다운 메뉴 버튼을 클릭하여 [Justification]을 선택합니다. 옵션 창이 나타나면 [Preview]에 체크 표시한 후 옵션 값을 조절하고 [OK]를 클릭합니다.

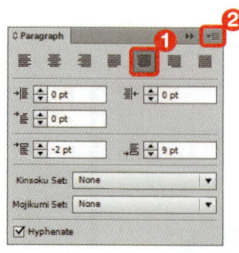
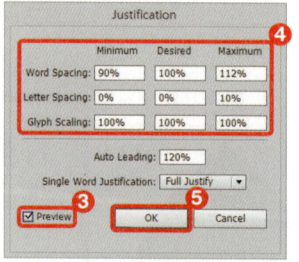

06. 오른쪽 돋보기가 있는 페이지의 면을 흰색으로 지정한 후 왼쪽과 오른쪽 페이지를 모두 선택하고 단축키 Ctrl + G 를 눌러 그룹화합니다. [Appearance] 패널에서 [Add New Effect]-[Stylize]-[Drop Shadow]를 클릭하여 페이지 주변에 그림자 효과를 적용합니다.

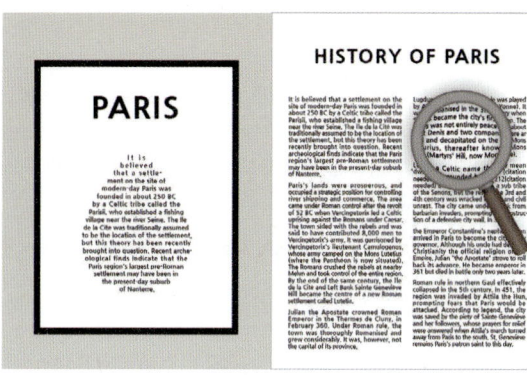
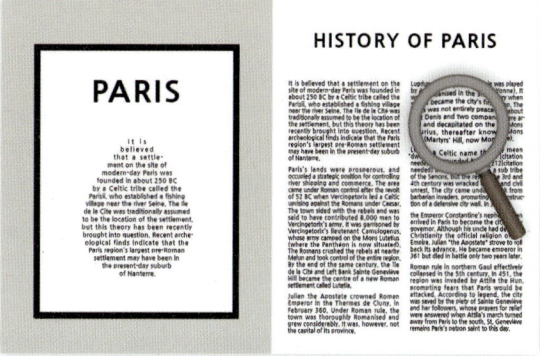

앤하우스 디자인 다이어리 ● **인포그래픽 무료 제작 사이트 – infogr.am**

쉽고 간편하게 고품질의 인포그래픽을 만들 수 있도록 30개 이상의 다양한 템플릿을 무료로 제공하는 infogr.am(https:// infogr.am) 사이트입니다. 간단한 회원가입으로 바로 사용할 수 있으며, 인포그래픽 제작 후 PNG나 PDF 파일로 다운로드할 수 있습니다.

회원가입 후 [Creat] 버튼을 누르면 인포그래픽 만들기를 시작할 수 있습니다. 상단의 [Infographics] 버튼을 누르면 템플릿이 나열되고 [Charts] 버튼을 클릭하면 다양하고 뛰어난 품질의 차트를 작업할 수 있습니다.

Text Wrap를 이용하여 오브젝트 주변으로 텍스트가 흐르는 잡지 페이지 디자인하기

패션 잡지는 디자이너에게는 보물 창고와 같습니다. 잡지에서 볼 수 있는 페이지를 여러 가지 스타일로 직접 따라 해보기도 하고 참고하면 공간 활용과 디자인 감각 등을 키우는 데 많은 도움을 받을 수 있습니다. 여기에서는 페이지에 포인트를 주는 과정을 익혀보겠습니다. Text Wrap 기능은 패션 잡지에서 누끼(오브젝트의 테두리)를 딴 사람이나 사물, 도형 등의 오브젝트로 지면에 포인트를 주고, 누끼를 딴 오브젝트의 라인을 따라 텍스트가 흐르는 모양을 표현할 때 많이 사용합니다.

✦ **실습 파일** 5장 \ 에펠탑사진.jpg, 파리문구.txt   ✦ **결과 파일** 5장 \ 결과 파일 \ 5장_섹션6.ai

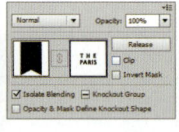

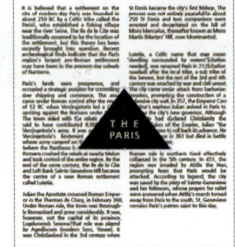

● **사용된 패널**

_ Align 패널 [Horizontal Distribute Space] Shift + 7 : 두 개의 오브젝트에서 한 부분이 서로 정확하게 딱 붙게 정렬하는 기능입니다.

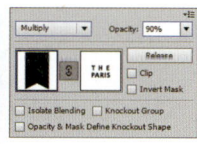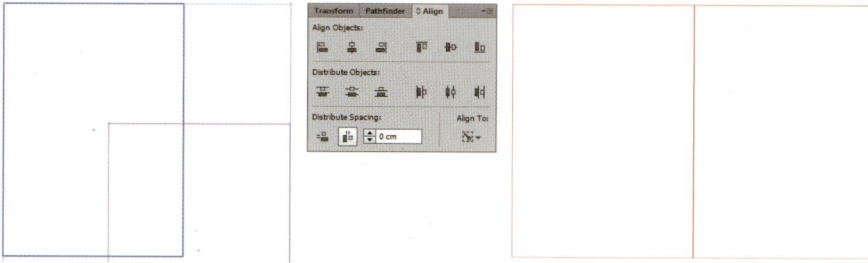

_ Transparency 패널 Shift + Ctrl + F10 : 오브젝트의 투명도를 조절할 수 있습니다.

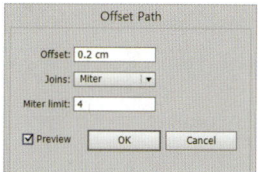

● **사용된 기능**

_ Offset [Add New Effect]-[Path]-[Offset Path] : 선택한 오브젝트를 정확한 치수와 비율로 확대 또는 축소합니다.

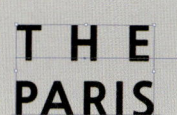

_ Outline Object [Add New Effect]-[Path]-[Outline Object] : 글씨보다 큰 바운딩 박스를 글씨 사이즈에 딱 맞게 조절합니다. 오브젝트와 함께 위치를 조절하거나 정렬을 정확히 할 수 있습니다.

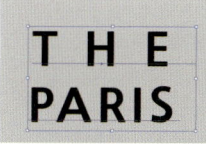

_ Text Wrap [Object]-[Text Wrap]-[Make]

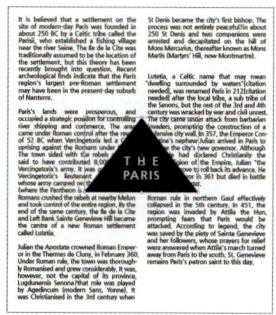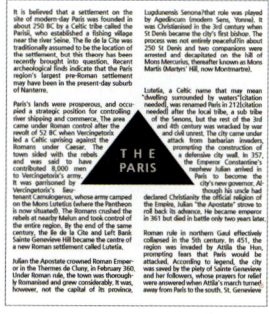

🌸 패션 잡지 지면의 편집 선, 재단 선 만들기

01. 단축키 M을 눌러 사각형 툴 🔲을 선택한 후 빈 화면을 클릭합니다. 옵션 창이 나타나면 A4 용지의 절반 크기인 14.85cm×21cm로 옵션 값을 입력하고 [OK]를 클릭합니다.

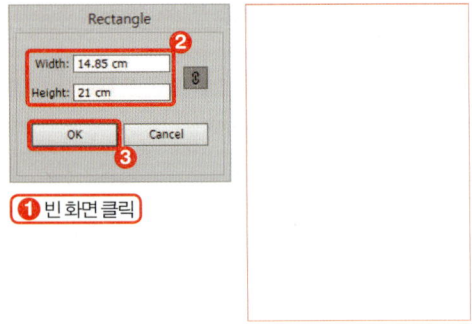

02. 한 번 더 같은 값의 사각형을 만듭니다. 전체를 선택한 후 기준이 될 사각형을 한 번 더 선택합니다.

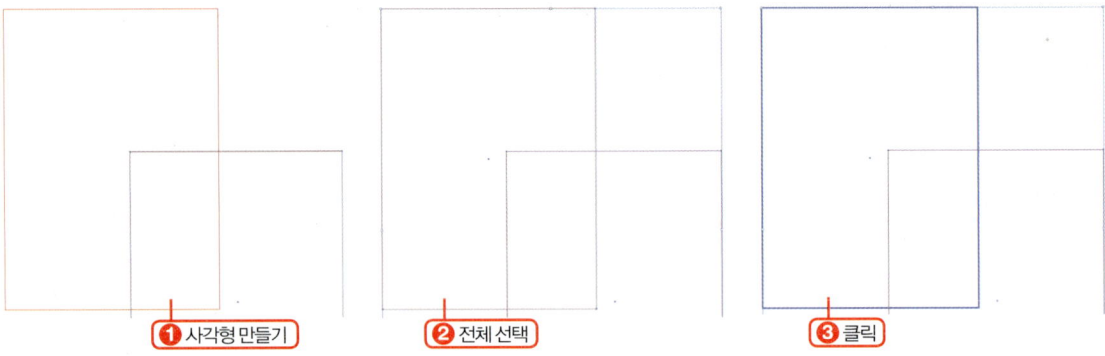

03. [Align] 패널에서 [Vertical Align Top]과 [Horizontal Distribute Space]를 클릭하여 사각형끼리 딱 맞춰 정렬합니다.

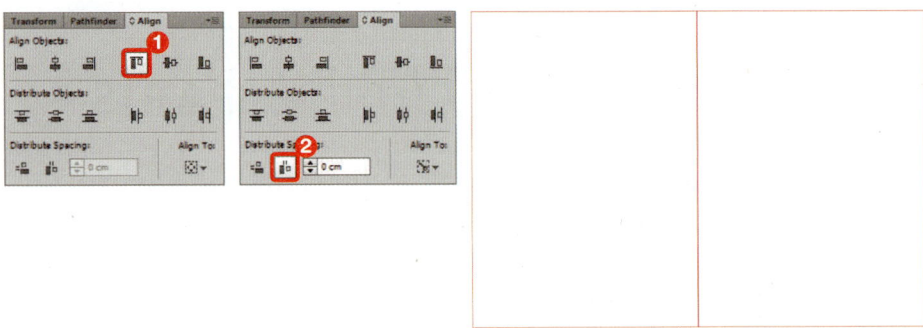

04. 단축키 Ctrl + A 를 눌러 전체를 선택한 후 단축키 Ctrl + C 를 눌러 복사합니다. 단축키 Ctrl + F 를 눌러 제자리에 붙여 넣은 후 [Pathfinder]–[Unite]를 클릭하여 복사한 사각형을 하나로 합칩니다.

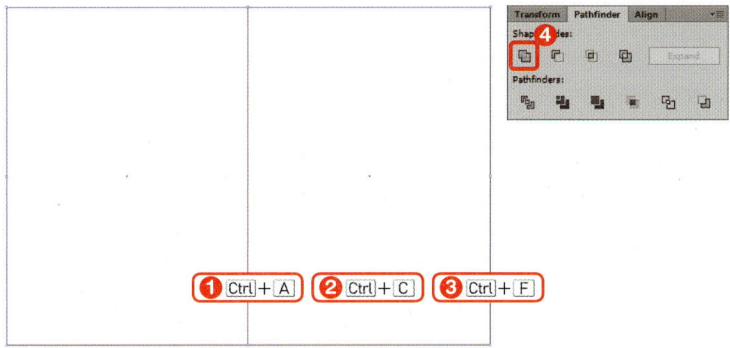

05. [Appearance] 패널에서 [Add New Effect]–[Path]–[Offset Path]를 클릭합니다. [Offset Path] 옵션 창이 나타나면 사방으로 0.2cm씩 늘어난 사이즈로 편집 선을 만듭니다. [Offset]에 0.2cm를 입력하고 [OK]를 클릭합니다.

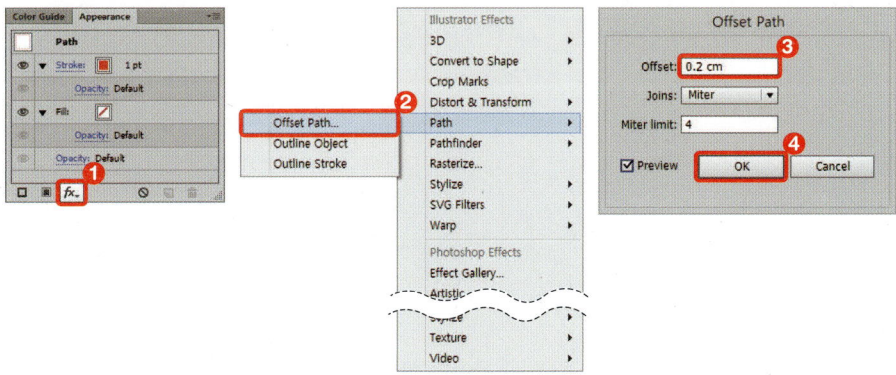

06. 보이는 모양 그대로 정리하기 위해 [Object]–[Expand Appearance]를 클릭합니다.

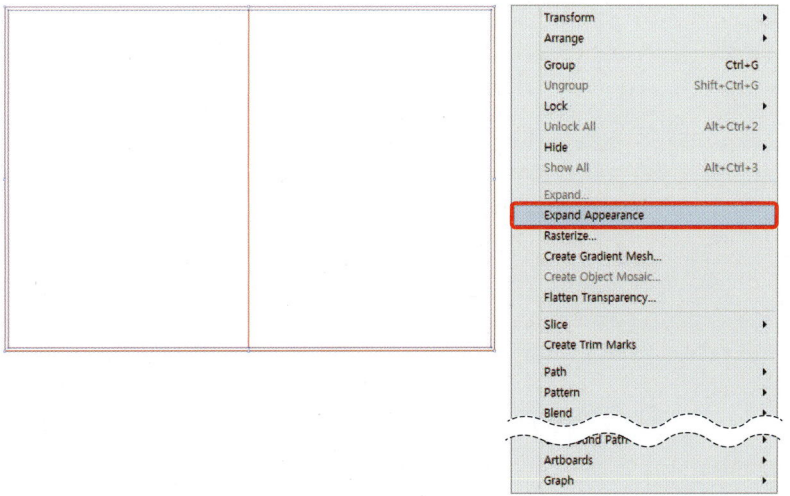

07. 단축키 Ctrl + U 를 눌러 스마트 가이드 상태로 설정합니다. 안쪽에 위치한 사각형 두 개의 중심에 세로로 긴 선을 그립니다.

08. 바깥쪽 사각형과 직선을 선택하고 [Pathfinder]−[Divide]를 클릭하여 사각형을 나눕니다.

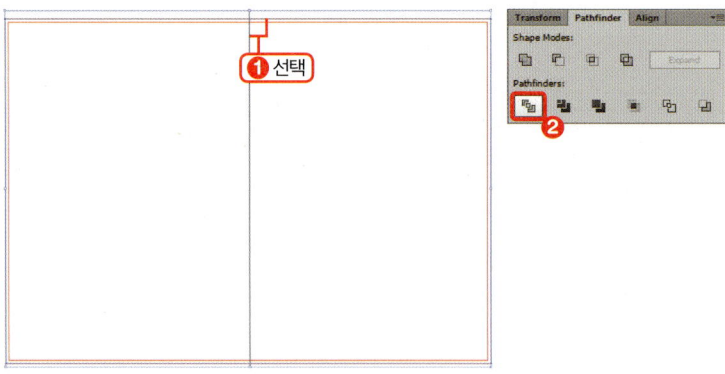

09. 그림과 같이 편집 영역 및 재단 선이 모두 반으로 나뉘어 작업에 편리한 환경으로 정리되었습니다. 편집 선과 재단 선을 쉽게 구분하기 위해 바깥쪽 사각형의 선 색을 검은색으로 지정하고 안쪽 사각형의 선 색은 빨간색으로 지정합니다.

◎ [Place] 기능으로 사진 문서에 포함해서 붙여넣기

01. 지면에 수록할 사진을 불러오기 위해 [File]−[Place]를 클릭합니다. 5장 예제 폴더에서 에펠탑사진.jpg를 선택하고 [Place]를 클릭합니다.

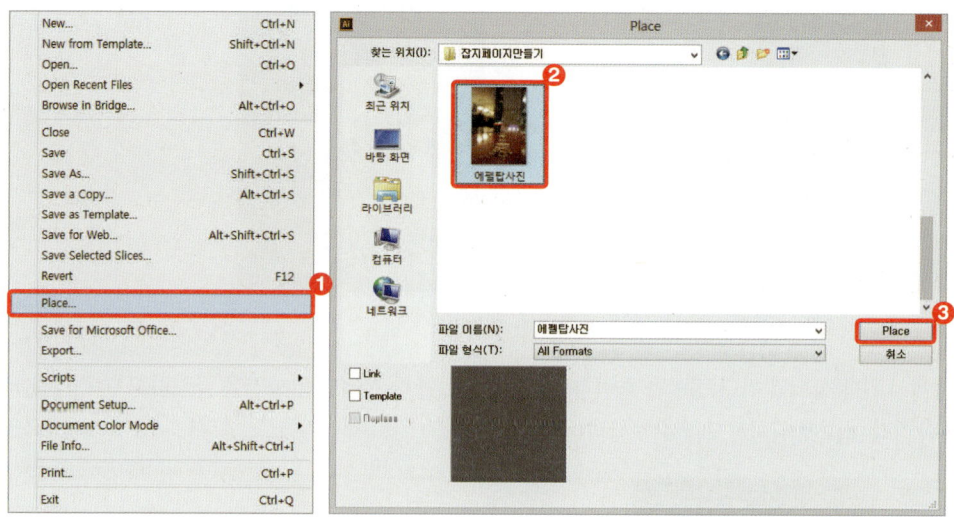

02. 원본 사이즈로 불러온 사진을 선택하고 상단의 컨트롤 패널에서 높이(H)를 21.4cm로 입력하고 Enter 를 누릅니다. 이때 [Constrain Width and Height Proportions] 🔗 가 적용되어 있어야 비율에 맞게 사진 크기가 조절됩니다.

03. 줄어든 사진과 왼쪽의 검은색 편집 선을 선택합니다. 다시 한 번 편집 선을 선택하여 Align의 기준이 될 수 있게 합니다.

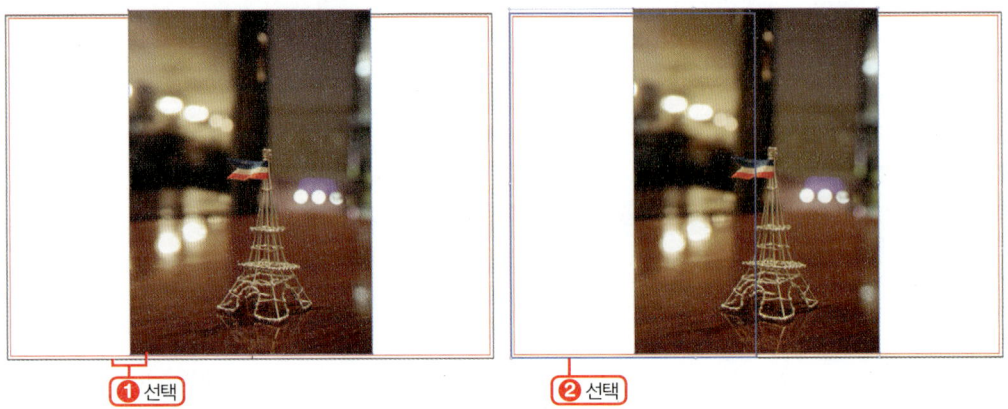

04. [Align] 패널에서 왼쪽 정렬과 하단 정렬을 클릭합니다. 맨 위로 올라온 에펠탑 사진을 클릭하고 단축키 Shift + Ctrl + I 를 눌러 가장 아래에 위치하도록 수정합니다.

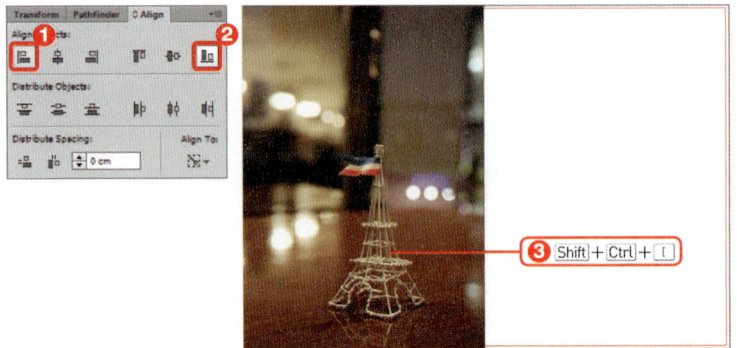

🔵 사진 위에 오브젝트가 은은하게 겹쳐지는 스타일의 페이지 만들기

01. 에펠탑 사진에서 좌측 상단을 확대한 후 단축키 M 을 눌러 사각형 툴을 선택합니다. 스마트 가이드가 보이는 상태에서 긴 직사각형을 그립니다. 사각형을 검은색으로 지정한 후 단축키 + 를 눌러 기준점 추가 툴 (Add Anchor Point Tool)을 선택하고 중앙 하단에 포인트를 추가합니다.

02. 추가한 포인트를 선택하고 Shift + 드래그
하여 위로 올려줍니다.

03. 단축키 T 를 눌러 글자 툴을 선택하고 입력합니다. 글자보다 큰 바운딩 박스를 글자 크기에 맞게 정리하기
위해 [Appearance] 패널에서 [Add New Effect]−[Path]−[Outline Object]를 클릭합니다. 이펙트가 적용되
어 바운딩 박스의 크기가 글씨 크기와 딱 맞게 수정되었습니다.

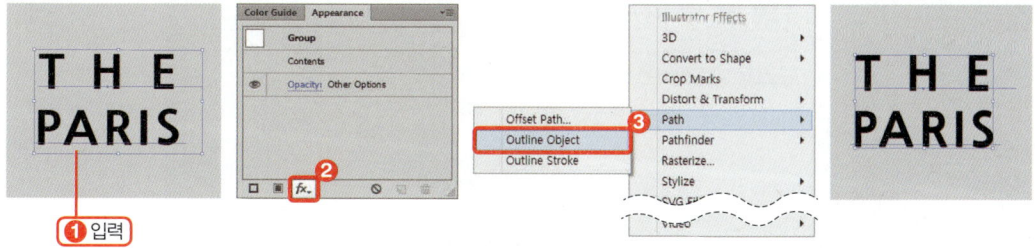

04. 입력한 글자를 리본 모양으로 옮깁니
다. 중앙 정렬하여 위치를 정리합니다.

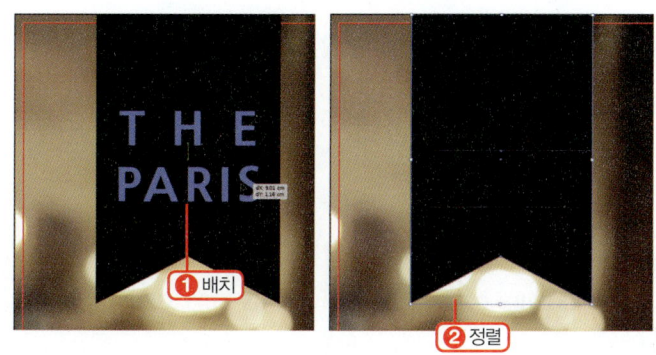

05. 글자와 리본을 모두 선택한 후 [Transparency] 패널에서 [Make Mask]를 클릭합니다.

06. [Transparency] 패널의 오른쪽 불투명 마스크를 클릭한 후 [Clip]에 체크 표시를 해제합니다. 왼쪽과 오른쪽 불투명 마스크에 원래의 오브젝트 모양이 나타납니다.

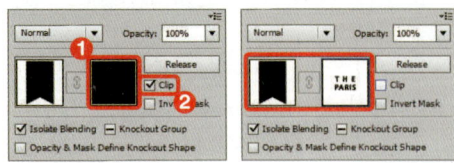

07. 글자 부분이 뚫린 모양으로 결과물이 완성되었습니다. 사진 소인처럼 투명한 느낌을 주기 위해 [Blending Mode]를 [Multiply]로 바꾸고 [Opacity]도 90%로 수정합니다. 그림과 같이 투명하게 비치는 리본으로 적용되었습니다.

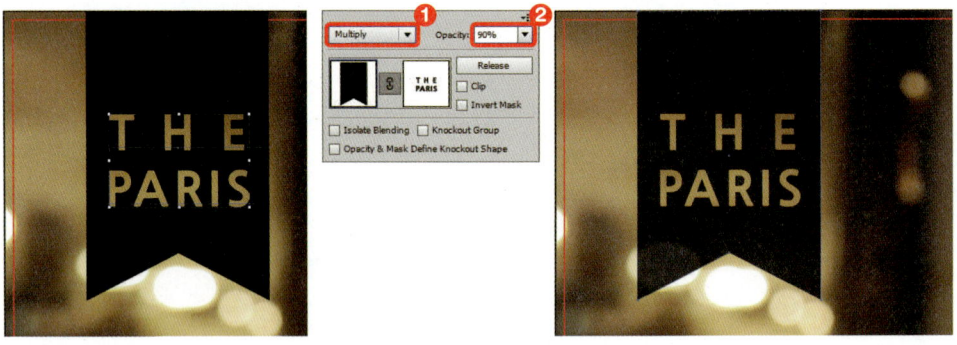

🌸 페이지에 단을 나눠 글씨 깔끔하게 정리하기

01. 5장 예제 폴더에서 파리문구.txt 파일을 열어 모든 문구를 복사합니다. 단축키 ⒯를 눌러 글자 툴 ⒯을 선택하고 제목을 크게 씁니다. 글자 툴 선택 상태에서 제목 아래쪽을 드래그하여 텍스트 상자를 만듭니다. 메모장에서 복사한 글을 단축키 Ctrl + V를 눌러 붙여 넣습니다.

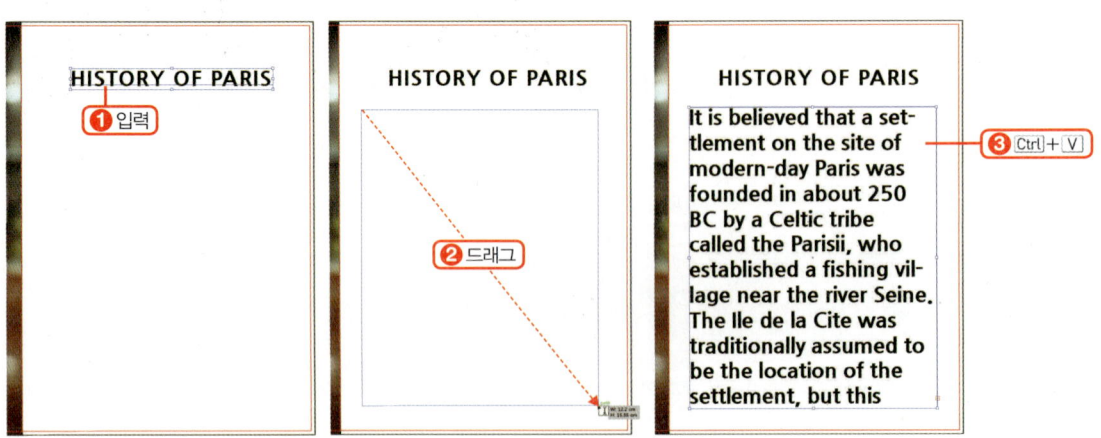

02. [Character] 패널에서 붙여 넣은 글자의 사이즈를 작게 줄입니다.

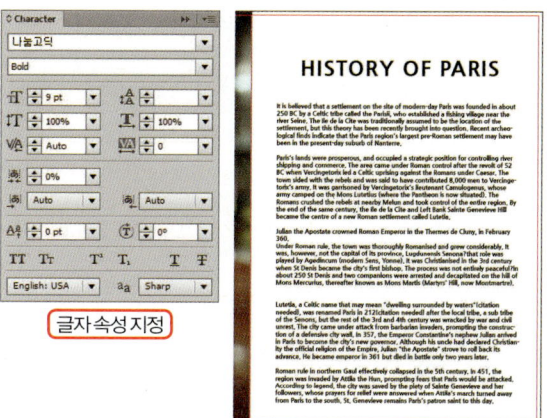

글자 속성 지정

03. 텍스트 상자를 2단으로 나누기 위해 [Type]-[Area Type Options]를 클릭합니다. 옵션 창이 나타나면 그림과 같이 입력한 후 [OK]를 클릭힙니다.

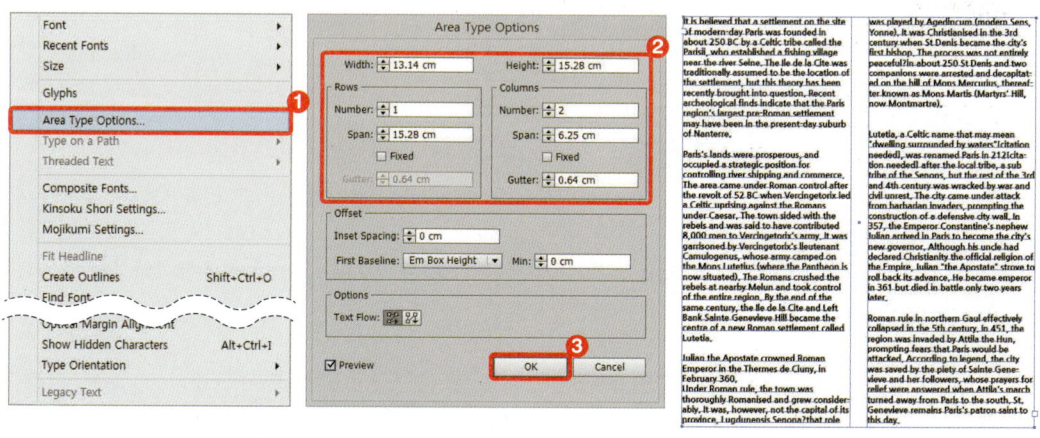

04. [Paragraph] 패널에서 정렬 옵션을 [Justify with last line aligned left]로 지정하고 드롭다운 메뉴 버튼을 클릭하여 따옴표와 마침표, 쉼표 등 구두점을 내어 쓰는 옵션인 [Roman Hanging Punctuation]을 선택합니다. [Bottom-to-Bottom Leading]과 [Adobe Japanese Every-line Composer]도 체크 표시합니다. 양끝 정렬한 단락의 단어 간격, 문자 간격, 자동 행간 등의 속성을 조절하는 [Justification]을 클릭하고 옵션 창이 나타나면 [Preview]에 체크 표시한 후 옵션 값을 지정하고 [OK]를 클릭합니다.

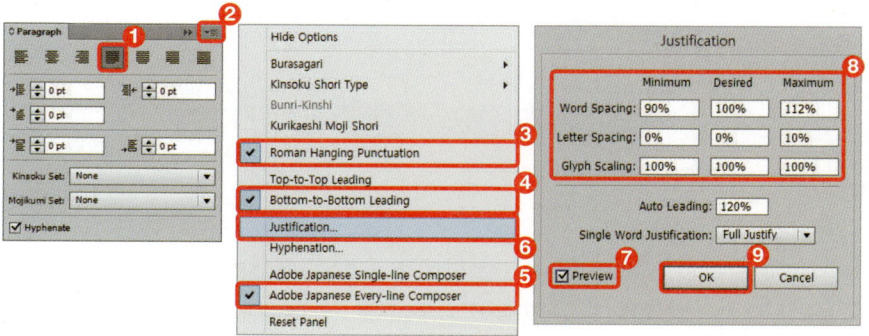

삼각형에 [Text Wrap]로 포인트 만들기

01. 도형 툴을 이용해서 삼각형을 만든 후 문구를 씁니다.

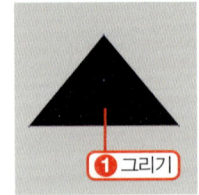

02. 2단으로 나눈 텍스트 상자 중앙에 삼각형을 이동한 후 삼각형과 텍스트 상자를 함께 선택합니다.

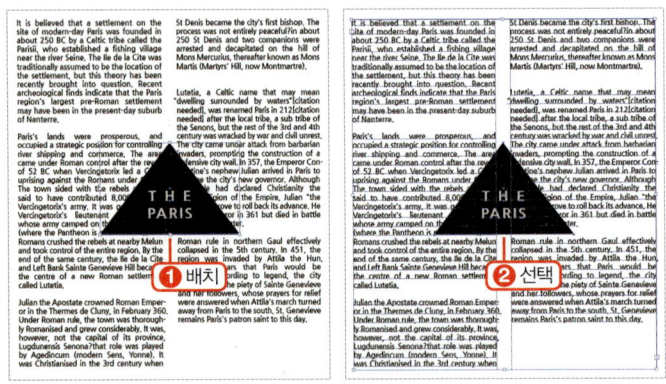

03. 중앙의 삼각형 오브젝트를 기준으로 삼각형 주변에 글자들이 흐를 수 있도록 옵션을 적용합니다. [Object]-[Text Wrap]-[Make]를 클릭합니다.

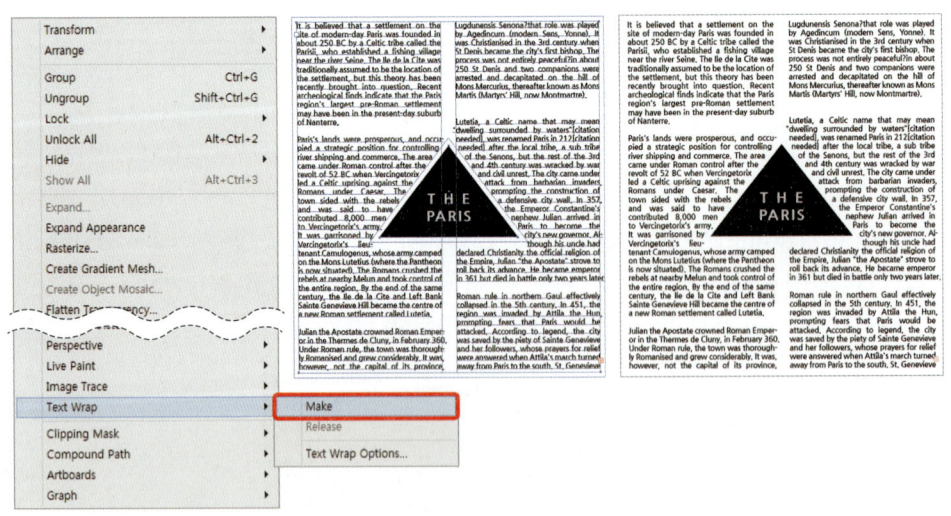

> **Tip** | **Ai 활용 업그레이드**
>
> [Text Wrap] 기능은 잡지에서 누끼를 딴 이미지나 포인트를 줄 오브젝트 주변으로 자연스럽게 텍스트가 흐를 수 있도록 이미지와 텍스트 간 모양을 잡아주는 옵션입니다. 오브젝트와 텍스트 상자가 겹쳐졌을 때 선택한 오브젝트의 주변으로 텍스트가 자연스럽게 흐르는 것을 확인할 수 있습니다.

04. 다음과 같이 Text Wrap를 이용하여 선택한 오브젝트의 주변으로 텍스트들이 자연스럽게 흐르는 모습으로 정렬된 것을 확인할 수 있습니다. 마지막으로 자간이나 문장의 흐름이 잘 정리되었는지 확인하고 작업을 마칩니다.

🔵 파일 정리하기

01. 왼쪽의 사진과 리본, 글씨를 그룹화하고 오른쪽의 글씨와 바탕을 그룹화합니다.

왼쪽과 오른쪽 페이지를 각각 그룹화

02. 왼쪽에 있던 검은색 편집 선을 삭제하고 오른쪽에 있는 검은색 선을 색 없음으로 지정합니다. 인쇄를 넘기기 전 사진과 리본에 [Resterize]를 적용하고 모든 글씨는 단축키 Shift + Ctrl + O 를 눌러 아웃라인화합니다. [Text Wrap]를 적용한 부분에는 [Appearance Expand]를 적용하고, 원본 파일 저장 후 EPS 파일로 따로 저장합니다. 작업물이 완성된 과정을 생각해보면서 다른 스타일로도 작업해봅니다.

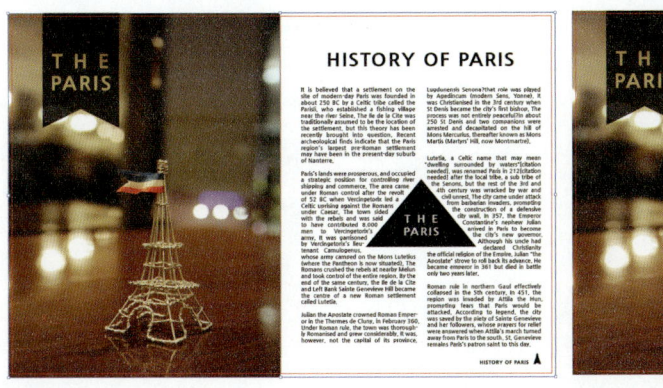

편집선 정리

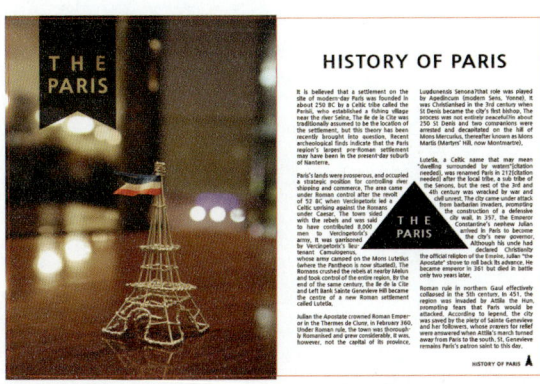

인쇄 파일 정리

illustrator

Chapter

06

상품의 가치를
높이는
패키지 디자인

Section
01 상자 도안의 지기 구조 이해하고 도안 만들기

패키지 디자인에는 단순히 상자 만들기만 포함되는 것이 아닙니다. 상품을 보호하고 함께 구성된 모든 상품을 돋보이게 해야 합니다. 상자, 비닐 포장, PVC, 종이류, 태그 등이 패키지 디자인에 포함됩니다. 포장할 모양이나 사용하는 재질에 따라 다양한 패키지 디자인이 가능한데, 같은 상품이라도 어떤 패키지에 담겨 있느냐에 따라 상품에 대한 신뢰를 높이고 구매 욕구를 자극할 수 있습니다.

✚ **결과 파일** 6장 \ 결과 파일 \ 6장_섹션1.ai

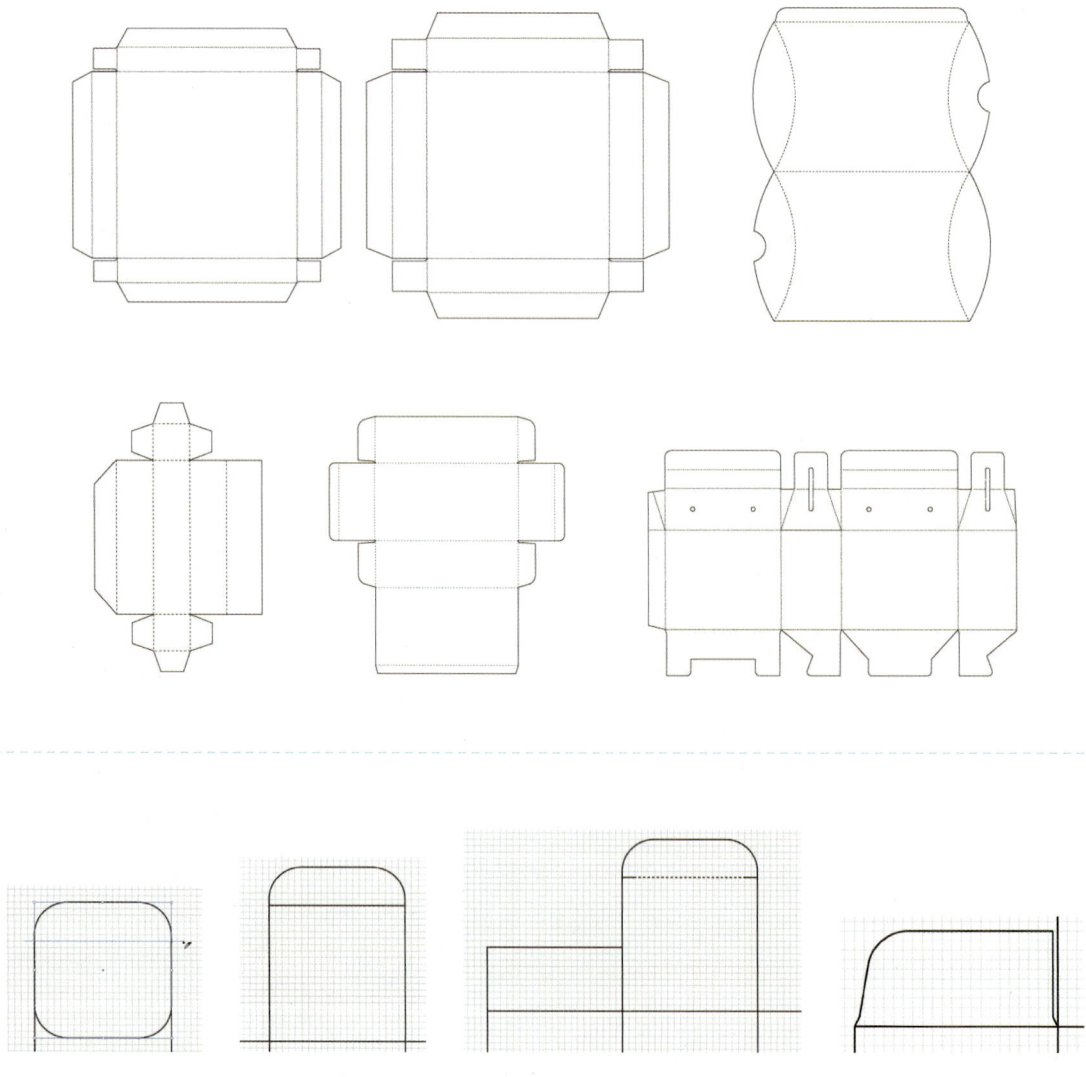

● **사용된 툴**

· 사각형 툴 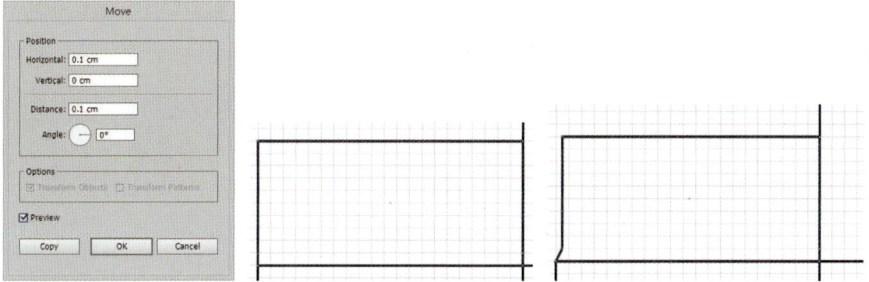 M   · 선 툴 W   · 가위 툴 C   · 직접 선택 툴 A   · 반전 툴 O

· 선택 툴 V 툴 바의 선택 툴을 더블클릭하면 [Move] 옵션 창이 나타납니다. 포인트나 오브젝트를 정확한 치수로 움직일 수 있습니다.

· 칼 툴 Alt+드래그하면 오브젝트를 직선으로 자를 수 있습니다.

· 모서리가 둥근 사각형 툴 툴을 선택하고 바탕화면을 클릭하면 [Rounded Rectangle] 옵션 창이 나타나며 옵션에서 정확한 치수로 크기와 라운딩 각도를 조절할 수 있습니다. 모서리가 둥근 사각형을 그릴 때 드래그하면서 키보드 ↑, ↓를 누르면 라운딩 각도가 조절됩니다.

● **사용된 패널**

_ **Stroke 패널** : Ctrl+F10

패널을 이용하여 선의 속성을 바꿀 수 있습니다. 지기 구조 작업에서 접히는 부분을 점선으로 표현할 때 많이 활용됩니다.

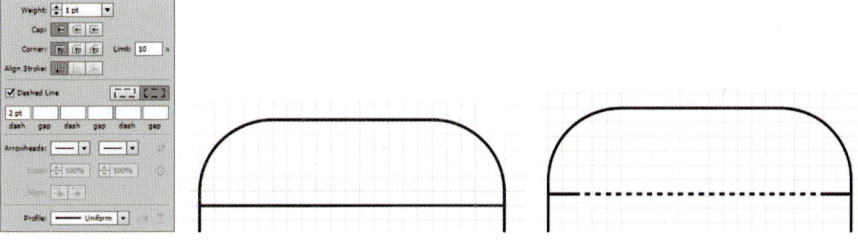

● **사용된 기능**

_ **Preference 옵션 창** : Ctrl+K

작업 환경을 설정할 수 있습니다. [General]-[Scale Strokes&Effects]의 체크 표시를 해제하면 선을 수정해도 선의 굵기는 바뀌지 않도록 설정됩니다. 폰트를 만들거나 지기 구조를 작업할 때 많이 활용됩니다.

_ **Show Grid** Ctrl+`

아트보드에 그리드가 표시됩니다.

_ **Snap to Point** Shift+Ctrl+`

아트보드에 표시된 그리드를 기준으로 움직임을 정확하게 조절하고, 선이나 오브젝트를 정확한 치수로 그릴 수 있습니다.

_ **Round Corners** [Add New Effect]-[Stylize]-[Round Corners]

직각인 모서리를 둥글게 처리하는 이펙트 효과입니다.

⬤ 지기 구조 이해하기

포장 용도에 따라 다양한 지기 구조를 찾아볼 수 있습니다. 화장품이나 식품 등을 구입한 후 포장 상자를 뜯어서 구조를 살펴보면 상자 도안을 작업할 때 많은 도움이 됩니다. 상자 패키지 디자인 작업 시에는 상자의 구조뿐만 아니라 사용될 재질의 질감이나 중량도 중요한데, 특히 종이 상자는 어떤 상품을 포장할 것인가에 따라 종이의 질 감이나 중량을 고려해야 합니다. 깨지기 쉬운 유리 제품이나 플라스틱을 담아야 한다면, 내용물을 보호할 수 있는 아이디어로 구조를 탄탄하게 제작합니다. 또 제품의 중량이 무거울수록 종이 두께를 두껍게 하여 제품을 보호하 는 기능을 보강해줍니다.

지기 구조는 종이 상자의 펼침 면으로, 상자의 도안이라 할 수 있습니다. 사각형 종이 상자뿐만 아니라 삼각형, 원 통형 등 다양한 모양의 상자가 있습니다. 후가공으로 구멍을 뚫어 손잡이를 만들어 들고 다닐 수 있는 상자나 리 본을 달아 예쁘게 꾸민 상자도 만들 수 있습니다.

상자 패키지 디자인은 대부분 상자 제작 업체에서 제공해줍니다. 상자에 들어갈 제품을 업체로 보내면 딱 맞는 크 기로 디자인해주는데, 상자의 형태와 원하는 크기를 정하면 거기에 맞는 지기 구조를 만들어 파일로 보내줍니다. 직접 상자 도안을 만들 경우에는 종이의 접히는 두께를 계산하여 제품 크기에서 약 1~3mm의 여분을 두고 작업 해야 합니다. 종이의 접히는 두께를 생각하지 못하고 제품 크기와 딱 맞는 크기로 지기 구조를 작업하게 되면 실 제 상자가 나오고 제품을 담았을 때 제품 크기와 맞지 않는 상자가 나올 수도 있습니다.

상자의 기본 구조를 이해하면 좀더 쉽게 다양한 지기 구조를 작업할 수 있습니다. 그림을 보면서 기본적인 상자 구조에 대해서 알아보겠습니다.

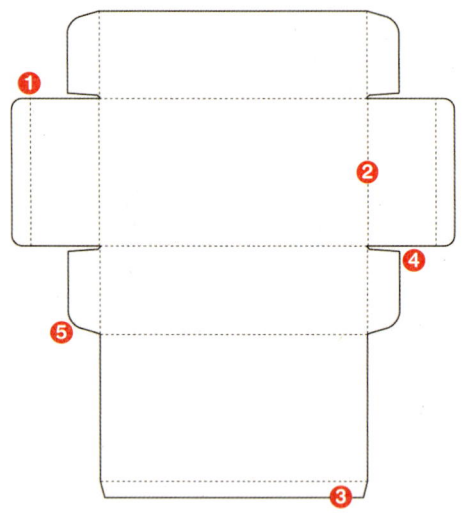

❶ 뚜껑이 닫히는 부분입니다. 이 부분은 오시(누름선)를 주어 쉽게 뚜껑을 닫을 수 있도록 후가공 처리합니다. 뚜껑 양끝에 짧게 칼 선을 넣어주면 뚜껑을 닫았을 때 쉽게 열리지 않습니다.

❷ 전체적으로 상자에 점선으로 표시한 부분은 모두 오시 처리를 해야 하는 부분입니다. 상자의 두께가 두꺼운 경우에도 오시 처리를 하면 깔끔하고 쉽게 접을 수 있습니다. 종이 두께에 따라 종이 터짐 현상으로 오시를 넣을 수 없는 경우가 있으므로, 상자 제작 업체와 사전에 상품 무게와 종이 두께 등을 논의하는 것이 좋습니다.

❸ 상자의 접착 면입니다. 접착될 면은 약 1.3cm 정도로 그보다 좁은 크기를 작업하면 접착되지 않는 경우가 많습니다. 또한 접착될 면은 모서리를 둥 글게 하지 않아도 됩니다. 접착은 상자 제작에서 가장 마지막 단계로, 상자 크기에 따라 수작업과 기계 작업으로 나눌 수 있습니다. 기계에 맞지 않는 크기는 수작업으로 제작하며, 단가는 기계 작업에 비해 비쌉니다.

❹ 종이 두께에 따라 접히는 부분에 공간적인 여유를 만들어주어야 합니다. 접히는 부분을 딱 맞게 작업하면 뚜껑이 잘 닫히지 않습니다.

❺ 뚜껑 안 날개는 모서리를 둥글게 처리합니다. 뚜껑을 닫을 때 모서리를 둥글게 하면 손이 닿았을 때 다치지 않고, 손쉽게 열고 닫을 수 있어 좋습 니다.

인쇄는 대부분 대량으로 이루어집니다. 보통 최소 수량은 1,000개 정도이나 작은 크기의 경우에는 2,000~ 10,000개 단위로 작업하기도 합니다. 크기에 따라 기본 수량이 달라지고, 수량에 따라 상자의 개당 단가가 달라지므로 상자를 제작할 때는 시장 조사 후 적합한 제작 업체를 찾는 것이 좋습니다.

상자를 제작할 때는 기본적으로 제작할 상자의 인쇄 도수와 크기, 담길 상품의 무게, 수량 등을 정한 후 디자인을 기획합니다. 기획 단계를 거쳐 디자인이 완료된 후 상자 제작 업체에 파일을 넘기면 인쇄→코팅→합지(용지에 인쇄한 후 종이 혹은 골판지, 나무, 자석 등을 접착하는 후가공)→톰슨(도무송, 원하는 형태의 목형에 칼을 넣어 압력으로 제작물을 따내는 후가공)→(종류에 따라) 접착 또는 철심 공정의 순서로 상자가 제작됩니다.

◉ 상자 도안 만들기

지기 구조는 원리만 이해하고 나면 손쉽게 작업할 수 있습니다. 지기 구조를 만들 때는 수치 계산이 중요하므로, 실제 상품을 이용해 상품의 치수를 확인한 후 상자 도안을 만들어보겠습니다.

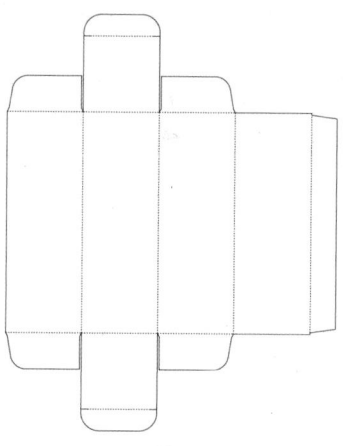

아래 그림의 병 크기는 지름이 4cm, 높이는 12cm입니다. 이 병에 맞는 포장 상자를 만들어보겠습니다. 도안의 배치를 생각하면 그림과 같이 사각형이 모여 있는 모양을 생각할 수 있습니다. 이 모양을 머릿속에 담아두고 위아래로 뚜껑이 열리는 형태의 상자 도안을 디자인합니다.

01. 작업 화면에서 단축키 [Ctrl]+[K]를 눌러 기본 환경을 설정합니다. [Preference] 옵션 창에서 [General]−[Scale Strokes&Effects]의 체크 표시를 해제하여 선을 수정해도 선 굵기는 바뀌지 않도록 합니다. [Guides&Grid]−[Gridline every]를 0.2cm로 지정하여 가이드 선이 0.2cm 간격으로 나타나게 설정한 후 [OK]를 클릭합니다.

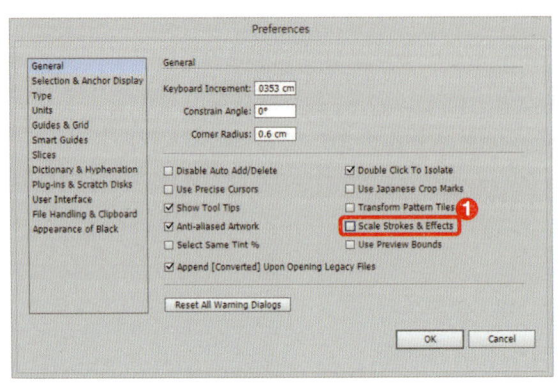 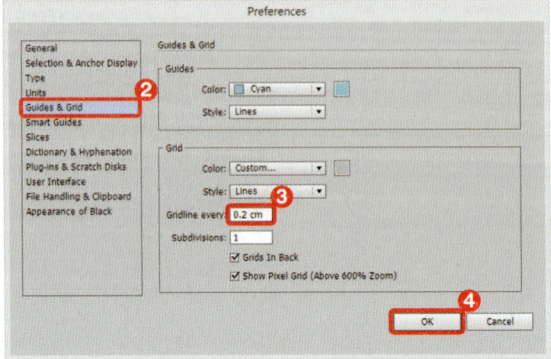

Tip 작업 효율 업그레이드

상자를 제작할 때는 [Snap to Grid]와 [Snap to Point]의 단축키를 외워두면 작업 시 효율적입니다. [Snap to Grid]는 단축키 [Shift]+[Ctrl]+[·], [Grid]를 보려면 단축키 [Ctrl]+[·]를 누릅니다.

02. 단축키 [M]을 눌러 사각형 툴 ■을 선택한 후 드래그합니다. 그림과 같이 그리드에 딱 붙는 0.2cm의 정사각형을 그립니다. 단축키 [Shift]+[Ctrl]+[·]을 눌러 [Snap to Grid]를 선택하면 선이나 면을 그렸을 때 가이드 선에 딱 붙습니다.

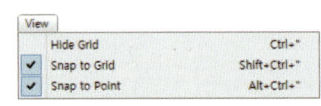

03. 단축키 [W]를 눌러 선 툴 ╱을 선택한 후 화면을 [Alt]+클릭하여 [Line Segment Tool Options] 창을 불러옵니다. 그림과 같이 입력하고 [OK]를 클릭합니다. [Alt]+클릭한 지점부터 지정한 값의 선이 그려집니다.

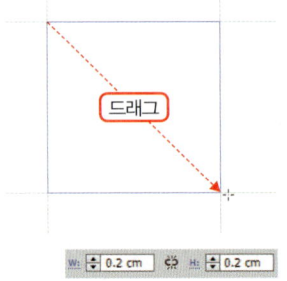

Tip Ai 활용 업그레이드

도형 툴이나 선 툴을 선택한 상태에서 화면에 [Alt]+클릭하면 클릭한 지점부터 도형이나 선을 그릴 수 있습니다.

04. 선을 선택한 후 선택 툴을 더블클릭하여 [Move] 옵션 창을 불러옵니다. [Horizontal]을 병 너비보다 0.2cm 넓은 4.2cm로 지정하고 그림과 같이 다른 설정을 지정한 후 [Copy]를 클릭합니다. 두 선을 선택한 후 상단의 컨트롤 패널을 살펴보면 실제 병 크기에서 0.2cm씩 여분을 준 가로, 세로 크기를 확인할 수 있습니다.

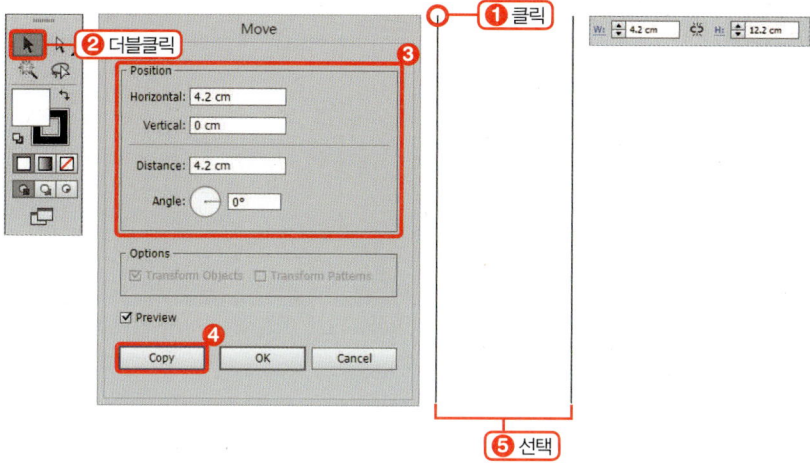

05. 그대로 단축키 Ctrl + D 를 세 번 눌러 같은 간격으로 선을 복사합니다. 단축키 W 를 눌러 선 툴 🖊을 선택한 후 그림과 같이 위아래로 선을 그립니다.

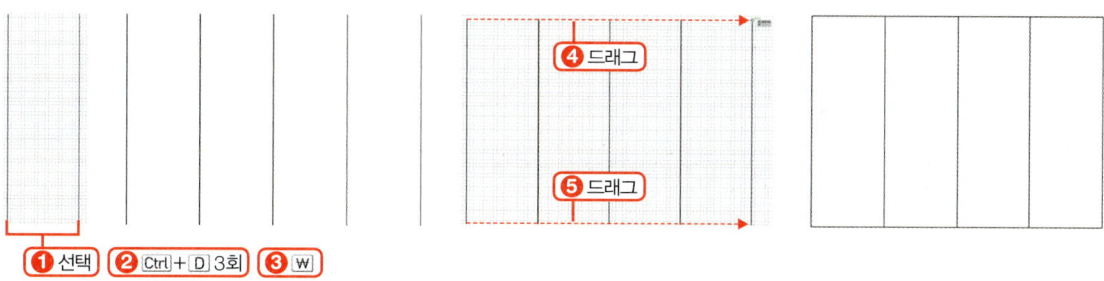

06. 선 툴 🖊 선택 상태에서 그림과 같은 위치에 마우스 커서를 올려두고 Alt + 클릭합니다. 옵션 창이 나타나면 그림과 같이 입력하고 [OK]를 클릭합니다.

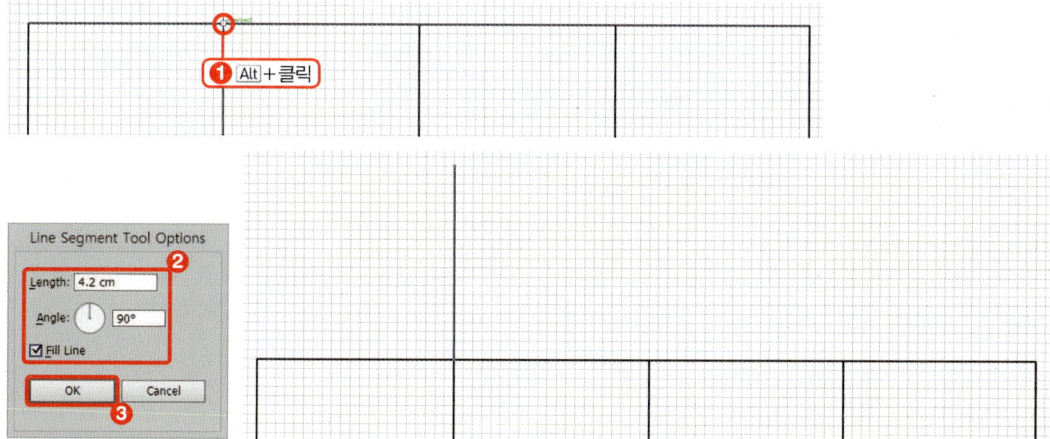

07. 방금 그린 뚜껑이 될 부분의 선을 클릭한 후 선택 툴을 더블클릭하여 옵션 창을 불러옵니다. 그림과 같이 입력하고 [Copy]를 클릭해 선을 복사합니다.

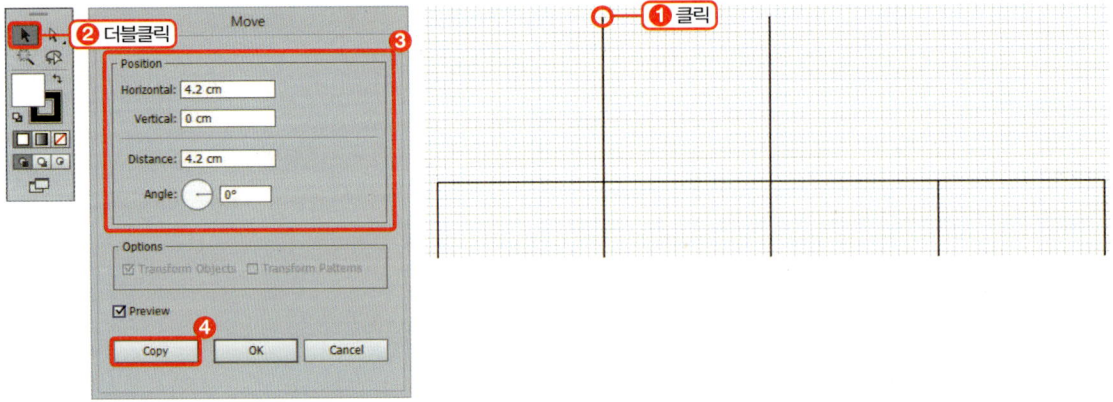

08. 모서리가 둥근 사각형 툴 ◻ 을 선택한 후 바탕화면을 클릭합니다. [Rounded Rectangle] 옵션 창이 나타나면 뚜껑으로 닫는 부분을 만들기 위해 그림과 같이 입력하고 [OK]를 클릭합니다. 새로 그린 도형이 가로 선에서 1.2cm 위에 위치하도록 도형을 이동합니다.

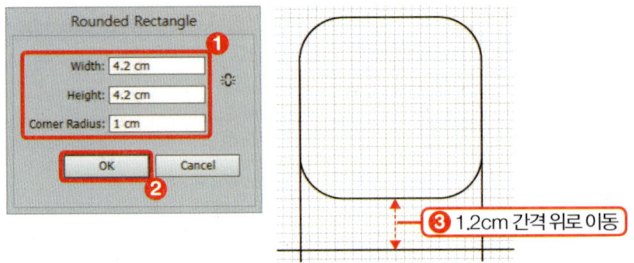

09. 칼 툴 ✎ 을 선택하고 도형 맨 위부터 6칸 아래 그리드 위치에서 Shift + Alt + 드래그하여 면을 자릅니다. 잘라진 면의 아래쪽에 위치한 도형은 삭제합니다.

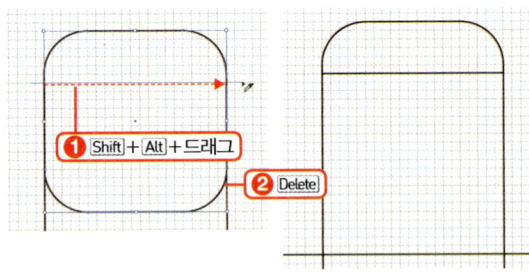

> **Tip** | **Ai 활용 업그레이드**
>
> 칼 툴을 사용할 때 Alt + 드래그하면 직선으로 자를 수 있습니다. Shift + Alt + 드래그하면 45° 각도를 유지하며 자를 수 있습니다.

10. 단축키 ⓒ를 눌러 가위 툴 ✂ 을 선택하고 빨간색 동그라미로 표시한 부분을 클릭하여 선을 자릅니다. 선택 툴로 가운데 선을 선택하고 [Stroke] 패널에서 그림과 같이 옵션 값을 수정하여 점선으로 바꿉니다. 점선 부분은 상자에서 접는 선이 됩니다.

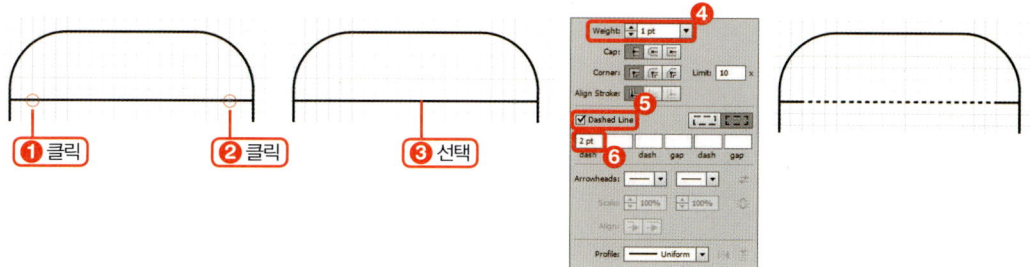

① 클릭   ② 클릭   ③ 선택

④

⑤

⑥

Tip 작업 효율 업그레이드

가위 툴로 자른 선을 점선으로 처리하는 이유는 점선 양끝을 일부 잘라 상자의 뚜껑을 닫았을 때 잘 열리지 않도록 만들기 위해서입니다. 칼 선 작업이 상자 도안 시 필수적인 디자인은 아닙니다.

11. 단축키 ⓜ을 눌러 사각형 툴 ▢ 을 선택합니다. 뚜껑 옆으로 세로 길이의 절반 크기로 사각형을 그립니다.

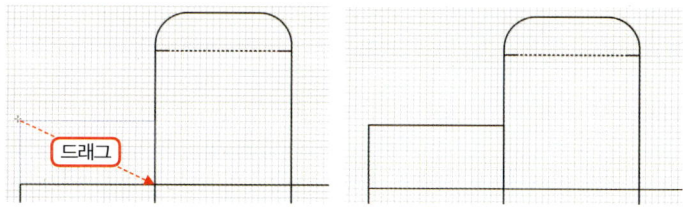

드래그

12. 기준점 추가 툴 ✎₊을 선택하고 빨간 동그라미로 표시한 부분을 클릭하여 포인트를 추가합니다. 왼쪽 선 위에 두 개의 포인트를 선택하고 오른쪽 기준으로 포인트가 움직이도록 상단의 컨트롤 패널에서 [Reference Point]를 오른쪽 중앙으로 선택합니다. 선택 툴을 더블클릭하고 [Move] 옵션 창이 나타나면 0.1cm를 입력하고 [OK]를 클릭해 그림과 같이 선을 이동합니다.

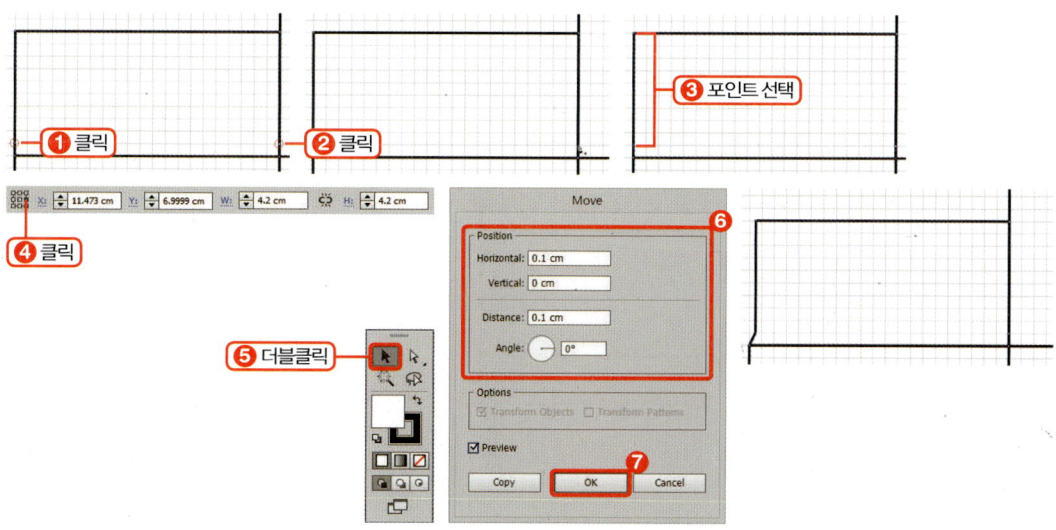

③ 포인트 선택

① 클릭   ② 클릭

④ 클릭

⑤ 더블클릭

Move

Position

Horizontal: 0.1 cm
Vertical: 0 cm
Distance: 0.1 cm
Angle: 0°

⑥

Options
☑ Transform Objects ☐ Transform Patterns

☑ Preview

Copy   OK   Cancel

⑦

13. 같은 방법으로 오른쪽 선 위에 두 개의 포인트를 선택한 후 왼쪽을 기준으로 포인트를 이동하기 위해 [Reference Point]를 왼쪽 중앙으로 선택한 후 [Move] 옵션 창에서 [Horizontal]을 −0.1cm로 지정합니다. [OK]를 눌러 선을 이동합니다.

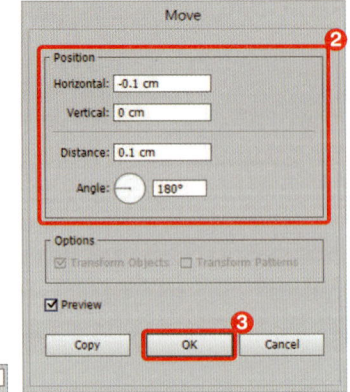

14. 단축키 A를 눌러 직접 선택 툴로 왼쪽 상단의 포인트를 클릭합니다. 그림과 같이 오른쪽으로 그리드 두 칸만큼 이동합니다.

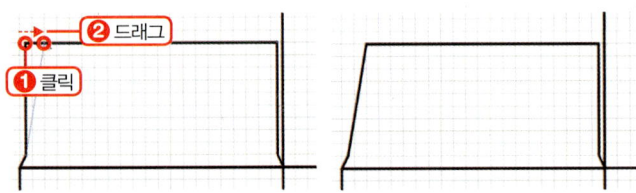

15. [Appearance] 패널에서 [Add New Effect]−[Stylize]−[Round Corners]를 클릭합니다. 입력창이 나타나면 0.7cm를 입력한 후 [OK]를 클릭합니다.

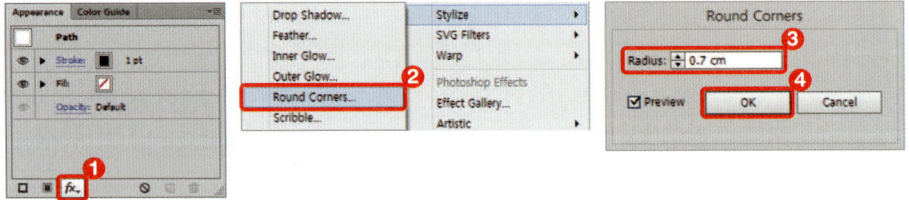

16. 전체적으로 모든 모서리가 라운딩 적용된 것을 볼 수 있습니다. 필요한 부분만 남기고 직선으로 처리되어야 하는 부분을 수정하기 위해 선을 잘라냅니다. 단축키 C를 눌러 가위 툴 ✂ 을 선택하고 왼쪽 포인트를 제외한 부분을 모두 클릭하여 선을 잘라냅니다.

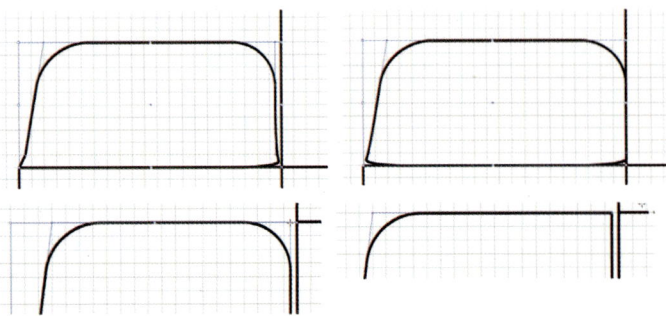

17. 뾰족한 모서리와 아래쪽 선을 잘라내어 도안 선이 직선으로 변경되는 것을 확인할 수 있습니다. 둥근 모서리의 선을 선택하고 [Object]−[Expand Appearance]를 클릭하여 이펙트 상태의 선을 보이는 그대로의 선으로 바꿔줍니다.

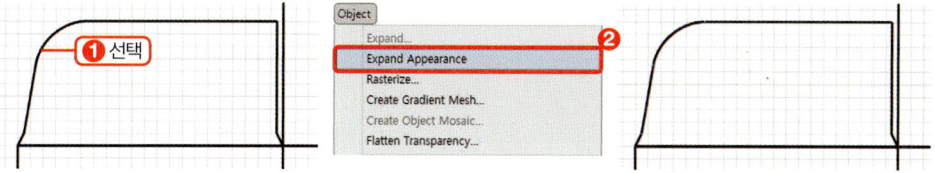

18. 왼쪽 선을 모두 선택하고 Alt + 드래그하여 오른쪽으로 복사합니다.

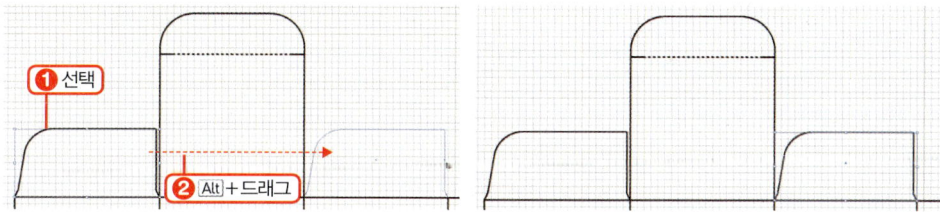

19. 단축키 O 를 눌러 반전 툴을 선택한 후 오른쪽으로 복사한 선의 중앙을 Alt + 클릭합니다. 옵션 창에서 [Vertical]을 선택하고 [OK]를 클릭해 반전 효과를 줍니다.

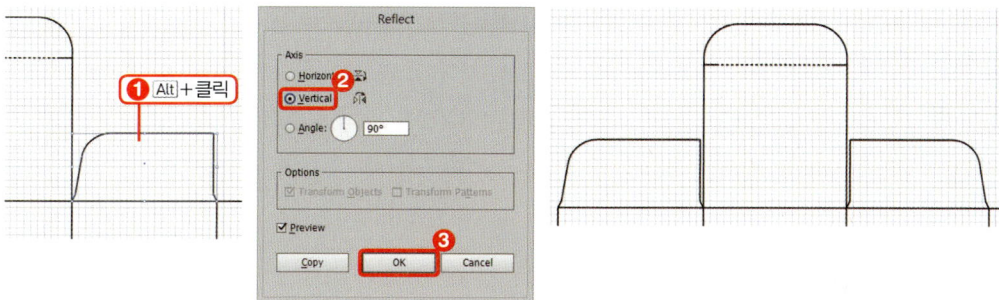

20. 상자 본체 위쪽에 해당하는 모든 선을 선택하고 Alt + 드래그하여 아래쪽으로 복사합니다.

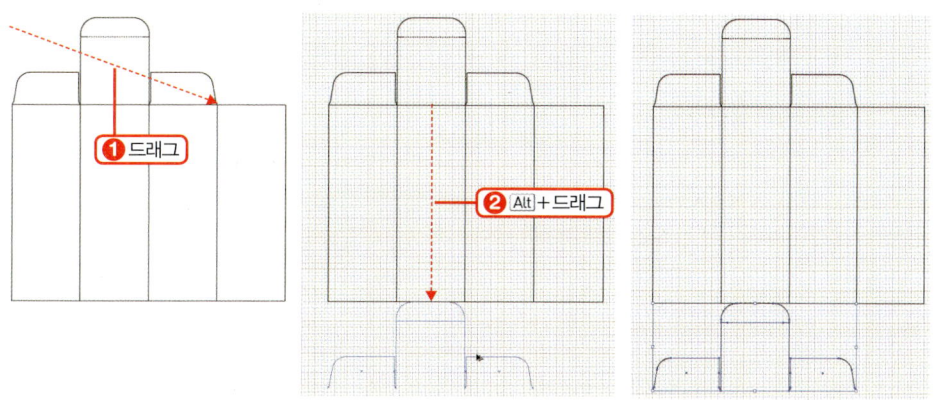

21. 그대로 바운딩 박스 모서리 부분에 마우스 커서를 위치시킵니다. 휘어진 화살표가 나타나면 클릭+회전하여 그림과 같이 아래쪽 뚜껑에 해당하는 모양을 돌려줍니다.

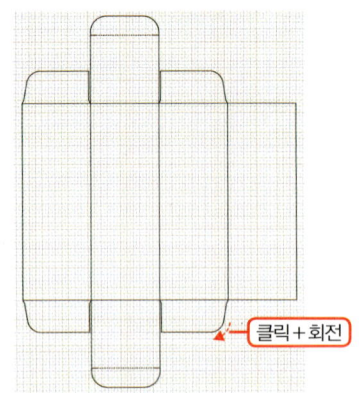

22. 선 툴 ✏️ 을 선택하고 가장 오른쪽 모서리 부분에서 그리드를 7칸만큼 오른쪽으로 드래그하여 비스듬한 선을 그립니다. 하단에도 같은 방법으로 선을 만든 후 바깥쪽에 세로 선을 하나 더 그립니다.

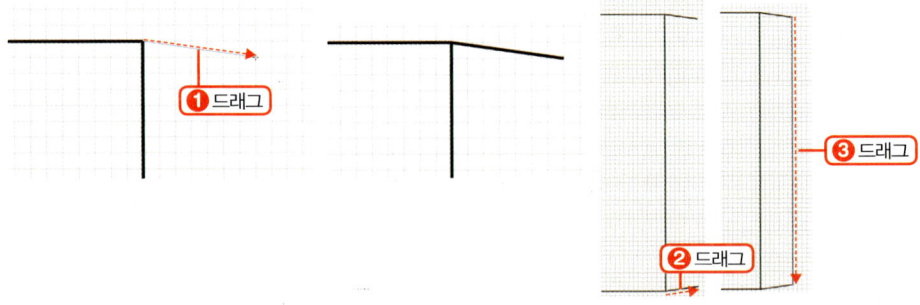

23. 새로 그린 3개의 접착 면이 될 선을 선택하고 중앙 부분을 기준으로 크기를 수정합니다. 상단의 컨트롤 패널에서 Reference Point를 중앙으로 지정하고 높이를 12cm로 입력한 후 Enter 를 누릅니다.

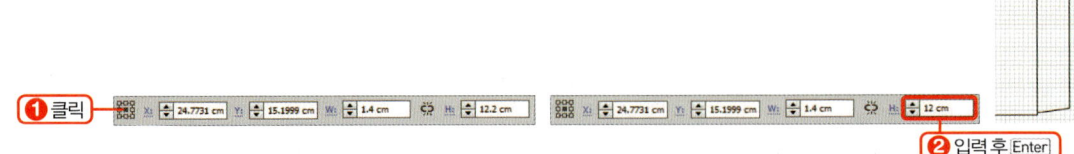

24. 상자의 본체를 만드는 가로로 긴 선을 선택한 후 단축키 C 를 눌러 가위 툴 ✂️ 을 선택합니다. 빨간 동그라미가 있는 부분을 클릭하여 면을 모두 자릅니다.

25. 잘라낸 선에서 가장 오른쪽 선을 제외한 모든 선을 [Stroke] 패널에서 점선으로 바꿉니다. 하단의 선도 같은 방법으로 선을 잘라낸 후 점선 처리합니다.

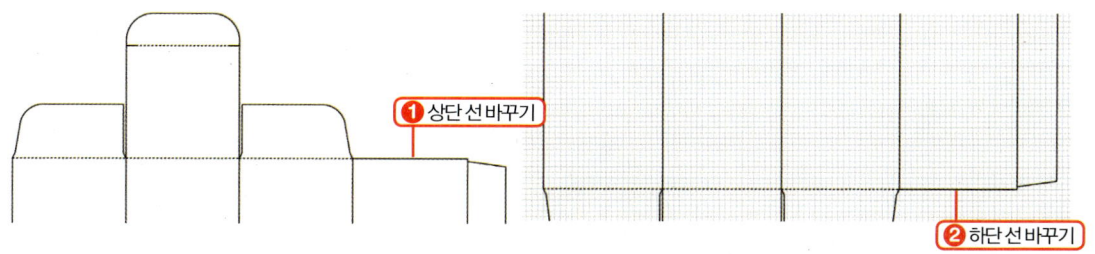

① 상단 선 바꾸기

② 하단 선 바꾸기

26. 세로로 접힐 중앙의 세로 선 4개를 모두 선택하고 [Stroke] 패널에서 점선으로 바꿉니다. 상자 도안을 모두 선택한 후 단축키 Ctrl + G 를 눌러 그룹화합니다.

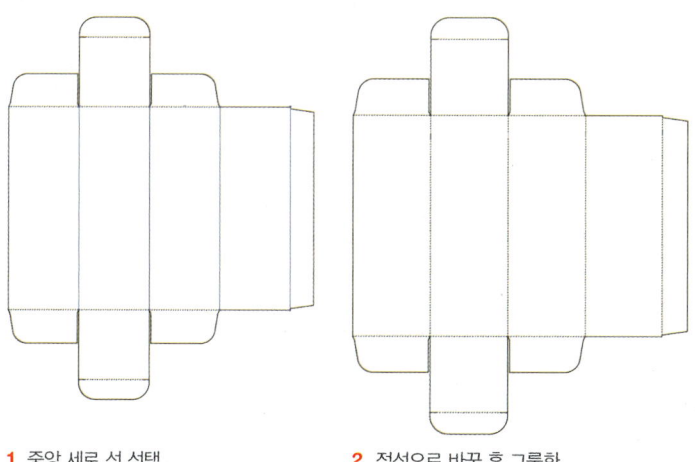

1_ 중앙 세로 선 선택   2_ 점선으로 바꾼 후 그룹화

도안을 모두 완성한 후 디자인할 때는 편집 크기로 그림과 같이 칼 선에서 사방 2~3mm 정도 바깥쪽으로 면을 뺀 후 작업합니다. 편집 크기에 여분이 없다면 재단 시 칼이 조금만 밀려도 테두리에 인쇄되지 않은 흰 면이 드러날 수 있습니다.

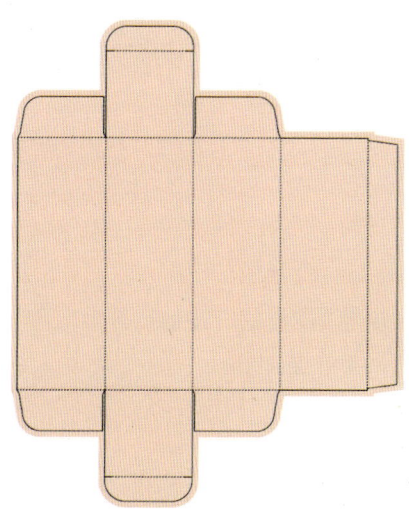

지기 구조를 이용하여 상자를 디자인한 후 제작한 결과물입니다. 출고된 상자는 접착 면을 붙이고, 누름선인 오시까지 모두 작업된 상태입니다. 상자 도안은 미리 인쇄하여 샘플로 만들어본 후 보완할 부분은 무엇인지, 지기구조는 크기가 잘 맞는지, 상자를 닫았을 때 모양이 뒤틀리지 않는지 등을 꼼꼼하게 살펴보아야 합니다.

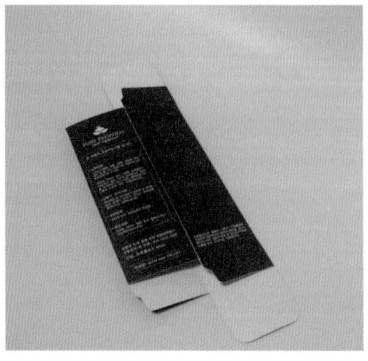

상단의 뚜껑은 사진과 같이 양옆의 홈을 잘라내 뚜껑을 닫아도 쉽게 열리지 않습니다.

상자에 담을 상품이 비교적 가볍고 크기가 작기 때문에 두꺼운 도화지 정도의 종이를 사용했습니다. 상자의 크기가 커질수록 종이의 두께도 두꺼워집니다.

자신의 작업물이 실제 상품으로 나왔을 때의 짜릿함은 디자이너의 삶에서 가장 행복한 순간입니다. 최상의 결과물을 얻기 위해서는 인쇄를 넘기기 전에 항상 확인 사항을 꼼꼼하게 점검하는 것이 좋습니다.

많이 보고 자신만의 스타일을 만들어라!

디자인을 시작하면서 가장 행복했던 시간은 도서관에서 외국 디자이너들의 작품을 보는 시간이었습니다. 시험 기간에도 가지 않았던 도서관이었는데, 도서관에 비치된 좋은 자료, 보물과 같은 책들을 접하게 되면서 자주 찾게 되었습니다. 책이 아니더라도 디자인 관련 자료는 인터넷에서도 많이 접할 수 있습니다. 인터넷이야말로 언제든 쉽게 찾아갈 수 있는 도서관인 거죠. 검색만 하면 정보가 가득 쏟아지고 유용한 정보도 얻을 수 있습니다.

디자이너가 된 후에도 디자인과 관련된 자료를 찾아보고, 눈을 높이면서 자신만의 틀을 깨는 시간이 필요합니다. 혼자만의 세계에 빠져 디자인을 하다 보면 의식하지 못한 채 같은 작업물이 나오기 때문입니다.

저는 인터넷 시작 화면을 포털사이트가 아닌, 디자인 관련 사이트로 설정해두었습니다. 다양한 작품을 스치듯 보는 것만으로도 많은 영감을 얻을 수 있기 때문입니다. 이것저것 많은 사람들이 디자인한 작품을 보면서 나만의 생각을 깨고, 자극도 받으며, 나만의 스타일을 만들어볼 수 있습니다. 많이 봐야 발전한다는 말은 결코 틀린 말이 아닙니다. 자신의 관심 분야를 꾸준히 둘러보면 관련 디자인을 보는 눈도 높일 수 있고, 나에게 디자인 작업 의뢰가 들어왔을 때 좀더 다양한 시각으로 비슷한 작업을 시도해볼 수 있는 노련함까지 얻을 수 있게 됩니다.

대표적인 해외 패키지 사이트

다음 두 사이트는 대표적인 해외 패키지 사이트로 뛰어난 작품들이 가득합니다. 흔히 생각할 수 없는 스타일의 작품을 볼 수 있으므로 많이 보고 배워가는 공간으로 활용하세요.

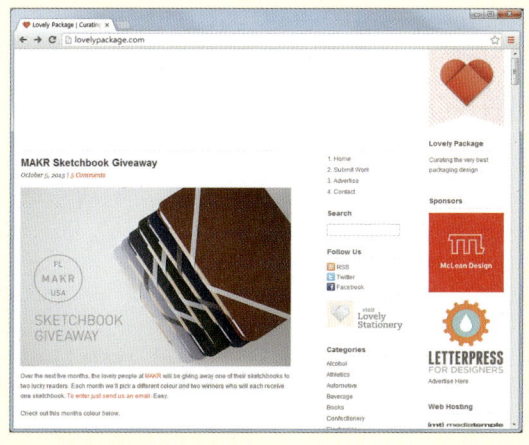

http://lovelypackage.com/

http://www.thedieline.com/

1. Lovely Package
오른쪽에 있는 주류, 책, 패션, 담배, 장난감, 오피스, 푸드 등의 카테고리를 클릭하면 원하는 분야의 작품을 볼 수 있습니다.

2. The Dieline
재미있고 기발한 작품이 많이 담겨 있는 사이트입니다. 색감 또한 매력적인 디자인이 많아 공부하는 데 도움을 받을 수 있습니다.

Section 02

스티커 없이도 상품을 둘러 고정하는 패키지용 띠지 만들기

패키지 디자인은 상품을 포장하는 모든 분야에서 사용됩니다. 여기에서 만들어볼 띠지는 상품 주변을 두르는 데 사용하며 다양한 모양으로 만들어 활용할 수 있습니다. 이러한 띠지는 과일, 도시락 등 식품 패키지나 각종 상품 포장에 두루 쓰입니다. 띠지를 두른 후 따로 스티커를 붙이지 않아도 띠지가 고정될 수 있도록 홈을 이용해 만들어보겠습니다.

✚ **결과 파일** 6장 \ 결과 파일 \ 6장_섹션2.ai

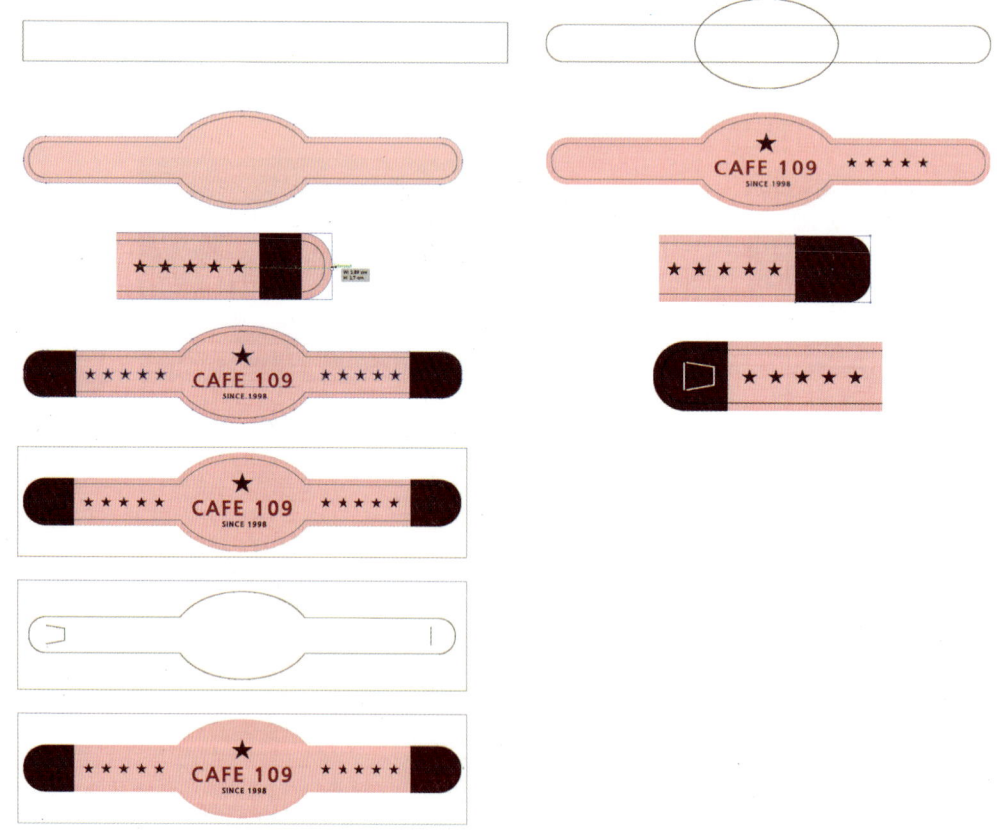

● **사용된 툴**

· 사각형 툴 🔲 M · 원 툴 ⬭ L · 별 툴 ⭐ · 가위 툴 ✂ C

● **사용된 패널**

_ Pathfinder Shift + Ctrl + F9 : 도형을 합치거나 쪼갤 때 사용합니다. 오브젝트를 선택한 후 [Pathfinder] 패널의 [Unite]를 클릭하면 도형이 하나로 합쳐집니다.

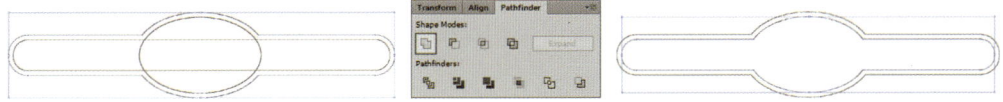

_ Character Ctrl + T : 글자의 속성을 조절할 수 있습니다. 패널에서 [All Caps]를 클릭하면 영문을 모두 대문자로 바꿀 수 있습니다.

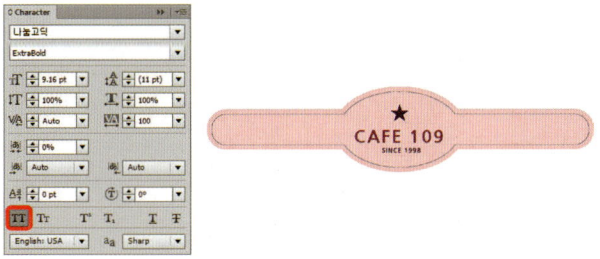

● **사용된 기능**

_ Offset Path [Add New Effect]-[Path]-[Offset Path] : 선택한 오브젝트를 일정한 사이즈로 확대 또는 축소하는 이펙트입니다. 인쇄물에서는 재단 선과 편집 선을 작업할 때 많이 쓰입니다.

_ Water Paper [Add New Effect]-[Sketch]-[Water Paper] : 오브젝트를 다양한 질감으로 표현할 수 있습니다.

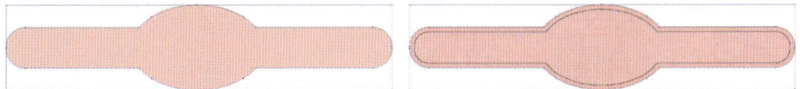

_ Create Outlines Shift + Ctrl + O : 사용된 서체를 아웃라인화하여 오브젝트로 변환할 수 있습니다. 인쇄를 넘기기 전이나 파일을 전달할 때 사용합니다.

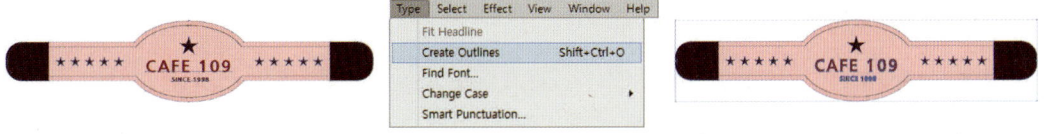

01. 단축키 M을 눌러 사각형 툴 ▣을 선택합니다. 빈 화면을 클릭하여 옵션 창에 그림과 같이 입력한 후 [OK]를 클릭해 직사각형을 만듭니다.

02. [Appearance] 패널에서 [Add New Effect]−[Stylize]−[Round Corners]를 클릭합니다. 옵션 값에 0.6cm를 입력하고 [OK]를 클릭합니다.

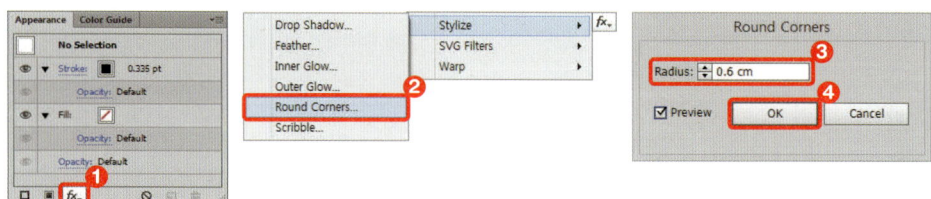

03. 직사각형에 모서리가 둥근 이펙트가 적용되었습니다. 직사각형을 양끝이 둥근 사각형 오브젝트로 바꾸기 위해 [Object]−[Expand Appearance]를 클릭합니다.

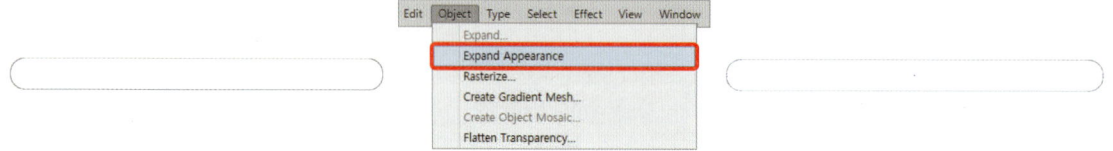

04. 단축키 L을 눌러 원 툴 ◯을 선택한 후 단축키 Ctrl + U를 눌러 스마트 가이드 상태로 설정합니다. 오브젝트 중앙에 마우스 커서를 위치시킨 후 [Center]가 표시되면 Alt + 클릭합니다. [Ellipse] 옵션 창에 다음과 같이 값을 입력하고 [OK]를 클릭해 타원을 그립니다.

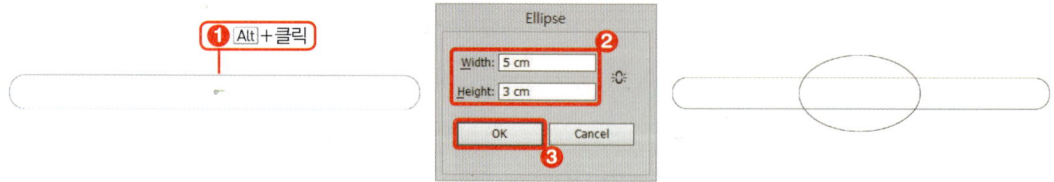

> **Tip** | **Ai 활용 업그레이드**
>
> 지정한 위치에 정확히 도형을 그리려면 도형 툴을 선택하고 원하는 위치에 마우스 커서를 위치시킨 후 Alt + 클릭합니다. 옵션 창이 나타나면 값을 입력한 후 [OK]를 클릭하면 원하는 지점에 도형을 그릴 수 있습니다.

05. 타원을 선택하고 [Appearance] 패널에서 [Add New Effect]−[Path]−[Offset Path]를 클릭합니다. 모든 인쇄물에는 재단이나 후가공을 할 때 재단 밀림 현상에도 안전할 수 있도록 여분의 편집 영역을 만들어줍니다. 편집 영역 바깥으로 2mm를 늘리기 위해 [Offset]에 0.2cm를 입력하고 [OK]를 클릭합니다. 편집 영역의 크기는 인쇄소마다 다르지만 약 2~4mm 정도로, 인쇄소에 미리 확인한 후 작업하는 것이 좋습니다.

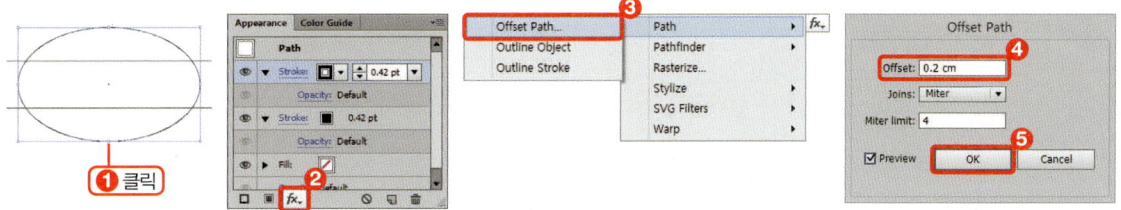

06. 사각형을 클릭하고 단축키 Shift + Ctrl + E 를 누릅니다. 방금 전 적용한 [Offset Path] 이펙트가 같은 값으로 적용됩니다.

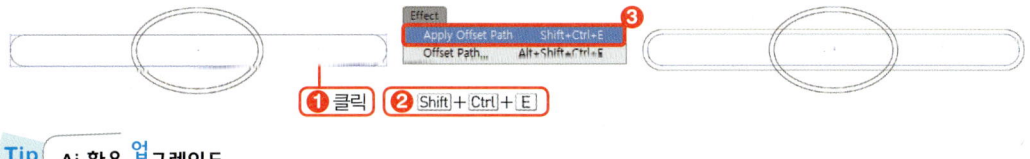

Tip Ai 활용 업그레이드

같은 이펙트를 반복적으로 적용할 때는 일일이 [Appearance] 패널에서 같은 기능을 선택할 필요가 없습니다. 단축키 Shift + Ctrl + E 를 눌러 마지막에 적용한 이펙트를 똑같은 값으로 적용하는 기능을 활용합니다.

07. 오브젝트를 모두 선택한 후 [Object]−[Expand Appearance]를 누릅니다. 이펙트가 적용된 오브젝트를 보이는 그대로 오브젝트로 전환합니다.

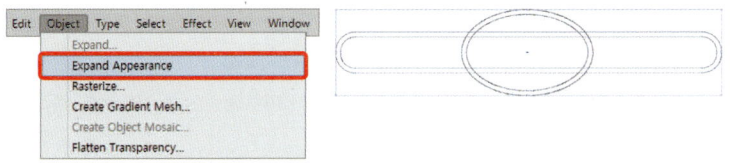

08. 바깥으로 2mm씩 늘려준 타원과 모서리가 둥근 직사각형 오브젝트를 선택하고 [Pathfinder]−[Unite]를 클릭하여 오브젝트를 합칩니다. 같은 방법으로 안쪽에 있는 오브젝트를 모두 선택하고 [Unite]를 눌러서 합칩니다.

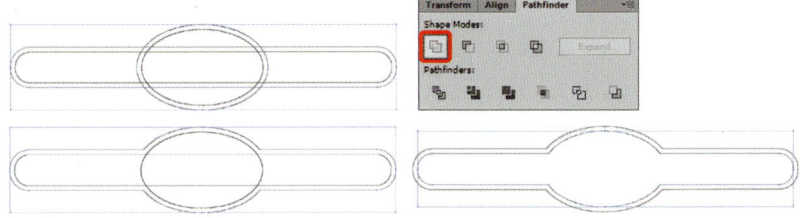

09. 바깥으로 2mm씩 늘려준 편집 영역에 색을 지정합니다. 단축키 Ctrl + Shift + I 를 눌러 가장 아래쪽으로 오브젝트를 이동합니다.

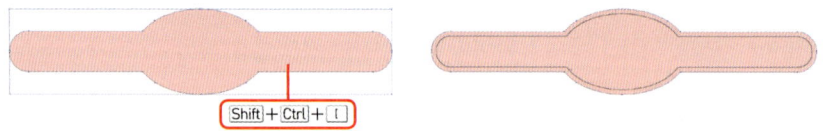

10. 그대로 [Appearance] 패널에서 [Add New Fill]을 클릭하여 면을 하나 더 추가한 후 색을 [K] 80으로 지정 합니다.

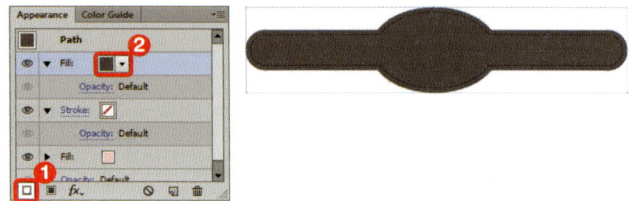

11. 그대로 [Add New Effect]-[Sketch]-[Water Paper]를 클릭합니다. 옵션 창이 나타나면 그림과 같이 옵 션 값을 입력한 후 [OK]를 클릭합니다.

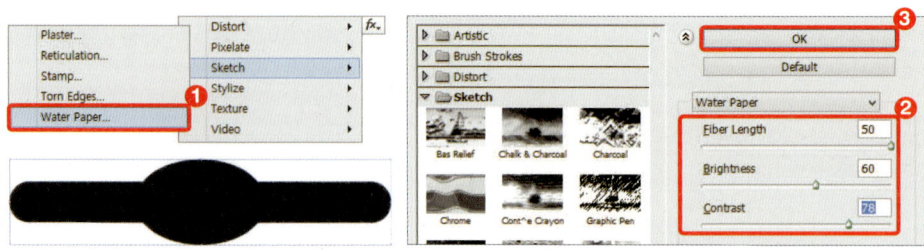

> **Tip** | Ai 활용 업그레이드
>
> [Appearance] 패널에서 선이나 면을 추가하고 이펙트를 적용할 때는 패널 안에서 해당 선이나 면을 클릭한 후 이펙트를 적용해야 합니다.

12. [Appearance] 패널 안에서 이펙트를 적용한 회색 면을 선택하고 [Transparency] 패널에서 [Blending Mode]를 [Color Burn]으로 지정한 후 [Opacity]를 30%로 지정합니다.

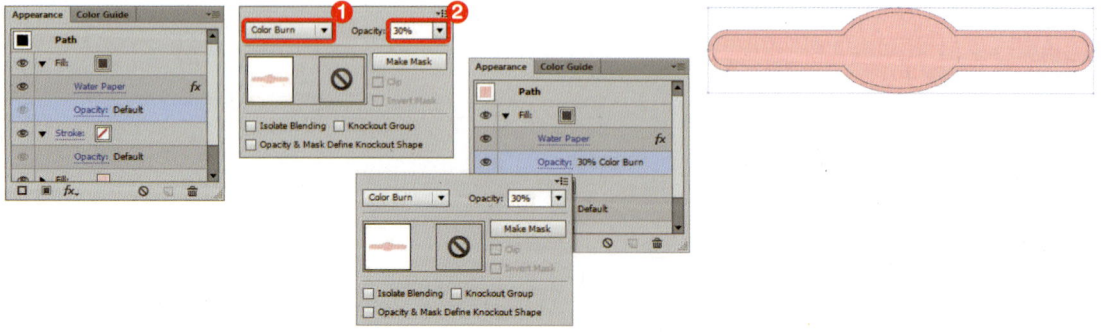

13. 단축키 T를 눌러 타입 툴을 선택하고 그림과 같이 문구를 쓴 후 별 툴 ☆ 을 선택합니다. 글씨 위쪽에 Shift + Alt + 드래그하여 별을 그립니다.

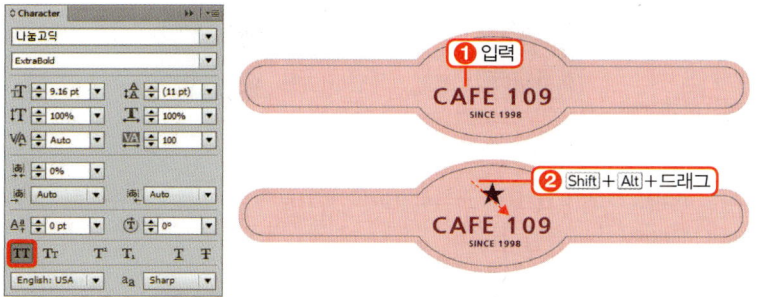

Tip **Ai 활용 업그레이드**
영문을 쓸 때 소문자의 폰트를 모두 대문자로 바꾸려면 [Character] 패널에서 [All Caps]를 클릭합니다.

14. 오른쪽 띠 부분에도 작은 별을 그린 후 Shift + Alt + 드래그하여 오른쪽으로 복사합니다. 그대로 단축키 Ctrl + D를 눌러 같은 간격으로 별을 복사합니다. 복사한 작은 별을 모두 선택한 후 단축키 Ctrl + G를 눌러 그룹화합니다.

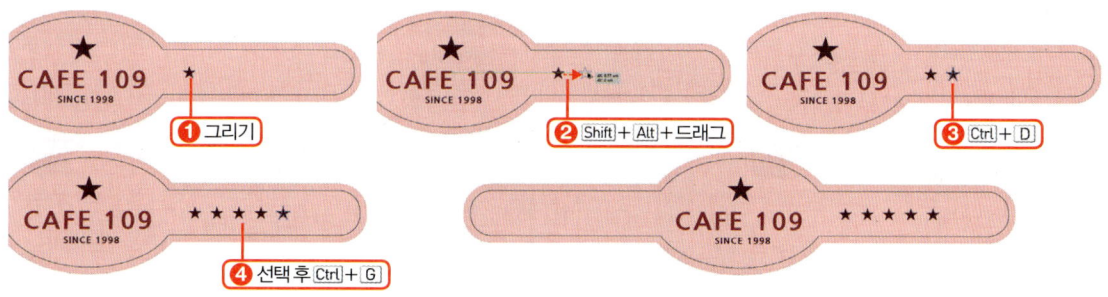

15. 단축키 Ctrl + U를 눌러 스마트 가이드 상태로 설정한 후 단축키 M을 눌러 사각형 툴 ▣ 을 선택합니다. 그림과 같이 끝부분에 맞춰 사각형을 그립니다.

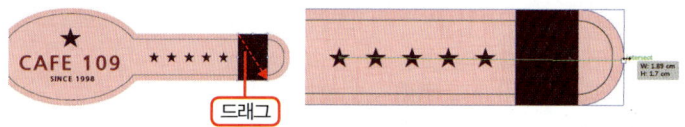

16. 앞서 그린 사각형을 클릭하고 [Appearance] 패널에서 [Add New Effect]–[Stylize]–[Round Corners]를 클릭합니다. 옵션 값을 그림과 같이 지정하고 [OK]를 클릭합니다.

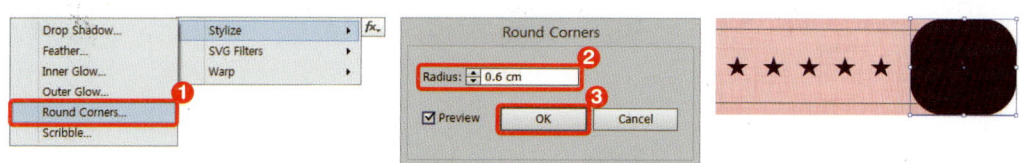

17. 단축키 C 를 눌러 가위 툴 ✂ 을 선택합니다. 왼쪽 면의 위아래 포인트를 클릭하여 면을 잘라낸 후 Delete 를 눌러 선을 삭제합니다.

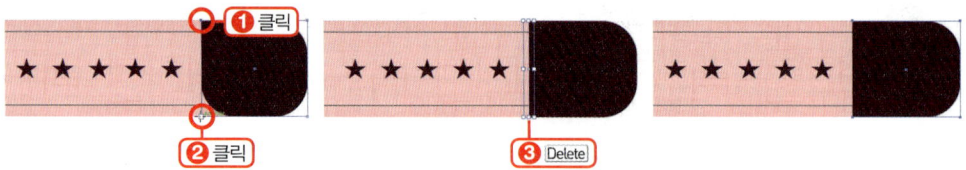

18. 이펙트가 적용된 사각형을 선택하고 [Object]-[Expand Appearance]를 클릭합니다. 하나의 오브젝트로 만든 후 별을 선택하고 단축키 Ctrl + G 를 눌러 그룹화합니다.

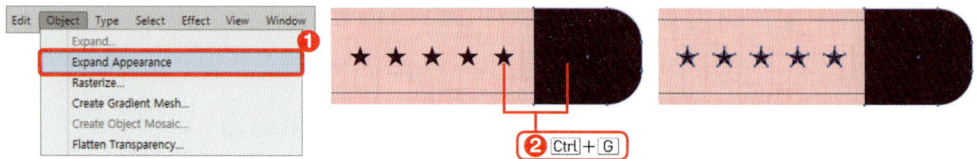

19. 단축키 O 를 눌러 반전 툴 �)을 선택하고 타원 중앙에 마우스 커서를 위치시킨 후 [Center]가 표시되면 Alt + 클릭하여 옵션 창을 불러옵니다. [Vertical]의 단축키 V 와 [Copy]의 단축키 C 를 연속으로 눌러 반전 복사합니다.

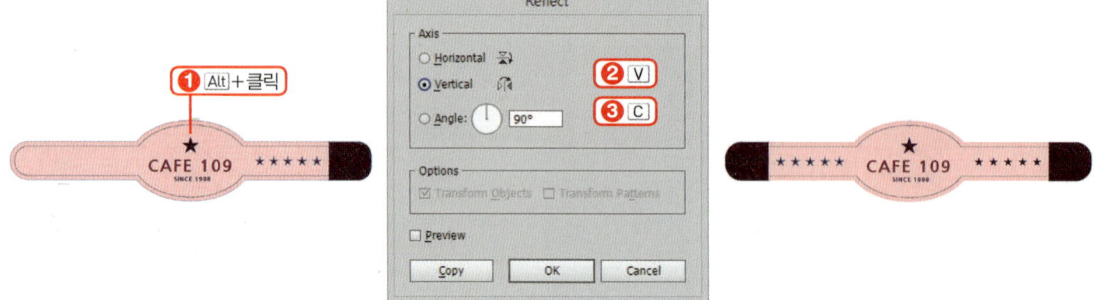

20. 안쪽 칼 선을 제외한 나머지 오브젝트를 모두 선택하고 단축키 Shift + Ctrl + O 를 눌러 서체 아웃라인화를 적용하고 단축키 Ctrl + G 를 눌러 그룹화합니다. 디자인된 부분을 단축키 Shift + Ctrl + [를 눌러 맨 아래쪽으로 이동합니다.

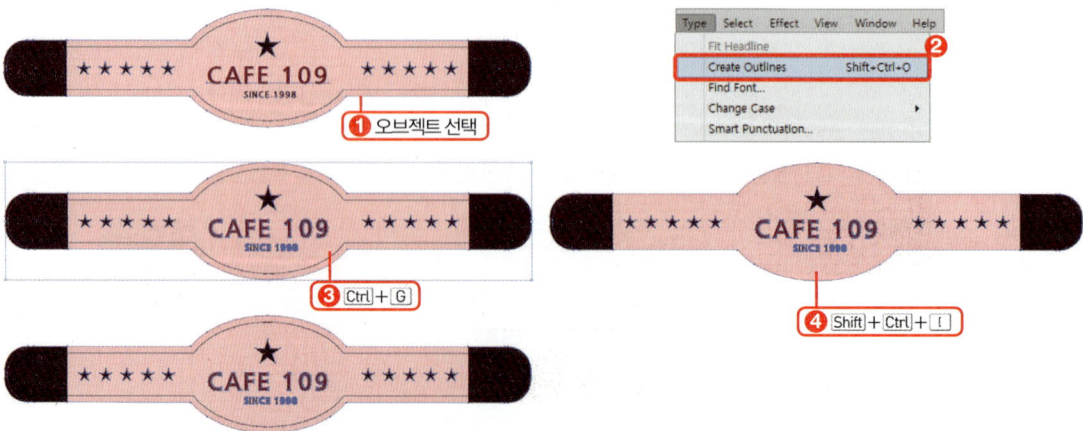

21. 후가공으로 홈이 끼워질 칼 선을 만들기 위해 단축키 M을 눌러 사각형 툴을 선택합니다. 왼쪽에 원하는 크기의 사각형을 그립니다. 오른쪽 위아래 포인트를 약간 내려 사각형 모양을 그림과 같이 수정한 후 단축키 C를 눌러 가위 툴 ✂ 을 선택합니다. 왼쪽 면의 위아래 포인트를 클릭하여 선을 나눕니다.

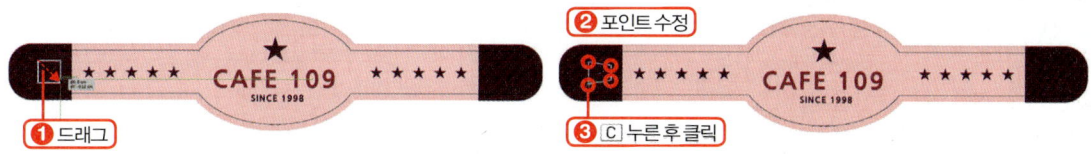

22. 그림과 같이 선이 끊어진 사각형이 완성되었습니다. 왼쪽의 직선을 선택하고 Shift + 드래그하여 오른쪽으로 옮깁니다. 그림과 같이 띠지 오른쪽에 사각형이 끼워질 홈이 만들어졌습니다. 여기에서는 이해를 돕기 위해 홈이 끼워지는 칼 선을 흰색으로 표시했습니다.

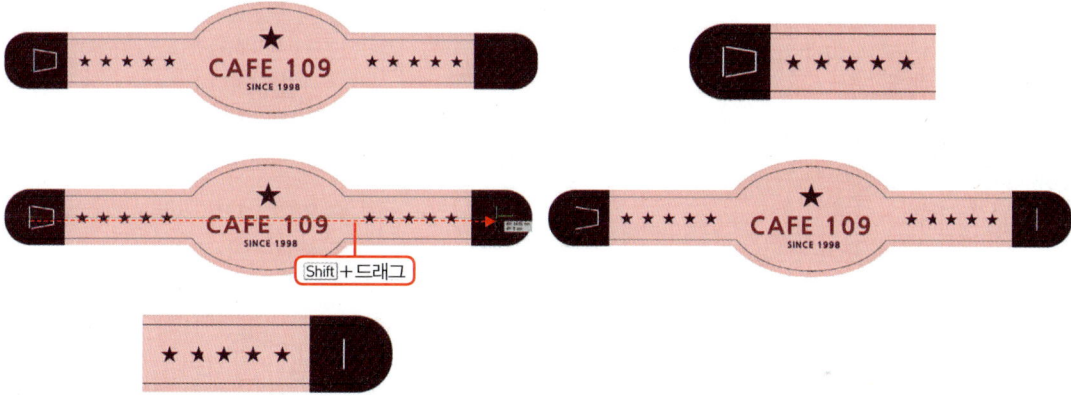

23. 단축키 M을 눌러 사각형 툴 ▣ 을 선택한 후 그림과 같이 전체 오브젝트에서 사방 2mm씩 늘린 직사각형을 만듭니다. 칼 선끼리 선택하여 그룹화합니다.

24. 파일을 정리하면서 칼 선 보기용 파일과 칼 선 파일, 디자인 파일을 한 파일 안에 나란히 정리합니다. 마무리 작업으로 원본을 AI 파일로 저장한 후 다시 인쇄용 EPS 파일로 저장합니다.

칼 선 보기용 파일

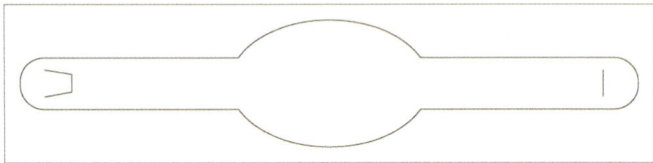

칼 선 파일

디자인 파일

Tip 작업 ^시 주의사항

이펙트를 적용한 오브젝트는 인쇄를 넘기기 전 오류가 나는 것을 방지하기 위해 [Object]-[Rasterize]를 적용해야 합니다. 래스터화를 하지 않을 경우 그라데이션이나 투명도, 이펙트를 적용한 오브젝트가 오류가 나거나 인쇄 시 문제가 발생할 수 있습니다.

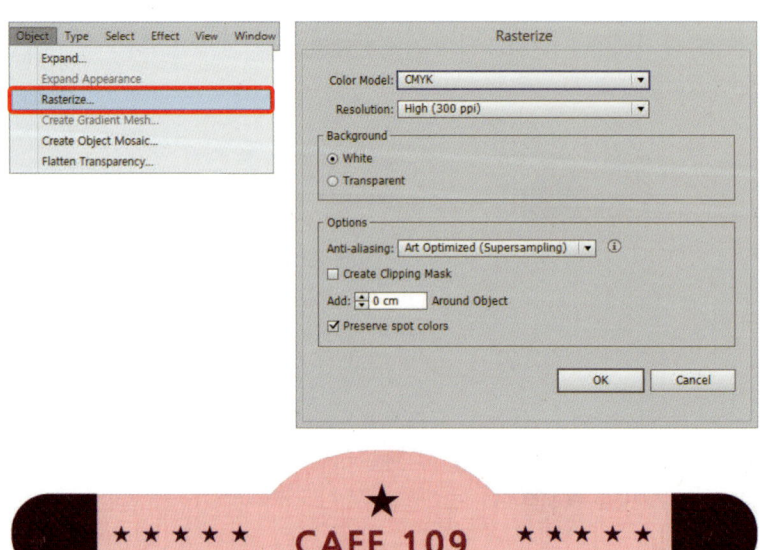

재능 기부의 두 얼굴, 자신에게 유익한 작업을 가릴 수 있는 안목이 필요하다!

일이 늘어감에 따라 더불어 재능 기부에 대한 문의도 함께 많아지기 시작했습니다. 책 표지부터 로고, 일러스트 등 다양한 분야에서 많은 요청을 받았습니다. 사실 재능 기부는 종류에 따라 좋은 결과를 가져다주기도 하고, 반대로 의뢰인에게 당한 것만 같은 느낌을 전해줄 때도 있었습니다.

예를 들어 작은 출판사에서 책 표지 작업에 대한 재능 기부 요청을 받았을 때는 책 표지 디자인을 꼭 해보고 싶었기 때문에 작업 비용을 받지 않는 경우도 있었습니다. 비용을 받지는 못했지만 열심히 작업해 제 그림이 표지에 실린 책 두 권을 완성할 수 있었습니다. 모든 출판사가 그런 것은 아니지만 규모가 매우 작은 출판사의 경우에는 책 표지에 들어가는 일러스트나 캘리그래피를 재능 기부로 제안하는 곳이 있습니다. 말 그대로 재능 기부이므로 작업 비용은 책 몇 권 정도인 곳이 대부분입니다. 저는 비용을 받지 못한다고 해도 이러한 작업물을 해보는 것이 멀리 보면 자신에게 도움이 될 것이라고 생각했습니다. 경험이 쌓이고 쌓여 실력이 되는 것이니까요.

그러나 재능 기부라는 좋은 취지로 시작한 일이 항상 좋은 결과만 가져다 주는 것은 아닙니다. 유명한 한 대학교 동아리에서 어려운 사람들을 위한 카페 로고 작업을 재능 기부 형태로 제안 받은 적이 있습니다. 어려운 사람들을 돕자고 시작한 일이었지만, 처음 예상했던 작업 기간에 비해 작업 기간은 계속해서 늘어나고 로고 작업도 수정에 수정을 더해가기 시작했습니다. 총 작업 기간이 두 달 이상 지연되었고, 길어진 작업 시간만큼 만족도나 작업에 대한 기쁨도 사라지기 시작했습니다. 작업 결과물을 보고 다른 학교에서도 비슷한 제안을 많이 받았지만, 작업 비용을 받지 않는다는 사실로 인해 사람들이 작업 결과물을 대하는 태도가 매우 달라진다는 것, 어리숙한 디자이너를 착취한다는 느낌까지 받게 된 저로서는 더 이상 그런 재능 기부를 하지 않기로 결정했습니다.

자신의 가치관에 맞는 재능 기부라면 기쁜 마음으로 하는 것이 좋지만, 검증되지 않은 단체 등에서 의뢰하는 의심스러운 일은 하지 않는 것이 좋습니다. 험한 세상(?)에서 디자이너로 당당히 살아가려면 이러한 어둠의 손길을 걸러낼 수 있는 안목도 키울 필요가 있습니다.

illustrator

Chapter

07

인쇄물에
실용성을 더하는
팬시 디자인

Section 01

인쇄물의 데이터 처리 방법을 익힐 수 있는 양말 모양 팬시 카드 만들기

팬시 디자인은 단순히 보기에만 예쁘면 된다고 생각할 수 있지만 팬시 디자인 역시 사용자와 실용성까지 고려되어야 좋은 디자인이라 할 수 있습니다. 사용성에 중점을 두고 기발하면서도 재미난 디자인을 고민해야 합니다. 여기에서는 양말 모양의 팬시 카드를 만들고 인쇄를 넘기기 전의 데이터 처리 방법 등을 알아보겠습니다. 팬시 카드를 만들어 인쇄를 넘길 때는 칼 선의 기본 개념에 대해서 알고 있어야 하는데, 양말 모양의 카드처럼 오브젝트가 조금 복잡해 보여도 칼 선 작업 등은 생각보다 단순한 경우가 많습니다.

➕ **결과 파일** 7장 \ 결과 파일 \ 7장_섹션4.ai

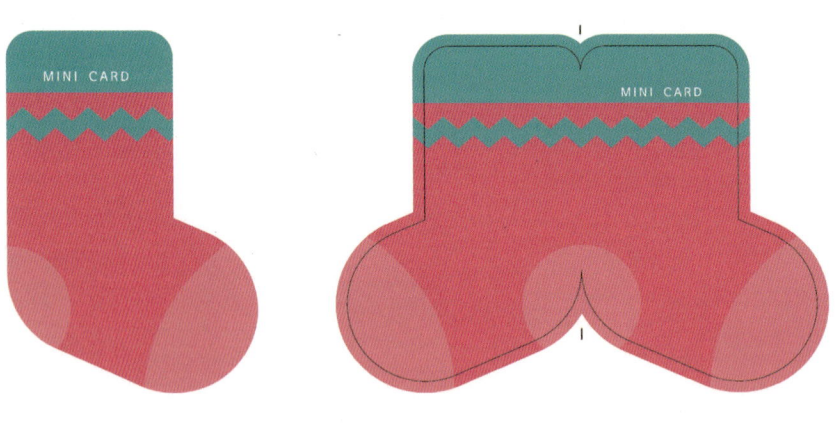

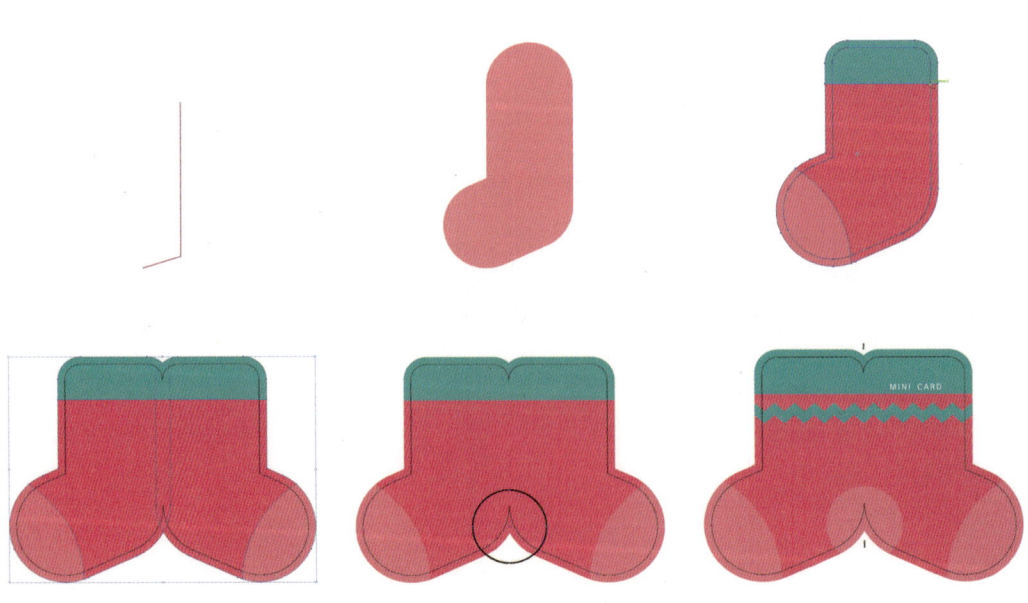

● 사용된 단축키

• 칼 툴 ✐ Alt 를 누르며 드래그하면 오브젝트를 직선으로 자를 수 있습니다. Shift + Alt + 드래그하면 45도씩 정확한 각도로 자를 수 있습니다.

• 둥근 사각형 툴 ▢ 둥근 사각형을 그릴 때 드래그하면서 키보드의 ↑, ↓를 누르면 모서리의 둥근 형태를 조절할 수 있습니다.

● 사용된 패널

_ Stroke 패널 Ctrl + F10 : 선의 끝부분 모양을 둥근 형태로 수정할 수 있고 모서리의 모양을 둥글게 조절할 수 있습니다.

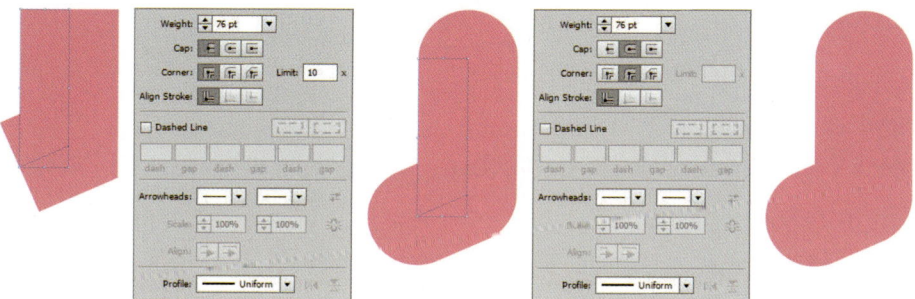

● 사용된 기능

_ Offset Path [Add New Effect]–[Path]–[Offset Path] : 면에서 [Offset Path]를 이용하면 면이나 선을 확대 또는 축소할 수 있습니다.

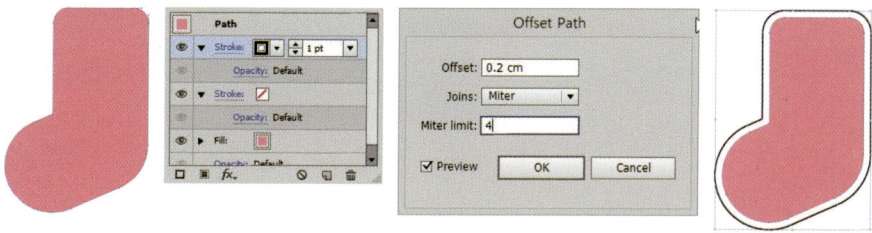

_ Zig Zag [Add New Effect]–[Distort&Transform]–[Zig Zag] : 직선을 지그재그 모양으로 바꿀 수 있습니다.

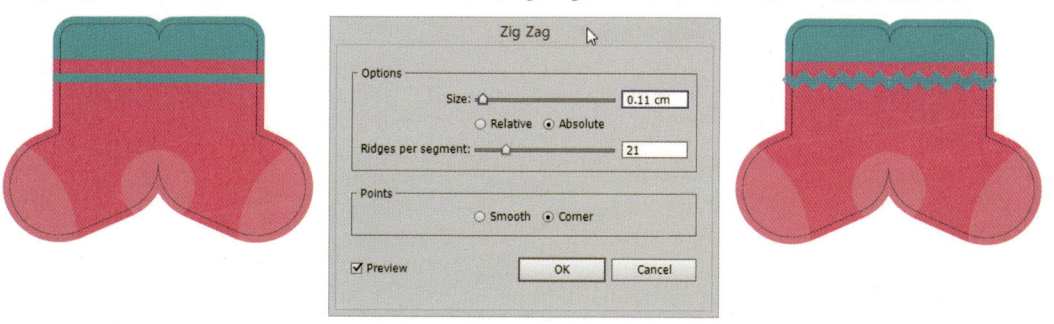

_ 폰트 아웃라인 Shift + Ctrl + O : 인쇄를 넘기거나 파일을 전달할 때 사용한 서체를 면으로 바꿉니다.

● 양말 모양의 카드 형태 잡기

01. 단축키 [P]를 눌러 펜 툴을 선택하고 [Shift]를 누르며 길게 직선을 그립니다. 이어서 그림과 같이 대각선으로 짧게 선을 추가합니다. 선 두께를 두껍게 조절한 후 상단의 [Stroke] 패널에서 [Cap]과 [Corner]를 각각 [Round Cap], [Round Join]으로 조절합니다.

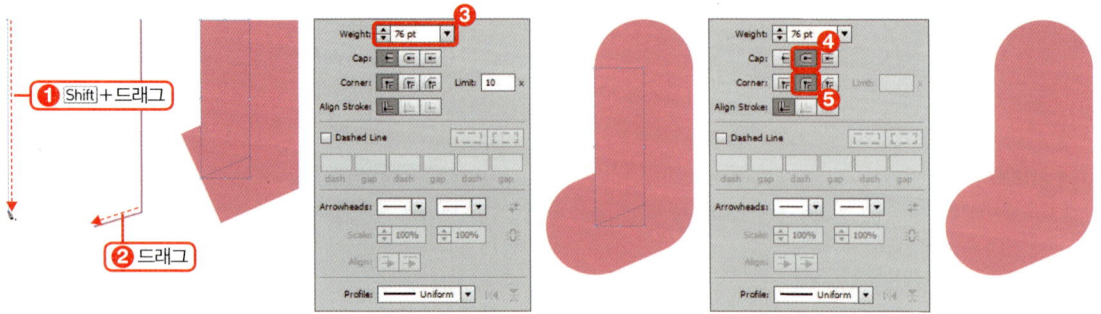

02. 선을 선택하고 [Object]–[Expand]를 클릭합니다. [Expand] 옵션 창이 나타나면 [OK]를 클릭하여 선을 면으로 바꿔줍니다.

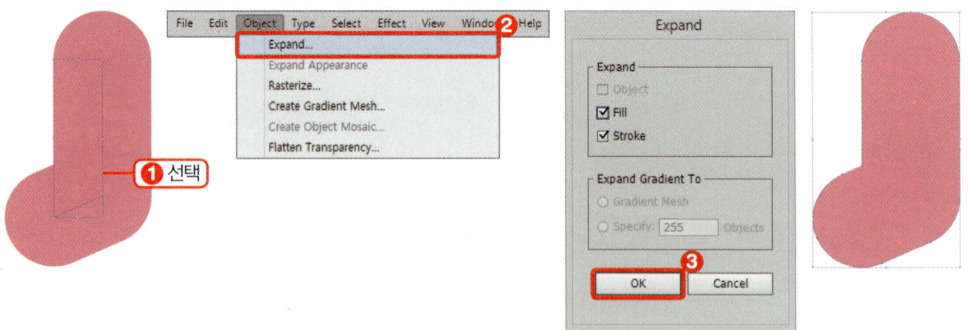

03. 단축키 [Ctrl]+[U]를 눌러 스마트 가이드 상태로 만듭니다. 단축키 [C]를 눌러 가위 툴 ✄ 을 선택한 후 그림과 같이 검은색 원이 표시된 위쪽의 양쪽 포인트를 클릭하여 동그란 부분을 잘라냅니다.

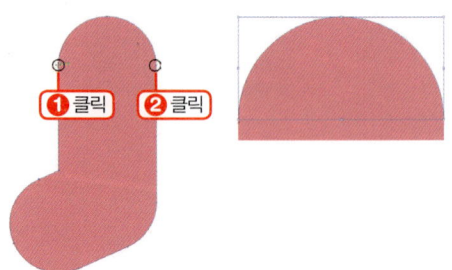

04. 단축키 V 를 눌러 선택 툴을 선택한 후 위쪽 면을 선택하고 Delete 를 눌러 삭제합니다. 모서리가 둥근 사각형 툴 ◘ 을 선택한 후 그림과 같이 모서리가 둥근 사각형을 만듭니다.

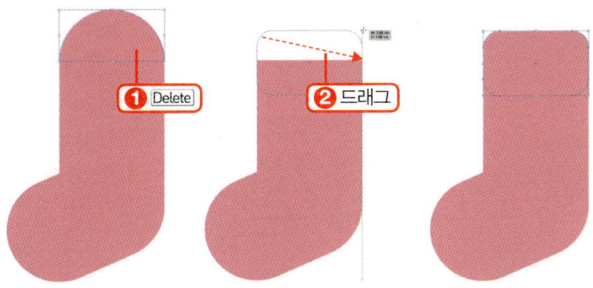

Tip | Ai 활용 ^업그레이드

모서리가 둥근 사각형을 그릴 때는 키보드에서 ↑, ↓ 를 누르면서 모서리의 각을 조절합니다.

05. 모서리가 둥근 사각형의 위치를 밑으로 내리면서 양말 모양을 다듬어줍니다. 전체 선택한 후 [Pathfinder]-[Unite]를 클릭하여 면을 모두 합칩니다.

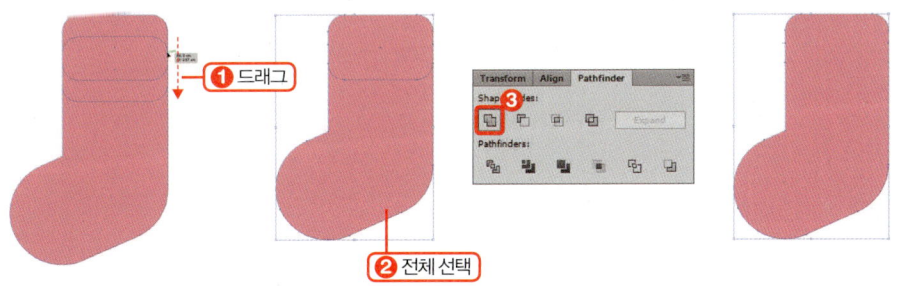

06. 양말 모양을 선택한 상태에서 단축키 P 를 눌러 펜 툴을 선택하고 양말의 목 부분에서 불필요한 포인트를 클릭하여 삭제합니다. 직선 상태의 패스에는 양끝 포인트만 있으면 되므로 면이 합쳐지면서 중간에 있는 불필요한 포인트는 정리해주는 것이 좋습니다.

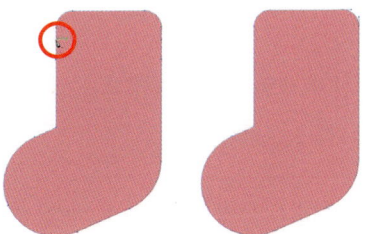

● 본격적인 디자인 작업 전에 칼 선과 편집 선 만들기

01. 양말 모양의 오브젝트를 선택하고 [Appearance] 패널에서 [Add New Stroke]를 클릭하여 선을 추가합니다. [Add New Effect]–[Path]–[Offset Path]를 클릭한 후 옵션 창이 나타나면 [Offset]에 0.2cm를 입력하고 [OK]를 누릅니다.

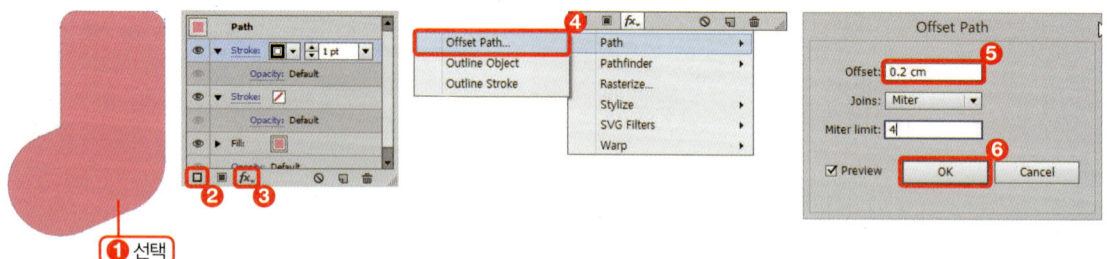

02. 다음과 같이 바깥으로 검은색 선이 그려진 것을 볼 수 있습니다. 오브젝트를 선택한 상태에서 [Object]–[Expand Appearance]를 눌러 이펙트 적용 상태의 면을 선과 면으로 나누어줍니다.

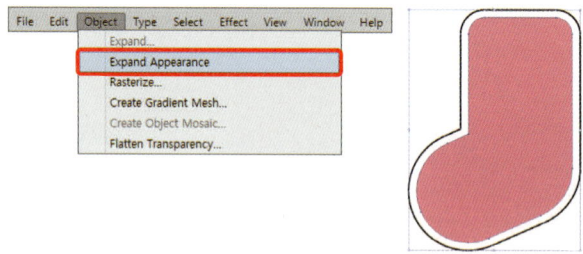

> **Tip** 작업 효율 업그레이드
>
> 편집 선과 재단 선을 이해하기 위해 다음 그림을 살펴보면 검은색으로 표시된 선은 디자인될 영역인 편집선이고, 분홍색 선은 재단하는 칼 선을 의미합니다. 양말 모양의 카드를 완성하려면 펼친 면으로 작업해야 하는데, 작업 선과 편집 선은 본격적인 디자인 작업에 들어가기 전에 미리 틀을 만들어놓으면 좀더 편하게 작업을 진행할 수 있습니다.

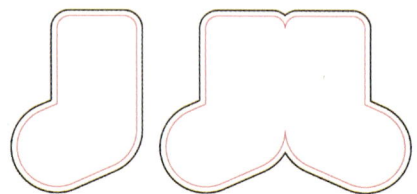

03. 양말 오브젝트를 선택하고 단축키 Shift + Ctrl + G 를 눌러 그룹을 해제한 후 그림과 같이 면에 색을 설정합니다. 안쪽 재단 선의 두께를 지정하고 검은색 선만 선택한 상태에서 단축키 Ctrl + 2 를 눌러 오브젝트를 잠급니다.

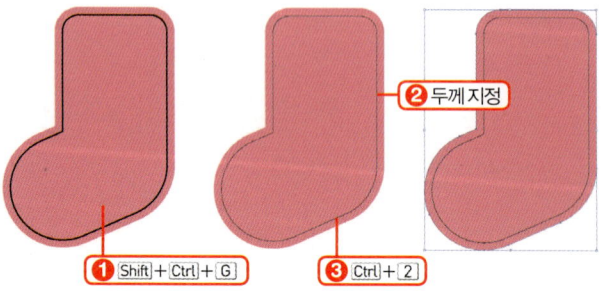

✿ 양말 모양으로 카드 디자인하기

01. 칼 툴 ✐을 선택한 후 Shift + Alt + 드래그하여 그림과 같이 양 말 목 부분의 면을 분리합니다. 양말 아래쪽과 목 부분의 색을 지정 합니다.

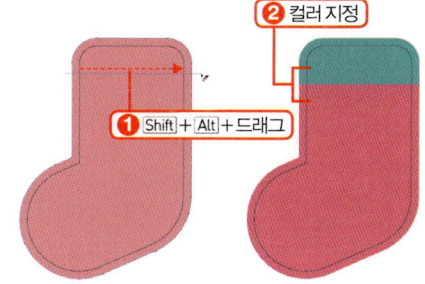

02. 단축키 P를 눌러 펜 툴을 선택하고 그림과 같이 곡선을 그립니다. 선과 양말 앞쪽을 선택한 후 [Pathfinder]– [Divide]를 클릭하여 그린 곡선 모양으로 양말 앞쪽 면을 자릅니다.

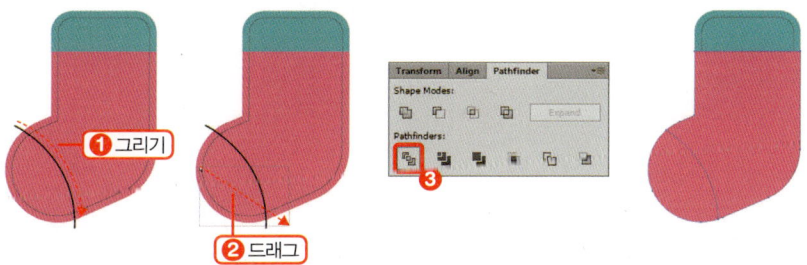

03. 잘라낸 양말 앞쪽이 칼 선보다 위에 올라와 있습니다. 단축키 Shift + Ctrl + I 를 눌러 해당 오브젝트를 맨 아 래쪽에 위치시킨 후 양말 앞쪽의 컬러를 지정합니다. 양말을 모두 선택하고 단축키 Ctrl + G 를 눌러 그룹화합니다.

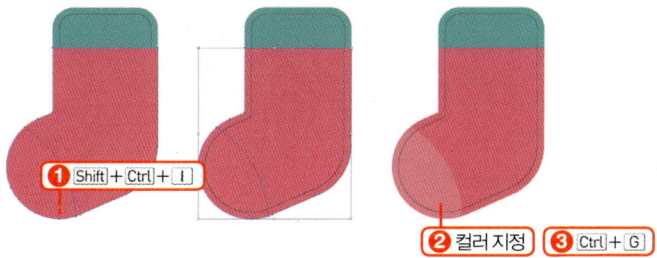

✿ 카드를 펼침 면으로 만들기

01. 단축키 Ctrl + Alt + 2 를 눌러 칼 선의 잠금을 해제합니다. 단축키 O를 눌러 반전 툴 ⋒ 을 선택한 후 그림 과 같이 칼 선의 포인트를 Alt + 클릭합니다. [Reflect] 옵션 창에서 [Vertical]의 단축키 V를 누르고, [Copy]의 단축키 C를 누릅니다.

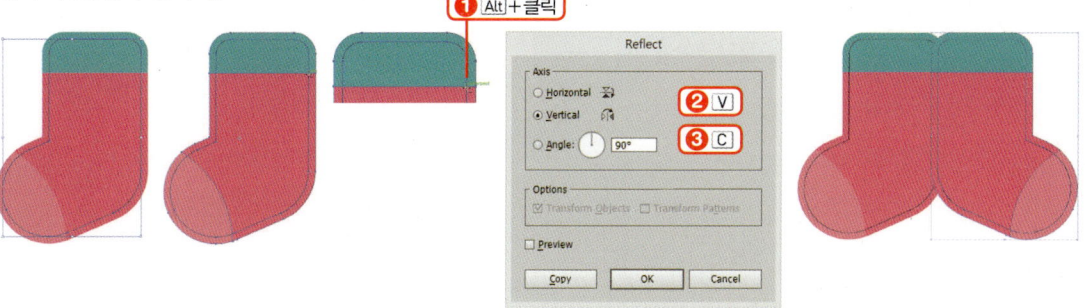

02. 칼 선만 선택하고 [Pathfinder]−[Unite]를 클릭하여 칼 선의 모양을 합칩니다.

03. 두 개의 양말 오브젝트를 모두 선택합니다. [Pathfinder]−[Merge]를 클릭하여 같은 색끼리 면을 합칩니다.

04. 단축키 L을 눌러 원 툴 ◯ 을 선택합니다. 카드 중앙에서 Shift + Alt + 드래그하여 그림과 같은 위치에 원을 그립니다.

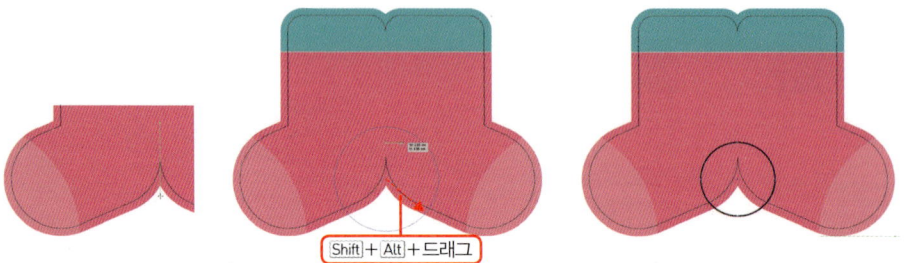

05. 원과 양말의 뒤꿈치를 선택한 후 [Pathfinder]−[Divide]를 클릭합니다. 원형으로 면을 잘라낸 오브젝트가 맨 위에 위치하므로, 단축키 Shift + Ctrl + ⎵ 를 눌러 해당 오브젝트를 맨 아래쪽에 위치시킵니다.

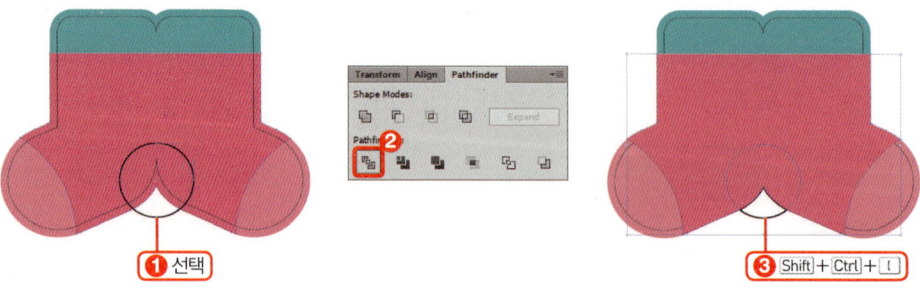

06. 원형을 이용해서 면을 나눈 부분 중 양말 바깥쪽의 불필요한 검은색 선은 단축키 A를 눌러 직접 선택 툴로 선택하고 Delete 를 눌러 삭제합니다. 동그랗게 모양을 낸 면에 색을 지정합니다.

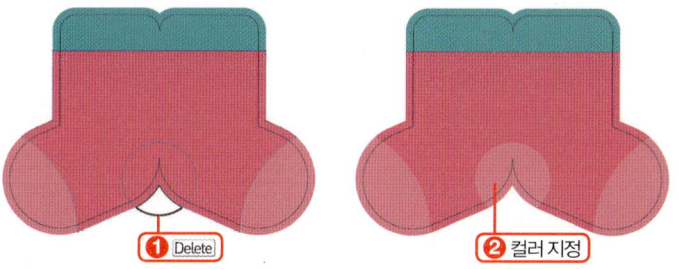

07. 단축키 W를 눌러 선 툴을 선택한 후 양말 목 부분에 가로로 긴 선을 그립니다. 원하는 색을 지정하고 두껍게 합니다.

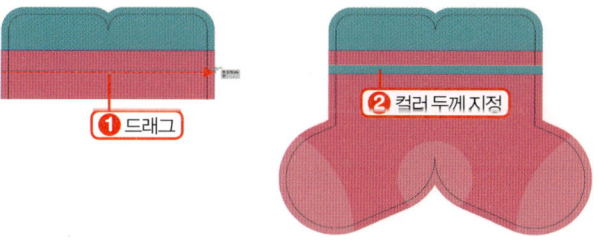

08. [Appearance] 패널에서 [Add New Effect]—[Distort&Transform]—[Zig Zag]를 클릭합니다. 옵션 창이 나타나면 그림과 같이 옵션을 지정하고 [OK]를 클릭합니다.

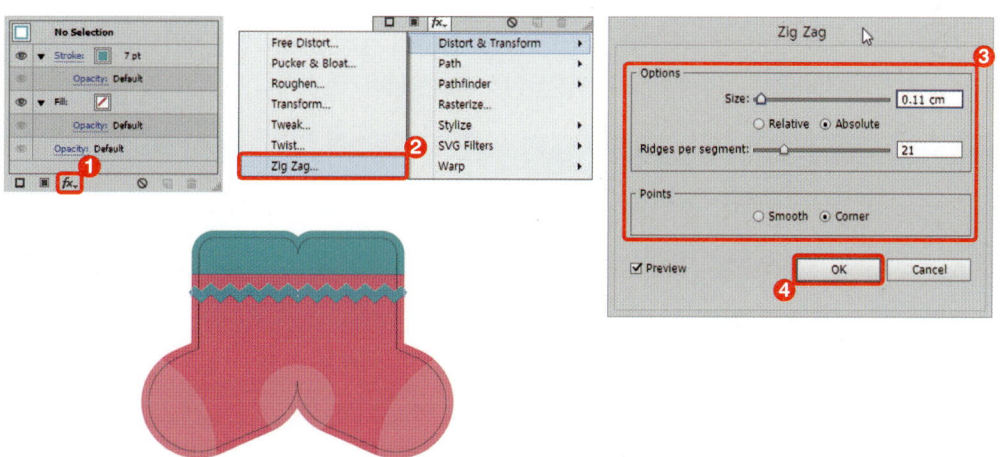

09. 이펙트가 적용된 선을 선택한 후 [Object]-[Flatten Transparency]를 클릭합니다. 옵션 창이 나타나면 [OK]를 클릭해 이펙트가 적용된 모양 그대로 면으로 바꿔줍니다.

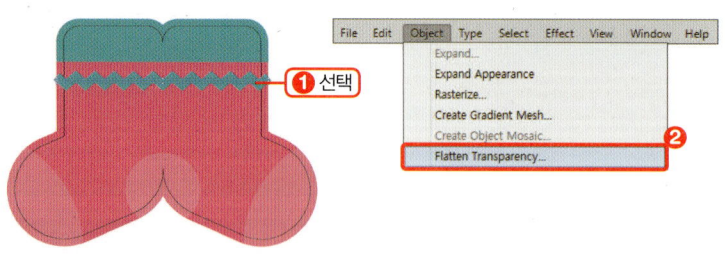

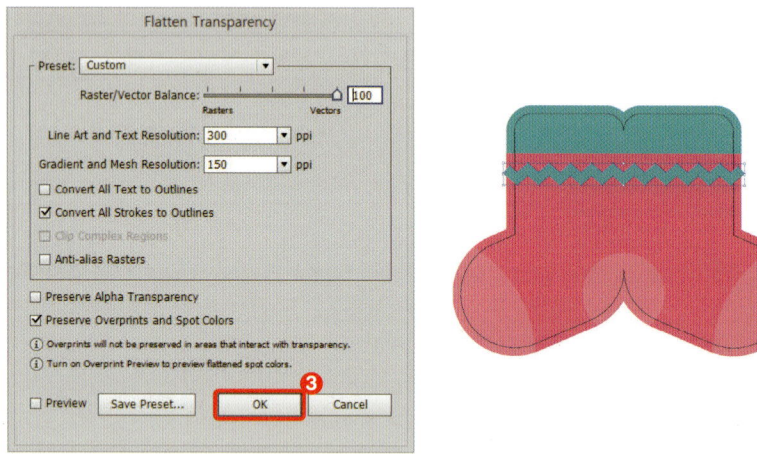

10. 단축키 [A]를 눌러 직접 선택 툴을 선택한 후 바깥으로 선의 끝이 튀어나온 부분의 포인트를 선택하여 그림과 같이 정리합니다. 칼 선을 선택하고 단축키 [Shift] + [Ctrl] + []]를 눌러 칼 선을 맨 위로 위치시킵니다. 칼 선을 제외한 양말 오브젝트를 모두 선택하고 단축키 [Ctrl] + [G]를 눌러 그룹화합니다.

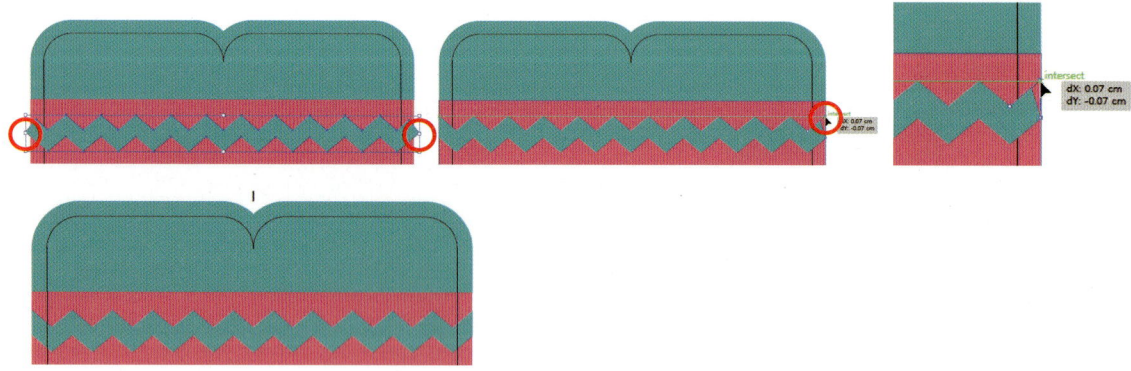

> **Tip** 작업 효율 업그레이드
>
> 예제처럼 카드가 접히는 부분까지 연결된 문양의 디자인이라면 패턴을 한 면으로 적용하는 것이 좋습니다. 패턴을 나눠서 적용할 경우 후가공으로 접히는 선을 넣을 때 1mm 정도의 오차가 생길 수 있기 때문입니다. 반씩 따로 디자인되어야 하는 부분은 따로 작업하고, 한 면으로 패턴을 적용해야 하는 부분은 작업 마무리 단계에서 한번에 문양을 넣어줍니다.

● 인쇄 넘기기 전 파일 정리하기

오시는 종이가 잘 접히도록 종이를 눌러 접히는 선을 만드는 과정을 가리킵니다. 카드 중앙에 접히는 선을 떠올리면 이해하기 쉽습니다. 오시를 만들기 위해 그림과 같이 위아래로 2개의 직선을 그린 후 두 선을 그룹화합니다. 이해를 돕기 위해 칼 선과 오시의 선을 검은색으로 표시했습니다.

카드를 좀더 꾸미려면 다음의 그림처럼 문구를 넣는 것도 좋습니다. 이때 폰트는 단축키 Shift + Ctrl + O 를 눌러 아웃라인화하고, 양말 오브젝트와 함께 그룹화합니다. 이와 같이 펼침 면 파일로 인쇄를 넘기면 완성된 카드는 다음과 같은 모양이 됩니다. 완성된 디자인, 칼선 및 후가공인 오시의 표시를 확인합니다.

경쟁력 있는 팬시 상품을 출시할 수 있는 노하우

프리랜서를 시작했을 때 의욕만 충만했던 저는 '맨땅에 헤딩'하는 게 특기였습니다. 그렇지만 거기에서 실패를 몸으로 느끼고 그만큼 값진 교훈과 지식도 얻을 수 있었습니다. 초창기 '앤하우스' 문구 브랜드를 등록하고 처음 상품을 만들었을 때가 생각납니다. 당시에는 아무것도 모르고 겁 없이 낸 스티커 상품에 불과했습니다. 파워블로거가 되었을 때와 같이 폭발적인 반응을 얻을 수 있을 거라 생각했지만 엄청난 착각이었습니다.

블로그는 구경하는 게 공짜지만, 문구는 돈을 내고 구입해야 하는 상품입니다. 돈을 내고 구입을 하는 상품에 대한 평가는 엄격하고 냉정하기 마련입니다. 그리고 그 평가는 아주 정확합니다. 상품에 대해 부족한 점이 있으면 고객들은 바로 찾아내고 돈을 내고 구입한 것이니 만큼 단점과 불만을 거침없이 리뷰해줍니다. 상품 리뷰를 보면서 처음에는 상처를 받았지만 생각을 달리해보니 모두 '뼈가 되고 살이 되는' 귀한 이야기였습니다. 어디서도 듣지 못할 상품의 장단점을 속 시원하게 듣고 나니 다음 상품을 기획하는 데도 큰 도움이 되었습니다.

예를 들어 처음 스티커를 구성할 때는 칼 선 안에 들어갈 스티커 이외에는 여백을 이용해 디자인할 생각을 하지 못했습니다. 그러나 고객들은 자투리 공간까지도 소중히 생각하고 활용하려 합니다. 상품을 만들기 전에 다른 상품을 충분히 분석하고 리뷰까지 자세히 확인했다면 쉽게 알 수 있었을 만한 사항이었습니다. 또 다른 리뷰에서는 '스티커가 휘지 않도록 포장 안에 판지가 있었으면 좋겠다'라는 의견이 있었습니다. 스티커를 비닐 포장할 때 스티커만 여러 장 넣으면 판지가 없어 스티커가 휘어져 보기 좋지 않다는 것입니다. 이 리뷰 덕분에 다음 제품부터는 스티커에 판지를 함께 구성할 수 있었습니다. 이제는 상품을 출시하기 전 '내가 소비자라면?'이라는 생각으로 신중하게 제품을 구성합니다.

저는 준비 없이 맨땅에 헤딩하기를 추천하지 않습니다. 최소한 뛰어들려고 준비하는 분야의 흐름과 유행을 지켜보면서 다른 상품에 대해 많이 분석하고 연구해야 합니다. 이런 시간이 뒷받침되어야만 상품을 선보였을 때 좀더 멀리 좀더 높이 띄울 수 있는 경쟁력을 갖추게 되는 것입니다.

Section 02
도무송 칼 선 작업의 기본을 익힐 수 있는 칼 선이 들어간 스티커 만들기

다양한 디자인 분야에서 인쇄를 거쳐 결과물을 표현하는 디자인은 특히 매력적입니다. 일러스트레이터 화면에서는 느낄 수 없는 색다른 느낌을 실제 결과물에서 얻을 수 있기 때문입니다. 여기에서는 팬시 디자인을 할 때 빼놓을 수 없는 모양이 있는 도무송 스티커 작업 방법에 대해서 알아보겠습니다. 배경 유무에 따른 칼 선 작업과 편집 영역의 디자인 방법 등 핵심 사항만 알아둔다면 팬시 디자인의 인쇄 작업도 쉽게 해낼 수 있습니다.

✚ **결과 파일** 7장 \ 결과 파일 \ 7장_섹션2.ai

● **사용된 단축키**

_ 같은 간격으로 복사하기 Ctrl + D : 복사할 오브젝트를 선택하고 Shift + Alt + 드래그하여 복사합니다. 그대로 단축키 Ctrl + D 를 누르면 같은 간격으로 원하는 만큼 복사할 수 있습니다.

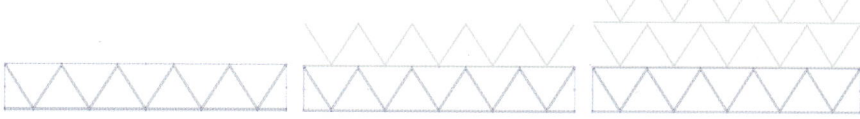

● **사용된 기능**

_ Warp [Add New Effect]-[Warp]-[Arc] : 직선을 곡선의 형태로 바꿔줍니다.

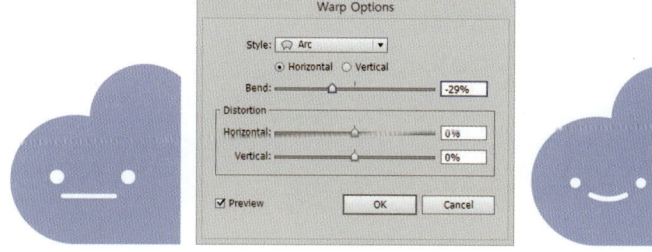

_ Create Outlines Shift + Ctrl + O : 폰트 오브젝트를 면으로 바꿉니다. 인쇄를 넘길 때나 파일을 전달할 때는 사용한 폰트 의 형태 그대로 결과물이 나타나도록 반드시 이 기능을 적용합니다.

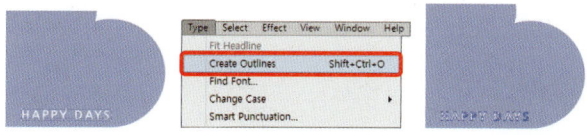

_ Make Pattern : 패턴이 될 오브젝트를 선택하고 [Swatches] 패널에 드래그하면 패턴이 등록됩니다.

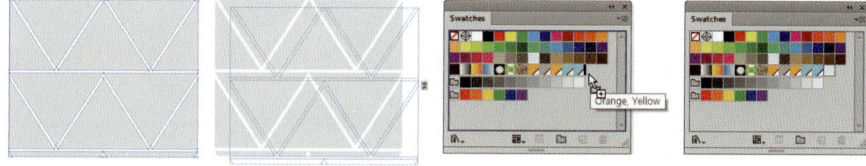

_ Reset Bounding Box [Object]-[Transform]-[Reset Bounding Box] : 오브젝트가 기울어진 모양대로 바운딩 박스가 같이 기울어져 있으면 바운딩 박스를 이용해 오브젝트를 수정하기가 어렵습니다. 이때 [Object]-[Transform]-[Reset Bounding Box]를 적용하여 바운딩 박스를 재설정합니다.

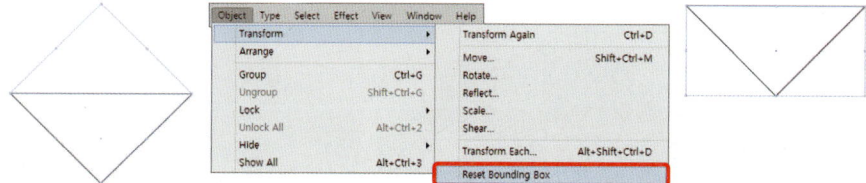

● 구름 모양 스티커 만들기

01. 구름 모양을 만들어보겠습니다. 단축키 [L]을 눌러 원 툴 ◉을 선택한 후 원을 그립니다. 단축키 [V]를 눌러 선택 툴을 선택한 후 원을 선택하고 [Alt] + 드래그하여 그림과 같이 원의 위쪽으로 복사합니다. 복사한 원을 선택한 후 [Shift] + 드래그하여 원의 크기를 줄입니다.

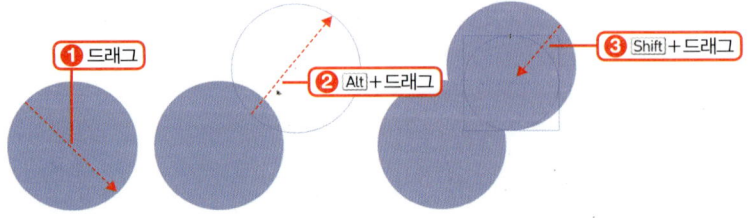

02. 같은 방법으로 다음과 같이 원을 복사하고 크기를 조절합니다.

03. 맨 밑의 두 원을 선택하고 [Align] 패널에서 [Vertical Align Bottom]을 클릭합니다. 전체 오브젝트를 선택한 후 [Pathfinder]–[Unite]를 클릭해 하나의 오브젝트로 합칩니다.

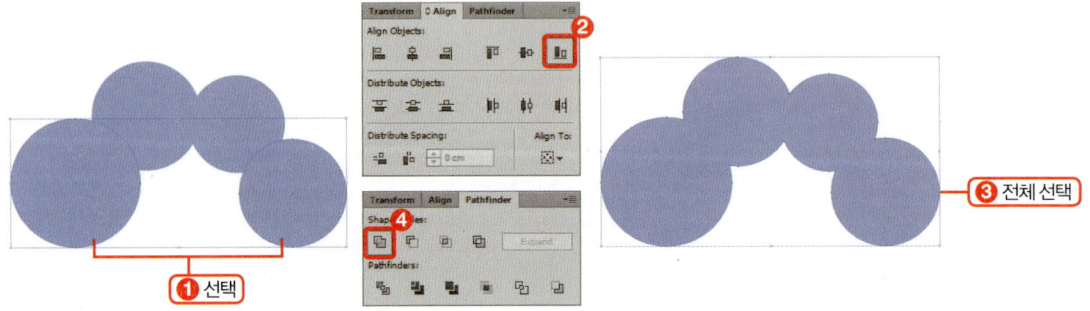

04. 단축키 [V]를 눌러 선택 툴을 선택한 후 안쪽의 포인트를 [Ctrl] + 드래그합니다. [Delete]를 눌러 포인트를 삭제하고 그대로 단축키 [Ctrl] + [J]를 눌러 끊어진 포인트를 이어줍니다.

05. 구름에 표정을 만들어보겠습니다. 원 툴을 선택하고 그림과 같이 구름 안쪽으로 Shift + Alt + 드래그하여 눈이 될 흰색 면을 그립니다. 흰 원을 선택하고 Shift + Alt + 드래그하여 오른쪽으로 복사합니다.

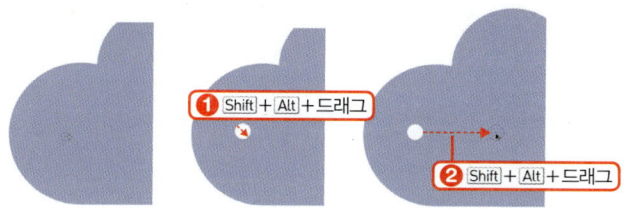

06. 단축키 W 를 눌러 선 툴을 선택한 후 Shift + 드래그하여 그림과 같이 가로로 긴 직선을 만듭니다. [Stroke] 패널에서 선 두께를 굵게 수정하고 [Cap] 옵션을 [Round Cap]으로 선택합니다. 면 색은 없음, 선 색은 흰색으로 지정합니다.

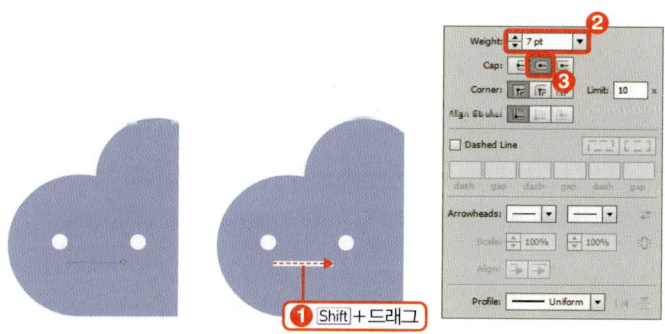

07. 앞서 그린 직선을 선택하고 [Appearance] 패널에서 [Add New Effect]-[Warp]-[Arc]를 클릭합니다. [Warp Options] 창이 나타나면 왼쪽으로 바를 움직여서 휘는 정도를 조절한 후 [OK]를 클릭해 그림과 같이 웃는 입 모양을 만듭니다.

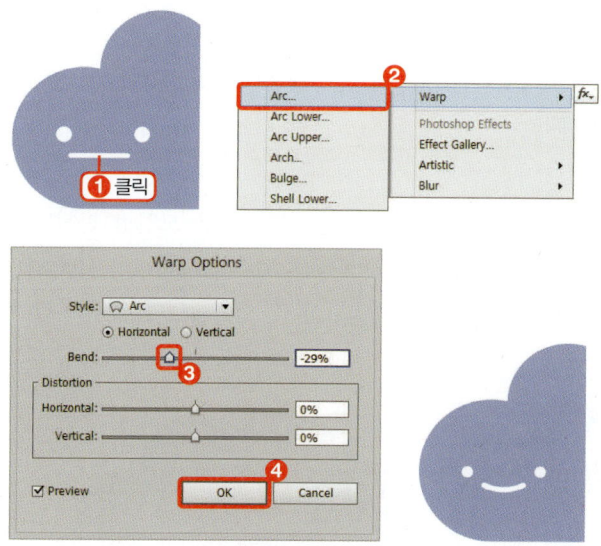

08. 이펙트가 적용된 직선을 선택한 후 면으로 만들기 위해 [Object]-[Flatten Transparency]를 클릭합니다. 옵션 창이 나타나면 다음과 같이 지정하고 [OK]를 클릭해 하나의 면으로 만듭니다.

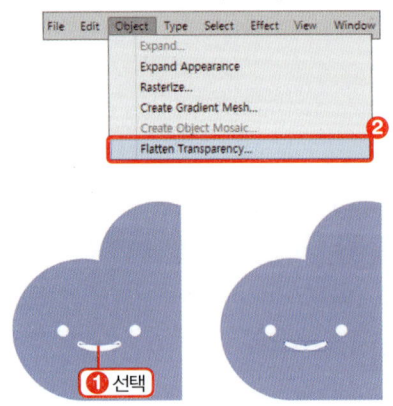

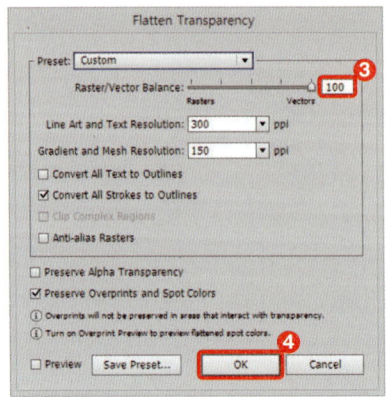

09. 구름에 문구를 삽입하고 서체를 아웃라인화해보겠습니다. 구름 오른쪽 하단에 원하는 문구를 쓰고 글자 속성을 지정합니다. 글자 오브젝트를 선택하고 단축키 Shift + Ctrl + O 를 눌러 [Create Outlines]를 적용합니다. 글자를 다시 선택해보면 그림과 폰트 오브젝트가 하나의 면으로 바뀐 것을 확인할 수 있습니다.

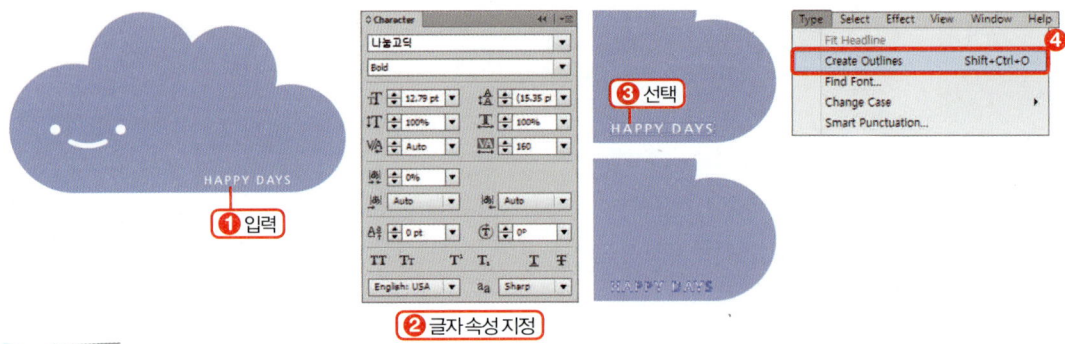

> **Tip** | **Ai 활용 업그레이드**
>
> 입력한 글자 상태로 인쇄를 넘기면 인쇄소에 해당 폰트가 설치되어 있지 않다면 서체가 변경됩니다. 따라서 인쇄를 넘기기 전에는 반드시 서체를 아웃라인화하여 보이는 그대로 인쇄되도록 합니다.

10. 스티커를 만들어진 모양대로 뗄 수 있도록 도무송 칼 선을 만들어보겠습니다. 구름 모양만 선택하고 [Appearance] 패널에서 [Add New Fill]을 클릭하여 면을 하나 추가합니다. [Add New Effect]-[Path]-[Offset Path]를 클릭한 후 옵션 창이 나타나면 [Offset]에 0.2cm를 입력하고 [OK]를 클릭합니다. 그림과 같이 구름 오브젝트 바깥쪽으로 면이 확장되었습니다.

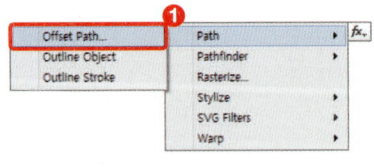

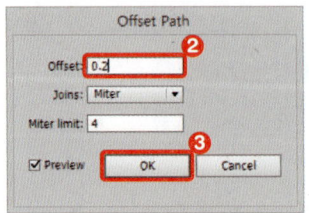

11. 이펙트가 적용된 구름 모양을 두 개의 오브젝트로 떼어내기 위해 [Object]-[Expand Appearance]를 클릭합니다. 단축키 Shift + Ctrl + G 를 눌러 두 개의 오브젝트를 그룹 해제합니다. 안쪽의 작은 구름 모양을 선택한 후 면 색 없이 선 색만 빨간색으로 지정합니다.

12. 바깥쪽으로 확장된 구름 오브젝트와 표정, 글자를 모두 선택하고 단축키 Ctrl + G 를 눌러 그룹화합니다. 다음과 같이 편집 선과 재단 선이 나뉜 오브젝트를 확인할 수 있습니다. 실제 스티커를 인쇄한 후 도무송 칼 선 작업을 완료하면 처음에 작업했던 구름 모양으로 완성됩니다.

🌀 패턴이 있는 스티커 작업하기

01. 단축키 W 를 눌러 선 툴 ✏️ 을 선택한 후 Shift + 드래그하여 가로로 긴 직선을 그립니다. 선을 선택한 후 [Appearance] 패널에서 [Add New Effect]-[Distort&Transform]-[Zig Zag]를 클릭합니다. 옵션 창이 나타나면 두 개의 바를 좌우로 움직여 조절한 후 [OK]를 클릭합니다.

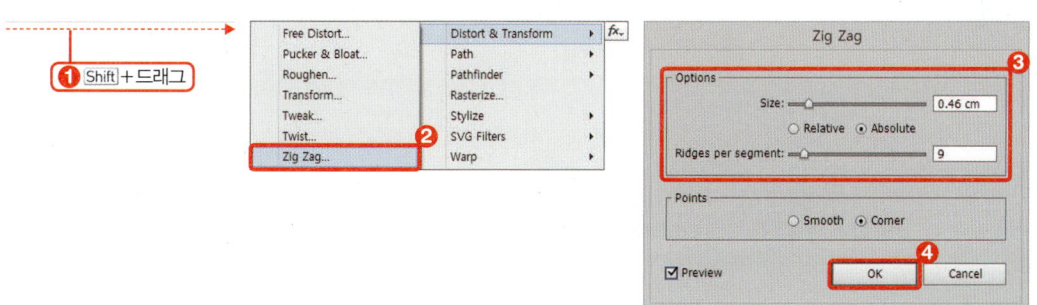

02. 선에 이펙트가 적용되었습니다. 이펙트가 적용된 선을 하나의 오브젝트로 만들기 위해 [Object]-[Expand Appearance]를 클릭합니다.

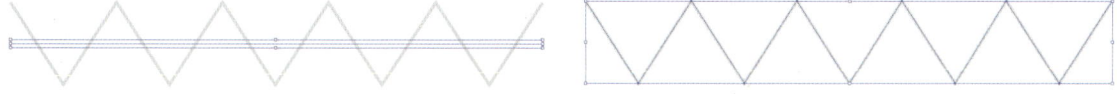

03. 단축키 Ctrl + U 를 눌러 스마트 가이드 상태를 설정한 후 아래쪽에 긴 직선을 하나 더 그립니다.

04. 두 개의 선을 선택한 후 [Object]–[Expand]를 클릭합니다. [Expand] 옵션 창이 나타나면 [OK]를 클릭합니다.

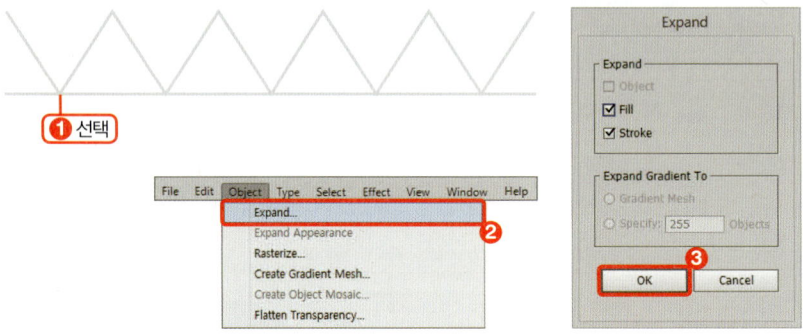

05. 다음과 같이 두 개의 선이 면으로 된 것을 확인할 수 있습니다. 두 개의 오브젝트를 선택하고 [Align] 패널에서 [Vertical Align Bottom]을 클릭합니다. 전체 선택한 후 그림과 같이 아래 방향으로 Shift + Alt + 드래그하여 오브젝트를 복사합니다.

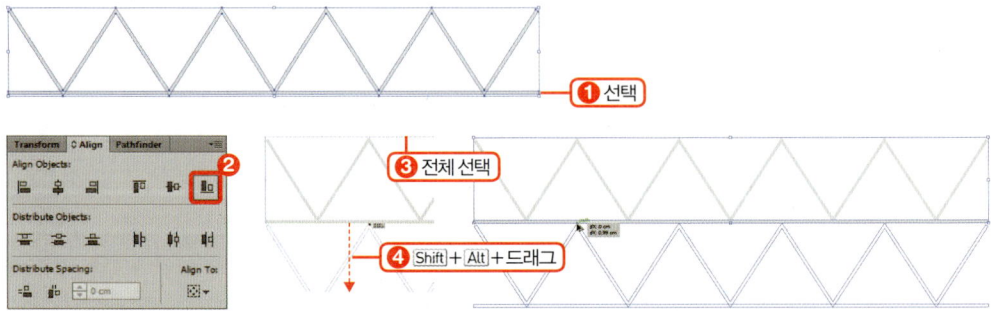

06. 그대로 단축키 Ctrl + D 를 한 번 더 눌러 같은 간격으로 오브젝트를 복사합니다. 모두 선택한 후 단축키 Ctrl + G 를 눌러 그룹화합니다. 그룹화한 오브젝트의 색을 흰색으로 바꿉니다.

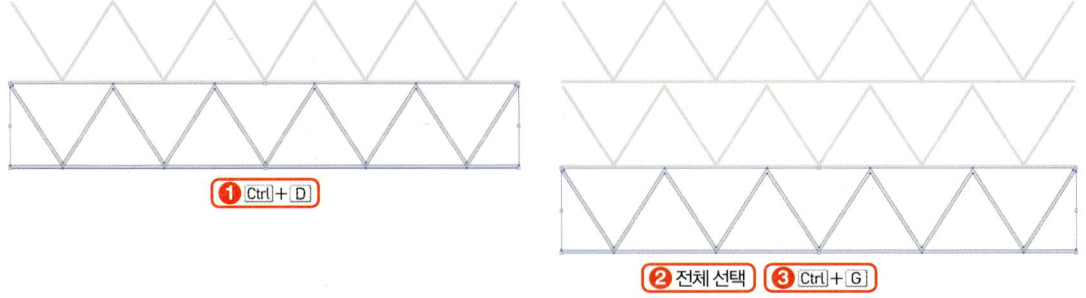

07. 단축키 M을 눌러 사각형 툴 ▣을 선택한 후 그림과 같이 회색 사각형을 그립니다. 이해를 돕기 위해 흰색으로 바꾼 오브젝트는 첫 번째 그림에서만 회색으로 지정했습니다. 맨 위에 올라와 있는 회색 사각형을 선택한 후 단축키 Shift + Ctrl + I 를 눌러 오브젝트를 맨 뒤로 이동시킵니다.

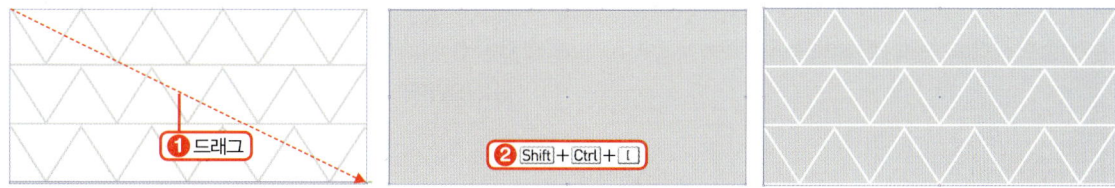

08. 단축키 Ctrl + U 를 눌러 스마트 가이드 상태를 설정한 후 단축키 M을 눌러 사각형 툴을 선택합니다. 그림과 같이 패턴이 될 영역에 사각형을 그리고 이해를 돕기 위해 사각형은 빨간색 선으로 지정했습니다.

09. 오브젝트를 전체 선택한 후 단축키 Ctrl + 7 을 눌러 [Make Clipping Mask]를 적용합니다.

10. Clipping Mask가 적용된 오브젝트를 선택하고 [Pathfinder]-[Merge]를 클릭해 Clipping Mask 상태의 오브젝트를 하나의 오브젝트로 정리합니다. 패턴의 영역이 될 오브젝트를 선택하고 [Swatches] 패널에 드래그합니다. 그림과 같이 패턴이 등록된 것을 확인할 수 있습니다.

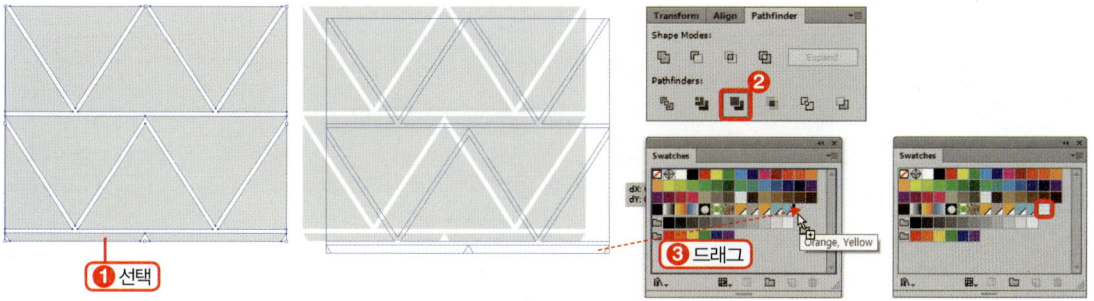

11. 스티커의 재단 선, 편집 선을 만들고 패턴을 적용해보겠습니다. 단축키 M을 눌러 사각형 툴을 선택한 후 Shift + 드래그하여 정사각형을 만듭니다. 단축키 V를 눌러 선택 툴을 선택한 상태에서 바운딩 박스의 모서리 부분에 마우스 커서를 대고 휘어진 화살표 모양이 나타나면 Shift를 누른 채로 오른쪽으로 드래그하여 마름모를 만듭니다. 단축키 P를 눌러 펜 툴을 선택한 후 마름모의 맨 위쪽 포인트에 마우스 커서를 위치시키고 펜 툴에 − 모양이 붙은 기준점 삭제 툴(Delete Anchor Point Tool)로 전환되면 포인트를 클릭하여 삼각형으로 수정합니다.

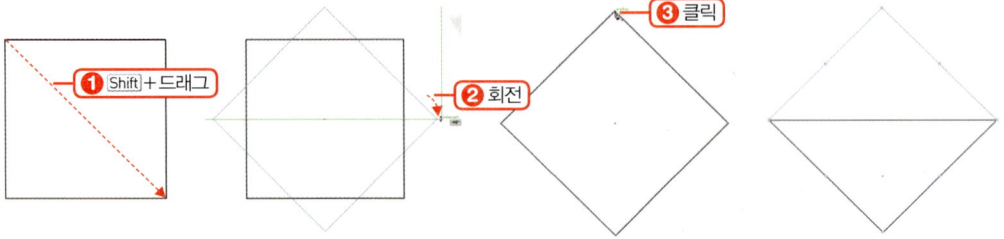

12. 회전시킨 모양대로 위치한 바운딩 박스를 [Object]−[Transform]−[Reset Bounding Box]를 선택해 모양대로 다시 정리합니다. 단축키 V를 눌러 선택 툴을 선택한 후 맨 아래쪽에 위치한 포인트를 Ctrl + 클릭하고 그대로 아래쪽으로 Shift + 드래그하여 좀 더 뾰족한 역삼각형을 만듭니다.

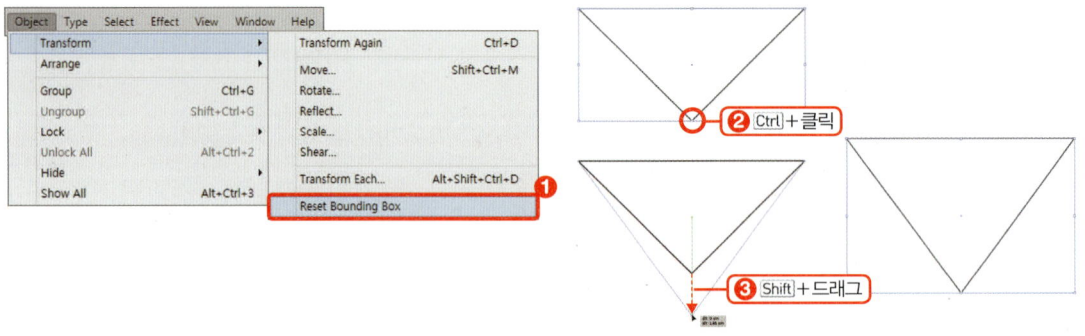

13. [Appearance] 패널에서 [Add New Stroke]를 클릭하여 선을 하나 추가한 후 [Add New Effect]−[Path]−[Offset Path]를 클릭합니다. [Offset Path] 옵션 창이 나타나면 [Offset]에 0.2cm를 입력하고 [OK]를 클릭합니다. 이펙트가 적용된 선을 두 개의 오브젝트로 만들기 위해 [Object]−[Expand Appearance]를 클릭하고 단축키 Shift + Ctrl + G를 눌러 그룹을 해제합니다.

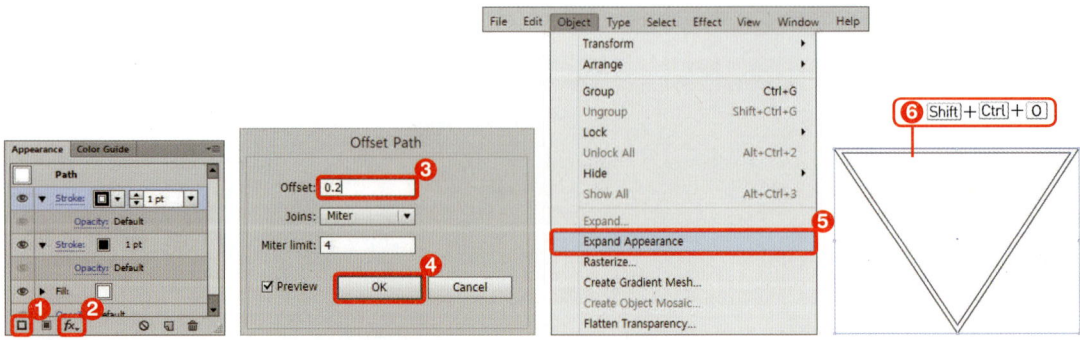

14. 편집 영역인 바깥쪽 면에는 만들어둔 패턴을 지정한 후 안쪽 면에는 면 색 없이 선에만 색을 지정합니다. 안쪽 면에 원하는 문구를 넣은 후 단축키 Shift + Ctrl + O 를 눌러 서체를 아웃라인화합니다. 편집 영역인 패턴 부분과 글씨, 별 오브젝트를 선택하고 단축키 Ctrl + G 를 눌러 그룹화합니다.

① 입력
② Shift + Ctrl + O
③ Ctrl + G

실제 스티커를 인쇄한 후 도무송 칼 선 작업을 완료합니다. 처음에 작업했던 패턴 모양으로 스티커가 완성됩니다.

> **Tip** 작업 효율 **업**그레이드
>
> 지금까지 해왔던 작업처럼 오브젝트 배경에 단순하게 한 가지 컬러만 사용하거나 반복되는 패턴만 사용할 경우에는 작업을 마무리하기 직전에 재단 선을 만들어도 상관없습니다. 하지만 조금 복잡한 패턴이 들어가거나 다양한 색이 쓰이는 디자인이라면 스티커 디자인 작업을 시작하기 전에 미리 편집 선과 재단 선을 만들어두는 것이 좋습니다. 작업 마무리 단계에서 편집 선과 재단 선을 만들면 디자인이 완료된 영역을 편집 선 영역으로 수정하는 게 어려울 뿐만 아니라 불필요한 작업 시간이 소요됩니다. 따라서 재단 선과 편집 선은 작업 시작 단계에서 만들어두는 것이 작업 효율상 좋습니다.

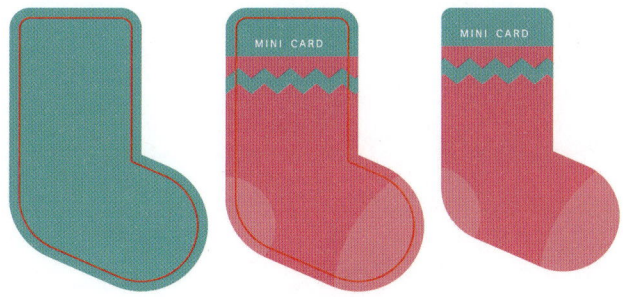

Section 03
고객 만족도를 높여주는 노하우, 스티커 칼 선 사이의 배경 채우기

캐릭터 스티커는 디자인 문구 중에서도 가장 손이 많이 가고, 작업 시간도 오래 걸리는 제품입니다. 제품을 만들어내는 정성과 시간은 다른 작업에 비해 배로 들지만, 담아내는 정성에 비해 소비자의 평가가 냉정한 분야이기도 합니다. 소비자들에게 오랫동안 사랑받는 캐릭터 스티커가 되려면 캐릭터 디자인과 스티커의 스토리뿐만 아니라 여백에 공간이 남지 않도록 빼곡하게 일러스트를 구성하여 소비자가 알차게 쓸 수 있도록 고려해야 합니다. 캐릭터 스티커를 마무리하기 전에는 여백의 비율과 칼 선 이외의 면에 채워지는 일러스트, 칼 선과 캐릭터 간의 간격 등을 세심하게 확인합니다.

스티커에는 칼 선으로 둘러싸인 캐릭터 자체 디자인 외에도 여백에 많은 요소를 담을 수 있습니다. 캐릭터 스티커의 특성상 동작 요소가 많아 보통 4~6장 정도를 한 세트로 구성합니다. 따라서 칼 선이 너무 많이 들어 있다면 칼 선 제작으로 인해 목형비가 올라 제작비 부담이 생길 수 있습니다. 여기에서는 스티커 여백을 활용해 칼 선 제작비를 절감할 수 있도록 칼 선 개수를 적당히 조절하면서 소비자가 실제로 쓸 수 있는 스티커는 좀더 많이 제공하는 방법에 대해서 알아보겠습니다.

다음 그림과 같이 두 스티커는 언뜻 보기에 같아 보이지만, 왼쪽 스티커는 소비자들에게 2% 부족한 인상을 주는 스티커고 오른쪽 스티커는 만족도가 높은 구성의 스티커입니다. 이 두 스티커의 차이는 단지 몇 가지 일러스트가 더 추가되어 있다는 것뿐입니다. 왼쪽 스티커는 칼 선 외에 남는 공간이 많아 구성이 비어 보입니다. 팬시 스티커는 구매하는 연령대가 조금 낮다 보니 비용면에서도 쉽게 부담을 느끼게 되는데, 다른 스티커에 비해 면이 비어 보인다면 구매 후에도 만족도가 떨어지는 것이 보통입니다.

이해를 돕기 위해 왼쪽 스티커의 빈 공간을 회색으로 표시해보았습니다. 이 공간의 크기만 보아도 빈 부분이 많다는 것을 확인할 수 있습니다. 스티커가 제품으로 나왔을 때를 예측해보기 위해 칼 선을 삭제하고 살펴보면 이 차이점은 좀더 확연해집니다. 빈 공간이 채워진 스티커라면 칼 선이 나 있지 않더라도 구매 후 일러스트 부분을 가위로 잘라 알차게 활용할 수 있습니다.

스티커의 빈 공간에는 그림과 같이 작은 일러스트나 문구를 넣어 칼 선 영역 내에 있는 스티커를 꾸미는 역할도 할 수 있습니다. 스티커 작업을 마무리하기 전에는 칼 선을 숨긴 후 파일을 체크해보면서 빈 공간을 채워줍니다. 소비자의 만족도뿐만 아니라 재구매율이 높은 스티커를 만들 수 있습니다.

빈 공간 꾸미기 전

빈 공간 꾸미기 후

🌸 다양한 모양의 팬시 스티커 도무송 작업하기

팬시 스티커 한 면에는 여러 개의 도무송 칼 선이 들어갑니다. 팬시 스티커에 많이 쓰이는 칼 선 작업 방법에 대해서 알아보겠습니다.

직선 모양의 칼 선 알아보기

직선 모양의 칼 선이 적용된 팬시 스티커는 자유로운 모양의 칼 선에 비해 제작비가 낮고, 한 면에 스티커를 알차게 담을 수 있다는 장점이 있습니다. 또한 소비자 입장에서도 스티커에 포함된 모든 일러스트를 손쉽게 떼어 쓸 수 있어 스티커 제작 시 많이 이용되는 스타일입니다.

직선 모양의 스티커 칼 선은 보이는 그대로 직선을 이용해 작업합니다. 스티커의 비율에 맞춰 직선을 그리면 되는데, 단축키 Ctrl+U를 눌러 스마트 가이드를 설정한 상태에서 선 툴을 이용하여 칼 선을 그리면 편합니다.

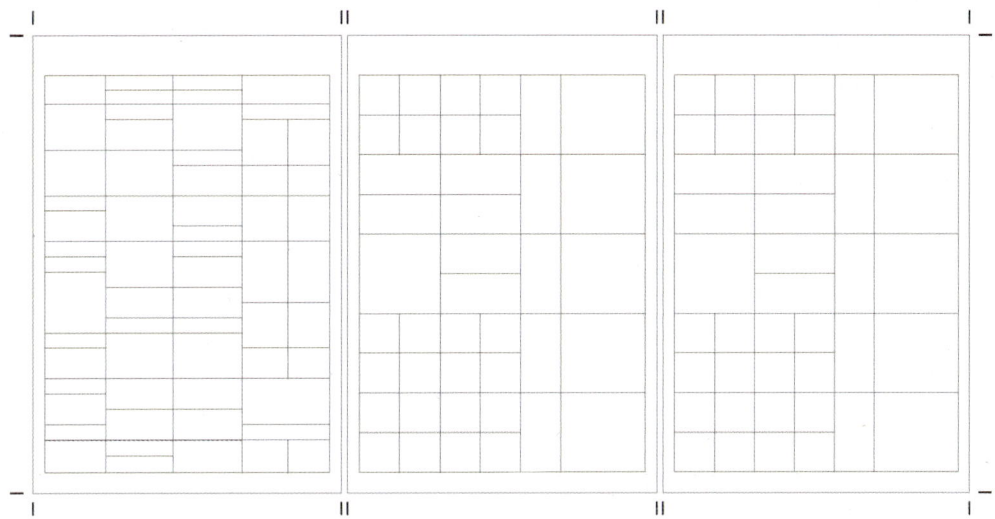

얇고 긴 직선 모양의 도무송 칼 선 내에도 아기자기하게 스티커 모양이 들어가 있습니다. 일러스트가 촘촘하게 붙어 있는 스티커의 경우에는 일러스트를 중심으로 사방 1~2mm 정도의 여백을 두고 칼 선을 작업합니다.

스티커를 둘러싸고 있는 바탕에 색을 넣을 때는 스티커 칼 선에서 바깥으로 1~2mm 정도의 여분을 두고 색을 적용합니다. 인쇄된 스티커를 칼 선에 맞게 재단할 때 밀림 현상이 나타날 수 있는데, 원하는 이미지만 칼 선 안쪽으로 들어가게 하려면 스티커 디자인을 모두 완료한 후 도무송 작업을 하는 것이 좋습니다. 일러스트 사방으로 1~2mm 정도의 여백을 주면 재단 밀림 현상에도 칼 선 내에 배경 테두리가 들어갈 염려 없이 안전합니다.

자유로운 모양의 도무송 칼 선 알아보기

자유로운 모양의 캐릭터 스티커는 원하는 모양 그대로 칼 선을 넣을 수 있다는 장점이 있습니다. 반면 칼 선의 개수만큼 제작 단가가 많이 올라가므로 효율적으로 제작할 수 있는 칼 선의 개수나 배치를 생각해야 합니다. 기본 1,000매 인쇄를 기준으로 비용을 책정하는데 1,000매 단위씩 제작 개수가 늘어날수록 개당 단가는 낮아집니다.

빨간색으로 표시된 칼 선에는 반 칼과 완 칼이 있습니다. 도무송 칼 선을 만들어 그림과 같이 스티커 내에 배치한 선을 반 칼이라고 부릅니다. 반 칼은 스티커 모양대로 칼 선을 처리하는 것으로, 소비자가 쉽게 스티커를 떼어낼 수 있는 부분을 의미합니다. 완 칼은 종이와 스티커를 모두 따내는 것으로, 스티커 전체 모양을 의미합니다. 보통 사각형의 스티커 틀을 떠올리면 이해하기 쉽습니다. 반 칼을 제작할 때는 모양이 자유로운 특성을 고려하여 개체와 도무송 간 2mm 정도 여백을 두고 작업해야 합니다.

반 칼   완 칼

> **Tip**   **작업 효율 그레이드**
>
> 인쇄 용어 중 도무송이란 원하는 모양의 칼 선을 만들어서 모양 그대로 잘라내는 후가공을 말합니다. 톰슨, 칼 선, 반 칼 등 여러 가지 용어로 불리는데, 정식 명칭은 톰슨입니다. 일본을 거쳐 우리나라에 인쇄술이 도입되던 당시 일본에서 사용하던 용어가 그대로 우리나라에 전해지면서 아직까지 사용되고 있습니다. 이외에도 오시(누름 자국)나 미싱(종이를 뜯기 쉽게 면에 촘촘한 구멍을 넣는 작업) 등 인쇄 용어 중에는 일본어가 많습니다. 바른 우리말을 사용하는 것도 필요하지만, 제작처에서는 아직 이런 용어가 더 많이 사용되므로 이해를 위해 꼭 알아두도록 합니다.

칼 선 작업하기

01. 단축키 P 를 눌러 펜 툴을 선택합니다. 그림과 같이 칼 선을 넣을 오브젝트에서 사방 2mm 정도의 여백을 두고 일러스트 주변에 칼 선을 그립니다.

칼 선 그리기

02. 다른 일러스트 칼 선도 작업합니다. 개체와 도무송 간 간격에 유의해 작업합니다.

03. 여백이 많은 곳에 칼 선은 들어가지 않지만 직접 가위로 잘라 활용할 수 있는 일러스트를 추가합니다.

스티커에 칼 선을 제외한 여백에도 잘라서 활용할 수 있는 일러스트가 많이 채워져 있을수록 소비자의 만족도가 높아집니다. 빈 공간에 개체를 위치시킬 때도 도무송 칼 선의 간격에 유의하여 일러스트의 크기를 조절합니다.

04. 개체와 도무송 간격이 애매해 점검이 필요할 때는 측정 툴 🔲 을 선택한 후 여백에 드래그하여 간격을 확인합니다.

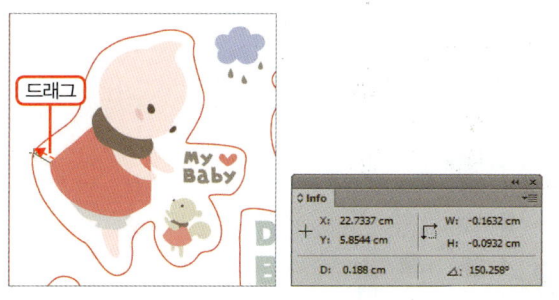

인쇄를 넘길 때는 스티커 파일과 함께 도무송을 만들기 위한 목형 파일, 투명 백색 작업 파일도 따로 저장하여 인
쇄소에 함께 넘깁니다.

스티커 파일

목형 파일

투명 백색 파일

인쇄 및 제작 단가를 낮추고 소비자에게 선택받는 스티커 제품을 만드는 노하우!

몇 번의 스티커 상품을 제작한 후 제작비에 민감해지기 시작했습니다. 소자본으로 시작한 브랜드이고, 어렵게 섭외한 인쇄소인데 상품을 낼 때마다 남는 것이 거의 없었습니다. 디자인 문구 시장에서 나 혼자만 이윤을 많이 남기겠다고 상품 가격을 높일 수 없는 일이었고, 그렇다고 손해 보는 장사를 하느니 차라리 상품을 내지 않는 것이 나았습니다. 대형 브랜드는 스티커 등을 인쇄할 때 기본 1만 장 이상을 인쇄합니다. 당연히 개당 단가가 줄어들고, 소량 생산 제품에 비해 가격 경쟁력이 높아집니다. 하지만 저처럼 소자본으로 시작한 업체는 기본 인쇄 수량을 책정할 때도 조심스러울 수밖에 없습니다. 수량이 줄어들면 개당 단가가 높아지고, 가격을 높여 부를 수밖에 없기 때문입니다.

인쇄 단가를 낮출 수 없다면 비용을 낮출 수 있는 곳은 후가공뿐이었습니다. 후가공에서 지출이 큰 부분은 목형비로, 스티커에 들어간 칼 선 하나하나가 합쳐져 견적이 나옵니다. 다시 말해 스티커에서 칼 선이 줄어들면 자연스럽게 목형비도 줄어드는 것입니다. 하지만 무턱대고 떼어 붙이는 스티커에서 칼 선을 뺄 수는 없는 일입니다. 저는 다른 인기 상품들을 구입해서 뜯어보기 시작했습니다. 구성이 많아 보이는 스티커라고 해서 칼 선이 많이 들어 있는 것은 아니었습니다. 한정된 칼 선 내에서 스티커를 작업하고, 대신 스티커 바탕의 자투리 공간을 이용해 소비자들이 가위로 잘라서 사용할 수 있는 일러스트를 많이 담아주었던 것입니다.

인기 상품과 비교해보니 제 스티커 제품에는 칼 선이 너무 많이 들어 있었습니다. 또 인기 없는 상품은 바탕에 빈 공간이 너무 많아 스티커의 구성이 알차게 보이지 않았습니다. 이후로 스티커를 제작할 때는 칼 선은 한정해두고 빈 공간에 일러스트를 채워 구성을 강화했습니다. 기본에 충실하여 소비자의 만족도를 높여주는 상품을 만들게 된 것입니다. 사람의 마음은 거의 비슷한 듯합니다. 조금만 더 소비자의 입장에서 생각하고 제품에 대해 관심을 가지면 소비자에게 선택받는 좋은 제품을 만들 수 있습니다.

스티커의 사이즈와 여백 처리 방법 등 소비자의 마음을 전혀 고려하지 못했던 초기 스티커

떼어내어 쓸 수 있는 스티커의 양은 많은데 비교적 제작 비용이 많이 들지 않는 직선 칼 선의 스티커. 꾸준히 판매되는 상품

스티커의 사이즈와 여백 처리 방법 등 소비자의 마음을 이해하고 난 후 제작한 스티커

Section 04

투명 스티커를 더욱 돋보이게 하는 투명 백색 작업 익히기

투명 스티커는 투명한 비닐이나 PVC 원단에 인쇄합니다. 투명한 원단에 인쇄하는 것으로, 바탕색이 있는 곳에 투명 스티커를 붙이면 스티커의 일러스트가 잘 보이지 않습니다. 따라서 투명 스티커를 작업할 때는 스티커 인쇄 전 투명 원단에 미리 흰색을 인쇄하는 투명 백색 작업을 해주는 것이 좋습니다. 흰색 바탕 위에 일러스트가 들어가기 때문에 어두운 바탕에 스티커를 붙이더라도 스티커가 잘 보입니다. 투명 스티커를 작업할 때 기본적으로 익혀야 할 투명 백색 작업에 대해서 알아보겠습니다.

➕ **실습파일** 7장 \ 투명백색작업.ai ➕ **결과 파일** 7장 \ 결과 파일 \ 7장_섹션4.ai

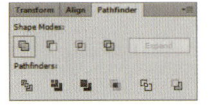

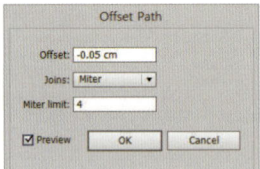

● 사용된 패널

_ Pathfinder Shift + Ctrl + F9 : 면을 하나로 합치거나 쪼갤 수 있습니다.

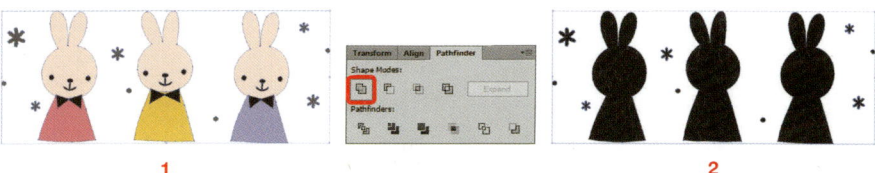

1번의 오브젝트를 [Pathfinder] 패널의 [Unite]를 클릭하여 2번 그림처럼 하나로 합칠 수 있습니다.

● 사용된 기능

_ Offset Path [Effect]−[Path]−[Offset Path] : 선택한 면이나 선을 원하는 치수로 확대 또는 축소하는 이펙트입니다. 오브젝트를 선택하고 [Effect]−[Path]−[Offset Path]를 누릅니다. [Offset Path] 옵션 창에서 [Offset]의 값을 입력하고 [OK]를 클릭합니다.

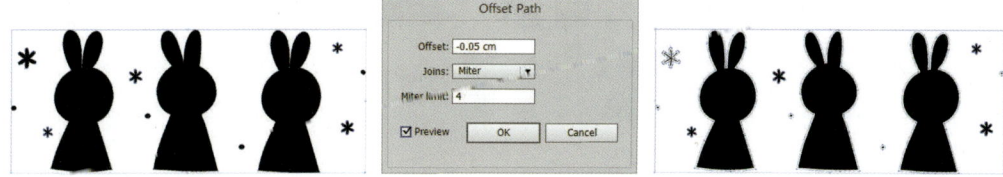

_ Expand Appearance [Object]−[Expand Appearance] : 이펙트가 적용된 오브젝트를 보이는 모양 그대로 오브젝트화해 정리합니다. 인쇄를 넘기거나 파일을 전달할 때 사용합니다.

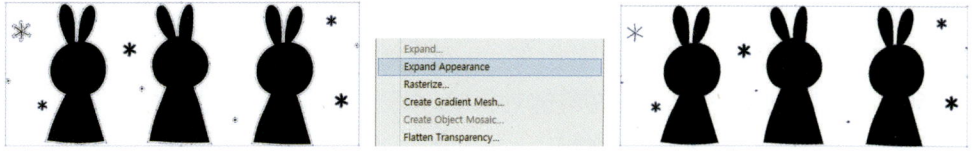

다음의 그림은 스티커 인쇄 파일입니다. 오른쪽의 검은색 면으로 이루어진 그림은 투명 백색 작업을 완료한 파일입니다. 투명 스티커를 마무리할 때는 스티커 원본 파일과 투명 백색 작업 파일을 각각 만들어 인쇄소에 넘겨야합니다. 이때 투명 백색 작업을 한 파일과 스티커 원본 파일의 칼 선 위치는 인쇄 후 모양이 흐트러지지 않도록 정확히 일치시킵니다. 투명 백색 작업을 한 파일과 스티커 원본 파일을 겹쳐보면 위치가 정확히 일치하는 것을 알수 있습니다.

스티커 파일   투명 백색 작업 파일

이해를 돕기 위해 스티커 원본 파일 위에 빨간색으로 색을 지정한 투명 백색 작업 파일을 그대로 올려보겠습니다. 모양은 정확히 일치하나 살짝 더 안쪽으로 더 들어가 있는 것을 알 수 있습니다. 투명 백색 작업의 투명도를 높여원본 파일에 겹쳐 보면 이 부분을 더 정확히 확인할 수 있는데, 투명 백색 작업은 스티커 바탕에 흰색으로 인쇄하는 것으로 0.05~0.1cm정도 안으로 넣어주면 인쇄 시 핀이 살짝 어긋나도 스티커가 안전하게 인쇄 영역 안으로들어갈 수 있습니다.

다음 예제를 따라 해보면서 투명 백색 작업에 대해 자세히 익혀보겠습니다.

🌸 토끼 일러스트와 작은 별장식 일러스트로 투명 백색 작업 익히기

01. 단축키 Ctrl + O 를 누르거나 아무것도 열려 있지 않은 상태에서 바탕화면을 더블클릭하여 7장 예제 폴더에서 투명백색작업.ai 파일을 불러옵니다. 단축키 V 를 눌러 선택 툴을 선택한 후 토끼 일러스트와 칼 선을 모두 선택하고 Shift + Alt + 드래그하여 오른쪽으로 복사합니다. 복사한 오브젝트 중 칼 선을 제외한 일러스트를 모두 선택하고 [Pathfinder]-[Unite]를 클릭합니다. 단축키 Shift + Ctrl + G 를 눌러 칼 선과 그룹화되어 있는 오브젝트를 그룹 해제합니다. 이때 검은색으로 바꾼 후 [Unite]를 적용한 오브젝트는 하나의 오브젝트 상태입니다.

02. 검은색 면을 원래의 오브젝트 사이즈보다 작게 하기 위해 하나로 합쳐진 검은색의 오브젝트를 선택합니다. [Appearance] 패널에서 [Add New Effect]-[Path]-[Offset Path]를 클릭합니다.

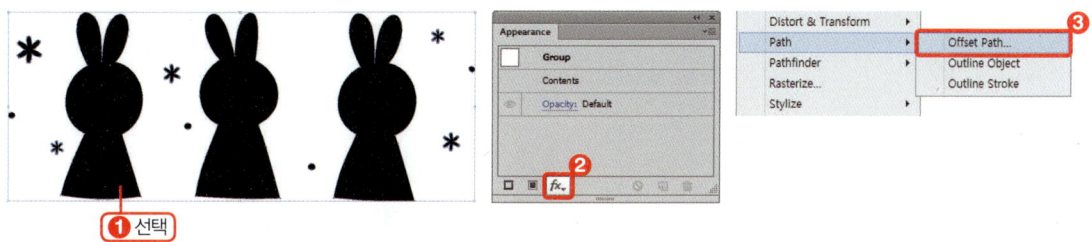

03. [Offset Path] 옵션 창이 나타나면 안쪽으로 −0.05cm만큼 축소할 수 있도록 [Offset] 값에 −0.05cm를 입력하고 [OK]를 클릭합니다. 검은색 면의 오브젝트가 지정한 만큼 살짝 안으로 들어간 상태인 것을 확인할 수 있습니다.

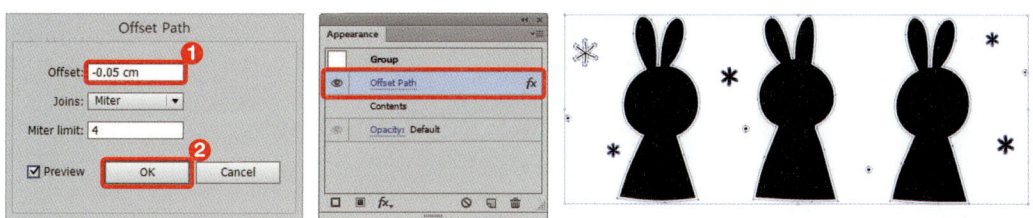

04. 안쪽으로 살짝 들어간 이펙트 상태의 오브젝트를 보이는 모양 그대로 오브젝트로 만듭니다. 오브젝트를 선택하고 [Object]—[Expand Appearance]를 클릭하여 정리합니다.

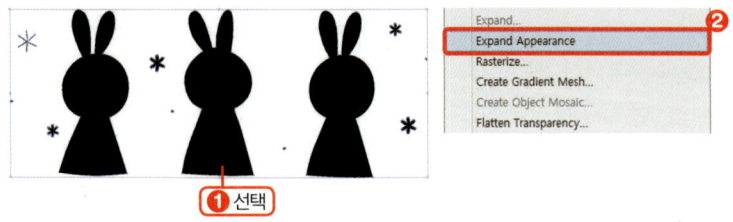

05. 토끼 일러스트 주변에 넣어둔 장식용 별과 원이 너무 작습니다. 바탕에 들어 있는 작은 오브젝트를 모두 지웁니다. 너무 작거나 얇은 오브젝트는 투명 백색 작업을 해도 효과가 없으므로 이러한 개체는 투명 백색 작업을 하지 않고 비워줍니다.

06. 투명 백색 작업을 할 때는 인쇄소마다 지정해주는 사이즈가 다르지만 보통 인쇄될 스티커 원본보다 백색 면이 0.05~0.1cm정도 살짝 안쪽으로 들어가도록 작업해야 합니다. [Offset Path]를 이용하면 빠르고 정확하게 치수를 조절할 수 있습니다. 파일을 마무리 하기 전에 [Align] 패널에서 스티커 원본 파일과 투명 백색 작업을 완료한 오브젝트를 중앙 정렬하고 원본과 잘 맞는지 확인한 후 마무리합니다.

● 얇은 선이 있는 꿀벌 일러스트로 투명 백색 작업 익히기

예제의 꿀벌 일러스트에는 얇은 선으로 이어지는 더듬이가 있습니다. 효과적인 투명 백색 작업을 익히기 위해 얇은 선을 처리하는 작업 과정에 대해서 알아보겠습니다.

01. 단축키 Ctrl + O 를 누르거나 바탕화면을 더블클릭하여 7장 예제 폴더에서 투명백색작업.ai 파일을 불러옵니다. 꿀벌 일러스트와 칼 선을 모두 선택하고 Shift + Alt + 드래그하여 오른쪽으로 하나 더 복사합니다.

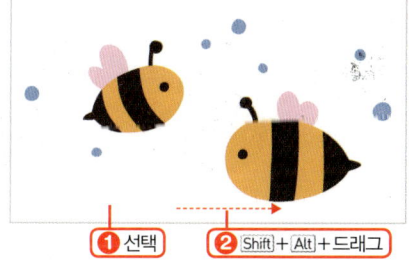

02. 단축키 Shift + Ctrl + G 를 눌러 칼 선과 꿀벌 오브젝트의 그룹을 해제한 후 칼 선을 제외한 꿀벌과 동그라미 장식을 모두 선택하고 [Pathfinder]-[Unite]를 클릭합니다. 그대로 [Unite]를 적용한 오브젝트의 면 색을 검은색으로 바꿉니다.

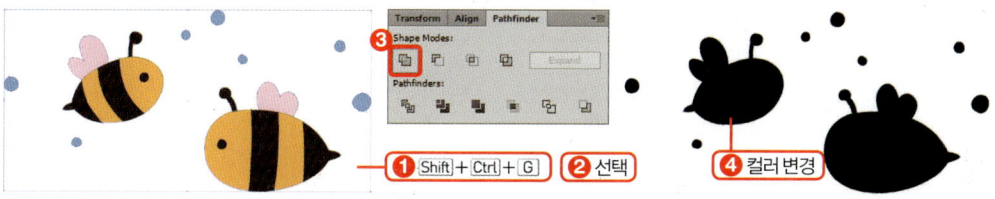

03. 안쪽으로 −0.05cm 들어간 면으로 만들기 위해 검은색 오브젝트를 선택하고 [Appearance] 패널에서 [Add New Effect]-[Path]-[Offset Path]를 클릭합니다. 옵션 창이 나타나면 [Offset] 값에 −0.05cm를 입력하고 [OK]를 클릭합니다. −0.05cm만큼 안쪽으로 축소된 검은색 오브젝트를 확인할 수 있습니다.

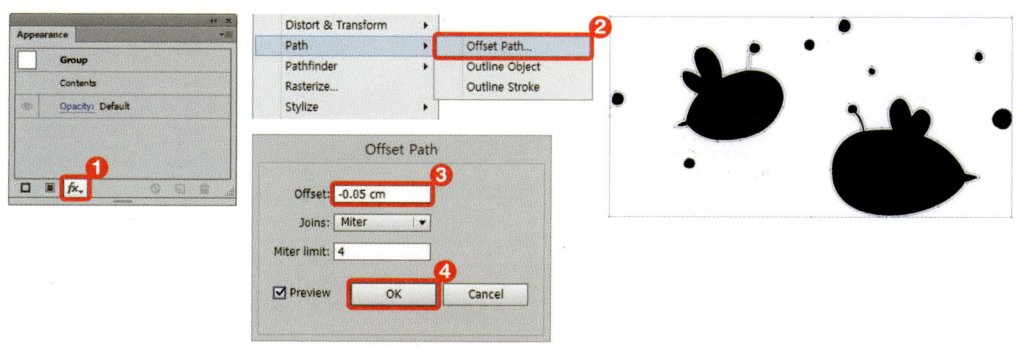

04. 이펙트 적용 상태인 오브젝트를 보이는 모습 그대로 오브젝트화하기 위해 [Object]−[Expand Appearance] 를 클릭니다.

05. 정리된 오브젝트를 보면 더듬이 부분이 너무 얇아서 투명 백색 작업을 하기에 적당하지 않습니다. 이때는 펜 툴을 이용해 얇은 부분을 다른 색 면으로 그린 후 [Pathfinder]−[Minus Front]를 적용하여 그림처럼 얇은 선을 지워 정리합니다.

06. 다른 꿀벌의 더듬이도 그림과 같이 정리합니다. 투명 백색 작업이 마무리되었습니다.

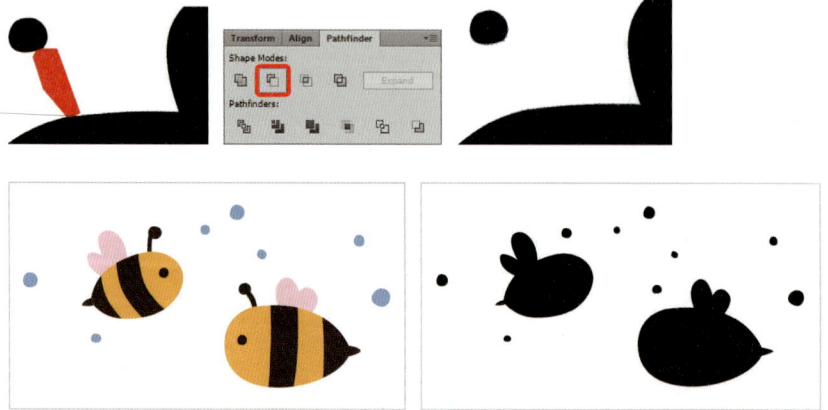

또 다른 느낌의 꿀벌 스티커 일러스트에서도 더듬이는 그림처럼 투명 백색 작업을 하지 않고 지워 정리했습니다. 투명 백색 작업에서는 작은 글씨나 선, 장식 등은 제외하고 큰 덩어리만 작업합니다.

투명한 원단에 스티커를 인쇄할 때는 스티커 원본 파일과 투명 백색 작업을 한 파일을 따로 만들어 투명 백색 작업에 대한 인쇄 견적도 함께 받아야 합니다.

스티커 파일

투명 백색 작업 파일

도무송 칼 선 파일

🏵 투명 스티커의 후지 색에 따라 디자인의 느낌이 달라진다

투명 스티커를 제작할 때는 스티커가 붙게 되는 후지의 선택에도 신중해야 합니다. 일반적인 스티커에서는 노란색 후지를 많이 사용하는데, 투명 스티커의 경우에는 스티커 디자인이 더 잘 보이도록 흰색 후지를 사용하는 것이 좋습니다. 투명 스티커의 제작 견적을 낼 때 '후지 백색'을 추가할 수 있는데, 노란색 후지와 비교하면 흰색 후지가 좀더 비싼 편입니다.

인쇄소마다 취급하는 후지가 다릅니다. 인쇄소 자체에서 흰색 후지를 많이 다뤄보지 않았다면 흰색 후지 사용을 꺼릴 수도 있습니다. 흰색 후지를 사용해 제작하는 경우가 많지 않다면 한꺼번에 구입해 들여놓은 원단이 고스란히 재고로 남을 가능성이 크기 때문입니다. 흰색 후지 원단을 다루지 않는 인쇄소가 많으니 투명 스티커를 제작해 견적을 낼 때는 꼭 후지 백색을 확인해야 합니다.

흰색 후지는 투명 스티커가 더욱 돋보이는 효과를 낼 수 있습니다. 다음의 사진은 스티커 인쇄 전 미리 투명 원단에 흰색으로 투명 백색 인쇄가 된 스티커입니다. 투명한 원단에 미리 스티커 디자인이 인쇄될 부분에 흰색으로 인쇄를 깔아놓으면 스티커 완성 후 어디에 붙여도 잘 보입니다. 사진과 같이 전체적으로 원단에 투명 백색 인쇄를 한 후 CMYK 인쇄 과정을 거칩니다.

투명 백색 인쇄를 하고 난 후 CMYK 인쇄에 들어간 스티커입니다. 투명 백색 인쇄의 효과는 스티커 뒷면을 보면 차이를 확인할 수 있습니다. 캐릭터 팔에는 투명 백색 작업을 하지 않았는데, 뒷면에서 캐릭터의 팔 형태가 잘 보이지 않습니다.

스티커를 색이 있는 물건에 붙여보면 그 차이를 크게 느낄 수 있습니다. 투명 백색 인쇄가 되지 않은 캐릭터의 팔은 원래 형태가 없었던 것처럼 희미하게 보입니다. 따라서 이러한 투명 스티커에서는 투명 백색 인쇄를 추가해야 소비자들의 만족도가 높아집니다.

다음의 스티커는 투명 백색 인쇄를 하지 않은 일반 스티커입니다. 한눈에 봐도 인쇄 부분이 희미하게 보입니다. 투명 스티커도 바탕색이 있는 곳에 붙일 수 있으므로 투명 백색 작업을 해주는 것이 좋습니다.

투명한 원단에 인쇄된 팬시 스티커는 사진처럼 대부분 흰색 후지 상태로 상품이 출시됩니다. 간혹 노란색 후지로 나오는 투명 스티커도 있지만 제품이 주목받기 어려운 경우가 많습니다. 다음의 사진을 살펴보면 투명 스티커 제품 기획 시 후지의 중요성을 확인할 수 있습니다.

노란색 후지 스티커

노란색 후지는 스티커의 컬러를 제대로 보기가 어려울 뿐 아니라 상품의 구매 욕구도 떨어지게 할 수 있습니다. 투명 백색 작업을 하게 되더라도 노란색 후지가 붙어 있어 전체적인 디자인의 느낌을 제대로 볼 수 없습니다.

흰색 후지 스티커

흰색 후지는 투명 백색 작업을 하지 않더라도 선명하게 스티커 색을 확인할 수 있습니다. 흰 바탕 위로 스티커가 보이기 때문에 스티커 자체의 디자인과 느낌도 그대로 확인할 수 있습니다.

같은 디자인의 스티커라도 후지 컬러에 따라 호감도가 달라집니다.

다음은 노란색 후지로 구성해도 크게 문제가 없는 스티커입니다. 아트지나 모조지처럼 종이 원단에 인쇄하는 스티커는 흰 종이에 인쇄되므로, 후지가 노란색일 때도 디자인의 느낌을 확인할 때 방해가 되지 않습니다. 다만 후지 색에 따라 소비자의 호감도가 달라지는 경우도 있으므로 오프라인 샵 등에서 제품을 판매할 경우, 또 상품의 품질을 높이고자 할 때는 안전하게 후지를 백색으로 선택하는 것이 좋습니다.

앤하우스
디자인
다이어리 ● **계약서 조항, 도장 찍기 전에 최대한 꼼꼼하게 살펴라!**

취업을 하지 않고 바로 프리랜서의 길을 걷게 된 저는 4년 넘게 블로그라는 회사에 출근하고 있습니다. 초창기에는 별다른 수확이 없었습니다. 그러나 꾸준히 그림을 그리고 작품을 올리면서 네이버 메인 화면에 제가 작업한 일러스트가 노출되었고, 여러 번 메인 페이지에 올라가면서 저를 찾고 응원해주는 사람들이 늘어갔습니다.

처음에는 홈페이지 배너에 들어갈 일러스트 작업이나 명함 작업 등에 대한 문의가 많았는데, 어느 순간부터는 회사 상품에 들어갈 일러스트나 디자인 문구 브랜드의 일러스트를 그리는 대형 프로젝트의 작가 활동을 제안받게 되었습니다. 사회 경험이 많지 않았던 저로서는 얼마를 받게 되는지, 어떻게 일하게 되는지 등은 고려해보지도 않고 무조건 '환영합니다!' 식의 태도로 일을 맡으려고 했습니다. 그러나 이러한 활동 제안을 담고 있는 계약서를 잘 살펴보면 '계약금 없음, 작품비, 저작권료 없음' 등을 공통 사항으로 포함하고 있었고, 상품이 판매되었을 때는 판매 금액의 1~2% 정도의 적은 돈을 인세로 받게 된다는 내용이 많았습니다.

블로그를 운영하면서 이러한 제안을 받는 일러스트레이터나 디자이너 중에는 이미 자신의 분야에서 쌓은 경험을 통해 제대로 된 작업 제안이나 프로젝트 등을 구분할 수 있는 경우가 많습니다. 그러나 이제 막 시작하는 사람들은 경험이 많지 않아 종종 제대로 된 판단을 하지 못하기도 합니다. 이런 때 나쁜 목적으로 본인의 작업물 등을 이용하려는 사람들이 접근하게 됩니다. 제 경우에도 계약서에 도장을 찍지 않아 무사히 빠져나올 수 있었지만, 정당한 대가도 받지 못한 채 노예 디자이너가 될 뻔한 경험이 있었습니다.

디자이너를 이용하기 위해 접근해오는 사람들에게 '왜 다른 디자이너도 많은데, 나를 택했느냐?'고 물어보면 블로그를 보자마자 '물건이네!' 싶었다고 말합니다. 정말로 좋은 물건이 되고 자신의 분야에서 성공한 디자이너가 되려면 어떤 제안이 오더라도 꼼꼼하게 살펴보고, 제대로 된 일인지 걸러낼 수 있는 안목을 키우는 것이 중요합니다. 함부로 계약서에 도장을 찍을 것이 아니라 득실을 잘 따져보고 판단할 수 있는 능력이 중요합니다.

Section 05 소비자를 움직이는 스티커 줄거리와 포인트가 가미된 판지 만들기

팬시 스티커는 한 제품당 50개가 넘는 캐릭터의 동작이 담겨 있습니다. 한 가지 제품은 보통 4~6장으로 구성되는데, 오프라인에서 전체 구성 스티커를 한 장, 한 장 확인하고 구입하는 경우도 있겠지만, 팬시 스티커를 포장할 때 쓰는 뒤쪽 판지를 보면서 캐릭터 스티커의 줄거리와 포인트를 살펴보고 구입하는 경우도 많습니다. 판지는 팬시 스티커 외에도 다이어리나 스케줄러 등을 포장할 때도 다양하게 이용되므로, 만드는 방법을 잘 익혀두는 것이 좋습니다. 판지는 포장 상태 그대로 소비자들에게 제품을 이해시키고, 소비자의 마음을 움직일 수 있는 도구입니다.

팬시 스티커는 대부분 4장 이상의 구성으로 이루어져 있습니다. 구성이 많은 스티커는 포장할 때 뒤쪽 판지를 추가로 넣어 스티커가 휘어지는 것을 방지하고, 스티커의 내용도 간략하게 소개하는 공간으로 사용합니다.

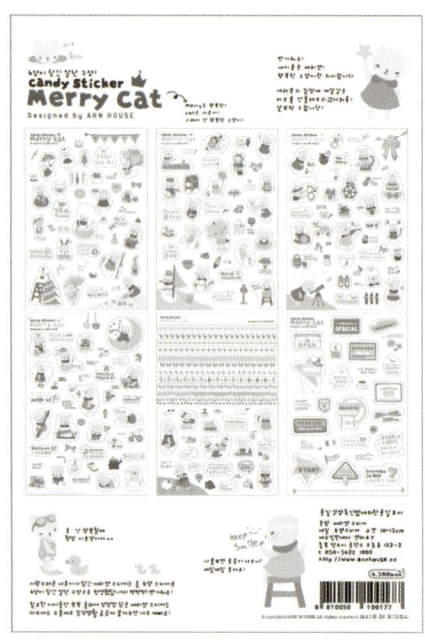

판지는 보통 스티커와 같은 사이즈로 작업하는 것이 기본입니다. 판지의 내용을 구성하고 모든 스티커 디자인을 판지 레이아웃에 맞게 정리합니다. 작은 공간에 모든 스티커가 담겨지는 구성인 만큼 너무 작게 줄인 레이아웃은 피하는 것이 좋습니다.

판지에 스티커 이름과 이미지를 넣고 간단한 문구를 넣습니다. 이때 문구는 캐릭터를 소개하고 캐릭터의 성격을 나타낼 수 있는 것으로 적습니다. 포장할 때 쓰는 OPP 봉투 날개에 바코드나 품질경영촉진법에 의한 품질표시 정보를 인쇄하지 않을 경우에는 판지에 이 내용을 함께 구성합니다.

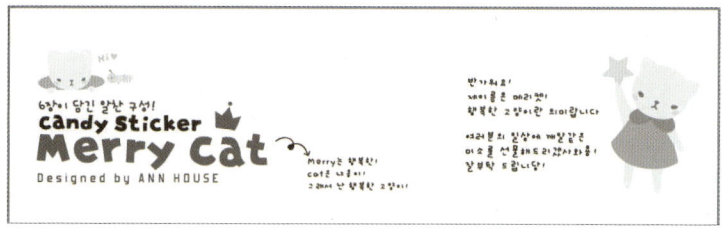

판지 상단 구성 내용

판지 하단 구성 내용

판지에 들어가는 스티커 이미지는 2가지로, 칼 선을 표시하지 않고 깔끔하게 넣는 방법과 칼 선을 표시하여 정보를 정확히 전달하는 방법이 있습니다.

칼 선이 없는 스티커　　　　　　　　　　　　　　　　칼 선을 표시한 스티커

 작업 시 주의사항

소비자에게 좀더 정확한 정보를 전달하려면 스티커의 칼 선을 표시하고 구성하는 방법이 좋습니다.

판지에 들어가는 모든 정보를 입력한 후 스티커 구성 이미지의 사이즈를 조절해 맞춥니다.

판지는 흑백인 1도 인쇄로 구성하는 방법과 컬러로 구성하는 방법이 있습니다. 컬러로 구성할 경우에는 그대로 스티커 이미지를 줄여서 넣어줍니다. 여기에서는 컬러로 되어 있는 스티커를 흑백으로 구성하는 방법에 대해서 살펴보겠습니다.

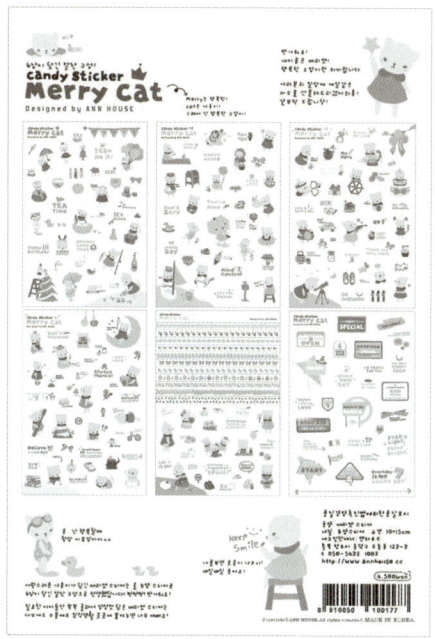 

✿ [Adjust Color Balance] 기능으로 스티커 판지 흑백으로 작업하기

01. 스티커 판지 구성을 정리하고 [Edit]−[Edit Colors]−[Adjust Color Balance]를 클릭합니다.

 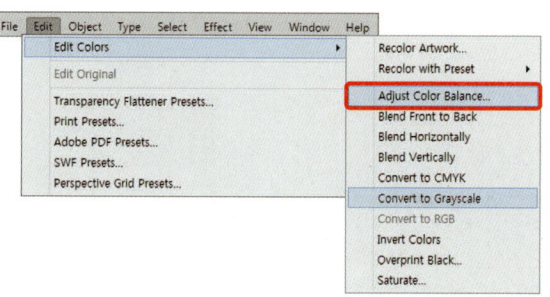

02. [Adjust Colors] 옵션 창에서 [Color Mode]를 [Grayscale]로 선택하고, [Convert]에 체크 표시하면 다른 조절 없이 오브젝트를 흑백 이미지로 바꿔줍니다. 그림과 같이 설정한 후 [Convert] 아래쪽 바를 움직이며 흑백의 정도를 조절하고 [OK]를 클릭합니다.

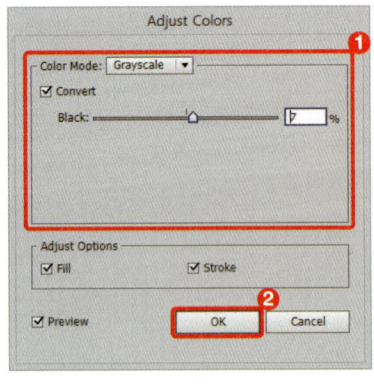

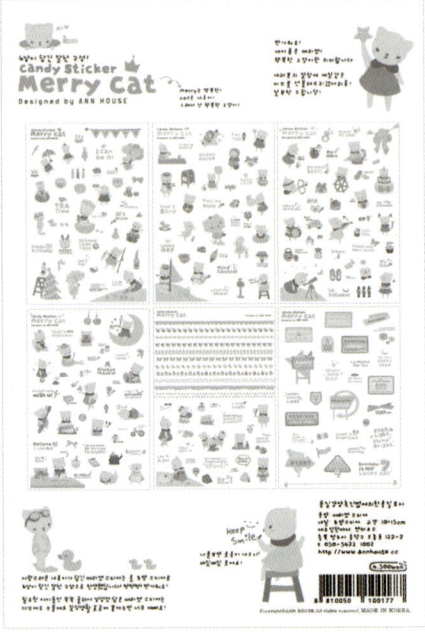

❁ [Recolor Art Work] 기능으로 스티커 판지 흑백으로 작업하기

01. 스티커 판지의 구성을 정리하고 [Color Guide] 패널에서 [Edit or Apply Colors]를 클릭합니다.

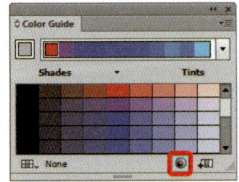

02. [Recolor Artwork] 옵션 창이 나타나면 [Colors]를 [1]로 선택하여 컬러를 1도로 맞춥니다. [H]. [S]. [B]
의 바를 그림과 같이 조절하여 흑백으로 맞춥니다. 모두 완료한 후 [OK]를 클릭합니다.

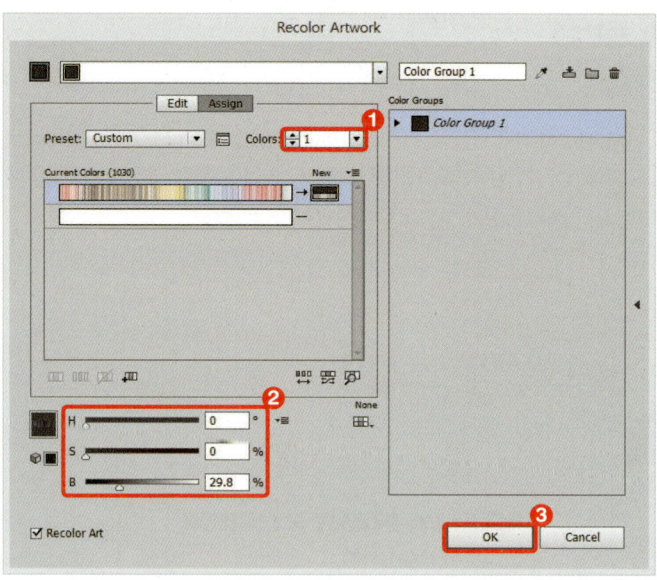

**앤하우스
디자인 ●
다이어리**

최신 유행 디자인과 트렌드를 짚어내는 노하우!

최신 유행이나 트렌드를 살펴보려면 무턱대고 블로그 등의 인터넷 사이트를 돌아다니는 것보다 가장 최근에 발행된 잡지를 보는
것이 좋습니다. 잡지 속에는 수많은 보물이 담겨 있는데, 패키지 디자인부터 아이덴티티, 편집 디자인, 일러스트, 패턴 디자인 등
참고할 수 있는 디자인이 너무나 많습니다. 게다가 다양하게 조합된 컬러를 확인할 수 있어 작업 샘플로 유용합니다. 마음에 드는
샘플을 찾았다면 보고 지나칠 것이 아니라 오리고 붙여서 스크랩북을 만듭니다. 쌓여 있는 참고 자료에서 내가 원하는 스타일을
찾을 수도 있고, 유행의 흐름을 확인할 수 있어 작업할 때 큰 도움을 얻을 수 있습니다.

저는 어릴 때부터 잡지를 보고 새로 찾아낸 보물들을 오려 붙이면서 스크랩북 만들기를 즐겨했습니다. 마치 나만의 책 한 권이 탄
생하는 느낌이 들기 때문입니다. 디자인 전 분야에 걸쳐 다양한 자료를 얻을 수 있는 잡지는 그냥 쌓아두기보다는 많이 보고, 찾
아 오리고, 붙여서 스크랩북에 활용해봅니다.

Section 06

격자 툴과 라이브 페인트 기능을 이용하여 픽셀아트 스타일의 스티커 만들기

픽셀아트는 어떤 대상을 표현하느냐에 따라 개성있고 재미있는 이미지를 만들 수 있습니다. 주변에서 무심코 지나쳤던 동물이나 사물, 아이콘 등을 격자 툴(Rectangular Grid Tool)과 Live Paint 기능을 이용하여 픽셀아트로 표현하면 독특한 느낌의 디자인 결과물을 얻을 수 있습니다.

✚ **결과 파일** 7장 \ 결과 파일 \ 7장_섹션6.ai

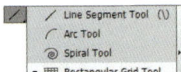
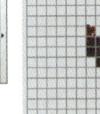
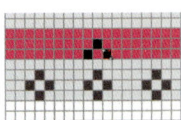
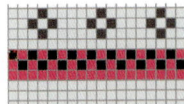
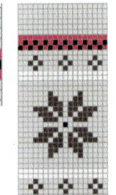

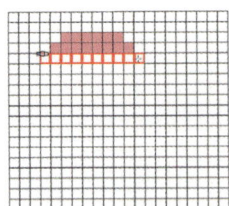
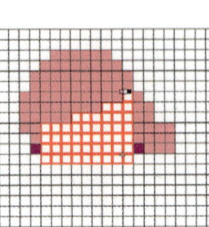
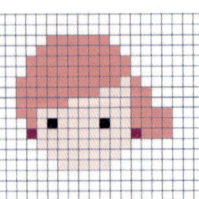

● 사용된 툴

• **격자 툴** 격자 툴을 이용하여 원하는 크기와 간격의 격자를 만들 수 있습니다.

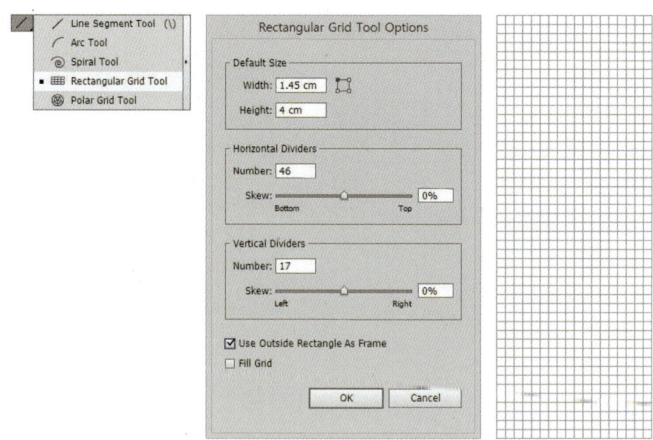

• **라이브 페인트 버킷 툴** [K] : 선 또는 면으로 나뉜 공간에 클릭, 드래그로 간단히 색을 칠할 수 있습니다.

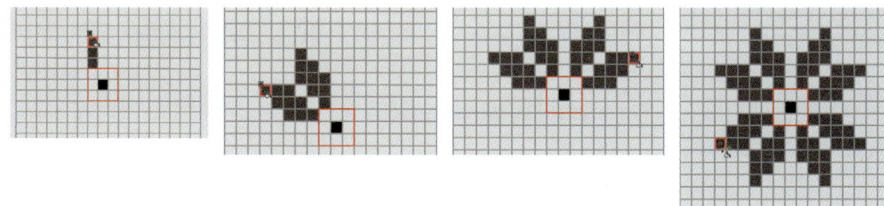

● 사용된 기능

_ **아웃라인으로 보기** [Ctrl]+[Y] : 오브젝트를 아웃라인으로 보며 불필요한 선이 있는지, 이펙트 상태의 오브젝트가 있는지 등을 확인할 수 있습니다.

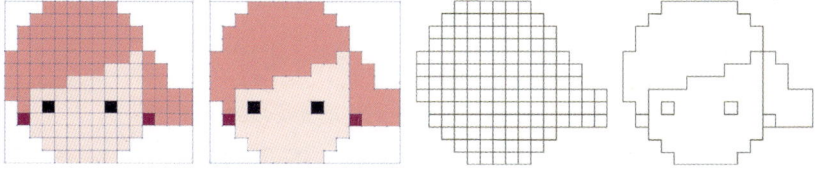

_ **Simplify [Object]−[Path]−[Simplify]** : 포인트와 포인트 사이에 불필요한 포인트가 남아 있을 때 필요한 포인트만 남도록 정리할 수 있습니다.

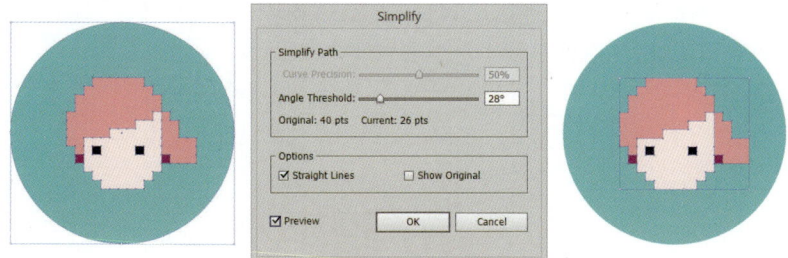

● 크리스마스 분위기가 나는 스티커 만들기

01. 툴 패널에서 선 툴 아이콘을 Alt + 3번 클릭하거나 선 툴을 길게 눌러 숨겨진 툴들이 나타나면 격자 툴(Rectangular Grid Tool)을 선택합니다. 빈 화면을 클릭하여 [Rectangular Grid Tool Options] 창을 불러온 후 그림과 같이 옵션 값을 입력합니다. [OK]를 클릭합니다.

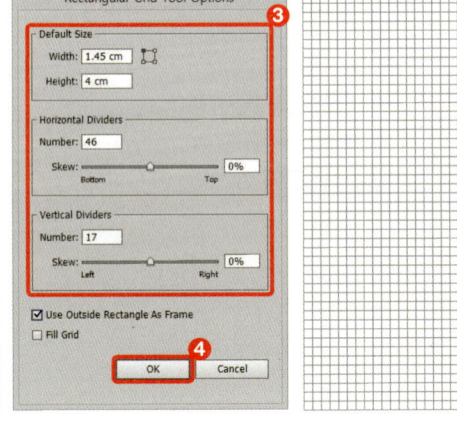

Tip Ai 활용 업그레이드_ [Rectangular Grid Tool Options] 창 알아보기

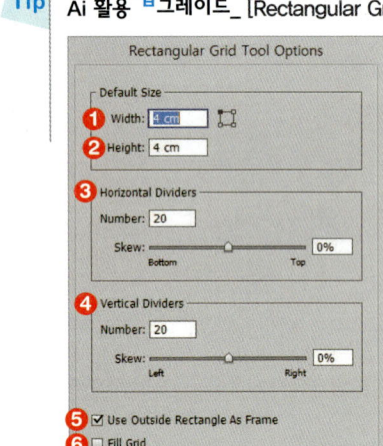

❶ **Width** : 표 전체 폭을 설정합니다.

❷ **Height** : 표 전체 높이를 설정합니다.

❸ **Horizontal Dividers** : 수평선의 개수를 설정합니다(원하는 행의 개수에서 1을 뺀 숫자 입력).

❹ **Vertical Dividers** : 수직선의 개수를 설정합니다(원하는 열의 개수에서 1을 뺀 숫자 입력).

❺ **Use Outside Rectangle As Frame** : 프레임으로 외부 사각형을 사용합니다.

❻ **Fill Grid** : 체크 표시하면 그리드를 채웁니다.

---

02. 면 색을 옅은 회색, 선 색을 짙은 회색으로 지정한 후 Live Paint의 단축키 Ctrl + Alt + X 를 눌러 라이브 페인트 환경을 설정합니다. 빈 화면을 클릭하여 선택을 해제합니다. 단축키 K 를 눌러 라이브 페인트 버킷 툴을 선택합니다. 면 색을 검은색으로 지정하고 모눈의 중앙에서 아래쪽 좌측에 마우스 커서를 갖다 댄 후 빨간색 테두리가 표시되면 한 번 클릭하여 검은색 점을 찍어줍니다.

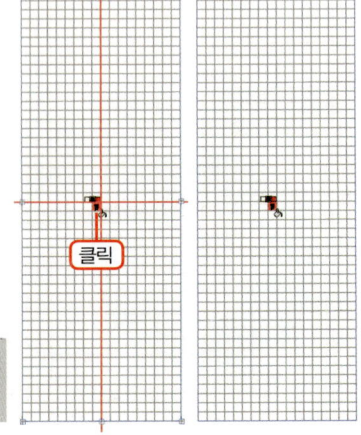

클릭

11. 면 색을 다시 검은색으로 바꾼 후 그림과 같이 엇갈리듯 점을 찍어줍니다. 아래쪽도 같은 방법으로 분홍색 3 줄을 드래그한 후 점을 찍어줍니다.

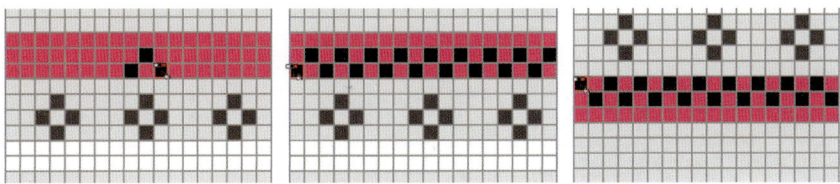

12. 하나의 패턴이 될 문양을 완성했습니다. 만들어둔 문양을 선택한 후 [Object]-[Live Paint]-[Expand]를 클릭합니다.

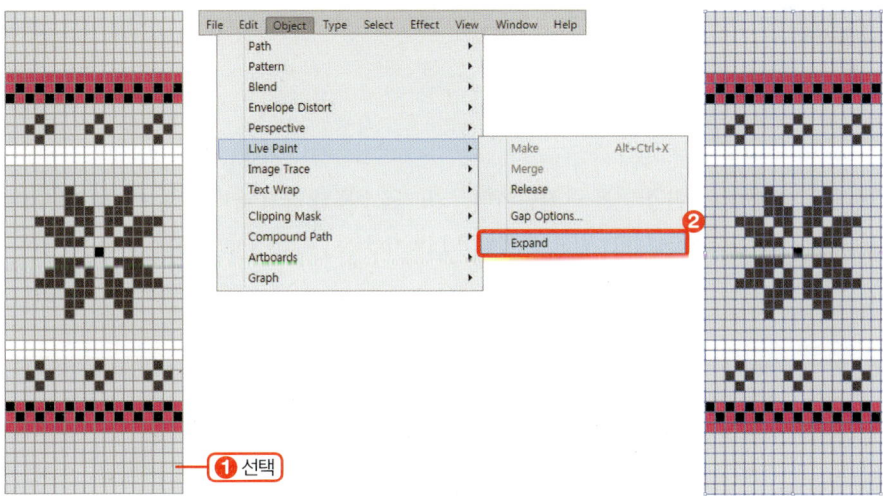

① 선택

13. 단축키 Y 를 눌러 마술봉 툴 을 선택한 후 선을 클릭하고 Delete 를 눌러 검은색 선을 삭제합니다. 그림과 같이 선이 삭제되고 문양을 만든 면만 남았습니다.

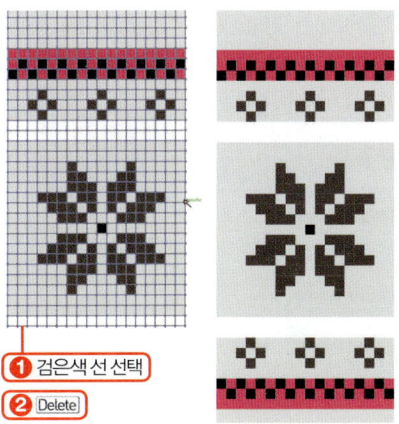

① 검은색 선 선택

② Delete

14. 정리된 오브젝트를 선택하고 [Swatches] 패널로 드래그합니다. [Swatches] 패널에 패턴이 등록된 것을 확인할 수 있습니다.

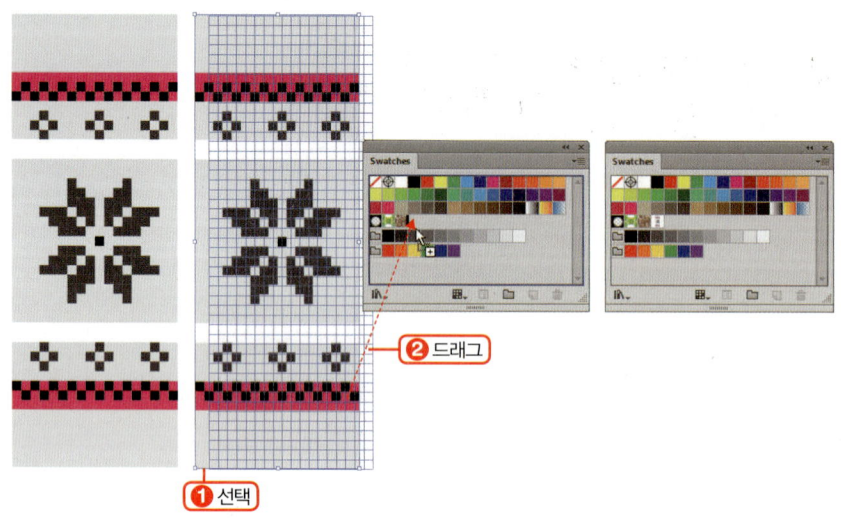

15. 단축키 □을 눌러 원 툴을 선택한 후 빈 화면을 클릭합니다. [Ellipse] 옵션 창이 나타납니다. 다음과 같이 옵션 값을 입력한 후 [OK]를 눌러 도형을 만듭니다. 원을 선택하고 [Swatches] 패널에서 등록했던 패턴을 클릭하여 패턴을 적용합니다.

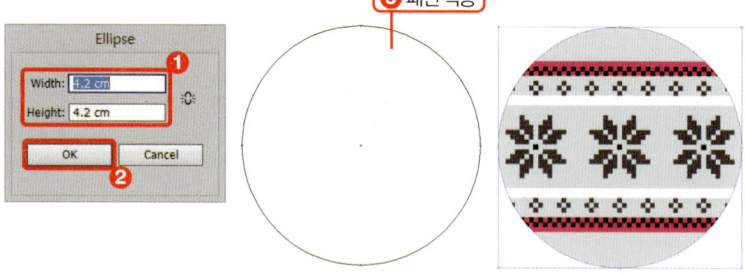

Tip **Ai 활용 업그레이드_ 패턴이 보이는 영역을 다르게 조절하고 싶을 때!**

반복되는 패턴 외에 자연스러운 문양이 담긴 패턴으로 디자인할 때도 있습니다. 패턴이 보이는 영역을 다르게 지정하고 싶을 때는 단축키 Ctrl + K 를 눌러 [Preferences] 옵션 창을 불러온 후 [Transform Pattern Tiles]의 체크 표시를 해제하고 [OK]를 클릭합니다. 패턴이 적용된 오브젝트의 위치를 이리저리 이동하면서 패턴이 보이는 부분을 다르게 지정할 수 있습니다.

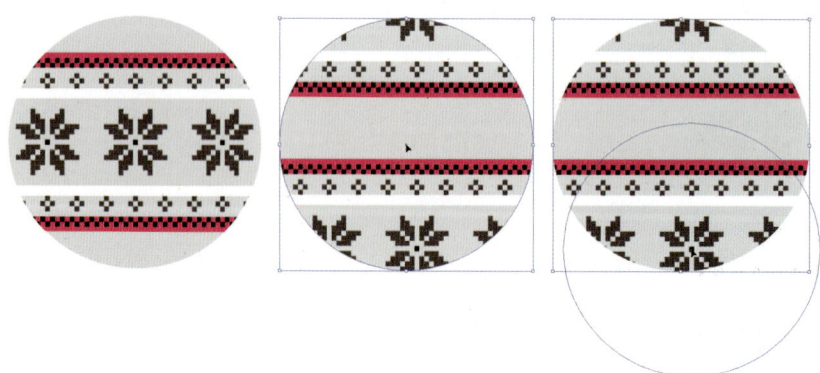

패턴이 보이는 부분을 원하는 대로 수정한 후에는 다시 [Preferences] 옵션 창을 불러온 후 [Transform Pattern Tiles]에 체크 표시합니다. 이때 [Transform Pattern Tiles]의 체크 표시가 계속 해제되어 있으면 오브젝트를 이동시킬 때마다 패턴이 보이는 영역이 달라지므로 수정을 완료한 후에는 반드시 [Transform Pattern Tiles]에 체크 표시합니다.

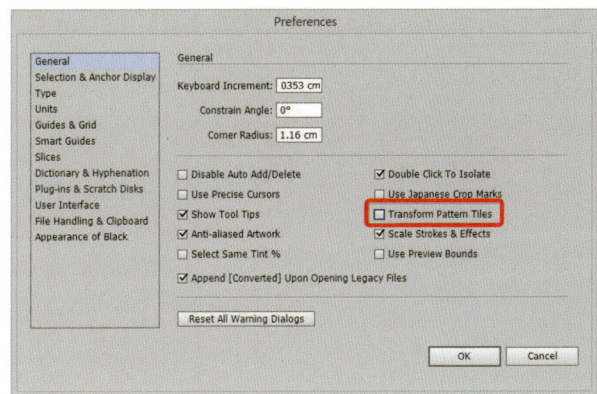

16. 패턴이 적용된 오브젝트를 보이는 모양 그대로 오브젝트화하기 위해 [Appearance] 패널에서 [Add New Stroke]를 클릭하여 선을 만듭니다. 이 선은 도무송 칼 선이 될 예정입니다. 검은색 선이 추가되면 [Appearance] 패널에서 [Add New Effect]−[Path]−[Offset Path]를 클릭합니다.

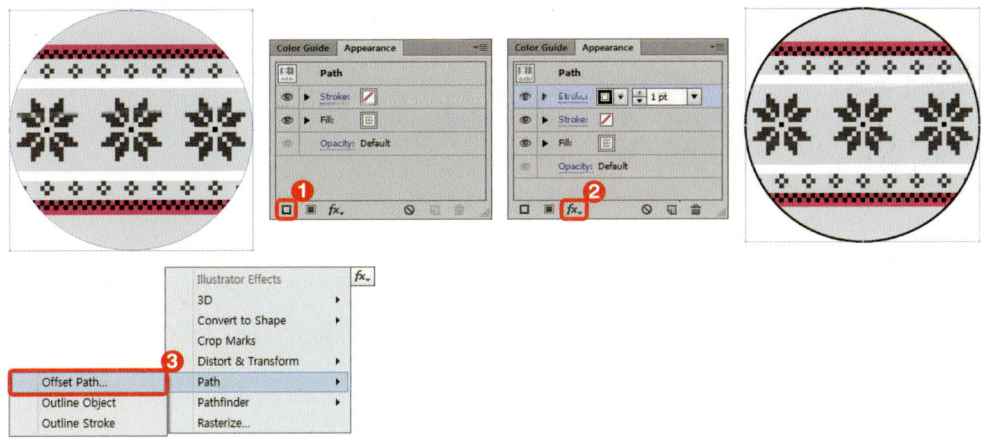

17. [Offset Path] 옵션 창이 나타나면 [Offset]에 −0.2cm를 입력하고 [OK]를 클릭합니다. 원래 그린 원보다 0.2cm 안쪽으로 들어간 선이 그려졌습니다. [Object]−[Expand Appearance]를 적용합니다.

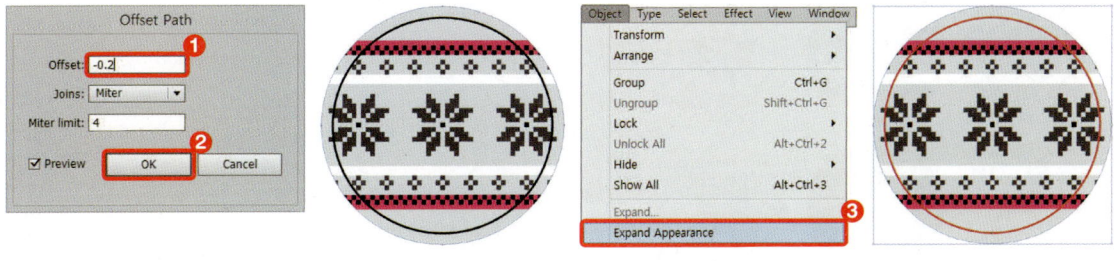

18. 패턴이 등록된 원만 선택한 후 [Object]−[Expand]를 클릭합니다. 옵션 창이 나타나면 [OK]를 클릭한 후 [Pathfinder]−[Merge]를 눌러 자잘하게 쪼개진 사각형들을 같은 색끼리 합쳐서 정리합니다.

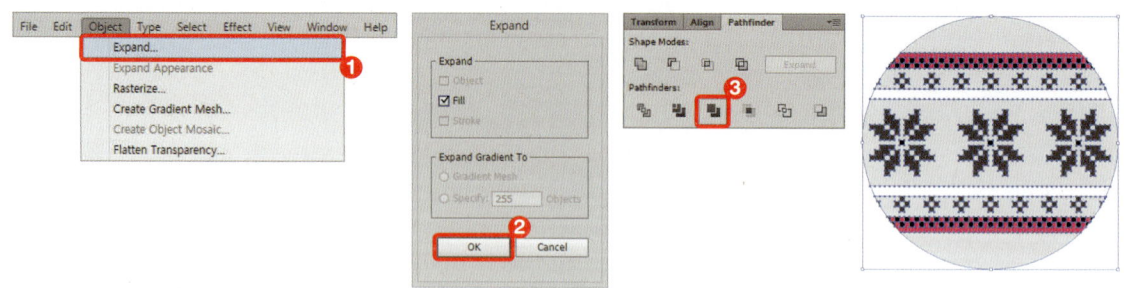

19. 칼 선까지 정리된 패턴 원형 스티커를 그림과 같이 인쇄용 파일로 정리합니다. 디자인된 편집 영역과 칼 선은 따로 그룹화합니다.

격자 툴과 Live Paint 기능을 사용해 앞의 예제와 같은 방식으로 다양한 패턴의 스티커를 만들 수 있습니다.

🔵 아이콘 느낌이 나는 픽셀아트 도무송 스티커 만들기

01. 툴 패널에서 선 툴 아이콘을 Alt + 3번 클릭하여 격자 툴 ▦ 을 선택합니다. 빈 화면을 클릭하여 옵션 창을 불러온 후 그림과 같이 옵션 값을 입력하고 [OK]를 클릭합니다.

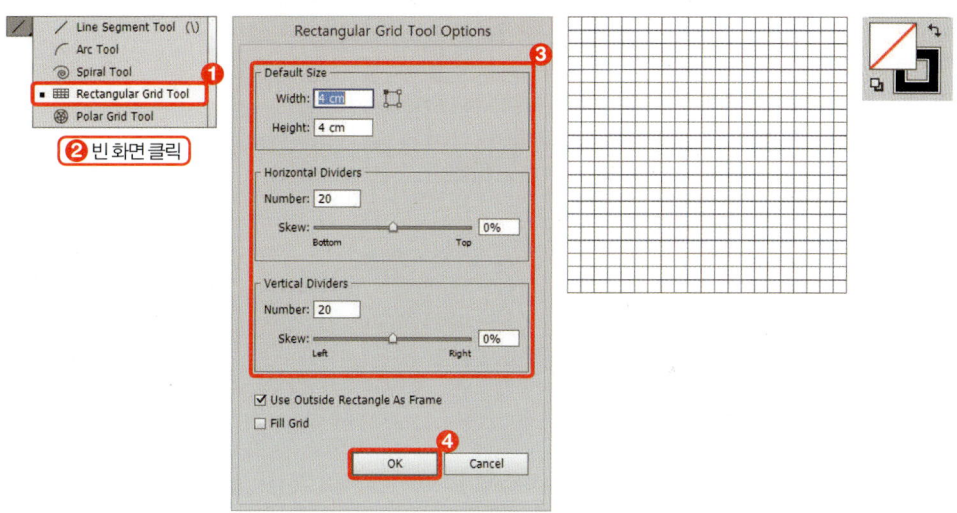

02. 모눈 모양의 오브젝트를 선택하고 [Object]-[Live Paint]-[Make]의 단축키 Ctrl + Alt + X 를 누릅니다. 화면을 클릭하여 선택을 해제합니다.

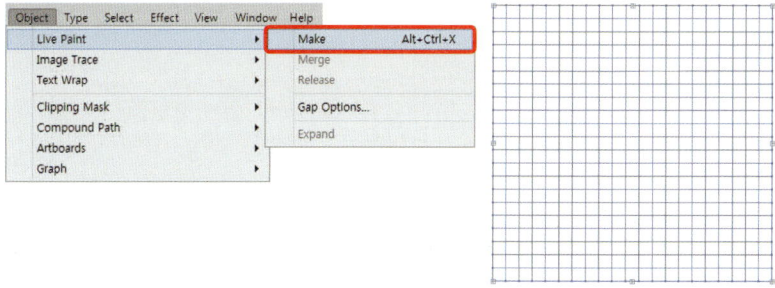

03. 단축키 K 를 눌러 라이브 페인트 버킷 툴 ▧ 을 선택한 후 면 색을 분홍색으로 바꿉니다. 가로로 6칸을 드래그한 후 바로 아래 줄에서 한 칸씩 양쪽으로 더하여 8칸을 드래그합니다. 같은 방법으로 다음과 같이 그립니다.

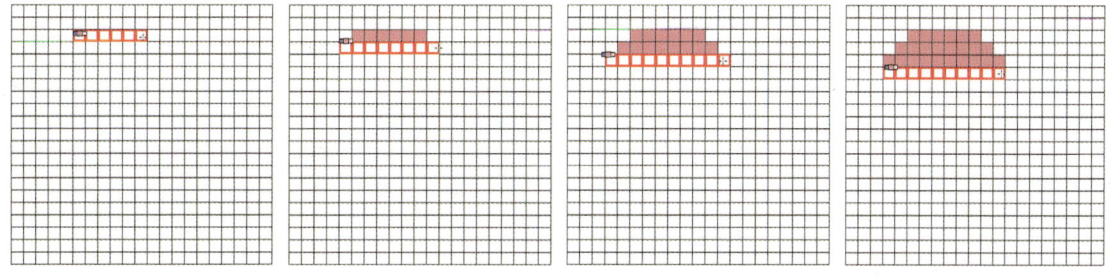

04. 다음과 같이 순차적으로 드래그하여 머리 모양을 완성합니다.

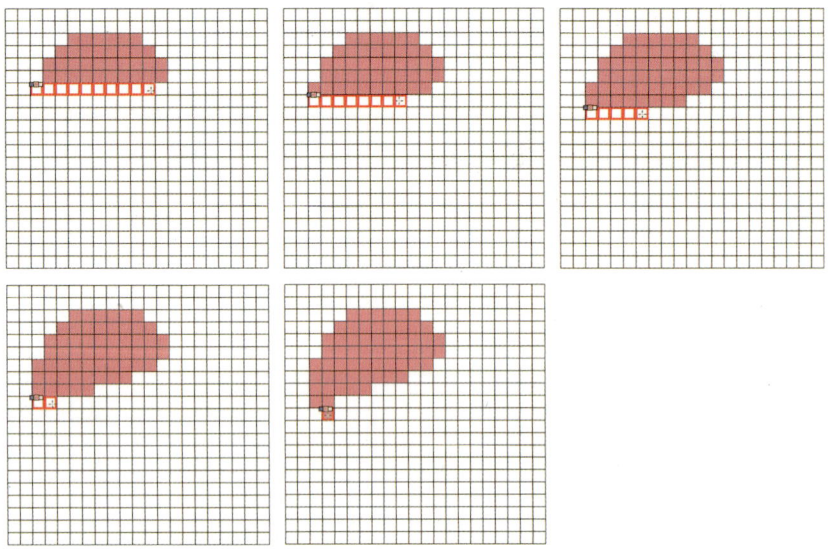

05. 오른쪽은 처음에 세로로 5칸을 드래그하고, 다음과 같이 순차적으로 드래그하여 머리 모양을 완성합니다.

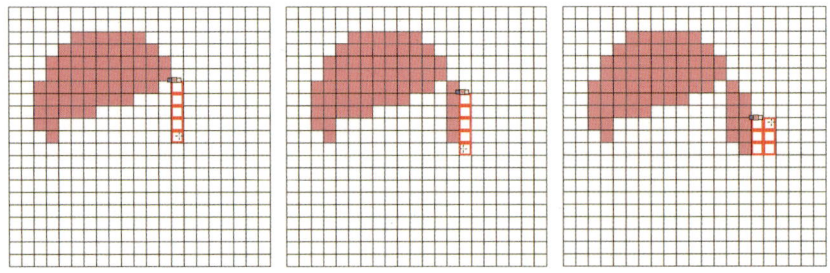

06. 자주색으로 면 색을 바꾼 후 그림과 같은 위치에 귀걸이가 될 부분을 1칸씩 클릭합니다.

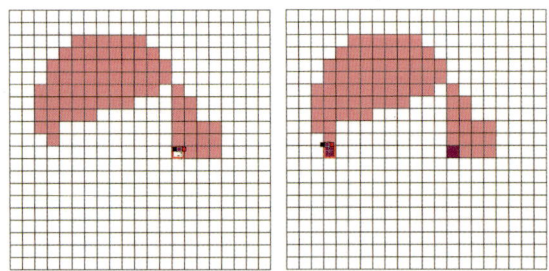

07. 면 색을 다음과 같이 수정한 후 면을 드래그하여 얼굴을 완성합니다.

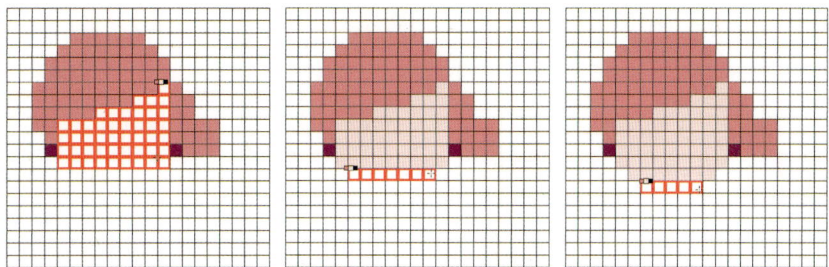

08. 짙은 남색으로 면 색을 수정한 후 그림과 같은 위치에 1칸씩만 클릭하여 눈을 만듭니다.

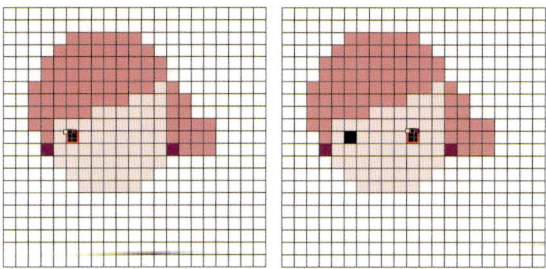

09. 만들어둔 오브젝트를 선택한 후 [Object]-[Live Paint]-[Expand]를 클릭합니다. 단축키 Y 를 눌러 마술 봉툴 🪄 을 선택한 후 검은색 선을 클릭하고 Delete 를 눌러 선을 삭제합니다. 얼굴 모양만 남습니다.

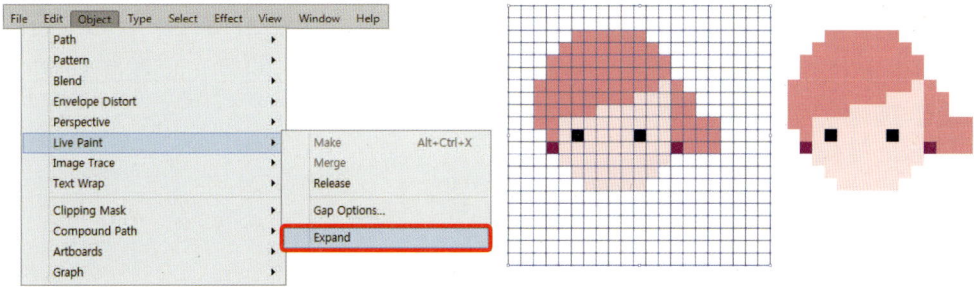

10. 작은 사각형이 모여서 만들어진 얼굴 모양을 선택하고 [Pathfinder]-[Merge]를 눌러 같은 색의 면끼리 합칩니다.

단축키 Ctrl + Y 를 눌러 오브젝트를 아웃라인으로 보게 되면 다음과 같이 보입니다.

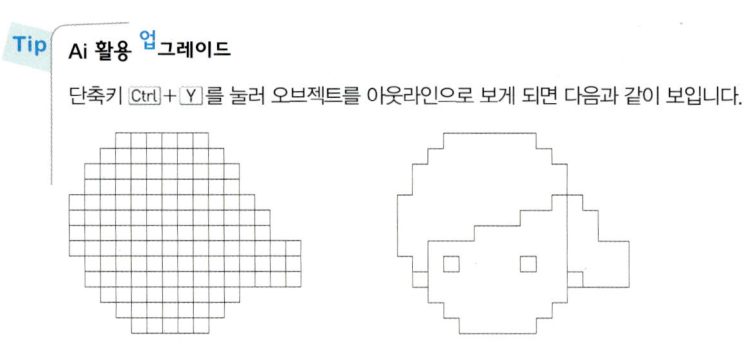

작은 사각형이 모여 있는 얼굴 오브젝트   [Merge]를 적용해 같은 색의 사각형을 합친 모습

11. 스티커가 될 부분을 만들기 위해 단축키 L 을 눌러 원 툴을 선택한 후 빈 화면을 클릭합니다. [Ellipse] 옵션 창이 나타나면 다음과 같이 값을 입력합니다. 원하는 면 색을 지정한 후 Shift + Alt + [를 눌러 원을 맨 뒤로 옮깁니다. 중앙을 알맞게 조절합니다.

❸ 컬러 지정   ❹ Shift + Alt + [

12. 얼굴 오브젝트를 선택하면 필요 없는 포인트가 많이 보입니다. 얼굴 오브젝트를 선택한 후 [Object]- [Path]-[Simplify]를 클릭합니다. [Simplify] 옵션 창에 다음과 같이 옵션 값을 입력한 후 [OK]를 클릭하여 불 필요한 포인트를 정리합니다.

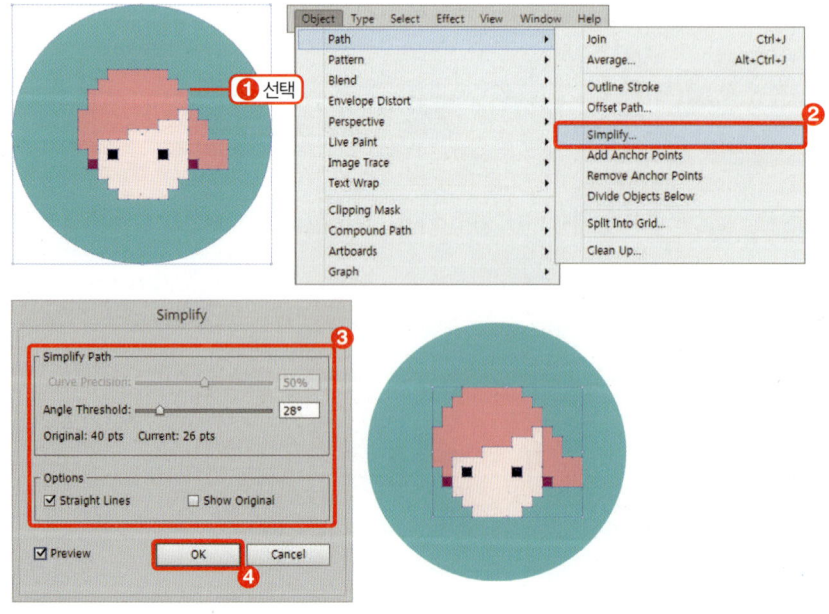

13. 도무송 칼 선을 만들기 위해 원을 선택한 후 [Appearance] 패널에서 [Add New Stroke] 버튼을 클릭해 선을 추가합니다. [Add New Effect]-[Path]-[Offset Path]를 눌러 옵션 창이 나타나면 [Offset]에 −0.2cm를 입력하고 [OK]를 클릭합니다. 원을 선택하고 [Object]-[Expand Appearance]를 클릭합니다.

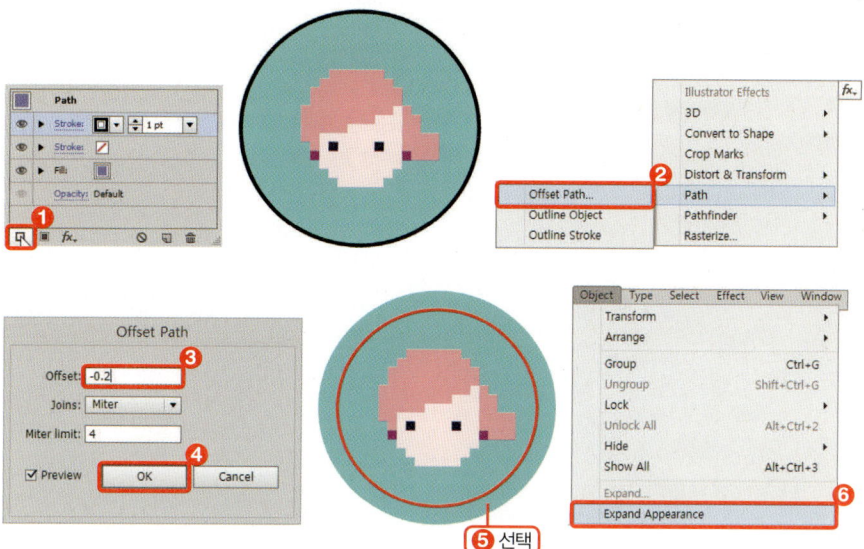

같은 방법으로 다른 모양의 픽셀아트 오브젝트를 만들어 스티커를 완성합니다.

illustrator

부록

일러스트레이터 CC,
디자인이 더
편해지는
신기능 알아보기

일러스트레이터 CC, 30일 시험판 설치하기

일러스트레이터 CC는 디자이너의 편의를 위해 다양한 기능을 제공하고 있습니다. 이전에 하나하나 직접 설정해주어야 했던 과정 등이 간소화되어 더욱 빠르고 쉽게 작업할 수 있게 된 것입니다. 제 경우에는 CC 버전에 대해 말로 들었을 때보다 실제 다뤄본 후 '획기적이다'라는 생각이 들 정도였답니다. 30일 시험판으로 새롭게 선보이는 일러스트레이터 CC를 만나보겠습니다.

01. https://creative.adobe.com/products/illustrator에 접속하여 [시험 버전 다운로드]를 클릭합니다. Creative Cloud를 설치합니다.

02. Adobe ID로 로그인한 후 소프트웨어 사용자 계약에 동의합니다.

 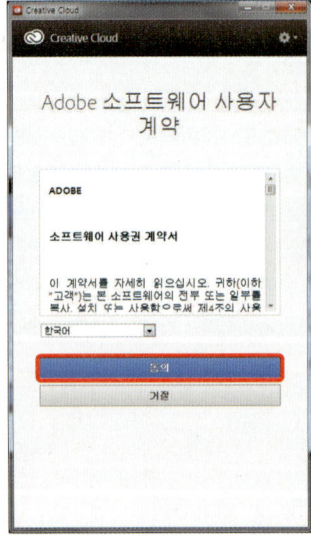 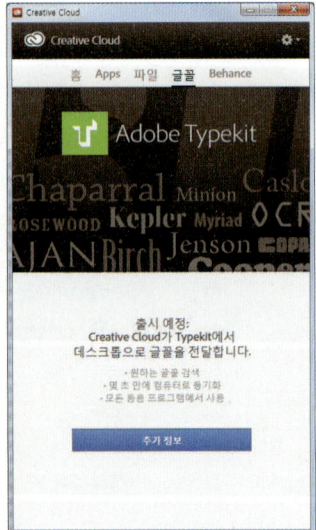

Ai 활용 업그레이드_ 영문으로 프로그램 설치하기

실무에서는 한글판보다 영문판을 많이 사용합니다. 언어 설정 없이 설치하게 되면 한글판으로 설치되는데, Creative Cloud를 설치한 후 우측 상단의 [설정]을 클릭해 [환경 설정]에서 언어를 설정합니다.

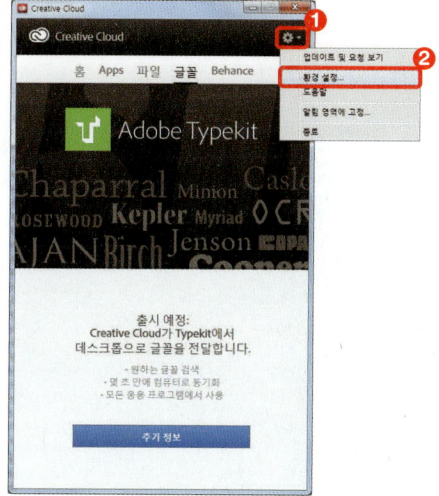

03. [Apps]를 클릭한 후 [앱 언어]를 [English]로 설정하고 설정 창을 닫습니다. 프로그램이 영문으로 설치됩니다.

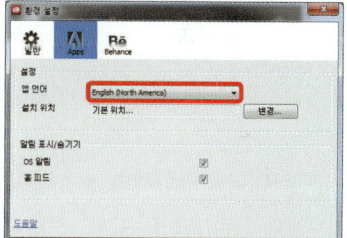

04. 일러스트레이터 CC [시험 사용]을 클릭하여 설치를 시작합니다. 설치가 모두 끝난 후 [시험 버전 시작]을 클릭하면 30일 시험판을 사용해볼 수 있습니다.

05. 일러스트레이터 CC가 열린 후 본인에게 맞게 인터페이스 밝기를 설정합니다. 단축키 Ctrl + K 를 눌러 [Preferences] 옵션 창이 나타나면 [User Interface] 메뉴를 클릭한 후 [Brightness]에서 바를 움직이며 인터페이스의 밝기를 조절하고 [OK]를 클릭합니다. 우측의 패널도 자신에게 맞는 작업 환경으로 정리합니다.

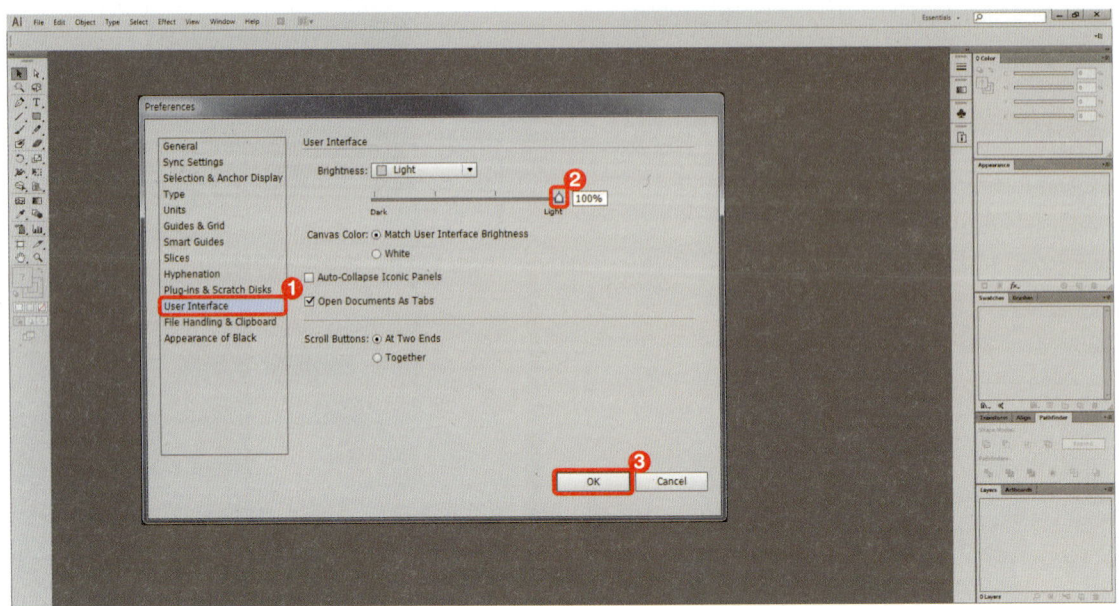

소프트웨어를 구입하고 영구 라이센스로 제공되었던 이전 버전과 달리 일러스트레이터 CC는 연간 혹은 월간으로 전체 프로그램 또는 개별 프로그램을 선택한 후 이용료를 지불하고 사용할 수 있습니다. 프로젝트 기간에 맞춰 특정 프로그램을 몇 달 정도만 구입하여 사용할 수 있고, 새로운 기능이 나오면 추가 비용 없이 업데이트하는 것도 가능합니다. 이제부터 일러스트레이터 CC에서 새롭게 추가된 편리한 기능을 간단히 살펴보겠습니다.

자유 변형 툴로 입체 모양 오브젝트 빠르게 작업하기

'원근감 격자 툴을 이용하여 입체 모양 로고 만들기(166쪽)'에서는 원근감 격자 툴을 이용해 입체 모양의 오브젝트를 만들었습니다. 또한 간단한 입체 느낌을 줄 때는 [Effect]-[Free Distort]를 이용하기도 했습니다. CC에서 새롭게 선보인 자유 변형 도구(Free Transform Tool)를 사용하면 기타 번거로운 설정 없이 간단히 입체 도형을 만들 수 있습니다.

✚ **실습 파일** 부록 \ 부록_섹션2_입체모양.ai

⚙ CS6에서 입체 모양 오브젝트 만들기

원근감 격자 툴(🔲 Perspective Selection Tool) 이용하기

원근감 격자 툴을 이용해 오브젝트가 보이는 모습을 생각하며 격자의 각도를 맞춥니다. 좌우 및 하단 면을 선택하여 입체적인 느낌이 나도록 작업했습니다.

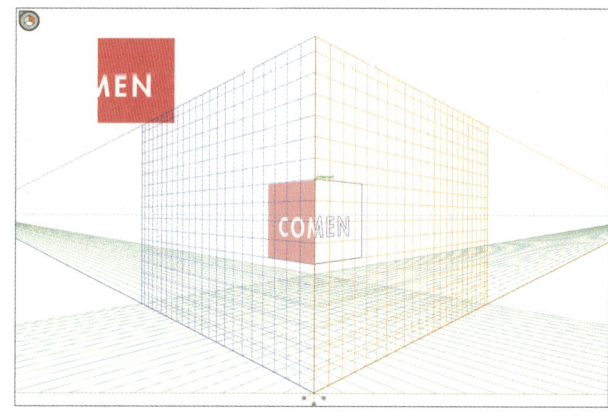

Tip | **Ai 활용** ^업**그레이드**

CC에서는 원근감 격자 툴을 숨길 때 [Esc]를 누릅니다. 단축키를 잘못 눌러 나타난 원근감 격자 툴을 없애거나 기능을 사용한 후 단축키를 다시 눌러 삭제할 필요가 없어 편리합니다.

[Effect]-[Free Distort] 사용하기

오브젝트를 선택한 후 [Effect]-[Free Distort]를 클릭합니다. 옵션 창이 나타나면 위아래 각도를 맞추고 [OK]를 클릭하여 입체적인 느낌이 나도록 작업했습니다. 이펙트를 모두 적용한 후 이펙트 상태인 오브젝트를 보이는 모양 그대로 오브젝트로 정리하기 위해 [Expand Appearance]를 적용합니다.

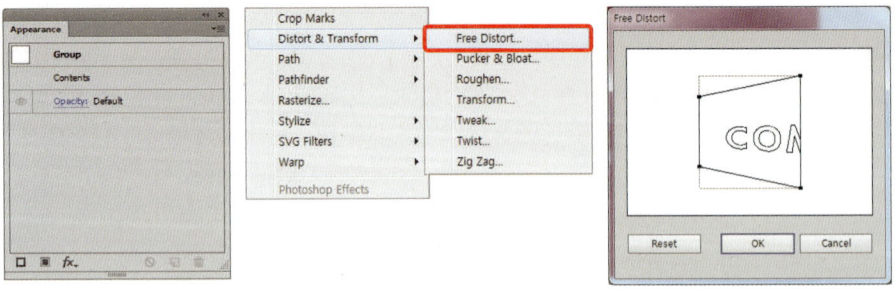

CC에서 자유 변형 툴로 입체 모양 오브젝트 만들기

자유 변형 툴(Free Transform Tool)을 이용해 CS6보다 간소화된 과정으로 입체 모양 오브젝트를 만들어보겠습니다.

원근 왜곡(Perspective Distort) 기능 이용하기

01. 부록 예제 폴더에서 부록_섹션2_입체모양.ai 파일을 불러옵니다. 왼쪽 면을 선택한 후 단축키 E를 눌러서 자유 변형 툴(Free Transform Tool)을 선택합니다.

02. 툴을 선택하면 오브젝트를 변형할 때 사용할 툴 패널이 활성화됩니다. 원근 왜곡(Perspective Distort) 툴을 선택하고 왼쪽 상단 모서리에 마우스 커서를 올린 후 아래쪽 방향으로 클릭+드래그하며 적당한 모양으로 조절합니다.

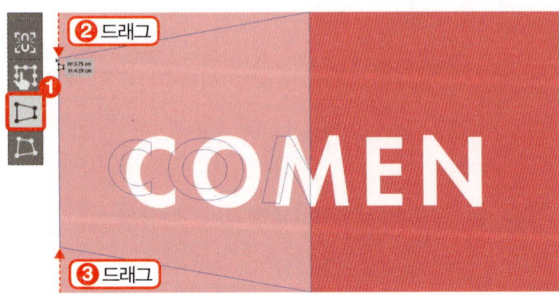

03. 오른쪽도 같은 방법으로 툴 선택 상태에서 오른쪽 면을 Ctrl + 클릭하여 선택합니다. 아래쪽으로 클릭+드래그하여 각도를 조절합니다.

제한(Constrain) 기능 이용하기

01. 툴 패널에서 자유 변형 툴을 누르면 기본적인 오브젝트의 크기 조절 및 각도 조절, 기울기 조절을 할 수 있습니다. 이 기능을 사용할 때 Shift 를 누르면서 조절하거나 가장 상단에 위치한 제한(Constrain) 툴을 선택한 상태로 오브젝트 모양을 조절하면 오브젝트의 비율을 유지하며 수정할 수 있습니다.

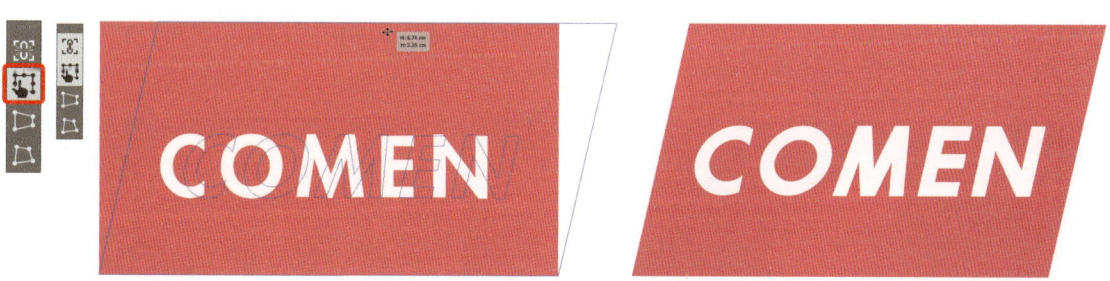

02. 자유 왜곡(Free Distort) 기능은 각 모서리를 드래그하면서 자유롭게 오브젝트를 조절할 수 있습니다. 이 기능도 자유 변형과 마찬가지로 Shift 를 누르면서 조절을 하거나 가장 상단에 위치한 제한(Constrain) 툴을 선택한 상태로 오브젝트 모양을 조절하면 오브젝트의 비율을 유지하며 수정할 수 있습니다. 오브젝트를 다양한 모양으로 변형해봅니다.

선택한 이미지에서 조화로운 색을 뽑아내 색 감각을 키워주는 Kuler 알아보기

색감은 디자인 작업에서 가장 중요한 부분 중 하나입니다. 아무리 뛰어난 디자인이더라도 색감이 좋지 않으면 디자인의 품질도 낮아집니다. 이미지를 이용하여 최상의 색 조합을 뽑아낼 수 있는 Kuler 기능을 이용해 색감을 높일 수 있습니다.

[Window]−[Kuler]를 선택하여 패널을 불러옵니다. [Launch Kuler Website]를 클릭하여 Kuler 사이트에 접속합니다.

🌼 PC에서 Kuler 사용하기

01. 그림과 같이 Kuler 사이트에 접속하였습니다. 상단의 [Create from Image]를 클릭합니다. 원하는 사진이나 작품을 선택하고 [열기]를 클릭합니다.

02. 선택한 이미지 속에서 가장 조화로운 색을 뽑아냅니다. 사진 위에 있는 원을 클릭+드래그하여 다른 부분으로 위치시키면 다른 색으로 수정할 수도 있습니다. 원하는 색 조합을 만들었다면 [Save]를 클릭하여 저장합니다.

03. 메뉴에서 [My themes]를 클릭하면 저장해두었던 테마를 확인할 수 있습니다. 메뉴에서 [Explore]를 클릭하면 다른 사람들이 만들어놓은 테마도 함께 볼 수 있습니다.

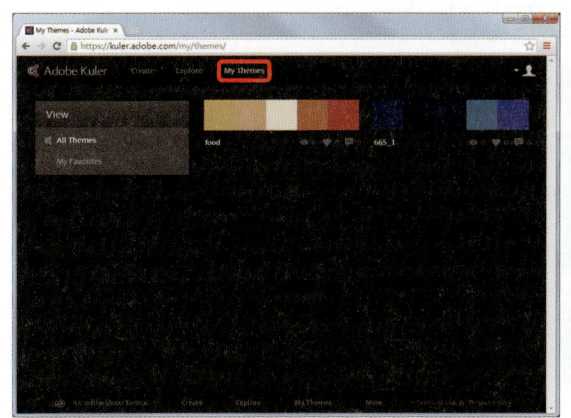 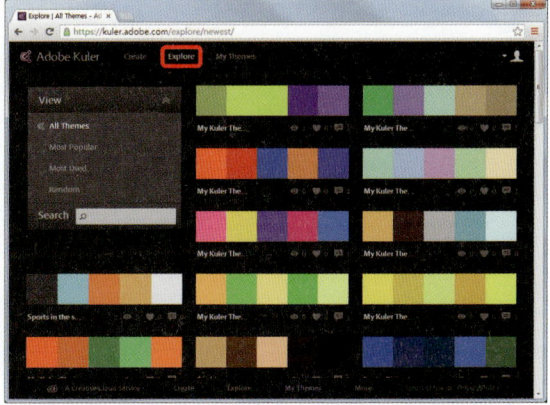

Tip Ai 활용 **업**그레이드_ [Kuler] 패널의 구성 알아보기

❶ 이름별 테마 검색

❷ 테마 폴더 아이콘으로 폴더 모양을 클릭하면 [Swatches] 패널에 테마가 등록됩니다.

❸ 테마 이름

❹ 새로고침

❺ Kuler 웹사이트 시작

❻ 테마 편집이 불가능할 경우 나타나는 아이콘

🔷 아이폰 앱을 이용하여 색상 동기화하기

PC 외에도 아이폰에서 Kuler 앱을 설치하여 활용할 수 있습니다. [촬영]을 눌러 화면에 나타나는 색을 확인합니다. 직접 촬영 시 움직일 때마다 컬러 테마가 바뀌는 것을 볼 수 있습니다. 원하는 장면에서 멈춘 후 [테마 저장하기]를 선택하면 나만의 테마를 저장할 수 있습니다. 설정 메뉴를 확인하면 PC와 아이폰 앱에서 저장해둔 테마를 확인할 수 있습니다. 또한 일러스트레이터 CC의 [Kuler] 패널에서도 저장한 테마를 확인할 수 있습니다.

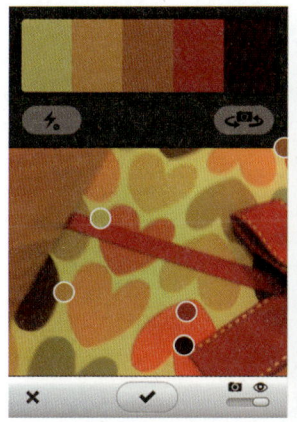  

텍스트 관련 신기능으로
폰트 작업 간편하게 하기

CC에서는 원하는 스타일의 폰트를 빠르게 검색하는 기능뿐 아니라 폰트를 한 글자씩 수정하거나 텍스트 상자 스타일을 쉽게 바꾸는 등 폰트와 관련된 편리한 기능들이 새롭게 추가되었습니다.

✚ **실습 파일** 부록 \ 부록_섹션4_폰트.ai

부록 예제 폴더에서 부록_섹션4_폰트.ai 파일을 불러옵니다. 단축키 ⊤를 눌러 글자 툴 ⊤.을 선택한 후 문구를 씁니다.

입력

🌀 빠르게 글꼴 스타일을 검색해서 원하는 글꼴 설정하기

01. 입력한 문구에 서울남산체를 적용하려고 합니다. 단축키 Ctrl +⊤를 눌러 [Character] 패널을 불러오거나 상단의 컬트롤 패널에서 [Character] 입력란에 '남산'을 입력합니다. [남산체 EB]를 선택합니다.

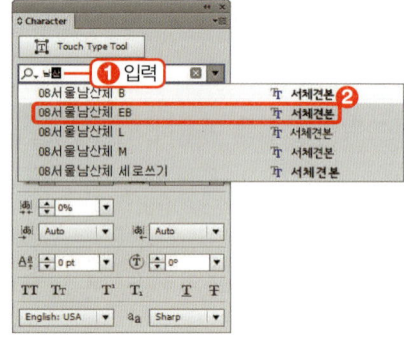

Tip Ai 활용 **업**그레이드_ 원하는 글꼴 쉽게 찾기

글씨를 쓰고 글씨 오브젝트를 선택한 상태에서 컨트롤 패널의 [Charater] 입력란에 검색어를 입력해 폰트를 빠르게 검색할 수 있습니다. 얇은 스타일의 폰트를 사용할 때는 'light'를 입력하고, 두께감이 있는 폰트를 검색할 때는 'bold'를 입력하면 찾고자 하는 느낌의 폰트가 모두 나열됩니다.

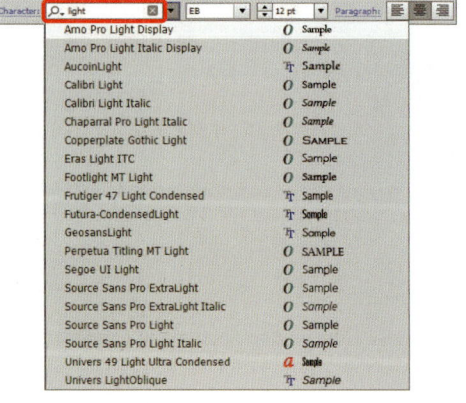

⬡ 글자가 표시되는 스타일을 바꾸는 Convert to Area Type 기능 알아보기

01. 글자 오브젝트를 선택하고 바운딩 박스의 오른쪽을 살펴봅니다. 이전 버전에서는 보지 못했던 동그라미 모양이 나타납니다. 동그라미 위에 마우스 커서를 올리면 T자 모양의 박스가 나타납니다. 그대로 더블클릭하면 동그라미 포인트가 파란색으로 바뀌는 것을 확인할 수 있습니다.

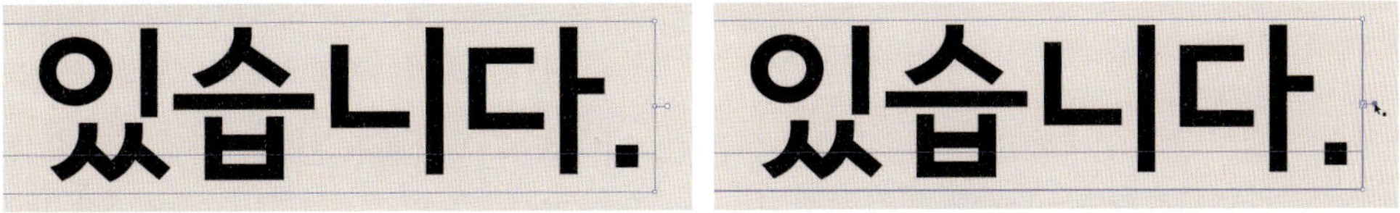

있습니다. 있습니다.

02. 그대로 바운딩 박스를 조절해보면 그림과 같이 글자 오브젝트의 속성이 point type에서 area type로 바뀐 것을 볼 수 있습니다. 텍스트 상자를 조절한 후 글자의 속성을 조절합니다. 이전 버전까지는 텍스트 상자를 만들면서 일일이 작업해야 했던 과정이 새로운 기능으로 더욱 편리해졌습니다.

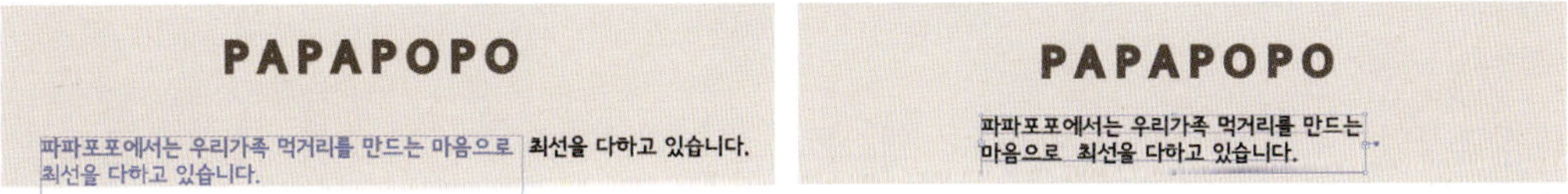

PAPAPOPO
파파포포에서는 우리가족 먹거리를 만드는 마음으로 **최선을 다하고 있습니다.**
최선을 다하고 있습니다.

PAPAPOPO
파파포포에서는 우리가족 먹거리를 만드는 마음으로 **최선을 다하고 있습니다.**

글자를 쓴 후 오른쪽 포인트를 더블클릭하여 활성화한 후 바운딩 박스를 조절하면 글자 오브젝트의 속성을 간편하게 바꿀 수 있습니다.

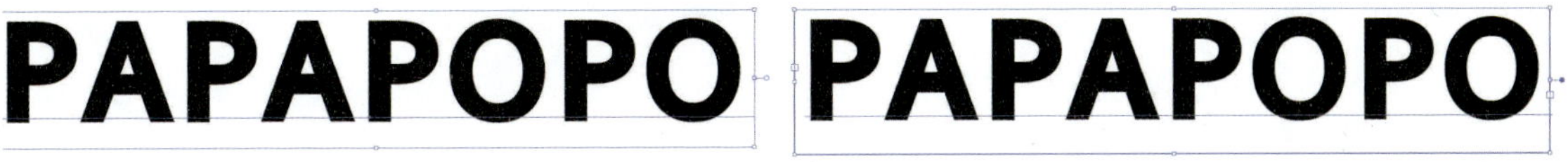

PAPAPOPO PAPAPOPO

글자의 속성을 조절한 후 다시 오른쪽 파란색 포인트를 더블클릭하면 비활성화되어 텍스트 전체를 확대하거나 축소할 수 있습니다.

PAPAPOPO POPO PAPA POPO

⬡ 텍스트를 하나하나 따로 조절하는 문자 손질 툴 기능 알아보기

CC에서 새롭게 선보인 문자 손질 툴(🔲 Touch Type tool)은 글자 오브젝트에서 글자를 하나하나 수정할 수 있게 해주는 역할을 합니다. 글자 수에 상관없이 개별 글자를 선택하여 기울기나 사이즈, 컬러 등의 속성을 자유롭게 조절할 수 있습니다.

▪ T Type Tool	(T)
⑪ Area Type Tool	
✎ Type on a Path Tool	
⫪T Vertical Type Tool	
⫪T Vertical Area Type Tool	
✎ Vertical Type on a Path Tool	
🔲 Touch Type Tool	(Shift+T)

01. 단축키 T 를 눌러 글자 툴을 선택하고 원하는 위치에 문구를 씁니다. 단축키 Shift + T 를 눌러 문자 손질 툴 🔲 을 선택한 후 글자 하나를 선택합니다. 텍스트 상자 모서리에 마우스 커서를 올린 후 화살표 모양이 나타나면 자유롭게 클릭+드래그하여 크기를 조절합니다.

02. 상자의 상단 중앙에 동그라미 포인트에 마우스 커서를 올린 후 휘어진 모양의 화살표가 나타나면 클릭+드래그하여 글자의 기울기를 조절합니다. 색도 수정할 수 있습니다.

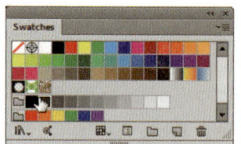

한글의 경우에는 특정 글자를 클릭한 후 글씨를 바꿀 수 있습니다. 오타 수정이나 이미 작업된 문구에 몇 글자를 더 추가해 넣고 싶을 때 유용하게 쓸 수 있습니다. 이 기능은 폰트를 이용하여 캘리그래피 효과를 줄 때 활용할 수 있으며, 타이포그래피 디자인에도 적절히 활용하면 디자인 효과를 극대화할 수 있습니다.

자동 모퉁이 기능으로 더욱 향상된 브러시 작업하기

이전 버전에서 브러시를 만들 때는 일일이 꺾이는 면을 모두 만들어서 등록해야 하는 번거로움이 있었습니다. 꺾이는 면을 등록하지 않으면 브러시가 적용된 직선 모서리에서 끊기는 현상이 나타났기 때문입니다. CC에서는 이 과정을 똑똑하게 자동으로 처리하는 자동 모퉁이 기능이 제공됩니다. 또 이미지를 등록하여 브러시를 만들 수 있는 기능도 추가되었습니다. 작업 속도를 빠르게 개선해줄 CC의 향상된 브러시 기능에 대해서 알아보겠습니다.

✚ **실습 파일** 부록 \ 부록_섹션5_이미지브러시.ai

◉ 이미지를 이용하여 브러시 등록하기

01. 새 아트보드를 연 후 [File]-[Place]를 클릭합니다. 부록 예제 폴더에서 부록_섹션5_이미지브러시.ai를 선택하고 하단의 [Link]에 체크 표시가 되어 있다면 해제한 후 [Placc]를 클릭합니다.

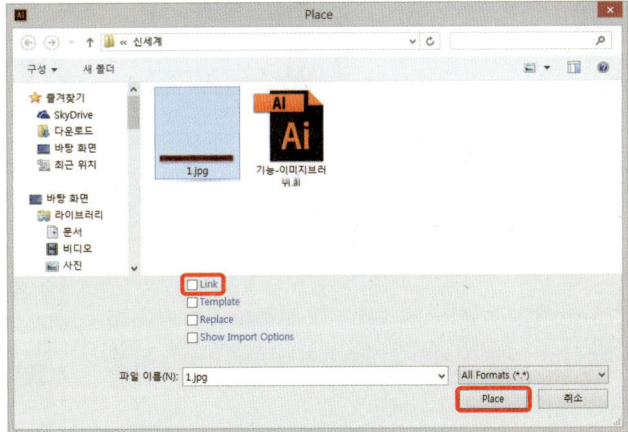

Tip | **Ai 활용** 업그레이드

이미지를 이용하여 브러시를 등록할 때는 문서에 포함된 상태의 이미지만 등록할 수 있습니다. [Place] 기능을 이용하여 이미지를 불러올 때는 [Link] 옵션의 체크 표시를 해제해야 합니다.

02. 이미지를 불러와 원하는 사이즈로 드래그한 후 [Brushes] 패널로 드래그합니다. [New Brush] 옵션 창이 나타나면 [Pattern Brush]를 클릭하고 [OK]를 클릭합니다.

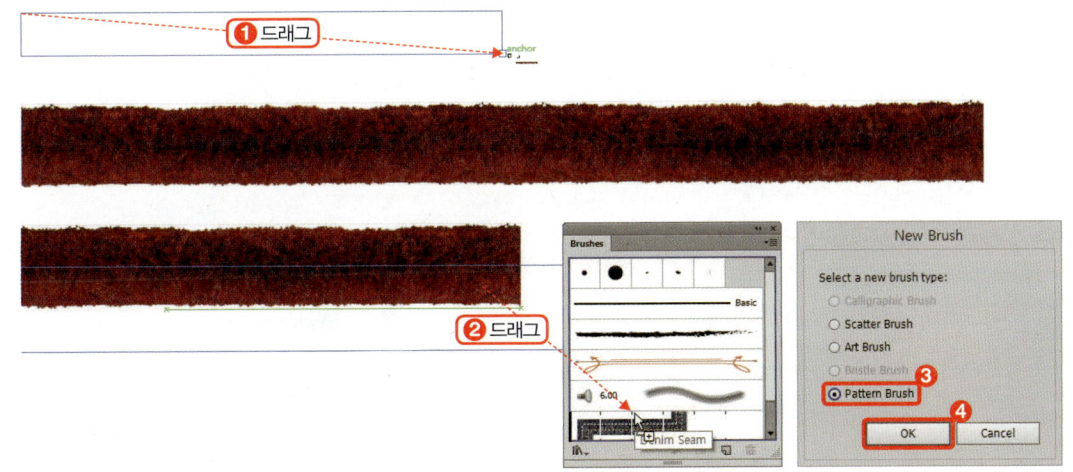

● 자동 모퉁이 기능을 이용하여 브러시 등록하기

이전 버전에서는 [Pattern Brush] 옵션 창에서 모퉁이 부분이 될 브러시를 직접 작업해서 등록해야 했습니다. 모서리 부분을 등록하지 않으면 모서리가 끊어진 채 브러시가 적용되었습니다.

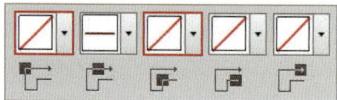

CC에서는 자동으로 생성되는 모퉁이 스타일을 선택하여 간편하게 보다 정교한 브러시를 등록할 수 있습니다.

01. [Outer Corner Tile]을 클릭하면 외부 모퉁이 타일에 해당하는 자동 모퉁이를 살펴볼 수 있습니다. 원하는 스타일의 모퉁이를 선택합니다. [Inner Corner Tile]에서도 원하는 자동 모퉁이 스타일을 선택합니다. 모두 설정한 후 [OK]를 클릭하여 브러시 등록을 완료합니다.

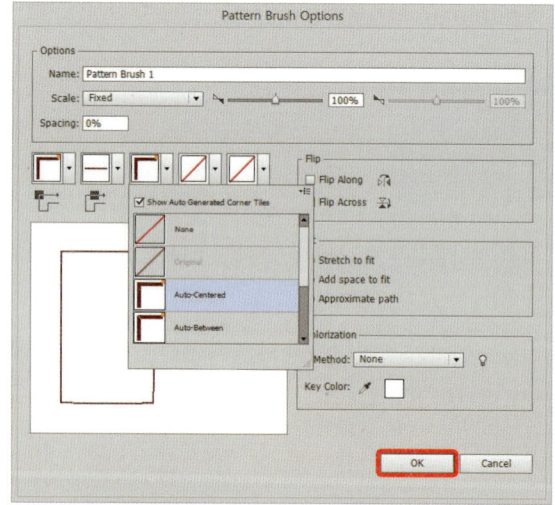

02. 등록된 브러시 모양을 확인하기 위해 원하는 모양으로 자유롭게 그려줍니다. 모두 선택한 후 생성한 브러시를 적용합니다. 모서리 부분도 자연스럽게 처리된 것을 확인할 수 있습니다.

여러 가지 이미지 파일을 한번에 가져와 배치하며 크기 조절하기

불러올 파일을 한꺼번에 선택하고 불러올 크기를 조절하면서 원하는 레이아웃으로 가져오는 [Plcae] 기능은 편집 디자인이나 웹 디자인에 사용하기 좋습니다. 특히 불러온 이미지의 크기를 하나하나 조절하며 수정해야 하는 번거로움을 줄여주고, 불러옴과 동시에 원하는 레이아웃으로 조절할 수 있어 이미지 배치 작업에 매우 효율적인 기능입니다.

➕ **실습 파일** 부록 \ 부록_섹션6_Place.ai, 부록_섹션6_1~5.jpg

이전 버전에서 파일을 불러올 때는 이미지를 원본 크기로 가져온 후 크기를 일일이 조절해야 했습니다. 그러나 새롭게 업데이트된 [Place]의 파일 가져오기 기능은 이미지를 여러 개 불러오는 것은 물론, 동시에 이미지의 위치와 크기를 조절할 수 있어 작업 시간을 효율적으로 단축해줍니다.

01. 부록 예제 폴더에서 부록_섹션6_Place.ai 파일을 불러옵니다. [File]-[Place]를 클릭하고 불러올 5개의 파일을 선택한 후 [Place]를 클릭합니다.

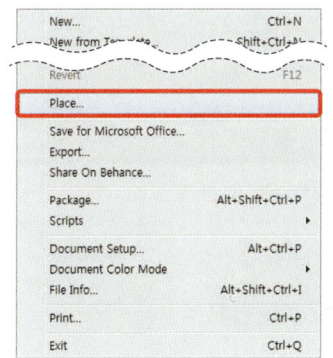

02. [Place]를 클릭하면 마우스 커서에 선택한 사진의 개수와 현재 불러들일 파일의 종류가 나타납니다. 상단의 제목 아래쪽을 클릭한 후 원하는 크기로 이미지를 드래그합니다.

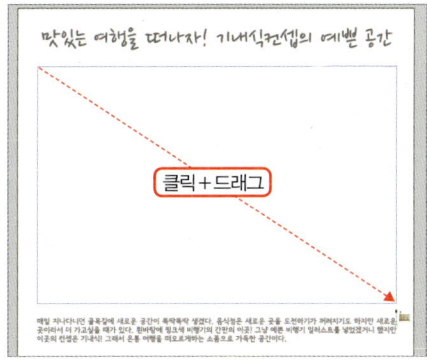

03. 이어지는 글 위에도 원하는 위치를 클릭한 후 드래그합니다.

04. 여러 개의 파일을 한꺼번에 선택하여 원하는 레이아웃으로 불러왔습니다.

일러스트레이터 CC에서는 앞서 소개한 기능 외에도 다양한 기능이 업그레이드되었습니다. 예를 들어 홈페이지 작업 시 HTML 페이지의 CSS 코드를 생성한 후 바로 내보낼 수 있습니다. 또한 [Swatches] 패널에서 색상 찾기 기능을 이용해 CMYK의 값을 입력해 해당 색상 조합이 존재하는지 검색할 수 있으며, 분판을 미리 확인할 수 있는 기능을 이용해 사용 가능한 별색이나 사용하지 않은 별색을 선택적으로 목록에 표시할 수 있습니다. 그 외 눈금자에서 Shift 를 누르며 클릭할 경우 정확한 위치에 안내선이 만들어지는 기능도 있습니다. 일러스트레이터 CC의 향상된 기능을 좀더 자세히 살펴보려면 아래의 사이트를 참고하기 바랍니다.
http://helpx.adobe.com/kr/illustrator/using/whats-new.html

Index 찾아보기